清华大学人居科学系列教材

城市社会学
（第2版）

顾朝林 刘佳燕 等 编著

清华大学出版社

北京

内 容 简 介

我国城市问题的成功解决需要城市社会学的建设和发展。本书以城市社会空间为对象,重点介绍了城市社会学发展过程、城市社会结构、城市社会问题、城市社会学流派、城市社会分层与流动、城市社会极化与空间隔离、城市贫困与贫民窟、城市社会融合、城市社会转型与空间重构、城市社会空间分析方法、城市社会学与城市规划编制、社区发展与社区规划、城市社会学调查研究方法,以及城市社会调查分析与报告编制等内容。附录 A 中收录了北京城市社会空间调查研究的基础资料供教学实习参考。

本书既可作为城乡规划专业的本科生教材,也可作为社会学、经济学、管理学和地理学、环境科学、城市与区域规划等专业的教学和研究参考用书。

版权所有,侵权必究。举报: 010-62782989, beiqinquan@tup.tsinghua.edu.cn。

图书在版编目(CIP)数据

城市社会学/顾朝林等编著. —2 版. —北京: 清华大学出版社,2013(2024.1 重印)
(清华大学人居科学系列教材)
ISBN 978-7-302-33759-1

Ⅰ. ①城… Ⅱ. ①顾… Ⅲ. ①城市社会学－高等学校－教材 Ⅳ. ①C912.81

中国版本图书馆 CIP 数据核字(2013)第 211426 号

责任编辑: 周莉桦　洪　英
封面设计: 陈国熙
责任校对: 赵丽敏
责任印制: 沈　露

出版发行: 清华大学出版社
　　　网　　　址: https://www.tup.com.cn, https://www.wqxuetang.com
　　　地　　　址: 北京清华大学学研大厦 A 座　　邮　　编: 100084
　　　社　总　机: 010-83470000　　邮　　购: 010-62786544
　　　投稿与读者服务: 010-62776969, c-service@tup.tsinghua.edu.cn
　　　质　量　反　馈: 010-62772015, zhiliang@tup.tsinghua.edu.cn
印 装 者: 三河市龙大印装有限公司
经　　销: 全国新华书店
开　　本: 203mm×253mm　　印　张: 29　　字　数: 669 千字
版　　次: 2002 年 8 月第 1 版　2013 年 12 月第 2 版　印　次: 2024 年 1 月第 12 次印刷
定　　价: 82.00 元

产品编号: 049087-04

高等院校城乡规划专业系列教材

主　　　编：顾朝林

副 主 编：谭纵波　甄　峰　周　恺

编　　　委：（按姓氏笔画为序）

王世福　　王亚平（英）　王兴平　　叶裕民
田　莉　　刘合林　　　许　浩　　运迎霞
李王鸣　　李志刚　　　李　燕（日）　吴维平（美）
吴缚龙（英）沈建法　　　周　恺　　周　婕
洪启东　　袁　媛　　　顾朝林　　黄亚平
韩笋生（澳）甄　峰　　　谭纵波

编写组名单

主　　　编：顾朝林

副 主 编：刘佳燕

编写组成员：（按姓氏笔画为序）

王峰玉　王雪娇　朱晓娟　刘玉亭　刘佳燕
许士翔　李少星　李志刚　吴梦宸　何深静
但　俊　陈　娇　邹艳丽　周　恺　赵立元
郝　凯　姚　龙　顾朝林　郭京楠　黄春晓
黄　瓴　路　均

前　言

　　城市是人类聚落的一种形式。与乡村相比，它是一种更高级的聚落形式。城市的形成已有数千年的历史，但在长期的历史发展中，城市人口只占总人口的一小部分。然而自工业革命以来，城市在世界范围内快速发展。在最近一两百年中，全球总人口中越来越多的人离开乡村进入城市。2010年，全世界已有51.6%的人口居住在城市。联合国预测，到2020年，世界城市化水平将达到56.0%。亚洲是世界上人口较稠密的地区，城市化水平也将达到50.5%。第二次世界大战以后，继发达国家城市化之后，世界城市化的主流正在向发展中国家转移，尤其是南美洲、亚洲和非洲的城市化进程正在加速。因此，关注城市社会的科学研究将越来越成为科学家和政治家的重要课题。

　　城市的重要性不仅在于它的规模和人数，同时还在于它在整个社会的经济、政治和文化等方面的重要地位。早期的城市从一开始就是作为整个社会的政治、军事、文化和贸易中心，在政治、经济和社会生活中占有重要的地位。工业革命以后，工业取代了农业而成为了经济中的主导产业，工业化又进一步促进大量农村人口涌向城市，使城市在经济、政治和社会生活中的中心地位进一步加强。20世纪80年代以来，以电子信息产业和服务业为主导产业的产业转型使城市经济更具活力，并使城市在整个社会经济体系中扮演着更加重要的角色。

　　然而，当我们更进一步考察城市发展和城市生活时，却会看到城市的另一面，即城市中的各种社会问题。城市这种人口高密度的聚落方式本身就是产生各种社会问题的根源。工业化所带来的城市人口膨胀使城市的弱点进一步暴露无遗。工业化和城市化尽管有力地促进了经济发展，并带来了前所未有的现代城市文明，但同时也带来了失业、贫民窟、住房困难、交通拥挤、环境恶化、犯罪增多等社会问题。20世纪20年代的美国，正值资本主义发展及工业化的高峰期，大量农村人口及外国移民涌向芝加哥，以致人口爆炸、罪案丛生、住房短缺等城市问题日趋严重，因此，芝加哥也成为当时社会学研究的重点城市，并孕育出城市社会学的人类生态学派。

　　20世纪80年代以来，中国经济的快速增长推动了现代化、工业化和城市化的进程。2011年，中国经济总量已经从改革开放之初，即1978年的3624.1亿元上升到397 983亿元，成为世界第二大经济体，城市化水平也从当时的17.9%上升到51.2%，城市在全国经济、社会发展中的地位和作用进一步凸显。可以说，中国进入了城市化的世纪，也同时进入了一个经济、社会和生态环境全面转型的发展时期。

　　中国过去的30年是一个巨变的年代。作为经济、社会和文化中心的城市无疑是酝酿、促进和导致这些巨变的核心所在。在这一时期的变化，城市正是国家改革和发展的缩影。西方学者曾经公认，在社会主义国家，社会空间结构差距已经在逐步缩小。但自1978年改革开放，尤其是1984年城市改革实施以来，受城市功能结构转变、外国直接投资和流动人口的影响，中国城市的社会结构正在经历巨大的转变。而且，毫无疑问，从现在起到21世纪中叶，在中国实施社会主义现代化的征程中，城市是先锋，是中心，是推动社会经济发展的强大动力，城市社会问题也将比过去任何时候都要尖锐、复杂和严重得多。

我们正处在变传统农业国为现代化、工业化和城市化强国的重大转型发展时期。在我国经济社会发展的进程中，快速的城市化可以说既是历史机遇，也是巨大的挑战。从中国国情来看，巨大的城乡社会转型和日益紧张的人口—资源—生态环境关系，将在未来很长一段时间内成为重大的研究课题。如何在经济社会可持续发展的同时解决好几亿农民从农村到城镇的地域流动？如何解决好几亿新城市居民的安居乐业？如何塑造21世纪和谐繁荣的中国城市社会空间？无疑，这些都需要城市社会学的课程建设和越来越多的城市规划师参与到城市社会空间的研究之中。

本书第1版是在中国科学院"九五"重点项目（K295Z-J1-206）、国家杰出青年基金项目（40025102）和教育部跨世纪人才基金项目和国家自然科学基金项目（49831030）等部分研究成果的基础上编著而成，于2001年在东南大学出版社出版。在这11年间，约有40所大学院校使用本书作为教材，合计印刷超过两万册。本书在2006年曾被作为中国"两会"（政协和人大）指定调阅书籍，在学术界、教育界和社会研究领域产生了一定的影响。2012年清华大学建筑学院计划面向建筑学、城乡规划学本科生开设城市社会学课程，为本书再版注入动力，并顺利列入清华大学"985"三期名优教材建设项目，同时在研的国家自然科学基金项目（440971092）"中国城市化多维视角研究框架研究"也近于尾声，为本书的再版提供了很好的研究基础。我的同事刘佳燕老师帮助我进行修编准备，重庆大学的黄瓴老师、郑州航空学院的朱晓娟老师和王峰玉老师积极参与了修编过程，我昔日的学生如华南理工大学的刘玉亭、中国人民大学的邬艳丽、中山大学的李志刚和何深静、南京大学的黄春晓、湖南大学的周恺、山东大学的李少星，他们有的长期从事城市规划的教学和研究，有的已经是国际著名的城市社会空间研究专家，也花费了宝贵时间参与本书的修编工作，这让我非常欣慰和自豪。

真诚感谢清华大学出版社及该社的周莉桦老师为本书的编辑出版付出的巨大努力和贡献。也特别感谢东南大学出版社的徐步政老师为本书第1版的出版付出的辛勤劳动和杰出贡献。最后，还要感谢我的妻子李杰，正是她对我工作的长期支持，悉心照顾三位年迈的老人以及对家庭的默默奉献，才使本书得以完成出版。

顾朝林

2013年4月6日于日本别府

目 录

第1章 绪论 … 1

  1.1 社会学 … 1
    1.1.1 社会学的由来 … 1
    1.1.2 社会学的研究对象 … 2
    1.1.3 社会学的学科特点 … 2

  1.2 社会发展 … 3
    1.2.1 社会发展的自然基础 … 3
    1.2.2 社会运行 … 7
    1.2.3 社会运行状态评价 … 12

  1.3 城市社会学及其发展 … 16
    1.3.1 什么是城市社会学 … 16
    1.3.2 城市社会学的萌芽 … 16
    1.3.3 芝加哥人类社会学派 … 19
    1.3.4 科学社会学的发展 … 24
    1.3.5 激进主义社会学的发展 … 27

  1.4 战后城市社会学复兴 … 30
    1.4.1 西方城市社会学的复兴 … 30
    1.4.2 费孝通应用社会学(小城镇)研究 … 31

  推荐阅读参考资料 … 32
  习题 … 33
  参考文献 … 33

第2章 城市社会结构 … 35

  2.1 个人 … 35
    2.1.1 个人的基本属性 … 35
    2.1.2 个人的社会化 … 36

  2.2 家庭 … 37
    2.2.1 家庭的概念 … 38
    2.2.2 家庭的起源及其演变 … 38
    2.2.3 家庭的结构 … 39
    2.2.4 家庭的功能 … 41

2.2.5 家庭的发展趋势 ·· 43
　2.3 初级群体 ··· 43
　　　2.3.1 初级群体的概念 ·· 43
　　　2.3.2 初级群体的形成 ·· 44
　　　2.3.3 初级群体的基本特征 ··· 44
　　　2.3.4 初级群体的作用 ·· 44
　2.4 社会群体 ··· 45
　　　2.4.1 社会网络 ·· 45
　　　2.4.2 社会关系 ·· 45
　　　2.4.3 社会群体 ·· 46
　　　2.4.4 社会群体类型 ·· 46
　　　2.4.5 社会群体成员互动 ··· 47
　2.5 城市社会群体 ··· 47
　　　2.5.1 城市人 ··· 47
　　　2.5.2 邻里 ·· 48
　　　2.5.3 工作群体 ·· 50
　　　2.5.4 单位制 ··· 51
　　　2.5.5 城市弱势群体 ·· 54
　2.6 社会组织 ··· 56
　　　2.6.1 社会组织的含义及要素 ··· 56
　　　2.6.2 社会组织的分类 ·· 57
　　　2.6.3 社会组织的结构 ·· 58
　　　2.6.4 社会组织管理系统 ··· 60
　　　2.6.5 社会组织之间的互动 ·· 60
　2.7 社区与城市 ·· 62
　　　2.7.1 社区 ·· 62
　　　2.7.2 城市社区 ·· 63
　　　2.7.3 城市 ·· 64
　推荐阅读参考资料 ·· 67
　习题 ·· 67
　参考文献 ·· 67

第3章 城市社会问题 ·· 68

　3.1 城市社会问题概述 ·· 68
　　　3.1.1 社会问题的含义 ·· 68
　　　3.1.2 城市社会问题的特点 ·· 68

3.2 城市化问题 … 69
3.2.1 城市化及其趋势 … 69
3.2.2 中国城市化内涵 … 69
3.2.3 中国当代半城市化特征明显 … 70
3.2.4 中等收入国家陷阱与贫民窟城市化 … 71
3.2.5 大城市病 … 71
3.2.6 城市蔓延 … 72

3.3 城市就业问题 … 73
3.3.1 城市就业问题的成因 … 74
3.3.2 失业的社会效应 … 75
3.3.3 中国城市就业压力沉重 … 76
3.3.4 就业与城市化 … 77
3.3.5 城市农民工与非正规就业 … 78

3.4 城市贫困问题 … 80
3.4.1 贫困与城市贫困 … 80
3.4.2 城市贫困的成因 … 81
3.4.3 贫困的循环 … 82
3.4.4 中国城市贫困问题 … 83
3.4.5 反贫困斗争 … 84

3.5 城市住房问题 … 86
3.5.1 什么是住房短缺 … 86
3.5.2 城市住房短缺的成因 … 87
3.5.3 住房问题的社会影响 … 88
3.5.4 中国城市住房问题 … 88
3.5.5 低成本住房供给 … 89

推荐阅读参考资料 … 91
习题 … 91
参考文献 … 91

第4章 城市社会学流派Ⅰ … 94

4.1 第二次世界大战以来社会学基础理论 … 94
4.1.1 结构功能主义 … 94
4.1.2 冲突论 … 95
4.1.3 交换论 … 95
4.1.4 社会互动理论 … 96
4.1.5 本土方法论 … 96

4.2 人类生态学派 ... 96
4.2.1 帕克的人类生态学 ... 97
4.2.2 牟健时的生态过程论 ... 98
4.2.3 伯吉斯的同心圆理论 ... 99
4.2.4 现代人类生态学派 ... 100
4.2.5 当代人类生态学派 ... 101
4.2.6 人类生态学派的发展演进 ... 101
4.3 马克思主义学派 ... 101
4.3.1 资本主义社会的特性 ... 102
4.3.2 马克思主义学派对资本主义制度的分析 ... 103
4.3.3 马克思主义的城市制度价值 ... 105
4.4 韦伯学派 ... 106
4.4.1 韦伯学派的基本概念 ... 106
4.4.2 城市经理学说 ... 108
4.4.3 住房阶级研究 ... 109
4.5 消费社会学学派 ... 112
4.5.1 消费社会学的兴起 ... 112
4.5.2 消费的概念和属性 ... 112
4.5.3 消费社会学的经典理论 ... 113
4.5.4 当代消费社会学的研究领域 ... 115
4.5.5 消费的城市空间 ... 116
推荐阅读参考资料 ... 117
习题 ... 117
参考文献 ... 117

第5章 城市社会学流派 Ⅱ ... 119
5.1 城市性理论 ... 119
5.1.1 城市性的概念 ... 119
5.1.2 关于城市性的早期研究 ... 119
5.1.3 作为城市生活方式的城市性 ... 120
5.1.4 关于城市性的不同解释 ... 121
5.1.5 新城市主义 ... 122
5.2 社会网络理论 ... 123
5.2.1 社会网络研究的发展 ... 123
5.2.2 社会网络分析的基本观点 ... 123
5.2.3 社会网络研究的主要理论 ... 124
5.2.4 社会网络分析方法 ... 126

5.2.5 城市社区社会网络研究 127
5.3 新马克思主义学派 128
5.3.1 新马克思主义的形成与发展 129
5.3.2 新马克思主义的核心内容 130
5.3.3 新马克思主义城市研究 131
5.4 女性主义及其城市社会空间研究 134
5.4.1 女性主义思想的形成与发展 134
5.4.2 女性主义理论的分化 135
5.4.3 女性主义城市社会空间研究 137
5.4.4 女性主义研究的特点 141
5.5 后福特主义城市社会空间研究 142
5.5.1 经济全球化相关理论 142
5.5.2 后福特主义城市及其特征 145
推荐阅读参考资料 147
习题 148
参考文献 148

第6章 城市社会分层与流动 152
6.1 社会分层 152
6.1.1 社会分层的一般理论 152
6.1.2 社会分层的标准 153
6.2 阶级与阶层 155
6.2.1 阶级 155
6.2.2 阶层 158
6.2.3 阶级与阶层的关系 160
6.2.4 社会层界 160
6.2.5 中国城市社会阶层的划分 161
6.3 城市新富裕阶层 162
6.3.1 群体组成 163
6.3.2 基本特征 165
6.3.3 分层与流动 167
6.3.4 地位与效应 169
6.3.5 空间分布 170
6.4 中产阶层 171
6.4.1 中产阶层划分方法与标准 171
6.4.2 家庭调查分析 173
6.4.3 现状特征 175

6.5 城市贫困阶层 ……………………………………………………… 178
6.5.1 贫困标准和规模 ……………………………………………… 178
6.5.2 城市贫困的基本特征 ………………………………………… 180
6.5.3 城市贫困阶层的基本特征 …………………………………… 184
6.6 社会流动 ………………………………………………………… 184
6.6.1 社会流动的含义 ……………………………………………… 185
6.6.2 社会流动的特征 ……………………………………………… 185
6.6.3 社会流动的类型 ……………………………………………… 186
6.7 绅士化及其过程 …………………………………………………… 189
6.7.1 绅士化的传统定义 …………………………………………… 189
6.7.2 绅士化的发展演化与表现形式 ……………………………… 190
6.7.3 绅士化的解释 ………………………………………………… 191
6.7.4 绅士化的社会空间影响 ……………………………………… 192
6.8 吊丝的形成和社会学研究意义 …………………………………… 192
6.8.1 吊丝的含义 …………………………………………………… 193
6.8.2 吊丝的基本特征 ……………………………………………… 193
6.8.3 吊丝的社会学研究意义 ……………………………………… 194

推荐阅读参考资料 ……………………………………………………… 195
习题 ……………………………………………………………………… 195
参考文献 ………………………………………………………………… 196

第7章 城市社会极化与空间隔离 ……………………………………… 198
7.1 城市社会极化 ……………………………………………………… 198
7.1.1 城市社会极化及其原因 ……………………………………… 198
7.1.2 城市社会极化的空间表现 …………………………………… 200
7.2 城市社会空间隔离 ………………………………………………… 202
7.2.1 城市社会空间隔离的研究方法 ……………………………… 202
7.2.2 城市社会空间的隔离形式 …………………………………… 203
7.3 城市社会空间分异 ………………………………………………… 205
7.3.1 城市社会空间分异的动因 …………………………………… 205
7.3.2 城市社会空间分异的模式 …………………………………… 208
7.4 城市社会空间的生产 ……………………………………………… 208
7.4.1 "空间生产"理论概述 ……………………………………… 209
7.4.2 中国城市的"社会空间生产" ……………………………… 211

推荐阅读参考资料 ……………………………………………………… 212
习题 ……………………………………………………………………… 212

6.4.4 中产阶层的组成 ……………………………………………… 176

参考文献 ··· 213

第 8 章 城市贫困与贫民窟 ·· 214

8.1 城市贫困 ·· 214
8.1.1 城市贫困的内涵 ·· 214
8.1.2 城市贫困的机理 ·· 215
8.1.3 新城市贫困及其机理 ·· 216

8.2 城市贫困空间 ·· 217
8.2.1 贫困空间的生产 ·· 218
8.2.2 城市贫困空间的特点 ·· 220

8.3 贫民窟 ·· 222
8.3.1 贫民窟的内涵 ·· 222
8.3.2 贫民窟的形成 ·· 223
8.3.3 贫民窟的清理与整治 ·· 224

8.4 城中村 ·· 225
8.4.1 城中村的内涵 ·· 226
8.4.2 城中村的特征 ·· 227
8.4.3 城中村的改造与利用 ·· 228

8.5 城市社会排斥 ·· 229
8.5.1 社会排斥理论 ·· 229
8.5.2 城市社会排斥 ·· 230

推荐阅读参考资料 ··· 232
习题 ··· 233
参考文献 ··· 233

第 9 章 城市社会融合 ·· 236

9.1 社会融合及其理论 ·· 236
9.1.1 社会融合的概念 ·· 236
9.1.2 社会融合的相关理论 ·· 237

9.2 和谐社会建设 ·· 239
9.2.1 中西方文化视野中的和谐观 ·· 239
9.2.2 和谐社会的现代意义 ·· 240

9.3 社会融合途径 ·· 240
9.3.1 经济融合 ·· 241
9.3.2 文化融合 ·· 241
9.3.3 行为融合 ·· 242
9.3.4 身份融合 ·· 242

9.4 城市内部融合 ··· 242
    9.4.1 城市内部融合的内容 ·· 242
    9.4.2 影响城市内部融合的因素 ·· 244
    9.4.3 实现城市内部融合的途径 ·· 244
9.5 城市与乡村的融合 ·· 245
    9.5.1 城乡二元社会结构的形成 ·· 245
    9.5.2 城乡二元社会结构对城市社会融合的影响 ··························· 246
    9.5.3 城乡社会融合的实现途径 ·· 247
推荐阅读参考资料 ··· 248
习题 ·· 248
参考文献 ·· 249

第 10 章 城市社会转型与空间重构 ·· 251

10.1 城市社会空间结构研究的理论与方法 ··· 251
    10.1.1 城市社会空间结构研究流派 ·· 251
    10.1.2 城市社会空间结构研究方法 ·· 252
10.2 城市社会空间结构模式 ·· 254
    10.2.1 经典城市社会空间模型 ·· 254
    10.2.2 现代城市社会空间模型 ·· 257
    10.2.3 城市社会空间结构变化的影响因素与趋势 ······················· 261
    10.2.4 全球化下的城市社会空间转型 ······································· 262
10.3 西方城市社会空间的演化 ·· 262
    10.3.1 城市社会空间的历史演化 ··· 262
    10.3.2 西方城市社会空间新景象 ··· 264
10.4 中国城市社会空间的演变 ·· 265
    10.4.1 传统中国城市社会空间的演变 ······································· 265
    10.4.2 当代中国城市社会空间的演变 ······································· 268
    10.4.3 转型中的城市社会空间 ·· 269
推荐阅读参考资料 ··· 269
习题 ·· 269
参考文献 ·· 270

第 11 章 城市社会空间分析方法 ·· 271

11.1 因子生态分析法 ·· 271
    11.1.1 方法与步骤 ·· 271
    11.1.2 实例简介 ··· 272
    11.1.3 因子生态分析法在城市规划中的应用 ······························ 276

11.1.4　因子生态分析法研究的缺陷 …… 277
　11.2　社会区分析 …… 278
　　　11.2.1　社会区特征分析指标 …… 278
　　　11.2.2　社会区分析方法 …… 280
　11.3　北京社会区分析 …… 282
　　　11.3.1　研究区与数据 …… 282
　　　11.3.2　数据分析 …… 285
　　　11.3.3　因子空间特征 …… 286
　　　11.3.4　城市社会空间概念模型 …… 290
　　　11.3.5　城市社会区 …… 291
　推荐阅读参考资料 …… 294
　习题 …… 295
　参考文献 …… 295

第12章　城市社会学与城市规划编制 …… 297
　12.1　城市社会学与城市规划的学科渊源 …… 297
　　　12.1.1　城市空间规划与社会关怀 …… 297
　　　12.1.2　城市社会学与城市规划的结合 …… 298
　12.2　城市规划中的社会规划 …… 299
　　　12.2.1　社会目标与指标体系 …… 299
　　　12.2.2　社会人口分析 …… 300
　　　12.2.3　社会需求评估 …… 302
　　　12.2.4　专项社会规划 …… 303
　　　12.2.5　社会影响评价 …… 308
　12.3　城市规划编制中的社会空间规划研究 …… 311
　　　12.3.1　城市社会空间规划的目标 …… 311
　　　12.3.2　城市社会结构分析 …… 311
　　　12.3.3　城市社会空间结构研究 …… 314
　　　12.3.4　城市规划中的社会空间规划 …… 319
　推荐阅读参考资料 …… 327
　习题 …… 328
　参考文献 …… 328

第13章　社区发展与社区规划 …… 330
　13.1　社区与社区发展 …… 330
　　　13.1.1　社区的基本概念 …… 330
　　　13.1.2　城市社区的分类与基本特征 …… 331

- 13.1.3 社区发展 ·················· 332
- 13.2 关于社区规划 ·················· 333
  - 13.2.1 社区规划的定义 ·················· 333
  - 13.2.2 社区规划的内涵和特点 ·················· 333
  - 13.2.3 社区规划与城市规划 ·················· 334
- 13.3 社区规划的类型 ·················· 334
  - 13.3.1 发达国家的社区规划 ·················· 334
  - 13.3.2 发展中国家的社区规划 ·················· 336
  - 13.3.3 中国的社区规划 ·················· 337
- 13.4 城市社区规划体系的建构 ·················· 341
  - 13.4.1 社区规划的目标与原则 ·················· 341
  - 13.4.2 社区规划的主要内容 ·················· 341
  - 13.4.3 社区规划的编制程序 ·················· 342
- 13.5 社区规划的实施对策 ·················· 344
- 13.6 我国社区规划的发展展望 ·················· 345
- 推荐阅读参考资料 ·················· 346
- 习题 ·················· 347
- 参考文献 ·················· 347

第 14 章 城市社会学调查研究方法 ·················· 349

- 14.1 城市社会学研究的方法论 ·················· 349
  - 14.1.1 城市社会学研究方法的特点 ·················· 350
  - 14.1.2 城市社会学研究方法的基本程序 ·················· 350
- 14.2 资料收集方法 ·················· 353
  - 14.2.1 访谈法 ·················· 353
  - 14.2.2 问卷法 ·················· 354
  - 14.2.3 社会观察法 ·················· 358
  - 14.2.4 社会实验法 ·················· 360
- 14.3 社会调查方法 ·················· 360
  - 14.3.1 全面调查 ·················· 361
  - 14.3.2 抽样调查 ·················· 361
  - 14.3.3 案例调查 ·················· 364
  - 14.3.4 典型调查 ·················· 364
- 推荐阅读参考资料 ·················· 365
- 习题 ·················· 365
- 参考文献 ·················· 366

第 15 章 城市社会调查分析与报告编制 ········· 367

- 15.1 社会抽样调查方法 ········· 367
- 15.2 资料分析方法 ········· 369
  - 15.2.1 定性分析方法 ········· 369
  - 15.2.2 定量分析方法 ········· 370
  - 15.2.3 定性方法和定量方法的比较 ········· 370
- 15.3 定性数据分析方法 ········· 372
  - 15.3.1 文献资料研究 ········· 372
  - 15.3.2 访谈、问卷与观察研究 ········· 372
- 15.4 定量数据分析方法 ········· 373
  - 15.4.1 通用计算机软件应用 ········· 373
  - 15.4.2 变量类型 ········· 374
  - 15.4.3 数据录入和操作 ········· 375
  - 15.4.4 描述性统计分析 ········· 376
  - 15.4.5 变量分布特点分析 ········· 380
  - 15.4.6 变量相关性分析 ········· 382
- 15.5 社会调查报告编制 ········· 388
- 推荐阅读参考资料 ········· 389
- 习题 ········· 389
- 参考文献 ········· 390

附录 A 北京城市社会空间调查实习资料汇编 ········· 391

- A.1 北京传统社会空间与演化 ········· 391
- A.2 北京的城市中心 ········· 392
  - A.2.1 中央商务区 ········· 392
  - A.2.2 商贸区 ········· 393
  - A.2.3 金融中心 ········· 394
- A.3 更新后的旧城社会空间 ········· 395
  - A.3.1 北京旧城的衰败与复兴 ········· 395
  - A.3.2 案例：菊儿胡同改造工程 ········· 397
  - A.3.3 案例：牛街社会空间更新 ········· 398
- A.4 传统单位制社会空间 ········· 400
  - A.4.1 单位大院的社会空间效应 ········· 400
  - A.4.2 北京单位大院的历史变迁 ········· 401
  - A.4.3 案例：中国人民大学单位大院 ········· 401
  - A.4.4 案例：住建部单位大院 ········· 404

A.5 城市贫困空间 ············ 405
A.5.1 城市贫困空间的形成 ············ 405
A.5.2 城市贫困空间的社会效应 ············ 406
A.5.3 案例：烟袋斜街的再生 ············ 406

A.6 城中村 ············ 408
A.6.1 北京的城中村 ············ 408
A.6.2 案例：大红门浙江村改造 ············ 408
A.6.3 案例：蚁族聚居村小月河 ············ 410
A.6.4 案例：魏公村"新疆街"变迁 ············ 412

A.7 城市新贵社会空间 ············ 415
A.7.1 新富裕阶层及其空间分布 ············ 415
A.7.2 案例：紫玉山庄中央别墅区 ············ 416
A.7.3 案例：钓鱼台七号院 ············ 417

A.8 城市新移民空间 ············ 417
A.8.1 城市新移民的形成 ············ 417
A.8.2 新移民社区的形成原因和空间形态 ············ 418
A.8.3 案例：万柳社区 ············ 419
A.8.4 案例：望京韩国社区 ············ 420

A.9 非正规城市社会空间 ············ 423
A.9.1 非正规就业 ············ 423
A.9.2 非正规就业社会空间 ············ 424

A.10 文化创意产业空间 ············ 425
A.10.1 文化创意产业的发展 ············ 425
A.10.2 文化创意产业集聚区的分布和特点 ············ 425
A.10.3 案例：大山子(798)艺术区 ············ 428
A.10.4 案例：宋庄艺术家群落 ············ 428

A.11 社会管制空间 ············ 429
A.11.1 社会管制及社会管制空间 ············ 429
A.11.2 治安行政处罚 ············ 430
A.11.3 刑事处罚 ············ 434

参考文献 ············ 436

索引 ············ 439

后记 ············ 445

第1章 绪论

人类是以社会群体的方式存在于地球之上的。研究人类社会群体发展规律的学科就是社会学,而侧重于研究城市社会的社会学,我们则称之为城市社会学。

1.1 社会学

1.1.1 社会学的由来

社会学是为数众多的社会学科中的一门年轻的学科。从它诞生到现在,只有约一个半世纪的历史。当然,在社会学产生之前,甚至可以说,有了人类社会也就有了各种各样的关于社会的思想和学说。例如,在我国先秦时代就有孔子、孟子、老子、庄子和墨子等人的杰出的社会思想;在古希腊时期,则有柏拉图和亚里士多德的社会学说;中世纪时有托马斯、阿奎那和马基雅弗利的社会思想。这些思想,无疑包含着许多对于人类社会的真知灼见,但它们往往是与哲学、伦理、历史、经济、政治以及宗教观念分不开的。这些思想一般都表现为理想多于客观分析,理性的推论多于经验的验证,信仰高于科学。它们与把社会作为一个特定的对象,运用科学的方法进行系统研究的社会学存在本质的不同。

在19世纪30年代,法国的哲学家孔德(Auguste Comte,1798—1857)连续出版了他的多卷本哲学名著《实证哲学教程》。他在该书第四卷(1838)中第一次提出了"社会学"这个新的名词以及关于建立这门新学科的大体设想。后来的社会学家们大多认为这就是社会学的诞生。其实,孔德只是提出了社会学这个名词,以及建立了社会学这门学科的设想,并没有真正进行多少社会学的研究。

社会学这门学科是在这样的条件下发展起来的。从社会历史条件来看,孔德正是生活在资本主义大发展同时也是资本主义的种种弊端开始逐步暴露的时代。经过英国的工业革命和法国大革命,西欧结束了中世纪时期长达几百年的沉睡状态,经济和社会都有了很大的发展。生产力的发展相应地带来了整个社会的急剧变化,人们终于不得不用冷静的眼光来看待他们的生活地位和相互关系了。在这错综复杂、变化多端的社会中,他们急切地想要搞清楚这是怎么一回事?这都是为什么?从学术发展的背景来看,在中世纪的神学统治下,自然科学曾长期被禁锢。自文艺复兴以后,自然科学才得以繁荣,其间天文学、地理学、数学、物理学、力学、气象学、生物学等都发展起来。到孔德的时代,许多自然科学的学科都已经取得了重大的进展,这些都给社会思想家以深刻的启示。自然科学的方法在研究自然现象方面可以取得如此成绩,那么用来研究人类社会又会怎样呢?因此,孔德①在提出社会学这一名词时的基本想法,就是建立一门用自然科学方法来研究社会的学科。正是孔德提出的用自然科学的方法来研究人类社会的立论,为以后社会学的建立和发展奠定了基础。

那么,社会学在中国是什么时候才有的呢?一般来说,最早讲解社会学的是康有为②(1858—1927)。他于1891年(光绪十七年)在广州长兴里万木草堂建立"长兴学舍",该学舍的教学大纲中设有"经世之学"的学科。在"经世之学"学科中,有政治学、群学等课程。所谓"群学",就是社会学。群学的"群"字,是从我国古代哲学《荀子》中引来的。《荀子》有"人生不能无群",人之所以贵于禽兽,在于"人能群,彼不能群也"。这在清朝末年有鼓舞人民团结一致共御外侮的意思。继康有为之后,1903年严复翻译出版了英国社会学家斯宾塞③的社会学著作《群学肄言》(The Study of Sociology),一时风行海内④。这是整本出版西方社会学著作的第一部,对中国社会学产生的影响甚大。所以人们常说严复是第一个引进西方社会学的学者。

1.1.2 社会学的研究对象

什么是社会学?从最一般的意义上说,社会学就是对社会群体的研究,也就是关于社会群体的学问。社会学这个名词在英文中是 Sociology,在法文中是 Sociologie。西文中的这个名词实际上是由两部分组成的,前半部分来源于拉丁文 Socius,意思是"社会中的个人";后半部分来源于希腊文 Logos,意思是"论述"或"学说"。合在一起,意思就是关于社会的理论或学说。因此,在孔德那里,社会学这个名词相当于我们现在的所谓的"社会科学"统称,或者是总论。但是,从法国社会学家杜尔克姆(Emile Durk-heim,1858—1917)起,社会学逐渐被赋予了具体的研究范围和特定的研究方法,从而形成了一门独立的社会科学。

那么,究竟什么是社会学的研究对象呢?社会学的研究对象并不存在于社会生活的某一特殊领域之中,而是存在于社会生活的各个领域之间的相互联系之中,存在于由各种相互联系所形成的作为一个有机整体的社会之中。因此,社会学是一门对人类社会进行总体性综合研究的社会科学。具体来说,社会学是把社会作为一个整体来研究社会各个组成部分及其相互关系,探讨社会的发生、发展及其规律的一门综合性的社会科学。

1.1.3 社会学的学科特点

社会学的学科特点主要表现在以下三个方面。

---

① 孔德是数学家,又是物理学家。
② 康有为,广东南海人,清朝末年资产阶级改良派思潮的代表,一位伟大的爱国主义者。
③ 赫伯特·斯宾塞(Herbert Spencer,1820—1903),英国哲学家,"社会达尔文主义之父",提出了把进化论"适者生存"应用在社会学尤其是教育及阶级斗争上的一套学说。
④ 严复于1897年开始翻译,1898年在《国闻报》的旬刊《国闻汇编》上发表《砭愚》和《倡学》两篇文章,题为《劝学篇》。1903年上海文明编译局出版《群学肄言》足本,1908年上海商务印书馆出版《订正群学肄言》,现在流行的是商务印书馆的"严译名著丛书"。

1. 整体性

从社会学来看,只有把社会作为一个有机整体,并从这个角度出发,才能全面科学地认识社会的各种组成成分和各种特殊的社会现象之间的关系,这也就是社会学区别于其他社会科学的根本之处。这种整体性思想,在社会学的发展史上源远流长。早在19世纪中叶,斯宾塞就提出了"社会有机论"。虽然他的整个理论带有浓厚的社会达尔文主义的色彩,他将社会现象比做生物现象也显得过于简单,但他关于把整个社会作为一个有机整体来理解的思想无疑是正确的。

2. 综合性

社会是一个统一的整体,是一个多层次、多结构、多序列的完整网络,因此,作为把社会当做一个整体来研究的科学,社会学必然具有一种综合性学科的性质。首先,这种综合性突出表现在它研究任何一种社会现象、社会过程或社会问题时,总是联系多种有关的社会因素和自然因素来加以考察;其次,这种综合性还表现在社会学的研究经常结合和利用其他社会科学甚至自然科学的成果来做综合性的考察。

3. 科学性

社会学是一门运用科学的研究方法取得对人类社会的科学认识的学科。这种认识不是表面的,而是要深入到事物的本质;不是片面的,而是系统的认识。现在社会学把定性的方法与定量的方法结合起来已经成为一种普遍的趋势。如果不利用其他社会科学和自然科学的成果,社会学是不能实现它对社会的立体研究的。

1.2 社会发展

在我国的古籍中,"社"是指用来祭神的一块地方。《孝经·纬》记载:"社,土地之主也。土地阔不可尽敬,故封土为社,以报功也。""会"就是集会。两个词连用,表示在一定的地方,于民间节日举行的演艺集会、祭神的庆祝活动。西方社会学者对社会一词有各种不同的理解,说法不一。概括起来,社会是由一群人组成的,这群人之间存在着种种社会规定的关系,按照社会的规范发生交互行为,分工合作地进行必要的生产及其他社会活动,以满足社会成员不断增长的物质和精神需要。因此,社会发展具有基本规律可供研究。

1.2.1 社会发展的自然基础

人类社会是在自然界的基础上繁衍生息的,地理环境、自然界、人地关系以及自然资源对人类活动的制约等共同构筑了社会发展的自然基础。

1. 地理环境

生物和人类社会都是在地球表面上活动的。地理环境是人类社会发展的必要条件之一。我们把以生物或人类社会为主体的环境称为"地理环境"。

广义的地理环境包括古地理环境和现代地理环境。古地理环境是地质历史时期的地理环境，它的主体是古生物群和古沉积物。狭义的地理环境是人类出现以后的现代地理环境。人类出现以前的古地理环境是纯自然环境，而现代地理环境的情况则要复杂得多。

地球大约有60亿年的历史，生物在地球上的存在大约有20亿年的历史，而人类在地球上出现只是约200万年前的事。由于生物先于人类存在，所以生物也构成了人类环境的一部分。人类出现以后，虽然人类并未改变地球表层各种自然过程（地壳运动、大气环流、潮汐、洋流、河床过程、地形演化、土壤发育、生物群落演替等）的客观规律，但是，自然过程的发展方向和速度却受到人类活动的严重影响和干扰。随着社会的发展，人类不断地改造或破坏着自然环境，地理环境的面貌也发生了很大的变化。此外，人类还在遵守某些客观规律的条件下，按照自己的意志在地球表面上建造了许多世界上原先（人类出现以前）没有的东西，如农田、牧场、矿山、工厂、水库、电站、运河、道路、村庄、城市，其中最典型的就是城市。这些就是叠加在自然环境中的人工环境。

我们把未被污染的自然环境称为原生环境。它是地形、气候、水文（河、湖、海等）、植被等自然要素的组合。城乡社区的风貌在很大程度上取决于原生环境。山地的村寨不同于平原的集镇，江南的水乡不同于北国的山庄，沿海的港埠不同于内陆的城堡。我们把被污染了或被改变了的自然环境称为次生环境，如被污染了的大气、被污染了的水体、被污染了的土壤、被破坏了的林木或草地、被退化了的荒坡或空地等。自然界本身就存在着一些对人类生存和社会生产不利的因素，如地震、火山、台风、海啸、暴雨、洪水、塌方、泥石流等自然灾害或工程病害，人们称之为原生环境问题。由于人类活动而引起的环境退化（如土地沙化、土壤盐碱化等）和环境污染，则被称为次生环境问题。有些次生环境问题与原生环境问题是难以分开的，很多所谓的原生环境问题其实是人为因素引起的，例如气候变化和海平面上升。

2. 人类与自然界的关系

自人类出现以后，人类与自然界的关系经历了四个阶段，它们是：①依赖关系阶段。200万年前，原始社会最初的人类虽然能够制造工具，但也只是一些用石块和树枝制造的简单工具，用来采集果实、鞭打野兽，人类对自然界完全是一种依赖关系，靠天然的动植物提供食物等生活必需品。②顺应关系阶段。一万年前，人类进入了农业社会，懂得了顺应自然规律，学会了栽培植物和驯养动物，人类的食物来源主要靠农作物和家畜、家禽来提供，但是农牧业收成的好坏却完全靠大自然的恩赐。③掠夺关系阶段。200多年前，人类发明了机器，进入了工业社会，对燃料和原料的需求加速增长，开始对矿产进行掠夺性的开采，对森林进行破坏性的砍伐。化石燃料（煤炭、石油和天然气）、核燃料、金属和非金属原料的开发和利用，产生了大量的"三废"（废气、废液和废渣），污染了原生环境。④和谐关系阶段。第二次世界大战以后，随着世界人口的增长、人们生活水平的提高，以及对资源需求的猛增，逐渐出现了资源相对短缺的局面。20世纪70年代初，发生了能源危机，环境污染问题也日趋严重。人们开始认识到片面追求经济增长和片面强调改造自然有可能带来灾难性的后果，人类应该走可持续发展的道路，人与自然的关系进入和谐相处的阶段。特别是进入 21 世纪，人类开始将追求"生态文明"确定为人与自然关系的准则。

3. 人类对环境的作用

人类对环境的作用，概括起来有以下几个方面：①开发。即对还没有被利用的资源进行开采和垦殖。②利用。即对已被开发出来的资源进行处理和加工。③改造。即用加工好了的材料和产品来改善自然环境和建造人工环境。④破坏。即不合理地开发和利用自然资源所造成的不良后果。⑤污染。即把在开发、利用和改造过程中产生的废物排放到环境中，对生物或人类造成有害的影响。⑥治理。即对已经被破坏和被污染了的环境进行治理。⑦保护。即对尚未被破坏或被污染的环境采取必要的措施，进行保护。

人类不断从自然环境中取得资源，把它们加工成产品以后，一部分作为生活资料，直接供人们消费，另一部分作为生产资料，用来改善自然环境和建造人工环境。与此同时，人类还在开发利用资源进行生产和消费的过程中，把有害的物质和多余的能量送回到自然界中去，污染了环境。因此，自然资源是从环境中来再回到环境中去，从自然环境中来再回到人工环境中去，从原生环境中来再回到次生环境中去的物质和能量。资源的开发和利用过程也就是各种有用物质和能量在地理环境中的迁移和转换过程。总之，我们必须合理地开发和利用自然资源，合理地规划和建设人工环境；对已被破坏和已被污染了的环境要尽快治理，对未被破坏和未被污染的环境要尽力保护。只有这样，人类才能与自然界保持和谐的关系。

4. 环境对人类的影响

自然环境是各种自然要素，即地形、气候、海洋、陆水、土壤和植被等的复杂综合体。这些要素的交互作用，不仅形成了人类生存的环境，而且也为社会生产提供了必要的资源，包括可再生资源（如生物）和不可再生资源（如矿物）。自然环境对人类来说有两方面的作用，即有利的一面与不利的一面。有利的自然环境，从生产的角度来看，实际上就是具有丰富多样的自然资源。不利的自然环境，主要就是缺乏足够的自然资源。环境对人类的影响主要表现在以下三个方面：①资源的局限性。即资源的种类和数量对人类生存和社会生产活动的限制，即对人口的限制。②原生环境问题。即各种自然灾害对人类生存和社会生产的破坏性影响。③次生环境问题。即由于人类活动所引起的对空气、水、土、食物的污染，以及噪声和辐射线对人体的伤害等。

5. 自然资源与社会发展

人类与自然界的关系是随着社会的发展而发展的。人类最先利用的是生物界，包括栽培植物和驯化动物；之后就是改良土壤，引水灌溉；再后就是开发矿产，建造工厂，于是地球上就逐渐出现了农田、牧场、水渠、道路、矿山、工厂和城市。人类从环境中所索取的资源，其种类、数量、规模、范围都取决于人口的数量、人类的技术水平、生产水平和生活水平，即整个人类社会的发展状况。

在旧石器时代，人类就对自然环境施加影响，尤其是在学会用火以后。到了新石器时代，人类开始栽种植物和驯养动物。在青铜器时代，劳动开始分工，产生了手工业，出现了城市。但是在石器时代，铜和锡还不是资源；在青铜器时代，铁还不是资源。在原始社会，土地、水流就像阳光、空气一样，并未成为有价值的资源。随着农牧业的兴起和引水灌溉的发展，土地、水流也都成为了有价值的资源。由此可见，随着社会的发展，资源的种类、范围、广度、深度和价值都在不断地扩大、加深和变化。

6. 人类生态系统分析

人类社会与地理环境是一系列因子相互关联的复杂系统，我们称之为人类生态系统。这个系统是处于动态平衡之中的。而人类的活动，尤其是生产活动，在这个系统中却是引起不平衡的重大因素。用系统分析的方法来研究这个复杂系统，探索人类社会与地理环境之间相互关联的各种通道和可供选择的最佳途径，也正是现代社会学所关注的问题之一。

引起人类生态系统发生巨大变动的最重要的社会因素就是科学技术，就是人类从自然界攫取资源并对其进行加工处理的技术。科学技术是在不断发展的，因此，资源的产量和储量也是随时间而变化的（表1-1）。因此，我们必须按照人口密度、生活水平（消费产品的速度）、生产水平（消耗资源的速度）、技术水平（开发和利用资源的广度、深度和速度）等指标来分析和评价一定时间和一定空间范围内的各类资源的产量、质量和储量，来探讨人类社会与地理环境之间的供求平衡关系。

表1-1 自然资源利用与社会发展

时期	起始年代	新的工具和技术	新增的资源种类	社会聚落形态
旧石器时代	约100万年前	粗制石器，钻木取火	石头（燧石）、树枝、兽、鱼、果	部落
新石器时代	约1万年前	精制石器，刀耕火种	栽培植物、驯化动物	农牧业社会，城市产生
青铜器时代	公元前3000年	铜制斧、犁、冶炼技术，轮轴机械，灌溉技术，木质结构建筑	矿石（铜、锡）、土地（耕地）、林木（盖房的材料、冶炼的燃料）、水流（灌溉用水）	
铁器时代	公元前五世纪	铁斧、铁犁等，齿轮传动机械，石质结构建筑，水磨	铁、铅、金、银、汞（水银）、石料（建材）、水力	
中世纪	公元五世纪	航海，风车	海洋水产，风能	手工业城市，政治、军事、宗教中心城市
文艺复兴时期	公元14世纪	爆炸采矿	硝石（炸药、肥料）	
产业革命时期（第一次工业革命）	18世纪50年代	蒸汽机	煤（大量开采）	密集的城市核心区、街区、工厂区
西方殖民地时代	19世纪50年代	火车，轮船，电力，炼钢	锰、镍、钨等黑色及有色金属	
第一次世界大战前后（第二次工业革命）	19世纪90年代	电信技术和燃油内燃机的结合，汽车，内燃机，飞机，化肥	石油，铝，磷，钾	城市郊区化

续表

时期	起始年代	新的工具和技术	新增的资源种类	社会聚落形态
第二次世界大战前后	20世纪30年代	人造纤维,原子技术	一些稀有元素,铀、钍等放射性元素	
第二次世界大战以后	20世纪50年代	空间技术,电子技术	更多稀有元素,半导体材料	
第三次工业革命	2008年	绿色能源	非碳能源资源	分散化、多核心城区

不论是研究资源的开发和利用问题,还是研究环境的管理和保护问题,时间尺度至关重要。技术经济学家往往着眼于较短期(3年、5年或10年)的经济效果,而人类生态学家则常常着眼于较长远时期(十几年、几十年甚至上百年)的生态平衡,注意分析再生资源的循环周期(如林木的更新)与非再生资源的回收周期(如金属的回炉)等。此外,研究社会与环境之间的供求和平衡关系还必须有空间尺度,即确定是从全球来考虑问题、从全国来考虑问题,还是从一个城市来考虑问题。

1.2.2 社会运行

人与自然及其相互之间的联系所形成的网络,不是静止地放置在地球之上,而是在昼夜不停地运动变化,体现结构的价值,展示社会的魅力。社会学所关注的社会运行的几大主题是:社会需求、社会互动、社会管理与控制、社会变迁与进步、社会发展规划、和谐社会理念,以及包容性增长。

1. 社会需求

社会运行的动因及运行动力蕴藏于组成社会的基本要素——人的需求之中。正是人的需求,即人对自身生存与发展条件的欲求迫使人与自然发生联系、人与人发生联系,并在此之中通过活动满足这种欲求,进而形成社会,以及使社会成为活的有机体。由于人的需求既具有物质性的需求,还具有精神性需求,因而组成了不同层次、内容丰富的"需求"体系。目前最具操作性的"需求"体系是马斯洛需求层级理论,即认为需求分为五个层次。第一层,生理需求;第二层,安全需求;第三层,友爱需求;第四层,尊重需求;第五层,自我实现的需求。这五个层次的需求是由低级需求向高级需求发展的。人们首先追求较低层次的需求,只有在得到高度满足之后,较高层次的需求才会突出地表现出来。人的需求始终处于永无止境的状态之中,原来的需求满足了,又有新的需求产生。新的需求便成为现实行为的推动力,于是社会就在人类不断去追求满足自身新的需求的过程中得到运行的动因与力量,永不停息地运转下去,从而使其运行过程具有持续性和永恒性。

2. 社会互动

人的需求可在个人与个人之间、群体与群体之间的相互补充中得到满足。这种相互作用性就决定了满足需求的个体行为或群体行为实质上是一种社会互动行为。社会互动行为就是指社会中人与人之间、群体与群体之间的相互依赖性的感性活动。社会中的各种互动,都是社会运行中的基本组成,不管行为者的行为是由什么样的个性与特殊条件所决定而表现为不同目标的运动与力量,但他们的行动的总和都形成一种平均合力来表现社会系统的运行。人们在社会互动过程中所能得到的需求的满足程度以及人们在社会互动过程中所结成的这种合力的大小会影响到社会系统运行的平衡性、协调性以及方向性。因此,从某种意义上讲,社会运行就是人们的社会互动的综合化、整体化。也正因为如此,社会中的人们的互动行为是社会学研究相当关注的内容。

3. 社会管理与控制

社会运行的趋势是社会发展与进步。要使这种趋势维持下去,则要求有引发运行的动机,即个体与群体的需求具有能够促使社会良性协调运行的合理结合状态。社会运行的具体表现方式——社会互动要满足大多数人的需求与利益,从而才能推动社会运行朝着社会文明与进步的方向前进。个人的需求、群体的需求是否能得到合理的结合,必须通过社会系统有目的、有计划、有原则的调节。而社会合力的大小,也取决于能否通过有效的社会管理与调节来达到个人与个人之间、组织与组织之间、组织与个人之间、国家与个人之间的互动协调一致。调节是社会运行过程中的重要环节。这种调节性的过程是依赖社会管理与控制来实现的。

社会控制概念与生物学有关。达尔文认为,生物进化是通过自然选择实现的。生物个体为了在大自然中继续生存下去,保持自己的物种不被消灭,就必须不断发展自己的适应能力。适者生存,弱者灭亡,物竞天择,自然淘汰,这就是自然界对生物个体的控制机制。这种控制是通过盲目的、不自觉的自然进化法则来完成的。在人类社会,天性存在着一种"自然秩序"(natural order),它包括同情心(sympathy)、互助性(sociability)和正义感(sense of iustyce)。罗斯认为,正因为人性中存在这些"自然秩序"的成分,人类社会才能处于自然秩序的状态,大家互相同情,互相帮助,互相约束,和平共处,相安无事。人们会自行调节自己的行为,不会出现因人与人之间的争夺、战争而引起的社会混乱现象,因此也就不需要进行社会控制。

可是,这种所谓的"自然秩序"状态被19世纪末和20世纪初的城市化和大规模移民破坏了。初级群体和社区迅速解体,人们不得不生活在一个完全陌生的环境之中,因而人性中的"自然秩序"遭到破坏,对人的行为不再起约束作用。于是,出现了越轨和犯罪等一系列社会问题。在这种情况下,必须有一种新的机制来维持社会秩序,这就是社会控制。

那么什么叫社会控制呢?按照以上的分析和理解,不妨这样说:凡是利用任何社会或文化的工具对个人或集体行为进行约束,使其依附于社会传统的行为模式,以促进社会或群体的协调和发展的,都可以叫做社会控制。社会控制最基本的形式是建立在个人对社会规范和角色的期待,以及对正当的行为标准的承诺之上,不然人们就不会依附于这些行为模式,就会进行反抗。因此,大部分的社会控制可以认为是人们通过社会化,把社会规范和价值观内化成人们自觉行为的结果。

因此,社会控制可能是积极的,也可能是消极的。但不论是积极的还是消极的,社会控制都可能表现为比较形式化的和不太形式化的。所谓形式化的社会控制,包括那些为了处理人们的行为而产生的诸如权威系统、法律、条例、规程等。这些都是比较正规的、形式化的。其中积极奖励的如奖状、奖金和奖章等,消极惩罚的如判处死刑、坐牢和流放等。社会中有组织的宗教也表现为形式化的控制系统。所谓非形式化的社会控制,其表现往往是人们不自觉、不怎么定型的行为。例如,公共舆论和时尚虽然流行很快,但却不那么正规,人们往往以表扬或嘲笑等方式进行传播。所谓积极的社会控制,是指建立在积极的个人顺从的动机上,以物质的刺激和精神的鼓励进行,大多数的行为是通过社会化的内化作用形成的,人们相信这样做是对的,社区中大多数人也都认为这样做是对的。所谓消极的社会控制,是指建立在惩罚或对某些惩罚的一种畏惧心之上的。人们知道不守法就要被处以罚款、坐牢或死刑,人们也知道如果不按风俗习惯办事其行为就要遭到非难、嘲笑或拒绝。社会控制进行的方式是各式各样的。人们通常把风俗、习惯、道德、法律、宗教、艺术以及各种社会制度和与此相适应的体现国家权力的军队、警察、法庭、监狱等称为社会控制的各种不同方式。

4. 社会变迁与进步

社会通过在一定的管理与控制下的人们的互动不断地满足人们的需求。人们的需求在人们的互动中得到不断的满足而又不断地产生新的欲求,这是需求的本性所决定的。于是人们的互动内容和互动方式也随之不断地改变、提高和发展,以满足新的需求。因而,社会也就在这种运行机制中表现出无穷无尽、多姿多彩和广泛普遍的各种变化,它能使人们感受到社会的日新月异,新旧交替。在社会学的研究中,人们把这种现象称为社会变迁。

所谓社会变迁,是指在一个社会中,社会结构方面发生的任何社会制度或人们社会角色模式变动的过程。古今中外,对于社会变迁这类问题有不少说法,具有代表性的理论论述如下。①历史循环论。我国战国时代的阴阳五行家邹衍(约前305—前240年)认为:历史的发展和变迁是按照"五德终始"和"五德转移"的。意大利唯心主义哲学家维科(Giovanni Battista Vico,1668—1744)认为:人创造历史……上帝并不直接影响历史事件的进展。维科把历史看做是循环的过程。②社会进化论。社会进化论源于生物进化论。19世纪后期,人们非常相信进化的变迁思想,认为进化既然是自然规律,也应该是社会规律。早期的社会进化论者有三个基本假定:(a)相信变迁是一个积累的过程;(b)变迁增加了社会的文化和分化,增加了复杂性;(c)变迁提高了人们的适应力,因此激发了进步。西方社会学者一般同意前两个假定,而对第三个假定则持怀疑态度。早期的学者总相信社会是沿着一定的进化阶梯前进的,每一阶梯都比前一个阶梯高,社会是笔直地前进的。③社会均衡论。均衡论的思想是西方社会学理论中结构功能主义的理论。这一理论认为,社会是一个系统,由互相有关系的部分或机构组成,并互相整合协调。社会永远朝向均衡的状态运行。在均衡状态里,社会体系是和谐而无冲突的,变迁也是缓慢而有秩序的。由于社会均衡论思想反对社会进步、革命和革新,所以它在社会变迁的诸理论中是趋向保守的。

社会发生变迁是必然的。科学技术作为生产力,越来越显示出对社会变迁的巨大作用。主要表现在以下两个方面：①科学技术的创新。科学技术发展变化的过程，是从其内部的源泉开始的。这个源泉就是发明(invention)和发现(discovery)，合起来称做创新(innovation)。所谓发明，就是在科学技术上创造新事物或新方法。所谓发现，就是经过研究和探索，看到或找到前人没有看到或找到的事物或规律。创新可以通过从人类环境中已经使用的物质中发现新的物质。②科学技术的传播与扩散。科学技术的发展变化不仅从内部的源泉而来，发明与发现也经常来自于别的社会和别的文化，引进或传播经常是文化变迁和社会变迁的主要来源。

社会变迁也是有规律的。社会变迁的规律通过变化的内容、变化的形式、变化的根源和变化所给社会带来的各种效应得到展示。社会变迁的方向性规律，从社会学研究的视角出发，把它具体地归结到如何审视社会发展的现代化上。这样，对为什么要变、社会的什么在变、怎样变、朝着什么方向变、变了以后又怎么样等各种问题的具体现实的研究，便成了社会学研究中的重要组成部分。

5. 社会发展规划

既然社会变迁是必然的，而且具有一定的规律，这就为人们编制社会发展规划提供了可能。所谓社会发展规划，即人们为了调控社会运行的状况、实现社会的协调发展和有计划的社会变迁，而对社会的有关系统、社会生活的有关方面的发展做出的规划。

1982年制定第六个五年计划时，由于开始认识到只注重经济增长、忽略了社会发展的偏颇，第六个五年计划易名为"国民经济和社会发展计划"。自此，我国各级政府目前均编制"国民经济与社会发展五年规划"。从第六个到第十个五年计划，关于社会发展的概念有一个逐步形成和完善的过程。最开始时，人们的认识是经济增长是硬指标、硬任务，而社会发展只是一种软约束、软要求。随着社会发展概念的不断充实、完善和系统化，社会发展在今天已经成为包括人口、就业、收入分配、社会保障、教育、健康、医疗卫生、科技、文化事业和生态环境等在内的系统工程。第十一个五年计划更名为"国民经济与社会发展规划"，确立了空间平衡与协调的原则，增强了规划的空间指导和约束功能，提出了"全面建设小康社会"的目标。2010年编制的"国民经济与社会发展十二五规划"以加快转变经济发展方式为主线，把建设资源节约型、环境友好型社会作为加快转变经济发展方式的重要着力点。

专栏 "十二五"时期基本公共服务范围和重点

(1) 公共教育

①九年义务教育免费，农村义务教育阶段寄宿制学校免住宿费，并为经济困难家庭寄宿生提供生活补助；②对农村学生、城镇经济困难家庭学生和涉农专业学生实行中等职业教育免费；③为经济困难家庭儿童、孤儿和残疾儿童接受学前教育提供补助。

(2) 就业服务

①为城乡劳动者免费提供就业信息、就业咨询、职业介绍和劳动调解仲裁；②为失业人员、农民工、残疾人和新成长劳动力免费提供基本职业技能培训；③为就业困难人员和零就业家庭提供就业援助。

(3) 社会保障

①城镇职工和居民享有基本养老保险,农村居民享有新型农村社会养老保险;②城镇职工和居民享有基本医疗保险,农村居民享有新型农村合作医疗保险;③城镇职工享有失业保险、工伤保险、生育保险;④为城乡困难群体提供最低生活保障、医疗救助和殡葬救助等服务;⑤为孤儿、残疾人、五保户、高龄老人等特殊群体提供福利服务。

(4) 医疗卫生

①免费提供居民健康档案、预防接种、传染病防治、儿童保健、孕产妇保健、老年人保健、健康教育、高血压等慢性病管理、重性精神疾病管理等基本公共卫生服务;②实施艾滋病防治、肺结核防治、农村妇女孕前和孕早期补服叶酸、农村妇女住院分娩补助、农村适龄妇女宫颈癌乳腺癌检查、贫困人群白内障复明等重大公共卫生服务专项;③实施国家基本药物制度,基本药物均纳入基本医疗保障药物报销目录。

(5) 人口计生

①免费提供避孕药具、孕前优生健康检查、生殖健康技术和宣传教育等计划生育服务;②免费为符合条件的育龄群众提供再生育技术服务。

(6) 住房保障

①为城镇低收入住房困难家庭提供廉租住房;②为城镇中等偏下收入住房困难家庭提供公共租赁住房。

(7) 公共文化

①基层公共文化、体育设施免费开放;②农村广播电视全覆盖,为农村免费提供电影放映、送书送报送戏等公益性文化服务。

(8) 基础设施

①行政村通公路和客运班车,城市建成区公共交通全覆盖;②行政村通电,无电地区人口全部用上电;③邮政服务做到乡乡设所、村村通邮。

(9) 环境保护

①县县具备污水、垃圾无害化处理能力和环境监测评估能力;②保障城乡饮用水水源地安全。

6. 和谐社会理念

和谐社会是人类孜孜以求的一种美好社会。进入 21 世纪后,我国的人均国内生产总值已经突破 1000 美元,在这样一个发展阶段,有可能出现两种结果:一种是进入"黄金发展时期",经济社会协调发展;另一种是进入"矛盾凸现时期",社会管理体制不能很好地与经济发展相适应,跟不上社会发展的要求。和谐社会从全面建设小康社会、开创中国特色社会主义事业的新局面出发,明确提出构建社会主义和谐社会的战略任务。

7. 包容性增长

1990 年至 1995 年,世界银行先是提出要实现"广泛基础上的增长"(broad-based growth),而后又提出"对穷人友善的增长"(pro-poor growth)的理念,但均因没有充分重视不同群体参与经济活动的机会差异而没有取得广泛认同。2004 年,亚洲开发银行把"包容性社会发展"提升到减除贫困的战略支柱的地位,而后更是把"强化包容性"作为其优先战略。2005年,亚洲开发银行支持进行了"以包容性增长促进社会和谐"的研究,旨在分析中国改革开放以来经济增长的特点和收入差距扩大的原因及其后果,探讨通过包容性增长模式构建和谐社会的政策路径。2007年亚洲开发银行在《新亚洲、新亚洲开发银行》的报告中明确提出了包容性增长的概念。它的原始意义在于"有效的包容性增长战略需集中于能创造出生产性就业岗位的高增长、能确保机遇平等的社会包容性以及能减少风险,并能给最弱势群体带来缓冲的社会安全网"。最终目的是将经济发展的成果最大限度地让普通民众来受益。包容性增长即为倡导机会平等的增长。随后,亚洲开发银行在《战略2020》(2008)中将包容性增长界定为能创造和扩展经济机会、社会所有成员均等获得这些机会、参与并受惠于经济增长的增长模式。

1.2.3 社会运行状态评价

1. 社会发展指标

为了比较全面地反映一个社会或社会中的一个系统的存在和运行状况,就必须采用一系列具有内在联系的指标项目所结合而成的社会指标体系。社会发展指标,简单地说,就是描述和评价社会整体及各方面存在和运行状况的项目及其数值(包括数字、图表和符号等)。例如,一个国家的国民收入在某一时期内的增长率和城市化的水平,就是衡量社会存在和运行状况的两项重要指标。这样的数值主要有两种:一是现实社会发展的统计数据;二是根据一定的历史、现实材料的分析,按一定的理论提出的数据。表1-2是关于我国社会发展的指标体系,由国家统计局社会统计司制定,分15个大类,包括1300多个指标(表1-2中对那些具体指标未一一列出)。按照一定的方式运用社会指标体系,可以使我们从总体上一目了然地把握社会是否处于协调发展之中。

表1-2 中国的社会指标体系

指标集	指 标
(1) 自然环境	①人口密度(人/km^2);②城市建成区面积(km^2);③城市人均绿地面积(m^2)
(2) 人口与家庭	①总人口(万人);②性别比;③市镇人口占总人口的比重(%);④出生率(‰);⑤死亡率(‰);⑥结婚对数(万对);⑦离婚对数(万对);⑧平均寿命(岁)
(3) 劳动	①劳动力资源(万人);②社会劳动者(万人);③社会劳动者占劳动力资源的比重(%);④城镇待业人员(万人);⑤待业率(%);⑥物质生产部门劳动者占社会劳动者的比重(%);⑦脑力劳动者占社会劳动者的比重(%);⑧第三产业劳动者占社会劳动者的比重(%)
(4) 居民收入与消费	①居民平均收入(元);②劳动者平均劳动收入(元);③职工生活费用价格总数(以 X 年为100);④居民消费水平(元);⑤社会消费品零售额中吃所占的比重(%);⑥农民生活消费中商品性支出所占的比重(%);⑦城乡居民储蓄存款年底余额(亿元)

续表

指标集	指标
(5) 住房与生活服务	①人均居住面积(m²);②全社会住宅投资总额(亿元);③每万人口中零售商业、饮食业和服务业机构数(个);④每万人口中零售商业、饮食业和服务业人员数(人);⑤每万人拥有电话机数(部);⑥每万人拥有邮电局数(处);⑦每万城市人口拥有公共电话机数(部)、汽车数(辆);⑧每万城市人口拥有铺设道路面积(万 m²);⑨城市自来水用水普及率(%);⑩城市煤气普及率(%);⑪人均使用长途交通工具次数(次)
(6) 劳动保险与社会福利	①实行各项劳动保险制度职工人数(万人);②劳动保险费用总额(亿元);③退职退休离休职工人数(万人);④社会福利事业单位数(个);⑤社会福利事业单位收养人数(万人);⑥年内摆脱贫困户户数(万户)
(7) 教育	①各级学校数(个);②各校学校教师数(万人);③各级学校在校学生数(万人);④各级学校招生数(万人);⑤各级学校毕业生数(万人);⑥每万人口大学生数(人);⑦学龄儿童入学率(%);⑧小学毕业生升学率(%);⑨各级成人教育学习人数(万人)
(8) 科学研究	①自然科学研究机构数(个);②自然科学研究机构的科技人员数(万人);③全民所有制单位自然科技人员数(万人);④每万人口中自然科技人员数(人)
(9) 卫生	①卫生机构数(万人);②卫生机构床位数(万张);③卫生技术人员数(万人);④婴儿死亡率(%);⑤新法接生率(%)
(10) 环境保护	①工业废水排放达标率(%);②工业废渣综合利用率(%)
(11) 文化	①艺术表演团体(个);②电影放映单位(万个);③广播电台(座);④电视台(座);⑤公共图书馆(个);⑥博物馆(个);⑦群众文化馆(个);⑧人均看电影次数(次);⑨书刊出版印数(亿册、亿份)
(12) 体育	①等级运动员发展人数(人);②举办县级以上运动会次数(次);③获世界冠军个数(个);④破世界纪录次数(次);⑤达到"国家体育锻炼标准"人数(万人)
(13) 社会秩序与安全	①律师工作者数(人);②公证人员数(人);③人民调解委员会数(万个);④刑事案件发案数(万件);⑤交通事故件数(件);⑥火空事故件数(件)
(14) 社会活动参与	①工会基层组织数(万个);②工会会员数(万人);③共青团员数(万人);④少先队员数(万人)
(15) 生活时间分配	①用于工作和上下班路途时间(h);②用于个人生活必需时间(h);③用于家务劳动时间(h);④用于自由支配时间(h)

2. 人类发展指数

人类发展指数(human development index,HDI)是联合国开发计划署(UNDP)在《人类发展报告》中所使用的发展评价方法,是用来对各个国家居民生活水平进行比较排序的统计指标。联合国开发计划署于 1990 年首次发布的《人类发展报告 1990》中,第一次使用了人类发展指数。人类发展指数是对于其寿命、文化教育和生活水平的综合评定,这个指数为 0~1,指数越接近 1 说明这个国家经济和社会发展的程度越高。联合国开发计划署将全球国家或地区划分为"极高人类发展指数国家"、"高人类发展指数国家"、"中等人类发展指数国家"和"低人类发展指数国家"几大类型,通过对发展状态的相对比较确定其发展阶段。

《人类发展报告 2011》的人类发展指数包括三个维度：健康长寿的生活、良好的教育和良好的生活水平，使用了四个指标数据：国民预期寿命、受教育时间、预期受教育时间和人均 GDP（购买力核算）。根据 2011 年报告，挪威、澳大利亚、荷兰、新西兰和加拿大分别列第 1～5 名，中国排名 101 位，被列入中等人类发展指数国家，如表 1-3 所示。

2011 年联合国《人类发展报告》的计算方法为

(1) 预期寿命指数 $\text{LEI} = \dfrac{\text{LE} - 20}{63.2}$

(2) 教育指数 $\text{EI} = \dfrac{\sqrt{\text{MYSI} \cdot \text{EYSI}}}{0.951}$

① 平均受教育年数指数 $\text{MYSI} = \dfrac{\text{MYS}}{13.2}$

② 预期受教育年数指数 $\text{EYSI} = \dfrac{\text{EYS}}{20.6}$

(3) 收入指数 $\text{II} = \dfrac{\ln(\text{GNIpc}) - \ln(163)}{\ln(108\,211) - \ln(163)}$

人类发展指数 $\text{HDI} = \sqrt[3]{\text{LEI} \cdot \text{EI} \cdot \text{II}}$

以上各式中，LE 为出生时的预期寿命；MYS 为平均受教育年数（25 岁以上人群受教育年数）；EYS 为预期受教育年数（5 岁儿童预期受教育年数）；GNIpc 为通过购买力核算的人均国民收入，美元。

表 1-3 2011 年人类发展指数主要国家（地区）排名

排名	国家（地区）	人类发展指数	排名	国家（地区）	人类发展指数
极高人类发展指数国家（地区）			极高人类发展指数国家（地区）		
1	挪威	0.943	9	德国	0.905
2	澳大利亚	0.929	10	瑞典	0.904
3	荷兰	0.910	11	瑞士	0.903
4	美国	0.910	12	日本	0.901
5	新西兰	0.908	13	中国香港	0.898
6	加拿大	0.908	中等人类发展指数国家（地区）		
7	爱尔兰	0.908	101	中国大陆	0.687
8	列支敦士登	0.905	103	泰国	0.682

资料来源：UNDP，2011 年人类发展报告，2011。

3. 幸福指数

幸福指数也是用来度量生活质量或社会发展的重要指标，与单一的经济指标（GDP）相比，它更加全面整体并更侧重于心理体验方面。国家幸福感（gross national happiness）这一概念由不丹国王在 1972 年提出。他在位的 34 年间，不丹的发展一直遵循着物质和精神并重的发展原则，追求经济发展、人民情感和生活体验的平衡，实现了可持续的经济发展、保留和推广了独特的文化价值、保护了优美的自然生活环境和建立了良好的公共管理制度。在他的理论中,全民的幸福感包括良好的健康、良好的个人发展前景、有安全感、拥有住房、拥有稳定的收入和能平衡地支配自己的时间六大方面。幸福指数的计算,就是通过对经济、环境、健康、就业、社会和政治的问卷调查或统计分析,定量化地度量和比较各个国家和地区幸福感的情况,如表 1-4 所示。

表 1-4 幸福指数的指标体系

指标大类	问卷调研和统计数据度量
经济指标	消费借贷量,平均收入和消费品价格指数比,收入分配
环境指标	污染,噪声,交通
生理健康指标	疾病发生率
心理健康指标	抑郁病发生率,精神疾病率的提高和降低
就业工作指标	失业率,转岗率,就业相关的法律诉讼量
社会发展指标	社会歧视,安全度,离婚率,家庭参保率,家庭纠纷,公共纠纷,犯罪率
政治环境指标	地方民主问题,个人自由问题,国际冲突问题

在国内各地区中,广东省率先发布了幸福指数报告,提出"加快转型升级,建设幸福广东"的发展目标。报告中用 10 个方面的指标及其权重值计算了广东省各地市的幸福指数的水平。这 10 大指标包括就业和收入、教育和文化、医疗卫生和健康、社会保障、消费和住房、公用设施、社会安全、社会服务、权益保障和人居环境。通过幸福指数的公布,逐渐引导决策,在追求经济发展的同时,更加注重社会发展,着力改善民生,坚持走全面、协调、可持续发展的道路。自 2007 年以来,《瞭望东方周刊》推出 2007 中国(内地)最具幸福感城市评选。在"2012 年中国最具幸福感城市排行榜"中,青岛以总分 95.08 的成绩稳居首位,而长春以总分 92.48 的成绩位居榜单第五位。今年进入该排行榜前 10 强的具体城市为:青岛、杭州、惠州、成都、长春、南京、哈尔滨、烟台、苏州和重庆。据资料统计,2008 年至 2011 年,长春连续四年被评选为"最具幸福感城市",至今已连续五年榜上有名,并且一直保持在前 8 强。

4. 包容性增长指标

包容性增长最基本的含义是公平合理地分享经济增长,其中最重要的表现就是缩小收入分配差距。它涉及平等与公平的问题,包容性增长寻求的是社会和经济协调发展、可持续发展,与单纯追求经济增长相对立。包容性增长包括以下一些要素:让更多的人享受全球化成果,让弱势群体得到保护,加强中小企业和个人能力建设,在经济增长过程中保持平衡,强调投资和贸易自由化与反对投资和贸易保护主义,重视社会稳定等。作为包容性增长的可衡量的指标,有基尼系数(衡量收入分配)、识字率、公共品的一般供应和分配(包括教育、卫生、电力、水利、交通基础设施、住房和人身安全等);包容性增长也包括无形的因素、观念和"感情",其关键词是希望和参与,使社会上尽可能广泛的人群有共同的愿望。当一些社会成员觉得他们永远也不可能得到那些富人所想得到的,排斥和不包容就产生了。

在我国构建和谐社会的语境下,包容性增长显然具有多维度的内涵,要关注城乡差距、区域差距和不同群体之间的分配差距等不同方面,收入差距、公共服务水平差距、就业和社会保障水平差距以及参与政治经济决策权利的差距等不同维度,以及在发展过程中人们道德水平的提高、社会关系的协调、自然资源与生态环境的协调等内容,并保障所有地区、群体在各个维度上的绝对水平和增长机会的同步提高。

1.3 城市社会学及其发展

既然社会运行有规律可循,而现实的城市社会问题又需要解决,这就要求用专门的学科来进行研究,这门学科就是城市社会学。

1.3.1 什么是城市社会学

城市社会学(urban sociology),又称都市社会学,是以城市的区位、社会结构、社会组织、生活方式、社会心理、社会问题和社会发展规律等为主要研究对象的一门学科。城市社会学的主要研究内容包括:①城市社会的产生、形成和发展规律;②构成城市的自然环境和人文环境,其中城市自然环境有城市空间、水、大气、生态绿地和自然资源等,城市的人工环境包括人口、生活区、工作区、交通系统和文化特征等;③城市社会结构,如城市社会分层、城市社会群体和城市社会空间结构等;④城市社会组织,如不同类型的家庭、社区、政府组织、非政府组织和社会文化区等;⑤城市生活方式,包括城市生活方式的构成要素、特点以及影响城市生活方式变革的社会因素等;⑥城市社会心理及其发展变化对城市社会的影响;⑦城市社会问题,如人口、住房、交通、治安和环境等。

1.3.2 城市社会学的萌芽

18世纪工业革命后,城市数量激增,规模扩大,从而促使人们对城市的许多方面有了系统的认识。但直到20世纪20年代,在世界上最大的城市——芝加哥的芝加哥大学的社会学家们才把人类对城市的理论研究提高到了学科化的水平,城市社会学应运而生。齐美尔、帕克和沃斯是公认的城市社会学的创始人。

1. 滕尼斯的"社区"和"社会"概念

1887年,德国社会学家斐迪南·滕尼斯(Ferdinund Tonnies,1855—1936)出版了《共同体与社会》(*Gemeinschaf und Gesellschaft*)一书。在书中,他提出了"共同体"和"社会"这对概念,以描述和比较传统农业社会和现代城市社会这两种人类社会生活中的人际关系的特征。

滕尼斯认为,共同体是以亲属关系、邻里关系和朋友关系等"自然的"社会人际关系来支配一切的,把人们联结起来的是具有共同利益、共同目标、共同语言和传统以及共同善恶观念的家庭和邻里等自然的社会纽带。共同体的人际关系是亲密无间的,人们具有高度的一致性和融洽性，具有共同的是非观、道德观，对内真诚友善，对外则有一定的排他性。而以现代城市为特征的"社会"则是基于理性意愿而成的社会结合，法律和理性支配着一切，人们彼此生疏和冷漠，互不关心，甚至怀有敌意，生活的特点是肆无忌惮的个人主义和自私自利。滕尼斯在他的另一本书《礼俗社会和法理社会》中，把人类社会划分为以小乡村为特征的"通体社会"和以大城市为特征的"联组社会"。滕尼斯认为，在以大城市为特征的"联组社会"中，人们的生活方式从群体转变为个体，人们有更多的理智，首先关心的是自己的利益，唯我独尊。滕尼斯的上述看法代表了当时人们对城市社会人际关系与农村社区人际关系的基本的价值判断，在之后很长一段时期内，城市社会学家在研究城市社会关系时，城市社区问题成为一个难以回避的话题。

2. 迪尔凯姆的城市性

法国社会学家迪尔凯姆（Emile Durkheim，1858—1917），社会学年鉴学派的奠基人之一，1887—1902年在波尔多大学创建了法国第一个教育学和社会学系，1891年成为法国第一位社会学教授，1898年创建了法国《社会学年鉴》，围绕这一刊物形成了由一批年轻社会学家组成的团体——法国社会学年鉴学派。

迪尔凯姆对城市性的论述，主要体现在他对"机械团结"和"有机团结"的划分上。他提出，分工是高度发达的社会特征，生产劳动的专业化使个人不得不交换自己的劳动。个人更加独立的时候也更加依赖社会，社会分工的发展推动社会结构从机械团结向有机团结转变。他把不发达的传统社会中的社会整合称为"机械团结"，个人之间差异不大，社会是协调一致的；而将发达社会的社会整合称为"有机团结"，复杂的社会分工导致其产生了众多不同于传统社会的特征，如存在着高度的个性和微弱的集体意识、以恢复性法律为主导、有专门化的机构惩治犯罪、社会个体间有高度的相互依赖等。

在迪尔凯姆对"机械团结"与"有机团结"的分析中，暗含着社会变迁的模式。他看到社会整合的基础正转变为一种新的形式，社会分工是一种社会现象，造成社会分工的主要原因是人口的增长。城市人口的增长使生存竞争加剧，分工是保持与维护社会秩序的唯一手段。大量可变因素形成了城市社会与农村社会的差异。"有机团结"是以人与人之间的差别为基础的社会秩序，它是现代城市的特征，依赖于复杂的劳动分工，使人们获得了更多的自由和更多的选择可能性。

3. 齐美尔《大都市与精神生活》

格奥尔格·齐美尔（Georg Simmel，1858—1918），是形式社会学的开创者。他生于柏林一个信仰基督教的犹太商人家庭，父亲留下丰厚的遗产，足以令其衣食无忧。1881年齐美尔在柏林大学获得博士学位后，由于当时学术体制以及既有的排犹族（Antisemitismus，即反犹太族）背景，齐美尔一直无法获得正式教职，即使是在当时颇有影响力的朋友的帮助下，也是直到1900年才得到柏林大学无薪编外哲学教授（eine unbezahlte außerordentliche professur）的职位。1908年他向海德堡大学（Universität Heidelberg）求职，又因为历史学教授谢佛（Dietrich Schäfer）的反对而落空。齐美尔的授课，由于富于魅力的演讲，以及对逻辑、伦理、审美、宗教社会学、社会心理学和社会学等问题的探讨，而深受学生喜爱，同时他还在报纸上发表对当时社会问题的各种看法,特别试图探讨社会联结以及关系的形式,比如在不同社会关系中的层级,如在家庭、国家等领域,这为他创立形式社会学奠定了基础。

齐美尔的"形式社会学"认为,成员的纯粹数目是群体最抽象的特征之一,它作为一种结构形式对群体的性质和成员交往的状况有着非常重要的影响。这种影响在两人群体和三人群体之间可以比较明显地表现出来。两人群体因为只有两个人,成员面对的仅仅是另一个个人而不是群体。两人群体的存在取决于双方,它的生存需要双方的维系,只要有一方退出,群体就解体了。两人群体之间的关系具有唯一、独特、密切和脆弱的特点。然而三人群体的关系则要复杂得多。当三人群体中有两方意见不合,而发生冲突时,第三者可以扮演诸如"调解人"、"渔利者"、"离间者"等不同的角色。此外,三人群体的社会结构还可以约束其成员去实现共同的目标。其中两人通过结盟,可以把自己的意志强加于另一人身上。三人群体提供了社会行动的新途径,同时又限制了另外一些机会。齐美尔还认为,冲突具有社会整合的功能。其一,冲突促进了共同规范并发展了这些规范。其二,冲突推动了各方组织化的发展。其三,冲突通过各自实力的显示和较量有助于和解。其四,冲突创造了联合。在齐美尔看来,现代生活最深刻的问题源自于个体在面对压倒一切的社会力量、历史遗产、外部文化和生活技术时,要求保持其存在的自主性和个体性。而大都市正形成了一种强大而复杂的社会-技术机制,为了不至于被耗尽和毁灭,个体必须做出抗争和调适。

齐美尔1903年发表了《大都市与精神生活》(*Die Großstädte und das Geistesleben*)论文,这是一篇城市社会学的奠基之作。齐美尔论述的"大都市精神生活"的特征是城市环境复杂、生活节奏快、社会组织严密和精神刺激强烈。为了应付这些刺激,人们必须对事物进行比较和区分,根据事物的重要性决定自己的行为。正是在这种适应环境的过程中,城市人的心理特征是理智性、极强的时间观念、崇尚因果关系、个性化和疏远化等。齐美尔将城市背景及城市环境概念化为人口规模、社会心理环境刺激强度、社会分工、货币经济与理性等几个方面,以此来论证城市背景和城市环境对城市社会人际关系的影响。齐美尔认为,同农村人的狭隘、封闭相比,城市人在精神上是自由的,但是与这种自由相伴而生的是孤独和失落的情感。1911年佛莱堡大学(Albert-Ludwigs-Universität)授予齐美尔国家学科荣誉博士(Ehrendoktorat der Staatswissenschaften)的职位,以表彰他为社会学所做的奠基成果。1914年齐美尔获得史特拉斯堡大学(Kaiser-Wilhelm-Universität)正式教职的职位。

4. 米德的社会心理学

乔治·米德(George Herbert Mead,1863—1931),出生于马萨诸塞州一位神学教授家庭,16岁就考入奥伯林学院。因为父亲早逝,米德读完大学后便以担任小学教师、铁路勘探工和家庭教师来糊口。1887年,米德再度入学,考入哈佛大学哲学系,师从威廉·詹姆斯和乔赛亚·罗伊斯。一年以后,米德前往德国进修,在莱比锡从心理学之父威廉·冯特那里获益匪浅,尤其是冯特的"姿势"(gesture)概念后来成了支撑符号互动论的中心概念;也是在莱比锡,米德遇到了后来使他对心理学产生终生兴趣的美国心理学家斯坦利·霍尔。不过,米德的思想直接与三位美国思想家有关,他们就是米德在哈佛时的老师詹姆斯、在密执安大学任教时的好友哲学家杜威和社会学家库利。

米德是芝加哥大学哲学系的教授,他在哲学系开设的高级社会心理学课程,从1900年开始到1930年止,每年一次,整整开了30年,吸引了大批学生,其中包括社会学系的大多数研究生。在这门经典课程中,米德积30年之功,系统地阐释了后来被其学生赫伯特·布鲁默称之为"符号互动论"的思想。在他去世后由他的几位学生根据课堂笔记编辑的《精神、自我与社会》(*Mind, Self, and Society*, 1934)一书则成为"符号互动论"的"圣经"。米德的理论受齐美尔的影响,倡导从持续进行的社会过程或社会互动开始研究社会,因为精神、自我与社会都产生于这一过程。如果说在米德生前,他的理论将芝加哥社会学的视野从斯宾塞等人对宏观社会过程的关注转向微观的社会层次(包括社会问题的微观研究),那么在他去世后,"符号互动论"则成为抗衡第二次世界大战后帕森斯结构功能主义的理论基础。

5. 托马斯的移民社会心理研究

威廉·托马斯(William I Thomas, 1863—1947),芝加哥学派老将。1893年当他得知芝加哥大学成立社会学系时,这个在田纳西大学毕业又在德国留过学,并且已经在奥伯林大学获得教职的年轻人,还是毅然决然地来到芝加哥大学,成了斯莫尔和亨德森的研究生,并在两年以后成为系里的教师。1908年,托马斯获得一笔5万美金的研究资助,并由此开始了他对移民的社会心理与城市生活适应性的研究。5年以后,这项庞大的研究计划找到了一个十分合适的合作者——波兰人兹纳涅茨基。通过对波兰移民家庭的书信往来和生活史的研究,两人合作完成了长达5卷本的巨著《欧洲与美国的波兰农民》(*The Polish Peasant in Europe and America*, 1918—1920)。在这部著作中,托马斯和兹纳涅茨基力图描绘经历从波兰的乡土生活到美国芝加哥的都市生活这样的重大变迁的波兰农民在社会态度与社会行为方面的变化。他们富有创见地提出:只有把个人的态度和社会的客观文化的价值观综合起来考虑,才能充分理解人的行为。托马斯和兹纳涅茨基的社会心理学与心理学家不一样,他们关心的不是特定个体对特定事件的特定反应,而是组成群体生活的每一位成员所普遍采取的态度。在托马斯的社会学研究中,最值得玩味的是他的"情境定义"(definition of the situation)概念,用他自己的话来说,"如果人们把情境界定为真实的,那么它们在结果上也就是真实的"。这一被罗伯特·默顿称为"托马斯原理"的假设向人们展示,情境的社会定义尽管是主观的,但却有其客观的结果,这也为后来的贝克尔和勒默特的"社会标签论"提供了理论雏形。《欧洲与美国的波兰农民》成就了托马斯的大业,也为芝加哥学派奠定了最为坚实的基础。有人将这部著作视为定性研究的开山之作。

1.3.3　芝加哥人类社会学派

1. 帕克的城市生活和城市社会问题研究

罗伯特·E.帕克(Robert Ezra Park, 1864—1944),城市社会学的奠基人,芝加哥学派重要代表人物之一。帕克1864年生于美国宾夕法尼亚州一个商人家庭,曾在密执安大学J.杜威门下读书,受到实用主义哲学的影响,1887年获哲学学士学位。随后作为报社记者对城市社会问题和贫民阶层进行了许多调查报道。1898年获哈佛大学哲学硕士学位后,到柏林的Friederich-Wilhelm大学进修,受到齐美尔学术思想的影响,后到海德堡大学师从新康德主义者威廉·文德尔班教授,其间萌生了对社会心理学尤其是集群行为的浓厚的研究兴趣,1903年完成《群众与公众》(Crowd and Public),获博士学位。1904年回国后任哈佛大学哲学助理教授,结识了黑人领袖B. T. 华盛顿,并与之密切合作七年,逐渐了解了黑人的生活、习俗和状况。1914年,应W. I. 托马斯之邀来到芝加哥大学社会学系任教,为学生开设"美国黑人"课程。由于社会学系没有教师编制,帕克是以神学院教授级讲师(professional lecture)的名义进入芝加哥大学的,并且在这个几乎无薪的位置上待了九年(其间1918年将帕克引入芝加哥社会学殿堂的托马斯因"生活不检点"而被迫离开了芝加哥),1919年返回芝加哥接替托马斯的社会心理学教席的埃尔斯·沃斯·法里斯继任社会学系主任,而且法里斯的儿子罗伯特·法里斯跟随帕克攻读博士学位,这位新的系主任给了帕克更大的发挥自己才华的空间。帕克凭着对城市生活独一无二的理解,对社会学和社会心理学有近乎着迷般的倾心,于1923年升任正教授,1925年芝加哥社会学系的创始人斯莫尔退休并于一年后去世,1925年帕克接任美国社会学会主席,并很快成为芝加哥学派的中心人物。

帕克认为,社会学是一种研究人类行为的自然科学。他对城市的研究主要包括人口、邻里关系和职业三个方面。他根据社会成员行为上相互作用的方式,把社会发展过程分为四个阶段:竞争、冲突、调节和同化。费孝通是这样评价的:确实,帕克和托马斯一样,是将社会学与社会心理学从"扶手椅"中解放出来,赋予其现实品格的第一批学者。在1921—1931年的10年间,帕克指导的博士研究生进行了15项有关城市生活和城市社会问题的研究,其对象包括非法团伙、流浪汉、职业舞女、妓女、吸毒、青少年犯罪以及犹太移民等。在帕克从芝加哥社会学系退休的前一年,也就是1932年,他曾经来到中国北京燕京大学担任访问教授,还到北京的天桥去访问"下层社会",希望学生能够从人们的实际生活中学习社会学。在帕克留下的为数不多的学术著作中,他与伯吉斯、麦肯齐和沃斯合作的《城市》(The City,1925)鲜明地提出城市绝不是一种与人类无关的外在物,也不只是住宅区的组合;相反,它是一种心理状态,是各种礼俗和传统构成的整体……城市已与其居民们的各种重要活动密切地联系在一起,它是自然的产物,也是人类属性的产物。正是这本著作连同这些作者的其他文献,确立了城市社会学的最初地位。

2. 麦肯齐的"生态星座"和"生态进程"

罗德里克·麦肯齐(Roderic McKenzie)与帕克一样,认为植物和动物生态学的观点和概念对于推动人文社会的研究具有参考价值,强调注意人文和非人文生态秩序的区别(McKenzie,1924)。他认为,人类生态学与低等组织的生态学的区别在于人在适应环境的过程中能够采取高水平的行为,在限定的条件下,作为文化动物的人可以建立起自己的习惯。人文社会的共生关系表现为对文化环境和生物地理环境的调整(McKenzie,1975)。

麦肯齐的主要学术贡献是生态分布理论,即一个社区或地区所有居民的活动和机构的分布组合。这种组合构成了一种容易确认的形式,即"生态星座"。麦肯齐认为,这种分布组合并非是静止的,而是持续不断地在改变,在一定程度上,变化的功能来源于技术的进步。他提出社区的动力系统包括"流动"(mobility)和"流状"(fluidity)。前者是指居住的变化、职业的变化或任何社会地位的变化;后者是指社区或地区中人为设计的运动。移动的程度由"生态距离"或旅行的时间和花费来衡量,而不是由物理距离来衡量。因此,流状是社会现存的交通运输工具的功能状况。这样,社区的整个结构就是一种生态距离模式,交通工具的改进会极大地影响城市发展和城市向外的扩展。

麦肯齐提出四种相互关联的生态因素影响着社会组织:①地理因素,包括气候、地形和资源;②经济因素,包括各种各样的经济活动和现象,如地方工业的性质和组织、职业分布、人口的生活标准;③文化和技术,除了包括流行的艺术环境以外,还包括影响人口和服务分布的道德观念和禁忌;④政治和行政措施,包括关税、税收、移民法和公共事业的管理规则。

麦肯齐认为五种生态进程决定"生态星座"的性质。它们是:①集中。这是某一地区定居人口不断增长的趋势,集中的水平反映了这一地区所能提供的便利条件以及在与其他地区的竞争中所占的优势。②集中化。这里主要是指社区组织的形成过程。这些组织的单位包括村庄、城镇、城市和都市。集中也为形成集体意识和实行社会控制提供了疆域的基础,交通运输设施的水平决定了这种集中化中心到其边缘地区的距离。③分解。是指各种人口类型遵照一定的经济和文化标准的分解趋势,一种潜在的选择过程会在居民中进行分类和替换。④入侵。由于分解所造成的自然区域不是固定不变的,随着时间的推移,一种人口和土地利用方式会被另一种所代替。这种新事物的侵入过程揭示了生态结构的动力特征。如地价的变化、新的交通系统和新的工业类型等,都是对旧形态的侵入方式。⑤连续性。即生态状况发展变化的连续,入侵的消失是新的自然区域的出现和相对稳定,是旧的形态被新的形态所代替,表现为社会的发展是一个连续性的过程(Mcgahan,1986)。

总之,麦肯齐不但用"生态星座"来描述城市的分布,还分析了城市作为"生态进程"发展的诸种阶段以及各个阶段的表现。此外,他还看到了城市发展中与集中倾向相反的运动,以及这些运动所造成的越来越集中、越来越大的现代都市的框架,这些对于后人理解大都市和超大都市的结构和运转都有重要的参考价值。

3. 伯吉斯的人类生态学和同心圆结构

E. W. 伯吉斯(Ernest Burgess),出生于加拿大安大略省,罗伯特·E. 帕克的学生,1913年获芝加哥大学博士学位,曾先后任教于托莱多大学、堪萨斯州立大学和俄亥俄州立大学,1916年后任教于芝加哥大学,1927年升为教授,1934年任美国社会学会主席,1945—1946年任美国社会科学研究会主席,成为芝加哥学派的主要代表人物之一。

伯吉斯与麦肯齐一样,也认为当代工业社会的主要特点是大城市的发展,是人口的集中和城市社区的扩展。由于扩展是从中心商业区向外扩展,又由于城市内部的新事物不断出现,因此人口和土地利用不断发生着变化。伯吉斯与帕克合著的《社会学导论》(*Introduction of the Science of Sociology*,1921),把人文地理学、动植物生态学、人口统计学运用于城市社会生活各个领域的研究,用观察植物群落生态过程的方法研究城市社会结构的动态发展。1967年发表的《城市的发展:对研究报告的说明》,对他和他的同事、学生就芝加哥市所进行的调查做了说明,他对芝加哥市不同区域进行了描述:城市从中心向四周的扩张就像石头扔进水里在水面形成的涟漪一样,是一组同心圆,并将其划分为中心商业区、过渡区、工人住宅区、中产阶级住宅区和郊区或通勤带(commuters' zone)等五种同心圆区域,其中的过渡区被帕克和伯吉斯认为是各种社会问题的集中地(Burgess,1925)。

伯吉斯还用管理方法把城市准确地区分为不同的社区,然后研究诸如违法行为、离婚和犯罪等现象的相互关系,分析导致这些现象的共同原因。伯吉斯对社会学的贡献还包括对家庭和老龄问题的研究。他摒弃了在婚姻和家庭问题上的浪漫主义观点,直接把家庭理解为互相关联着的人们之间的一种调适关系,出版了《家庭——相互影响的个性之统一体》(1926)、《婚姻关系成败预报》(合著,1939)。他从对家庭生命周期的研究自然地进入对老龄问题的研究,涉及老年人经济作用的下降、老年夫妻角色、老年人的自我扶助以及政府对老年人的安置政策等问题,出版了《家庭:从建立到伙伴关系》(合著,1945)。

4. 沃思《作为生活方式的城市化》

路易斯·沃思(Louis Wirth,1897—1952),芝加哥学派的代表人物之一,国际社会学协会(The International Sociological Association)的创建人之一,1949年任该协会第一任主席。代表作《城市少数民族聚居区》(1928),经典文献《作为生活方式的城市化》(*Urbanism as a Way of Life*)于1938年发表。

这篇文章试图对城市生活给个人的心理和行为所带来的影响进行分析。他比帕克更精确地对社会不同组织形式的发端和本质进行了定义,特别是对城市中的人、人的心理和生活方式进行了探讨,填补了城市研究领域的一块重要空白。首先,更准确地定义城市。他同意马克斯·韦伯的观点,认为城市不仅仅是地域范围的概念,它的特点还表现在社会生活的不同范畴和层次上,因此城市的概念也包括社会内容。由于城市的特点往往会超出城市法定的疆界,所以那种认为城市社区仅仅是物质实体的说法是不准确的。他认为,以往区分乡村和城市社区的依据过于武断,最适合的城市概念应该是几种因素的复合体,或者说,它是城市生活诸多特性的单一载体,即"一个相当大的、有一定密度的、社会上不同种类的个人永久性的定居场所"。他强调不同种类,是由于移居城市的人包括范围非常广泛的各种各样的人,他们都以各自的方式刺激了城市的发展。其次,沃思从城市生活的基本特点,即地域范围、人口密度和城市人口的不同种类来说明社会关系的类型以及由这些类型所决定的行为模式。例如,他提出,城市的广大人口使他们中的类别和差异众多,这些反过来又使他们易于按照语言、种族和阶级形成居民团体和帮派。而团体和帮派之间的差异使小村庄的传统联系不再适用,必须建立正式的社会控制机器才能使社会稳定。他认为,城市的区域范围和人口密度也影响居民间的非个人的、团体的和表面的关系。在地域、人口密度和人的多样性三个特点的基础上,我们有可能去说明不同城市生活的特性。直至20世纪90年代,加拿大城市史专家吉尔伯特·斯蒂尔特仍认为沃思对于个人心理和行为的研究构成了城市化理论中行为城市化的经典论述。沃思的重要贡献是系统整理了以前的城市社会学思想,将其组织成了一个名副其实的城市社会学理论,构建了现代意义上的城市社会学体系。

《作为生活方式的城市化》提出了一个发人深思的问题,即城市生活是一种特殊的生活方式。与农村生活方式相比,城市的生活方式具有以下特点:①生活丰富而复杂。在城市中,劳动时间是固定的,劳动强度相对也比较低,加之所处的是政治、经济和文化的中心,这就提供了大量参与政治和文化活动的机会。②生活节奏快,精密性要求高。在城市中,由于人们主要从事的是工业生产,人们劳动和生活的节奏必须与机器运行的节奏相一致。时间是按小时、刻、分来计算的,并且要严格遵守。城市的生活节奏要比农村快得多,而精确性的要求也高得多。这种快节奏的生活,有时不免使人有一种紧张和精神疲劳的感觉。③交往上的表面化与事本主义。在城市中,一个人接触的对象则是售货员、司机、警察等,这都是一个个片面的角色,而不是具体的个人。因此,有人说城市生活具有一种隐姓埋名的性质。一个人到商店去买东西,和售货员只有买卖的关系,她的姓名出身、工作得意不得意,顾客毫不关心,反过来也是一样。城市社会关系感情色彩淡薄的原因就在这里。④文化的异质性。在城市中,不同的人有着不同的文化。虽住在同一条街道,甚至是同一个大院、同一幢楼房,或是在同一个单位工作,其文化的差异却可能很大。城市中的文化之所以是异质性的,是由多种原因造成的。一是人口的异质性。一个城市的居民,往往来自五湖四海,而每个地方的人,当他们来到这个城市的时候,也就同时把他们那个地方的文化带了进来。二是专业化的活动。在城市中,劳动分工更加复杂,专业化程度更高,既有工业,又有商业、政治、文化、科学和教育等,而从事不同职业的人,其文化特点也是不同的。产业工人的豪放,知识分子的文雅,其间的差别是很大的。三是易于受到外来文化的影响。城市是一个开放系统,与外界存在广泛的文化交流,人口的流动性也大,这样就很容易受到外来文化的影响。⑤个人的自主性强。在城市中,由于生活复杂多变,靠一些简单、固定的传统行为规范去指导人们的行为远远不够。因此,在城市中,指导这种行为的不再是传统的要求,而是理智的考虑。⑥越轨行为增多。一般来说,在城市中,初级社会关系已经大大地衰落,这样对人们行为的约束力也就相应地降低了。总之,在城市化的过程中,尽管也会出现许多毛病和弊端,如住房问题,公共卫生与环境污染问题,甚至是吸毒酗酒等犯罪与道德败坏问题,但全面来看,其积极的作用是主要的。

沃思是美国社会学芝加哥学派的创始人帕克的学生,而帕克在德国柏林学习时是齐美尔的学生。因此,从理论渊源上讲,沃思与齐美尔的城市思想可以说是一脉相承的。他们所勾画出的城市社会人际关系的图像是:城市社会人际关系倾向于表面化、非情感化;次级关系在城市社会人际关系中占据主导地位;人与人之间相互疏远,城市居民孤立地生活在人群中。

5. 兰帕德的城市化研究

美国人由于其自身的传统观念,相信美国典型的生活方式是乡村生活,所以认为城市生活是非自然的、堕落的,因此总是把它作为社会问题来研究。自19世纪末20世纪初开始,由于城市的地位上升,人们对城市加紧了研究。然而,以前历史学家和社会学家对城市的研究是个案的、方志式的研究。这种研究是孤立的、静止的,不但无助于把握美国城市发展的全貌,反而会造成混乱。因此,为了避免这种现象,以及更加全面如实地了解美国城市发展的面貌，1961年兰帕德发表了《美国历史学家和城市化研究》一文，呼吁人们把城市化作为社会发展的进程来研究(Lampard,1961)。

那么，什么是城市化呢？首先就要理解city和urban的区别。兰帕德在文章中用了相当的篇幅对这两个词进行解释。他说，人们在谈到城市社区(urban communities)时，往往是指存在某种"问题"或者指城市的社会属性。"社区"自然与"问题"不同，但urban的概念是与"问题"相伴随的。更糟糕的是，许多人认为city是指"生活方式"或"精神状态"，在提到urban的态度、urban的精神和urban的行为概念时却又意义极为松散。兰帕德认为，显而易见，为了在美国的实践经验中确定urban和其他相近词汇的一般概念，有必要全面地去研究"社区"的理论。他看到社区的含义较为广阔，应该包括urban和与它相对的词汇rural，这两个词都可以从社会和文化的方面去考虑。它们是一个连续统一体的两端，存在着质量上的差别，却不是不可逾越的。通过以上的叙述，兰帕德对city和urban这两个英文词的解释概括如下：city主要是地理和区域上的概念；urban则是社会的概念，它包括经济、文化和历史的内容。兰帕德提倡要研究城市化(urbanization)，即把城市作为整个社会的发展进程来研究。这种研究不仅具有历史的深度，而且具有区域的广度。也就是说，不仅要把城市作为一个过程来研究，还应该研究城市所处地域以外与之相关的其他参照系。这就是兰帕德的城市化理论。

兰帕德还认为，只用人口集中为城市化下定义是不够的，如果那样的话，人口集中以后，城市化的进程就该结束了。而实际上，城市化还在继续进行。城市化也不能单纯用物质成就来衡量。兰帕德认为城市化是一个城市形成和不断发展的社会过程，他认为城市化是由"手段"和"动机"推动的。从根本上来说，手段是技术的，正是由于技术手段，才在短时间内造就了巨大的物质财富和相关的人类活动的热点和形式。动机是指建设城市的动机，它是与乡村对立的，这种建设城市的动机是与城市化的进程始终相一致的。

1.3.4 科学社会学的发展

1933年帕克从中国返回芝加哥不久就退休了。帕克的退休不仅是其个人学术生涯的结束，也象征着芝加哥学派的衰落。这一时期，美国整个社会背景发生了变化，在经历了最初的工业化浪潮之后，美国的移民潮回落，城市已经多少变得井然有序，人的边际性开始减少；也正是在这一时期，一些重点大学的社会学研究崛起，例如由索罗金创办的哈佛大学社会学系在第二次世界大战后因帕森斯在结构功能主义理论方面的建树，使得社会学研究从齐美尔的人道主义和解释性传统转向高度定量化和统计性研究，美国社会学家对芝加哥学派的社会心理学的兴趣开始下降。

1. 奥格本的"科学社会学"

不言而喻，芝加哥学派的研究传统是定性研究。但是，从1927年倡导"科学的社会学"(scientific sociology)的威廉姆·奥格本(William F. Ogburn,1886—1959)自哥伦比亚大学来到芝加哥大学后，在芝加哥学派内部就埋下了定性研究和定量研究两种传统冲突的伏笔。1935年美国的一批职业社会学家对芝加哥学派反叛，创立《美国社会学评论》(ASR)，结束了芝加哥社会学家对《美国社会学杂志》(AJS)长达 31 年的统治,其间帕森斯有所参与。从此,社会学的两大理论流派——结构功能主义和符号互动主义开始了面对面的厮杀。这种冲突在 1936—1951 年奥格本任系主任的 15 年间一直此起彼伏。尽管布鲁默对大多数社会学家以结构和组织的观点来考察人类社会,将人类的社会行为仅仅视为这种结构和组织的体现的做法不以为然,但在布鲁默发展自己的符号互动论时,以帕森斯为代表的结构功能主义的大潮已经席卷美国整个社会学界。

2. 帕森斯的结构功能主义

塔尔科特·帕森斯(Talcott Parsons,1902—1979),美国社会学结构功能主义学派的创始人。其代表著作有《社会行动的结构》(1937)、《社会系统》、《行动理论手稿》(合著,1953)和《经济与社会》(合著)。在帕森斯的最具代表性的著作《社会体系》(1951)一书中,所谓社会结构,在他看来,是具有不同基本功能的、多层面的次系统所形成的一种"总体社会系统",包含执行"目的达成"、"适应"、"整合"和"模式维护"四项基本功能的完整体系。这个完整体系被划分为四个子系统,分别对应四项基本功能:①"经济系统"执行适应环境的功能;②"政治系统"执行目标达成功能;③"社会系统"执行整合功能;④"文化系统"执行模式维护功能。帕森斯认为,这是一个整体的、均衡的、自我调解和相互支持的系统,结构内的各部分都对整体发挥作用;同时,通过不断的分化与整合,维持整体的动态的均衡秩序(Parsons,1951)。在这里,结构表现为一种功能。第二次世界大战后直至 20 世纪 60 年代,在西方社会学界,帕森斯的结构功能主义一直处于主导地位。帕森斯的结构功能分析模型,从功能分化的角度将社会结构概念发展成一种庞大的旨在解释一切人类行动的系统理论。

3. 布鲁默的符号互动论

赫伯特·布鲁默(Herbert Blumer,1900—1987),为了促进芝加哥学派研究传统的"复兴",于 1937 年撰写了《社会心理学》一文,第一次将由乔治·米德开创的芝加哥的社会心理学传统称为"符号互动论"(the Theory of Symbolic Interaction,Schmidt E D,1937)。尽管刘易斯和史密斯两位社会学家通过对早期芝加哥社会学系的课程注册、论文和著作中引述的次数,以及其他资料的计算和分析,试图说明"米德并不是芝加哥学派的中心人物"(Lewis,等,1980),但显而易见的事实是乔治·米德的社会心理学思想对芝加哥学派的形成具有重要的影响。

布鲁默作为米德思想的传人志向远大,他曾说过:"在我看来,尚没有谁曾以符号互动的观点对人类群体生活的本质做过系统的研究。在以往的学者中,米德对这类研究提供了最初的基础,但他没有发展出一套可供社会学使用的方法论来,我的目标是提供一套研究人类群体生活的基本理论观点和研究方法。"在布鲁默看来,人们正是通过互动过程,对自己周围的环境和相互间的关系做出解释,并对当时的情境加以共同的定义。

严格说来,布鲁默的符号互动理论本质上具有反理论的特征,他深信社会学家没有能力建立不朽的、客观的理论构架,而这种特征是由布鲁默对经验世界的看法所决定的。在布鲁默那里,由于经验世界是由在不同情境中的行动者之间的不断变化的符号互动过程构成的,那些只能在特定情境中剖析特定事件的概念就无法把握现实社会的整体性。要想把握现实的经验世界,必须使用那种虽然未被明确规定,但更富有内容的概念——敏化概念(sensitizing concept)。这种概念虽然缺乏定义性概念所具有的对属性和事件的精确说明,但却提供了从何处能发现各类现象的线索和启示,这类概念包括文化、制度、道德和人格特性等。

由于布鲁默强调人类行为的选择性、创造性和非决定性,强调包括社会学在内的整个行为科学的独特性,认为人类行为的研究者应该进入行动者的世界,他们的"注意中心应该永远是经验世界",从这样的立场出发,布鲁默自然会反对在社会学和社会心理学中采用测验、量表、实验等实证主义的定量研究方法。

4. 休斯的田野研究传统

从第二次世界大战到20世纪60年代,芝加哥大学社会学系具有鲜明的理论和方法取向:在理论上继续秉承米德开创的符号互动主义思想,在方法上则倡导使用生活史、自传、个案研究、日记、信件、非结构性访谈和参与观察等一系列定性研究路径。1951年芝加哥社会学系主任奥格本退休,定性传统的另一个积极主张者是罗伯特·帕克的学生——埃弗里特·休斯(Everett Hughes)。这位1928年芝加哥社会学系的毕业生,自1938年重回母系后,就一直是由托马斯和帕克所创立的芝加哥社会学田野研究(fieldwork)传统的积极捍卫者。

休斯之所以一直倾心于田野研究,与一系列的因素有关。首先,他个人一直对人类学怀有浓厚的兴趣。在芝加哥,他最亲密的同事和朋友是帕克的女婿——人类学家罗伯特·雷德弗尔德,并且他本人也"通晓后马林诺夫斯基时代人类学的各种研究、问题和方法"(Chapoulie, 1987)。其次,与布鲁默一样,休斯认为田野研究能够使调查者更好地洞悉和理解社会世界与自身的不同。因此,尽管他对定量研究也能够采取兼容并蓄的态度,在自己的研究中运用各种统计数据,强调芝加哥的学生也应该精通统计学,但是他还是更为喜爱对社会现象进行直接的观察,为芝加哥田野研究传统培养了大批的继承者。

5. 里斯曼的定性研究

1958年大卫·里斯曼因《孤独的人群》一书出版而名声大振,书中精辟的论述是这样展开的:"我们的自主性概念说明个人有力量通过选择榜样和经验塑造自己的性格。一旦个人具备了自主性、能够主动塑造自己的性格,他就能摆脱自己特殊的出生地和特殊的家庭背景所带来的地方观念。一旦个人摆脱了个人的地方观念,那些感到无根可循和消沉颓废的人就会振作起来,看到自己的前途。从人类未来发展的前景看,各个民族、各个国家的相互联系和合作终有一天要取代乡土气息,这是历史发展的必然。"这位原本毕业于哈佛大学的法学家,虽然不是芝加哥学派的传人,但一者因为他与休斯的友情,二者因为他对定性研究方法的痴迷,本应当是芝加哥精神的继承人,却在1956年的"系主任之争"(Chairmanship Battle)失败后离开了芝加哥。至此,由托马斯、米德和帕克传承而来的芝加哥学派研究传统终告结束。

1.3.5 激进主义社会学的发展

20世纪60年代以来，左倾激进思潮日益增长，主要表现在：首先是对美国以及整个西方现存制度的尖锐揭露和猛烈抨击，其次是对具有保守性质的社会学理论的严厉批判，再就是马克思主义的影响日益广泛深入。从此，城市社会学出现了激进主义和微观社会学的倾向。

1. 科塞尔和达伦多夫的社会冲突理论

20世纪40年代中期以后，以T.帕森斯为代表的结构功能主义强调社会成员共同持有的价值取向对于维系社会整合、稳定社会秩序的作用，将冲突视做健康社会的"病态"，努力寻求消除冲突的机制。在第二次世界大战后早期，就像帕森斯一样，很多社会学家都属于结构功能主义传统。但米尔斯（C. Wright Mills，1916—1962）则是一个例外，他既批评芝加哥学派的"铁杆经验论"，又批评帕森斯的"总体理论"，认为它们缺少社会关注。20世纪50年代中后期，随着第二次世界大战后短暂稳定的消退和冲突现象的普遍增长，一些社会学家开始对帕森斯理论的精确性产生怀疑。他们吸取古典社会学家，特别是K.马克思、M.韦伯、G.齐美尔等人有关冲突的思想，批评和修正结构功能主义的片面性，逐渐形成继结构功能主义学派之后有重大影响的社会学冲突论（conflict theory）流派。主要代表人物有美国的L. A.科塞尔和德国的R.达伦多夫。

美国社会学家科塞尔（Lewis A. Coser）在《社会冲突的功能》（1956）中最早使用了"冲突理论"这一术语。他反对帕森斯认为冲突只具有破坏作用的片面观点，力图把结构功能分析方法和社会冲突分析模式结合起来，修正和补充帕森斯理论。科塞尔从齐美尔"冲突是一种社会结合形式"的命题出发，解释说，冲突是价值观、信仰以及对于稀缺的地位、权力和资源的分配上的争斗。冲突产生于社会报酬的分配不均以及人们对这种分配不均所表现出的失望，只要不直接涉及基本价值观或共同观念，那么，它的性质就不是破坏性的，而只会对社会有好处。他认为冲突具有正功能和负功能。在一定条件下，冲突具有正功能，即冲突对社会与群体具有内部整合的功能，冲突对社会与群体具有稳定的功能，冲突对新社会与群体的形成具有促进的功能，冲突对新规范和制度的建立具有激发功能，冲突是一个社会中重要的平衡机制。相反，僵硬的社会结构采取压制手段，不允许或压抑冲突，冲突一旦积累、爆发，其程度势必会更加严重，将对社会结构产生破坏作用。为此，科塞尔提出，要建立完善的社会安全阀制度，这种制度一方面可以发泄积累的敌对情绪，另一方面可以使统治者得到社会信息，体察民情，避免灾难性冲突的爆发，破坏社会的整个结构。

德国社会学家达伦多夫（Ralf Dahrendorf）在《工业社会中的阶级和阶级冲突》（1957）中认为，社会现实有两张面孔，一张是稳定、和谐与共识，另一张是变迁、冲突和强制。社会学不仅需要一种和谐的社会模型，同样也需要一种冲突的社会模型。为此，社会学必须走出帕森斯所建构的均衡与和谐的"乌托邦"，建立起一般性冲突理论。达伦多夫主要吸取了韦伯关于权威和权力的理论，以此为基础建立其阶级和冲突理论。他认为，社会组织不是寻求均衡的社会系统，而是强制性的协调联合体。社会组织内部的各种不同位置具有不同量的权威和权力。社会结构中固有的这种不平等权威的分布,使社会分化为统治和被统治两大彼此对立的准群体。在一定条件下,准群体组织表现为明显的利益群体,并作为集体行动者投入公开的群体冲突,从而导致社会组织内部权威和权力的再分配,社会暂时趋于稳定与和谐。但权威的再分配同时也是新的统治和被统治角色的制度化过程。和谐中潜伏着冲突的危机,一旦时机成熟,社会成员就会重新组织起来,进入另一轮争夺权力的冲突。社会现实是冲突与和谐的循环过程。

2. 霍曼斯和布劳的交换理论

20世纪60年代,行为主义社会心理学"回归"社会学理论,在强调人类行为中的心理因素的基础上发展成为社会交换理论,主张人类的一切行为都受到某种能够带来奖励和报酬的交换活动的支配,因此,人类一切社会活动都可以归结为一种交换行为,人们在社会交换中所形成的社会关系也是一种交换关系。该理论由霍曼斯(George Homans)创立,主要代表人物有布劳(Peter Blau)等,兴起于美国,进而在全球范围内广泛传播。

什么是社会交换?布劳接受了由行为主义心理学家斯金纳提出而由霍曼斯进一步讨论的社会交换的基本心理原则。他认为虽然大部分人类行为是以对社会交换的考虑为指导的,但并不是所有的人类行为都是这样受到交换考虑的指导,社会交换只是人类行为的一部分。他提出了使行为变为交换行为必须具备的两个条件:一是该行为的最终目标只有通过与他人互动才能达到,二是该行为必须采取有助于实现这些目的的手段。布劳把社会交换界定为"当别人做出报答性反应就发生,当别人不再做出报答性反应就停止的行动"。他认为社会交换是个体之间与群体之间的关系、权力分化与伙伴群体之间的关系、对抗力量之间的冲突与合作、社区成员之间间接的联系与亲密依恋关系等的基础。社会的微观结构起源于个体期待社会报酬而发生的交换。个体之所以相互交往,是因为他们都从他们的相互交往中通过交换得到了某些需要的东西。在讨论社会交换的形式之前,他又区分了两种社会报酬:内在性报酬和外在性报酬。"内在性报酬,即从社会交往关系本身中取得的报酬,如乐趣、社会赞同、爱、感激等;外在性报酬,即在社会交往关系之外取得的报酬,如金钱、商品、邀请、帮助、服从等。"他把社会交换分为三种形式:①内在性报酬的社会交换。参加这种交换的行动者把交往过程本身作为目的。②外在性报酬的社会交换。这种交换的行动者把交往过程看做是实现更远目标的手段。外在性报酬对一个人合理选择伙伴提供了客观的独立的标准。③混合性的社会交换。这种交换既具有内在报酬性,也具有外在报酬性。接着,他讨论了影响社会交换过程的条件。他认为,社会吸引、竞争、分化、整合、冲突与变迁组成了社会交换的基本过程,而这一过程本身富有辩证性。其中,分化是交换过程辩证发展的重要一环。在社会交换的早期竞争中,已经获得成功的交换成员为了能维持其竞争成果和统治地位而继续与其他早期成功者进行竞争,而那些未获得成功的人则不得不为获取报酬而退出竞争从而成为成功者的交换伙伴。这样,早期成功者便取得了社会结构中的高级地位。竞争中的成功者可以获得社会结构中的多重支援与下级的联合支援,从而保证其高级地位并改善其基础,也就是使其权力合法化。从某种意义上讲,获得合法化权力的领导又会产生分化。一部分领导因为权力基础稳定而能够增强对下级的容忍心,从而使权力的服从更加稳定;一部分领导则会因为同样的原因而加强对他人的剥削与压迫,从而最终导致对权力的反抗。

3. 贝克尔的社会标签理论

霍华德·贝克尔(Howard Becker,1928—　)是土生土长的芝加哥人,在芝加哥大学获得学士学位,21岁和23岁时又在休斯的指导下分别获得了社会学硕士和博士学位。毕业以后,贝克尔在芝加哥大学待了两年。贝克尔最大的贡献是对20世纪50年代流行的功能主义越轨行为理论提出了有力的挑战,他尝试着用后来被人们称之为"社会标签"的理论质疑那种将越轨视为是由社会系统中的结构性压力造成的观点,1953年在AJS上发表"成为大麻服用者"一文(1963年出版的《圈外人》一书的第3章),因此成为"社会标签理论"正式成形的标志。1953—1955年贝克尔赴伊利诺斯大学从事博士后研究。自1955年起,贝克尔受雇于自己的导师休斯,作为项目主任在密苏里州的堪萨斯市从事社区研究,并在那里一口气待了7年,在收集大量田野资料的基础上完成了《白衣男儿:医学院校的学生文化》(1961)。贝克尔认为,单单根据越轨者的行为或社会结构是无法理解越轨的,只有认识到越轨行为也像其他行为一样涉及互动关系,我们才能用社会学的方法对它加以分析。如此,在他们眼中,越轨既非与生俱来的品质,也非后天教化的产物,而是社会反应、他人定义的结果。这样一种思路将人们长期以来接受的"越轨行为导致社会控制"的逻辑整个颠倒了过来,即"社会控制导致了越轨行为"。

4. 戈夫曼的社会戏剧理论

欧文·戈夫曼(Erving Goffman,1922—1982),出生于加拿大,1945年从多伦多大学毕业以后移居美国,就读于芝加哥大学获硕士学位和博士学位。1953—1958年任教于芝加哥大学社会学系,1958—1968年转往布鲁默任教的加州伯克利大学社会学系;后任费城宾夕法尼亚大学富兰克林讲座教授;1981—1982年任美国社会学会主席。他在《日常生活中的自我表演》(1956)一书中提出的,后经《隔离场所》(1961)、《烙印》(1963)、《日常接触》(1963)、《互动分析》(1967)和《框架分析》(1974)等一系列著作完善的"社会戏剧理论",用科塞尔的话说,"在很多方面丰富了社会心理学和微观社会学",被公认为"对当代社会心理学最有力的贡献之一"。

《日常生活中的自我表演》是在这样两项研究的基础上形成的:其一是他为了撰写题为"有关农村社区中社会互动规则"的博士论文,在设得兰群岛中的一个小岛上进行的为期一年多的社区生活调查;其二是其在读硕士期间在E.A.希尔斯的指导下从事的社会阶层研究。这两项研究引发了戈夫曼对微观社会过程的兴趣,也为他描述人们在日常生活中的面对面互动提供了丰富的细节。构成《日常生活中的自我表演》一书的基本主题是:人们在社会互动过程中,是如何用各种复杂的方式在他人心目中塑造自己的形象的? 戈夫曼认为,作为人生这个大舞台上的表演者,我们都十分关心如何在众多的观众(即与我们互动的他人)面前塑造他人能够接受的形象。而要做到这一点,也像在舞台上一样,我们应把能为他人所接受的形象呈现在前台,而把他人或社会不能或难以接受的形象隐藏在后台。前台是让观众看到并从中获得特定意义的表演场合,后台则是相对于前台而言的,表演者在后台为前台做准备,掩饰在前台不能表演出来的东西。戈夫曼认为,不能将剧班视为个体表演者的简单相加,因为如果说个体表演者表现的只是自己的特征,那么剧班表现的则是成员间的关系和被表演的工作的特征。

戈夫曼的研究不仅在理论上严格恪守了符号互动理论的思想精髓,而且在方法上也体现了布鲁默一贯倡导的非量化的定性研究特性。尽管戈夫曼的研究没有使用精确的测量、结构式访谈和问卷调查,但他的敏锐观察和鞭辟入里的分析,却使人不得不承认,"在戈夫曼的著作中关于人类事件的报告比许多具有大量定性数据和统计分析的研究更富有客观性和真实性"。

1.4 战后城市社会学复兴

1.4.1 西方城市社会学的复兴

第二次世界大战以后,城市社会学被重新认定为一门社会学研究,始于雷斯和摩尔(Rex,Moore)的住房关系(house tenure)及住房阶级(housing class)的研究。1967年雷斯和摩尔在英国伯明翰城(Birmingham)内的一个地区研究各社会群体之间争夺住房资源的过程,其结果是不同社会群体在争取城市有限的住房资源时会分化成不同的社会阶层,便发展出一套住房阶级的理论(Rex,等,1967)。他们首先提出住房关系会建构出不同的住房阶级,即按各人不同的住房类别会形成不同的住房阶级争夺住房资源。自此,住房研究便围绕着拥有住房是否会改变一个人的阶级位置而进行。而这两位运用韦伯社会学的一些概念,后被称为新韦伯学派(Neo-Weberian)的社会学者的研究,除吸引了其他韦伯学派的研究者如彼得桑德斯(Peter Saunders)的加入外,更掀起了其他非韦伯学派,特别是马克思主义者的争相讨论。

城市社会学作为社会学的重要分支学科得到快速的发展,这与马克思主义和韦伯学派对传统城市社会学理论提出的挑战是分不开的。20世纪60年代之前,大部分马克思主义者都集中分析生产领域内的矛盾,他们的关注焦点是工厂里的斗争或中央政府的议会政治,而社区矛盾与住房行为往往被忽视,或被视为不重要。60年代末至70年代初,世界各地纷纷爆发了严重的社区冲突和城市运动,促使马克思主义者开始关注城市与住房问题。卡斯特尔(Castells,1979)发展出了一套马克思主义对城市问题的分析,指出城市里的集体消费(collective consumption),如住房和交通等服务,对维持资本主义的运作有重要的作用。哈维(Harvey,1973,1978)也采用马克思主义分析方法,指出资本主义借城市的发展而得以拓展投资市场。这些讨论使更多的马克思主义者加入关注城市问题研究的行列中来。70年代帕尔(Pahl,1975)等以韦伯理论为基础,提出了"城市经理"的概念,认为处于中介位置的城市经理,在分配城市资源时起着重要的作用。这些研究直指城市资源分配不平等的问题,使沉寂了一段时间的城市社会学再次复兴。

20世纪80—90年代,社会发展问题越来越多,社会的矛盾日趋激化和多元化,其中一个新课题就是性别平等与城市发展,传统马克思主义学派和韦伯学派对性别平等问题都不太重视。20世纪80年代之后,女性主义的分析方法迅速兴起,认为城市与住房的发展是强化性别不平等的机制(Little,等,1988;Watson,1988)。例如郊区与新市镇的发展强化了性别分工,使女性被局限于家居生活之内,并且更加孤立无援。另外,在住房资源的分配方面,住房被视为男性的财产,从而强化了女性对男性的依赖。另一个在20世纪八九十年代重要的课题是全球化(globalization)或国际化对城市发展的影响(Sassen,1996),以往大规模生产、生产线作业的福特生产模式已缺乏竞争力。西方经济强国逐渐面对更多来自亚洲、太平洋地区及其他新兴工业化国家的挑战,采取以弹性生产模式取代福特生产模式。在新国际分工条件下,资本主义的生产方式可以化整为零,进入全球的任何角落,这个趋势使全球不少城市都面临经济转型、空间重组,对城市与住房发展产生了重大冲击。甚至有人认为,城市未来的发展再不会按照过去的规律,我们已经进入后现代城市的时代(Watson,等,1995)。

进入21世纪,美国社会学家马克·戈特迪纳和雷·哈奇森(2011)合作出版了《新城市社会学》,建构并改进了城市社会学的特定概念,围绕社会空间将社会生态图式与政治经济图式加以整合,并且打破了传统的城市中心城区/郊区二分法,对大都市区持续变化的本质进行了独特的聚焦,一方面强调空间对社会生活、房地产对经济和城市发展的重要性,另一方面也思考了社会因素,例如种族、阶层、性别、生活方式、经济、文化以及政治对大都市地区的发展所起的作用。全书聚集在大都市区域、世界巨型城市、多中心大都市环境、郊区化和多中心区域的产生、大都市人和生活方式、大都市的种族和人种、大都市问题、地方政治、城市和郊区政府、全球化和第三世界的城市化、环境议题和大都市规划、大都市社会政策等,同时还从理解新城市世界、城市结构和城市文化等方面探索城市社会学的未来。可以说,《新城市社会学》(第3版)对如何理解人性力量、城市组织以及全球转变之间的关系具有重要的理论框架突破和学术价值。

1.4.2 费孝通应用社会学(小城镇)研究

费孝通(1910—2005)是著名的中国小城镇社会学家,中国社会学和人类学的奠基人之一。1928年入东吴大学(现苏州大学)医学预科,因受当时革命思想的影响,决定改学社会科学。1930年进入燕京大学社会学系,师从中国人类学家吴文藻。1933年毕业后考入清华大学社会学及人类学系研究生,师从俄国人类学家史禄国。1935年通过毕业考试并取得公费留学。在出国前前往广西大瑶山进行调查时受伤,在回家乡农村休养时进行社会调查。1936年赴英国经济学院学习社会人类学,师从英国人类学家马林诺夫斯基,其间,应用家乡农村社会调查资料写出著名的《江村经济》(*Peasant Life in China*),曾被国外许多大学的社会人类学系列为学生必读参考书之一,1938年获哲学博士学位。

费孝通的《江村经济》没有关注开弦弓村农民的祭祀、仪式等人类学的热门问题,而是试图弄清楚当地人经济生活的逻辑,开辟了社会学者从"消费、生产、分配、交换"入手研究中国基层社区的一般结构和变迁研究领域。他通过调查发现,新米上市后,单靠农业,为了维持生活,每年每个家庭要亏空131.6元,而需要向地主交付42%食物的佃农更惨。农民靠什么来维持生计呢?费孝通进一步发现:答案是蚕丝。生产蚕丝,可使一般农户收入约300元,除去生产费用可盈余250元。《江村经济》提出了中国农村的基本问题是农民的收入降到了不足以维持最低生活水平所需要的程度,当时的农村和农民仅仅实行土地改革、减收地租、平均地权是不够的。他在《江村经济》里提出了一个创造性观点:"让我再重申一遍,恢复农村企业是根本措施。"以恢复中国农村企业(副业),增加农民收入来解决中国的农村和土地问题。

1957年在《重访江村》中,费孝通调查发现:1936年水稻平均亩产170千克,合作化后,1956年达到了279.5千克,农业增长60%,但从村干部那里得知,有人感觉日子没有21年前好过了。费孝通毫不含糊地做出了自己的判断:问题出在副业上。合作化后,由于区内分工和地区间的分工体系的破坏,整个桑蚕生产破坏了,"1936年,副业占农副业总收入的40%多,1956年,却不到20%。"总的看来,农民的收入是下降的。1957年6月1日,《人民日报》正面报道了费孝通重访江村的主要观点:要增加农民收入,光靠农业增产是不行的。但转眼间,费孝通被指责为"恶毒攻击政府忽视副业生产"。

1981年费孝通第三次访问开弦弓村发现,20世纪30年代见到的养羊和养兔已经成为家家户户经营的副业,家庭副业加起来占到了个人平均总收入的一半。但另一个问题出现了:"我参观了一个生产队,10多家,挤在三个大门内,在30年代这里只住了三家人"。也让费孝通看到了工业和副业的重要区分,认为在农业经济的新结构中,发展前途最大的还是工业。

费孝通在学术界第一次对苏南自发出现的"草根工业"给予高度评价:苏南有些地区农村用在工业上的劳动力已超过了用在农业上的劳动力。这样的社区称为农村显然不太适合了。这样的讨论也促使他沿着两个相互关联的方向延伸他的思考:社队企业向乡镇企业的转变、与农村工业化相伴随的城市化问题。最终写下著名的《小城镇 大问题》一文,成为研究中国新时期农村人口向小城镇聚集、向非农业转移,以及农民如何致富等社会问题的名篇杰作,总结出新锐的"苏南模式"、"温州模式"比较长期地影响了国家工业化、城市化和农业现代化的政策走向。尽管当今全球化和转型发展的背景动摇了相关理论的基础,但从历史的视角看,费孝通在应用社会学和小城镇研究的杰出学术贡献应该是不可磨灭的。

推荐阅读参考资料

[美]戈特迪纳 M,哈奇森 R. 2011. 新城市社会学[M]. 黄怡,译. 上海:上海译文出版社.

费孝通. 2007. 乡土中国[M]. 上海:上海人民出版社.

吴铎. 1992. 社会学[M]. 北京:高等教育出版社.

吴增基. 1997. 现代社会学[M]. 上海:上海人民出版社.

帕克 R E,伯吉斯 E N,麦肯齐 R D. 1987. 城市社会学——芝加哥学派城市研究文集[G]. 宋俊岭,吴建华,王登斌,译. 北京:华夏出版社.

习 题

1. 名词解释

社会控制、社会变迁、包容性增长、人类发展指数。

2. 简述题

（1）简述社会学的学科特点。

（2）简述马斯洛需求层级理论的五个层级及其关系。

（3）简述社会控制的类型和方式。

（4）简述城市社会学的主要研究内容。

3. 论述题

（1）比较并论述关于社会变迁的几种代表性理论。

（2）论述芝加哥人类社会学派的代表人物及其主要理论。

（3）论述第二次世界大战后城市社会学的复兴。

参 考 文 献

费孝通. 2001. 江村经济：中国农民的生活[M]. 北京：商务印书馆.

[德]齐美尔 G. 1991. 桥与门——齐美尔随笔集[G]. 涯鸿, 宇声, 等, 译. 上海：上海三联书店.

BURGESS E W. 1967. The Growth of the city: An Introduction to a Research Project[M]//Park Robert E, Burgess Ernest W. The City. Chicago, IL: University of Chicago Press: 47-62.

CASTELLS M. 1979. The Urban Question: A Marxist Approach[M]. Cambridge, MA: MIT Press.

CHAPOULIE J M. 1987. Everett C. Hughes and the Development of Fieldwork in Sociology[J]. Journal of Contemporary Ethnography, 15(34): 259-298.

HARVEY D. 1973. Social Justice and the City[M]. London: Edward Arnold.

HARVEY D. 1978. The Urban Process under Capitalism: a Framework for Analysis[J]. International Journal of Urban and Regional Research, 2: 101-131.

LAMPARD E E. 1961. American Historians and the Study of Urbanization[J]. American Historical Review, 67: 49-61.

LEWIS D L, SMITH R. 1980. American Sociology and Pragmatism: Mead, Chicago Sociology and Interaction[M]. Chicago: University of Chicago Press.

LITTLE J, PEAKE L, Richardson P. 1988. Women in Cities: Gender and the Urban Environment[M]. Basingstoke: Macmillan.

MCGAHAN P. 1986. Urban Sociology in Canada[M]. 2nd ed. Toronto: Butterworth.

MCKENZIE R D. 1968. The Ecological Approach to the Study of the Human Community[M]//Hawley

Amos H, Roderick D. McKenzie on Human Ecology. Chicago, IL: University of Chicago Press: 3-18.

MCKENZIE R D. 1975. Demography, Human Geography and Human Ecology[M]. Indianapolis: Bobbs-Merrill: 33-48.

PAHL R E. 1975. Whose City[M]. 2nd ed. Penguin: Harmondsworth.

PARSONS T. 1951. The Social System[M]. Glencoe, III: Free Press.

REX J, MOORE R. 1967. Race, Community, and Conflict: a Study of Sparkbrook[M]. London: Oxford University Press.

SASSEN S. 1996. Losinq Control? Sovereignty in an Are of Globalization[M]. New York: Columbia University Press.

WATSON S, GIBSON K. 1995. Post-modern Cities and Spaces[M]. Oxford: Blackwell.

WATSON S. 1988. Accomondating Inequality: Gender and Housing[M]. Sydney and Boston: Allen & Unwin.

WIRTH L. 1938. Urbanism as a Way of Life[J]. American Journal of Sociology, 44(1): 1-24.

第 2 章　城市社会结构

社会中的个人通过个人之间的各种关系的网络形成了社会结构。"社会结构"这一概念是社会学研究社会的基本范畴。就其社会结构的基本组成以及各种特性，不同的研究者有着不同的解释。迪尔凯姆认为，社会结构是社会分工造成的社会结合的组织形式和功能。齐美尔则认为社会结构就是社会关系的形式。韦伯把社会结构归结为各种文化要素形成的不同形态。帕森斯与默顿则将其定义为一个社会中诸因素稳定的布局。马克思把社会基本结构划分为社会经济结构、社会政治结构和社会思想文化结构。社会结构的载体或基本单位就是个人、群体与组织、阶级、阶层、社区等。

2.1　个人

"个人"这个词在许多学科中都经常用到，且各自的含义不同。在哲学中，个人是作为与群众相对应的概念；在人类学、心理学中，个人是指人类中的一个个体。而在社会学中，个人是社会结构中的基本组成单位，是在社会关系中共性和特殊性统一基础上的个体差异。

2.1.1　个人的基本属性

"个人"，作为人类一员的个体来说，总是和许多人共同生活在一定的社会中，必然具有个体和与之共时代的人们的一切共同的东西，即共性。同时每一个体又都存在差异。这种差异的总和，构成每一个人相互区别的独特性。世界上有多少个人，就有多少这样的独特性，绝对相同的人是没有的。因此，社会学研究个人必须以共性和特殊性统一为出发点。

1. 个人构成要素

个人的构成要素包括自然要素和社会要素两个方面。从自然要素角度看，它是由人的遗传基因决定的一系列生物、生理属性特征，包括体形、外貌、年龄、性别、种族等，智力和气质也在其中；从社会要素角度看，包括出身、社会地位、党派、职业、身份、思想情操、价值取向、社会观念、政治态度、生活方式、行为举止、科学文化素养等。个人就是由自然因素和社会因素有机统一的结合体。

2. 社会身份

社会身份是个人的社会存在形式。它是由个人所处社会关系的性质以及与人发生联系的具体情况决定的。个人有了某种身份,就取得了某种社会成员的资格,也就获取了相应的社会地位。一定的社会身份代表相应的社会地位,所以在社会学中人们把这种身份又称为由社会规定的个人位置。

社会关系的复杂性,使得个人总是与许多不同类的人发生多种不同的关系,这也决定了个人的社会身份和地位的多样性。一个人在社会中从事的职业活动越广泛,发生的社会关系就越多,所具有的社会身份和社会地位也可能越高,其享受的权利和承担的义务也就越多。许多人的身份、地位与他的种族、性别、年龄有关,并随着年龄的变化而变化。

个人的身份和地位及其获得方式包括先天赋予(先赋身份与地位)和后天获取(自致地位)两方面。先天赋予是由家庭出身决定,后天获取是个人努力促使社会地位和社会角色的变化。

3. 社会角色

在实际的社会生活中,一定的身份地位不仅显示个人的具体社会存在形式,而且也意味着一套由社会具体状况决定并由公众认定的行为模式和规范。这种由人们所处的特定社会地位和身份所决定的一整套的规范系列和行为模式,现代西方社会学一般用"角色"(role)[①]这一概念来表示。

一个人所扮演的各种社会角色,对于社会来说希望是一种完美的行为模式,即理想角色。而由于个人要受到诸多因素的影响,使其在实际生活中所扮演的角色与理想角色存在着一定的差距即社会角色差距。这种差距不仅会由于个人品质、才能的不足而造成,而且也会由于不同的个人对一定角色行为准则的理解不同而致。

一个人处于什么样的社会地位,就要扮演什么样的社会角色。而个人获得角色的方式不同,使得社会角色又分为先赋角色和自致角色。先赋角色是由遗传、血缘等先天因素决定的角色,而自致角色则是个人在社会生活中通过自己的努力争取的角色。

由于一个人所扮演的各种角色并非在行动上一致,这样时常会相互矛盾,从而产生行动上的冲突和紧张,就出现了"角色冲突"和"角色紧张"。

总之,对于个人社会角色的探讨,始终围绕着处于什么社会身份和社会地位的人应取得的权利和应承担的义务进行。就个人来说,要取得一定的身份和地位,以及扮演好社会赋予他的角色,即完善个人结构,就必须通过学习、教育等,即要进行社会化。

2.1.2 个人的社会化

所谓个人的社会化,是指个体通过学习和实践不断地适应和认识社会以达到改造社会的过程。人能够社会化和使他们创造的社会文化代代传递下去,是因为人具有在不断进步的情况下接受社会化的特殊条件,这是人类长期进化的结果。

[①] "角色"一词由美国社会学家乔治·米德(1863—1931)提出。他认为个人是各种角色的总和,它代表对占有一定社会地位的人所期望的行为。在现实生活中,个人的身份地位是多样的,因此他所扮演的角色也是多样的,是一个"角色丛"。

1. 个人社会化的条件

具体地说,个人社会化的条件主要有:①人有较长的生活依赖期。人有一个较长的生理上不能独立生活的童年时期,这是人能够接受广泛而深入的社会化的重要条件。在这样长的时间里,就给个体提供了充分的学习机会,使个体能认识自己,认识环境,掌握各种知识和技能,完成自然人向社会人的转变过程。②人有较强的学习能力。人的学习能力是由个人天赋、社会教导和个人努力三因素相互作用形成的,三者相互配合给人的社会化创造了良好的条件。因此,人能够被社会化,就在于人能够事先思考,能够理解活动的意义,有计划地规定自己的行为,并有所创新。③人有语言能力。人类具有很强的学习能力是与自己的语言能力及其第二信号系统密切关联的。语言是人类特有的现象,它是客观事物在人头脑中形成了表象、概念和思想的外部表现。人可以借助语言表达信息、沟通思想、交流感情。正因为有了语言,才丰富了人的社会化内容,扩大了社会化范围,加速了社会化进程。

2. 个人社会化的内容

人类在长期的劳动中有了语言,才能实现社会互动;有了社会互动,才有影响和认识,才有社会化。个人社会化的内容是多方面的,主要表现在:①社会知识。社会知识就是对社会存在以及社会改造的种种知识,还包括作用于社会的具体方法与实际能力。人类个体要成为一个社会成员,首先要学习和掌握最基本的社会生活知识,即衣、食、住、行等自理生活的知识,然后是学习一定的职业性知识,以取得进入社会后谋生的手段,构建起发展自己智慧与才干的广阔场所。②行为规范。就是指个人行动从社会获得规定性,获得与他人形成和谐关系的方法。个人行为规范化,是调整个人与社会之间相互关系的基本途径。社会对于个人行为的要求与约束凝结成一系列规范,其内容主要有四个层次。首先是一定社会的基本共同规范,即道德与法律;其次是社会组织与集体的章程、守则与纪律,再次是一定社会的一般公共活动规则,包括社会内部与社会之间的礼仪等若干共同规定;再就是社区习俗。社会通过奖励与惩罚个人或团体行为而达到一定的控制目的。③价值观念。价值是个人或团体在社会中存在的意义。价值观念就是个人或团体对这种存在意义的认识,具体表现为判断什么是美与丑、善与恶、是与非、好与坏、利与害、对与错等的思想观念。个人的价值包括两个方面:社会对个人的尊重与满足、个人对社会的责任与贡献。④理想目标。人都有理想,理想和希望是人生的目标与精神支柱,是社会生活的定向因素。理想目标的树立是社会各方面因素影响的结果。从总体上看,个人社会化的过程是一个复杂、长期和不断发展变化的过程,它贯穿于人的一生。

2.2 家庭

家庭是社会的细胞,是人们社会生活的基本单位,是人一生中所处最长的基本群体,它可以满足个人多方面的需求,因此,家庭在整个社会结构中有着特殊的地位和作用。

2.2.1 家庭的概念

在人类社会,男女亲近是人与人之间直接、自然的一种关系。男女亲近以及通过社会规范承认与稳定这种亲近的价值及其相互关系是家庭形成的基础。两性之间既存在生物性关系,又具有社会性关系,当这两种关系结合在一起的时候,就形成了家庭。从这个意义上说,家庭是以婚姻和血统关系为基础的社会单位,成员包括父母、子女和其他共同生活的亲属。它是以婚姻关系、血缘关系或收养关系为基础的人类生活的基本群体。婚姻关系是家庭的本质关系,血缘关系则是从婚姻关系中派生出来的关系,是婚姻关系的延续。

家庭与户不是同一个概念。家庭强调的是婚姻关系、血缘关系;户强调的是那些单独立门号或注册户口的个人或群体。尽管家和户在很大程度上是重合的,但是在有些情况下,家庭和户并不重合,既有一家人分开立户的,也有同一户的成员分属多个家庭的。

2.2.2 家庭的起源及其演变

家庭不是从来就有的,它是人类社会发展到一定历史阶段的产物,并随着社会的进化而逐步由较低级阶段演进到较高级的阶段。最早的原始人并没有家庭,也没有婚姻制度。整个一群男子和整个一群女子互为所有,是一种血亲杂交群体。学术界对家庭演化的形态有不同的看法,通常认为它经历了血缘家庭、普那路亚家庭、对偶家庭和一夫一妻制家庭几种形态。

1. 血缘家庭

血缘家庭是人类历史上第一种家庭形式。在原始社会的旧石器时代,人类原始群在进化与自然选择规律的作用下,经过长期经验的积累,认识到不同年龄人的生理差别,在内部逐渐地选择了按辈分划分的婚姻,即年龄相近的青壮年兄弟姊妹相互通婚,排斥了上辈之间的婚姻关系,这时姐妹是兄弟的共同妻子,兄弟是姐妹的共同丈夫,夫妻都有共同的血缘。

2. 普那路亚家庭

普那路亚是夏威夷语,意为"亲密的伙伴"。这个名称是从最早发现实行这种家庭形式的夏威夷群岛的土著人那里得来的,共妻的一群丈夫互称"普那路亚",共夫的一群妻子也互称"普那路亚"。这种家庭制度是群婚制发展的最典型的阶段。原始社会发展到旧石器中晚期,由于人工火的发明和石器的不断改进,以及人类狩猎活动和原始农业的进一步发展,生产力水平得到提高,人类居住地相对地稳定下来。同时由于人口繁衍,一个血缘家族不得不分裂成几个族团。为了扩大物质资料生产,满足日益增长的人口的生活需求,族团之间必须保持一定的经济合作和社会联系,于是便产生了各族团之间的通婚。同时,人们逐渐认识到族外通婚对后代体质发育有益,并形成了同母所生子女间不应发生性关系的观念,于是在家庭内部开始排除亲兄弟姐妹间的婚姻关系,实行两个氏族之间的群婚。这就是普那路亚家庭形式。

3. 对偶家庭

对偶家庭是原始社会母系氏族公社时期的一种家庭形式,由普那路亚家庭发展而来。这种家庭由一对配偶短暂结合而成,所生子女属母系所有。早期对偶婚是夫对妻暮合晨离。晚期对偶婚发展为夫居妻家,但不是长久的,随时可以离异。这种对偶家庭不是氏族公社的独立经济单位,社会的基本组织仍是母系氏族。家庭内男女平等,共同照料子女。对偶婚已从群婚时代单纯的性关系转变为一种广泛的社会联系。男子和女子一起劳动和消费,世袭仍按母系为基础。对偶婚实行的结果是给家庭增加了一个新的因素,即除了生母之外,也有可能确认生父。

4. 一夫一妻制家庭

一夫一妻制家庭产生于原始社会末期。它诞生的动力是财富的增加和按父系继承财产的要求。随着两次社会大分工的实现和生产力的发展,男子在生产和财富的分配中逐渐占据主导地位。为把自己的财产转交给自己真正的后裔,必然要求妇女保证贞操,只能有一个丈夫。一夫一妻制家庭同对偶家庭相比,具有两个特点:①夫权高于一切。由于丈夫在家中掌握了经济大权,从而形成了对妻子越来越大的统治权。②婚姻关系比较牢固。双方已不能任意解除婚姻关系,通常只有丈夫可以离异妻子,破坏夫妻忠诚是丈夫的权利,而妻子却必须严守贞操。尽管如此,一夫一妻制家庭形式自从产生后也不是一成不变的,在社会发展的不同时期有着不同的表现形式。

综上所述,不难看出:家庭是一个历史范畴。各种家庭形式不是从来就有的,也不是一成不变的,而是随着人类社会的进步而不断发展变化的。自然选择和生产方式的进步是家庭演化的根本动力。自然选择的力量在人类早期家庭形式的产生过程中发挥着巨大的作用。随着人类社会的发展,生产方式的进步则成了推动家庭制度演化的根本动力。

2.2.3 家庭的结构

家庭结构是指家庭成员的代际与亲缘关系的组合状况。现代社会的家庭结构按照家庭的婚姻和血缘关系以及家庭人口要素等综合指标,可以划分为核心家庭、主干家庭、联合家庭和其他家庭等类型。

1. 核心家庭

核心家庭是指由一对夫妇及未婚子女组成的家庭。在这类家庭中,家庭成员已经减少到最小程度。只有夫妻关系和子女关系,即由一对夫妇和子(女)的基本三角关系所支撑的家庭。核心家庭是人类赖以生存和发展的最稳定的社会形式。核心家庭表示如图 2-1 所示。

除了这些标准的核心家庭之外,还有几种特殊或不完整的形式:①配偶家庭。即只有一对夫妇而没有子女的家庭。其中,一类是未育配偶家庭,即尚未生育子女的一对夫妇所组成的家庭。另一类是空巢家庭,即子女均已成婚并单独生活,只剩下夫妇两人的家庭。还有一类是丁克家庭,即一对夫妇均有高薪工作但不希望生育子女的家庭。②单亲家庭。

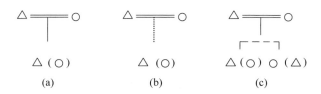

图 2-1 核心家庭结构图

△男性；○女性；=夫妻关系；--兄弟姐妹关系；—子女关系；…收养关系

即由于死亡或离婚或未婚生育而只剩下夫妇中一方与未婚子女组成的家庭。其中，一类是父单亲家庭，即只有父亲与未婚子女的家庭；另一类是母单亲家庭，即只有母亲与未婚子女的家庭。③单身家庭。人们到了结婚的年龄不结婚或离婚以后不再婚而是一个人生活的家庭。④重组家庭。夫妻一方再婚或者双方再婚组成的家庭。

2. 主干家庭

主干家庭，又称扩大的核心家庭，是指由父母与一个已婚子女及未婚兄弟姐妹所组成的家庭。这种家庭有两对夫妻，这两对夫妻是两代人。家庭成员一般是两代人或三代人，也包括父母一方已去世的情况。因此，这种家庭结构比核心家庭要复杂得多，它除了基本三角外，还包括婆媳、祖孙、叔嫂或姑嫂等关系。其结构有以下两种基本形式，见图 2-2。

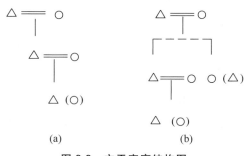

图 2-2 主干家庭结构图

同时主干家庭还有一些特殊和不完整的结构形式。它们是：①配偶主干家庭，即只有两对以上异代夫妇而没有未婚青少年的家庭。②单亲主干家庭，即夫妇或父母缺损一方的主干家庭。

3. 联合家庭

联合家庭是指由两对或两对以上同代夫妇及其未婚子女所组成的家庭。这种类型是核心家庭同代横向扩展的结果，它突出表现为人口较多，关系较为复杂。由于每个基本三角都有自己的核心，相互之间具有较大的离心力，所以这种家庭形式只能在一定条件下共生，目前已经很少。联合家庭主要有两种结构形式：①异代联合家庭，即两对以上的同代夫妇及其未婚子女与父母所组成的家庭；②同代联合家庭，即两对或两对以上同代夫妇及其未婚子女所组成的家庭。可表示如下，见图 2-3。

联合家庭一般是因为兄弟们结婚后不分家而形成的，兄弟不分家大多是出于共同继承财产的需要。联合家庭曾经是中国人的梦想，人们常常用"子孙满堂"来表述长辈的成功与幸福。实际上，人们认为中国传统社会是以大家庭为主是一种误解。所谓中国的大家庭，主要存在于世族门阀之中，而绝大多数庶民都是以核心家庭或者主干家庭为主的小家庭，联合家庭式的大家庭并不存在。在我国当代社会，联合家庭主要是由于经济上的原因而形成的，有的是父母房屋多或经济宽裕，可以提供住房或补贴，婚后子女才可能在一起共同生

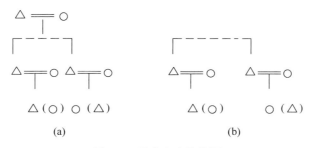

图 2-3 联合家庭结构图

活;有的是已婚子女缺少分开居住的住房条件,除了与父母共同生活外没有其他选择。也就是说,我国目前以感情为基础而形成的联合家庭很少。

4. 其他家庭

其他家庭是指上述各种类型之外的其他类型的家庭,如由于收养关系或其他社会原因组合而成的家庭。这种家庭内部不存在婚姻关系,如父母双亡而未婚兄弟姐妹住在一起的家庭、祖孙两人住在一起的家庭、单身家庭、由未婚同居者组成的同居家庭、由同性恋者组成的同性恋家庭等。

在上述各类家庭中,核心家庭是城市家庭的主体。当然主干家庭还占有一定的比重。从家庭发展的历史看,家庭规模有缩小的趋势。我国的主干家庭,在赡养老人、减轻中年人负担和抚养第三代等方面发挥着重要的作用。

2.2.4 家庭的功能

家庭作为一种最重要的基本社会群体,从社会学的角度看,具有以下六种基本功能。

1. 经济功能

人类要生存就必须进行物质资料的生产。在自给自足的自然经济时期,家庭既是一个社会生活单位,也是一个生产单位。近代工业从家庭工业中脱胎出来而进入社会化大生产时期,家庭的生产功能首先在城市雇佣劳动者家庭中消失。有产者家庭一般只是生产资料的占有单位,经营管理越来越成为家庭以外人员的职能。在我国,改革开放之后,特别是我国实行市场经济以后,由于经济成分的多元化以及经营方式的多样化,我国家庭的经济职能呈现出复合式状态。在城市,绝大多数家庭的经济职能以消费职能为主,家庭成员主要通过参加社会化劳动谋生,但也有不少城市家庭如个体工商户、个人合伙组织等,则具有生产和消费的双重职能。在农村,由于实行农户联产承包责任制,农民的婚姻家庭的生产职能因此又得以恢复。

2. 人口再生产功能

从人类进入个体婚制以来,家庭一直承担着人类自身生产的功能。如果没有人类自身的生产,社会就无法延续下去,而家庭则满足了社会发展的这一基本要求。家庭是人类繁衍后代的唯一社会单位。在不同社会制度下,家庭实现人口再生产的社会职能有其不同的特点。在我国封建社会,统治阶级为了增加更多的劳役和兵役来源,采取立法强制人们早婚早育。在我国社会主义社会,则尽可能促使人口增长与国民经济发展相适应,实行计划生育便成为我国家庭的重要社会职能之一。

3. 满足性需要的功能

男女两性缔结婚姻关系之后,性爱就成为维系相互关系的主要纽带。性爱是家庭生活的一项重要内容,家庭是满足夫妇性需要的场所。社会把人们的性生活限制在家庭范围之内,有利于性需要的普遍满足,以避免由于满足性需要而引起的社会混乱。限制与排除家庭之外的性行为是习俗、道德和法律等社会规范中有关两性关系的规定与要求。

4. 教育功能

家庭不仅具有人口再生产功能,而且还承担子女的家庭教育任务。父母亲的言行举止、习惯爱好、教养方式以及家庭气氛等都会对孩子产生潜移默化的影响。传统社会的家庭教育常常有明显的职业化特征,所谓"家传技艺"、"祖传秘方"等,都是在家庭之内世代相传,并往往使下一代获得与这些技能相应的职业。现代社会的家庭教育出现非职业化趋向,职业教育功能发生外移。这在城市家庭中尤为显著,其下一代一般不再从家庭中获得传统性的职业技能,而是从各类学校中获得专门性的职业技能。

5. 赡养与抚养功能

抚养未成年的家庭成员和赡养老人及丧失劳动能力的家庭成员,是人类繁衍的需要。养老育幼,扶助缺乏劳动能力、又无生活来源的家庭成员,是我国的传统美德之一。赡养职能是指在家庭中,无经济能力的家庭成员依靠有经济能力的家庭成员的抚养,能够正常地维持生活的职能。在我国,虽然实行的是社会主义的婚姻家庭制度,有社会保障作后盾,但由于我国人口众多,每个人的能力千差万别,还存在一些需要经济帮助的人群。因此,特别强调一定范围内的亲属间具有相互扶养的权利义务,以保障弱势群体的生活,进而保障他们的人身和财产利益,就显得更加重要,扶养职能也就成为家庭的又一个基本职能。我国2012年12月28日颁布修订后的《中华人民共和国老年人权益保障法》规定:老年人养老以居家为基础,赡养人应当履行对老年人经济上供养、生活上照料和精神上慰藉的义务,照顾老年人的特殊需要。赡养人应当使患病的老年人及时得到治疗和护理;对经济困难的老年人,应当提供医疗费用。对生活不能自理的老年人,赡养人应当承担照料责任;不能亲自照料的,可以按照老年人的意愿委托他人或者养老机构等照料。赡养人的配偶应当协助赡养人履行赡养义务。

6. 感情交流功能

家庭内的人际关系是最亲密的人际关系,家庭是思想感情交流最充分的场所。家庭成员除了在经济、文化生活中结合在一起以外,还有一种感情上的结合。这种感情是建立在家庭成员之间的互爱互助、温暖愉快的家庭生活之上,是一个人生活幸福的很重要的一个方面。发挥好家庭精神生活的职能,就能使人们在工作中遇到困难和遭受挫折时从家庭方面获得鼓励和安慰。

2.2.5 家庭的发展趋势

家庭是一个历史范畴，它随着社会历史的发展变化而变化。无论是从家庭结构还是从家庭功能来看，家庭的发展从来就没有统一的模式，未来家庭的发展也将如此。

关于家庭的未来，国内外许多学者都进行过探索，提出了诸如家庭消亡论、家庭复兴论、人工家庭论、家庭异化论、家庭趋同论等设想。目前，在国外，特别是西方一些发达国家，家庭问题成为一个普遍关注的社会问题。从20世纪六七十年代的欧美等国的家庭状况来看，主要有"五多二少"现象，即：独身者多、离婚者多、无婚姻同居者多、私生子多、小家庭多和出生少、赡养老人少。所以，当时有些学者认为家庭正在解体和消亡。然而20世纪80年代以来，西方家庭不但没有消亡，反而获得了新的发展。更多人似乎越来越向往忠实的爱情和比较稳定的婚姻家庭生活。在家庭生活中，两代人之间开始互相沟通思想，妇女的地位也在上升。但各种形式的家庭仍然存在，由独身主义者组成的独身家庭、由未婚同居者组成的同居家庭、由离婚者造成的单亲家庭、由同性恋者组成的同性恋家庭以及"家庭公社"等，仍然占有一定的比例。这样的家庭结构深深地影响了社会结构，进而使城市的空间结构发生变化。

20世纪80年代以来，我国的改革开放使经济、政治、思想和文化等诸方面都发生了巨大的变化，作为社会细胞的家庭更是如此。概括现阶段中国家庭的发展，主要有两个特征：①家庭关系由家长制向男女平等的方向发展；②家庭结构向核心家庭发展，家庭规模逐渐缩小。与此同时，家庭的某些功能进一步趋向社会化。我国家庭结构、功能及家庭关系的变化，主要在于妇女经济地位的逐步提高、计划生育政策、社会保障制度和住房因素等。此外，若从家庭的功能看，部分功能外移突出，例如，受到产业分工和生活服务设施发展的影响，现代社会日益发达的工业、教育、福利和服务组织把家庭的经济、教育、生育、赡养与抚养功能不断吸收过来，并把这些功能提高到新的水平，产生了寄宿学校、养老院等社会组织机构。

2.3 初级群体

2.3.1 初级群体的概念

初级群体（primary group）一词是美国早期社会学家库利（C. H. Cooley）首先提出的。他在1900年出版的《社会组织》（*Social Organization*）一书中，把家庭、邻里和儿童游戏群体称为初级社会群体。他认为，初级社会群体"具有亲密的面对面交往和合作等特征。这些群体之所以是初级的，其意义是多方面的，但主要是指它们对于个人的社会性和个人理想的形成是基本的"。因为在库利看来，在一个人从一个生物个体成长为一个社会成员的过程中，"镜中我"的形成是一个关键性的步骤。而镜中我又主要是在初级社会群体中形成的。因此，初级群体对于人的社会化来说是基本的，它是"人性的养育所"。

在库利之后，初级群体这个概念开始在社会学文献中被普遍使用。但在这时，人们已经不仅仅局限于从研究人的社会化的角度来使用这个概念,而且也从研究社会组织结构的角度来使用它。有些社会学家进一步提出次级群体(secondary group)一词作为与初级群体相对应的概念。作为一种正式的社会组合形式的初级社会群体,是与诸如群众(crowd)、暴众(mobs)、观众(audience)、公众(public)和大众(masses)这些简单的人类聚合(aggregates)不同的。首先,在初级群体中,其成员之间进行互动并建立起相互之间的关系。其次,初级群体具有相对的稳定性,这就使它与聚众、暴众和观众一类社会结合形式相区别。再次,初级群体具有组织结构性。

2.3.2 初级群体的形成

在初级群体中,无论是邻居、儿童游戏群体,还是朋友圈子,都是在地缘、业缘或共同兴趣、共同爱好的基础上经过持续不断的交往自然而然地形成的。就是在家庭中,虽然配偶结婚组成家庭要经过法律程序,是人为建立的,但自然的血缘关系和世代关系仍是维系家庭存在的一条重要纽带,作为新成员的子女加入到家庭这个初级群体中来,也是自然发生的。相反,工厂、商店、机关、学校等一类正式的社会组织,则是基于某种社会需求,按照社会契约关系而人为地加以构建的。

2.3.3 初级群体的基本特征

初级群体具有五方面的特征:①规模较小。初级群体大多是小型群体,成员相对少是彼此能够有足够机会接触和交往的重要保证。但初级群体不能少于2人,少于2人就不可能成为群体。②面对面的互动。由于初级群体规模小、人数少,成员之间就能面对面地直接接触。这样的接触能加深成员间的全面了解,促进关系亲密,逐渐形成面对面的互动。③群体成员难以替代。群体成员在初级群体里扮演多种角色,参加各种活动,表现其全部个性。这样人与人之间便形成了一种不可替代的特殊关系,如有意外的缺员往往不能随意由另外一个人来代替。④非正式控制。由于初级群体成员间关系亲密,所以初级群体的维持往往不是靠正式控制维系的,而是通过习俗、道德、社会舆论等非正式控制手段来维系。⑤聚合力和持久性强。一方面,由于初级群体成员之间存在着生存依赖关系和归属感,这就决定了它的聚合力的持久性强,在关系到群体利益和荣誉时,群体行动上的聚合力作用就会充分表现出来。另一方面,从发展来看,它具有相对稳定性,如家庭是人类生命力最强的初级群体之一,在没有新的群体取代它之前,是不会消亡的。

2.3.4 初级群体的作用

初级群体在人们的社会生活中起着十分重要的作用。这主要在于:①初级群体是人们赖以生存和发展的基本单位,例如,离开了家庭,个人的生活、情感等都会发生缺损;离开了工作单位,个人的物质生活就得不到保障。②初级群体承担着社会化的任务。所有类型的初级群体对于人的社会化都有不同程度的作用。如家庭、邻里、儿童游戏群体对幼儿的早期社会化具有特别重要的意义。朋友群体和工作(学习)小组对于青年和成年人的社会化有着不可忽视的作用。初级群体是个人获得社会性的"摇篮",人的个性的成长与他赖以生活的初级群体的状况有着极为密切的关系。③初级群体是社会的稳定力量。社会总是通过初级群体和社会组织将个人有机集合成各种社会结构,从而构成社会整体的。社会的稳定和发展是以初级群体的稳定和发展为基础的。初级群体的安定是维持整个社会稳定的重要条件。

初级群体的上述作用的发挥是有条件的。这些条件主要是指初级群体的目标、它的稳定性以及群体内人际关系的和谐程度。破碎家庭的增多会在一定程度上对社会的稳定与良性运行产生不利影响,家庭关系的不和谐会对儿童社会化产生极为不利的影响。

2.4 社会群体

人的生活从根本上说是群体生活,与他人没有任何联系的个人是无法生存的。个人都要通过加入各种群体才能参与社会生活,社会也总要通过群体才能对个人的社会化过程及其社会生活施加影响。所以,群体既是人们生活的基本单位,又是社会结构的重要组成部分。

2.4.1 社会网络

人与自然共同构成了社会的实体层面,在这个层面上,人与人之间结成一个纵横交错的关系网络。从人们在社会中发生关系的纽带看,存在四种主要社会网络,它们是:①亲缘社会网络。亲缘关系是以血亲为联系纽带的关系,主要以家庭关系、亲属关系、婚姻关系为表现。亲缘关系是社会中十分重要的关系,尤其是家庭关系。②地缘社会网络。地缘关系是以人们生存的地理空间为背景而形成的关系,主要表现为邻里关系、乡亲关系、社区关系等。由于人总是在一定的地理环境中生活的,在此范围内必然会发生各个接触、交往、互动而形成相对紧密的联系。地缘关系是社会关系中发生最早的关系之一。一般地讲,生产力越落后,交通工具越不发达,地缘关系就越牢固,其社会作用也越重要。在现代社会中,地缘关系的社会作用相对减弱,但也有朝新方式转变的趋势。③业缘社会网络。业缘关系指的是以人们所从事工作、所在行业,即以社会分工为基础的联系。业缘关系的表现形式十分广泛,被人们所熟知的有同事关系、同学关系、上下级关系、主客关系等。由于现代社会交通和信息发达,业缘关系日显突出,地位也更加重要,正成为人们一生中最为多姿多彩的关系层面。④泛缘社会网络。泛缘关系是在特定的时间和空间以及特殊的因素条件下建立起来的联系,如朋友关系、路人关系、伙伴关系等。偶然性和不确定性是它的基本特征。

2.4.2 社会关系

社会关系是社会中人与人之间关系的总称。从总体上说,人类社会由上述社会网络进一步结成几种社会关系,它们是:①人际关系。它是社会中个人与个人之间直接互动的关系,也是最基本的社会关系,其中同事关系、朋友关系、老乡关系、邻居关系、夫妻关系、父母与子女关系等都是值得重视的人际关系。人际关系是社会集体关系活动的前提与基础,其他任何社会关系都是通过个人的关系活动来得到实现的。②公共关系。它是指社会中组织与集团相互之间的联系。在社会中,由于各种原因和需要形成了形形色色的组织和集团,这些组织和集团在各自的运行过程中,根据自身的需要不得不与其他组织、集团和公众发生交往与联系,以实现组织集团的目标,从而形成关系。③民族关系。民族关系是指处在不同历史条件和经济生活条件下形成的传统、风俗、生活等各具特点的民族之间的交往关系。④国家关系。国家关系是指按地域来划分一定权力机关统治下的国民的国家之间的交往关系,又称国际关系。就世界范围内的宏观社会的和平与稳定而言,社会的发展也需要国家关系的协调与平衡。在经济全球化的时代,国际关系的处理显得越来越重要。

2.4.3 社会群体

社会群体(social group)是指通过一定的社会关系结合起来进行共同活动的集体。例如,以血缘关系结合起来的集体是氏族、家庭群体;以地缘关系结合起来的集体是邻里群体;以业缘关系结合起来的则是各种职业群体。社会群体是由一定数量的个人所组成的。但不能说凡是有人的地方都可以称为社会群体。社会群体具有以下几个基本特征:①群体成员必须是由某种纽带联系起来的。这种纽带是在人们的社会交往过程中形成的各种社会关系,是人们相互交往、相互影响的结果。社会关系又以不同的性质构成不同的社会群体。②群体成员之间有着共同的目标和持续的相互交往活动。因一些偶然事件聚在一起的人群不能称之为社会群体。例如,公共汽车上的乘客、电影院里的观众等。③群体成员有共同的群体意识和规范。群体成员在交往过程中,通过心理与行为的相互影响或学习,会产生或遵守一些共同的观念、信仰、价值和态度。群体成员有共同的兴趣和利害关系,并遵循一些模糊的或者明确规定的行为规范。

2.4.4 社会群体类型

社会群体的类型是多种多样的。在实际研究中,我们可以根据不同的标准将社会群体划分成不同的类型。

1. 血缘群体、地缘群体与业缘群体

这三种群体主要是根据维系群体成员的纽带的性质不同来划分的。血缘群体包括家庭、家族、氏族、部落等具体形式。地缘群体包括邻里、老乡等。业缘群体包括各种各样的社会经济组织、政治组织和文化艺术组织等。现代社会是血缘群体、地缘群体、业缘群体并存和协同发挥作用的时代,同时又是业缘群体处于主导地位的时代。业缘群体处于主导地位是社会发展进步的表现。

2. 正式群体与非正式群体

这两种群体主要是根据群体中社会关系的规范化程度来划分的。正式群体及其内部关系是按正式的社会规范建立起来并受正式规范所制约的。反之,非正式群体及其内部关系则具有非规范化的特点。家庭、学校、机关、工厂、公司等是正式群体。邻里、朋友、共同爱好者、老乡是非正式群体。一般说来,正式群体是社会稳定的基础,非正式群体则能增强社会活力。在社会管理中,既要发挥正式群体在社会生活中的主导地位,又要注意协调正式群体同非正式群体的关系,发挥非正式群体对于正式群体的补充作用。

3. 所属群体和参照群体

这两种群体主要是根据群体成员的归属为标准来划分的。前者是指成员所在的群体;后者是指被成员用来作为某种参照对象,并对成员的态度、认识发生重大影响的非归属群体。根据群体成员不同的需要,会形成不同的参照群体;而同一参照群体的意义在不同时期则可能发生变化。所属群体总是会选择与自身相类同的群体作为参照对象,如某一家庭群体选择另一家庭群体作为消费水平的参照。但有时候也有例外,如某个班组群体成员以感情融洽程度为参照目标时,他可能以同学为参照群体。

2.4.5 社会群体成员互动

利益和情感驱动着社会群体成员的互动。这种互动构成了社会结构关系的一个重要部分,这个过程也是一个非常复杂的过程。社会群体成员互动一般具有彼此相倚、反应相倚、非对称相倚和假相倚的特点。概括起来,社会群体成员互动大致要经历以下几个阶段:①合众为一。指行动者加入群体并接受群体目标的过程。行动者通过一定的方式与群体成员接触并被接纳后,随着彼此间互动的深入,行动者对"我们意识"逐渐赞同和认可,最后形成群体意识。在这个阶段,行动者与群体其他成员相互顺应和协调,充分表达自己的感情,建立个人间的友谊。②整合凝聚。指群体成员之间高度团结稳定,成员对群体产生强烈的认同感和归属感。成员由第一阶段注重个人间感情联系向注重群体利益转移,为群体着想是成员们的共同意识。③内部冲突。指群体成员发生矛盾、产生冲突的阶段。随着社会互动的深入,一方面每个成员的人格特征暴露无遗,其中包括个人缺点;另一方面,随着群体利益的获得,由于群体目标基本实现,成员转而注重个人间关系、个人的利益和个人的得失,从而忽视群体目标,当发展到一定程度时,成员的不满情绪、反抗和破坏群体的行为、成员间的矛盾就会集中暴露出来,于是出现了冲突、征服和打压等情况,此时群体内的互动往往是不满情绪的表达。④终结或重建。群体内部冲突的产生可能导致两种结果。一是终结,内部冲突导致成员间的感情破裂,相互敌对,最后分裂,从而使群体解体。另一个是重建,群体内产生冲突后,使成员认识到,这样既不利于群体,也不利于个人,从而否定自己过去的行为,重新建立群体的和谐气氛。

2.5 城市社会群体

2.5.1 城市人

"城市人"是一个社会学概念,主要是指生活居住在城市和市镇,且已经按城市生活方式生活的居民。在我国,由于长期实行户籍制度,很长一段时间内,城市人首先应该是城镇人口。

1. 城镇人口

在1955年和1963年,我国规定的城镇人口均指市和镇中的非农业人口。1982年第三次人口普查时,把市和镇的总人口(包括其中的农业人口)作为城镇人口(但市辖县不计算在市的总人口内)。1990年第四次人口普查采用地域划分,即按常住地类型将人口分为市镇人口和乡村人口,其中的市镇人口可以理解为城镇人口,但这一统计口径没有包括城市中的流动人口。2000年第五次人口普查,城镇人口采用建成区人口的概念。具体地说,市镇人口应该是指城镇集中连片部分和它周围能够享受城镇各种生活的人口,具体来说,是指城市的市区和郊区(不包括市辖县)的农业人口和非农业人口的总数。城市人口包括有常住户口和未落常住户口的人,以及被注销户口的在押犯、劳改和劳教人员。总人口中不包括现役军人和人民武装警察(城市人口以公安部门统计数为准)。2010年第六次人口普查按城乡人口统计口径。第一种口径(按行政建制),市人口是指市管辖区域内全部人口(含市辖镇,不含市辖区县),镇人口是指县辖镇的全部人口(不含市辖镇)。第二种口径(按常住人口划分),市人口是指设区的市的区人口和不设区的市所辖的街道人口,镇人口是指不设区的市所辖镇的居民委员会人口和县辖镇的居民委员会人口。

2. 城里人

"城里人"是一个社会学概念,泛指按城市生活方式生活的人,既包括上述定义的城镇人口,也包括生活在城镇却来自农村的城市流动人口,甚至还包括一些来自城市却居住在农村的人口。从广义角度来说,城里人也可以理解为"比较时尚的人"。

2.5.2 邻里

1. 邻里的概念

邻里是地缘相邻并构成互动关系的基本社会群体,有着显著的认同感和感情联系,由此构成相对独立的小群体①。在人类社会的历史上,邻里是随着社会的发展而逐渐形成的。在家庭产生以前的原始氏族公社里,整个氏族是一个生活单位,而没有邻里。后来氏族公社解体,一夫一妻制家庭产生,由住处相邻的各个家族的成员所结成的邻里也就产生了。人类社会最初出现的是同姓邻里。同一血缘家庭的人们聚居在一起,以便生活上相互关照,生产上相互帮助,安全上相互护卫。当时的邻里,地缘和血缘是重合的。但随着社会生产的发展,特别是产品交换的发展而出现了迁徙,曾经是不同氏族、不同姓氏的家庭迁居到了同一地域,导致了杂姓混居的邻里产生。杂姓邻里的出现是历史的进步。现代邻里关系呈现出多样化和复杂化的趋势。

---

① 邻里的概念也为地理学、经济学、人种学和行政学所应用。但它们只注重地缘关系,而忽视了对邻里的社会互动的分析。

2. 邻里的特殊性

邻里是一个特殊的互动社会群体。它的特殊性表现在三个方面：①地缘性。邻里是以地域关系为纽带的初级社会群体。邻里之间的互动，首先需要有住在左邻右舍的地缘条件。离开地域上的联系，不可能形成邻里的群体。②情感性。邻里不是经济实体，也不是政治实体，而是以感情为基础结合起来的初级群体。没有相互之间的友好往来，没有在此基础上发展起来的富有人情味的情感交流，即使地域相近也形不成邻里。③非正式性。邻里不是按正式规范及要求建立起来的，而是受风俗习惯、伦理道德制约的，因而它具有一般非正式社会群体的特点。

3. 邻里的社会功能

邻里同其他初级社会群体一样，社会功能是多方面的。中国社会历来重视邻里，尤其重视邻里的社会功能，有"远亲不如近邻"之说。邻里的社会功能概括起来主要表现在：①相互支持的功能。主要是指邻里之间相互提供保护和支持，使邻里间有安全感和信任感。具体表现在生产和生活上互相帮助，互通有无，共同解决生活难题，共同防御，共同保障社会治安等。②社会化的功能。是指邻里间能形成一种价值取向氛围，并以此教化邻里中的居民和儿童。生活在同一地域里的各个家庭、各个家庭的成员之间相互影响是很大的。现代教育强调要把家庭、学校和社会教育结合起来，而邻里就是社会教育的重要组成部分。③社会控制的功能。即通过有关活动与规范约束居民的行为，调整居民的关系，维持社区的一致性。有些个人和家庭间的纠纷，如婆媳争吵等，往往当事人无法解决，但又够不上通过正式的社会组织去解决，由邻里出面调解显得最为合适。邻里间还能起到相互约束和监督的作用，这是一种无形的社会控制力量，违法犯罪行为往往很难躲过邻居的眼睛。④交流的功能。在邻里间，人们一般都能找到情感和思想交流的对象。人们业余时间有事无事走门串户，就是在自觉不自觉地实现着感情和思想的交流，从而带来精神上的平衡和满足，并起到相互影响的作用。

4. 邻里关系淡化

在现代城市社会中，邻里关系出现了淡化的趋势。其直接原因无疑与邻里中社会交往的减少有关，而导致邻里交往减少的因素却是多方面的。主要有：①邻里结构的变化。现代邻里打破了同一血缘、同一业缘的人居住在一起的传统结构，使得众多陌生的并无其他联系和关系的人住到了一起，如果他们能把交往发展起来，自然能起到互补的作用。但是由异质性所带来的心理隔阂减少了邻里间的友好往来，甚至有时候还要相互提防，保守秘密。②现代高层住宅的兴起。在这种住宅里，各家设施完备、自成体系，缺乏相互交往的公共场所。住宅之间的封闭虽然减少了邻里间的矛盾，但也阻碍了邻里正常必要的交往。③社会流动和迁徙的频繁。社会流动和迁徙的频繁减少了邻里间发生交往的可能，更谈不上交往的深化。④家庭成员的高节奏、非群体化生活。现代城市居民工作时间大多离开家庭，回到家里又忙于家庭事务，节假日则要外出休假。高节奏的非群体化生活使人们无暇顾及邻里交往，并影响到家庭其他成员间的交往。

造成现代邻里关系淡化的原因,有的是社会发展不可避免地带来的,有的则是人为的且可以避免的。现代邻里一方面要顺应历史潮流理解邻里关系的变化,另一方面则要积极地消除那些人为的障碍,改变那些应改变和可以改变的因素,发挥出邻里应有的社会功能。

2.5.3 工作群体

1. 工作群体的概念

工作群体是现代城市社会组织的基层单位,是在一定的工作任务的基础上组织起来的,其成员经常是面对面直接交往关系的社会初级群体。在我国目前的体制下,工作群体是大的社会组织的基层单位,如工厂企业中的班(组)、教学单位的教研室(组)、科研单位的课题组,以及机关团体中的科室等。

2. 工作群体的特殊性

工作群体也是一种特殊的基本群体。它的特殊性表现在:①以业缘关系为纽带。工作群体具有业缘群体的一般特点,其中最突出的是它有完成组织目标所赋予的任务的功能。②正式群体特征。工作群体是一种建立在正式规范基础上并受正式规范制约的正式群体,因而具有正式群体的一般特点。③兼具非正式群体特征。工作群体的数量不多的成员之间可以有经常的、面对面的直接交往。这种交往使他们的相互关系容易超出工作范围之外,形成个人之间的情感联系,从而形成人际关系的非正式的一面。这样,工作群体中的人际关系又具有了非正式群体的某些特点。非正式的人际关系有可能成为冲击甚至取代正式关系的力量,削弱甚至在实际上取代正式的工作群体。

3. 工作群体的社会功能

工作群体的上述特点决定了它的社会功能。概括起来,主要有:①促进组织目标达成的功能。工作群体是社会组织的组成部分,其之所以被建立起来,是为了有效地完成社会组织的目标。②情感交流的功能。工作群体作为大的社会组织的基层单位,人数不多,尽管其成员是因工作任务汇集在一起的,但是由于有经常的面对面的直接的互动,自然也会形成基本群体所具有的其他功能。一个好的工作群体,能使其成员具有明显的认同感和安全感,在交流感情方面能发挥重要作用。在现代社会里,工作群体在交流感情方面的功能更加突出,越来越重要。③具有实现人的价值的功能。在实现人的价值方面,工作群体具有其他基本群体所不具备的优势。因为人的价值主要是在集体生活,特别是在集体劳动过程中实现的。群体成员能够在工作群体中依靠集体的智慧和力量发挥自己的才干,增强自己的能力,以得到社会的肯定评价,并且由此而激发出实现自身价值的更大愿望。

4. 工作群体中的人际关系

从工作群体的上述特征和社会功能来看,作为社会组织基层单位的工作群体,既具有正式群体的性质和特点,又具有非正式群体的某些性质和特点。因此,工作群体中的人际关系就具有其他基本群体所没有的二重性的特点,即它既有组织关系的一面,也有私人关系的一面。组织关系是一种正式制度化的关系,在工作群体中被称为工作关系。工作群体中的上下级关系、领导与被领导的关系和同事关系，都是组织关系。它首先要求按一定的规章和程序办事，受制度和规则的制约。私人关系，譬如工作群体中的熟人关系、友谊关系、同伴关系，则是一种非正式关系。这种关系带有比较浓厚的感情色彩，往往是以个人的意志、愿望和需求为转移的。组织关系和私人关系是两种不同性质的关系，这两种不同性质的关系既是对立的，又是统一的，同时又是可以转化的。处理得好有利于工作群体的稳定和发展，处理得不好就会削弱甚至损害工作群体。现实社会中以感情代替规范、拉关系、走后门，组织关系血缘化、亲缘化、地缘化和趣缘化等倾向，都严重影响了社会组织的运行和工作效率，应予以克服和纠正。

西方社会学者对于工作群体的发展进行了不少实证研究。赞尔兹尼克在《工作群体理论》一书中认为，工作群体一方面要能达到企业所要求的作业目标的最低界限，另一方面要能满足职工社会需求的最低界限。能达到这两个最低界限的工作群体，才是有效的群体。对工作群体有效性影响较大的因素主要有：①不良的生产技术组织条件。它是指影响工人正常工作的空间布置、噪声、疲劳、工作速度等。②管理人员的不正确的指挥行为。例如只知道命令职工完成组织的任务，却严重违反工作群体中非正式的规范和成员的愿望；或粗心大意与主观武断而造成管理人员与一般工作者的紧张关系。③群体中有不太适应的成员的存在。例如，能力不足、个性不正常、教育培训不足等。

人们在工作时非常需要亲切、友好、和睦与公平的集体微环境。有了这种微环境，在群体中就可以心情舒畅、轻松愉快地工作。这种微环境就是工作群体的社会氛围。工作群体的社会氛围是群体成员的相互关系以及对于整个群体的态度及其行为总和。一般说来，工作态度是形成工作群体的社会氛围的重要因素。集体意识和士气是形成工作群体的社会氛围的另一个重要因素。因此培养基层班组的积极向上的集体意识和士气是现代企业管理必须高度重视的重要课题。

2.5.4 单位制

以"单位"为特征的社会制度结构是中国独特的制度结构特征，构成了当代中国社会主义与其他社会，包括其他社会主义社会的重要区别。改革开放以前，在中国社会，尤其是在城市社会中，几乎每一个人的生存和活动的方方面面都与"单位"有紧密联系。尽管改革开放以后中国社会的情况发生了极大的变化，但是对于相当多的生活在城市中的人来说，单位的影响仍然在他们的生活中存在。

1. 单位制的形成

从计划经济时代开始，单位就成为中国城市社会结构的基本单元，而单位制则成为中国城市管理的基本模式。一方面，国家和政府对其社会成员按照国家所倡导的行为规范和价值取向进行整合和控制，只需要通过控制其隶属的单位就可以实现国家计划和目标；另一方面，单位在贯彻国家整合控制的意志的同时也使得单位成员对单位产生了全面依附。于是单位制度在这样的依附和控制中逐渐形成。

2. 单位制的特征

单位制具有一些基本特征，它们是：①资源垄断性。首先，国家通过单位制对经济资源进行垄断。在单位制中，国家垄断一切社会资源，并通过单位组织的平台向单位成员分配其所必需的生活资源。对于单位成员来说，单位是他的衣食父母，是其生活、福利的基本甚至唯一来源。单位成为一个相对封闭的系统，向单位成员提供了最基本的生活福利保障。一个人一旦进入单位，单位就有代表国家对其生老病死、吃喝拉撒负责的无限义务。当国家垄断一切经济和生活资源时，体制外的民间资源不复存在；当单位已成为人们生活福利的唯一源泉时，人们的生活实际上就陷入了一种别无选择的依附境地。离开单位，放弃单位人的身份，就意味着丧失了一切，就根本无法在体制外找到维持生存所必需的生活资源。除了以货币和实物体现的经济、生活资源外，单位所控制的资源还包括重要的并且又是无形的"制度性资源"，例如各种机会、分配、权利、社会身份等。在单位中，员工及其子女的就业机会的分配由单位进行，而且单位掌握着有限的向上流动的包括提干、入党、出国进修等在内的机会；单位是个人社会地位和身份合法性的界定者，没有单位出具的证明，甚至不能登记结婚或申请离婚，更不能外出旅行，以致不能购买飞机票乃至投宿住店。单位还掌握着个人档案，内容包括个人身份的所有记录以及个人的全部业绩与污点。只要单位控制档案不放，任何人都无法改变自己的单位归属。即使改变了单位归属，人们也无法割断同档案所记录的个人历史的关系而获得全新的社会身份。总之，单位通过对各种制度性社会资源的严密控制和分配，通过垄断单位成员发展的机会以及他们在社会政治和文化生活中所必需的资源，形成了对单位成员的支配关系，最终有效地控制了单位内每一个成员的全部社会生活。②浓厚的意识形态色彩。单位制是在主流意识形态和价值观念基础上建立起来的一种特殊的组织和机构形态。它能够满足成员的基本需求，但也对成员的地位和角色做了"规定"，有一些在任何单位形态里都适用的基本的社会角色和社会地位，同时也有一些只有在单位形态里通行的特定的行为规范和取向。在中国的单位形态里，政治作为一种组织化的形态整合于单位，成为单位结构的一部分；意识形态在中国单位里也赋予了特殊的意义。一个人只要进入单位，在单位形态里生活和工作，就会不可避免地、自觉或不自觉地被社会化为一个单位人，扮演着单位中特定的社会角色，具有特定的社会地位，把单位形态中的行为规范和取向作为自己的行为规范和取向。③结构的稳定性。由于依附性结构的存在，客观上决定了单位具有特殊的稳定性。单位制在很大程度上将人们的社会交往限制在了单位内部。一方面，由于人们的社会地位、生活待遇以及生活方式等都与单位高度相关，单位内部的交往关系更容易使成员之间产生诸多"共同语言"；另一方面，单位内部生活丰富的自足也大大降低了人们在单位外部开展社会交往的内在需求。④单位生活的封闭性，在单位制及其他相关制度的刚性作用下得到了巩固和强化。首先，户籍制度所建立起来的严密的城乡壁垒限制了人员（特别是农民）的有序流动。与此同时，计划经济所提供的永久性就业制度又排除了单位利用解雇单位成员而提高工作效率的可能。一个单位成员只要没有严重的违法乱纪行为，就可以高枕无忧地保留其单位人身份。这样，通过严格控制单位成员进出单位的社会自由流动，单位制有效地维持了单位世界的相对稳定性。其次,劳动人事制度对单位人不同身份的刚性划分同样严格地限制着单位人在体制内的社会流动,它将绝大部分单位人长期固定在一个个特殊的社会位置上。除了少量的转干机会以外,工人无法通过制度性渠道将自己的身份改成干部,其难度丝毫不亚于改变城乡户籍身份。同样,干部群体"能进不能出,能上不能下",剥夺干部身份的概率是非常小的。这样,在刚性身份制度的作用下,单位内部世界的结构和秩序,以及绝大部分单位成员在这个结构中的位置,也始终保持在相对稳定和封闭的状态。最后,单位劳动人事管理制度以及单位内部复杂的人际关系所形成的社会横向流动的高额机会成本也大大降低了实际流动的可能。更重要的是,按照单位制的惯例,一个人在单位内部的地位以及他所能享受的单位福利待遇在很大程度上取决于他在本单位工作的资历和表现,以及他与单位领导、同事的人际关系。一旦调出原单位,就意味着这些业绩表现与在人际关系方面的"感情投资"全部付诸东流。结果是,除了正常的组织调动外,大部分单位成员往往都会在一个单位中度过自己的一生,他所归属的单位就是他终生的人生舞台。这一事实反过来又进一步加强了单位成员对单位的依附心理以及将自己的生活局限在单位圈子内的封闭化的心态。

3. 单位制的社会功能及其变迁

单位是中国社会主义制度结构的一个基本特征,国家通过单位进行社会资源分配、社会控制和社会整合,单位又赋予社会成员社会行为的权利、身份和合法性,满足他们的需求,代表他们的利益,同时控制他们的行为。单位制的社会功能主要表现在:①社会控制和资源分配。社会控制是国家政权为了在社会中建立和维持一定的秩序而对社会进行的支配、调节、节制和协调过程,是国家实现其意志的基本方式。从国家对社会控制的角度看,在国家和单位的关系上,国家全面占有和控制各种社会资源、利益和机会,形成对单位的绝对领导和支配关系;在单位和社会成员的关系上,单位控制了他们在社会、政治、经济以及文化生活中所必需的资源、利益和机会,因而形成对社会成员的支配关系。有了这种支配关系,单位就成为国家和个人的联络点,实现了国家和个人之间控制与依赖的关系。从国家对资源调配的角度看,单位也是社会资源总量不足和调控形式交互作用的产物,为社会管理机构对各种社会力量的调节和控制提供了制度架构。由于在解放后,物质资源匮乏,为了保证经济建设,尤其是保证以重工业为主的计划经济建设,国家通过这一架构满足了对资源的强制性提取和再分配。②提供福利保障。计划经济体制下的社会福利是一种建立在单位体制上的低工资高福利,而向单位成员提供全方位的福利也是单位重要的社会功能之一。从狭义上看,单位提供的福利是落实到个人身上的福利保障,但是从广义上说,单位福利还包括政府通过单位向人民提供的教育、文化、医疗设施,对公共事业的投资以及对困难群体的救助等。其他福利主要为住房(单位按级别向职工无偿分配住房,只收取象征性的房租,此外,单位还要承担日常维修的责任,对于没有分到住房的职工,则发放房租补贴)、养老(1978年时,满20年工龄退休时可拿工资的75%)、医疗(全部公费)、女工生育等。这些福利由国家统一制定,但是由职工所属的单位和国家共同筹资支付。对于机关和事业单位,福利来自国家财政拨款;对于企业单位,则根据产值获取相应的福利待遇,由营业外支出来支付。单位福利除了各种补贴之外,广义上还包括工会对职工的动员和教育,通过培养他们的政治热情和激发他们的生产积极性,极大地增强了单位职工劳动积极性和单位的凝聚力,为计划经济体制下国家下达的各种任务顺利完成创造了良好的环境;单位的福利基金用来为残疾、伤残、退休和因公死亡的家属提供福利保障,为新生育小孩的父母和工人的殡葬提供资金,还为工人提供医疗、伤害和妇产资金,同时每个单位还自己组织建设为这些福利需要服务的各种基础设施。③塑造城市社区特征。这些建设加速了城市单位发展成为一个自给自足的社区的进程。在"单位制"时期的社会环境中,住房作为一种福利,由单位统一调度和分配。这样,单位的个人会被组织生活在同一个社区之中,社区的管理也自然由单位来负责。生活在单位的社区中,大家都是单位职工,平时一起工作,闲时一起娱乐,各自相对熟悉,关系也十分融洽。单位制度下的城市社区实现了滕尼斯所提出的社区功能。首先,单位体制下的社区居民有强烈的社区归属感。一方面,单位成员从单位组织获取各种生活资料和物质资源,另一方面,单位组织通过组织单位成员参加各种政治学习和社会活动,增强个人对单位的依附感,从而使得社区居民对社区产生强烈的归属感。其次,社区居民由同质人口组成,关系密切。单位社区中的居民在同一单位工作和生活,其社会阶层、生活内容的相似让他们关系密切,并且形成利益共同体。第三,社区公共生活空间的建立。在单位体制下,单位不仅向单位成员提供各种物质生活资料,还提供各种形式的社会保障和福利,单位有自己的医院、幼儿园、学校,还有自己的公共生活空间和福利基础设施。单位组织的这些特点促成了计划经济下的中国城市社区单位化。

单位社区在空间上表现为以单位为基本建构单元,依托工作场所、居住和工作职能紧密相连的单位职工生活聚居地。其中,"居住与工作职能紧密相连"指的是一种点到点的非常明确的线性关系,即不管居住场所和工作场所在空间上是否连接,居住场所与工作场所一一对应的关系是非常明确的。医疗、住房、就业以及户籍等制度的改革带来了社会的巨大变化,这些变化使传统单位制的社会功能大大弱化并逐渐被新的制度所取代,这种传统社会主义计划体制下曾经发挥巨大作用的单位制度逐渐暴露出阻碍经济发展的弊端,促进了从单位社区向现代社区的转型。

2.5.5 城市弱势群体

1. 弱势群体的概念

弱势群体又称非主流社会群体,例如城市中的妇女、儿童、老年人、残疾人、少数民族和流动人口等。这些社会群体在总体上说社会地位不高,可供分配的资源有限,与主流社会相比处在弱势。这里以北京女性流动人口的社会调查来反映这类群体的社会地位和群体特征。

2. 流动人口家庭

根据妇女在家庭劳动分工中扮演的社会角色,北京市的流动人口家庭[①]可分为以下四

[①] 由于本文以已婚女性流动人口为主要研究对象,且单身已婚女性流动人口也是以类家庭方式进行生存,为了研究方便,文中分类的家庭包含了单身来京的已婚女性流动人口。

种类型：①传统型家庭。在这种类型的家庭中，男性工作是家庭收入的主要来源，妇女的社会角色是贤妻良母，其主要工作是料理家务和照顾小孩，没有其他有收入的工作。此类家庭中男性工作主要以苦力性或技术性为主。妇女闲暇时间较多，而打发空闲时间的主要方式是到邻居家串门、聊天。此类家庭占调查总数的7.4%。②互助型家庭。男性和女性从事不同的工作，或者二人虽从事相同的工作但相对独立性较强，二人工作上的联系不大。但在生活上相互照顾，家务劳动共同承担。此类家庭占调查总数的33.3%。③依存型家庭。男女从事相同的工作，二人不仅在生活上，而且在工作上彼此依赖，既是夫妻，又是同事。需要说明的是，此类家庭和互助型家庭虽然是二人共同承担家务，但不是二人均担家务。其中32%的男性承认比女性承担较少的家务，而调查中没有发现男性比女性多承担家务的家庭。依存型家庭占调查总数的44.7%。④独立型家庭。妇女一人在京进行生产生活活动，而男方在老家或外地工作。此类妇女占所调查已婚妇女总数的14.4%。

3. 流动人口家庭中的女性

流动人口家庭中女性地位的形成有着多方面的原因。经济、历史、文化、制度在其中都起着各种各样的作用，而这些要素在妇女地位的形成过程中又是相互联系、相互影响的，我们可将这些要素综合成文化传统、家庭社会分工、职业类型和地缘差异等几个方面。

（1）文化传统

"传统"这一概念是性别（gender）、家庭、家庭和睦以及性（sexuality）的代名词，并经常被认为是对家庭中权力分配的基础。中华民族五千年的文化传统，特别是男耕女织的传统概念，还在影响着广大农村。这种传统对主要来自农村的流动人口家庭，尤其是对传统型家庭的形成，还起着很大的作用。传统对家庭模式的影响主要是对家庭成员意识观念的影响。从访谈中了解到，传统型家庭有半数以上的女主人对家庭主妇的地位"很满意"，"未想过自找工作"，而男主人也认为"养家是男人的责任"。值得一提的是，在此类家庭中，平均每个家庭拥有小孩数为1.7个，高于其他组的水平。可以明显地看出，这些家庭虽然在城市生活多年，但其思维模式还是传统农村的思维模式。而对于其他三类家庭，传统的作用则相对较小，依存型和互助型家庭中半数以上的男性认为"妻子不在时无法组织生产"，而且"做家务是男女双方共同的责任"，而他们的妻子也认为"在家中和丈夫有同等的经济和社会地位"。而多数独立型的妇女则认为"妻子和丈夫都有自己的事业"。

（2）家庭社会分工

传统型流动人口家庭的形成并非仅仅由传统因素决定，小孩的照料也是一项重要因素。当然，由妇女带小孩而男性工作不能不说是传统因素仍然在起作用。但是在调查中有约17%的传统型流动人口家庭中妇女"想工作但由于要照料小孩不能工作，等孩子大了就要找工作"的占很大比重。在调查中没有发现丈夫照看小孩而妻子工作的家庭。后三类的家庭的小孩平均年龄明显高于传统型家庭，而半数以上此类家庭的小孩"在老家由爷爷奶奶照看"。

（3）职业类型

北京的女性流动人口主要从事商业与服务性工作，其中商业占23.1%，服务性工作占

31.7%,另有 34.3%的人直接从事工、农、运输业的生产(林富德,1995)。工作的性质对家庭劳动分工有着决定性作用。例如传统型家庭中男性从事的工作主要集中于技术和劳力型工作,而妇女由于受教育水平低于男性或由于体力不如男性,无法从事类似工作。后三种家庭则多从事服务业:互助型家庭中一般男女各有所长,所以独立从事服务性工作;依存型的家庭则多从事以男性进货、女性和男性共同售货的商业活动及二人共同经营商店、饭店等。独立型家庭则以从事简单服务性行业和从事较大资本的商业活动为主。

(4) 地缘差异

北京市流动人口所从事的行业存在明显的地缘差异性,而这种差异同时也对流动人口家庭的类型有一定的影响。在"河南村",家庭类型按依存型、互助型、传统型和独立型由多到少依次排列。而"浙江村"则为互助型、依存型和独立型。从调查结果看,传统型家庭全部分布在"河南村"。这种地缘差异形成的主要原因在于:①京城流动人口在从事的行业上有地缘差异性。"浙江村"和"河南村"的流动人口虽然都以从事服务业和商业为主,但是"浙江村"主要从事资本型商业活动,而"河南村"主要从事体力型服务业。②流动人口具有按不同来源地聚居的特性。在大屯和洼里的流动人口主要来自河南、安徽、河北,而"浙江村"则以来自浙江的流动人口为主,不同省份的文化传统及经济背景不可避免地反映在了京城流动人口聚居区上。

2.6 社会组织

所谓社会组织,是指城市中人们为了合理有效地达到特定目标而建立起来的一种共同活动的群体。社会组织的互动对社会结构具有巨大的创造力和破坏力。

2.6.1 社会组织的含义及要素

1. 社会组织的含义

对于社会组织的规定说法很多。国外有的学者认为社会组织是一个法人团体,是用规章制度限制外人进入的一个封闭团体。而有的学者则认为社会组织是两人或两人以上实现共同目标而组织起来的团体;有的学者还主张社会组织是一种社会体系,有其明显的集体认同、正规成员名单、活动计划以及成员的更替程序等。

社会组织有广义和狭义之分。广义的社会组织是泛指人类共同活动的社会群体。狭义的社会组织是与初级社会群体相对的次级社会群体。这里所说的社会组织是指狭义的含义。因为与前面所谈的家庭、邻里等初级群体相比,其关系更为复杂,是人们为了合理、有效地达到自己的目标,而有计划、有组织地建立起来的一种社会机构,这种机构有组织、领导、分工、制度和目标等。

2. 社会组织的要素

社会组织必须具备以下要素:①成员。社会组织是由一定的经过挑选的人员组成的,他们相互依赖,彼此合作,参加集体的活动,要经过一定的考核和审批,即组织成员资格的取得是有条件的。②章程。任何社会组织都要有自己的章程,用以规定组织的性质、纲领、目标、任务、结构、活动原则,以及组织成员的地位与角色、权利与义务等。组织章程可以是成文的,也可以是不成文的,即约定俗成的,所有成员都必须遵守,这样才能保证组织活动的展开。此外,为了保证组织章程的贯彻实施,必须以奖惩制度作为后盾,遵守组织章程,将受到奖励;违背组织章程,将受到惩罚。③机构。任何社会组织都具有一个权威性的领导机构及执行系统,以便指导和领导成员向既定的目标努力。组织机构是组织活动的管理系统,它对组织的活动进行指导和协调,以便使成员齐心协力,实施组织特定的目标。④设备。任何社会组织都要有自己的设备,它是组织活动的物质基础和技术手段。没有设备,组织就无法进行工作和活动。

2.6.2 社会组织的分类

社会组织的种类很多,以不同的观点用不同的标准来划分,就会得出不同的组织类型。目前,西方社会学家一般从组织成员关系角度将组织分为正式组织和非正式组织两类。正式组织是指组织成员间的关系比较正规和确定,其活动有详细规定和严格要求的组织,例如军队组织即属这一类。所谓非正式组织,是指成员间的关系不像上述组织那样严格具体,而是比较自由、随便,彼此之间是一种自动自变的关系,例如业余俱乐部即属这一类。此外,美国社会学家布劳(Peter M. Blaw)和斯卡特(W. R. SCOH)从组织受益类型出发,把组织分成互利组织、工商组织、服务组织和公益组织;美国社会学家帕森斯(T. ParSons)根据组织的功能和目标将组织划分成生产组织、整合组织和政治组织;而爱桑尼(A. Etijoni)以权威的类型将组织分为强制性组织、功利组织和规范组织。我国一般将组织分为经济组织、政治组织、文化教育科学研究组织、群众组织、宗教组织和非政府组织等。

1. 经济组织

经济组织是人类社会最基本、最普遍的社会组织,它担负着为人们提供物质生活资料和文化生活资料的任务,履行社会的经济职能。在社会中,经济活动包括生产、分配、交换和消费等主要环节。因此,凡是参与这一部分的工作或以此为目的的组织都是经济组织。经济组织是随着社会的发展而发展的。一个社会中经济组织数量的多少、效率的高低,标志着该社会的发展水平。

2. 政治组织

政治组织是人类社会产生阶级以后而出现的国家政权机关、政党等组织。它比经济组织出现得要晚。自从人类社会有了阶级和阶级关系,阶级冲突和阶级斗争也就随之出现。为了处理阶级关系,进行阶级斗争,把阶级冲突限制在一定的范围之内,政党、政府机构、议会、军队、警察、法院、监狱等政治组织便应运而生。由此可见,政治组织是一定阶级的利益和意志的体现。

3. 文化教育科学研究组织

文化教育科学研究组织是以满足人们的精神生活需求为目的,以从事文化活动为基本内容的各种社会团体,包括学校、图书馆、文化馆、影剧院、艺术团体、俱乐部、科研单位、学术团体和体育团等,是整个社会系统中不可缺少的组成部分。随着社会的进步和人类精神生活的丰富,这类组织将会不断增多,质量也会不断提高。

4. 群众组织

群众组织在我国主要是工会、共青团、妇联和老龄委员会等组织。这些群众组织代表着工人、青年、妇女和老年人的切身利益,成为国家机器联系工人、青年、妇女和老年人群众的强大纽带。

5. 宗教组织

宗教组织是联系教徒与外界的纽带,在整个宗教体系中发挥着重要作用。同时,宗教组织也是社会系统的一个子系统,具有一定的社会性。我国宗教组织是协助政府贯彻执行宗教信仰自由政策,帮助信教群众和宗教界人士不断提高爱国主义和社会主义觉悟,代表宗教界的合法利益,组织正常宗教活动的平台。我国的宗教组织主要有佛教协会、基督教会、天主教会、伊斯兰教协会和道教协会等。

6. 非政府组织

一般认为,非政府组织(Non-Governmental Organizations,NGO)一词最初是在1945年6月签订的《联合国宪章》第71款中使用的。该条款授权联合国经社理事会"为同那些与该理事会所管理的事务有关的非政府组织进行磋商作出适当安排"。1952年联合国经社理事会在其决议中把非政府组织定义为"凡不是根据政府间协议建立的国际组织都可被看做非政府组织"。在当时,这主要是指国际性的民间组织。世界银行则把任何民间组织,只要它的目的是援贫济困,维护穷人利益,保护环境,提供必要的社会服务或促进社区发展,都称为非政府组织。在我国,非政府组织的活动主要集中在一些社会问题比较突出和尖锐的领域,发挥政府和企业没有或难以充分发挥的作用,进而推动社会进步。

2.6.3 社会组织的结构

社会组织的结构就是一个组织内各构成部分之间所确定的关系形式。它一般分为正式和非正式两种结构形式。

1. 正式社会组织结构

社会组织的正式结构是指组织内各个职务、各个部门之间正式确定的比较稳定的关系形式。具体地说,各个组织内、各部门之间都有明确的分工,组织成员都有一定的地位和职务,被赋予了相应的权力和责任。组织的正式结构表现为两个方面:一方面是横向结构,即由职能分工造成的各部门的分工协作关系;另一方面是纵向结构,即由权力分层产生的等级地位关系。

社会组织是依据功能分化将组织目标分解出来的。它们分别承担不同的功能,然后联系起来形成一种固定组合,每一个部门都依赖于其他部门,它们只有协作才能进行自己的活动,发挥自己的功能。社会组织正是通过这种分工协作关系产生出较高的整体效益,顺利地达到组织目标。

社会组织复杂的结构体系主要有以下几种形式:①直线职能制组织结构。它是在直线制的基础上增加了职能参谋部制,其优点是分工严密、职责清楚,整个组织有较高的稳定性和工作效率。②事业部制组织结构。它是直接按业务分类或按产品分类,划分出一些事业部部门,分别实行相互独立的经营。标准的事业部制组织由三个部门,即高层管理、职能部门和事业部门等组成。这种组织结构的优点是稳定性强,可使高层管理摆脱事务纠缠,专司决策之职;事业部门可以发挥主动性和创造性,对组织有效控制的广度增加。③矩阵制组织结构。这是一种超事业部制的新组织结构。它把组织中的垂直管理系统和横向的目标系统、集权和分权很好地结合起来。其特点是将活动专业化,建立起协调计划、工程、产品等专门化部门的活动单位。

2. 非正式社会组织结构

非正式组织结构作为正式结构的补充,是组织所不可缺少的。在任何一个社会组织内部,都存在着许多由非组织规定的相互作用,即存着大量的自然的个人之间的互动,这些相互作用或互动排除在组织正式结构以外。个人参加组织后,除了按照组织的规定进行形式化的互动外,还会按照自己的意愿、情感与他人交往,发生自发的相互作用。

非正式结构的类型主要有以下几种:①纵的共栖结构。由不同地位层次的人结成的互相依赖的人际互动。在这种结构中,成员之间有高度的相互依赖性。②纵的寄生结构。由不同地位层次的人结成的非对称依赖的人际互动关系。在这种结构中,成员间彼此提供的相互协助是不平等的,上级虽然尽力维护下级的利益,但下级并不全力维护上级的利益,即下级寄生于上级主管,只想贪图享受,不尽义务。③横的防守结构。由同一地位层次的人组成,他们为了保护自己的利益联合起来,借助非正式结构的力量以维护自身的利益或权力地位,但它的存在时间比较短,威胁一旦消除就会消失。④横的进取结构。由同一地位层次的人结成的谋求自身利益的人际互动关系。它是组织内一些人员怀才不遇,为了显示自己的才华,实现自己的目标,以谋求改变现行组织中选拔、晋升、奖惩、工资制度等不合理现象而结成的一种非组织力量。⑤横的感情交流结构。由同一地位层次的人组成,他们或由于共同兴趣爱好,或由于共同价值观念和态度而结合在一起,彼此满足对方的思想和感情交流的需要,相互帮助,相互照顾,友好相处。

非正式组织结构对正式组织结构既有正向作用,也有负向作用。正向作用是能够减轻成员在组织中的心理压力,联络成员感情,使大家感受到友谊和忠诚,从而增强组织的内聚力,提高组织的稳定性。非正式结构对组织有促进作用,同时也有破坏作用,即负向作用。组织中的非正式结构对组织的作用是正向还是负向,取决于非正式结构中成员的目标是否与组织的目标相一致。目标一致,非正式结构就会对组织的工作效率和稳定起推动作用;目标不一致,非正式结构就会影响组织的工作效率,破坏组织功能的正常发挥。

2.6.4 社会组织管理系统

社会组织的组织活动效果和效率,除了受环境的影响之外,还依赖于对组织的管理。因为人的活动需要组织,只有进行正确和合理的管理,才能使成员进行有效的分工协作,顺利地完成组织任务。组织管理是指协调组织内部人力、物力、财力以达成组织目标的过程,其中的关键是使组织成员的活动与组织目标相结合。自从有了社会组织,便产生了对组织的管理。社会组织的管理主要有以下几种方式。

1. 家长制管理方式

家长制管理方式是小农经济的产物,其特征是:①组织的权力集中在最高领导者一人手中;②分工不好,责任不清;③任人唯亲,因人设岗;④没有严格的管理程序,办事无章可循;⑤终身制。家长制的管理方式适合于组织规模不大、分工不发达的传统社会。

2. 科层制管理方式

科层制管理方式的特征是:①有一套为组织成员共同认可和严格履行的活动规则;②职能分工明确;③管理权力分层;④职务规则是专门性的;⑤科室之间以及职员之间的关系是一种制度化的工作关系;⑥组织的资源必须根据组织的需要分配使用,任何个人都不能垄断;⑦在组织中个人财产与组织财产严格划分;⑧管理权力来源于职务,而不是依附于具体的个人。这种方式的特点是分工清楚,责任明确,任人唯才,能提高工作效率,保障组织活动的开展。其不足是忽视了人的主动性,只强调照章办事,行为受规则约束,不讲灵活性和应变性,容易导致官僚主义。

3. 系统管理方式

系统管理是20世纪70年代提出的,它把企业看成是一个由各种子系统构成的完整系统,它包括目标价值系统、组织结构系统、心理社会系统和管理系统等。在一个组织中,各子系统之间是相互联系和相互影响的,从而构成一个整体系统。其中每个子系统的改变和调整都会引起其他子系统的相应变化。作为一个系统的组织,它并不是封闭的,而是开放的。它在不断地与其他企业和单位发生联系,接受社会的影响,即与组织外部环境发生相互作用。管理就在于协调各系统之间的关系,使各系统之间协调一致。系统管理在一定程度上克服了以往管理理论的片面性。传统组织管理理论只重视组织结构的设计,强调技术因素,忽视社会和心理因素,而社会行为学派则重视社会因素和心理因素,忽视技术因素和组织结构因素。系统管理则是把各种因素都结合起来,从总体上进行考察,具有综合性的特点。

2.6.5 社会组织之间的互动

社会组织互动是指不同社会组织之间的互动行为。任何一个社会组织都不可能孤立存在,而必然要和其他社会组织或更大的社会环境发生各种各样的互动,建立起社会联系,构成整个社会结构的重要部分。

1. 社会组织之间的互动形式

社会组织之间的互动,从主体角度看,有横向社会组织之间的互动、纵向社会组织之间的互动,以及横向纵向交织在一起的社会组织之间的互动。

横向组织之间的互动。它是由地位相同或相似的社会组织之间发生的相互联系和相互作用的过程。其主体包括同一类型或性质相近发生各种业务联系的组织,也包括不同类型但又发生了相互依赖、相互补充关系的组织。如一所大学要与其他大学发生互动,也要同建筑部门、工商部门发生互动。地位大致相同的组织之间构成了一种错综复杂的横向组织关系网,它要求组织之间的互动应以合作为重。

纵向组织之间的互动。它是地位不同的社会组织之间的互动。其主体是上下属的等级关系。由于社会上存在着某一大类的目标,需要不同的社会组织分工协作来完成,而各个社会组织在该体系中所担负的任务不同,所起的作用不同,其地位也不同,从而形成了等级关系。

组织间的互动过程。虽然具体的方式较为复杂,但在表现形式上无非是竞争与互惠、冲突与合作这样一些过程。从互动的结果来看,要么胜利,要么失败,要么握手言和。

2. 社会组织的互动过程

归纳起来,社会组织互动是围绕着以下几个过程展开的。

(1) 目标实现过程。任何社会组织都有自己的特定目标,社会生活中许多社会组织的目标可能是同向的,也可能是反向的,可能是同类的,也可能是异类的。这样就使每个组织在实现自己的目标过程中与目标相反或相向的组织发生合作式的互动,同目标相反的组织发生冲突式的互动,或者与同一个目标的社会组织进行竞争式的互动。社会组织目标并不是固定不变的,它随着环境和条件的变化而转移。社会组织目标一旦发生变化,与其他社会组织的互动方式也会随之发生变化。

(2) 组织界限确立过程。任何社会组织都有明显或不太明显的界限。社会组织界限包括有形界限和无形界限两部分。有形界限是指疆界、地域、范围等。社会组织间的互动有一些就是围绕确立界限展开的,例如边界纠纷,就是由于边界不明朗造成的,而纠纷的目的就在于使边界确立。

(3) 权力争夺过程。只要有等级存在,就有权力存在。权力是一个社会组织使其他社会组织接受其支配的能力。凭借权力,一个社会组织可以从被支配的社会组织那里获得能量。与权力相关联的是控制,控制意味着对另一个社会组织长期的统治,反之则意味着服从与归顺。因此,权力一直是各社会组织争夺的对象,起义、战争、垄断、竞争等是为了争夺权力而展开的社会组织互动。权力是多方面的,有政治的、经济的、文化的等,因而争夺权力的社会组织互动也是多种多样的。

(4) 资源获取过程。资源是社会组织生存和发展的能力,包括人、财、物等方面。一般来说,资源越多,能量越大,越有利于社会组织的发展壮大,越有利于同其他社会组织进行权力争夺。因此,许多社会组织互动也是围绕获取资源展开的。社会组织之间也可以进行合作和能量交换,以获取必需的资源。社会组织还可以凭借武力掠夺资源。

2.7 社区与城市

2.7.1 社区

1. 社区的含义

社区(community)一词,最初的含义是指在传统自然感性一致的基础上紧密联系起来的社会有机体。它是由德国社会学家斐迪南·滕尼斯(1855—1936)提出的。他在《乡社与社会》一书中,把人类共同生活的表现形态分为两种类型,一种是建立在亲密的、不分你我的私人关系基础上的社会共同体,另一种是建立在目的、利益、契约及以此为条件的人们保持一定距离的基础上的社会共同体。他把前一种类型的共同体称为"公社",把后一种类型的共同体称为"社会"。滕尼斯的这一思想引起了一些西方社会学家的兴趣,特别是引起了美国社会学家的重视,他们在接受滕尼斯观点的同时,对其使用的"公社"一词进行了改造,用英文的"社区"一词取代它。

2. 社区的构成要素

任何社区就其内部的构成来看,都有以下几个要素:①地域。地域是社区存在和发展的基本条件,是社区居民从事生产和生活活动的依托。例如第二次世界大战以前分散于世界各地的犹太人,由于他们没有共同的居住地区,因而这些民族只能构成共同体,而不能构成社区。如果有些人把这一民族称为"犹太人社区",也只是指具有共同语言、共同历史传统的精神社区。这种精神社区在社会学上被称为准社区。②人口。人口的数量、集散的疏密程度以及人口素质等是社区形成和发展的重要因素。社区人口与社会人口不同,它以同质性为主,即社区的绝大多数人从事基本相同的职业,形成了该社区的人口特点。③文化制度和生活方式。每一个社区由于自己特有的历史传统和风俗习惯等,因而形成了不同的风格文化特点,以区别于其他社区甚至邻近社区。文化制度也是社区的主要构成因素之一,它主要以控制、调整、干预和指引社区人们行为的方式发挥作用。在生活方式方面,不同社区的居民在人际交往、文化生活、闲暇时间的支配、生活习惯和生活节奏等方面都有各自不同的特点,这是由各自社区的现实经济、社会条件和历史传统所决定的。④地缘感。社区居民在情感或心理上具有共同的地域观念、乡土观念和认同感。这是同一地区的人们在长期的共同生活中,在同一行为规范、文化传统和生活方式氛围里形成的共同意识,它对维系社区成员间的关系起着重要作用。

3. 社区的类型

社区的具体形态是多种多样的,由于人们分类的标准和角度不同,分类的结果也就不同。常见的社区分类方法主要有:①根据空间特征把社区划分成居住社区(又称生态社区)和精神社区。②根据社区结构和特点把社区分为农村社区和城市社区。我国普遍倾向于这种分类方法。

2.7.2 城市社区

1. 城市社区的概念

在城市社会学中,城市社区是指大多数人从事工商业及其他非农业劳动的社区。城市社区晚于农村社区,一直到近代甚至最近几十年才成为人类生活的主要场所。

2. 城市社区的特点

城市社区的外部特征和内在功能与农村相比都有很大的差异,这种差异就形成了城市社区的特点。

(1) 人口集中,人口密度大。一进城市,给人的第一印象就是人来车往,房屋林立,街道纵横,大城市更是灯红酒绿、商贾云集。人们常用"繁华"来形容城市的景象,这反映了城市社区人口的集中,这也是城市不同于乡村的一个显著特点。城市本身就是人口密集聚居的产物,它的非农性质的社会及经济活动,既需要也能够容纳高密度的人口。城市规模越大,人口的密度也就越高。2011 年年底,我国上海城区的人口密度为 3702 人/km^2,北京为 1428 人/km^2,天津为 2636 人/km^2。

(2) 经济活动复杂,商品经济发达。城市经济的主体是工商业,它的运作过程和组织体系比农业生产要复杂得多。整个生产流通、分配和消费过程都需要复杂的决策、管理、实施及反馈修正等;以及需要对人、财、物进行复杂的配置与协调。进入经济活动过程的人力资源与物力资源,经济活动中所产生的矛盾与问题,都显得十分集中与复杂且变化多端。另外,工商业经济本身具有很强的商品性。大量的产品只有进入流通领域进行交换,才能实现其价值。因此,无论是古代的小商品经济,还是工业革命后日趋发达的市场经济,它的主要舞台始终是在城市。商品经济的程度相对较高,更加强了城市经济结构与经济活动的复杂性。

(3) 社会结构复杂,社会流动大。城市作为整个社会的政治、经济和文化中心,它的社区结构十分复杂。城市社会结构中一个非常明显的特征是,社会的正式组织在整个组织结构中占据着绝对的主导地位,社会的组织化程度高,社会的控制力度强。家庭和血缘关系在社会关系中的地位与作用远不如农村那么重要。人们之间的社会交往更具业缘性,社会的阶层与职业分化较为充分,社会的阶级与阶层结构都比农村复杂,社会的矛盾与冲突也比农村集中、激烈。同时,由于社会政治、经济和文化活动的集中,社会关系复杂,矛盾冲突激烈,所以社会成员之间的社会流动也较大。特别是在现代都市中,一个社会成员从一个社会集团流入另一个集团,从一个阶层流向另一个阶层的现象是十分普遍与频繁的。

(4) 社会生活设施完备,精神文化生活丰富。人口的密集和工商业的发达,要求社区的设施与之相适应。众多的住房、商店、完整的交通网络、供水系统、排污系统等社区基础设施都必不可少。这些设施的复杂性与完备性绝非农村社区可比。城市政治和文化运作所需的设施,包括庞大的国家机器的物质装备设施,更是复杂多样,且往往为城市所独有。文化教育设施和知识阶层大多集中在城市中,因而城市居民所能享受到的文化教育条件要优于农村,精神文化生活要比农村丰富,人们对精神生活的追求也比农村居民强烈。

(5) 社会生活的节奏快,社会文化的变迁速度快。城市生活节奏快,这是由城市的经济社会活动的特点决定的。工业生产是机器生产,它的连续性强,产品加工时间以分秒来计算,完全不同于农作物的生产节奏。其他的商贸、政治和文化活动也都要求效率高、节奏快、交互作用大,否则就可能丧失成功的机遇。因此,城市中人们生活的紧张程度一般高于农村,但城市居民工作之余的闲暇时间又多于农村。城市作为社会的政治、经济和文化活动的中心,一般都是社会新的生活方式的策源地,城市生活面貌变迁的速度与其日常生活节奏相一致,也是较快的。城市经常会流行各种新的时尚,新的思想和观念也容易产生和传播。

2.7.3 城市

1. 城市的概念

城市是人类聚落体系中的重要类型,更是人类最重要的居住场所。在英国,"城市"(city)一词的英文含义最初是指包含一座大教堂及主教任职处的一种人类聚落形态。虽然城市是由村庄的社会组织结构演变而来,但它具有与村庄明显不同的社会特征,包括:①城市以非农活动为主。城市与乡村具有不同的产业结构,城市的居民以非农业活动为主,主要是第二、第三产业,而乡村的居民主要从事农业活动。②城市人口规模巨大。城市的人口规模比乡村大得多,尤其是工业革命以后,伴随城市化进程的不断加剧,城市的规模日益膨胀,乡村人口越来越多地向城市转移,甚至出现了人口规模在数千万的巨型城市。③城市拥有高密度的城市景观。城市在景观上区别于乡村,具有较大的人口密度和建筑密度,高耸的摩天大楼、拥挤的街道、华丽的霓虹街灯已成为当代城市的景观标志。④城市蕴含丰富的物质构成。城市在物质构成上不同于乡村,有良好的给排水、电力电信、高速公路、街道、电影院、剧场、博物馆等市政、文化和娱乐设施,使得城市居民的生活更丰富。⑤城市具有复杂的社会结构。城市是一定地域的政治、经济和文化中心,具有不同于乡村社会的组织形式与管理方式,例如政党、组织、政策、法律等,其社会结构比乡村要复杂得多,社会矛盾也比乡村更激烈。因此,城市与乡村在经济、社会、文化和政治等各方面都存在着本质的差异,使城市逐步与乡村脱离而成为一种独立的聚落形态。目前,世界上还没有形成统一的城市划分标准。有些国家将人口规模作为划分城市的要素,有些国家则通过行政认定。表2-1列举了20世纪80年代部分国家和地区的城市划分标准,从中可以看到各国的城市划分标准差异较大。

表 2-1 世界不同国家城市划分标准

国家和地区	城市划分标准
澳大利亚	人口密度达到500人/km² 或1000人以上的居民点,以及不以人口数划分的特殊地区,如度假村或工业区
法国	行政区包含2000人以上的人口集聚点,他们的住房相互毗邻或相距不超过200m
英国	英格兰和威尔士地区按当地政府的意图划分的城市,包括郡级市、市和市郊区;苏格兰和北爱尔兰分为郡级市和市郊区

续表

国家和地区	城市划分标准
比利时	城市、市镇和行政小区
奥地利	5000 人以上的居民点
丹麦	200 人以上的居民点
荷兰	2000 人以上的居民点
埃及	开罗、亚历山大、塞得港、伊斯梅利亚和苏伊士,边区以及其他类似的地区首府
中非共和国	5000 人以上的居民点
萨尔瓦多	行政管理机关所在的地区。每个行政管理机关各自确定所辖的范围
孟加拉国	包括市政府、城镇委员会和兵站驻地。一般城市地区人口至少 5000 人,个别地区虽不足 5000 人,但具有城市特征仍确定为城市
印度	具有市政府、自治机关、兵站或市镇委员会的地区。其他地区达到下列标准也可设市:人口 5000 人以上,男性劳动力中 75% 以上从事非农业活动,人口密度 400 人/km² 以上
印度尼西亚	官方指定作为城市的地区,以人口密度、住户从事农业的百分比和具有一定的城市设施为标准
日本	人口 50 000 人以上,60% 以上住房位于建成区以及 60% 以上人口(包括赡养人口)从事制造业、商业或其他城市型工作,可划为城市。或者具有城市设施和条件,经道府县确定,也可划为城市
朝鲜	具有 50 000 人口以上,行政上确定设市的地区
科威特	10 000 人以上的居民点
加拿大	1000 人以上的居民点或人口密度 400 人/km² 以上
美国	都市化地区和此地区以外 2500 人以上的居民点
墨西哥	2500 人以上的居民点
秘鲁	有 100 所以上的住处的人口中心
巴西	市和乡(介于市中心和郊区之间的部分)、自治区和区行政中心所在的城市和郊区
古巴	2000 人以上的居民点,或 500~2000 人,但在下列六个特征中至少具有四个特征:街道照明、铺设路面的街道、排污系统、自来水、医疗站和教育中心
阿根廷	2000 人以上的居民点
百慕大群岛	整个国家

资料来源:崔功豪,等,1992。

2. 巨型城市区

巨型城市区(the mega-city region)的概念于 1999 年由霍尔(P. Hall)提出,是中心大城市向新的或邻近的较小城市极度扩散后所形成的 21 世纪初正在出现的新城市模式。这种巨型城市区是一种从中心向外扩散半径达到 150km 的城市体,并且是一种伴随着由私人小汽车所支持的在通勤腹地内就业的地方性集中发展模式。这种多核心巨型城市区,一般是由许多城市和小城镇通过交通和通信网络连接起来共同组成的巨大网络化城市复合体（vast networked urban complexes），总人口达到或超过 2000 万人。2010 年 3 月联合国《世界城市状况报告》称，世界上的一些大城市开始"合并"形成更大规模的"巨型城市区"，其地域延伸数百千米，生活在其中的人口可能超过一亿人。其中最大的一个是位于中国的香港-深圳-广州地区，生活着大约一亿两千万人。研究表明，世界上最大的 40 个巨型城市仅仅占到了人类星球面积的一小部分，仅仅拥有不足世界 18% 的人口，但是它们却参与了全球 66% 的经济活动和大约 85% 的科技革新。世界上排名前 25 位的城市拥有这个世界一半多的财富。负责制定人类居住计划的联合国人居署称，在未来的 50 年中，人类也许要在其中生活，经济也赖此得以发展。这种"无限扩张的城市"可能是目前人类社会最重大的发展之一，也可能是城市发展问题之一。

3. 城市群

所谓城市群，是指在特定的区域范围内云集相当数量的不同性质、类型和等级规模的城市，以一个或两个特大城市为中心，依托一定的自然环境和交通条件，城市之间的内在联系不断加强，共同构成一个相对完整的城市"集合体"。城市群在经济上紧密联系，在功能上分工合作，在交通上联合一体，并通过城市规划、基础设施和社会设施建设共同构成具有鲜明地域特色的社会生活空间网络。城市群的形成是经济发展和产业布局的客观反映，并已成为发达国家城市化的主体形态。几个城市群或单个大的城市群可进一步构成国家层面的经济圈，对国家乃至世界经济发展产生重要的影响力。进入 21 世纪，中国加入世界贸易组织，沿海城市群成为国家外向性经济、出口贸易和"世界工厂"的主要地区，以城市群为主体推进中国城市化进程成为中国特色城市化道路的重要选择。目前我国正在形成十大城市群：长三角、京津冀、珠三角、山东半岛、辽中南、中原、长江中游、海峡西岸、川渝和关中城市群，其中长三角、京津冀和珠三角三大城市群在未来 20 年仍将主导中国经济的发展。

2006 年国家发布的《中华人民共和国国民经济和社会发展第十一个五年规划纲要》中城市群的英文翻译为 urban agglomeration。事实上，"城市群"概念是中国的特色名词，在国外没有对等的概念。在西方文献中，关于 urban agglomeration 是"城市集聚体"的意思，即：一个大城市及其周围的卫星城镇在遥感图片上形成相互连接的不规则体，其空间范围介于"城市化地区（UA）"和"都市区（MA）"之间。有时候，几个连体的大都市也叫做 urban agglomeration。联合国对 urban agglomeration 的定义如下："Comprises a city or town proper and also the suburban fringe or thickly settled territory lying outside, but adjacent to, its boundaries. A single large urban agglomeration may comprise several cities or towns and their suburban fringes（由一个城市或城镇的中心城区与郊区边缘地带或毗邻的外部地区组成。一个大的城市群可能包括几个城市或城镇郊区及其边缘地区）"。据此，这里特别注明：西方的 urban agglomeration 概念是包括了城市、城镇及其外围地区的城市区域概念，而我国目前的"城市群"概念则主要是指一群地域相近，有一定的行政、交通、经济和社会等联系的城市组群。

推荐阅读参考资料

北京大学社会学系. 1987. 社会学教程[M]. 北京：北京大学出版社.
GIDDENS A. 1973. The Class Structure of the Advanced Societies[M]. London：Hutchinson.
SCHWAB W A. 1992. The Sociology of Cities[M]. Englewood Cliffs，NJ：Prentice Hall.

习 题

1. 名词解释
社会结构、社会角色差距、社会群体、邻里、社会组织、城市社区、城市群。

2. 简述题
（1）简述家庭的功能。
（2）简述社会网络的主要类型。
（3）简述邻里的社会功能。
（4）简述社区的构成要素。

3. 论述题
（1）论述个人社会化的条件。
（2）概述社会群体成员互动经历的几个阶段。

参 考 文 献

崔功豪,王本炎,查彦玉. 1992. 城市地理学[M]. 南京：江苏教育出版社.
林富德,张铁军. 1998. 京城外来女的婚育模式[J]. 人口与经济(2)：11-18.

第3章 城市社会问题

城市社会问题是城市社会学家关注的焦点,也是城市社会学发展的动力源泉。城市作为人口高度集中的社会空间形态,自然成为社会问题最集中爆发的场所。只有正确认识城市社会问题,才能有效解决或缓解城市社会问题对城市发展的影响和冲击。

3.1 城市社会问题概述

城市社会是一个有机整体,各部分之间只有维持一种协调和平衡关系才能实现社会的正常发展。如果某些部分的发展之间出现了不平衡或不协调,就会引发各种城市社会问题,如人口老龄化、住房短缺、城市贫困、失业、犯罪率上升和种族歧视等。

3.1.1 社会问题的含义

所谓社会问题,通俗地说,就是社会的正常运转出现了问题,即社会中发生了被多数人认为是不需要或不能容忍的事件或情况,这些事件或情况影响到了多数人的生活,而且必须通过社会群体的力量才能改进。被界定为社会问题的情境通常应具备以下三项基本条件:①不好的情境,会对社会造成伤害;②情境会产生广泛影响,波及社会中的大多数人;③这种情境是可以而且也应该通过运用社会力量得以改变或修复的。

3.1.2 城市社会问题的特点

城市社会问题,简单地说,就是主要发生在城市中的社会问题,它具有鲜明的特点,主要包括:①主观性。作为一种社会问题,其社会情境是客观的,但问题界定却是主观的,在很大程度上受到不同社会群体利益关系和价值观的影响。②社会性。城市问题的起源、发展、结果及其解决手段都具有城市社会性,它不同于个人的出轨行为,而是由相当数量的社会人引发,并将对城市社会的大多数人产生不良影响,问题的最终解决也必须通过城市社会各方面的力量共同努力。③动态性。城市社会问题,不仅在它的界定,而且在它的问题解决方法等诸多方面,由于受社会经济发展阶段、科学技术水平、社会信仰和价值观等诸多因素的影响,都始终处在动态发展过程之中(帕里罗,等,2002;向德平,2002)。

城市社会问题对城市社会发展而言,兼具正负两方面的作用。一方面,某些暂时性的社会问题是对旧有社会结构的突破和冲击,可以促进城市结构和功能的自我发展和不断完善;

另一方面,严重的城市问题也会对城市发展产生巨大的消极破坏的作用,阻碍城市的健康协调发展,例如拉美城市的贫民窟问题。

3.2 城市化问题

3.2.1 城市化及其趋势

城市发展已有 5000 年的历史,但即使在公元 1800 年,城市人口也仅占世界人口的 2%。近 200 年来,世界城市化趋势加快,方兴未艾的经济全球化更使各国城市以前所未有的规模和速度发展。2006 年,世界有超过一半的人口居住在城市。据联合国报告预测,从 2000 年到 2030 年,世界城市人口将从 24 亿人猛增至 50 亿人,占世界总人口的比重将由 47%升至 61%以上。改革开放以来,中国经济总量已经从 1978 年的 3624.1 亿元上升到 2011 年的 397 983 亿元,按现行汇率计算约合 6 万亿美元,成为世界第二大经济体。城市化水平也从 17.92%上升到 51.2%。中国正进入全面的社会转型和城市化快速发展阶段。

3.2.2 中国城市化内涵

从整体上看,中国城市化,既被认为是国家或地区促进经济增长和社会发展的必要进程和有效手段,也被视为是国家和地区谋求发展的必要条件。中国城市化具有非常重要的经济社会作用,主要表现在:①城市化是扩大内需的重要依托。工业化创造供给,城市化创造需求。通过城市化过程,对居住、生活、就学和就业都会创造巨大的经济需求,为扩大消费和投资提供强大持久的动力。②城市化有利于实现产业结构转型。中国快速的经济增长导致资源、环境和生态出现瓶颈,通过推进城市化,促进教育、医疗、社保等公共服务业,商贸、餐饮、旅游等消费型服务业和金融、保险、物流等生产型服务业的发展。③城市化是提高自主创新能力、建设创新型国家的强大动力。城市是知识、信息、人才的集聚地,是培育科技竞争力的创新源头,大学、科研机构、高端产业大都集中在城市,提高自主创新能力,必须充分发挥城市的载体功能和辐射作用。④城市化是解决"三农"问题的根本出路。"三农"问题始终是我国现代化建设中的难题。建设社会主义新农村,需要靠城市化来带动,剩余农业劳动力的有序转移需要靠城市化来吸收。以工促农、以城带乡是中国特色农村现代化的必经之路。⑤城市化也是促进区域协调发展的有力杠杆。区域发展不平衡是我国的基本国情。有重点地培育中西部城市群和地区中心城市,有利于促进国家生产力均衡发展和生产效率。

然而,中国城市化也是一个与国家政治制度变革、经济结构转型相一致的社会转型过程。中国人多地少、人均资源偏低、历史发展和文化传承悠久,具有自身特征。更重要的是,改革开放 30 多年来,我国在经济发展和社会转型等方面取得了重要的进展,全球化、市场化和本土化对中国城市化施加了非常重要的影响,快速的城市化使得人口、资源、环境和生态面临越来越巨大的压力。

3.2.3 中国当代半城市化特征明显

从理论上讲,随着工业化的推进,大量人口从农业人口转变为工业人口,而工业人口需要集聚,就是所谓的城市化。但由于各国的制度和政策存在差异,城市化和工业化发展并非完全同步。不完全的城市化过程包括:①人口城市化。人口城市化,通常是指人口向城镇集中或乡村地区转变为城镇地区,从而变乡村人口为城镇人口,使城镇人口比重不断上升的过程。在不完全的城市化过程中,城市占用周边农村用地,导致失地农民问题。②产业城市化。以产业聚集推进城市化过程,在不完全的城市化过程中,由于过分注重产业园区建设而忽视城市功能区的形成,有的城市形成城乡间的钟摆通勤流。③土地城市化。主要表现为人口的城市化慢于土地城市化,由于城市政府依赖土地财政所致,在不完全的城市化过程中,消耗了大量的城市土地,人口和产业并没有得到足够的发展。④半城市化。是指当前我国农村剩余劳动力在进入城市的过程中,只实现由乡到城的地域转移和由农到非农的职业转换,但还没实现身份变换,并没有形成实质意义上的城市化,而是处于一种"半城市化"状态。

从城市化与工业化发展水平的关系来考察,城市化可划分为以下四种模式:①同步城市化(synchrourbanization)。在西方发达国家的城市化加速时期,城市化进程与工业化水平的提高呈显著的正相关关系,工业化水平与城市化水平曲线几乎是两条平行上升的曲线。②过度城市化(overurbanization),又称超前城市化。在大多数发展中国家,城市化速度快于工业化速度。城市化主要依靠消费性服务业推动,甚至是无工业化的城市化,大量农村人口涌入少数大中城市,城市人口过度增长,造成严重的住房、交通和就业等城市问题。③滞后城市化(underurbanization)。城市化水平落后于工业化和经济发展水平的城市化模式。改革开放以前,中国城市化明显滞后于工业化,其主要原因在于:政府为了避免城乡对立和"城市病"的发生,采取种种措施(如户籍制度)来限制城乡人口迁移,但经济发展是重要目标;因此,经济和工业化发展明显快于城市化发展。④逆城市化(counter-urbanization)。这是城市化后期大城市的人口和就业岗位向大都市的小城镇、非大都市区或远方较小的都市区迁移的一种分散化过程。

中国当代城市化具有明显的半城市化特征,是一种不完全的城市化过程;中国部分地区的城市化也出现了过度城市化的城市病现象。城市化了的农民工难以市民化,农民工同市民存在着"同工不同酬、同工不同时、同工不同权"的不平等现象。与此同时,伴随着农民工的流动,农民工阶层也在不断分化,出现了与老一代农民工具有显著差异的新生代农民工。新生代农民工群体是"回不去农村,融不进城市"的农民工,他们大多没有务农经历,也不再适应农村生活;流动动机在很大程度上已由谋求生存向更高的追求平等和追求现代生活转变;他们素质相对较高,也更贴近城市的生活方式和思维方式。但是,他们也面临能力与期望失衡的问题。

3.2.4 中等收入国家陷阱与贫民窟城市化

第二次世界大战以后的新兴国家城市化,由于全球资本主义生产体系和贸易制度的影响,成功的国家城市化范例并不多,留下的则是众多失败的国家城市化案例教训。学术界将这一经济现象概括为"中等收入国家陷阱",社会现象归结为"拉美模式城市化"。

(1) 中等收入国家陷阱。库兹涅茨-威廉姆森假设(Kuznets-Williamson hypothesis):按照自然演化规律,在城市化的早期发展阶段,首先出现收入不均问题。中心城市和经济发达地区的投资环境优越,会进一步导致这样的趋势加剧,最终导致空间不平衡。这就是所谓的"中等收入国家陷阱"。汤敏概括中等收入国家陷阱现象为:收入分配差距过大、城市化以大规模的贫民窟为代价、金融体系脆弱、产业升级缓慢、社会服务滞后。

(2) 拉美模式的城市化。拉丁美洲和南亚地区是第二次世界大战后人口城市化程度很高的地区,约 3/4(75%)的人口生活在城镇中。然而,在进入快速城市化的过程中,它们很快跌入经济发展受社会问题钳制的"中等收入国家陷阱",贫民窟城市成为"拉美城市化模式"挥之不去的阴影。在拉丁美洲,世界第二大城市墨西哥城和世界第四大城市圣保罗市,阿根廷的布利诺斯艾利斯,大量的贫民窟成为快速人口城市化的社会后遗症。今天的巴西,已经有 80% 的人口居住在城市。里约热内卢是一座风景如画的海滨城市,也是即将举办奥运会的城市,占地 $500km^2$ 的建成区,低收入住区和贫民窟蔓延了城市的 80% 以上。在南亚,2009 年奥斯卡最佳影片《贫民窟里的百万富翁》在全球热映,影片中描绘的印度孟买贫民窟也成为名噪一时的"热门景点"。如今印度的主要城市都有贫民窟,孟买的贫民窟最多,在全市 1200 万人口中,60% 居住在贫民窟里。巴基斯坦最大城市卡拉奇现已取代孟买成为亚洲最大的贫民窟所在地,贫民窟总面积达到 $50km^2$。联合国报告显示,当地贫民窟人口拥挤,环境脏乱,又存在许多非法工厂,在卫生和居住安全方面存在许多安全隐患,包括传染病蔓延及火灾等。此外,由于居民构成复杂,贫民窟的犯罪率一直居高不下。这些不免让我们联想,今天北京已经实施改造的城中村小月河村、唐家岭的"大学生村落",十余万蜗居的"蚁族"是否会成为未来中国城市化过程中贫民窟的先驱者呢?

很显然,我们不需要这种"拉美模式"的城市化。中国要想避免落入中等收入国家陷阱,实现 2020 年人均 GDP 翻两番的经济增长目标和全民共享的发展目标,就必须维持既有的经济发展速度,必须持续地推进既有的城市化进程。

3.2.5 大城市病

20 世纪 80 年代以来,信息技术的突破促进了经济全球化。在经济全球化背景下,通过贸易和投资的技术和信息的转化使接受者获益,也通过交叠的管制环境"压缩"了发展空间,使快速增长的城市化空间进一步集聚,城市化地区也就衍生出一种新的空间秩序,城市之间的联系更加紧密,多级多层次的全球城市网络正在形成。2001 年,霍尔认为:中国和欧洲的城市在 21 世纪还会有一些相同的特征,这主要表现在巨型城市区快速增长。这是由数量可多达 30~40 个城市以及周边的小城镇组成的区域,是一种结构复杂的庞大多中心网络状巨型城市复合体(vast polycentric networked mega-urban-complexes)。2005年,美国区域规划协会编制的《美国2050》(*American 2050*)也提出了"超大都市连绵区(beyond megalopolis)"的概念(Lang,等,2005)。最新的识别标准是:①至少联结着两个或更多的现有大都市区(MA);②预计到2040年总人口将超过1000万人;③衍生出一系列相邻的大都市区(MA)或小都市区(micropolitan areas);④组成一个具有显著的历史背景和共性特征的"有机的"文化区域(organic culture region);⑤占据大致相近的自然环境;⑥通过一些主要的交通基础设施将巨大的城市核心联系起来;⑦由各种货物流和服务流形成一个功能性的城市网络;⑧创造出一个适合于开展大尺度区域规划的地理单元;⑨位于美国境内;⑩以县为基本单元。其后,美国区域规划协会将"超大都市连绵区(beyond megalopolis)"正式定名为"巨型区域(megaregion)",有东北海岸、中西部地区、加州南部、墨西哥湾等10个巨型区域,聚集了80%的拥有百万以上人口的大城市。2006年,霍尔(Hall,Pain,2006)出版《多中心大都市:欧洲巨型城市区发现》(*The Polycentric Metropolis: Learning from Mega-City Regions in Europe*),进一步强调:巨型城市区域(mega-city region)在空间和职能上都不是单中心而是多中心的。这是一种全新的城市形态,由物质形态相互分离但功能上相互联系的10～50个城镇集聚在一个或多个较大的中心城市周围,通过新的功能性劳动分工组织起来形成一个个不同的功能性城市区域(function urban region,FUR),再被高速公路、高速铁路和电信电缆的"流动空间"联结起来。欧洲有英国东南部、德国鲁尔和莱茵美茵、荷兰兰斯塔德、法国巴黎、比利时中部、大都柏林和瑞士北部等8个巨型城市区。最近以来,巨型城市的数目(特别是在第三世界国家)迅速增多,甚至超过了百万人口规模城市的增长速度(在全世界范围内,百万人口规模城市从1960年的140个增加到了当前的600多个),并且城市越大,人口和其他指标的增长速度也越快。目前,全世界约有22个人口千万以上的城市。

一般来说,大城市往往意味着更多的就业机会、更好的公共服务和更大的发展空间等。这就导致了人口不断涌入大城市,使得相关的配套设施难以承受人口压力,教育、卫生、交通、水电气等公共事业因为人口的迅猛增长而日益相对紧缺。当今中国的"大城市病"已经相当严重,交通拥挤、资源紧缺、城市居民生活质量下降等问题在困扰着城市的进步。"大城市病"的主要特征就是公共资源十分紧张,人口与资源的矛盾极其尖锐。近年来一些大城市汽车保有量的急剧增长,使道路交通资源的发展相形见绌,特别是在一些旧城区域形成的交通瓶颈,成为"大城市病"最为集中的体现形式。

3.2.6 城市蔓延

所谓城市蔓延(urban sprawl),即城市空间在无组织、无事先计划、无视交通和服务设施等需要的情况下的盲目扩张。早期城市蔓延的内涵主要是指城市空间上不连续开发利用的现象,后来逐步涵盖了机动化出行方式、单一功能土地使用和低密度开发行为等(张晓青,2006)。在20世纪50年代,曾经出现过类似的名词表述这一城市现象,法国地理学家戈特曼(Jean Gottmann)于1957年首先用"大城市连绵区(megalopolis)"术语称呼美国东北部北起波士顿南至诺福克的长 960km 的大西洋沿岸巨大城市带(megalopolitan region),后来也用于美国大湖区、日本东海岸、英格兰、西北欧和中国长江三角洲等世界其他几个大城市密集地区。现在主要指由许多大都市区(metrapolitan area)连成一体,在经济、社会和文化活动等方面存在密切交互作用的极其巨大的城市化地区。总体来说,"大城市连绵区(megalopolis)"被认为是工业化推动城市化的人类社会地域空间的产物。

从区域层面看,城市蔓延常常导致城市空间的无序蔓延与扩展,给资源环境造成了巨大的压力,使人地关系的紧张态势日益严峻。从城市层面看,城市蔓延常常导致城市与自然生态联系的丧失,各种各样的环境污染、交通拥挤、住房选择性困难、社会交往和心理疏远、城市基本功能缺乏(或长期滞后)、犯罪行为和恐怖主义增加,以及由此引发的不安全感,行为与梦想、理想、价值观之间的失衡等。这种状况随着时间的推移还在迅速恶化,如果不对其进行治理,最终可能会威胁到整个人类社会的生存与发展。

快速的城市化往往使城市的增长不受控制,城市用地无序、贪婪式地蔓延,已经引起一系列的环境、能源以及经济低效、社会不公、社区文化丧失等问题,甚至可能会危及城市和全球的可持续发展,使大城市问题越来越严重。改革开放以来,随着我国城市土地市场机制的建立,城市蔓延也已成为我国许多大城市空间扩展的主要模式,而且我国耕地资源少,人口数量大,城市化速度快,使这一城市问题显得更加复杂和棘手。城市蔓延是 20 世纪以美国为代表的西方强调市场和消费者主权的国家在城市发展过程中出现的重大问题。按照目前的发展趋势看,到 21 世纪末,全世界将形成连片的城市化蔓延地区。2008 年,邹德慈等完成《我国大城市连绵区的规划与建设问题研究》,认为我国的大城市连绵区主要分布在经济发达的东部沿海地区,由北而南依次分布辽宁中南部、京津唐、山东半岛、长江三角洲、福建海峡西岸和珠江三角洲六个大城市连绵区,其中长江三角洲和珠江三角洲两个大城市连绵区已经基本形成,京津唐大城市连绵区处于加速形成过程中,辽宁中南部、山东半岛和福建海峡西岸已显现出大城市连绵区空间形态的雏形。

在今天,无论是城市专家和专业人员,还是决策者和大众,都已经感觉到城市的无序蔓延与扩展已经成为一个越来越严重的现实社会问题。尽管如此,却依然没有找到有效解决问题的方法。我们是放弃城市的居住方式?还是抑制城市的生长?抑或是摧毁现有的"问题"城市?很显然,这些都是不可取的。什么才是城市蔓延的解决之道呢?当然不是用消灭城市的方法来解决城市问题,而是思考如何对存在的城市蔓延问题进行控制和治理。

3.3 城市就业问题

城市就业问题已成为全球最大的发展难题之一。全世界有接近 15 亿人处于失业或未充分就业状态,相当于每 3 个劳动力中就有 1 人处于失业或贫困状态。2012 年,全球失业总人数共计 1.97 亿人,失业率达 5.9%。新增加的 420 万失业人口中,有 3/4 来自发展中国家(UNEP,等,2008;International Labour Office,2013)。发展中国家由于劳动力数量增长显著,大量低素质劳动力难以适应劳动力市场特别是新兴产业的发展需求,此外还存在相当规模的非公开失业人口,因而面临极为严峻的就业形势。

中国作为发展中国家,同时又是一个劳动力大国,在今天城市化和全球化进程不断加快、国企改革进一步深化的背景下,城市就业压力持续加大,城市就业问题成为关系国家、社会和经济可持续发展的重大挑战。

3.3.1 城市就业问题的成因

要理解城市就业问题形成的原因,首先需要了解什么是就业以及什么是失业。

在我国,第四次(1982年)全国人口普查时曾对"在业人口"下过明确定义,即:"凡从事一定的社会劳动并取得劳动报酬或经营收入的人。"从广义上看,就业就是指劳动者处在有职业的状态,即劳动者能够与生产资料相结合从事某种社会劳动。而当劳动者与生产资料出现分离,表现为一部分劳动力无法与生产资料相结合,劳动力未得到充分利用时,就出现了失业现象。

虽然失业是由于劳动力供大于求造成的,也就是说,经济的不发展是造成失业或不能充分就业的根本原因。但即使经济发展,也还是会出现失业现象,而且在社会主义社会也不例外。这表明,就业还会受到一些经济因素以外的社会因素的影响,主要指科学技术的进步、季节性工作、人口发展控制程度和劳动力流动等。由于劳动力与生产资料结合得不好、经济因素之间不协调而产生的失业可以叫做经济性失业,而由于经济因素以外的更加复杂的社会因素的影响而引起的失业,则可以叫做社会性失业。当然,从失业的社会影响来看,失业总是社会性的,没有纯经济性的。

首先来看由于科学技术的进步引发的失业问题。科学技术的进步,无疑会引起生产和劳动结构的变动。使用新的生产设备、生产方法、新的材料,或组织新的生产过程,改善经营管理,都会更加节约劳动力而引起一部分劳动力的失业。这就会引起经济结构,甚至是社会结构的变动,这类失业也可叫做结构性失业。开辟一个新的生产和服务领域,虽然一方面能够提供新的就业机会,但也不可避免地要挤垮一部分老的生产和服务领域或单位,析离出一部分富余人员。西方发达国家从1950年到1965年间,由于新技术的不断涌现,原有工业体系中八千多个技术工种逐渐消失,同时又产生了六千多个新工种。再比如我国家用电器生产中,随着彩色电视机的逐步盛行,一方面新的彩色电视机工厂、生产线和有关零部件工业创造出了更多的就业机会,但另一方面也导致生产黑白电视机,甚至生产半导体收音机的大量工厂生产萎缩、劳动力富余,这就使得工厂如不转产,劳动力如不学习新的技术,势必引起失业。但转产和培训工人都不是一件简单易行的事,这就是引进新技术时必须考虑的问题。

其次,自然界的条件变化或其他因素的影响往往也会产生就业的波动,至少会带来季节性的失业。这种现象更多地出现在受自然条件变化影响较大的农业生产劳动和许多以农产品作为主要原料的加工工业,以及有些受自然条件影响而不能常年进行生产的行业。如我国大量的乡镇企业中,有很多就会产生季节性失业现象。由于在进行生产劳动时,生产时间与劳动时间的差距,越是在初级生产过程或落后的生产过程中,越是表现得距离大,就自然会引起季节性的失业。当然面对这种失业现象,政府、企业或劳动者可以采取相应的计划或措施以减少其对就业的压力。

第三种更为重要的因素,即与经济增长不相适应的人口过度增长对就业水平的影响,这是目前发展中国家普遍面临的棘手问题。这一问题的严重性在我国表现得尤其突出:人口增长速度和总量远远大于同期经济发展带来的就业岗位的需求,因此形成了目前巨大的就业压力。如不采取适当对策,就会耗尽大量本来可以用于提供更多就业机会的社会经济发展资本,使国家社会由于人口增长的惯性作用而长期陷入恶性循环之中。

从上述分析可以看出,就业和失业决不单纯地是一个经济问题,而是一个复杂的、联系广泛的社会问题。城市的就业问题是经济、教育和社会等领域各种矛盾的集中表现。因为不论是在经济发展还是在经济停滞的年代,这些因素都会以各种方式影响就业水平,也就是说,在任何情况下,某种程度的失业是不可避免的。

3.3.2 失业的社会效应

国际经验显示,良好而稳定的就业状况在推进社会经济发展、提高居民收入水平、保障劳动者权利和维护社会稳定等方面都具有重大意义,因而城市就业是世界各国普遍关注的首要问题。那么,失业现象是否就不应该出现呢?它对城市发展一定是有害的吗?客观而言,失业现象对于社会经济的发展兼具正面和负面的双重效应。

1. 失业对社会的正面影响

首先,合理而适度的失业率水平是社会经济发展的重要调节器。一定规模的失业队伍,相当于保障经济活动正常运行的"蓄水池",能灵活应对不同时期、不同生产部门对劳动力的需求变化。

其次,积极的失业政策还有助于增强企业竞争力。企业可以根据自身经营状况和发展需要及时调整职工人数,提升经济效益。

最后,失业机制的引入有利于提升劳动力素质的结构。优胜劣汰的市场竞争将激励失业人口和在业人口不断提高自身的素质水平,以实现重新就业或免遭淘汰。

2. 失业对社会的负面影响

不可忽视的是,大量失业人口的存在将带来一系列严重的社会问题。

首先,失业意味着社会资源的浪费。大批年富力强、经验丰富的劳动力过早下岗,接受过高等教育的大学毕业生没有工作而整天无所事事,这些闲置的劳动力人口脱离了社会生产过程,无助于自我价值的创造和社会经济的发展。与此同时,国家和各级政府还得投入相当比重的财政收入和社会资源来补助他们的生活。因此,失业不仅是个体劳动力资源的浪费,也是社会整体资源的一种浪费。

其次,大量失业人口的存在对社会稳定构成威胁。长期陷入失业困境的群体极易产生反社会心理和行为,随之而来的是社会犯罪率的升高。2011—2012年一场大规模的社会运动"占领华尔街"席卷美国各地并持续数月之久,一个重要诱因就是近年来国际金融危机影响下全国性的失业问题,美国失业率从 2008 年年初的 4.8% 增至 2009 年年末的 10.2%,并一直居高不下,从而导致了这场运动浪潮并造成社会动荡。大规模失业人口在城市居住空间的聚集还容易形成贫困社区,并成为社会问题的高发地带。

此外,大量失业群体的存在加剧了城乡贫困。我国 20 世纪 90 年代的国有企业改革和产业结构调整催生了一大批下岗职工,其中的低素质劳动力往往被市场排斥而沦为长期失业群体。在城市整体就业压力的背景下,城市失业贫困人口的大量存在将阻碍农村剩余劳动力向城市的转移,导致农村贫困的长期持续。最终的结果是,城乡贫困和社会贫富差距进一步加剧,引发社会阶层的对立,甚至是社会矛盾的激化。

最后,失业还给劳动者的身心健康和家庭幸福带来不利影响。对于失业个体而言,没有工作就意味着缺乏持续稳定的收入和与同事间的社会联系,也失去了精神寄托和生活奋斗的目标,并承受着来自家庭和社会的巨大压力,极易诱发精神压力和各类疾病,进而波及整个家庭,带来家庭贫困或家庭矛盾。不少研究显示,在经济危机期间,一些大城市的自杀率常常出现大幅度增加的现象,这与经济不景气及高失业率有着密不可分的关系。

3.3.3 中国城市就业压力沉重

新中国成立后的相当长一段时间内,城市失业问题在我国几乎是不存在或至少是不显著的。这一方面是由于当时城市人口比重相对较小,更重要的是,在计划经济体制下,政府通过计划安置、统包就业的方式包办了城市劳动力的就业安置。"铁饭碗"就是对当时就业"终身制"的一种形象描述,它代表在政府机关、事业单位和国有企业这些地方工作的正式职工拥有一份永久性的工作,可以一干到老,然后领退休工资。即使在 20 世纪 80 年代初建立登记失业制度时,也是使用"待业登记"一词,即要求所有城镇中处于"等待期"的劳动者都必须到政府劳动部门去登记。进入 20 世纪 90 年代,随着社会主义市场经济体系的正式确立,劳动力资源的配置由计划转为市场,城市失业人口规模迅速扩张,1994 年"待业登记"正式更名为"失业登记",城市就业问题的重要性日益凸显。

当前,我国已面临非常沉重的城市就业压力。2011 年年末我国城镇登记失业率为 4.1%,城镇登记失业人员 922 万人。这一数据主要是通过劳动部门所进行的失业登记得到的,实际情况估计更为严重。根据人力资源社会保障部副部长王晓初的介绍,2010 年全国需要就业的人员总数达 2400 万人左右,其中包括高校毕业生近 700 万人,初高中毕业后不再继续升学的学生约 600 万人,以及大量城镇下岗、失业人员和军队退伍人员等,而国家能够安排的就业人数只有 1200 万人[①]。此外,随着城市化进程的加快,还有 2 亿多的农村剩余劳动力需要转移(国家统计局,2012)。

总结我国当前城市就业问题的表征,它不同于一般经济增长周期过程中的衰退性失

---

① [2010-09-10].中国就业形势严峻、就业任务艰巨表现在四个方面[EB/OL]. http://www.gov.cn/wszb/zhibo405/content_1700159.htm.

业，而是呈现出社会经济转型阶段的复杂特点，主要有以下三点。

（1）总量性失业与结构性失业共存。我国庞大的人口基数，导致劳动力供给长期超过就业岗位的供给，造成了总量性失业。与此同时，由于劳动力的供给不能适应经济结构的调整，出现了低素质劳动力大量闲置，而高技能工作岗位人才紧缺的结构性失衡现象。

（2）隐性失业与隐性就业并在。隐性失业是指劳动者名义上就业而实际上就业不足，在就业岗位上出现劳动时间和劳动技能的闲置。例如部分国家机关、企事业单位人浮于事，冗员过剩；或是在经济结构调整的影响下，某些衰退行业的从业人员未被裁员，却面临降薪或放无薪长假的威胁。隐性就业则是指劳动者实际上处于就业状态并取得收入，但名义上却被作为失业者对待的现象。例如一些下岗、失业人员已经从政府部门领取失业保险或下岗补贴，同时又暗地里从事有收入报酬的劳动活动；高校毕业生没有和用人单位签订劳动合同，而通过当翻译、撰稿、兼职打零工等方式获得收入等。

（3）经济增长与就业增长不一致。根据经济学的"奥肯定律"[①]，经济的高增长通常带来对劳动力需求量的加大，就业岗位随之增加，失业率下降；反之，经济增长速度放慢则导致高失业率。然而我国自20世纪90年代以来，经济高速增长的同时并没有带来相应的就业增长，"高增长、低就业"现象明显。在改革开放的初期阶段，经济每增长一个百分点会带动约0.4%的就业增长，而到了2000年以后，这一拉动效应降低到只有0.1%（张车伟，2004）。两者增长的不协调，既影响了经济的健康发展，也不利于社会的稳定与和谐。

3.3.4 就业与城市化

城市就业问题的产生，其核心来自于劳动力供需关系的脱节。城市化进程对于劳动力和就业岗位的供给都有着深远的影响，因而与城市就业之间存在紧密联系。

从国际经验来看，城市化进程可以带来相关产业增长和就业岗位的增加，因此对于扩大城市就业具有显著的积极作用。城市作为工业和服务业发展的重要基地，加上人口聚集效应推动基础设施建设的扩张，这些都将带来大量的新增就业岗位。钱纳里等人（1989）的研究显示，随着人均GNP的不断提高，服务业相对于制造业来说，其就业弹性系数的连续递增趋势越发显著，也就是说，经济增长带动更多的就业人数增长。特别是在人均GNP为280美元至2100美元的工业化初期向中期过渡阶段，服务业就业的弹性系数提升最为迅速。可见，城市化对于就业的拉动作用不仅体现在工业的发展上，更主要的是服务业的发展能带来对劳动力的大量需求。我国较长时期以来城市就业规模扩张受限的一个重要原因，就是城市化水平明显低于经济发展的水平。

另一方面，城市化进程带来大规模农村剩余劳动力进入城市，对城市就业市场造成巨大影响。关于影响的作用，存在两种不同的观点：一种是积极的看法，认为农村劳动力从事的是城市居民通常不愿意从事的较低层次的就业岗位，尤其是脏、累、苦、差、险的工作，这

[①] 美国经济学家阿瑟·奥肯根据对美国的经济数据分析发现，周期波动中经济增长率和失业率之间存在稳定的经验关系，即GDP每增长2%，失业率下降约1%。这一定律被称为"奥肯定律"。

对城市劳动力市场是一个有益的补充;而且大量外来人口还为城市创造了新的消费市场,进而带动城市就业的增长。另一种是消极的看法,认为农村劳动力大部分年轻力壮,并且更愿意接受高强度、低工资、低福利的工作,容易对当地低端劳动力市场造成"排挤效应",加大本地非熟练劳动力和下岗失业人员就业和再就业的难度,将导致城市失业率的上升,以及新城市贫困群体的产生。面对日益沉重的就业压力,不少城市在就业保障和再就业政策的制定中呈现出向本地居民特别是下岗失业群体的倾斜,这在一定程度上阻碍了农村人口的城市化进程,并且加剧了城乡劳动力市场的分割,不利于劳动力的自由流动和平等竞争。

可见,城市化相当于一把"双刃剑",将给城市就业市场带来双重影响。但无论如何,我们都不能对庞大的农村剩余劳动力放任不管,而需要多途径探讨农村剩余劳动力的转移机制。

3.3.5 城市农民工与非正规就业

在我国城市就业大军中,有一个庞大的特殊群体。他们在城市的各行各业付出劳动,规模之大数以亿计,大部分却在正式的就业人口统计中不见踪影。这就是城市农民工。从身份上而言,他们是农村户口;然而从劳动地点和工作性质而言,他们已经完全脱离了农业生产,从事着城市生产生活的相关劳动。

城市农民工的出现,主要始于20世纪80年代。随着联产承包责任制的推行,农村剩余劳动力得到空前释放,大量农村人口涌入城市寻找就业机会。然而长期以来,城市不但没有主动接纳这些流动人口进城务工经商,相反地还出台了一些政策限制他们在城市的就业。近年来,大部分的就业限制政策已逐步放开,但仍然处于一种"有限放宽"的状态,具体反映在:①仅放开有限的就业领域,不少工作岗位的招聘仍然存在户口限制;②给予一定的就业权,但没有给予社会保障权、利益维护权;③给予工作权,而没有给予市民权。在种种限制因素的影响下,大部分农村流动人口在城市里无法找到一个相对稳定的固定工作岗位,而又不愿意放弃希望"打道回府",于是,以非正规方式就业就成为他们在城市中留下来的主要途径。有研究显示,2000年我国城镇非正规就业人员总计7046万人,其中农民工6135万人,成为最主力群体[①]。他们或者在非正规部门劳动,或者即使在正规部门工作,身份也多是低报酬、无福利的"临时工"。

那么什么是非正规部门?什么又是非正规就业呢?前者指的是一种组织形式,后者则是指个体的就业状态。非正规部门的概念,最早在1971年由人类学家基斯·哈特(Keith Hart)在国际劳工组织(International Labor Organization,ILO)的"世界就业计划(World Employment Program)"中提出。1972年国际劳工组织通过对肯尼亚就业的考察,发现存在一大批"有工作的穷人",他们的经济活动没有得到政府的承认、保护和管

---

① 其他非正规就业人员还包括城镇下岗失业工人,以及城市体制外就业的居民,如个体工商户、小商小贩等(王春光,2006)。

理。后来这类活动被统称为"非正规部门",主要指规模很小的从事商品生产、流通和服务的单位,包括微型企业、家庭型的生产服务单位,以及独立的个体劳动者等。在我国,早期并没有"非正规部门"这一说法,主要是因为在传统的计划经济和单位制下,一切都是正规的,而不存在非正规的概念。随着市场经济的发展,非正规部门和非正规就业逐步成为我国城市就业活动中的普遍现象。我国的非正规就业既包括非正规部门里的各种就业门类,又包括正规部门里的短期临时就业、非全日制就业、劳务派遣就业、分包生产或服务项目的外部工人等(李强,唐壮,2002)。它们都有一个共同的特点,就是获取收入的活动过程是无管制或缺乏管制的。这里所说的管制,主要是指国家和政府施加的控制和管理,表现为一系列具有强制性的规章制度。但需要指出的是,非正规部门并不等同于地下经济或违法经济,非正规部门的就业者也不能简单地被划入城市贫困阶层。

非正规就业由于其"非正规性",许多经营活动处在法律法规的边缘,不容易得到政府的承认、保护和管理,劳动者因此面临恶劣的劳动条件,而且缺少必要的劳动保护。我国农民工的非正规就业普遍面临以下问题:①就业不受法律和制度保护。绝大多数农民工就业没有签订劳动合同,遇到劳动纠纷也得不到有效解决。那些没有雇佣关系的流动人口从事的非正规就业,例如街头流动摊贩等,往往被当做非法行为,受到打击和清理。②收入很低。作为临时工的农民工,其工资水平远低于单位正式职工,而且常常遭受工资拖欠之苦。农民工工资拖欠已经成为诸多城市社会纠纷和投诉最多的问题之一。③工作时间长,劳动强度大,休息得不到保障。大量在企业工作的农民工,每天工作时间超过10小时,在生产任务重的情况下,加班3~5小时是常事,没有加班费或低付费的现象也屡屡发生。④就业缺乏保障,稳定性较差。他们随时面临被解雇的风险,其职业的变换频率也远远高于非流动人口(王春光,2006)。总之,农民工群体就业的非正规化,导致他们的生活和工作处于一种质量低下、随时面临威胁的高度不稳定状态。随着新生代农民工成为城市农民工队伍的主体,他们对于身份认同、待遇平等以及权益的维护等有着更为强烈的追求。面对现实中巨大的贫富反差,以及自身遭遇的一系列不公正待遇,他们往往选择进行法外维权,或是通过群体身份认同形成与主流社会并存的边缘社会,成为社会不稳定的因素。

尽管非正规就业存在上述诸多问题,但不可否认的是,非正规就业在吸纳大量剩余劳动力、降低就业成本、提供低价产品和服务等方面发挥了重要作用,已成为城市服务中不可或缺的重要力量;并且在未来相当长一段时间内,非正规就业仍将是我国数亿农民工进城就业的重要渠道。如何为非正规就业的农民工创造稳定、体面和公正的就业环境,是实现这部分人口城市化的先决条件,也是一个社会中国民待遇、机会均等和社会公正状况的重要体现。因此,如何保护农民工就业的正当权益,建立符合市场经济的公平就业环境,完善城市对于非正规就业的管理对策,这些都是我国当前城市就业问题中亟需探讨的重要议题。

3.4 城市贫困问题

在人类发展的历史长河中,贫困是一种十分普遍的社会现象。即使在全球生产力和物质财富高度发达的今天,贫富差距的鸿沟依然存在,数以十亿计的人口仍与贫困为伍。在全世界 60 亿人口中,有近一半的人每天生活费用不足 2 美元,约 1/5 的人每天靠不足 1 美元维持生计(世界银行,2000)。贫困现象始终是一个全球性的重大社会问题。

3.4.1 贫困与城市贫困

所谓贫困,就是指人们缺少满足他们生活基本需求的手段时的现象。

西方学者自 19 世纪开始,就对贫困进行了比较认真、严谨的调查研究。一些研究者尝试制定一个比较固定的标尺以衡量贫困。这就是所谓的"贫困线"。生活状况处于这条线之下的,就被定义为贫困。这个关于贫困的概念,一般称做绝对贫困,也就是物质的贫困,即建立在最低标准的物质需求基础上的贫困。它通常是以基本生活需求的价格计算的,计量项目一般包括常人维持健康生活必要的食品、衣着、住房的质量和数量等内容。

绝对贫困的概念曾广泛地流行,但也遭到不少批评。因为这个概念是建立在所有社会中的人都有一些最低基本需求这一假定之上的。这是一个不易辩论清楚的问题,因为概念本身包含了许多难以测定的情况,同时也包含在客观上因时、因地、因人、因民族而异的情形。因为贫困线和贫困总是存在于特定的时间和空间中,其实质还是相对的。

因此,出现了另一种关于贫困的界定方法,即使用相对贫困的概念。也就是说,以某个特定社会中,依靠当时的常态情况而考虑的一个较客观而可接受的生活水平和生活方式作为标准。但由于常态情况经常在变,贫困的含义也就在不断变化。如果说绝对贫困是一种生理学视野中的贫困,那么,相对贫困则更多体现出社会学的意义,它是根据个体或家庭收入的比较和差距来定义的,可能因民族、阶级、年龄、宗教、地区以及其他因素的不同而不可避免地产生多种贫困标准。

人们对于贫困概念的认知,始终随着社会的进步和经济发展水平的提高而不断变化。总体体现为,从主要关注绝对贫困问题转向更多关注相对贫困问题,从狭义的纯经济层面的理解(物质资源方面的匮乏),转向广义的影响生存质量的多层面理解(精神文化,以及教育、医疗、就业、居住等社会层面资源水平的低下)。

早期的农村地区,由于拥有最为突出的绝对贫困问题,长久以来都是贫困问题研究的焦点。随着越来越多的贫困人群在城市地区的聚集,以及城市贫富分化现象的日趋严重,城市贫困问题开始凸显。所谓城市贫困,就是指城市社会中的贫困问题。它更多地体现为相对贫困,即整体富裕社会中的贫困现象,不仅包括物质生活条件的匮乏,还包括发展资源(包括物质、社会、文化和精神等层面)和发展权利(包括就业权、受教育权、住房权和医疗权等)的缺乏。

3.4.2 城市贫困的成因

如果说农村地区的贫困主要来自于当地自然资源禀赋和环境质量的影响,那么城市地区的贫困成因相对而言则更为复杂,并且受到社会因素的影响更为显著,具体体现在以下几个方面。

1. 收入贫困

关于城市贫困的成因,最直观的理解是由于收入的低下,难以维持个人或家庭基本生存需求而导致的物质匮乏。

2. 能力贫困

从本质看,收入贫困只是一种表象。导致收入不足的根源是什么呢?阿马蒂亚·库马尔·森(Amartya Kumar Sen,2001)提出,贫困是"一种对基本能力的剥夺",也就是说,个体能力的不足会导致其获得收入的机会减少。通常而言,个体的年龄、健康状况以及知识技能水平,甚至社会交往能力带来社会资本的多少,都会对其就业机会的好坏、收入的高低产生影响。

3. 权利贫困

实际生活中仍有一些现象是能力贫困理论难以提供解释的。例如,有些人并不缺乏必要的能力,他们陷入贫困是因为社会没有赋予他们发挥这些能力的机会或权利。社会权利、财富以及其他资源分配的不平等,将造成一些群体在社会权利上的边缘化而致贫。例如我国大量的进城务工人员,他们长期被排斥在城市正规就业和社会保障体系之外,随时面临很高的贫困风险。

4. 动机贫困

如果说个体拥有正常的劳动能力,社会也提供了相应的工作机会,是否就能避免贫困的发生呢?事实上,仍会有一些群体因为失去了寻找工作的动力而陷入贫困。一个典型的例子就是西方福利国家建设中出现的"福利依赖"现象——可观的免费福利使得穷人失去了工作的动力。

5. 转型贫困

20世纪中后期以来,全球许多城市都出现了以失业、在业低收入、无保障、移民贫困等为主要特征的新城市贫困问题,它更多体现为一种结构化的而不是个体的贫困,其根源与体制相关(吴缚龙,2006)。例如,不少资源枯竭型城市中普遍出现了集体性失业和严重的群体性贫困现象,原因主要来自城市经济和社会转型,以及在此过程中保障体制的不完善。

总而言之,当代城市贫困问题产生的原因体现出多样性和复杂性的特点,从而给贫困治理工作带来了很大的难度。这要求我们不仅要看到贫困群体在物质生活方面的需求,还应该深入剖析导致他们贫困的根源是什么,进而提出与之相对应的反贫困策略。同时,反贫困斗争应该是一个系统工程,考虑到城市贫困的诱因往往涉及客观与主观、个体与社会等多个方面,因而解决方案也需要从多层面入手。

3.4.3 贫困的循环

1917年杰米逊·哈里(Jamieson B. Hurry)提出了"贫困恶性循环"(vicious circles of poverty)的概念,认为现时的贫困将带来健康恶化、失业、不良居住环境等恶劣状况,导致贫困者未来处境的进一步恶化。后来,经济学家纲纳·缪达尔(Karl Gunnar Myrdal)、人类学家奥斯卡·刘易斯(Oscar Lewis)等人继续发展了这一观点。他们发现,贫困会孕育贫困,不但会在社会个体身上发生累积循环,而且会通过家庭、文化、制度和空间等更为广泛的途径实现自我延续,从而形成贫困的循环。

贫困的循环可能发生在以下多个层面,并产生极其负面的社会影响。

1. 个体贫困

在个体层面,低收入不仅是造成贫困人口陷入贫困的原因,还将导致他们获取收入的能力受到剥夺以及机会的丧失,从而引发贫困的链式反应:长期营养不良,享受医疗和教育等资源不足,致使劳动生产率较低,加上社会交往和获取信息渠道的局限,进一步削弱其竞争就业机会的能力,容易陷入长期贫困。

2. 贫困的代际转移

在家庭层面,贫困家庭的后代由于身处社会底层,绝大部分都面临上不起学、看不起病或长期营养不良、无力支付技能培训等困境,在建立社会关系以及获取就业机会等方面也处于弱势,因而往往难以改变自身境遇,跳出贫困的恶性循环。贫困也就由此一代代传递下去。

3. 贫困文化

在文化层面,贫困群体中将孕育出贫困文化。贫困者往往贴上一种自我否定的标签,相信宿命论,只重眼前不重将来,难以建立积极的价值观念和人生信仰;同时,由于缺乏参与规则制定的权利,他们将越来越被边缘化甚至隔离于主流社会之外。这种文化由于贫困阶层的内部交往而得以强化,并不断传递扩散。

4. 城市贫困阶层

在社会层面,严重的城市贫困问题将形成一个庞大的社会底层群体,如果缺乏向上流动的通畅渠道,将导致贫富差距的不断扩大和社会结构的断裂。这部分贫困群体一旦长期固化在社会底层,极易滋生出相对剥夺感,形成对社会的敌视和逆反心理,从而对社会整合和社会稳定构成巨大威胁。

5. 城市贫民区

在空间层面,城市贫困人口具有在城市中某些特定区域高度聚居的趋势,形成城市贫民区。例如,在巴西首府圣保罗市,生活在贫民窟的家庭中,约2/3的家庭月收入低于贫穷线标准，几乎 1/3 的家庭属于极度贫困（The Cities Alliance，2009）。在我国，老旧矿区、外来人口聚集的城乡交接部地带等往往成为贫困人口聚集区，其中教育、医疗以及供水、供电等公共服务资源严重匮乏，环境脏、乱、差，治安和消防案件高发。恶劣的居住条件和发展环境，加上群体内部成员之间的负面影响作用容易强化居住群体的贫困地位，致使整个地区陷入贫困循环的深渊，进而加剧与周边地区在社会空间上的分异和隔离。

3.4.4 中国城市贫困问题

在中国，直到 20 世纪 90 年代，城市贫困才作为一个重要的社会问题引起人们的关注。在此之前，城市贫困人口无论从规模总量还是从所占贫困人口的比重而言都很低，但这并不意味着城市贫困人口的生活状况不恶劣。我们可以从中国早期社会学家关于城市贫民生活状态的研究中窥见一斑。1926 年北平城内及四郊的住户共计 254 382 户，其中极贫户（毫无生活来源者）、次贫户（收入极少，依靠赈济以维持最低生活）和下等户（收入仅够维持每日生活）三类群体合计 187 040 户，占到总户数的 73%。李景汉（1929）通过多年对北平苦力及手艺工人的生活调查，发现大多数家庭住在一间屋子里，饭食营养不足，最好的衣服也不过是遮羞御寒，一冬只有一条棉裤穿，"离着合乎健康的生活实在太远"。

新中国成立后到改革开放初期，我国城镇居民就业实施的是计划经济体制下"低工资、广就业"的政策，城市贫困问题主要体现为社会生产力低下导致的普遍贫困，贫困群体以"三无"（无劳动能力、无收入来源、无法定义务赡养人或抚养人）人员为主。根据世界银行的研究报告，1981 年我国农村绝对贫困人口有 19 400 万人，占农村总人口的比重为 24.3%，而城市绝对贫困人口仅 400 万人，占城市人口的比重为 1.9%。因此，社会各界的注意力聚焦于农村贫困问题，城市贫困问题尚未凸显出来（The World Bank，1992）。

进入 20 世纪 90 年代中后期，随着社会主义市场经济体制的逐步建立以及国有企业改革的深入，城市居民收入差距不断扩大，大量下岗、失业人员由于社会保障制度的不完善而陷入生存困境，城市贫困问题日益突出。这部分由市场经济产生的"新城市贫困人口"，规模迅速攀升到 2000 万～3000 万人，并且在人口构成上更为多元化，包括失业、下岗职工，停产、半停产企业中的隐性失业者及其离退休人员等，而传统的城市"三无"人员已经缩小为其中一个很小的群体，在全国低保人口中仅占 3%[①]。从社会特征看，新城市贫困人口中有劳动能力和劳动意愿的占绝大比重，他们陷入贫困主要不是因为个人原因，而是经济和社会体制变迁的结果；从行业分布看，主要集中在纺织、轻工、森工、煤炭、军工等部门（樊平，1996）；从地域分布看，从以中西部地区为主，逐步扩展到老工业基地和矿区等区域，再蔓延到传统工业占主导的城市（傅道忠，2006）。

在上述 2000 万～3000 万统计意义上的贫困人口之外，我国城市中还有一个庞大的贫困群体——进入城市的农民工。由于就业机会的不均等、社会保障制度的不健全以及农民

---

① [2013-01-28]. 2012 年 12 月全国县以上低保情况（城市）[DB/OL]. http://files2.mca.gov.cn/cws/201301/20130128180842973.htm.

工文化素质较低等原因,他们中的许多人成了特殊的城市贫困人群。根据我国《城市居民最低生活保障条例》的规定,城市低保对象是"持有非农业户口的城市居民",大量的贫困农民工不但享受不到基本生活保障,在就业和创业方面也遭遇种种限制,从而面临更高的贫困发生率(洪大用,2002)。根据一份对我国 31 个大城市的调查,农民工的贫困发生率比城市本地居民高出约 50%,在一些城市,前者甚至是后者的 3~4 倍(Arthar Hussain,2003)。目前我国进城务工的农民工约 1.5 亿人,每年还有 1000 万以上的新增农民工进入城市,未来他们中的贫困群体将取代贫困职工成为城市贫困人口的主体(赵晓彪,等,1998)。但目前,政府部门在进行城市贫困人口的数据统计和扶贫济困时大多都未将农民工群体正式纳入,导致他们中间的大部分人身陷贫困而又得不到保障,这对于我国的城市化发展是极为不利的。

3.4.5 反贫困斗争

减少贫困人口,减缓贫困程度,甚至消除贫困,是世界各国的共同目标。直到今天,没有一个国家可以说完全消除了贫困,全球尚有约一半的人口处于贫困状态。反贫困斗争将是一个全球性的、长期而艰巨的任务。

基于对贫困概念及其成因的不同理解,世界反贫困斗争的策略也始终处于不断转变的过程中。在 19 世纪,贫困问题主要被视为因个人原因(如受教育水平低、患病、懒惰)导致的收入不足,因而多由政府或慈善机构采取失业救济、教育、再就业等保障和激励措施,促进贫困者"自助脱贫"。进入 20 世纪,人们发现经济系统本身可能导致并加剧贫困及其他伴生问题,因此以发展中国家为主采取了以经济增长解决贫困问题的发展模式。然而经历了半个多世纪的高速发展之后,许多国家的经历显示,收入不平等以及由此伴随而来的贫困问题并未随着经济增长而得到解决,甚至贫富分化的现象越发严重了。人们逐步认识到,贫困的原因广泛涉及一系列相互关联的系统,包括不充分的教育、低收入、有限的工作机会、破旧拥挤的住房、不良的生理和心理健康,以及对不良行为和犯罪的倾向等,因而反贫困斗争转向针对社会内部不平等要素的系统化干预措施,包括:①改变不合理的社会结构和社会文化;②为贫困人群提供更多的发展机会,包括就业以及政治、社会等方面的参与机会;③完善社会再分配制度,为贫困人群提供更多的保障和服务等。

我国有计划、大规模的反贫困工作始于 20 世纪 80 年代中期。1986 年,国家成立了专门的扶贫机构——国务院贫困地区经济开发领导小组及其办公室,确立了开发式扶贫方针,并划定了 331 个国家级贫困县,开始了中国反贫困事业的新阶段。1994 年,《国家八七扶贫攻坚计划》公布实施,计划到 2000 年解决国家重点扶持的 592 个贫困县 8000 多万农村人口的贫困问题。2001 年《中国农村扶贫开发纲要(2001—2010 年)》出台,增加了中西部地区的贫困县数量,同时将国家级贫困县改为扶贫开发重点县。2010 年下发的《中国农村扶贫开发纲要(2011—2020 年)》提出,"扶贫开发从以解决温饱为主要任务的阶段转入巩固温饱成果、加快脱贫致富、改善生态环境、提高发展能力、缩小发展差距的新阶段"。可见长期以来,国家扶贫工作的重点都是面向广大农村地区的贫困人口,也取得了巨大的成果。从 1978 年到 2000 年,中国农村没有解决温饱的贫困人口由 2.5 亿人减少到 3000 万人,贫困人口占农村总人口的比例由 30.7% 下降到 3%(中华人民共和国国务院新闻办公室,2001)。

相对而言,我国城市反贫困工作启动较晚。20 世纪 90 年代中期以后,国企改革和产业结构调整导致失业率大幅上升,城市贫困问题激化,引起政府和社会的普遍关注。1999 年 9 月 28 日国务院颁布《城市居民最低生活保障条例》,规定"持有非农业户口的城市居民,凡共同生活的家庭成员人均收入低于当地城市居民最低生活保障标准的,均有从当地人民政府获得基本生活物质帮助的权利",标志着城市贫困人口的救助工作正式步入法制化轨道。随着各级政府投入力度的不断加大,越来越多的城市生活困难群体被纳入保障救助的覆盖范围。全国城市最低生活保障人数规模从 1999 年的 265.9 万人迅速提升至 2003 年的 2246.8 万人,之后一直保持在 2300 万人左右的水平,见图 3-1。根据《社会保障"十二五"规划纲要》,规划到"十二五"期末,城乡最低生活保障将实现应保尽保。

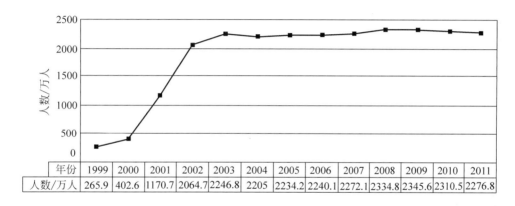

图 3-1　1999—2011 年全国城市居民最低生活保障人数变化情况

数据来源:国家统计局,中国统计年鉴。

不同于农村地区以中央政府投资为主的"开发式扶贫",在城市地区,主要采取地方政府负责、中央提供补助的模式,以建立有效的社会保障体系为主要手段(王国良,2005)。目前,我国已建立起面向城镇困难职工和居民的"三条保障线":下岗职工基本生活费制度、失业救济金制度和最低生活保障制度。前两项是预防下岗和失业居民陷入贫困的保障线,主要面向国有企业以及部分企事业单位职工;最低生活保障制度则是对已陷入贫困的居民进行救助的保障线,面向所有城市贫困居民。除了以上内容,政府开展的城市反贫困工作还包括工会和妇联部门面向贫困人口的送温暖活动,以及部分城市为最低生活保障对象提供临时救济、廉租住房、粮油帮困、就业和创业政策扶持等措施(国务院发展研究中心中国城市贫困研究课题组,2001;洪大用,2003)。但总体看来,我国城市反贫困工作仍然以社会救助为主要模式,主旨是满足城市贫困群体的基本生活需求,而对于他们的其他生存支出以及能力发展方面则关注较少,致使大量的贫困家庭在就业、就医、子女上学、住房等方面仍然面临诸多困难,而这对于他们的脱贫是非常不利的。针对这些问题,近年来,各地政府逐步提高低保标准,同时一些地方也在积极探索制度化的综合救助模式,从而更好地满足贫困居民的多种需求,促进他们的脱贫进程(洪大用,2003)。

3.5 城市住房问题

住房,是我们每一个人都不可或缺的基本生存资料,同时还承载着越来越多的文化、教育、休闲、社交等功能,成为人们生活中重要的发展资料和享受资料。

当代城市住房问题是工业化和城市化加速发展过程中伴生的问题。社会化大分工改变了人类传统的自给自足的住房供给模式,市场和政府逐渐成为城市居民获得住房的主要渠道。随着产业和人口在城市的迅速高度集中,城市住房需求与供给之间出现了不平衡。当一部分居民没有合适的房屋居住,他们的生存权受到威胁时,城市住房问题就不再是简单的私人消费品供给不足的问题,而成为一项重要的社会问题。

联合国在1948年颁布的《世界人权宣言》中提出,"人人有权享受为维持他本人和家属的健康和福利所需的生活水准,包括食物、衣着、住房、医疗和必要的社会服务",1996年联合国第二次人居大会进一步将"人人享有适当的住房"作为发展主题之一。居住权作为现代社会的一项基本人权,已经得到国际社会的普遍认可。但目前看来,这一目标的实现仍然任重而道远。

3.5.1 什么是住房短缺

城市住房问题中最突出的是住房短缺问题。

恩格斯在《论住宅问题》一书中,对19世纪末期德国工业革命引发的城市住房短缺现象进行了形象的描述:工人的恶劣住房条件因人口突然涌进大城市而特别恶化,房租大幅度提高,每所住房更加拥挤,有些人根本找不到栖身之处(中共中央马克思、恩格斯、列宁、斯大林著作编译局,1972)。即使在今天,全世界仍有超过10亿人口没有足够的住房,大部分生活在拥挤不堪的贫民窟和非正规住房中,时刻面临生命或健康的威胁(UN-HABITAT,2008)。这一问题在发展中国家的大城市中尤为突出。以巴西为例,2008年全国住房短缺约630万套,占住宅总量的11.1%,其中82.6%的短缺量位于城市地区,而城市住宅短缺中的近50%都集中在11个最重要的大都市地区(Junior,Cid Blanco,2009)。

那究竟什么是住房短缺呢?从广义而言,住房短缺(housing shortage)包含两部分的内容:一是数量的不足,二是质量的不足。也就是说,住房短缺不仅仅指我们通常所说的无处安身,还包括那些没有体面住宅无法满足基本生活需求的情况,包括住房过度拥挤、缺少基本配套设施、建筑质量低劣存在垮塌风险,或位于不适合居住的高风险地带等(例如洪泛区、滑坡区、公共用地等)。

可见,住房短缺是一个相对概念,其背后是居住水平如何界定的问题,不同的国家和地区根据其社会经济发展水平制定了不同的评价标准。国际上通常将衡量居住水平的标准分为三级：①最低标准为每人一张床位；②文明（合理）标准为每户一套住宅；③舒适标准为每人一个房间（张仙桥，1995）。1985 年我国颁布《城乡住宅建设技术政策要点》，提出"到 2000 年，争取基本上实现城镇居民每户有一套经济实惠的住宅，全国居民人均居住面积达到 $8m^2$"的小康居住水平目标（国家科学技术委员会，1985）。这是根据当时的住房需求和国家经济能力提出的，在注重人均住房面积的基础上，强调了住宅的成套率，即以住宅中厨房、卫生间、起居室与卧室等基本设备是否齐全作为反映居住质量的重要标准。2006 年建设部公布新的小康社会的住房标准为"户均一套房、人均一间房、功能配套、设施齐全"，反映我国整体居住水平得到进一步提升，正向更高目标迈进。

3.5.2 城市住房短缺的成因

造成城市住房短缺的原因通常包括以下几个。

1. 个体或家庭经济支付能力的不足

当城市中住房、土地和财产的价格不断上涨，超出一部分家庭的支付能力时，或是经济发展不景气或金融危机，造成负债买房的家庭无力偿还债务时，他们将负担不起适当的住房而陷入困境。即使在经济高速发展时期，也可能由于房地产投机、城市改建或城市美化运动助长房地产价格的上涨，使得住房危机从穷人蔓延到中产阶级。

2. 战争或天灾

战争或风暴、洪水、地震等天灾人祸，不仅对住房甚至对居民的生命安全都造成巨大威胁。例如，2007 年南亚的季风季节引发了洪水和风暴，致使孟加拉国、印度、尼泊尔南部和巴基斯坦 1000 多人死亡，并使印度 1400 多万人和孟加拉国 700 多万人流离失所。

3. 大量城市新移民的涌入

快速工业化和城市化浪潮带来庞大的农业人口和外来移民涌入城市，而政府面对这一情形因缺乏准备而应对不足。从 19 世纪的欧美国家，到 20 世纪中期的拉丁美洲，再到今天步入快速城市化进程的中国，都出现了类似的情况。

4. 收入不平等与大规模贫困现象

城市社会经济发展的不平衡带来了大量的贫困家庭，支付能力不足成为阻碍这些家庭进入住房市场的制约因素。这一点在发展中国家尤为显著。

5. 缺乏面向低收入群体的正规住房供应

由于政府在住房保障职能上的缺位，以及市场供应的不足，大量低收入群体只能通过非正规甚至非法途径利用土地资源，成为住房短缺中"质量不足"的主要部分。例如在巴西、印度等发展中国家的贫民窟，以及我国的城中村，都是低收入群体寻求非正规居住空间的产物。

在上述原因中，最后三项作为社会因素，对当代城市住房短缺问题的影响日益显著。

3.5.3 住房问题的社会影响

住房不仅是个体和家庭安身立命的物质基础,也关系到国家稳定和社会和谐。住房问题所带来的社会影响是多层次的、深远而重大的。

1. 制约个体生存和发展的基本权利

住房既是一种生活必需品,又比衣服、食物等其他必需品拥有更多的价值派生功能,它作为个体日常生活的中心地,是保障居住者享有工作权、健康权、社会保障权和教育权等多项人权的基本前提。失去了适当的住房,就意味着居住者将难以享有安全、安定和有尊严的生活。

2. 影响家庭幸福与社会和睦

住房同时也是家庭生活和发展的重要物质基础。能否有一套合适的房子,不论是租的还是买的,成为众多年轻人组建家庭的前提。在住房短缺的背景下,房子问题甚至成为影响诸多家庭婚姻幸福的导火索。例如根据上海某区民政局统计数据,1987年上半年,全区22%的离婚案件是因为住宅拆迁、单位分房而草率结婚或住房矛盾引起的(朱剑红,等,1988)。由于住房紧张引发的家庭内部、邻居之间的纠纷也越来越多,甚至出现互相殴斗致伤致死的严重事件。在我国很多城市的民事诉讼案件中,各类房屋纠纷案件高居第二位,仅次于婚姻案件。可见,住房问题已经成为一个严重的社会问题。

3. 对城市竞争力和活力造成负面效应

由于买不起或租不起房,成千上万的流浪大军无家可归;大量的低收入务工群体和高校毕业生沦为"蚁族",拥挤在条件简陋的住宅甚至暗无天日的地下室里;还有的不得不住在偏远的城郊地带,缺乏教育医疗等设施,并且远离工作和消费场所,日复一日承受着高昂的通勤成本……长远而言,低水平的生活质量将制约城市劳动力素质水平的提高,推高人力资源成本甚至导致人才流失,不利于城市整体竞争力和活力的提升。

3.5.4 中国城市住房问题

在改革开放以前的计划经济体制下,住房是作为福利品由国家统一建设和分配的。受当时"先生产、后生活"观念的影响,加上社会生产力水平的相对低下,城镇住房建设发展缓慢,远远滞后于居民的住房需求。1982年上海市区人均居住面积在 $4m^2$ 以下的各类困难户共有45.5万户,三代同堂、父母和成年子女同室的不方便户有60.2万户,已达结婚年龄而没有住房的女青年有40余万人,上述三者共占上海市区160万户家庭的50%左右(孙金楼,等,1985)。1985—1986年第一次全国城镇房屋普查结果显示,缺房户共计1054万户,占总户数的比重达26.5%,其中无房户占3.21%,不便户占10%,拥挤户占12%(杨慎,1987)。可见,当时城市住房仍然属于稀缺资源。由于采取的是国家或单位所有、实物形式分配、低租金近乎无偿使用的住房制度,能否分到房子自然成为牵系每一个职工家庭的重大事件,"分房综合症"作为一种特殊的社会现象应运而生:有人工作时间想房子想得发呆,无房青年夫妇分居集体宿舍辗转难眠,母亲故意打孩子妨碍别人睡觉来向领导"施加影响",还有的全家总动员找领导要房子,甚至租借老人户口以争取分房指标(朱剑红,等,1988)。

1988 年国务院颁布《关于在全国城镇分期分批推行住房制度改革的实施方案》,标志我国城镇住房体制改革全面启动。住房市场迅速发展壮大,住房供给快速增加,城镇居民的住房条件得到较大幅度的改善。1978 年至 2011 年,我国城镇新建住宅面积从 0.38 亿 m^2 增加到 9.49 亿 m^2,增长了近 24 倍;人均住房建筑面积从 $6.7m^2$ 增加到 $32.7m^2$,增长了近 4 倍(国家统计局综合司,2008;国家统计局,2012)。总体看来,经过近 30 年的住房体制改革,我国普遍性的住房短缺问题已经得到基本解决。但在取得显著成绩的同时,也暴露出了一些问题,主要体现在:住房改革过度强调了市场化,而忽视了住房的保障品属性,导致房价上涨过快,中低价位普通商品住房和保障性住房供应不足,大量城市居民特别是中低收入群体的住房问题难以通过市场途径来解决。城市住房供不应求的问题仍然存在,并集中体现为区域性和结构性的矛盾。在区域分布上,北京、上海、广州等特大城市以及东部发达地区的部分城市中,住房紧张现象突出;在供给结构上,保障性住房和中小户型普通商品房仍然相对短缺。国家统计局第六次人口普查数据显示,全国廉租住房和经济适用房住户数仅占全国城镇总户数的 6.52%,相对于庞大的低收入群体而言覆盖率偏低(钟庭军,2013;翟春,2013)。

住房问题已经成为当今全社会集中关注的焦点。中国证券报网上调查结果显示,2009—2012 年住房问题连续四年成为两会最受关注的话题(陈莹莹,2012)。随着越来越多的农村剩余劳动力及其家属转移到城市,人口老龄化、家庭小型化以及新的生育高峰期的到来,未来我国住房问题将面临更大的压力,也将成为中国探索新型城市化道路的一个重大挑战。

3.5.5　低成本住房供给

以住房短缺为代表的城市住房问题,是大部分国家在快速城市化浪潮中都曾经或正在面临的发展困境:大量人口向城市特别是大城市快速聚集,导致城市土地和房产价格高涨,高昂的房地产市场价格与新移民较低的支付能力之间形成巨大鸿沟。因而如何为他们提供低成本的住房,成为关系社会稳定、产业发展以及个人安居乐业的重要问题(刘佳燕,2012)。

近一个多世纪以来,各国政府探索了多种低成本住房的供给模式,主要包括以下几种。

1. 社会住房保障

这是政府解决中低收入群体住房问题最常见的一种途径,即由政府或非营利机构建设、所有并管理社会住房,主要面向无力负担合适住宅的人群提供住房保障。

早期在欧洲以及后来的拉丁美洲,很多国家采取集中新建社会住房的模式,通常选择在土地成本较低的城市边缘地带修建大规模的社会住房项目,并以其规模大、效率高、代表社会进步而广受好评。但很快,这些大型住区就暴露出一系列问题,如建筑体量过大、形态单调而缺乏人性化,配套公共设施短缺,距离中心城区远导致出行成本提高,环境品质低下或因缺乏维护而衰败,住宅结构单一导致低收入人口大量聚集和社会问题的集中爆发,以及住房资源被中高收入群体占据而出现"福利流失",等等。

近年来,为了避免社会居住空间过度分化,各国的社会住房供给开始注重多元混合的供给模式:在开发主体上,除了政府之外,鼓励吸纳各类非营利性的社会机构的参与;在项目选址上,注重社会住房与商品住房的混合开发,以及居住与就业功能的混合;在供给方式上,采取新建、改建、回购与租用等多种渠道。其核心是将社会住房供给纳入综合性的城市开发框架,促进不同社会阶层的混合,以及实现相对的职住平衡。

2. 住房金融支持

住房金融支持具体包括两种方式:一是补贴购房者,由政府提供补贴或贷款,支持居民自置住宅。实际受益者多为有固定工作、良好信用的中等收入群体,而大部分没有正式工作和固定收入的贫困人群往往被排除在外。二是补贴建房者,由政府为住房建设机构、住房合作社等提供信贷支持。这种方式对政府的管理能力有较高要求,否则容易出现住房建设向较富裕家庭倾斜的问题。

3. 非正规住宅市场

当低收入群体通过正规的市场或政府渠道难以获得合适的住房时,就会以非正规途径自行建设、购置或租赁住房,聚居在贫民窟、城中村和群租住宅等区域。受成本限制,这些住房绝大多数都违反相关法律法规,居住环境十分恶劣,成为城市社会和环境的高风险地带。

4. 贫民窟改造

为了改善贫民窟等非正规聚居区的居住条件,政府往往采取整体拆除和重新建设的办法,将其中的低收入居民重新安置或迁入社会住房。这种纯粹的物质环境改造手段往往会伴随以大规模的拆迁和驱逐等强制性手段,容易引发社会冲突。同时对于低收入群体而言,不但没能改变他们低下的收入状况,甚至有可能增加其生活成本,或者诱发形成新的贫民窟。出于对以上问题的反思,近年来,一种新的改造思路开始被逐步推行。它强调将现有贫民窟等非正式住宅合法化,纳入城市统一管理,具体措施包括承认非正式住宅的合法化、完善配套基础设施和公共设施建设、提高建筑质量、降低居住拥挤程度等,同时发动社区居民和社会组织力量,全面参与聚居区的改造。其积极意义在于,让贫民拥有必要的尊严和社会地位,真正融入到城市发展中。

总而言之,近年来世界各国对住房问题的解决思路都出现了一个重大转变:要改善低收入群体的居住状况,需要促进贫困社区融入全面的城市发展规划中,而不仅仅是简单地提高住房供给规模或建设质量。因此,住房短缺问题的解决,必须整合到城市整体的政治、社会和经济发展策略中,作为一项多部门协同推进的综合性城市发展策略(刘佳燕,2012)。

推荐阅读参考资料

关信平.1999.中国城市贫困问题研究[M].长沙:湖南人民出版社.
胡鞍钢,赵黎.2006.我国转型期城镇非正规就业与非正规经济(1990—2004)[J].清华大学学报:哲学社会科学版(3):111-119.
李强,等.2009.城市化进程中的重大社会问题及其对策研究[M].北京:经济科学出版社.
[加]桑德斯 D.2012.落脚城市[M].陈信宏,译.上海:上海译文出版社.
世界银行.2001.2000—2001年世界发展报告:与贫困作斗争[M].北京:中国财政经济出版社.
孙立平.2004.转型与断裂:改革以来中国社会结构的变迁[M].北京:清华大学出版社.

习 题

1. 名词解释

社会问题、城市化、半城市化、中等收入国家陷阱、巨型城市区域、就业、非正规部门、贫困的循环、住房短缺。

2. 简述题

(1) 简述城市社会问题的主要特点。
(2) 简述城市社会问题对社会发展的作用。
(3) 简述什么是不完全的城市化。
(4) 简述造成城市就业问题的主要原因。
(5) 简述造成城市住房短缺的主要原因。

3. 论述题

(1) 根据城市化与工业化发展水平的关系,论述城市化的四种模式。
(2) 论述造成城市贫困的主要原因。
(3) 列举1~2种非正规就业现象,并对其问题与作用进行论述。

参 考 文 献

阿玛蒂亚·森.2001.贫困与饥荒[M].北京:商务印书馆.
陈莹莹.[2012-03-01].房价连续四年最受关注[EB/OL].http://www.cs.com.cn/xwzx/15/20120227lh/20/201203/t20120301_3263550.html.
恩格斯.1995.论住宅问题[M]//中共中央马克思、恩格斯、列宁、斯大林著作编译局.马克思恩格斯选集

(第2卷).北京:人民出版社:538-539.

樊平.1996.中国城镇的低收入群体——对城镇在业贫困者的社会学考察[J].中国社会科学(4):64-77.

傅道忠.2006.转型期的中国城市贫困问题研究[J].兰州商学院学报(2):28-32.

国家科学技术委员会.1985.中国技术政策[S].北京:国家科学技术委员会.

国家统计局.2012.中国统计年鉴2012[M].北京:中国统计出版社.

国家统计局.[2012-04-27].2011年我国农民工调查监测报告[EB/OL].http://www.stats.gov.cn/tjfx/fxbg/t20120427_402801903.htm.

国家统计局综合司.[2008-10-27].大改革 大开放 大发展——改革开放30年我国经济社会发展成就系列报告之一[R/OL].http://www.gov.cn/ztzl/2008-10/27/content_1132281.htm.

国务院发展研究中心中国城市贫困研究课题组.[2001-04-17].城市贫困的现状与社会救助[R].http://file.lw23.com/7/75/759/759fcc7c-bdeb-4571-b6c0-b9965b4d1a1f.pdf.

洪大用.2002.当前中国城市扶贫工作中的贫困界定问题[J].社会福利(3):14-16.

洪大用.2003.改革以来中国城市扶贫工作的发展历程[J].社会学研究(1):71-86.

李景汉.1929.北平最低限度的生活程度的讨论[J].社会学界(3):1-16.

李强,唐壮.2002.城市农民工与城市中的非正规就业[J].社会学研究(6):13-25.

刘佳燕.2012.1940年代以来巴西公共住房政策发展评析和启示.国际城市规划(4):43-49.

[美]钱纳里,等.1989.工业化和经济增长的比较研究[M].吴奇,等,译.上海:上海三联书店.

世界银行.2000.2000/2001年世界发展报告:与贫困作斗争[M].北京:中国财政经济出版社.

孙金楼,柳林.1985.住宅社会学[M].济南:山东人民出版社.

王春光.2006.我国城市就业制度对进城农村流动人口生存和发展的影响[J].浙江大学学报(人文社会科学版)(5):5-15.

王国良.2005.中国扶贫政策——趋势与挑战[M].北京:社会科学文献出版社.

[美]文森特·帕里罗,约翰·史汀森,阿黛斯·史汀森.2002.当代社会问题[M].周兵,单弘,蔡翔,译.北京:华夏出版社.

吴缚龙.2006.转型的贫困:转型城市的贫困问题[C]//北京论坛(2006)文明的和谐与共同繁荣——对人类文明方式的思考:"对构建和谐的城乡关系的新思考"经济分论坛论文或摘要集.北京:[出版者不详]:136-160.

向德平.2002.城市社会学[M].武汉:武汉大学出版社.

杨慎.1987.中国建筑年鉴1986—1987[M].北京:中国建筑工业出版社.

翟春.2013.重视房地产供给调控[J].中国金融(7):69-71.

张车伟.2004.城镇失业与扩大就业的对策思考[J].湖南社会科学(6):91-95.

张仙桥.1995.住宅社会学的兴起及在中国的发展[J].社会学研究(1):13-19.

赵晓彪,施小梅.1998.城市贫困人口问题初探[J].人口学刊(1):37-40.

中华人民共和国国务院新闻办公室.2001[2005-05-26].中国的农村扶贫开发[R/OL].http://www.gov.cn/zwgk/2005-05/26/content_1293.htm.

钟庭军.2013.对保障性住房的几点判断[J].中国金融(3):39-40.

朱剑红,王国诤.1988.住房·住房[M].沈阳:辽宁人民出版社.

HURRY J B. 1917. Poverty and Its Vicious Circles[M]. New York: Arno Press, Inc.

HUSSAIN A. 2003. Urban Poverty in China: Measurement, Patterns and Policies [M]. Geneva, Switzerland: International Labour Office.

International Labour Office. 2013-01-03 [2013-01-22]. Global Employment Trends 2013: Recovering from a Second Jobs Dip[R/OL]. Geneva: ILO. http://www.ilo.org/global/research/global-reports/global-employment-trends/2013/WCMS_202326/lang-en/index.htm.

JUNIOR C B. 2009. Slums in Brazil: A Challenge for the National Social Housing System[R/OL]. http://www.hdm.lth.se/fileadmin/hdm/alumni/papers/SDD_2009_242a/Cid_Blanco_-_Brazil.pdf.

LANG R E, DHAVALE D. 2005. Beyond megalopolis: Exploring America's new "megapolitan" geography [R]. Metropolitan Institute Census Report Series, 05: 01.

The Cities Alliance. June 2009. Social Housing in São Paulo: Challenges and New Management Tools[R/OL]. http://www.citiesalliance.org/sh-sp.

The World Bank. 1992. China: Strategies for Reducing Poverty in the 1990s[M]. Washington, DC: World Bank.

UNEP/ILO/IOE/ITUC. September 2008 [2008-09-24]. Green Jobs: Towards Decent Work in a Sustainable, Low-Carbon World[R/OL]. http://www.ilo.org/empent/units/green-jobs-programme/about-the-programme/WCMS_158727/lang-en/index.htm.

UN-HABITAT. 2007. Enhancing Urban Safety and Security: Global Report on Human Settlements 2007 [R/OL]. London: Earthscan. http://www.unhabitat.org/content.asp?typeid=19&catid=555&cid=5359.

第 4 章　城市社会学流派 I

城市社会学的基本理论是建立在社会学基础理论之上的,但严格地说,城市社会学本身也派生出了一整套理论体系。

4.1　第二次世界大战以来社会学基础理论

社会学把整个社会作为研究对象,应用的领域越来越多,分科也越来越细。据此,社会学理论流派繁多,层出不穷。这里简略地介绍当代西方社会学的主要流派。

4.1.1　结构功能主义

结构功能主义根植于 19 世纪初期的有机论,直到近几十年前,它都是社会学中历史最久远的重要理论方法。孔德、斯宾塞、迪尔凯姆等社会学家关于社会的有机体论对人类学家马林诺斯基的功能主义思想产生过巨大影响。而后,马林诺斯基与迪尔凯姆的分析研究又进一步推动了现代结构功能主义的形成。

塔尔科特·帕森斯(T. Parsous,1902—1979),美国著名社会学家,现代结构功能主义的主要代表人物。他创立的现代结构功能主义的理论方法在社会学发展的历史过程中具有非常重要的地位。他为社会学构建了一个宏大的理论框架,为社会学的研究提供了对于社会行为、组织及变迁诸方面的现象的先定位置。通过对社会功能系统的假定以及人们行为系统(AGIL)和控制人们行动的系统(CHOC)分析,为整个社会达到均衡、稳定规划了一个模式①。正是这一模式,表现了强调社会整合与平衡的认识分析上的片面性,以及无所不包的概念体系的抽象性,从而遭到他的继承者和对立者的强烈批判。

罗伯特·默顿(R. K. Merfon,1910—2003),作为帕森斯的学生和结构功能主义的继承人及改造者,一方面对帕森斯关于社会系统统一性、功能普遍性以及不可缺少性等三个假设以及关于社会的宏观构架进行批判,另一方面对其进行修正、改造与补充,进一步将功能主义的假设改变成一种对社会系统进行功能分析的方式,同时把宏观分析转入中层研究。在默顿的功能分析模式中包含:①社会学关心的不是动机而是客观结果,结果即功能;②社会系统所具有的某种功能是有条件的,但其功能的项目能够被另一个项目所替代,其系统的需要仍将得到满足;③功能的效果既可以是外显的(显功能),也可以是潜在的(潜功能),

---

①　关于这些论述主要体现在帕森斯的著作《现代社会结构过程》、《社会行动的结构》和《社会系统》等中。

既有正面积极的(正功能),也有反面消极的(负功能)。因此,社会系统将会因为功能的非统一性出现社会变迁以及不完全整合性。

4.1.2 冲突论

在 20 世纪 60 年代,结构功能主义受到了西方社会现实所出现的各种矛盾与冲突的严峻挑战、质疑与批判。在这一过程中,源于结构功能主义内部的列维斯·科塞尔(L. A. Coser,1913—)和兰德尔·库林斯,还有自称受到马克思主义启发的拉尔夫·达伦道夫(R. G. Dahrendorf,1962)和怀特·米尔斯(C. W. Mills,1916—1962)创立了冲突论。该理论认为,社会不可能仅仅是平衡与和谐,而是处于一个不断变化的状态。同时,长期存在着并非对社会只产生破坏作用的冲突,这是社会运行中的持续的必然现象。冲突并不一定指公开的暴力,也包括紧张、敌意、竞争和在目标与价值标准上的分歧。冲突的产生是因为资源的稀缺,使其社会关于它的分配充满着不平等现象。这种不平等给社会造成了利益冲突,而利益的冲突引发资源占有者与非占有者之间的对立。社会也就在这样的冲突和对立中产生变化、再组织,乃至再分配,并为进一步的不平等与社会变迁创造条件。冲突论只是描述了社会的现象,从思想体系来看,它和结构功能主义并没有实质性的矛盾。

4.1.3 交换论

在批判结构功能主义的过程中,美国社会学家乔治·霍曼斯(G. C. Homans,1910—1989)和彼得·布劳(P. Blau,1918—2002)于 20 世纪 60 年代创建了交换论。该理论是一种从个人、心理出发的微观社会学理论,中心论点是将人的社会行为视为物质的、权力的、精神的相互酬劳的交换行为,其思想实质是个人主义和功利主义,反映了资本主义社会中人际关系的商品化倾向。该理论的假设是:人们所做出的行为,要么是为了获得报酬,要么是为了逃避惩罚。这种为了报酬的行为交换,不仅仅是经济的行为,而且也包括所有的社会行为。

霍曼斯给出了社会行为的交换过程的五个假设(Homans,1961)。①成功假设。对于人们的所有行动来说,一个人的某种行动得到的报酬越经常,这个人就越愿意从事这种行动。②刺激假设。"如果在过去一种特殊刺激或一组刺激的出现,曾经成为一个人行为得到报酬的原因,那么,现在的刺激越是与过去的相同,人就越可能发生这种行为或是一些相似的行为"。③价值假设。"对一个人来讲,他的行动结果对他越有价值,他就越可能去执行这个行动"。④剥夺-饱满假设。"一个人在最近越是常得到一种特殊的报酬,那么任何一个未来的这种报酬对他来说都会变得越来越没有价值"。⑤侵略-认可假设。"在一个人的行动没有得到他预料的报酬时,或得到他没预料的惩罚时,他将感到气愤,他便可能去从事侵略性行动,这种行动的结果变得对他更有价值……在一个人的行动得到他预料的报酬,尤其是得到的报酬比他预料的报酬大时,或者没有得到他预料的惩罚时,他会感到高兴,他更可能去从事这种行动,这种行动的结果也变得对他更有价值"。此外,霍曼斯还认为,在这些交换过程中,贯穿着"对等原则"的社会交换是公平的交易。布劳在《社会生活中的交换与权力》中,利用霍曼斯的微观社会学中的交换概念,将它与权力概念相结合,以填补微观与宏观的鸿沟,并进一步指出交换并非都是平等交换。

4.1.4 社会互动理论

库恩(M. Kuhn)、布卢默(H. G. Blumer,1900—1987)和特纳(R. H. Turner,1863—1931)创立了社会互动理论。布卢默和库恩的符号互动论认为,在社会过程中的人与人的交往会产生一种精神或自我观念。也就是说,精神和自我观念是人们相互交往或社会进程的内在化的产物,它存在于意象和符号之中。只要研究这些符号和它们的相互关系,就能说明社会现象和社会行为。特纳则运用和拓展了米德关于心智、角色的理论,用角色扮演、角色创造和角色互动说明社会行动的本质,这是对社会行为的一个唯心的解释。

美国社会学家乔治·赫伯特·米德对于互动理论综合的描述是通过"心智"、"自我"、"社会"的研究勾画出符号互动的基本轮廓,为现代符号互动论奠定了基础。人类运用大家彼此间理解的表达共同意义的符号沟通,并通过解释与运用符号来设想自己处在他人位置的基础,从而形成互动产生的最基本途径"角色扮演"。社会互动的结果使人类成为独特的物种,并使每一个体都具有鲜明的特点。同时,社会的存在又依赖于人们在成长和成熟过程中所掌握的各种符号能力,人类这些能力的产生使互动成为社会的基础。除符号互动主义以外,还有戈夫曼的拟剧理论、舒茨的现象互动论等。

4.1.5 本土方法论

借鉴美国社会学家米德的角色理论和德国哲学家胡塞尔的现象学,并大量吸收了舒茨的现象学社会学和英国日常语言哲学的思想观点,加芬克尔创立了本土方法论(ethnomethodology)。本土方法论的英文词头ethno在希腊文中意为国家、人民、部落、种族。其基本假定是:社会是具体的而不是抽象的,社会仅仅在它的成员觉察到它存在时才存在,因此必须对社会成员在建构和解释他们所处的社会时所使用的方法进行详细考察。在现实生活中,社会成员依据一定的规则和程序来组织社会活动,并使活动具有共同的意义。本土方法论是分析人们在日常社会相互作用中所遵循的全部规则的社会学方法。该方法论认为,一个群体中的成员间所有普遍的社会相互作用均由某些民间的规则所支配。即:人们之间的互相理解,不仅基于当事人说出来的东西,而且还基于大量谈话中未提到的因素。

4.2 人类生态学派

生态学(Ecology)是生物学范畴的学科,专门研究生物之间以及生物与自然环境间的关系①。人类生态学(Human Ecology)是城市社会学(Urban Sociology)的一个分支,它试图运用生态学在生物世界所归纳出来的规律去分析人类社会。人类生态学派崛起于美国,但其思想根源却来自欧洲。欧洲社会自工业化开展后起了重大变化,原来的郊区人口被吸引到市区工作,与此同时,市区也不断地向郊区扩展,城市的发展对人类生活的影响得到了社会思想家们的关注,这些社会思想家包括韦伯(Max Weber)、迪尔凯姆(Emile Durkheim)、马克思(Karl Marx)、滕尼斯(Ferdinund Tonnies)、齐美尔(George Simmel)和斯宾塞(Herbert Spencer)等,他们就城市的起源、发展、分类、社会分工、等级体系及城市心理等方面进行了深入的研究。

4.2.1 帕克的人类生态学

美国社会学家帕克(Robert E. Park)是人类生态学的创始人。帕克本是一名记者,后到德国研究社会学,1913年受芝加哥大学社会学系聘任出任教职。帕克回到美国后,并没有像欧洲社会思想家们一样,把城市发展看成是"一种有关整个资本主义发展所带来的社会关系变迁基础"(叶肃科,1993)。正相反,帕克将芝加哥这个城市作为一个实验场,进行了一系列的城市研究,他的这种做法与其曾任职记者有很大关系。也正是在这个时期,芝加哥城市人口急速增加、居住环境恶化、城市设施紧张、新移民融入社会困难等问题相继出现,无疑提供了进行这些实验的一次次机会。

1. 人类生态学基础

1915年帕克在《美国社会学学报》发表了《城市:城市环境下人类行为的探讨》一文,提出了城市布局、职业分类和文化是人类生态学的基础,奠定了人类生态学派的地位。

(1) 城市布局。城市的初步布局是以自然地理环境为基础的,此后,当城市人口不断增加时,个人兴趣、职业及经济利益等因素的作用使人口分布于城市的不同位置。这些地域的分隔形成了许多具有独特文化、传统和历史的社区。由于这些社区由种族、职业等因素形成,其独特性并非一成不变,相反,它会随各种内外因素的变化而变化。

(2) 职业分类。在城市化之前,社区的社会经济制度建立在家庭关系、文化传统和社会地位等基础之上。到城市化以后,原先的社会经济制度遭到破坏,其中一个明确的现象就是社会的分工,将城市中的居民重新划入各种不同的行业内,于是职业界别利益取代了以宗族利益为基础的社会制度。城市化促使人口不断增加和流动,人口的流动又将人与人之间的关系变得非人化,大家共同住在一处,可以互不往来,日常生活所需也由社区内的不同机构提供而得以满足。

---

① 举例来说,三文鱼于每年春天由太平洋逆流游回加拿大卑诗省亚当诗河(Adam's River)上游,在其出生地繁衍下一代。而出生后的三文鱼苗又沿亚当诗河游到太平洋生活,经过一段时间后又逆流游回出生地繁衍下一代。对于这个生态现象,生态学家研究发现,只有最强壮的三文鱼才能逆流而上游回出生地,这是三文鱼汰弱留强的一种自然生态规律。而当它们交配后便会死亡,三文鱼的尸体又会成为附近森林动物及河中其他鱼类的食物,是生物链中的重要一环。三文鱼的生与死这种自然生态现象,在自然界循环往复地进行。但由于人类过度捕捞三文鱼,最后游回出生地的三文鱼越来越少,使整个生态系统受到影响。

（3）文化。城市人有较大的流动机会，他们无论是在居住还是在工作方面都是如此。在职业方面，城市人可以在不同时期选择不同行业，于是城市人有更多机会发挥个人的潜能及才干。相反，在未城市化地区，若搬离乡下到其他地方居住会有离乡背井的感觉，他们的职业选择也会受家族所困。人与生俱来有各种的本能和情感，由于教育压抑了一些野性，各个邻里也兼具"道德地区"(moral zone)的功能。"道德地区"的"道德"在这里没有道德与非道德的判断，这是让人性的好、坏两面都能同时得以表现或发泄的地域。

2. 帕克的人类生态学

从上述城市布局、职业分类及文化三方面引申出了许多城市人类行为研究课题，例如人口流动、社区组成、城市犯罪和媒体功能等研究。帕克按照《城市：城市环境下人类行为探讨》一文的研究大纲进行了21年的实验研究，于1936年发表《人类生态学》论文，阐释了人类生态学理论。该理论是建立在生态学的生命网(the web of life)和大自然平衡定理(the balance of nature)的基础之上的。

（1）人类社会生命网。大自然中的动物、植物在一个既定的自然环境下，以物竞天择、适者生存的原则进行进化。人们在一个地域建立社会生活时，他们一方面互相依靠，以求共存；另一方面又互相竞争社会中的稀少资源。这群人生活于这个社会中，各司其职，使整个社会机制得以运行，人的需求得以满足。人与人之间这种互相依靠、以求共存的关系，帕克把它看做是一种共生关系(symbiotic relationship)。在城市社区，不单单是人与人之间在竞争，相同背景的个体所组成的社会群体间也在互相竞争。帕克用社会关系(societal relationship)来形容相同背景的个体相互合作的关系。

（2）社会生态平衡。帕克的人类生态学理论试图将大自然平衡定理应用于人类社会。人类社会在互相竞争的过程中不断地改变，社会平衡受到影响，在更剧烈的竞争后，新的社会分工又重新建立。随着外来人口的不断增加，城市土地运用重新划分，社区资源的竞争方法发生改变，例如，通过市场机制决定谁可占有最好位置的商铺等。起初，当原有的社会平衡产生变化时，原居民与新居民间各自组织力量争取主导权，期间曾发生矛盾和冲突，最后当成立城市级议会时，社区权力分配及平衡便得以稳定下来。

总之，帕克认为，人类社会是由生态(biotic)和文化(culture)两个层次组织起来的，竞争是共生层次的基础，沟通和共识是文化层次的基础，两个层次是整个社会的两面。人类社会秩序是科层式的，由下而上分别是生态、经济、政治和道德层。在生态层竞争是不受限制的，而在道德层竞争则受到最大限制。帕克认为，人类生态学主要是研究人口、科技、习俗与信念及天然资源之间如何不断保持生态平衡和社会平衡的科学。

4.2.2 牟健时的生态过程论

牟健时是帕克的学生，1913年入读芝加哥大学社会学博士课程，完成博士学位后曾任教华盛顿大学并兼任健根大学社会学系系主任。他在俄亥俄州大学任助教时是伯吉斯的同事。牟健时最为人知的是他的生态过程论(ecological processes)。他在帕克创立的人类生态学的基础上进一步研究城市社会变迁的各种过程。他在《从生态学角度研究人类社会群体》和《人类生态学的范畴》两篇论文中指出,人类社会群体和建筑群按生态学原理分布于城市的不同区位,这些区位并非一成不变,相反,地理、经济、文化与技术、政治与行政措施等因素均会促使人类社会群体和建筑群的区位移动。这种社会群体及建筑群在城市位置的转变称为空间移动(spatial movement)。移动的速度没有固定的标准,主要由七种生态过程确定。

这七种生态过程是:①集结(concentration)。它是指人口集结于一个地方或地区。导致人口集结的一个重要原因是工业化。工业化促进一个地方资本引入并设生产,这样就提供了很多就业机会,人们便会从四面八方迁移过来,进而这个地方的人口密度便会迅速增加。地区生产专门化不仅可以增强一个地区的竞争力,而且可以使地区与地区间经济上互相依赖,进一步在更大范围内创造这种集结环境和过程。②散开(dispersion)。与集结相反的是散开,导致散开的原因包括工业不能承受高昂的生产成本,例如租金等,于是它们需要分散到生产成本比较低廉的地方继续经营。同样的道理,若市区人口选择比较宁静的郊区生活,他们可以分散到郊区居住。③中心化(centralization)。它是指人群集结于某一个地点去完成一些事,例如工作、娱乐,故此我们有购物中心点、商业中心点等。这些中心点的中心化程度,是以计算其在当前文化及经济状况下能吸引到的人数而定的。④非中心化(decentralization)。城市中的中心点并非永恒不变,当原先的中心点吸引力减弱时,新的中心点便开始形成,牟健时称它为非中心化。⑤分隔(segregation)。城市社会的另一个生态过程是分隔。分隔是指在一个城市中,因经济、语言、种族、文化等因素不同,不同社会群体逐渐在不同地方结聚的现象。例如,城市中的富人区和穷人区的分隔,散布全球各大城市的唐人街[①]等。⑥侵占(invasion)。侵占这个生态过程,是一个分隔群体取代另一个分隔群体原先所拥有位置的过程。⑦继承(succession)。它是指一个从第一到最后阶段完全改变了的人口类型或土地运用的过程。例如,原先由高收入家庭居住的住房,最后当城区重建或土地改变用途后,高收入家庭逐渐离开,中、低收入家庭便会出现,如巴黎的犹太人居住区等。

牟健时还认为,上述的生态过程是在一个大致既定的地理环境中不断运行的。

4.2.3 伯吉斯的同心圆理论

假如说牟健时是研究城市面貌改变的因素,那么,伯吉斯则是具体地运用生态学理论来分析城市扩展的过程,这使他在人类生态学乃至城市规划学都具有重要的学术地位。伯吉斯在《城市发展:一个研究计划导引》一文中介绍了他的同心圆假设(hypothesis of concentric circle)。伯吉斯认为,城市发展从城市规划来看是一种物体群的不断扩展,这些物体群是我们肉眼可以见到的建筑物、道路、设施等。而城市扩展是一个过程,若这个过程以一个原型(prototype)来看,那么城市的扩展是由中央开始,一圈一圈地向外伸展的。

伯吉斯心目中的原型就是芝加哥,按同心圆假设,芝加哥这个城市共有五圈,即:①中央商务区(zone Ⅰ: central business district)。这个区由于是整个城市的中心点,占有最佳

---

① 唐人街是标志着中国文化的聚落。

的地理位置,因此是人们的竞争之地,这样便使土价抬升,最终这个中心点只能由拥有资源或能创造资源的工商业所占用。②过渡性区域(zone Ⅱ:zone in transition)。这个区的土地基本上为商人所拥有,由于他们知道中央商业区有朝一日会扩展到该圈,因此他们并不会投入太多金钱来维修物业,但将物业闲置也并不划算,所以便出租给那些愿意接受居住环境差的阶层及行业。因此,这个区也是城市犯罪和贫穷者的集聚点。③工人住宅区(zone Ⅲ:zone of working-men's homes)。这个区所住的是一些从残破过渡性区域迁移来的工人阶级。他们由于经济能力已在城市站稳脚跟,故此选择了就近工作地点的区域居住。对一些新移民来说,由第二圈迁到第三圈生活,可以说是一种社会地位的提升。④优质住宅区(zone Ⅳ:zone of better residence)。这个区是高级住宅及高级独立住房的集中地,居住在此的是白领、专业人士及小商人等。⑤通勤者区(zone Ⅴ:commuters zone)。这个区是中上层及上层人士居住的郊区,他们每天须用较长时间往返中央商务区工作。

伯吉斯基于这个同心圆城市发展模式,提出社会建构(social organization)和社会解构(social disorganization)为一个新陈代谢的过程。他认为,流动量是衡量城市发展和影响城市新陈代谢的指标。

伯吉斯的同心圆假设提出后也受到许多质疑。许多学者认为,城市发展并非如伯吉斯所说的呈同心圆地发展,其中以霍依特(H. Hoyt)提出的扇形理论(sector theory)以及哈里斯(C. D. Harris)和乌尔曼(E. L. Ullman)提出的多核心理论(multiple nuclei theory)最具代表性。

4.2.4 现代人类生态学派

现代人类生态学是要超越古典人类生态学家将人类社会与动物、植物世界相提并论的框架,注入经济、文化和社会等因素对城市土地利用的影响。一般认为,现代人类生态学的发展可归纳为两个分支,一个是新正统(neo-orthodox)派,另一个是社会-文化(sociocultural)派。

1. 新正统派

新正统派的主要代表人物有哈利和邓肯。哈利于1950年出版了《人类生态学》,对人类生态学进行了重新定位。他认为:空间分布只是人类生态学所关注的一个要素,人类生态学更重要的是研究城市人类怎样集体地适应环境,这是一个独特的过程,其中互相信任、主体功能、分化和分配是研究的四项原则。而邓肯更进一步指出,人类生态系统是不断自我变化与调节适应的。要了解这些变化,可以从生态复合体(ecological complex)的人口、组织、环境地和科技四个元素入手研究。

2. 社会-文化派

现代人类生态学认为:社会文化因素对城市土地利用模式有重要影响。费利在研究波士顿三个地区,以及乔森(Jonassen)在研究纽约挪威人社区后,都发现城市土地利用并非仅仅受经济竞争因素的影响,感情及文化象征的因素也是非常重要的。正如费利指出,波士顿北端的意大利贫民区,一些已发迹的意大利移民不肯搬离该区,主要是因为那里有他们的文化传统、风俗习惯及熟悉的人与事物。

4.2.5 当代人类生态学派

2001年杰拉尔德·G.马尔腾出版了《人类生态学：可持续发展的基本概念》，论述生物群落和反馈系统、人口爆炸、复杂适应性系统与自组织、生态系统设计、生态系统演替规律、人类社会系统与自然生态系统相互作用、生态系统的服务功能、可持续的人类社会系统等人类生态学基本概念和原理，对于人类正确认识人类社会与自然生态系统相互影响的基本规律具有重要价值（马尔腾，2012）。这本书试图重新定义人类生态学是"作为一门研究人类与环境间相互作用的科学"。

4.2.6 人类生态学派的发展演进

"人类生态学"，可以说是一个年代久远的科学名词。在20世纪20年代，芝加哥大学城市社会学家小组首次使用生态学概念解释他们在城市中观察到的现象。这些社会学家发现生态学的隐喻非常有用，因为早期的生态概念实际上是系统概念，对人类社会同样适用。这一形式的人类生态学一直兴盛到了20世纪70年代。在20世纪60—70年代，生物生态学家被人口爆炸及其对环境破坏产生的影响所警醒，他们使用"人类生态学"一词以强调人类像其他动物一样，同样受限于生态环境。与此同时，人类学家将人们的目光引向由环境形成的文化，其中一些开始使用当时最著名的生态学概念，如种群调节和能量流动，对人类生态学领域进行研究。到了20世纪70年代，当对环境问题的认识迅速提升时，不同学科背景的学者开始谈及"人类生态学"一词。这些不同形式的人类生态学，遵循着它们被提出背景下的不同准则，除了都是处理人与环境的问题之外，彼此之间并无相同之处。直到20世纪80年代，生物生态学家和社会科学家在跨学科研究的团队中共同工作，研究与环境相关的实际问题。他们中的很多人都认识到人类生态学是解决问题的一种视角，它强调人类社会和环境之间的相互作用。通过对生态系统和人类社会效用链的追根溯源，通过更全面地了解人与生态系统的作用机制，人类生态学有助于预测人类行为对环境的长期影响，避免环境的突发灾难，形成处理环境问题的办法，保持与环境相适宜的可持续的关系。总的来说，古典人类生态学试图将生物学的规律应用到人类社会中，但其论说受到不少学者的批评，而现代人类生态学则试图在前人的基础上注入新的社会文化观点，使人类生态学说能继续生存。当代人类生态学则更多地注重自然科学和社会科学的融合，探索可持续发展的基本原理。

4.3 马克思主义学派

马克思主义学派在城市研究中，通过对资本主义社会的特性分析和对资本主义制度的探讨，在对资本主义的城市与住房问题研究方面做出了贡献。

4.3.1 资本主义社会的特性

随着人类社会日趋复杂,资本主义制度也变得多样化。从崇尚自由放任原则的资本主义制度到重视社会福利的资本主义制度,从独裁的资本主义制度到民主的资本主义制度,都各具特点。然而,差异归差异,资本主义社会基本上仍然具有大部分的共同特征。

1. 工厂制度

在资本主义的制度内,工人可自由地与雇主达成契约以出卖劳动力换取报酬,工人与雇主的关系只是契约性关系。雇主只能按契约的具体细节在某一时段内指挥工人工作,而不能完全控制工人。此外,没有人可以合法地使用武力迫使工人出卖劳动力(Offe,1984)。

2. 高度分工

资本主义制度日趋发达,社会中劳动分工也更加精细。工人只会参与生产过程的一小部分以换取工资,而他们再使用工资换取所需要的物品(Room,1979)。因此,一般市民不仅仅参与劳动市场的买卖活动,也参与商品市场的买卖活动。在协调这些市场活动的过程中,资本主义社会出现了"劳动能力商品化①"的现象。而工人在劳动力市场所得到的报酬,又直接影响到在商品市场的地位。毋庸置疑,假如工人可争取到较高的薪酬,其在商品市场也会具有高一些的能力,并取得较多数量及较高质量的商品。

劳动力商品化对社会制度造成了深远的影响。首先,一些非商品化关系可能被商品化关系所替代。如在中国香港,一向由家庭主妇所承担的家务劳动已转向由被聘用的菲律宾女佣所替代。其次,社会中的个人可以商品价值的标准来衡量彼此地位的高低:收入越高,所受尊重会越高,一些商品价值较低的人士,如老人及失业者,则被轻视和边缘化。第三,一些不可以在市场获取回报的工作会受到忽视,例如义务性工作,对很多市民来说,都是毫无吸引力的工作。另外值得注意的是,交换买卖的支援性价值观将会不断膨胀,这些包括看重竞争、自利及功利等。

3. 效率优先

效率优先,就是在做出任何决策之前,必须首先考虑有关决定所引起的投资与回报、付出与收入之间的关系。为确保所有决定都能以最少投入得到最大回报,标准化(standardization)、精密化(specialisation)及分析量化(quantitative analysis)的管理技巧便应运而生。而一些凭感情、直觉所做的决定往往会被视为缺乏可靠性。而在分析量化、精密化及标准化的大趋势下,个人的独特性受到轻视,再加上社会分工过程越趋细致,每个人所负责的工作部分对于整个生产过程的重要性相对地越来越低,而每个人扮演的角色也容易受到替代。结果,个人既难以表现自我,也缺乏对工作和生活的安全感。

---

① 所谓劳动能力商品化(commodification of labour power)的现象,就是劳工的劳动能力被视为一种商品,其价值的高低,并不依据本身的内在素质,而是决定于市场的价格:市场价格越高,其价值也被视为越高。

4. 个人主义

资本主义社会十分重视个人主义,将个人假设为社会的基本单位。无论在商品市场还是工人市场,有关被交换商品和劳力的价格都会被假设为是由无数的个别买卖所决定。由于个人都是以自己利益作为处事的出发点,个人也为自己所做的一切事情负责。因此,在资本主义社会中,大部分社会问题都被视为个人问题,每个人都应自行寻找解决的方法。此外,资本主义社会崇尚个人流动(individual mobility),而不是群体流动(group mobility),对于政府干预市民生活的运作更被视为妨碍资本主义制度的运作。例如一些学者认为,政府提供社会服务帮助市民处理生活需求,会使市民过分依赖政府,不事生产,也会产生非商品化效应,对商品化关系造成负面影响,这样一来,市民也不会再积极地出卖劳动力以换取回报。

5. 非人事化

由于效率优先是资本主义社会的原则,其组织结构也慢慢变得非人事化。资本主义越趋发达,传统社会的初级群体便渐渐由次级群体所替代。家庭的作用削弱,工作单位和学校的重要性增加。成员可选择自由加入及脱离有关组织,而各成员互相认识的程度,很多时候也只限于所扮演的角色,其在组织的价值也是建立在其所可发挥的作用上,这并不一定涉及私人感情及工作环境以外的联系。因此,个人的地位高低、权力关系、接触及沟通的程度,往往按组织的需要而决定,并不一定与个人关系相关。

6. 结构性需要

资本主义制度有两项结构性需要,第一是开拓资本累集的环境,即资本家享有投资权利的机会;第二是确保资本主义制度的认同性,即市民接受处理生产、消费及交易活动的各项原则,并接受这些活动所引起的结果。假如这两项结构性需要得不到满足,资本主义制度便可能出现危机。

4.3.2 马克思主义学派对资本主义制度的分析

马克思主义学派对资本主义制度的分析及批评多是负面的,即认为资本主义制度并不切合人类社会的需求,并预言该制度必然为社会主义制度所代替。这些分析是基于以下要点。

1. 生产关系

马克思主义学派认为,资本主义制度的生产关系充满着矛盾和冲突。这些矛盾及冲突主要来自于从事生产活动的工人所获得的报酬与其付出的劳动并不相称。马克思主义学派假设,一切货品的价值是由工人所创造的,工人付出多少劳动时间,将直接影响商品价值的多寡。因此,在理论上说,工人应该得到绝大部分的生产成果(Ginsburg,1979)。然而,工人在劳动力市场上处于不利的位置。由于他们缺乏生产工具和资本,工人只能出租劳动能力维持生活。而资本家利用在劳动市场的价势不断降低工资,致使工人所得只能维持生活。因此,马克思主义学派认为:资本主义的生产过程就是剥削过程,工人被剥削了的报酬称为剩余价值(surplus value)。该价值代表着工人的贡献与所收取工资的差额。

2. 阶级斗争

马克思主义学派认为,人类历史的进步与阶级斗争有着密切的关系。如在封建社会,阶级斗争来自地主与农民之间的冲突;在资本主义社会,则不断表现为资本家与工人的阶级斗争。资本家除了拥有生产工具,在经济制度上占上风外,在其他制度上(如司法制度、社会制度)还有压倒性的影响力(Gough,1979)。因此,资本主义的各种制度都是维护资本家的利益,从而使工人处于不利的位置。事实上,工人除了在经济上受剥削外,在其他方面也受到不公平的待遇,如工人参政的机会少于资本家,在享用一些公共服务方面,如教育及司法服务,也很难与资本家相比。

3. 经济危机

马克思主义学派预言,资本主义制度必然会因为经济危机而走向灭亡(Gough,1979)。资本家在高度竞争的环境下需要不断寻求资本积累。达到这一目的的方法是不断扩大生产规模,增加经济效率,降低整体生产成本。但这种方法却会导致生产过量,有货无市,致使部分资本家因生意失败而破产。至于另一种方法,则是加强剥削工人。资本家除了不断降低工资外,也可减少雇用工人,或是以机器替代。这些使资本家获取短期利益的方法却会对资本主义制度造成伤害。推行这些方法的结果将使资本家的数量日渐减少,工人数目日渐增多,而工人终日饱受着工资降低、失业、生活水平下降的威胁,总会有一天忍受不住而联合起来推翻资本主义制度。由于资本家与工人的数目悬殊,资本家难以抵抗工人所发起的革命,而工人也随之建立起社会主义制度。

4. 共产主义

马克思本人推测共产主义制度有许多基本特色(Rodee,等,1976)。首先,阶级将会消失,而且没有各种形式的阶级剥削。其次,生产过程由私有转为公有,人类社会各尽其能,按需分配。第三,国家消亡,各国将联合成为一体,没有国界,也不强调主权。第四,国家的角色将消亡,个人可将其私人利益与公共利益连成一体,并处处为公共利益着想。但这种近乎乌托邦的境界并不一定可随革命即时出现,各社会主义国家可能先要经过无产阶级专政的阶段(the gictatohrship of proletariat),推行组织性的改革,才可慢慢实践共产主义的理想。在无产阶级专政阶段,国家由工人所控制,而各私有财产制度也慢慢被打破,致使不仅资本家会绝迹于社会主义国家内,而且个人的意识也慢慢转变,越来越倾向接受共产主义制度。

5. 政府角色

马克思学者认为,资本家在面对资本主义制度危机时,并不是完全被动的,也常常试图减缓甚至去除有关的危机,其中最为研究者所重视的就是资本主义政府所扮演的角色(Offe,1984)。虽然资本主义政府在一些个别性的政策上可能会按部分资本家的意愿,但从长远来说,则主要致力于维持资本主义制度的存在和繁荣,资本主义政府扮演了十分重要的角色。资本主义政府要达到这一目的,政府构成必须考虑三方面的要素。第一,政府高层官员尽可能是来自资本家同一阶级，双方关系密切。第二，资本家比工人享有较多资源，参与政府运作的影响力大，从而影响政府的决策。第三，由于跨国集团不断增多，资本流动速度加快，幅度又持续扩大，政府难以牵制资本家，它们更要面对资本家撤走投资的风险。为了防止资本家调走资本的危机，政府只有尽力照顾资本家的利益。

政府在维持资本主义制度的贡献主要在于创造资本积累条件、协助劳动力再生产和强化社会稳定性三方面（Saunders，1986）。在创造资本积累条件方面，政府所做的工作包括推行报价较低及较慢的基建工程（如建桥、修路）、进行人力投资（如推行九年免费教育计划、举行人力再培训计划）、直接向私人机构购买服务等。为了协助劳动力再生产，政府于是提供廉价的医疗及住房服务，使工人可在其负担能力以内选购有关服务，协助其恢复劳动能力。在维持社会秩序及稳定性方面，政府采取多项方法，包括通过警方及军队使用武力以镇压或是阻止企图挑战既有制度的人士及组织，政府也有可能通过一些服务性就业人士，如教师及社会工作者，通过推行教育及协助受助者的工作，游说市民接受主流的价值观，接受现状及现有制度。同时注意提高中产阶级的数量和社会地位。

虽然不少资本主义政府努力强化资本主义制度，但马克思主义学派却质疑其工作成效。信奉马克思主义的学者认为，资本主义制度的经济及政治危机是必然出现的，没有办法去除，政府的干预只会使问题更为复杂化。学者奥干拿（O'Connor，1973）指出：争取政治上的合法性与创造资本积累是两个互为矛盾的目标。政府的财源多来自税收，若政府推行庞大的计划实现其政治或经济目标，必然要加强对税收的依赖，从而间接增加投资者的压力，影响他们的投资前景，结果资本积累的机会非但没有增多，反而有可能受到削弱。与此同时，政府干预经济和社会事务越多，市民对其期望可能越大，久而久之，政府可能要面对政治上负担过重的危机。一旦政府的表现与市民的愿望出现距离，政府便要面对市民的批评及攻势。因此，政府干预处理资本主义制度的政治及经济危机，不仅成效有限，而且很可能引来更多的财政及政治问题。

6. 社会服务

马克思主义学派对资本主义制度社会服务的评价好坏参半。一方面，社会服务可以作为资本家改善投资前景、控制工人阶级的工具，例如，社会服务可确保劳动力再生产，增加投资者的市场，部分缓解工人的不满，甚至将问题个人化，这样的社会服务有利于强化资本主义制度；另一方面，社会服务确实又给工人一些直接的利益，如给予工人一些金钱和生活的援助，使他们的生活维持在一定的水平，况且社会服务事实上也不都是为资本家服务的，如全社会的老人、妇女、儿童等都会获得一定程度的照顾。一些马克思主义学者认为，社会服务的发展并不是全由资本家所控制的，它也是阶级斗争的成果，因此，也具有正面的意义。

4.3.3 马克思主义的城市制度价值

马克思主义学派对城市制度的研究也具有重要价值。第一，马克思主义学派使我们了解到城市社会服务本质的复杂性。如前所述，社会服务具体多项功能，其发展形态也受多项因素的影响。例如,一般人经常假设公共住房服务是为低下阶层而设的,然而公共住房服务对投资者和政府也极具价值。如公共住房的兴建有利于政府推行多项行政工作,清拆棚户区、收回土地、兴建新城以及增加市民的归属感。第二,通过了解马克思主义学派的分析方法,就能知道政府在提供社会服务时常常陷入是继续扩展规模还是做出收缩决定的两难处境。社会服务有可能付出财政和政治代价,如中国香港的城市住房问题,由于政府愿意做出的承诺与市民的期望存在一定差距,结果不少市民便不满政府的住房政策,从而给政府一定程度的政治压力。也正因为如此,政府自20世纪80年代开始推行一系列的公共住房服务私营化活动,除了鼓励市民使用质素较高、资助额较低的住房服务外,还试图减少财政开支。再如,中国近年来的城市住房制度改革,城市政府希望借此将市民的消费模式由集体消费转变为个人消费,将原来政府、企业处理住房问题的责任转移到市民自己身上。从上文分析可以看出,马克思主义学派是从宏观角度研究城市制度的,而在解释城市问题的成因时则倾向于批判资本主义制度这一根本问题。

4.4 韦伯学派

韦伯(Weber)学派对城市问题的研究注重于"住房阶级"(housing class)和"城市经理"(urban manager)两个方面。

4.4.1 韦伯学派的基本概念

人类生态学派(Human Ecology)忽视城市的冲突,将权力和城市资源的不公平分配看做是社会自然进化的结果。马克思主义学派则认为城市冲突应该是城市研究的重点,它将城市的不公平归咎为资本主义制度形成的恶果。韦伯学派非常关注城市资源分配不平等、社会冲突与权力分配等问题,但它反对马克思主义学派将资源的不公平分配完全归咎于社会结构。

1. 强调个人行为

韦伯学派虽然并不否定个人在社会结构中的存在,但却认为个人的行为在社会结构中是相对自主的。例如社会虽然分化为不同的阶级,但低下层市民的行为可以很多样化,他们可以认命,默默忍受艰苦的生活,也可以力争上游,向上爬,甚至可以铤而走险以求发达。这些行为都取决于个人的选择,而不是由社会结构所决定的。因此,韦伯理论的关注重点可以说是社会结构中的个人行为。韦伯的社会行为理论(theory of social action)对解释人类的社会行为具有重要的贡献。这个理论牵引出韦伯对官僚体系(bureaucracy)的经典研究,及其后被引申到"城市经理"在分配资源方面扮演的角色等有关讨论。

另外,韦伯学派也反对马克思主义的阶级分析方法。它认为马克思将社会分为资产阶级和无产阶级实在是太简单化了。社会分层未必一定源于经济因素,社会地位与政治权力都可以形成不同的社会分层。这个理论带出了"住房阶级"的争论。

2. 社会行为理论

韦伯认为,人的社会行为可以分为感性行为(affective action)、传统行为(traditional action)和理性行为(rational action)三种。感性行为是基于情感因子而非理性计算的结果,例如,有些人可以因为崇拜宗教或因追随某个精神领袖而牺牲自己的生命。传统行为是基于传统的社会文化而衍生的,例如中国社会强调尊师重教、孝顺父母等,都是传统的行为。另外一个例子是,在封建社会中结婚生孩子很多时候都不是基于感情因素,而是因为传统习俗的作用。至于现代社会,人的行为很多时候都是建立在理性思考的基础上的,例如我们变换工作或购买房屋时,都会先清楚地计算一下得失才会采取行动。

韦伯对科层制度或官僚体系(bureaucracy)的经典研究,深入地揭示了现代社会基于理性行为的特性。在现代社会中,大部分公共服务、私营服务都采取科层制作为管理的模式。在这个体制下,所有雇员都是非人格化的,所有决策都是理性的行为,尽量不涉及个人的感情。

其实在现代城市里,有很多资源都是通过政府的官僚体系分配的。公共住房便是一个很明显的例子,低收入的家庭可以通过申请公共住房而获得住房资源。在官僚体系内负责分配资源的"经理人"究竟有多大的影响力呢?这个问题在城市社会学中曾一度引起很大的争论。

3. 阶级理论

韦伯与马克思的另一个基本分歧是对社会分层的分析。马克思按照资本主义的生产关系将人分为两个阶级:资产阶级和无产阶级。但韦伯学派认为这种分类过分简化,并将社会分层分为三大类:阶级(class)、社会地位(social status)和权力(power)。

对韦伯学派而言,"阶级"是基于经济因素的社会分层,其着眼点并不是马克思所强调的是否拥有生产资料(即是老板,还是工人?),最重要的是"市场价值"。简而言之,只要在劳动市场中,两个人有同等的市场价值,他们便可算是有同等的阶级地位。

经济因素并不是唯一导致社会分层的因素,有些社会分层是基于社会地位的。例如在农村社会中,乡亲父老有一定的社会地位,但他们并不一定很富有。在中国香港,太平绅士享一定的社会地位,很多专业人士如医生、律师、教师等都受到尊重,但他们的地位并非建立在经济地位之上。当然,不可否认,有钱人较易取得社会地位,但韦伯学派认为经济与社会地位不是完全等同的,不能混为一谈。

权力是另一个造成社会分层的因素。政治权力并不一定来自经济能力,例如工人可通过组织工会而加强政治影响力,获得市民大众支持的民选议员有较大的影响力。这些都与经济收入没有太大关系。

另外,韦伯也提出了"财产阶级"(property class)与"后致阶级"(acquisition class)的概念。前者是基于拥有土地、住房或分财产而形成的阶级,后者是因为个人的技术或在市场中赚取报酬而获得的阶级地位。换言之,阶级的分化并不仅仅是源于劳动市场,是否拥有住房、土地也是一个重要因素。传统上对社会不公平的讨论只着眼于工作岗位或劳动力市场所衍生的不平等,而韦伯的分析则有助于将讨论扩展到住房和城市资源分配的问题上。

4.4.2 城市经理学说

城市经理学说是韦伯学派的一个重要贡献。韦伯的社会行动理论认为,人并非完全受制于社会结构,而是享有某种程度的自主性。在现代社会中,人的行为以"理性行为"为主导,最明显的是现代社会的科层制度。这引申出两个重要的问题:①现代政府的科层制度对住房和城市资源分配有什么影响?②负责推行这些服务的官僚或"经理人"对城市资源分配有什么影响?

1. 帕尔的城市经理学说

帕尔(Pahl)认为,在城市空间有限及资源短缺的情况下,资源分配必然会导致很多冲突和不公平问题。城市空间是重要的社会资源,但在传统的社会学中关注不多。很明显,居住在高档住宅区的中上层人士享有良好的居住环境和完善的社区设施,他们得到的社区资源比居住在贫民窟的低下层市民要多。这样会使社会不平等或贫富悬殊问题进一步恶化。

城市资源分配的不公平与一个人在工作岗位中面对的收入不公平有所不同。帕尔认为,城市资源的分布可能与个人在劳动力市场的位置没有直接关系,当然,一个人在劳动力市场的赚钱能力可以影响他的居住环境。例如,有两个工人,一个居于偏远的新市镇,一个居于市中心,虽然同为工人阶级,但居于偏远新市镇的工人会比居于市中心的工人花费更多资源在交通往返之上,包括金钱、时间和精神。因此,居住在不同的地区,可能享用不同程度的城市资源。

同时,帕尔也借用韦伯理论指出,城市资源的分配并非完全取决于自由市场,部分资源是通过政府的科层制架构,如住房署、福利署等去分配的。最明显的例子是公共住房,入住公房并不由你在私人市场中价值的高低来决定,而是通过住房署这个科层系统,分配给低收入或最需要的住户。

在这个分配过程中,有很多城市把关员(urban gatekeepers)或城市经理(urban managers)——如住房事务经理、城市设计师、建筑师、地产从业员、开发商、社区工作者、教育工作者等——都可以影响资源分配。正如韦伯指出的个人的行为并非完全受制于社会结构,帕尔认为这些科层制度内的经理人,也不像机器中的一颗螺丝钉般完全听命于中央。这些经理人有价值倾向和意识形态,他们各自争取推出自己的计划,或常常试图达到自己的目标,并对城市资源分配造成一定的影响,可能会强化或减弱现存的社会不平等。

住房经理人在处理公共住房申请时,具有一定的影响力。假如在一个有种族的社会中,大部分住房经理都有种族歧视的倾向,则可能会导致少数民族很难被分派到公共住房,而多数族群则获派优质的公房。如果私人房地产市场的地产经纪人也住在白人区,这样便容易形成社会分隔,或将黑人排挤在享用某些城市资源的门外。尽管中国香港不存在明显的种族差别,但"城市经理"对一些少数社会群体,如新移民、单亲家庭,会否有一致的看法呢?假如他们认为这一类人不值得享用城市资源,这些社会群体又缺乏讨价还价的条件,就会被分派到环境最差或偏远的住房。这些问题都值得我们研究和关注。

2. "经理学说"的局限

城市经理学说提供了一个新的视点去观察城市资源的分配问题,使我们意识到中介的经理人也可以影响城市资源分配的公平性。但这个分析也有一定的局限性。

首先,对"经理人"的界定存在很多争议。经理人可以泛指负责执行政策者。在科层制度内,几乎从最高级到最低级的员工都可以被看做"经理人"。但很明显,住房事务经理与一个公屋管理员的影响力相差甚远,他们发挥影响力的方式也不尽相同。另外,私人机构与公共服务的从业员所扮演的角色也有很大差异。

第二,这些作为中间人的"经理"是否有自主性?或者只是一个政策的执行者?有人认为一个房屋署的经理在分配公屋资源时,是执行上级的政策,并不存在个人的价值与理念。而一个私人市场的住房经纪人或地产商的代表,只是负责执行资本家的赚钱策略,并不存在个人的意向。因此,这些经理人不是自主的,只不过是存在着政府政策或商家的市场政策不同而已。假如我们认为城市经理人对城市资源分配有其独特的影响力,那么,我们必须证明他们具有共同的价值观,例如歧视少数社会群体,并有系统地推行有关政策。很明显,这并不容易证实,就算我们发觉个别城市经理人有某些价值判断,也未必代表该行业内所有从业人员都有这个观念。

第三,过分强调经理人的影响力其实也有一定的危险。这样会将城市资源分配不公平的问题归咎于少数经理人,而忽视了一些政治家、议员在资源分配上所扮演的角色。

3. "经理学说"的修正

"城市经理人"的学说因此遭到种种批评。帕尔自己也认为这个概念要做出重大修改(Pahl,1975)。首先,"城市经理人"清楚地界定为公共服务体系中负责执行政策的人,私人服务的雇员或在政府科层制度以外者不应包括在内。另外,经理人主要是指高级官员或握有实权者,而不是一般的低级职工。第二,"城市经理人"理论的应用范围只局限在地区资源的分配上。在个别地区或个别房屋,我们可能见到个别城市经理人对资源分配发挥着重要作用,但在中央政策的层面经理人却只能按照既定的政策办事。第三,"城市经理人"并不是一个独立的影响元素,他们可能是介于政府与市民之间的中介人,只发挥着局部的影响力。

虽然城市经理人的论说已逐渐淡出,但这并不意味着中介的经理人在城市资源分配的角色中越来越不重要。事实也并非如此,假如我们留意一下各类城市服务,如住房、医疗、教育、社会福利等的发展,就不难发现这些服务都不约而同地强调了行政主导与"科学化"的管理,强调质量管制(Clarke,等,1994)。这种趋势对社会服务的发展并不一定有利,很多时候数量化的管理方法并不能有效地反映服务质量。但另一方面,这套"新经理学说"(new managerialism)却为高层经理人员带来了更大的权力和更多的高职厚薪。这意味着经理人的角色会日渐重要。

4.4.3 住房阶级研究

韦伯学派的另一个重要贡献是引发了对住房阶级的讨论。传统的马克思主义的阶级分析过分强调劳动力市场对生产领域的影响,因此,在分析住房及城市问题时遇到不少钳制。相反,韦伯学派的阶级分析则有助于在住房与城市资源分配时对社会平等的重要性进行讨论。韦伯学派对住房阶级的论述引发了很多具有争议性的议题,例如,一个人的房屋状况是否会改变他的阶级位置?住房资源的分配是否是加强而不是减弱现存的社会不公现象?

1. 雷斯与摩尔的经典研究

雷斯与摩尔(Rex,等,1967)的研究可以说是住房阶级讨论的经典,他们试图用人类生态学和韦伯的阶级理论去分析一个城市中各个社会群体争取有限资源的情况。他们发现,城市中大部分市民对住房资源的要求都有一个共同的价值倾向,即人人都希望入住环境清静、远离烦恼的高档住宅区或郊区。但城市资源是有限的,因此,便形成了剧烈的竞争。各个社会群体会因不同的背景而争取到不同的资源。在美国城市,白人的中产阶级因为经济和政治权力较优,可以通过自由市场购买郊区的优质住宅;白人的工人阶级虽然没有足够的财力买房,但他们仍然可通过国家的官僚制度,如住房署、福利署等获得居住环境较好的优质公屋;其余的"边缘住户",如黑人、失业者、单亲家庭等,便没有那么幸运,他们被迫居住在一些贫民区。正如伯吉斯的同心圆理论表达的那样,在竞争中会形成一个特定的人口分布形式。大致说来,较富裕者会居于环境清静的郊区,而贫困者由于不能支付昂贵的交通费及楼价,只能留在市中心附近的贫民区。

雷斯与摩尔认为,这个城市资源的竞争过程就像社会领域内的阶级斗争一样,会形成不同的阶级。这个"住房阶级"的划分有别于生产领域内的阶级。他们认为按个人的住房处境不同可以分为六种住房阶级,由最好的处境至最差的处境顺序为:①拥有私房者;②银行按揭购房者;③租住公共住房者(其中又分为不需要清拆的房屋和将要清拆的房屋两种);④租住全套私人住房者;⑤有私房但需出租房间付银行按揭者;⑥租住一个房间者。

住房阶级虽然可以从另一个角度来观察社会分层的状况,但这个概念也有多方面的局限。首先,根据住房状况划分的阶级可以有无限个。因为住房状况是多样化的,例如雷斯与摩尔的研究将住房阶级划分为六个,但是为什么划分为六个,而不是10个或20个呢?同时,每个阶级之间的界线与定义并不清楚。例如,拥有私房者未必优于有私房但需出租房间付银行按揭者,这要看楼价和住房按揭的负债情况而定。当然,这个局限也反映出韦伯学派以市场状况划分阶级的问题。第二,当我们谈阶级时,似乎假设有高低之分,但在住房处境中,很多时候并不存在一套统一的价值观。例如,有人喜欢住在闹市中心,有人则情愿搬到远郊。另外,居于公屋者也并非一定是穷人,拥有私房者也并不一定是同一阶层,因为物业的价值可以相差很大。很多时候我们根本就不能以某些居住形式来判断和划分不同的住房阶层。

2. 住房阶级划分的意义

桑德斯(Saunders,1984;Sullivan,1989)将住房阶级的讨论又向前推进了一步。他认为,现代社会的分层并不是像马克思主义者所说的那样简单地分为资产阶级与无产阶级,而是像韦伯所说的那样基于人的市场状况、是否拥有住房和土地等划分为不同的阶级。在现代社会中,可以按个人的住房状况的不同而划分为不同的住房阶级。

桑德斯认为,在现代社会中,住房阶级越来越重要,甚至比基于职业的划分更能准确地划出现代社会的分层状况。换句话说,在这个情况下,观察一个人的住房状况比留意他的工作更为重要。这个论说可以进一步引申到住房阶级比社会阶级更能有效地估计一个人的政治倾向。英国的议会选举,住房阶级地位对其投票倾向就具有影响力。租住公共住房的市民倾向于投工党一票,而拥有私房者则会将票投向保守党。

住房阶级影响个人政治行为的论说,也可进一步引申到拥有私房者会倾向于支持保持资本主义的私有制,相反,租住公共住房的阶层却不会安于现状。因此,有人认为,应该尽量鼓励市民拥有私房,这样便可以稳定资本主义社会。

另外,桑德斯还发现,推广拥有私房计划对劳动阶层一样有利(Saunders,1990),因为劳动阶层可以通过买楼而增加资产。这样,工人阶级便可以分享到一些经济发展的成果。换言之,推进拥有私房计划可以降低社会的贫富悬殊。而对此马克思主义者则有完全不同的看法。

3. 马克思主义者对住房阶级的回应

马克思主义者反对住房阶级的论说,他们认为社会阶级是基于生产关系的,简而言之,分为拥有生产资料的资产阶级和出卖劳动力的无产阶级。住房处境不是生产关系,因此不会形成阶级。

拥有物业只不过是住房消费的模式之一。就如一个人拥有电视机、汽车等消费品,却不会因为消费模式改变而改变一个人的阶层位置。拥有私房是消费品,并不是商品,业主并不能从中图利。就算楼价上升,因为业主需要自住,也根本不能从中套取利润。当然,假如你是以炒卖楼盘为主,则另当别论。在这种情况下,你已经不是一个普通的消费者了。作为一个消费者,拥有自己的住房根本不会改变你的阶级位置。

但也有人指出,住房价格不断上升,拥有物业与没有私房的家庭可能在初期大家的收入相当,但经过一段时间后,两者的经济地位便会越拉越远。但马克思主义者认为,一个工作稳定的工人较不稳定的工人容易购买住房,有些家庭因为有亲友或父母的资助也可以买房。换言之,是否拥有住房,往往是劳动力市场位置不同或家庭财富差异的结果。拥有物业后,它提供了一个机会给这些家庭获益。住房往往强化了社会阶级的分化,而并非拉近贫富的距离。

马克思主义者的另一个批评是,尽管拥有私房,但并没有真正改变社会阶级的关系。一方面,拥有私房与租住公共住房将劳动阶层一分为二,降低了无产阶级结合力量反对资产阶级的可能性;另一方面,拥有私房者也自以为有所得益,安于现状,努力维持资本主义的私有制,而且也要不断努力赚钱供房,无暇顾及对社会的不满做出反应。

概括起来,马克思主义者认为住房的形式——无论是租屋或买楼——都只不过是消费的模式,并不会改变一个人的阶级位置。作为一个消费者,无论是租或买,都是被大地产商、大房产商等资本家剥削。

韦伯对阶级及科层制度的讨论给城市研究带来了新的课题，引发了有关住房阶级及城市经理学说的讨论。传统马克思主义对阶级的分析注重劳动力市场和生产关系，而忽视了消费模式对社会分层的影响，韦伯学派正好填补了这个空间，提出住房模式是可以构成阶级分化的因素之一。传统马克思主义者强调社会结构对人的影响，而忽略了在结构中个人行为的自主性。城市经理学说正好有所补充，认为执行政策的中介者可以有相对独立的价值倾向，进而影响城市资源的分配。

4.5 消费社会学学派

4.5.1 消费社会学的兴起

20世纪中叶，以美国为首的发达国家兴起大众消费模式，并逐步形成消费社会的浪潮席卷全球。在消费社会，消费日益取代生产成为社会的主要特征，并产生支配性影响（郑也夫，2007）。

消费在经济和社会生活中的关键地位使它成为经济学、心理学、行为科学、人类学和社会学等众多学科关注的对象。长期以来，经济学和心理学一直作为消费行为研究的核心学科，20世纪80年代以来，社会学和人类学逐步成为消费研究领域的重要学科。这意味着社会学研究从早期基本集中在生产领域向消费生活领域的重心转移。

消费社会学作为社会学的一个分支学科，是以变动着的社会整体为出发点，研究社会成员的消费行为过程和行为规律的学科。消费行为是消费社会学最基本的分析单位。在消费社会学视野中，对影响消费行为的多种因素予以关注，具体包括社会文化与制度，社会阶层、社会组织与群体，家庭、社区与城市，社会网络与全球化，消费者社会特征和心理特征等（彭华民，2011）。

区别于消费经济学注重研究消费行为的经济意义和后果，消费心理学侧重于研究消费或购物心理，消费社会学强调的是对消费的社会性质、社会意义、社会动机、社会过程和社会后果的研究。因此，消费社会学的研究对象是作为社会现象和过程的消费（王宁，2011）。

4.5.2 消费的概念和属性

《大不列颠百科全书》卷四中对消费（consumption）的定义是"指物品和劳务的最终耗费"。消费的实质是利用和消耗自然资源和人工物质以满足需要的过程。因此，消费活动是一个自人类诞生以来就一直存在的活动。

在很长一段时期里，消费一词主要作为贬义词使用，带有"毁坏"、"浪费"、"耗尽"等含义，隐喻过度占有和过度使用。18世纪中期以后，其贬义开始消退，成为一个与"生产"相对而言的概念。如马克思所言，消费与生产、交换、分配是社会生产关系的四种主要形式。进入20世纪，消费概念作为现代商品社会的产物而得到广泛使用，从学术术语转化为大众用语。

从社会学的视角看,消费活动不仅是个体的自然行为,而且体现为一种复杂的、综合性的经济、社会、政治、心理和文化现象,具有多种属性特征(王宁,2011)。

(1) 消费的自然属性。人们为了满足生存性需求(如衣、食、住、行)而进行的消费活动。

(2) 消费的主观属性。消费者在购物和使用商品的过程中,不仅追求效用最大化原则,其消费活动还受到主观心理活动、体验及其变化过程的影响。例如一时兴起下的"冲动消费"现象。

(3) 消费的社会属性。消费主体的存在、消费观念的形成、消费行为的开展,以及消费功能的实现和消费商品的供应,这些都已成为社会化的过程,全面融入整个社会系统的生产和再生产环节。

(4) 消费的文化属性。很多时候,消费本质上就是一种文化。具体体现在:①消费的具体内容受到民族、群体或区域的历史性形成的独特文化的影响;②许多消费活动和文化活动是紧密结合的,例如年节家宴等既是礼俗文化,又是一种消费活动;③消费观念同时体现为一种文化,与信仰、价值和人生哲学相联系,支配着人们的消费选择和消费活动;④消费商品的制造不仅作为物质生产的过程,而且也是文化生产和传导的过程(McCracken,1988)。

(5) 消费的符号属性。商品兼有使用价值、交换价值和符号价值。商品的符号价值体现在独特性和社会象征性两个层次,从而使得对商品的占有和使用活动具有社会表现和社会交流的功能。

4.5.3 消费社会学的经典理论

1. 凡勃伦:有闲阶级与炫耀性消费

凡勃伦(Thorstein B Veblen)在1899年出版的《有闲阶级论》(*Theory of the Leisure Class*)一书中,颠覆了正统经济学的理性消费理论,认为习惯、风俗等非理性因素都将决定人类的消费,并提出了"有闲阶级"(leisure class)和"炫耀性消费"(conspicuous consumption)等经典概念。

凡勃伦将有闲阶级的出现归结于劳动分工带来的生产性工作与非生产性工作分化的结果。相对于从事生产性工作的劳动阶级(labouring class),有闲阶级是指从事一切非生产性工作(如政治、战争、宗教仪式和运动比赛)的上层阶级。他发现,"要获得和保持人们的尊敬,仅仅拥有财富或权力是不够的。这种财富或权力还必须得到证明"(凡勃伦,2011)。由此,明显摆脱劳动的有闲生活就成为拥有金钱和社会声望的传统标志。为了向社会展示并证明这种有闲生活而出现了两种途径:"炫耀性有闲"和"炫耀性消费",前者消费的是时间和精力,后者则是物品,两者兼具浪费这个特征。随着社会的发展和现代社会流动性的提高,"消费"日益超过"有闲"而成为显示体面的常用手段。消费的意义已不再是单纯的对个人生理需求的满足,它包括了个人为博取荣誉所进行的非生产性支付,例如举办奢侈的宴会、驾驶豪车等。因此,炫耀性消费的一个显著特点就是以非必要的物品消费来展示财富和权力,从而使消费者获得荣誉和自我满足。

凡勃伦作为制度经济学派的创始人之一，颠覆了古典经济学中"经济人"的假设，敏锐地洞察到人类行为在很大程度上受到习惯、文化以及社会制度的影响，而不是单纯追求效用的最大化。

2. 鲍德里亚：符号消费与消费社会

在其早期代表作《物体系》一书中，鲍德里亚提出，在以"丰盛"和"消费"为特征的当代社会，"物"的意义已经不再限于曾经的以满足人们基本生活需求为主要特征，而更多拥有符号的一般性特征。我们所处的物的世界实质上已经成为符号的世界，物品的消费也相应地转化为对符号的消费。物品变成了系统中的符号，这种身份转换，同时也包含人与人之间关系的改变，它变成了消费关系（布希亚，2001）。人们在消费物品时，实质上是在消费符号所具有的意义，同时依此进行自我的界定和群体的认同。消费的本质不在于满足人们的实际需求或为人们提供享乐，而在于它能生产出特定的意识形态。一旦人们进行了消费，就进入一个全面的符号价值生产和交换系统，其中，丰盛、自由、进步、救赎、个性化等在不知不觉中成为支配人们行动的基本价值观（莫少群，2006）。

鲍德里亚在《消费社会》一书中进一步探讨了消费的意识形态功能。他将消费视为"一种操纵符号的系统性行为"，是实现社会控制的重要手段。由此，消费成为资本主义生产的要求和产物。剥削和控制不仅仅发生在生产领域内，同时也发生在消费领域内：要成为消费者，就不得不变成经济化的和受控制的劳动力（鲍德里亚，2000）。

鲍德里亚的贡献在于，他指出了消费的符号性特征，并在此基础上构建了"符号政治经济学批判"，区别于传统政治经济学将消费视为经济交换价值向使用价值的转化过程的观点，消费在这里被视为经济交换价值向符号交换价值转变的过程，从而揭示出消费社会中消费所具有的意识形态功能。不过，他否认消费同时也是一种物质性和体验性的活动，则是过于极端了（王宁，2011）。

3. 布迪厄：消费的生活风格论

在凡勃伦的理论研究基础上，布迪厄（Pierre Bourdieu，1984）在其著作《区隔：品味判断的社会批评》(*Distinction: A Social Critique of the Judgment of Taste*)中，深入考察了社会分层与消费实践之间的关系。他提出，人们社会地位的区分既要考虑到经济资本，又要考虑到文化资本。在不同的经济资本和文化资本的作用下，不同阶层形成了差异化的"惯习"（habitus），进而通过消费活动和文化实践体现为品味（taste）和生活风格（lifestyle）。

在布迪厄的理论中，场域、资本和惯习是不可分割的三个概念，人们日常生活的言行举止是三者共同作用的产物。他提出，不同生活风格的惯习表现来自于消费者所遵循的品味的影响，而品味的差异性又和不同消费者所拥有的资本量的多寡存在紧密联系。拥有较少资本的消费者往往受困于现实的生活压力，表现出必需品品味的生活风格；而拥有较多资本的消费者则更多表现出奢侈品品味的生活风格。布迪厄认为，品味是生活风格的稳定性因素。在品味的作用下，消费者的消费会呈现出连贯性和统一性的行为倾向，并从"物理秩序"提升到"象征秩序"的层次。也就是说，不同的消费观念与行为不仅是单纯存在状态的差异性表现，还体现为与象征权力相关的"区隔"（distinction）。区隔不只是差异，同时也在展示权力与累积权力。"社会场域"作为由客观位置关系所形成的一种网络或形构,成为消费者利用"区隔"符号展示自我的舞台。在消费社会,统治阶级不是凭借武力而是靠展现自己的生活方式来影响被统治阶级的世界观,从而让他们承认既存权力关系的正当性和必然性。

4.5.4 当代消费社会学的研究领域

早期社会学对消费问题的研究,主要建立在有意识地与经济学的消费理论对话的基础上,侧重于从结构功能主义视角关注非经济因素对消费的影响。后来的研究则逐步把消费与社会制度、社会文化、社会分层和社会控制联系起来,从社会结构逻辑的层面全面认识消费问题。

当代消费社会学的研究领域主要包括以下四个方面。

1. 消费制度与社会不平等

该研究领域以英国社会学家桑德斯(Sauders)倡导的"集体消费社会学"为代表,研究关注各种消费制度(如住房制度、社会福利制度、医疗卫生制度等)对社会成员的影响。桑德斯认为,在英国,住房占有方式的鸿沟日益扩大,造成以住房占有为基础的社会不平等以及社会分化的再生产问题。萨维奇(Savage)和阿伯尔(Arber)提出,不是住房市场而是就业机会造成了社会分化。与通常认为市场增加了消费者对于健康服务的选择或者扩大了他们的影响不同,弗林(Flynn)则通过对私营健康保险市场的研究发现,私营健康保险内部的权力从医疗专家更多转向了医疗机关管理者手中,从而对市场化增加了消费者的选择权和影响力提出质疑(赵卫华,2006)。

2. 消费文化与社会生活的变化

消费社会学认为,消费本身就是文化。这不仅是指消费受到文化的影响、驱动和制约,文化同时也以消费为工具和载体,而且强调了消费活动及其消费品均是表达意义的符号体系和象征体系。消费文化可以进一步划分为物质性消费文化(如对名牌商品的占有成为某些人展示"成功"的手段)、规范性消费文化(如中国传统社会以"男主外,女主内"作为调节夫妻间消费关系的价值规范)和表现性消费文化(如汽车文化下小汽车成为身份和地位的象征)(王宁,2011)。

以英国伯明翰文化研究中心为代表的一批学者从日常消费的文化解释方面展开了大量研究。科恩(Cohen,1972)、杰弗逊(Jefferson)和霍尔(Hall)探讨了工人阶级青少年文化消费中表现出来的"亚文化"现象。鲍比(Bowlby)关于"女性店"、费雷耶(Ferrier)关于购物广场,以及费斯克(Fusike)关于"男性/女性"与"生产者/消费者"的研究,探讨了公共空间对于女性颠覆赋权意识形态的意义(莫少群,2006)。

3. 消费与社会阶层的关系

随着消费对于现代社会与人们日常生活的作用与日俱增,消费行为对于社会关系建构和社会分层结构的影响日益突显。社会学家们试图通过对消费现象的研究来解读消费社会的结构逻辑。韦伯在讨论"共同体内部的权力分配"时,提出共同的消费方式是地位群体分层的重要依据;齐美尔认为时尚作为一种消费现象,本质上就是阶级区隔的产品;凡勃伦指出,新兴富豪通过炫耀性消费来炫耀其社会地位、权力和金钱;布迪厄则更加注重消费与社会结构的互动关系,他认为品味既区分等级、建构等级,也展现等级(Bourdieu,1984);甘斯(Gans,1974)、福塞尔(Forssell,2002)等人也将支撑品位、格调或生活方式的消费视为现代社会中重要的社会分层指标。社会分层研究由单纯关注经济资本,到经济、政治与文化资本的结合,再到以品位或格调为特质的消费分层,这种变化反映了社会分化逻辑与社会发展动力的变迁(彭华民,2011)。

4. 消费问题与社会控制

研究内容包括消费离轨(如黄色消费、消费陋习等)、消费与生态和环境保护(可持续消费)、消费者权益、消费者运动、消费者组织、消费公共政策等。研究的目标包括实现人的全面发展、社会秩序的优化,以及生态和环境的保护等(王宁,2011)。

4.5.5 消费的城市空间

任何消费活动都是在一定的位置和范围中发生的。值得关注的不仅是消费活动的空间性,更重要的是消费活动如何获得空间性以及获得怎样的空间秩序、关系和结构。从社会-空间的视角看,空间不仅仅是行动的物质载体,还是社会行动建构的条件和产物。

伴随人类活动的日益复杂化和分工的深化,各类活动空间相应形成,如生产空间、政治空间、文化空间、消费空间等。在原始社会,消费空间和生产空间是结合在一起的。随着家庭和私有制的产生,家庭成为私人的消费空间,但由于生产活动是以家庭为单位的,所以消费空间和生产空间在很大程度上在家庭这个场所中重合在一起。进入工业化社会,生产的社会化和消费的私人化使得家庭作为消费空间完全从生产空间中分离出来,由此带来消费空间与生产空间的第一次分化。两者的第二次分化体现为城市空间的分化。随着20世纪70年代西方社会向后工业社会的迈进,生产空间尤其是制造业逐渐向城郊地带和发展中国家转移,城市日益成为信息空间、服务空间和消费空间的集中地。有学者提出,消费空间与生产空间的第三次分化体现为消费区域与居住区域的分化,即非日常消费空间与日常消费和生活空间的分离。而不可忽视的一个现实是,当前越来越多的城市趋向于泛旅游化。也就是说,城市日常生活的场所同时也成为吸引外来旅游群体的景观和消费中心。城市中完善的服务设施、优美的景观环境以及舒适宜人的休闲氛围,成为吸引人们在此进行长期消费(定居)和短期消费(旅游)的重要空间手段。

作为现代城市最典型的消费空间符号,百货商场(或者说购物中心)既是现代工业化高速发展的成果体现,也是新兴中产阶级庞大购买力的市场产物。更重要的是,其中形形色色的商品反过来又成为中产阶级的价值和生活方式的物质体现。商场成为某种文化意义和社会价值的象征符号,如自由(消费者可以自由出入、观看、选择是否购买)、平等("金钱面前人人平等"的原则)、快乐(逛商场成为一种休闲、娱乐和赋予幻想的活动)、富裕(琳琅满目的商品、富丽堂皇的室内装饰)等。但同时也有大量研究深刻地揭示出这种所谓的"自由"和"平等"是相对的：商场门口的保安和监视器会将衣衫不整或不受欢迎的人（例如拾荒者、无家可归者）阻隔在外。一个个巨型商场在城市中拔地而起，有的甚至如同独立的小城市，与周边的地方环境、文化和社会网络毫无干系，导致城市社会空间的分化与隔离。

推荐阅读参考资料

[美]艾伦·杜宁.1997.多少算够：消费社会与地球的未来[M].毕聿,译.长春：吉林人民出版社.
莱肃科.1993.芝加哥学派[M].香港：三联书店（中国香港）有限公司.
[英]戴慧思.2006.中国都市消费革命[M].黄菡,等,译.北京：社会科学文献出版社.
杰弗里·亚历山大.2000.社会学二十讲：二战以来的理论发展[M].贾春增,等,译.北京：华夏出版社.
郑红娥.2006.社会转型与消费革命——中国城市消费观念的变迁[M].北京：北京大学出版社.
REX J. 1983. Race Relations in Sociological Theory[M]. London：Routledge and Kegan Paul.

习 题

1. 名词解释

冲突论、交换论、城市经理、住房阶级、消费、有闲阶级、炫耀性消费。

2. 简述题

（1）简述帕克的人类生态学理论的基础。
（2）简述牟健时的生态过程论。
（3）简述消费的属性。

3. 论述题

（1）论述马克思主义对城市制度研究的价值。
（2）论述韦伯学派与马克思主义学派的根本分歧。
（3）论述住房阶级研究的意义。
（4）论述消费社会学的三个经典理论。

参 考 文 献

[法]波德里亚 J. 2000.消费社会[M].刘成富,全志钢,译.南京：南京大学出版社.
[法]布希亚 J. 2001.物体系[M].林志明,译.上海：上海人民出版社.
[美]凡勃伦 S. 2011.有闲阶级论[M].赵伯英,译.西安：陕西人民出版社.
福塞尔.2002.格调：社会等级与生活品味[M].梁丽真,等,译.桂林：广西人民出版社.

马尔腾 G G. 2012. 人类生态学——可持续发展的基本概念[M]. 顾朝林,袁晓辉,等,译校. 北京:商务印书馆.

莫少群. 2006. 20世纪西方消费社会理论研究[M]. 北京:社会科学文献出版社.

彭华民. 2011. 消费社会学新论[M]. 北京:北京师范大学出版社.

王宁. 2011. 消费社会学[M]. 2版. 北京:社会科学出版社.

叶肃科. 1993. 芝加哥学派[M]. 香港:三联书店(中国香港)有限公司.

赵卫华. 2006. 消费社会的议题——消费社会学的研究视角及其流变[J]. 人文杂志(5):138-143.

郑也夫. 2007. 后物欲时代的来临[M]. 上海:上海人民出版社.

BOURDIEU P. 1984. Distinction:A Social Critique of the Judgement of Taste[M]. Cambridge/Mass:Harvard University Press.

CLARKE J, COCHRANE A, MCLAUGHLIN E. 1994. Managing Social Policy[M]. London and Thousand Oaks,CA:Sage.

GANS H. 1974. Pupular Culture and High Culture[M]. New York:Baic.

GINSBURG N. 1979. Class,Capital and Social Policy[M]. London:Macmillan.

GOUGH I. 1979. The Political Economy of the Welfare State[M]. London:Macmillan.

HOMANS G C. 1961. Social Behavior:Its Elementary Forms[M]. New York:Harcourt. Brace and World.

MCCRACKEN G. 1988. Culture and Consumption:New Approaches to the Symbolic Character of Consumer Goods and Activities[M]. Bloomington and Indianapolis:Indiana University Press.

OFFE C. 1984. Contradictions of the Welfare State[M]. London:Hutchinson.

O'CONNOR J. 1973. The Fiscal Crisis of the State[M]. New York:A Martin's Press.

PAHL R E. 1975. Whose City[M]. 2nd ed. Penguin:Harmondsworth.

REX J, MOORE R. 1967. Race,Community,and Conflict:a Study of Sparkbrook[M]. London:Oxford University Press.

RODEE C C, ANDERSON T J, CHRISTOL C Q,et al. 1976. Introduction to political science[M]. 3rd ed. New York:Mcgraw-Hill Book Company.

ROOM G. 1979. The Sociology of Welfare,Social Policy,Stratification and Political Order[M]. Oxford:Blackwell Martin Robertson.

SAUNDERS P. 1984. Beyond Housing Classes:the Sociological Significance of Private Property Right in Means of Consumption[J]. International Journal of Urban and Regional Research,8(2):202-227.

SAUNDERS P. 1986. Social Theory and the Urban Question[M]. London:Routledge.

SAUNDERS P. 1990. Social Class and Stratification[M]. London:Tavistock.

SULLIVAN O. 1989. Housing Tenure as a Consumption-Sector Divide[J]. International Journal of Urban and Regional Research,13(2):183-200.

第 5 章 城市社会学流派 Ⅱ

5.1 城市性理论

城市社会学研究的核心对象就是城市,可究竟什么是城市和城市生活,这个看似简单的问题却引来众多学者的持续关注,并形成了关于"城市性"研究的这一专门的理论流派。

5.1.1 城市性的概念

城市性(urbanism),又称为城市主义或城市生活方式,是指城市生活区别于乡村生活的特征。

对于城市性,学者们从行为模式与行为空间、社会关系与网络、社会心理、社会流动及社会宽容等方面提供了不同的理解。安德尔松(Anderson,1959)将城市性定义为现代城市的生活方式,表现为非人格、次级、契约型生活方式,人际关系具有匿名性和短暂性,城市性是不固定的,随时间和地点而变化。科里纳德(Clinard,1960)将城市性定义为包括非人格性、高度流动性和差别化的联系在内的一系列社会关系特征。甘斯(Gans,1962)提出城市性的根本内容是人的特性,城市生活方式应由居民特性(包括阶层特点和生命阶段)来解释,城市性的根本特征在于允许阶级、种族、民族和生命周期等因素在行为和态度方面更全面地表达。费舍尔(Fischer,1975)提出城市性是一种非传统的行为和信念,表达对亚文化的宽容。蒂特尔和斯塔福德(Tittle,等,1992)提出城市性包括匿名性、包容性、较低的社区社会联系、人际疏离和越轨的行为特征(塔娜,等,2012)。

5.1.2 关于城市性的早期研究

17世纪的工业革命使城市逐步取代乡村成为世界的主宰。同时,现代城市作为一种新生的社会现象,其中蕴含的独特社会关系和文化特征又引发了一批研究热潮,其核心还是旨在回答"城市是什么"这一问题。

在《共同体与社会》一书中,滕尼斯最早提出了"共同体"和"社会"这对概念,用以描述和比较传统农业社会和现代城市社会中的人际关系特征。他认为从中世纪向现代文明的发展历程是从"共同体"向"社会"的进化,相对于亲属、邻里和朋友等亲密关系所形成的高度团结的"共同体"而言,以现代城市社会为代表的"社会"则是基于理性意愿形成的社会结合,人们彼此生疏、冷漠、互不关心(滕尼斯,2010)。在他的另一本书《礼俗社会和法理社会》中,滕尼斯提出,城市社会中的社会关系是正式的、契约的、非人格化的、专门化的,人们的生活方式从群体转变为个体,关心一己私利成为普遍现象(康少邦,等,1986)。滕尼斯的思想反映出 19 世纪社会普遍流行的一种观点,即对乡村社区生活的怀恋和赞美,以及对城市社会人际关系的批判和悲观。

与滕尼斯属于同一时代的迪尔凯姆对城市性的论述,主要体现在他对"机械团结"和"有机团结"的划分上。在传统社会中,个人之间差异不大,社会整合体现为协调一致的"机械团结";而到了发达社会,城市人口的增长使生存竞争加剧,分工成为保持与维护社会秩序的唯一手段,形成以差别为基础的"有机团结"。其中暗含着社会变迁的模式。

齐美尔则侧重从城市生活与社会心理的角度出发来研究城市。在 1903 年发表的著名论文《都市与精神生活》中,他将城市背景和城市环境对城市社会关系产生的影响以及由此表现出来的特征概括为:①城市大规模的人口减少了人际交往的直接性和情感性,人际关系的间接性、非情感性日益普遍;②城市高强度的社会心理环境刺激促使人际关系表现出冷漠的一面;③城市高度的社会分工造成人际关系的暂时性、非个人化和片面化;④城市的货币经济与理性造成城市社会人际关系的理性、斤斤计较、复杂和老于世故的特点(张应祥,2006)。齐美尔认为,城市社会中尽管存在各种各样的冲突,但这些冲突不仅无损于社会协调,相反在一定程度上还有助于增进社会协调。

5.1.3 作为城市生活方式的城市性

以上研究分别从不同的方面揭示了城市生活的独特性质,但并没有形成一个系统性的理论体系。较早对城市性概念做出界定的学者是美国社会学家路易·沃思。他在 1938 年发表了里程碑式的论文《作为一种生活方式的城市性》,首次系统地建构起"城市性"理论的概念、指标和体系,并在相当长一段时间内引领了以城市生活方式为核心的城市性研究工作。

沃思认为,"城市性"是城市特有的生活方式,是城市化进程中城乡分离的产物,反映了城市环境下所形成的不同于农村社会的新的价值观念、社会心理、人际关系和生活模式。他提出人口数量多、人口密度高和人口异质性强这三大特征有助于城市性的建构(Wirth,1938)。

(1) 城市中庞大的人口规模减少了人们以个人身份交往的机会,导致了"次属关系"在城市人际关系中占主导地位,最终带来个体的易变性、社会关系的脆弱性和社会情感关系的疏远。

(2) 城市高密度的聚居模式,带来了复杂的社会功能分化和社会结构分层,人们之间的接触和交往往往建立在职业往来和角色互动而非个性需求或情感表达的基础上。因此,城市社会交往往往呈现出表面化、短暂化、片面化和匿名化的特点,并伴随以人际关系疏远、社会隔离等现象。

(3) 城市作为一个大量异质人群聚居的场所,个人有机会参与许多不同的社会圈,但又很难说完全归属或忠诚于某一个社会圈,个人的不稳定和不安全感亦随之增长,由此导致个人同社会的疏离、个性的瓦解和心理疾病的增加。

5.1.4 关于城市性的不同解释

如果说,齐美尔和沃斯的城市性理论从理论层面勾勒出倾向于表面化、非情感化和日益疏远的城市社会人际关系图像,那么,20世纪上半叶一系列的实证调查研究则从经验层面上不断呼应了他们的观点。例如,汤姆斯等人的《欧洲与美国的波兰移民》(1918)和安德森的《流浪汉》(1923)都揭示了城市中移民社会的解组问题,沃斯的《少数民族居住区》(1925)反映了城市少数民族社会的疏离感,施瑞雪的《帮派》(1927)研究的是城市社会中的犯罪行为,罗尔保的《黄金海岸与贫民窟》(1929)分析了城市社区的异质性,此外《犯罪区》(1929)、《舞女》(1932)等对城市的反传统行为和偏差行为进行了研究。这些理论和实证研究强化了人们对城市社会人际关系冷漠和疏离、群体和共同体关系松弛、偏差行为盛行、社会解组等一系列看法,进而主导了20世纪50年代之前社会对城市生活和社会人际关系的基本立场(张应祥,2006)。

这种看法发展到后来形成"社区消亡论"(community lost argument),认为西方社会向中央集权和工业官僚社会的转型严重地弱化了人们之间的首属联系和社区关系,广泛、高效而廉价的交通和通信设施使得城市居民更容易与外界联系而脱离了邻里的束缚。这一观点曾经对北美和西欧的城市政策产生过重大影响。大量的"社区发展"计划相继展开,试图阻止社会疏远,培育基层社会,对传统上紧密联系、高度团结的邻里社区进行复兴(Wellman,1979)。

到了20世纪中叶,"社区消亡论"受到一些理论研究和实地调查研究结果的冲击。甘斯(Gans)在《作为一种生活方式的城市性和郊区性》(*Urbanism and Suburbanism as Way of Life: A Reevaluation of Definitions*)中指出,城市郊区社区中还存在着较密切的"准首属"关系;费舍尔(Fischer)的城市性亚文化理论认为,城市社会中广泛存在着各种紧密联系的社会小团体,即亚文化圈子;此外,怀特(Whyte,1955)的《街角社会》(*Streetcorner Society*)、甘斯(Gans,1962)的《都市里的村庄》(*The Urban Village*),以及利博(Liebow,1967)的《泰利的街角》(*Tally's Corner*)等实证研究也证明了亲密人际关系和地方社区感的存在,邻里社区仍然是一个重要的支持和社交工具。在这些研究的支持下,20世纪60年代"社区保持论"(community saved argument)开始盛行(张应祥,2006)。

20世纪60年代中期以来,一批学者从社会网络的视角重新审视城市社区,并提出"社区解放论"(community liberated argument)。他们赞成"社区消亡论"认为工业官僚社会导致邻里社区弱化的观点,也支持"社区保存论"认为首属关系仍然可行、有用和重要的观点,不过他们提出,城市居民间普遍的亲密联系呈现出脱域化、网络化和稀疏化的特征。在上述研究成果的影响下,"社区消亡论"被重新修正。首属关系的持久性得到认可,但其范畴已经明显变小:原来广泛的亲属、邻里和朋友间的联系缩减到社交和情感支持,而更多的内容为正式机构和核心家庭所承担(Wellman,1979)。

早期社会学家在进行城市性研究时,都试图找出城市相对于乡村所具有的独特的生活方式特征。其中暗含的理论假设是:城市的人口学特征最终决定了城市人的行为、态度和生活方式。但必须看到,城市化不仅仅是城市空间形态变化带来人口规模、密度等社会-空间关系的转变,同时也是社会生产生活方式和互动关系发生根本转变的历史变更过程,并将随着城市化发展阶段的不同而持续下去。因此,当代关于城市性的研究跳出了笼统的城乡对比的二元化视角,强调不同地域背景和所处发展阶段的解释力;同时,也突破了生活方式这一个关注点,而广泛扩展到多种多样的城市社会活动方式。

5.1.5 新城市主义

城市系统的复杂性使得多学科都参与到关于"urbanism"的探讨中,表达各自对于城市生活、城市文化、城市建造和发展的观点和主张。这已不仅仅是单纯的学术层面的探讨,而且还延伸到以城市为对象的行动和实践中。其中一个最具代表性的就是新城市主义。

新城市主义是 20 世纪 90 年代在北美兴起的一项城市设计运动。它的兴起源自对当时大规模郊区化蔓延的批判和对传统邻里生活的怀念,主张从第二次世界大战前欧美小城镇规划设计的优秀传统中发掘灵感,塑造具有城镇生活氛围、更加健康宜居的邻里社区来取代缺乏吸引力的郊区模式。

1993 年,在彼得·卡尔索普(Peter Calthorpe)、安德雷斯·杜安尼(Andres Duany)、伊丽莎白·摩尔(Elizabeth Moule)、伊丽莎白·普拉特-兹伊贝克(Elizabeth Plater-Zyberk)、斯蒂芬森·保利佐德(Stefanos Polyzoides)和丹尼尔·所罗门(Dan Solomon)等主要倡导者的推动下,新城市主义协会正式成立。1996 年在新城市主义协会第四次会议上,《新城市主义宪章》(*Charter of the New Urbanism*)正式公布,从区域、街区和地块三个层面提出了 27 条原则,用以指导更好的社区营造①。自此标志新城市主义在美国的成熟。

经过十余年的发展,新城市主义已经成为指导城市规划和设计的一种设计理论和社会思潮。它整合了 20 世纪中期以来的多种城市规划和设计理论,包括传统邻里开发模式(TND)和交通导向开发模式(TOD),以及地域主义、"精明增长"(smart growth)等发展理念,提出了土地的混合使用、多元化的住宅类型、紧凑的用地布局、有吸引力的公共场所、步行友好的街道景观、明确的中心和边缘、多种交通选择模式等城市设计原则,提倡具有传统特色的布局形式和建筑风格,力图把多样性、社区感、人性尺度等与当今现实生活环境结合起来,重构具有地方特色和文化气息的紧凑型社区,营造亲密宜人的邻里氛围。在实践领域,诞生了一系列深受新城市主义影响的开发项目,其中较有影响力的包括安德雷斯·杜安尼和伊丽莎白·普拉特夫妇的代表作——位于美国佛罗里达州的"海滨城"(Seaside),以及位于佛罗里达州奥兰多市迪斯尼乐园旁边的"庆典城"(Celebration)等。

尽管同样含有"urbanism"一词,新城市主义和社会学的城市性理论对于"城市"概念的诠释却不尽相同:前者突出的是第二次世界大战前拥有紧凑社区和亲密邻里的传统小城镇生活,后者则更多强调区别于乡村生活的高密度、异质性的城市社会。在某种意义上,两者可以视为不同学科对于不同发展阶段和发展模式下城市生活的反思。尽管新城市主义因

---

① http://www.cnu.org.

其"物质环境决定论"的取向,以及实践中在避免郊区蔓延和创造混合邻里等目标上的失败而遭遇批判,但规划和设计专业人士对于什么是好的城市生活以及什么是适宜的城市环境所进行的不懈思考和所付诸的实践探索,是值得肯定的。

5.2 社会网络理论

5.2.1 社会网络研究的发展

从思想渊源上讲,社会学研究中很早就将社会系统中的复杂人际关系想象为"社会关系网络"。1908年,齐美尔(G. Simmel)在《社会学:关于社会交往形式的探讨》一书中曾提出类似的隐喻表达。

20世纪二三十年代,英国人类学家发现,划定社区的界限并非像主观判定那样清楚,因为在现实生活中一个社区与其他社区间总有着千丝万缕的联系。英国人类学家拉德克利夫·布朗(Alfred Radcliffe Brown)首次使用了"社会网络"(social network)的概念,他将社会结构界定为"实际存在的社会关系网络"。美国社会心理学家莫雷诺(J. Moreno)通过对小团体内社会交往的系统记录和分析,创立了分析社会关系资料的社会计量学方法。巴恩斯(John A. Barnes)通过对一个挪威渔村阶级体系的分析,率先将社会网络作为一种分析实际问题的工具和手段来使用。伊丽莎白·鲍特(Elizabeth Bott)在著作《家庭与社会网络》中第一次发展出关于网络结构的测量工具。到了20世纪70年代,社会网络研究在美国兴盛起来,并逐步壮大成为社会学的一个重要新兴分支,为研究社会结构提供了一种全新的社会科学研究范式(肖鸿,1999)。

社会网络分析将整个社会视为一个由众多相互交错或平行的网络所构成的大系统,因而将关注重点聚焦于社会网络的结构及其对社会行为的影响模式上。它跳出了主宰城市社会研究多年的完全根据行动者属性(例如性别、年龄、社会地位、收入、宗教信仰等)来解释个体行为或社会过程的视角,直接触及作为社会生活本质的"关系",并为测量、描绘和评估"关系"的概念和过程提供了图示和量化分析的整合工具,成功地在个体关系研究与社会结构研究之间搭建起解释性桥梁(Scott,2000;罗家德,2005)。

5.2.2 社会网络分析的基本观点

美国社会学家米切尔(Michael,1969)从社会关系的角度出发,认为社会网络是一群社会个体之间形成的一组联系关系;韦尔曼(Wellman,1988)则从社会结构的角度出发,把社会网络界定为"将社会成员连结在一起的关系模式",更多强调的是社会成员间基于关系网络而非先赋地位产生的新的结构观。

与传统的以地位为核心概念的地位结构观相比,网络结构观有以下主要特征:①网络结构观从个体间的关系来认识个体在社会中的位置,而地位结构观则按照个体的属性特征来规定个体的社会位置;②网络结构观将个体按其社会关系分成不同的网络,而地位结构观则按照个体的属性特征对其进行分类;③网络结构观分析人们的社会关系面、社会行为的"嵌入性",而地位结构观注重的是人们的身份和归属感;④网络结构观关心人们对社会资源的摄取能力,而地位结构观强调人们是否占有和占有多少种社会资源;⑤网络结构观指出了人们在其社会网络中是否处于中心位置,及其网络资源多寡、优劣的重要意义,而地位结构观则将一切归结为人们的社会地位(肖鸿,1999)。

网络视角下一项有趣的研究是"小世界现象"(small world phenomenon)。根据"六度分隔"(six degrees of separation)理论,最多通过六个人你就能够认识任何一个陌生人。这显示出,我们身边看似庞大混杂的社会群体内部充满了各种各样的社会联系。

今天,社会网络的概念已经超越了个人间关系的范畴,网络中的点(即行动者)不一定局限于个人,也可以是组织、群体甚至民族或国家;联系点与点之间的线(即关系)也是多种多样的,既可以是朋友、亲戚,也包括交易往来、信息或资源流动,甚至敌对关系。

5.2.3 社会网络研究的主要理论

1. 弱关系力量假设和"嵌入性"概念

1973年,格兰诺维特(Mark Granovetter)发表《弱关系的力量》(*The Strength of Weak Ties*)一文,对欧美学界的社会网络分析产生了重大影响,在文中,他首次提出了弱关系力量的假设。

格兰诺维特将关系界定为人与人、组织与组织之间由于交流和接触而实际存在的一种纽带联系,并从互动频率、感情力量、亲密程度和互惠交换四个维度将其进一步划分为强关系和弱关系两种,前者维系着群体、组织内部的关系,后者的作用则更多体现为在群体、组织之间建立纽带联系。在此基础上,他提出了"弱关系充当信息桥"的判断。由于强关系是在性别、年龄、教育程度、职业身份、收入水平等社会经济特征相似的个体之间发展起来的,所以通过强关系获得的信息往往重复性很高;而弱关系是在社会经济特征不同的个体之间发展起来的,它比强关系更能充当跨越其社会界限去获得信息和其他资源的桥梁,例如创造更多的社会流动机会(Granovetter,1973)。在1974年出版的《谋职》一书中,格兰诺维特通过对波士顿郊区牛顿城的300名白领就业者的调研发现,16.7%的求职者与他们的关系人在找工作时经常见面。换言之,专业劳动者更经常地通过弱关系而非强关系(例如亲属和朋友)获得工作信息,使用弱关系的求职者对新工作的满意度也相对更高(Granovetter,1974)。

1985年格兰诺维特发表了另一篇重要论文《经济行动和社会结构:嵌入性问题》。他认为,经济行为是嵌入于社会结构中的,信任是实现嵌入(embeddedness)的关键机制(Granovetter,1985)。与弱关系力量假设相比,嵌入性概念强调的是信任而不是信息,并更多隐含着强关系的作用。基于此,一些学者认为其弱关系力量假设和"嵌入性"概念之间存在着矛盾(肖鸿,1999)。

2. 社会资源理论

美籍华裔社会学家林南在"弱关系力量假设"的基础上进一步提出了社会资源理论

(social resources theory)。他认为,那些嵌入在个人社会网络中的社会资源(包括权力、财富和声望等)并不为个人所直接占有,而是来自于个人的直接或间接的社会关系。个体所拥有社会资源的数量和质量将由个体的社会地位、个体社会网络的异质性、个体与网络成员的关系力量等因素所决定(林南,2002)。

通过1975年对纽约州北部地区399位男性劳动力的抽样调查,林南发现个体获得高地位工作的能力取决于他所拥有的资源(起初是他的家庭背景,后来受教育程度和职业成就更为重要)及其对弱关系的使用情况。随着个人职业生涯的发展,结构性的而非先赋性的关系将发挥越来越重要的作用(Lin,1981,1982)。

社会资源理论的提出为社会网络研究带来了突破性的发展:一方面,它扩充了弱关系的作用领域,不仅限于格兰诺维特所说的信息沟通,还包括资源的交换、借用和摄取;同时,它跳出了传统地位结构观的局限,看到资源不是只有通过占有才能运用,还可以通过关系网络进行摄取。

3. 社会资本理论

在20世纪70年代末80年代初出现了社会资本理论(social capital theory),与社会资源理论的发展相平行却又相互独立。社会资本概念最早由法国社会学家皮尔斯·布迪厄(Pierre Bourdieu)提出。他指出,社会资本作为资本的三种基本形态之一(另两种是经济资本和文化资本),是一种通过占有"体制化关系网络"而获得的实际或潜在资源的集合。即在社会网络的联系下,群体可以用于支持成员行为的有价值的资源和机会,如感情的支持、机构的支持、特别的信息、社会流动的机会等。

科尔曼(James S. Coleman)是系统论述社会资本理论的第一人。他把社会资本定义为"个人拥有的社会结构资源","与其他形式的资本不同,社会资本存在于人际关系的结构之中,它既不依附于独立的个人,也不存在于物质生产的过程之中。"科尔曼(1992)指出,社会资本的功能在于促进个人和集体行动者实现行动目标。由此,社会资本不仅作为增加个人利益的手段,也是解决集体行动问题的重要资源。

凭借其代表作《独自玩保龄球——美国社群的兴衰》,哈佛大学著名政治社会学家罗伯特·帕特南(Robert Putnam)使得社会资本研究成为多学科关注的热点。帕特南通过对当今美国社会资本状况的研究,提出社会资本包括社会网络、互惠性规范和由此产生的可信任性。拥有丰富的社会资本存量对于维护良好的社会秩序十分重要,例如实现较低的犯罪率、更繁荣的经济、更高水平的健康和幸福,以及更成功的教育(Putnam,2000)。

林南进一步辨析了社会资本与社会资源的关系:社会资本主要是指从社会网络中获得的社会资源,社会资本理论同样关注对这类资源的工具性使用(对资本进行投资或动员)。社会资源和社会资本理论的汇合,强调了对根植于社会网络中获得资源和动员资源的工具性使用,从而完善和推进了社会理论的发展。社会资源理论多用于经验研究层面,社会资本理论则更多地使用在一般的理论层面(Lin,1999)。

4. 结构洞理论

罗纳德·伯特(Burt)在1992年出版的《结构洞:竞争的社会结构》(*Structural Holes*:

The Social Structure of Competition)一书中提出结构洞理论(structural hole theory)。这是一种相对于以往社会网络理论的巧妙的逆向思考:网络动力的核心恰恰是那些"断开"的弱联系。

伯特认为,社会网络通常表现为两种状态:一是网络中的所有个体与其他任一个体都有直接联系,从整个网络来看就是"无洞"结构;二是有些个体与某个或某些个体之间没有直接联系,就好像是网络结构中出现了洞穴,因而被称做"结构洞"。要建构一个有效率的网络结构,其关键就是结构洞:通过非重复的弱关系带来投资回报。竞争者可以利用结构洞这个桥梁获得信息优势和控制优势以获得较高的收益,节省交易费用(Burt,1992)。

相对于科尔曼、布迪厄和普特南等人强调紧密联系的网络而言,伯特的结构洞理论更多地关注一种开放性的网络,即如何使得自己的回报率更高,而不是如何去增强群体内部的情感联系(张文宏,2003)。其启示在于,任何个人或组织,要想在竞争中获得、保持和发展优势,其社会网络建构的关键不是关系的强弱,而是非重复的弱关系的建立。

5. 强关系力量假设

度边深和边燕杰等人的强关系力量假设对格兰诺维特的弱关系力量假设和林南的社会资源理论提出了挑战。

日籍学者度边深(Shin Watanabe)于1985年在东京地区主持了一项大型调查。其研究结果显示,在职业流动中,大部分日本白领劳动者通过强关系来搜集职业信息。越多借助强关系,工作报酬丰厚的可能性越大(Watanabe,1987)。边燕杰和宋·安等人关于中国和新加坡的实证研究则显示,在中国计划经济体制下,个人网络主要用于获得工作分配决策人的信息和影响,而不是用来收集就业信息。求职者更经常地通过强关系寻找工作渠道;另一方面,求职者使用间接关系比直接关系更容易得到较好的工作(边燕杰,1998)。类似地,新加坡的求职者也多数通过强关系而非弱关系获得新的工作(Bian,等,1997)。

5.2.4 社会网络分析方法

社会网络一般分为"个体中心网"(ego-centric network 或 personal network)和"整体网"(whole network 或 full network),相应的研究方法被称为个体中心网分析和整体网分析。

个体中心网分析聚焦于社会网络中的个体,主要关注个体行为如何受到其社会网络的影响,个体如何通过社会网络结合为社会团体。研究个体中心网的方法主要有互动法、角色关系法、情感法和交换法等。

整体网分析主要关注一个相对闭合的群体或组织的关系结构,分析具有整体意义的关系的各种特征,如强度、密度、互惠性、关系的传递性等。主要研究方法包括矩阵法、社会图示法和指数分析法等。

利用现有的社会网络分析方法可以从多个不同角度对社会网络(或社会网络中嵌入的社会资源)进行定量化的分析,通过中心性分析、凝聚子群分析、核心-边缘结构分析等方法,以定量指标描述网络状态(表5-1)。当前,较为流行的社会网络分析软件有 NetMiner、

Pajek 和 UCINET。这些软件根据原始的关系矩阵数据,探索分析网络结构,解析节点位置、子群数、结构洞等网络特性,并最终生成图像化的网络,提供包括社群图、核心-边缘位置图、树形结构图等可视化表达。

表 5-1 社会网络分析方法简介

社会网络分析方法	定量指标	意 义
中心性分析: 分析个体处于网络中心的程度、重要性程度	点度中心性	指用网络中与某点之间有联系的点的数目来衡量。如果一个行动者与其他行动者之间存在直接联系,那么该行动者就居于中心地位,在该网络中拥有较大的"权力"
	中间中心性	如果一个行动者处于许多其他两点之间的路径上,可以认为该行动者居于重要地位,因为他具有控制其他两个行动者之间的交往能力,它测量的是行动者对资源控制的程度
	接近中心性	如果一个点通过比较短的路径与许多其他点相连,我们就说该点具有较高的接近中心性。他测量的是行动者对资源控制的程度
凝聚子群分析: 分析网络中存在的凝聚子群数量、状态和关系特点	派系	包含三个点的最大完备子图,派系中任何两点之间都存在直接联系,且已经是最大规模可能
	n-派系	在某子图中,任何两点之间在总图中的距离(即捷径的长度)最大不超过 n,则为 n-派系
	n-宗派	任何两点之间在 n-派系中的捷径的距离都不超过 n 的子图
	k-丛	在凝聚子群中,每个点都至少与除了 k 个点之外的其他点直接相连
	凝聚子群密度	反映一个大的网络中小团体现象是否十分严重
核心-边缘结构分析: 分析社会网络中的节点处于核心地位还是边缘地位	全关联模型	网络中一组的成员之间联系紧密,可以看成是一个凝聚子群(核心),另外一组的成员之间没有联系,但是,该组成员与核心组的所有成员之间都存在关系
	局部关联模型	网络中一组的成员之间联系紧密,可以看成是一个凝聚子群(核心),而另外一组成员之间则没有任何联系,并且同核心组成员之间也没有联系
	关系缺失模型	网络中一组的成员之间的密度达到最大值,可以看成是一个凝聚子群(核心),另外一组成员之间的密度达到最小值,但是并不考虑这两组成员之间的关系密度,而是把他看做缺失值

资料来源:Wasserman,等,1994。

5.2.5 城市社区社会网络研究

当代社会经济的转型、社会流动性的增强以及多元文化的涌现,都对传统基于血缘、朋友和邻里的个体关系产生了深远影响,并引发了一系列新的城市社区发展问题,如邻里淡漠、社会空间破碎化、居住隔离,以及传统邻里社区的衰退和虚拟社区的兴起等。20 世纪 60 年代以来,一批学者将社会网络的视角和方法引入了社区研究。

最经典的要数巴里·韦尔曼(B. Wellman)多年来关于加拿大多伦多市居民的调查研

究。他通过1968年和1978年对多伦多邻里居民的两次社会网络调查,发现亲密的个人关系网络是普遍存在的,而且大都超出了居住区域的界限,融入更大规模的社会体系中,呈现出从"门-门"、"场所-场所"至"人-人"的演变过程。他认为,随着廉价、高效的交通和通信设施的发展,工作地和血缘关系的分离,以及社会和居住的高流动性,社区仍将保持繁荣,不过将人们从传统上包罗一切、高度团结的邻里束缚中解放出来,更多体现出社会性、支持性和身份赋予的特征(Wellman,1979,2005)。1996年,韦尔曼等人通过对早期调研数据的重新分析,发现当以"接触"(contacts)而不是"联系"(ties)作为分析单元时,以积极接触为特征的朋友关系实际上绝大部分都是"地方的",从而对多年来网络分析者认为当代技术发展让人们从空间约束中解脱出来的认识进行了重新修正(Wellman,1996)。

另一个经典案例是费希尔(C. S. Fischer)对美国加利福尼亚城市社区和农村社区的比较研究。他发现,大城市居民与农村居民相比,通常从属于更大范围的网络,有更多的各种联系,并且有更多的机会进行个人选择。不过费希尔也指出,这些选择往往受到特定的结构因素的影响,包括教育、职业、收入和性别等(Fischer,1982)。

基于关系网络视角的社区研究已成为城市社区研究的一个重要新兴领域,并且为我们重新审视城市社区的定义、形成和重建机制提供了很多新的诠释,包括个体关系网络的日益碎片化、松散化和多元化;个体网络相互叠合形成层级化的邻里社区;邻里社区仍将作为场所情感和利益组织的社会单元;地方邻里的交往、认同和承诺呈现出高度的可变性、多样性和有限责任性;影响邻里交往和社区构建的社区特征包括相遇的场所、混合的土地利用、良好的住宅设计、邻里的步行适宜性、个体为他人投入的动机、有限的个人选择机会,以及群体间的相互依赖等(Hunter,1979;Leyden,2003;Farrell,2004;Völker,等,2007;Wood,等,2008)。

社会网络分析在城市社区研究的引入,不仅带来了新的关于关系数据的分析技术和方法,还代表了一种含义更广的研究范式。其核心贡献在于把"关系"的概念和过程纳入社区研究中,突破了基于社会身份的结构主义视角,有助于为促进社会融合提供新的思路。

5.3 新马克思主义学派

新马克思主义(Neo-marixism),也称当代马克思主义,是20世纪西方出现的新意识形态,属于激进的小资产阶级思潮。它以独特的理论视角对资本主义文化进行尖锐的批判。但是,新马克思主义与19世纪的经典马克思主义和20世纪的制度社会主义所实行的马克思主义不同,它具有深厚复杂的西方文化思想渊源,是马克思主义与20世纪其他意识形态和理论学说杂交生成的产物,其中有些流派和代表人物是准马克思主义的,有些是非马克思主义的,但在批判和反对资本主义这一点上它与传统的马克思主义学说是相同的。应该说,新马克思主义是一种脱离无产阶级革命实践的文化思潮和意识形态。

5.3.1 新马克思主义的形成与发展

新马克思主义的形成与发展，一方面是由于马克思主义在20世纪的西方没有实现社会主义革命的预言，无产阶级革命与西方工人阶级渐行渐远，无产阶级社会主义革命在西方胜利的希望渺茫；另一方面是由于十月革命后社会主义运动向西方的推进遭遇挫折，特别是苏联和东欧社会主义制度剧变，使一些马克思主义者对西方无产阶级社会主义革命的道路、前途和命运感到茫然，因而对经典马克思主义理论产生了怀疑。新马克思主义的发展大致上经历了以下四个历史时期。

1. 初创时期

在第一次世界大战和欧洲革命前后，以匈牙利哲学家卢卡奇、意大利共产党创始人葛兰西为代表的初创时期的"新马克思主义"者是在无产阶级革命中反思的一代，他们分析了西欧资产阶级统治的特点及其复杂性，主张马克思主义与西方具体实践相结合，对在民主化高度发展的西方进行社会主义革命提出了不同的认识。

2. 形成时期

在两次世界大战期间，法兰克福学派是新马克思主义形成时期的象征。法兰克福学派是在卢卡奇等第一代西方"新马克思主义"者客观上被迫淡出西方革命实践之后活跃起来的新一代左翼理论家，是学院派专业人士对马克思主义的学术研究。他们的社会批判理论不同于第一代"新马克思主义"者对西欧无产阶级革命道路的思索，他们在革命失败后告别革命，远离无产阶级的斗争实践，反对阶级斗争，主张走一条非无产阶级革命的、激进的反资本主义的学术批判道路。

3. 兴盛时期

第二次世界大战后衍生出了形形色色的"新马克思主义"流派和思潮。它们承续了法兰克福学派的文化批判线索，以存在主义为代表的人本主义的马克思主义和以结构主义为代表的科学主义的马克思主义是这一时期新马克思主义的发展主流。历经第二次世界大战后资本主义发展的"黄金时代"至1968年新左派学生造反运动之前，西方资本主义世界已整整50年没有发生过无产阶级革命，无产阶级革命在西方没有成功使第二次世界大战后"新马克思主义"各流派均质疑马克思的历史唯物主义的有效性，在西方1968年运动中新马克思主义发展出反叛的一代，他们以非马克思主义的新的激进革命动力论为理论基础，并发展成为"新左派"的理论代言人。

4. 多元发展时期

20世纪70年代后，西方社会经历了剧烈变动和冷战后的全球化进程，新马克思主义进行了以"后现代主义"为取向的文化革命，多元化的"新马克思主义"理论构成了20世纪70年代以后崛起的"新社会运动"的多元理论基础。这一时期的"新马克思主义"从非政治的社会多元主义出发，认为工人阶级政治已成为一种政治保守主义，阶级政治已经不适用于西方代议制民主条件下的民主社会主义政治，主张以结合多元的社会政治力量的激进民主取代工人阶级政治和无产阶级革命。

5.3.2 新马克思主义的核心内容

新马克思主义对资本主义的全方位批判，对于我们理解当代资本主义的新变化，加深对资本主义发展的制度弹性、调整能力以及社会主义革命的长期性和曲折性的认识，具有一定的理论价值。

1. 对资本主义的文化批判

对当代发达资本主义进行文化批判，是由新马克思主义率先发动的思想运动。从卢卡奇到法兰克福学派，新马克思主义的整个理论重心从根本上转向了哲学。专业哲学家构成了新马克思主义理论家的主体。从卢卡奇、本稚明早期的文化研究，到法兰克福学派强烈的哲学美学倾向；从萨特的人学探索，到阿尔都塞的意识形态兴趣；从福柯等人后现代主义的文化基因破译，到20世纪80年代柯亨等人的分析的马克思主义哲学文化领域始终是"新马克思主义"关注的主题。

2. 对资本主义的经济批判

新马克思主义经济学依据资本主义的发展变化和新的客观经济形势，对世界经济发展变化的新格局、对垄断资本主义的新特点及其发展趋势、对落后国家不发展的根源、对社会主义经济发展模式、对经济全球化等诸多问题做了全方位的理论探讨。新马克思主义经济理论内容丰富、涉及面广、具有一定的理论深度，在批判资本主义现实的基础上提出了新的社会制度构想。这些理论，或许有缺点，或许不够完善，但却大大拓展了马克思主义经济理论。

新马克思主义经济学家提出的种类繁多的市场社会主义新模式，为正在进行经济转轨的国家提供了宝贵的思想素材，尤其是市场的"中性机制论"，清晰地论证了市场经济及其内在机制本身不具有社会性质，可以依附于不同的社会制度。从理论上阐明了社会主义与市场经济的兼容性，为社会主义市场经济体制的建立提供了理论依据。

20世纪90年代以来，新马克思主义经济学家的研究课题更贴近当代世界经济、政治和社会发展的现实，加强了对经济全球化趋势和本质的研究。他们围绕经济全球化的特点、影响及其与马克思主义的关系等一系列问题进行了广泛而深入的探讨，并从资本主义的全球化危机中论证了资本主义必然被一种新的更加合理的社会经济发展模式所替代的结论。

但新马克思主义经济理论贬低马克思主义对资本主义的客观经济分析，抛弃剩余价值理论，是对马克思主义经济理论的背弃。劳动价值论是马克思主义全部经济理论的基石，而新马克思主义经济学家们则试图用"商品价值理论"取代劳动价值论。同时，建立在劳动价值论基础上的剩余价值学说也受到了新马克思主义经济学家们的质疑，他们以"经济剩余"概念取代马克思的"剩余价值"概念，并肯定了"消费不足论"在解释资本主义经济危机中的意义，从而抛弃了剩余价值理论。

3. 阶级和社会结构研究

新马克思主义的政治理论在20世纪70年代以前一直是其传统弱项。20世纪下半叶以来,西方资本主义社会接连发生了石油、劳动、生态、文明和福利等诸多国家危机。20世纪70年代之后,传统工会的影响力日益下降,这种严重的局势使新马克思主义对当代资本主义的批判重点转向政治领域,强调阶级和社会结构等研究。

卢卡奇时代的新马克思主义先驱和法兰克福学派创始人研究的是工人阶级的阶级意识问题。20世纪50—60年代以存在主义为主流的新马克思主义各流派则质疑马克思主义关于无产阶级与资产阶级两极分化的阶级理论,着重研究了工人阶级的异化和新中间阶级的形成问题。20世纪70年代末以来新马克思主义以新技术革命发生后传统工人阶级的衰落为理论聚焦点,围绕以白领知识劳动者为主体的新中间阶级研究和资产阶级的内部分化研究,形成了去阶级化的多元社会结构理论。

新马克思主义对当代资本主义阶级和社会结构变动的复杂状况进行了现象学描述,在某种程度上反映了当代西方的社会结构演变现实。它深刻揭示了资本主义阶级和社会结构变动的复杂性,并全面触及了这一变动的经济、社会、政治和文化根源,其中,突出知识生产力上升、雇佣劳动扩大化、西方社会阶级认同降低和文化价值观改变等分析比较符合现实。

新马克思主义的阶级和社会结构理论影响了20世纪80年代以后崛起的新社会运动及其发展趋势。它与新社会运动相结合,试图创造出一种适应西方参与制民主特点的新的反对资本主义的社会力量,因此具有一定的价值。

但是,这一理论存在着重大缺陷,即它没有揭示当代资本主义社会阶级结构变动的本质,仅仅局限于社会学层面的现象学描述和一般分析,因而无法真正揭示当代资本主义的基本矛盾。它否定了生产资料所有权对资产阶级和无产阶级之间矛盾与斗争的决定性意义,把资本主义社会根本的阶级冲突降低到一般的社会冲突的层面,背离了马克思主义的历史哲学。

5.3.3 新马克思主义城市研究

1. 住房拥有权

"住房拥有权"(homeownership),无论作为一种住房享有关系(housing tenure)还是作为一种社会公共政策,都越来越受到政治家和学术界的关注。事实上,"拥有住房"对全球来说,无论是在美国、加拿大、还是在英国、欧洲大陆,乃至澳大利亚、新西兰等,在过去20年都经历着不同程度的增长,近十年更是如此(Tosics,1987;Castells,等,1990)。

"住房拥有权"可以被看成是一种经济现象,是一种消费的选择和文化呈现。引起城市社会学者和社会政策学者关注的是"住房拥有权"的发展过程,这一过程对反映、延续、巩固或改变现有社会关系的影响,以及它是如何通过社会分隔(social segregation)、边缘化(marginalization)、排斥(exclusion)、过滤(filtering)、潜移默化、财富再分配和剥削等方式来进行的。拥有住房,一方面意味着不同形式的城市面貌(urban scene)的改变,另一方面也意味着城市过程、城市政治、权力和社会结构的演变。在过去相当长的时期内,研究焦点主要在"拥有住房"会不会营造出新的社会阶层上。

桑德斯于1978年提出了家庭物业阶级(domestic property class)的概念,认为"住房拥有权"和租住者分别从属于两个阶级,从而可由其属于公营市场还是私营市场来划分彼此不同的区别。原因是拥有住房在可以运用操作、弃置的权利以及体现潜在的交换价值方面比其他类别优越。这种用潜在体现住房的交换价值作为划分住房阶级的准则,明确地与雷斯和摩尔的"获得不同条件的住房"为准则有所不同。而共同的地方是大家皆认为人们会因住房带出的特质和关系而形成不同的阶级。但是桑德斯(1979)很快便自我批评"家庭物业阶级"这一概念。桑德斯认为,"家庭物业阶级"这一概念本身并不是一种"关系性概念"(relational concept),也不能指出关系中的剥削性元素(exploitation),也不见得"家庭物业阶级"这一概念所衍生的阶级存在矛盾。后来,桑德斯使用"消费部门"(consumption sector)这一概念来取代和超越住房阶级的概念。他从消费行为而不是从生产关系着眼,认为"拥有住房"和"鼓励拥有私房运动"能使部分人很快地积聚财富并获得更多的生活机会,从而导致消费部门的分化(consumption sector cleavage)。各种按生活机会而形成的社区,不仅在意识形态上存在差别,而且在物质上也存在差别。由于拥有优质城市和住房资源的社区会进一步发展成为一个有影响力的利益集团,因此,"鼓励拥有私房运动"作为一种住房关系,便不再只是一种消费行为那么简单,它能够促成具有相同意识形态及利益的社会群体聚合到一起,并反过来影响城市社会的住房关系,甚至城市政治和社会结构的转变。其实,无论是概念化为住房阶级还是住房地位社区,乃至家庭物业阶级以及消费利益集团,都认为"鼓励拥有私房运动"其实是一种社会群体(social group)形成的基础,只是准则各异而已。温达(Winter,1995)称这种倾向为集体主义方法(collectivist approach)。

2. 集体性消费

新马克思主义学派对城市社会学的发展有着深远的影响。卡斯泰尔(Castells,1977)早在20世纪70年代就提出城市消费冲突的概念(urban consumption conflicts)。他认为政府在城市中所提供的集体消费性服务(如住房、医疗卫生等)虽然可以解决某些社会问题,但却成为市民争取改善服务的内容。在政府未做出干预之前,一些社会问题可能被认为客观存在或不可避免,但自政府开始提供服务后,市民便认定提供服务是政府的责任。此外,市民在使用集体服务的过程中,由于处境相同,容易产生共鸣,久而久之便形成利益团体和一股政治力量。他们可以利用自身的力量向政府施压,争取更多的利益。因此,城市常出现矛盾的现象,即政府提供越多的社会服务,所产生的社会冲突越多,政府更加成为不同利益团体批评的主要对象。邓缔维(Dundeavy,1985)依据集体性消费的概念,发展出政治倾向与使用私人市场或公众服务有密切关系的见解。他认为:市民依赖公营或是私营服务的具体形态会影响他们的政治信仰和政治行为。因此,虽然在生产过程中属于同一阶级的市民,倘若消费模式不同,他们的阶级意识和团结性便可能受到削弱。桑德斯(Saunders,1986)进一步研究发现,由于使用市场服务的消费者的地位远较依赖政府或集体消费的市民为低,长期依赖公共服务便可能陷于边缘性的位置,最终导致社会再分层化(social restratification)现象的产生。

3. 城市危机

哈维(2010a)认为,生产活动与消费活动是没有明显界线的,因为阶级斗争同时会存在于工作环境和居住环境中。2009年世界金融危机后,他回顾近期的历史后发现:1945年至1970年间发生了56次金融危机,自1970年以来世界经历了378次金融危机。也就是说,在过去30~40年资本制造了很多金融危机。有趣的是,这些金融危机中的很多都是以城市化为基础的。在20世纪80年代末期,日本经济泡沫破裂曾导致地产和土地投机的危机。1987年美国经历了一次非常大的危机,数百个银行破产,这也是房地产投机的结果。2008年美国金融危机的起源是所谓的"次级抵押贷款",实际上可以称之为城市危机。

资本主义是一个一直制造剩余的系统。你可以这样想:资本家早上醒来,然后带着一定数量的钱到市场上去买劳动力和生产工具。他让这些生产要素工作,然后生产商品卖掉,赚到比原始资金更多的钱。所以在这一天结束的时候,资本家比他在这一天开始的时候拥有的钱更多。那么存在另一个大问题:他会用他赚到的钱做什么呢?如果他是你或者我的话,他很可能就出去把钱花掉,让自己开心一把。但是资本家不喜欢那样,有很多竞争性的因素促使他用部分资金在新的发展方面再投资。

自1750年开始,在资本主义的历史上已经有了3%的增长率。那时全球经济的全部价值包括商品和服务共有1350亿美元。到1950年的时候,有4万亿美元在流通,你必须得为这其中的3%找到出路。到了2000年的时候呢,有42万亿美元在流通,现在差不多有50万亿美元。按照3%的增长率,未来25年将会达到100万亿美元。这就意味着为剩余资本找到合适的出路难度加大,这个情况可以通过另一种方式呈现出来。当资本主义本质上是在曼彻斯特或者世界其他一些地方进行的时候,3%的增长率并没有问题。但现在我们必须把这3%的增长率放到发生在中国、东亚、东南亚、欧洲、拉丁美洲大部分地区和北美的各个方面上,那这就是一个非常巨大的问题。

现在当资本家们有钱的时候,他们可以把怎样再投资作为一个选择,例如可以投资新产品。关于致富的争论是富人再投资产品,会生成就业机会,从而使人们的生活更上一层楼。但是自1970年以来,他们越来越少地投资新产品,而是购买资产、股份、财产权、知识产权和房地产。所以自1970年起,越来越多的钱用在了金融融资上面。当资本家购买资产时,资产的价值就升高了,于是他们开始在自己的资产价值增长中赚钱,从而导致房地产价格一涨再涨。

这个现象带来的并不是一个更好的城市,而是一个更昂贵的城市。实际上很多人在城市中工作却不能负担城市里的居住。换句话说,人们对于城市的权利已经被剥夺了:富人日益掌管整个城市。他们也必须这样做,因为这是他们使用过剩资本的唯一途径,某种程度上这也是城市建设延续至贫民阶层的动因。另一方面,存在一种状况:实际收入不变,房地产价格却在上涨。那么对房子的需求使工人阶级进入借贷市场,越来越多的低收入者被吸引到了债务市场。但是当工人阶级可以支付的部分和债务之间的差距非常大时,突然间许多城市发生了债务赎回浪潮。

这次浪潮首先袭击了美国许多古老的城市中收入非常低的社区。这就导致很多人无力偿还贷款,与此同时,华尔街所做的是把所有的风险抵押包装成奇怪的金融工具。从一个特定的区域把所有的贷款抵押放在同一篮子里然后向别人兜售那一篮子股份,结果是整个金融贷款抵押市场全球化了,然后把抵押所有权分块卖给挪威人或者德国人或者海湾或者任何地方的人。如果我们以他们希望的方式走出金融危机的话,5年之后将会出现另外一场金融危机。

如果把当前的经济危机看做是资本主义时空发展过程(spatio-temporal disposition)中深层结构变化的一种表层喷发,我们就可以对其了解得更多。目前板块(tectonic plates)变化正在加速,1980年前后已出现危机,而危机变得更加频繁、更加猛烈的可能性基本上肯定会增加。这些表面瓦解的方式、形态、空间和时间几乎无法预测,但几乎可以肯定的是,它们将有更大的发生频率和深度。由于这些压力是资本主义内部的动力(虽然并不排除一些外部破坏性事件,例如灾难性流行病的发生),除了马克思曾经指出的:"资本主义终将会灭亡,它终将会被其他一些更合理的生产方式所替代",再没有比这更好的论述了(哈维,2010b)。

5.4 女性主义及其城市社会空间研究

女性主义(Feminism)作为独立的社会学派出现在20世纪70年代,它致力于对传统社会学的挑战,属于批判性理论的范畴。由于女性主义所具有的独特视角及广泛争议,它成为社会理论中最不稳定的一支学派,并进而影响了其在世界学术领域的广泛传播。

5.4.1 女性主义思想的形成与发展

1. 女性主义思想的形成

女性主义是女权运动催生的产物,但女权运动的历史却远远早于女性主义理论的形成。在欧洲,最早的女性主义思想甚至可以追溯到中世纪。不过,人们普遍认为女权运动的源头出现在18世纪末期的法国。女权运动从产生开始经历了两次浪潮(李银河,2005):第一次浪潮发生在19世纪50年代至20世纪20年代之间,历时长达70余年,波及世界各国(包括中国),涉及家庭价值、女性道德和社会环境等方面的广泛讨论;第二次浪潮出现在20世纪60—80年代,历时虽然不长,但与第一次浪潮相比,却出现了明显的转化,即对理论研究的浓厚兴趣取代了政治热情。其中,不仅传统的女权观点被重新审视、讨论和争议,如女性就业问题,而且也提出了更多新的议题,如女性的身体、审美、同性恋问题等。可以说,女权运动的第二次浪潮带来了女性主义理论研究的大发展,并促使女性主义成为一个异军突起的社会理论流派,受到学术研究的普遍关注。

从女性主义理论本身的发展来看,女性主义虽然缘起于女权运动,但并不完全受制于这一社会运动。在女权运动的第二次浪潮之后,女性主义思想的发展其实已远远超越于"女权"的概念,不是简单的"权利"斗争可以概括的。因此,准确地说,女性主义已从女权运动中独立出来,成为一个独立的思想体系。

2. 作为社会理论流派的女性主义

女性主义思想最早的代表性论著可以追溯到 1792 年英国女权运动先驱玛丽·沃斯通克拉夫(Mary Wollstongcraft)的《女权辩护》和英国政治学家、经济学家和哲学家约翰·斯图尔特·穆勒 1869 年出版的《妇女的屈从地位》。女性主义(Feminism)一词则是 19 世纪末 20 世纪初出现于法国的,法国社会主义者 Fourier 用它来表达有关妇女解放的新观点,后来则泛指欧美发达国家中主张男女平等的各种思潮。20 世纪 60 年代后的女性主义关注更多有关女性的具体问题,如在政治权力分配上强调女性的群体利益;在社会形态上要求提升女性文化价值;在经济上呼吁平等的就业权利、就业机会、同工同酬等。20 世纪 80 年代以后,女性主义与后现代主义的各种思潮相互碰撞融汇,催生了新的理论浪潮。贫穷劳动妇女、有色人种妇女和同性恋群体被关注,同时更注重于女性的生理及心理体验的研究(黄春晓,2008)。

在 100 多年的发展历程中,女性主义的观念和理论在不断演化,与其原始的政治初衷已相去甚远,被赋予了更丰富的社会和文化内涵。女性主义的本质是检验男性与女性在权力、地位、态度和行为等方面的差异,强调性别差异必须在社会决策的过程中予以考虑,旨在探索使女性从其社会从属地位中解脱出来的途径。但是,女性主义研究阵营内部的高度分化,使得女性主义理论对其自身也不存在统一的认知。因此,要准确和全面地定义女性主义是非常困难的,这也是女性主义区别于其他多数理论的特点。

5.4.2 女性主义理论的分化

女性主义理论从产生开始,就在不断地分化中发展,分化出多达十余种不同的女性主义流派,如:激进的女性主义、马克思主义的女性主义、后现代主义的女性主义、生态主义的女性主义等。在城市研究领域中,主要有以下几个女性主义流派(鲍晓兰,1995;Longhurst,2001)。

1. 激进的女性主义

激进主义理论是较早的女性主义思想,带有强烈的生理决定论的色彩。其代表人物费尔斯通(Firestone,1971)在《性的辩证法》(*The Dialect of Sex*)一书中指出:性别分工是构成阶级与种族分工的基础,女性的附属地位是所有人类社会的最基本的社会不平等,而男女的这种社会差异是由他们的生理差异决定的,即女性的生理再生产和养育孩子的角色对男性的依赖造成了她对男性的附属地位。激进主义进一步认为男性与女性构成社会的两个阶级。因此,像马克思所指出的那样,工人要改变阶级状况就必须掌握经济的再生产,女性要改变其社会地位就必须掌握生理的再生产。激进的女性主义观念甚至主张以技术革新来改变人们的生育方式,从而改变社会再生产的方式。

激进派对家庭组织形式和家庭制度的改革进行了大胆尝试,反对核心家庭的生活模式,主张实行集体家居,以改变男女之间的生理关系。但这一理论过度地局限于从女性的生理角色来分析女性的社会角色,存在明显的认识误区,甚至被许多女性所反对。

2. 马克思主义的女性主义

马克思主义的女性主义学派与激进的女性主义学派的观点存在诸多关联,都强调对性别的权力关系的分析。它们不同的是:马克思主义的女性主义的观点认为性别不平等是资本主义体制的附属产品,男女在经济上的不平等决定了其在阶级地位上的不平等,所以,性别关系是由基本的经济和社会关系决定的。恩格斯强调:"生产本身有两种:一方面是生活资料即食物、衣服、住房以及为此所必需的工具的生产;另一方面是人类自身的生产,即种的繁衍。"因此,女性的生育、养育和家务劳动都应是社会再生产的重要组成部分,但女性这部分劳动的经济价值却没有得到社会的承认。男性剥削了女性在家庭中的生产劳动,使女性处于被压迫的地位,完全可以用男女"阶级"的说法来描述两者之间的不平等关系(Walby,1990)。

马克思主义对性别不平等的解释促进了女性主义对资本主义制度和政策进行深入的探讨,并分析了由性别、阶级和种族所共同构建的社会不平等关系,在改善城市空间结构、提高女性地位和改革社会机构等方面提出了许多建设性的意见。马克思主义的女性研究推动了对女性生活质量和对政府职能的关注,呼吁女性可以通过不同形式的立法和运动来促使政府投入更多的资金到公共设施的建设中,以提高女性的生活质量(仝华,等,2004;秦美珠,2008)。

对马克思主义学派的批评来自两个方面:一是过分强调了男女两个阶级的概念,将男女关系看做是一种压迫和剥削的关系,这一划分过于简单,忽视了男女之间更多的是合作与协助关系。二是马克思主义认为性别阶级是生产阶级的附属物,性别关系依赖于生产关系,没有看到性别作为一个基本的社会特征是独立存在的,并非完全由生产关系来决定。

3. 后现代主义的女性主义

女性主义和后现代主义都同时强调"差异"的重要性,因此使得两者成为天生的联盟。后现代女性主义是当代女性研究的主流,具有高度的反传统倾向,强调个性和差异,其研究具有以下特征。

第一,反理性及反本质论。法国后现代女性主义的代表人物伊丽加莱提出:女性的差异没有在男权制符号秩序中得到体现,必须破除与理性和普适性相联系的男性气质,建立女性自身的特质。女性研究开始重视女性的特殊性和女性标准的建立,认为充斥于经验主义和理性主义模型中的"平等"是性别化的、男性化的观点。到20世纪80年代后,后现代女性主义进一步认为男女两种性别特征具有非自然性和非稳定性,即男女两性的人格是多元的,像弗洛伊德所说,没有纯粹的男性,也没有纯粹的女性。它试图推翻原有的男女二元结构模式,建立一个两性特质的多元体系。

第二,话语权及个人政治。与福柯一样,后现代女性主义渴望建立女性的话语权,并进而认为:男性语言是线性的、限定的、结构的、理性的和一致的;女性语言是流动的、发散的、破碎的、游戏的和开放的(李银河,2005)。因此,后现代女性研究强调用女性的话语揭示真实,建立女性的写作风格。例如French在其著作《女人的房间》里就重点描述了郊区女性的日常生活。同时,对主体的解构使女性主义高度重视个体的重要性,甚至提出了"个人的即政治的"(personal is political)口号,强调个人经历必须在公共领域予以考虑。

第三,身体与性。女性主义批判性地借鉴了福柯的关于性与权力的思想,并大肆宣扬"身体"和"性"在女性话语权建构中的重要性,甚至将两者等同起来。对身体的关注引发了大量关于性别表征的研究,如象征主义和城市意象等。对"性"的重新定义则使得同性恋研究成为女性主义研究的热点问题,进一步激发了社会的多元化发展趋势。

出于对"差异"的强调,20世纪80年代后,女性主义不仅研究两性差异问题,而且将差异深入到女性内部,将差异与民族、种族、收入、职业、年龄和文化水平等更多的社会要素相联系。由此,也加剧了女性主义阵营的分化,形成了第三世界女性主义、黑人女性主义和同性恋女性主义等更多的思想流派。

当然,后现代女性主义也存在明显的缺陷。一是用话语权掩盖了政治性;来自马克思主义的批判就认为它一直没能超越描述、自我表现和感性认识的范畴,没能揭示社会不平等与社会权力之间的关系。二是对"差异"和"多元"的过度强调导致了女性主义自身的分化,以至于连"女性"也丧失了分类标准,在颠覆传统的同时也颠覆了自己。

4. 生态主义的女性主义

生态女性主义产生于20世纪70年代,在可持续发展思想的影响下,到20世纪90年代得到了极大的发展。其核心是反对人类中心论、反对男性中心论、反对科技,试图寻求人与自然完全融合的社会组织方式。

生态女性主义指出:男性对环境的控制和资本对资源的控制是造成环境破坏的根本原因。与男性相比,女性与环境之间具有更本质的联系,对于环境的利用和改造更有优势。女性主义反对阶级、种族和性别等任何形式的等级的划分,更希望构建一个包括人及其他一切生物在内的平等的、网络化的系统,按女性主义和生态学原则重建人类社会(Plant,1989)。所以,生态女性主义研究特别关注怀孕、生育、照料孩子、做家务等生产活动,强调建立以生理和社会再生产为核心的生产体系,减少资源消耗,控制污染(关春玲,1996;李银河,2005)。

从另一方面看,生态女性主义走向了"反发展"的极端,认为剩余价值是没有必要的,相反,资本的增值是贫困和剥削的源头,生产和增长都是男权制的产物。尽管如此,生态女性主义提出了发展的适度性问题,也是对人类社会现存的生产体系和文化形态提出的严峻挑战。

5.4.3 女性主义城市社会空间研究

20世纪60—80年代,随着女权运动的高涨,女性主义也被广泛地运用于城市研究领域。目前,女性研究已经成为城市研究中一个常规且特定的视角。女性主义理论在城市社会空间方面的研究主要集中在以下五个方面。

1. 女性与就业

女性主义对女性就业的研究基本上建立在新马克思主义的理论基础之上,不同的是把性别而不是阶级作为分析问题的立足点和出发点。女性主义重在分析家务劳动和社会劳动的关系,认为家务劳动也是劳动分工的一种形式和内容。由于女性就业率低于男性,女性是家务劳动的主要承担者,而家务劳动所创造的价值又没有被经济统计所考虑,因此,许多女性主义者都提出了对女性就业的度量问题(Walby,1986),例如,如何定义工作? 如何度量女性对工作的参与? 如何度量女性参与发展的程度? 她们主张应将家务劳动所创造的产值计入社会总产值中。

女性主义在就业领域的研究侧重于以下问题:①女性就业的特征,包括行业分布和地区分布特征;②影响女性就业的环境、区位因素,例如资源配置、房屋价格、劳动力市场等;③女性就业与新经济、新技术之间的辩证关系;④女性就业对社会公平的辩证影响。

与女权运动积极推进女性就业不同,实际上,女性主义对女性就业的观点一直是复杂而矛盾的,其研究不仅注重了对女性就业权益的保障,同时也更多地分析了女性就业可能带来的社会冲击。女性主义一方面鼓励女性外出就业,另一方面又希望将家务劳动纳入社会经济的范畴,使女性维持在家庭中的核心地位;女性主义一方面认为新经济和新技术的发展给女性创造了更多的就业机会,另一方面又强调新技术在女性日趋边缘化的发展中起到了推波助澜的作用。因此,对女性就业的研究是一个长期争议的话题。

2. 女性与城市空间结构

受马克思主义理论的影响,女性主义分析了资本主义的生产方式和城市空间形成的关系。女性主义者对西方传统的空间组织形式提出了尖锐的批判,麦克道韦尔(McDowell,1983,1984)的研究指出,资本主义社会生产和再生产的分离导致家庭和工作地的分离,使家庭退化为一个简单的私人化的空间,这种空间结构阻碍了女性的空间活动。

女性主义研究对当代城市中功能分区式和结构式的空间结构进行了大量批判。她们认为:功能分区是男性思维的体现,将工作和生活分离开来是导致城市生活不便的最重要的原因。而郊区化、新城的发展都强化了分散的城市空间形式,严重影响了女性的生活。如 Matrix(一个由女性作家、艺术家和建筑师组成的研究组织)在 1984 年就对密尔顿·凯恩斯新城(Milton Keynes)的城市空间结构进行了全新解读,认为新城规划从根本上是男性的,忽略了女性的生活。立足于对传统的批判,女性主义者提出了混合功能区的概念,认为混合而紧凑的土地利用形式对女性更为有益。女性主义不仅主张打破公共与私人空间的界限,将生产与再生产相混合,将工作与居住相混合;同时,她们主张建立高密度、混合的市中心居住区,强调在内城更新的过程中,不仅要包括阶级的重构,还应当包括性别的重构,以给女性提供在工作和生活上的更为多样化的选择(黄春晓,等,2003)。女性主义的这些观点给郊区的发展和内城的更新提供了帮助,20 世纪 80 年代后,许多城市在内城复兴的运动中都建设了大量的住宅,包括专门为女性设计的住宅,以吸引女性到中心区生活和工作。

3. 女性与住宅

女性在劳动力市场上的不利地位直接导致了其在房屋市场上也处于不利地位,这是因为女性收入较低,并缺乏对购房知识、城市发展的空间信息和房产投资信息的了解。因此,女性主义研究关注了女性在房屋市场中的地位,侧重于分析信息、区位、价格和制度等要素对女性购房者的影响(陈锦华,1997)。

女性主义在住宅研究领域的另一个创新体现在规划和设计上。女性主义试图建立基于女性生活需要的现代城市和房屋设计的"家居理想",大胆尝试社会改革,希望通过集体化的家务和新的家居设计来改变性别分工。她们提议将家务劳动社会化,以社区的形式重组社会结构,更有甚者,例如受激进主义思想影响的女性主义者甚至倡导"无厨房"的家居(Hayden,1981),同时建立合作制的家庭生活,公平地分担家务和社会生产工作,如1909年Letchworth新城就有30多套住房采用了这样的设计,由女仆为大家在公共餐厅供应食物。另一部分女性主义者则认为,小厨房是女性在住宅空间边缘化的标志。她们主张大厨房、大居室(Roberts,1991),在住宅功能的设计上更多考虑如婴儿房、推车道等空间设施,以使女性拥有良好的工作环境和生活质量。不过,这些研究和实践由于不能得到主流社会的认同,多数都难以持久,只能是小范围的实验,对土地供应、房屋设计和城市规划等没有形成本质的影响。

4. 女性与城市公共设施

女性从事家务劳动的需要,使她们与公共服务设施的关系比男性更密切。关于公共设施的研究也是女性主义社会空间研究的一个重要内容,主要研究方向集中于以下四个方面。

(1) 女性与公共交通

女性主义者认为城市的交通组织和交通政策是性别不平等的最直观的体现。随着机动性的发展,许多城市的车辆拥有率在不断提高,但这并不意味着所有人的交通质量都在提高,也不表示大家的出行机会均等。由于女性在经济上和技术上的相对劣势,女性对小汽车的使用明显少于男性,她们是公共交通的主要依赖者。Pickup(1984)的研究显示,虽然60%的居民拥有轿车,但女性居民中仍然有75%没有自己的车辆。

建立于这一基本认知,女性主义非常强调公共交通的规划和设计,反对私人交通的发展,其关注的焦点也有别于传统的交通规划。首先,女性主义强调公交线路组织的行为学原则。由于女性比男性具有更多样化的出行目的,如购物、接送孩子、上医院,更多的时候是多个目的兼有,甚至时常变化,这些行为特征决定了公交线路组织具有更大的复杂性。其次,女性主义关注公共交通的环境安全,包括孕妇、儿童、老年人在使用上的安全以及如何控制公交环境中的性暴力。第三,女性主义还进一步关注女性的交通地位对自身发展的影响,认为出行的不便削弱了女性接近社会资源的能力,使女性在劳动力、土地和房屋市场上的竞争处于劣势,必然会影响女性社会地位的提高。

(2) 女性与医疗设施

女性主义对城市公共服务设施分布的关注始于对医疗设施的研究(Learmonth,1978)。由于女性生育、照料孩子和老人的需要以及医护就业的需要,她们与医疗、健康和保健设施的关系更为紧密,而传统的规划却带着男性的有色眼镜,或者至少是缺乏性别分辨的"色盲"。女性主义强调健康保健设施的重要性及其与城市公共交通的关系。如Watson(1984)认为女性在就医或保健过程中,有太多的工作要做,如接送儿童、购买日用品等,没有足够的闲暇用于交通,因此,"多数妈妈希望建立能在一个屋檐下提供所有服务的健康中心"。女性主义还批判了在居住和工作大规模郊区化的同时,医疗机构和保健服务却没有考虑到郊区女性的需要。

（3）女性与托幼设施

与女性生活最为直接相关的是孩子。儿童在很大程度上制约了女性的空间活动,这是性别社会分工所决定的。第二次世界大战后,欧洲女性完全和不完全就业的增长直接影响了城市中托幼设施的需求。一类研究重在分析如何在整个城市范围内建立钟点性、周期性和日常性的儿童看护中心,建立相应的指标体系或建设标准。这类设施除了幼儿园以外,还包括儿童放学后及假期中的看护场所;另一类研究重在解决女性带儿童出行时碰到的不便,尤其是医院、购物中心等公共场所中的托儿设施的规划设计。目前,这些儿童看护设施也正在中国城市中快速发展,而女性的需求也成为最重要的市场力量。

（4）女性与休闲

伴随20世纪80年代西方社会出现的休闲娱乐的"爆炸",女性主义开始研究女性是否享有与男性同样的休闲权利、女性在休闲中的经历与男性相比是否平等等问题。研究显示:女性的闲暇时间和闲暇活动远远少于男性,即使是职业女性,其经济地位的提高也是以牺牲大量的休闲时间和付出更多的劳动为代价。社交被当代人认为是促进个人发展和获得社会成就的重要机会,由于妇女的家庭和社会责任,她们即便从自己的工作中脱离,也不可能像男性一样自由地进行娱乐社交活动,这势必会影响女性社会地位的提高。

5. 女性与环境设计

生态女性主义认为,女性与环境有着必然的联系,应当以女性的原则来改变地球的面貌,女性应当被看做是改造环境的主要角色。早期的女性主义者对人类原始的生产方式及女性在生产过程中对环境的改造进行了研究,但由于工业化和资本主义的发展,生产从家庭功能中分离出来,从而使女性的生产职能转变为劳动力再生产职能,削弱了女性对环境和社会的改造作用。

后期的女性主义研究则转向了城市景观设计,考虑如何将女性原则引入景观设计之中,并进行了大量的实践探索。女性主义认为女性作为消费者主体对城市结构和社会分异产生决定性的影响,但以男性为主体的城市设计者却很少关注女性的需要。Werkerle、Perterson和Morley(1980)等人的《妇女的新空间》(*New Space For Women*)一书,以及1980年的《设计》(*Sign*)杂志阐述了女性的时空行为方式以及男女对环境(如房屋市场、住宅设计等)的不同理解。女性主义重在分析不同性别对空间的不同感受,如女性较男性更能适应无序空间(carole)、对色彩和质感更为敏感(holcomb)、更喜欢开放空间(sonnenfold)等。20世纪80年代,加拿大还出版了名为《妇女与环境》(*Women and Environment*)的一套丛书。

西方女性主义对城市社会空间的研究涉足面非常广泛,除了上述的内容以外,还对很多社会问题都保持着浓厚的兴趣,如城市暴力、老龄化、同性恋社区等城市社会现象,体现出强烈的理论活力。女性研究也成为城市地理学、城市规划和建筑学等学科领域里极富生命力和挑战性的课题。

5.4.4 女性主义研究的特点

1. 女性主义研究的主要方法

女性主义研究面对的最大障碍是话语权的缺失,例如,缺乏统计数据、缺乏可参照的理论或方法、缺乏可以准确描述的手段。像后现代女性主义者所说的那样,"迄今为止,所有的女性主义文字都是在用男人的语言对女人耳语"(Kourany,1992)。因此,真正的女性主义研究是相对困难的事。总体而言,女性主义研究多数采用以下方式。

(1) 性和性别研究。"性"和"性别"是女性主义研究的核心词,因此,女性主义研究往往围绕这两个问题展开,不仅包括女性研究,同时也包括男性研究。

(2) 行为和心理研究。除了马克思主义以外,多数的女性主义是反结构的,因此通常不采用结构主义的研究方法,而强调行为和心理分析,需要运用大量的行为学调查,挖掘被研究者的心理活动过程,从而取得非结构主义的研究结论。

(3) 个体和差异研究。"差异"是女性主义研究的灵魂,女性主义极其强调对个体的研究,并从个体中寻找差异,而差异比普适性更具研究意义。

(4) 表征性研究。女性主义研究带有较强的解构色彩,更喜欢从对事物的解构中寻找"性"或"性别"具有的表征意义,带有一定的主观性。

(5) 话语权研究。女性主义不仅热衷于解构,同时也渴望建构一个女性话语权的世界。所以,在研究成果的表述、呈现形式上,女性主义研究显得特立独行,会借助描述、图片、影像、绘画等手段来分析,文字也通常极为感性。

女性主义研究尽管具有上述研究特点,但总体是比较分散和多变的,在中国尚未得到普遍的接受。

2. 女性主义的争议性和开放性特征

与多数其他的社会学理论不同,女性主义在挑战和批判传统的同时,内部并不存在统一的认知,是一个充满了矛盾的开放性的理论。其主要的争议包括如何定义女性、性别是否存在、如何理解和实现性别平等、如何理解和构建性别关系等问题。激进的女性主义强调生理性别的决定意义,自由主义强调社会性别的学习、内化和社会化的过程,而后现代主义则将性别引向了多样化、非稳定的发展方向。马克思主义认为让女性进入立法、进入国家干预是实现平等的途径,而人文主义和后现代主义却通过对差异的强化试图把女性从制度中分离出来,并创造出女性语境和女性话语权。美国斯坦福大学妇女与社会性别研究所的王政在她的《社会性别研究选译》一书中解释:"Feminism 有别于各种'主义',它既不是几条定义和一系列连贯的概念组成的一种固定不变的学说,更不是排斥异己、追求占据思想领域霸权地位的'真理',而是一个开放的、动态的、涵盖面积广的、各种思想交锋和交融的场所。它历来同时包括理论与实践。"

女性主义的每一种理论都具有自身的价值观念和研究体系,它们不仅存在争议,而且有时甚至背道而驰,这增加了女性主义的发展阻力。但反过来看,女性主义所具有的这一特点也使其始终保持着高度的开放性,具备兼收并蓄的能力,它更像一片充满生机的土壤,每一种先进的思想都可以在上面生根、发芽,并碰撞出更多的思想火花。美国黑人女作家艾丽斯·沃尔克(Alice Walker)认为原有的女性主义的定义太狭隘,她在1983年提出以"妇女主义"(Womanism)取代女性主义,并将"妇女主义"定义为"献身于实现所有人民的,包括男人和女人的生存和完美的主义"。

5.5 后福特主义城市社会空间研究

后福特主义(post-fordism)是以精益生产、柔性专业化等非大规模生产方式为核心的新的资本主义积累方式及其社会经济结构,其主要特征是灵活的劳动过程、网络化的生产组织、多技能的劳动力及新的劳资关系、个性化消费等。后福特主义生产模式对城市社会空间产生了巨大的影响。

5.5.1 经济全球化相关理论

随着信息、交通运输业的发展,全球各城市的关系变得越来越密切,越来越互相依赖,这就是所谓的全球化(globalization)倾向。与经济全球化相关的主要理论可以概括如下。

1. 现代化理论

现代化理论以自由经济学派为基础,支持资本主义在世界各地的扩展,最著名的代表人物是罗斯托夫(Rostow,1960)。他在经典著作《经济增长的阶段:非共产主义宣言》(*The Stages of Economic Growth: a non-communists manifesto*)中,提出了一个国家的发展是按阶段性逐步演进的。他认为一个国家或者城市,从经济落后到经济发达,必须经过五个阶段,包括:①传统阶段;②经济起飞前奏;③经济起飞;④趋向成熟期;⑤高消费期。罗斯托夫认为,在两百多年前,当资本主义仍未发展时,所有国家都处于传统阶段。时至今日,有些国家已发展成发达国家,但仍有不少国家停留在传统时期,例如现在的第三世界国家。这些国家的发展就是所谓的现代化进程。概括起来,现代化理论认为,发达国家在落后国家的投资有助于它们发展经济,这些落后国家会逐步从传统的思想中解放出来,接受现代科技,逐步发展本土经济,脱离不发达阶段。

事实上,现代化理论也有多方面的缺陷。首先,它单向或片面地强调了外资的重要性,仿佛发达国家正在"拯救"第三世界国家,而对它们源源不断地提供资源和市场却视而不见,或避而不谈。其次,现代化理论假设社会是自然进化的,与人类生态学的迷信进化论异曲同工。按照这一理论,城市间的不平均发展会被归结为"自然"的结果,或正常的分工模式,而忽略了国家与国家之间,或城市与城市之间有政治、经济权力不平等的存在。再者,假如我们留心一下一些国家的发展经验,就不难发现很多国家的发展历程并不是因循上述五个阶段。由此可见,现代化理论的阶段发展论实在是将问题过于简化。一个国家、区域或城市的发展除了外在因素外,每个国家的内在因素,如工人运动的强弱、本地文化的发展等也都有一定的影响力。总之，现代化理论太重视经济投资，而忽略了公平和经济-权力间的平衡问题。

2. 依附理论

马克思主义者对于以自由经济学派和进化论为基础的现代化理论不以为然。他们提出了一套背道而驰的依附理论(dependency theory)。马克思主义者认为，由于政治、经济权力的不平等，经济强国对第三世界国家进行剥削，掠夺它们的资源，最后贫穷国家只有依附经济强国才可以生存，而经济强国的发达也需依附第三世界国家才得以延续。最明确的例子就是帝国主义者的殖民地政策。19世纪中叶，资本主义的经济强国纷纷崛起，它们在世界各地占领了不少殖民地，掠夺这些地方的资源，如南美的咖啡、印度的茶叶、马来西亚的橡胶等，或以这些殖民地作为桥头堡进行不平等贸易。19世纪之前的帝国主义者更是赤裸裸地贩卖黑奴，夺取人力资源。

依附理论认为，这些强国的入侵不会带来经济发展，帝国主义者的目的只是在夺取当地的人力资源和天然资源，并不是要发展当地的经济。因此，很多第三世界国家，如印度、菲律宾、马来西亚等，虽然长期对外开放，但国民经济状况仍然处于较低水平，外国投资并未带来经济起飞。相反，因国内不少天然资源和人力资源被殖民者掠夺，殖民地只能变为经济强国的附庸，要通过强国的"经济援助"才能维持生存。

依附理论的重要性在于其指出了国际间政治经济权力的不平衡可以严重地影响一个地区的发展，外国的投资并不一定有利于本地居民。相反，还有可能导致资源流失、过分依赖外国及持续贫穷。

当然，依附理论也有不少缺点。第一，它将复杂的国际关系过分简化，仿佛所有国家都按简单的二分法归为经济强国或落后国家，中间好像是一个真空。但在现实世界里，一些新工业化国家和地区并不能简单地被列入其中哪一类。第二，由上一点引申出另一个问题，就是外国的经济投资是否只有负面作用？如何解释出现亚洲"四小龙"等急剧发展的国家和地区？这些国家和地区似乎都是在大量外国投资之下发展起来的。换言之，依附理论对资本主义运作的分析，尤其是在落后国家的发展似乎太简化了。第三，依附理论与现代化理论有一个共同的弱点，就是过分强调外在因素，尤其是经济因素(Slater,1986,1987)，如国际权力关系、外国投资对社会发展的影响等。

3. 世界体系理论

20世纪70年代以来，面对复杂的全球形势变化，沃乐斯坦提出世界体系分析(world system analysis)(Wallerstein,1974)。他认为依附理论将世界分为经济强国与落后国家两种实在过分简化。20世纪中叶以后，世界形势不断发展，过去传统的殖民地与宗主国的关系很难维持不变，国际间的城市互相连接，全球正成为一个紧密的、互相依存的世界体系。沃乐斯坦认为，有些国家(城市)在这个体系里占据核心(core)位置，有些国家(城市)则处在边缘(peripheral)地位，还有一些国家(城市)则处于中间位置的半边缘(semi-peripheral)地位[①]。

---

① 例如中国香港、新加坡等，它们的经济较发展中国家好，但也不可跻身于经济强国之列。

这些半边缘国家(城市)，一方面受到经济核心强国的剥削，另一方面也剥削邻近第三世界的国家，吸取落后国家的资源。例如中国香港，输入廉价外劳(菲佣)，成为核心强国的桥头堡，设置跨国公司的地区总部，方便对邻近第三世界国家进行剥削。这就解释了为什么外国的经济投资在进行剥削本地工人之时，也会带来工商业发展的原因。沃乐斯坦的世界体系理论比依附理论更细致地划分全球各国的角色和地位，但它着重在商品流通的层面(如不平等贸易等)去分析核心的经济强国与边缘国家之间的关系。

4. 新国际劳动分工论

20世纪80年代以后，人们发现要解释国际间的不平等发展必须从资本主义的生产过程和生产方式的转变入手，新国际劳动分工论(New International Division of Labour)应运而生(Frobel，等，1980；Henderson，1986，1991；Cohen，1991)。

19世纪之前，传统的国际劳动分工非常简单，经济强国依靠枪炮和战船直接到第三世界国家抢掠资源，如矿产和农产品，甚至抢夺人力资源，如贩卖黑奴等。一切的生产程序都是将资源运回本国生产。19世纪至20世纪中期，这种直接抢掠的模式逐渐消失，核心强国逐步迈向工业化，而边缘的第三世界国家仍以小型农业生产、采矿和小型消费品生产为主。核心强国通过不平等的贸易进行剥削，例如帝国主义者通过控制殖民地，以低价买入原材料，以高价将制成品售予殖民地，或迫使殖民地使用其产品，从中获利。

20世纪初期至中期，核心强国的经济生产模式以集体、大规模生产降低成本，增加效益，加上有大量的本地及第三世界国家消费市场的支持，当时资本家的利润颇为丰厚。例如美国福特汽车的生产线以大规模、分工精细见称，成为当时生产模式的典范。但这种生产方式后来因缺乏弹性、厂房不能随便搬迁、产品不易改动，难以追赶潮流，加上核心国的工资和地价上升，利润便开始下降。

20世纪中期之后，随着科技的发展、通信设施的现代化和交通运输的方便，生产可以精细分工，切割处理，部分非技术性的工序可以在边缘或半边缘的国家进行。很多跨国公司都采取较有弹性的策略增加利润。这样，公司的总部、研究与开发可以留在核心地区如伦敦、纽约等，半技术生产可以转移到半边缘地区，而非技术性的生产则设到边缘地区。跨国公司利用在发展中国家或落后地区设厂吸取当地廉价劳动力，利用低税率、廉价土地、缺乏环保条例、缺乏工人保障等得以降低成本。

所谓"新国际劳动分工"，就是跨国公司在全球范围内合理配置资源，寻找满意的生产地，尤其是将一些常规的、技术含量低的生产过程转移到欠发达国家，改变了以往只在这些国家进行原料生产或初级加工，而在发达国家进行最终产品生产的国际劳动分工格局。

5. 新自由主义

新自由主义指的是一种政治-经济哲学，反对国家对国内经济的干预，强调自由市场的机制，主张减少对商业行为和财产权的管制。自20世纪70—80年代以来，随着高新科技革命的兴起和生产力的巨大发展，资本主义由国家垄断向国际垄断发展。为了适应这种需要，新自由主义开始由理论、学术而转为政治化、国家意识形态化和范式化，成为美英国际垄断资本推行全球一体化理论体系的重要组成部分。

新自由主义的特点和主要内容是：①市场是完全自由的竞争。②倡导个人主义。认为每个人在经济活动中首先是利己的，其次才是利他的动机和行为。③提倡自由放任的市场经济。认为自由选择是经济和政治活动最基本的原则。应当自由地拥有私人财产，自由地交易、消费和自由地就业。④崇拜"看不见的手"的力量。认为市场的自动调节是最优越和最完善的机制，通过市场进行自由竞争是实现资源最佳配置和实现充分就业的唯一途径。⑤反对国家干预经济。认为由国家来计划经济、调节分配破坏了经济自由，扼杀了"经济人"的积极性，只有让市场自行其是才会产生最好的结果。因此，只要有可能，私人活动都应该取代公共行为，政府不要干预。⑥主张私有化。认为私有化是保证市场机制得以充分发挥作用的基础，私人企业是最有效率的企业，要求对现有公共资源进行私有化改革。

5.5.2 后福特主义城市及其特征

1. 后福特主义城市特征

后福特主义的生产以"弹性专门化"（flexible specialization）为特色，即资本主义的生产过程可以拆散为不同的步骤，在不同的地区进行。这种分散的生产方式逐渐取代了传统的大规模生产。经济强国的资本家可与落后国家或发展中国家的统治阶层及本土资本家合作，发展出一套生产方式，如利用临时工、合同工、兼职以及其他非正式的经济生产方式剥削工人，加上利用缺乏工会组织、缺乏工人保障等原则以增加生产利润。

在全球经济转型及空间重组（spatial restructuring）的条件下，不同城市占据着不同位置。一方面，经济落后地区成为出卖廉价劳动力的生产基地。另一方面，发展中国家逐渐成为半技术生产或行政管理的基地，发挥着桥头堡或中途站的作用；而经济强国则与其他城市一样，都面对经济与空间重组的冲击（Sassen，1991；Smith，等，1989）。

后福特主义生产方式是一种以信息和通信技术为基础，生产过程和劳动关系都具有灵活性（弹性）的生产模式。与之相对应，后福特主义城市则以网络化和信息化为支撑，在城市区域内按个性生产的需求组织生产空间，传统的完整的产业链转变为更加细化的不连续的产业链，城市空间也变得更加分离和松散，见图5-1。

2. 城市社会空间的破碎

毋庸置疑，经济发展全球化必然给国家与国家、城市与城市之间带来新的不平等，城市的发展渐趋分裂。人们生活在同一个城市，却会出现截然不同的处境。掌握资本、权力或专业知识的人可以在经济转型中获得好处；与此相反，底层社会成员、妇女、新移民、缺乏专业技术和受教育水平低者，却成为经济全球化和转型发展的受害者。

Mellonkopf 和 Castells（1991）认为，现代城市将是一个两极分化的城市（dual city）。随着是否拥有财富与权力，市民渐趋两极化，贫者越贫，富者越富。Marcuse（1989，1993）认为，城市的分化比两极化更可怕，是一个四分五裂的城市（quartered city）。甚至有人提出后现代城市（postmodern city）的概念，即城市发展已没有既定的模式，以前由工业化所衍生，互相紧扣、层次分明、分工精细的城市布局已不复存在，随之而起的是分散、割裂、弹性、互

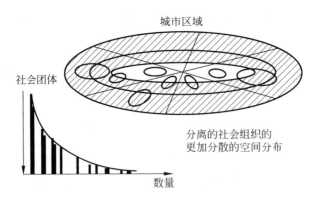

图 5-1　后福特主义城市空间结构形态

不相关的后现代生活方式。这种城市社会空间的分化不仅仅是建立在经济地位(如贫穷或富裕)之上,也会随着个人的背景如阶级、性别、年龄、种族和移民等因素而导致不同的结果。

3. 城市社会更加不平等

人类生态学认为,社会资源分配是自由竞争、"物竞天择、适者生存"的结果,是汰弱留强的自然现象,无所谓公平与不公平。虽然现代人类生态学者也强调文化在这个竞争过程中的重要性,但缺乏从政治和经济等权力关系来研究城市的发展。

现代城市规划的很多理念都源于这个传统:将城市规划视为人口和工商业的不断膨胀,由内向外、由中心向周边的不断扩张,通过数量化、电脑模拟等方法计算出城市发展的将来,回避了很多城市问题其实是源于政治与经济权力的不平等。

马克思主义者将资本主义的城市问题视为政治和经济权力分配不均的结果。新马克思主义者卡斯泰尔(Castells,1979)认为,城市的发展(如公共住房的建设)是一种集体消费(collective consumption)行为,为了协助资本主义再生产和劳动力再生产,同时也配合政府的经济发展政策,如收回市区土地、将人口迁移到新区等。哈维(Harvey,1979)也认为,城市与住房建设是资本家需要不断扩展市场,最终得益者并非一般小市民,而是财雄势大的资本家。不可否认,在资本主义社会里,政治和经济权力的分配确实很不平等。马克思主义者将研究焦点集中在资本家与工人的矛盾上,将所有社会不平等都归结为经济领域的问题,这样也就忽视了性别、种族、住房的形式和居住地区等因素都可以导致城市资源分配不平等问题。

韦伯对社会分层的分析较为多元化,他认为社会阶层并非简单地分为资本家与工人阶级,而是按其市场价值或市场位置来划分的。雷斯与摩尔(Rex & Moore)将讨论更推进一步,发展出一套"消费社会学"(sociology of consumption),将过去社会学家过分集中于生产领域的矛盾转而关注消费等所导致的社会分化问题。另外，韦伯关注的科层制度问题及个人行为的自主性也引发了帕尔（Pahl,1975）的"城市经理"研究。究竟处于中介位置的专业人士，如住房经理、城市规划师、房地产经纪人、社会工作者等对城市资源的分配有多大的影响力成为争论的焦点。时至今日，传统的城市经理论虽然已算是尘埃落定，但近年来在不少城市服务中，如住房、社会福利、医疗、教育等，又再冒起了一股"新经理学说"，即强调所谓"科学化"的管理、以数量化取代质量，以及管理阶层权力不断膨胀等问题。

马克思主义和韦伯学派虽然能超越传统人类生态学的局限，提出政治、经济权力不平衡的问题，但它们因过于集中于经济领域的讨论，而忽略了其他因素，如性别、年龄、种族、居住地区等。女性主义者尝试突破传统的局限，认为女性在城市和住房资源分配上处于不利位置，例如妇女在迁往新区后缺乏支援，单亲母亲、老年妇女在解决居住问题时所遇到的困难特别多。这些问题迟迟未能解决或根本不被认为是住房问题，并不是因为资源不足或一时的遗漏，而是因为传统的住房政策与服务是"性别盲"的，是建立在传统的男权社会意识之上的，忽视了女性的需要。因此，现行的城市与住房发展问题必须加入妇女角色才可以真正得以解决。女性主义对住房问题的讨论，又引申出现行的住房和城市发展忽略了其他范畴的不平等问题等。

长期以来，不同的国家在世界体系里都占据着不同的位置，有些经济强国如英国、美国等，通过殖民地制度、不公平交易等获取了不少利益。在城市发展全球化的趋势下，这些不平等的关系正在转变。虽然直接掠夺资源的情况已较之前为少，但国家与国家之间、城市与城市之间的不平等并没有完全消失，只不过是在新的国际劳动分工之下变得更为隐蔽而已。同时，在全球经济和城市空间重组的过程中，对不同社会群体也有不同的影响。一方面，部分资本家可通过经济转型而扩大在本地或海外的投资，专业及技术人员从经济重组中获取更高的工资；另一方面，非技术工人、家庭主妇等会因经济转型而失业，或转向一些低收入、不稳定的工种。居于城市中心的低收入家庭也会因空间重组或"绅士化"（gentrification）而丧失家园，而居于偏远新区的低收入住户的需求也会被主流社会所遗忘。

综上所述，不难看出，后福特主义城市社会空间将越来越趋于不平等。

推荐阅读参考资料

[英]孚卡·怀特 R. 2003. 后女权主义[M]. 王丽,译. 北京：文化艺术出版社.
[美]怀特 W W. 1994. 街角社会[M]. 黄育馥,译. 北京：商务印书馆.
[美]卡斯泰尔 M. 2001. 信息化城市[M]. 崔保国,等,译. 南京：江苏人民出版社.
林南. 2005. 社会资本：关于社会结构与行动的理论[M]. 张磊,译. 上海：上海人民出版社.
沙森 S. 2005. 全球城市[M]. 周振华,等,译校. 上海：上海社会科学院出版社.
GANS H. 1962. The Urban Villagers: Group and Class in the Life of Italian Americans[M]. New York: Free Press.

习 题

1. 名词解释

城市性、新城市主义、社会网络、弱关系力量假设、社会资本、新国际劳动分工论、新自由主义、后福特主义生产方式。

2. 简述题

（1）简述滕尼斯提出的"社区"与"社会"的区别。
（2）简述沃斯的城市性理论。
（3）简述后福特主义城市社会空间的特点。

3. 论述题

（1）论述网络结构观与地位结构观的区别。
（2）论述"鼓励拥有私房运动"的社会学含义。
（3）论述女权运动的特点及其对女性主义思想形成的影响。
（4）论述现代化理论与依附理论的不同点。

参 考 文 献

鲍晓兰. 1995. 西方女性主义研究评介[M]. 北京：三联书店.

边燕杰. 1998. 找回强关系：中国的间接关系、网络桥梁和求职[J]. 国外社会学(2)：50-65.

陈锦华. 1997. 女性主义：突破传统的角度看城市与房屋问题[M]//陈锦华，胡文龙，余伟锦，等. 香港城市与房屋：城市社会学初探. 香港：三联书店：59-76.

关春玲. 1996. 西方生态女权主义研究综述[J]. 妇女研究(3)：31-36.

哈维 D. 2010a. 城市改革观察[J]. 王春丽，译. 城市与区域规划研究,3(1)：102-106.

哈维 D. 2010b. 为什么美国的刺激方案注定要失败[J]. 袁晓辉，译. 城市与区域规划研究,3(1)：96-101.

黄春晓，顾朝林. 2003. 基于女性主义的空间透视——一种新的规划理念[J]. 城市规划(6)：81-85.

黄春晓. 2008. 城市女性社会空间研究[M]. 南京：东南大学出版社.

康少邦,等. 1986. 城市社会学[M]. 杭州：浙江人民出版社.

[美]科尔曼. 1992. 社会理论的基础[M]. 北京：社会科学文献出版社.

李银河. 2005. 女性主义[M]. 济南：山东人民出版社.

[美]林南. 2002. 建构社会资本的网络理论[J]. 国外社会学 (2)：18-37.

罗家德. 2005. 社会网分析讲义[M]. 北京：社会科学文献出版社.

秦美珠. 2008. 女性主义的马克思主义[M]. 重庆：重庆出版社.

塔娜,柴彦威,刘志林. 2012. 单位社区杂化过程与城市性的构建[J]. 人文地理(3)：39-43.

特纳 J. 2001. 社会学理论的结构(下)[M]. 邱泽奇，译. 北京：华夏出版社.

[德]滕尼斯 F. 2010. 共同体与社会：纯粹社会学的基本概念[M]. 北京：北京大学出版社.

仝华,康沛竹. 2004. 马克思主义妇女理论发展史[M]. 北京：北京大学出版社.

肖鸿. 1999. 试析当代社会网研究的若干进展[J]. 社会学研究(3)：1-11.

张文宏. 2003. 社会资本：理论争辩与经验研究[J]. 社会学研究(4)：23-35.

张应祥. 2006. 社区、城市性、网络——城市社会人际关系研究[J]. 广东社会科学(5)：183-188.

Bian Yanjie, Ang Soon. 1997. Guanxi Networks and Job Mobility in China and Singapore[J]. Social Forces,75(3)：981-1005.

BURT R. 1992. Structural Holes: The Social Structure of Competion[M]. Cambridge, MA: Harvard University Press.

CASTELLS M, GOH L, KWOK R Y W. 1990. The Shek Kip Mei Syndrome: Economic Development and Public Housing in Hong Kong and Singapore[M]. London: Pion.

CASTELLS M. 1977. The urban question: A Marxist Approach [M]. London: Edward. Arnold.

CASTELLS M. 1979. The Urban Question: A Marxist Approach[M]. Cambridge, MA: MIT Press.

COHEN R. 1991. Contested Domains: Debates in International Labor Studies[M]. London: Zed Books.

FARRELL S J, AUBRY T, COULOMBE D. 2004. Neighbourhoods and neighbours: do they contribute to personal wellbeing[J]. Journal of Community Psychology,32(1): 9-25.

FIRESTONE S. 1971. The dialectic of sex: the case for feminist revolution[M]. Newyork: Bamtam Books.

FISCHER C S. 1982. To dwell among friends: personal networks in town and city [M]. Chicago: University of Chicago Press.

FROBEL F, HEINRICHS J, KREYE O. 1980. The new international division of labour[M]. Cambridge: Cambridge University Press.

GRANOVETTER M. 1973. The Strength of Weak Ties[J]. American Journal of Sociology,78(6): 1360-1380.

GRANOVETTER M. 1974. Getting a Job: A Study of Contacts and Careers[M]. Boston, MA: Havard University Press.

GRANOVETTER M. 1985. Economic Action and Social Structure: The Problem of Embeddedness[J]. American Journal of Sociology (91): 481-510.

HAYDEN D. 1981. What would a nonsexist city be like? Speculations on housing, urban design and human work[M]// Stimpson C, et al. Women and the American City. Chicago: University of Chicago Press.

HENDERSON J. 1986. The New International Division of Labour and Urban Development in the Contemporary World System [G]// Drakakis-Smith D. Urbanisation in the Developing World. London: Croom Helm.

HENDERSON J. 1991. Urbanisation in the Hong Kong-South China region: an introduction to dynamics and dilemmas[J]. International Journal of Urban and Regional Research,15(2): 169-179.

HUNTER A. 1979. The urban neighborhood: its analytical and social contexts[J]. Urban Affairs Review, 14(3): 267-288.

KOURANY J A, et al. 1992. Feminist philosophies[M]. New Jersey: Prentice Hall.

LEARMONTH A. 1978. Patterns of disease and hunger[M]. London: David and Charles Limited.

LEYDEN K. 2003. Social capital and the built environment: the importance of walkable neighbourhoods [J]. American Journal of Public Health (93): 1546-1551.

Lin Nan, ENSEL W M, VAUGHN J C. 1981. Social Resources and Strength of Ties: Structural Factors in Occupational Status Attainment[J]. American Sociological Review (46): 393-405.

Lin Nan. 1982. Social Resources and Instrumental Action[M]// Marsden Peter V, Lin Nan. Social Structure and Network Analysis. Beverty Hills, CA: Sage Publications.

Lin Nan. 1999. Social Networks and Status Attainment[J]. Annual Review of Sociology (25): 467-487.

lMMANUEL W. 1974. The Modern World System I: Capitalist Agriculture and the Origins of the European World-Economy in the Sixteenth Century[M]. New York: Academic Press.

LONGHURST R. 2001. Geography and Gender: Looking back, Looking forward[J]. Progress in Human Geography, 25(4): 641-648.

LOUIS W. 1938. Urbanism as a way of life[J]. American Journal of Sociology, 44(1): 1-24.

MARCUSE P. 1989. Dual city: a muddy metaphor for a quartered city[J]. International Journal of Urban and Regional Studies, 13(4): 697-708.

MARCUSE P. 1993. What's So New About Divided Cities[J]. International Journal of Urban and Regional Research, 17(3): 355-365.

MATRIX. 1984. Making space: women and the man-made environment[M]. Michigan: Pluto Press.

MCDOWELL L. 1983. Towards an understanding of the gender division of urban space[J]. Environment and planning D: Society and space (1): 59-72.

MCDOWELL, et al. 1984. A women's place? [M]// Massey D, Allen J. Geography matters. Cambridge: Cambridge University Press: 47-128.

MOLLENKOPF J H, CASTELLS M. 1992. Dual City: The Restructuring New York[M]. New York: Russell Sage Foundation.

PAHL R E. 1975. Whose City? [M] 2nd ed. Penguin: Harmondsworth.

PICKUP L. 1984. Women's gender role and its influence on their travel behavior[J]. Built Environment, 10 (1): 61-68.

PLANT J. 1989. Healing the wounds: The promise of ecofeminism[M]. Philadelphia, PA: New Society Publishers.

PUTNAM R. 2000. Bowling Alone: The Collapse and Revival of American Community[M]. NY: Simon& Schuster.

ROBERTS M. 1991. Living in a Man Made World: Gender Assumptions in Modern Housing Design[M]. London: Routledge.

ROSTOW W. 1960. The Stages of Economic Growth: a non-communists manifesto[M]. Cambridge: Cambridge University Press.

SASSEN S. 1991. The Global City[M]. Princeton, NJ: Princeton University Press.

SAUNDERS P. 1979. Urban Politics: A Sociological Interpretation[M]. London: Hutchinson & Company.

SAUNDERS P. 1986. Social Theory and the Urban Question[M]. London: Routledge.

SCOTT J. 2000. Social network analysis: a handbook[M]. London: Sage Publications.

SLATER D. 1986. Capitalism and urbanisation at the periphery: problems of interpretaion and analysis with special reference Latin America[G]// Drakakis-Smith D. Urbanisation in the developing world. London: Croom Helm.

SLATER D. 1987. On Development Theory and the Warren Thesis: Arguments against the Predominance of Economism[J]. Environment and Planning D: Society and Space,5(3): 263-282.

SMITH M P,FEAGIN J R. 1989: The capitalist City[M]. Oxford: Basil Blackwell.

TOSICS I. 1987. Privatization in housing policy: the case of the western countries and that of Hungary[J]. International Journal of Urban and Regional Research ,11(1): 61-78.

VÖLKER B,FLAP H,LINDENBERG S. 2007. When are neighbourhoods communities? Community in Dutch neighbourhoods[J]. European Sociological Review,23(1): 99-114.

WALBY S. 1986. Patriarchy at work[M]. Cambridge: Polity Press.

WALBY S. 1990. Theorizing patriarchy[M]. London: Basil Blackwell.

WASSERMAN S,FAUST K. 1994. Social Network Analysis: Methods and Applications[M]. New York and Cambridge, ENG: Cambridge University Press.

WATANABE S. 1987. Job-Searching: A Comparative Study of Male Employment Relations in the United States and Japan[D]. CA: University of California at Los Angeles.

WATSON W H. 1998. Black folk medicine[M]. New Jersey: Transaction Publishers.

WELLMAN B,LEIGHTON B. 1979. Networks,Neighborhoods,and Communities: Approaches to the Study of the Community Question[J]. Urban Affairs Review,14(3): 363-390.

WELLMAN B. 1988. Structural analysis: From method and metaphor to theory and substance[M]// Wellman,Berkowize. Social structures. Cambridge: Cambridge University Press.

WELLMAN B. 1996. Are personal communities local? A dumptarian reconsideration[J]. Social Networks (18): 347-354.

WELLMAN B. 2005. Community: from neighborhood to network[J]. Communications of the ACM,48 (10): 53-55.

WOOD L,SHANNON T,BULSARA M,et al. 2008. The anatomy of the safe and social suburb: an exploratory study of the built environment social capital and residents' perceptions of safety[J]. Health & Place (14):15-31.

第 6 章　城市社会分层与流动

社会分层(social stratification)是对社会阶级和阶层结构的分析研究。"分层"(stratification)本来是地质学家用以研究地质结构的概念,是指地质结构的不同层面。城市社会学家在研究城市社会结构时,发现城市社会中人与人之间、群体与群体之间是不平等的,存在着类似地质结构中那种高低有序的梯级层次现象,因此,社会学家借用地质上的"分层"来说明城市社会的纵向结构,称之为"社会分层"。城市社会分层是一种城市社会现象,通过城市社会流动来实现。

6.1　社会分层

社会分层是指社会中的人们区分为高低有序的不同等级和层次的现象。在城市社会中,每个人的社会地位之间存在着差别,这种差别造成了高低有序的等级现象。社会分层是由社会分化造成的。社会分化有两种基本形式:一种是水平分化,另一种是垂直分化。水平分化是一种处在一个地位群体中的人们在社会职能上的分化,这种分化不造成人们在社会地位上的高低有序的差别,如工人工种上的分化、资本家中各个资本家之间在职能上的分化等。垂直分化是指造成地位、群体之间高低顺序上的差别分化,如资本家和工人之间就是一种垂直分化。社会分层就是专指垂直分化造成的高低有序的地位群体的现象,以及造成这种现象的过程。从社会结构上看,由社会分化所造成的社会分层有三个层次,第一个层次是阶级,第二个层次是阶层,第三个层次是层界。

6.1.1　社会分层的一般理论

西方社会学关于社会分层的研究历史悠久,分层理论多种多样,主要有:①收入源泉论。该理论的代表人物是亚当·斯密和大卫·李嘉图。这一理论认为"工资、利润和地租是一切收入的三个最初来源",社会财富是由劳动、资本和土地共同创造的,因此工人、资本家和地主是三个自生自灭的阶级,谈不上谁是更高或更低的阶级。这一理论的缺陷在于抹杀了劳动关系中支配及雇佣的色彩,否认了社会分层中客观存在高低的现实。②市场决定论。该理论的代表人物是马克思·韦伯。他认为:"当一些人在生活机遇方面有共同的、特定的因果构成时,只要这种构成完全是表现为占有货物的经济利益和获得收入的机会,而且是在商品或劳动市场的条件下表现出来的时候,那么,这些人就可以说是一个'阶级'。"按照韦伯的理论,社会阶层的划分取决于一个人在市场中的地位如何。③社会职业论。这一理论在美国曾十分流行。1887年美国国情普查局的主任统计官威廉·C.亨特把有收入的工人分为四个"阶级"：(a)有产阶级；(b)办事员阶级；(c)熟练工人；(d)劳动阶级。1938年艾尔巴·爱德华兹对上述分类法做了修改，分为六种职业类别：(a)专业人员；(b)有产者、经理、官员、农民(农场主和佃农)、批发商和零售商、其他；(c)办事员及其他有关人员；(d)熟练工人和工头；(e)半熟练工人，制造业的半熟练工人、其他；(f)粗工，农业工人、建筑工人、其他壮工、服务业工人。这一理论反映了美国进入资本垄断阶段后职业与行业的部分分离和脑力劳动人口大幅度增长的现实，这一理论也为"中产阶级"(the middle class)理论提供了基础。它的局限性在于，它模糊了同一职业中存在的获得报酬的多寡、方式和机会等差别。④白领工人-中产阶级理论。根据这一理论，"所有不从事纯粹体力工作的雇员"都可算做白领，于是"白领"就成了"中产阶级"的代名词。但依据这一理论，随着科学技术的发展，白领势必成为大多数，他们与蓝领工人除了有脑力与体力的明显差别外，收入水平等方面的差距却未必扩大，而是日益缩小，所谓"中产阶级"已很难自圆其说。⑤社会流动论。这种理论的持有者认为，随着科学技术的进步，蓝领工人必然会向上流动为中产阶层。

6.1.2 社会分层的标准

无论西方阶层理论从哪一个角度来分析阶层的诞生或划分阶层，都意味着社会中的人群存在着层次差别，这种层次差别可能是收入上的、社会地位上的，也可能是受教育程度上的、个人发展机会上的等。西方国家在评价社会繁荣程度时，一个重要的考察标准即中产阶层在社会中所占的百分比，以及中产阶层的生活品质。

1. 马克思阶级分层

马克思主义的阶级分层理论在西方的影响非常广泛。马克思在阶级划分的同时也进行了社会阶层的分析，他认为阶级与阶层是两个不同的概念。马克思在他的著作中指出，阶级是基于资本主义生产关系的基础上的。人们对于生产资料的占有关系不同，在劳动组织、生产过程中所起的作用不同，领取社会财富多少的不同，决定了剥削与被剥削阶级的地位差别。也就是说，马克思是按照对生产资料的占有与否将社会成员划分为资产阶级和无产阶级。同时马克思又指出，在过去的各个历史时代，社会被完全划分为不同的阶级，而在每个阶级内部又存在着各种独特的等级。近年来，新马克思主义者主张以生产资料为主，综合权力与技术，以生产资料资产、组织资产、技术或资格证书资产三种资产划分阶层。

2. 韦伯社会地位分层

除了马克思的阶级学说之外，韦伯最早构筑了社会分层标准，也普遍受到西方学者的重视。其中，经济标准指收入与财富的多少；社会标准即社会地位，是对个人荣誉、声望的评价；政治标准也就是权力，指个人或群体控制或影响他人的能力。韦伯使用三项指标来划分社会层次结构，即财富、权力和声望。也就是说，韦伯把经济、社会和政治三方面标准综合起来划分社会成员的社会地位。

(1) 经济标准。在韦伯看来,经济标准即财富,是指社会成员在经济市场中的生活机遇(life chance)。那么,什么是在经济市场中的生活机遇呢? 用韦伯的话来说,就是个人用其经济收入来交换商品或劳务的能力,即满足自己物质需求的能力。实际上,这是把收入作为划分社会阶级和阶层结构的经济标准。

(2) 社会标准。所谓社会标准,是指个人在其所处的社会中的声誉和受尊敬的程度。在西方社会分层理论中,就是按照这个标准把社会成员划分成不同的身份群体(status group)。所谓社会身份群体,就是由那些有着相同或相似的生活方式,并能从他人那里得到等量的身份尊敬(status hornor)的人所组成的群体。韦伯认为,由经济标准所形成的阶级和由社会标准所形成的身份群体之间虽有非常密切的联系,但两者并不完全等同,例如,收入很高的的妓女并不拥有很高的社会尊敬。韦伯说:"也许可以说,阶级是依据人们与商品的生产和获得的关系而划定的,而身份则是根据消费的原则来划定的,它以特定的生活方式为特征。"

(3) 政治标准。所谓政治标准,就是指权力。什么是权力呢?韦伯认为,权力就是"处于社会之中的行动者即便在遇到反对的情况下也能实现自己的意志的可能性。"在韦伯看来,权力不仅取决于个人或群体对生产资料的所有关系,而且也取决于个人或群体在科层制度中的地位。

韦伯认为,这三条标准虽然有时是互相联系、甚至是互相重叠的,但它们之间并不能完全等同或互相代替。其中的任何一个标准都可以独立作为划分社会层次结构的一个原则,财产差别产生阶级,威望差别产生身份群体,权力产生政党。现在,西方更有一些社会学家认为,随着现代社会的发展,这三者的独立性更进一步地加强了。目前西方社会学对于社会层次结构的研究,基本是在韦伯所奠定的这个三重标准的基础上进行的。

韦伯的社会分层理论与马克思主义的阶级理论似乎相似,都认为阶级是与经济相联系的,但实际上却有本质的不同。马克思主义关于阶级的本质注重的是生产关系,主要从生产过程中工人与资本家的关系来揭示阶级属性,而韦伯关注的是市场关系,认为阶级地位是由市场处境决定的。马克思主义分析资本主义社会阶级斗争的规律,得出了资本主义必然灭亡的结论。韦伯研究社会分层,目的是调和阶级的矛盾和冲突,维护资本主义的社会秩序。最近,新韦伯主义者阶层划分更多的是一些定量的研究,社会声望分层的研究就是划分社会阶层的指标越来越多了。其代表人物戈德索普,依据职业分类与市场状态,以职业分类为基础,再根据市场状态把各类职业合并成几个大阶层。

3. 其他阶层划分标准

在韦伯之后,还有一些人提出了阶层划分方法。①沃特和科尔曼社会声望学派。沃特以美国一个不大的城镇居民为例,主要从社会声望这个角度划分社会阶层,分为上上层、上下层、中上层、中下层、下上层和下下层等六个阶层。科尔曼研究的是美国波士顿这个区域里面的社会分层情况。②布劳和邓肯职业划分学派。布劳和邓肯按职业划分社会阶层,共分为14个阶层。③布迪厄文化划分学派。法国人布迪厄认为,在社会分层方面要考虑文化因素,比如艺术家、钢琴家等从事文化工作的人,他们收入很高,社会地位得到社会的尊重,所以他把文化资源作为一个主要的变量放到里面去,同时也考虑经济和社会方面的因素,分为管理层、中间层和普通层三部分。④吉尔伯特和卡尔社会地位连续统一体。20世纪80年代,美国社会学家丹尼斯·吉尔伯特和约瑟夫·卡尔用九个变量对美国社会进行了分层研究。这九个变量是职业、收入、财产、个人声望、交往、社会化、权力、阶级意识、继承和流动。

4. 国内社会阶层划分标准

毛泽东在1926年的《中国社会各阶级的分析》等文章中,根据政治和经济的双重标准,描述了当时中国社会阶级的结构体系,包括:①地主阶级、买办阶级;②中产阶级或民族资产阶级;③小资产阶级;④半无产阶级;⑤无产阶级;⑥游民无产者。新中国成立后,到20世纪80年代末期,实际上是按传统的划分方式,以政治标准和劳动分工相结合的原则,是"两个阶级一个阶层"的分类模式,即农民阶级、工人阶级和知识分子阶层,这样的划分带有强烈的政治性。进入20世纪80年代末,特别是90年代以后,中国关于社会分层的研究得到了蓬勃发展,从不同指标对社会进行划分,从而形成了不同的流派。第一种职业地位,是通过专家打分对从事不同的职业所拥有的地位进行打分排序来分类的;第二种职业声望,它是综合性的指标,不光包括从事的职业,还有收入、拥有的职业赋予的权力、受尊敬的程度等综合指标来看这个职业,通过职业声望进行分层;第三种是消费分层,这种方法不完全从社会学角度进行研究,而是引入了一些营销和消费者行为的指标对阶层进行划分,即"恩格尔系数"——经济学的一个指标,反映一个人或者一个家庭的富裕程度。

6.2 阶级与阶层

在对西方社会层次结构进行描述的时候,由于各自的立场不同、出发点和目的不同,以及所使用的标准不同,所得出的结论也大不一样。

6.2.1 阶级

1. 阶级的含义

阶级,首先是一个经济范畴,是在一定的生产关系中处于不同地位的社会集团。阶级是一个具有特定含义的历史范畴。它是随着生产力的发展、剩余产品的出现以及私有制的产生而产生的。阶级划分的根源是社会的经济结构,英国古典经济学家亚当·斯密和大卫·李嘉图试图从经济关系的分配方式中找到阶级划分的根源,他们认为工资、地租和利润三种收入方式是把人们划分成工人、土地所有者和资本家的经济根源。马克思指出"阶级的存在仅仅同生产发展的一定历史阶段相联系",即阶级的根源不在分配过程,而在生产过程。列宁进一步阐明了阶级划分的标准,他指出:"所谓阶级,就是这样一些集团,这些集团在历史上一定社会生产体系中所处的地位不同,对生产资料的关系(这种关系大部分是在法律上明文规定了的)不同,在社会劳动组织中所起的作用不同,因而领得自己所支配的那份社会财富、方式和多寡也不同。所谓阶级,就是这样一些集团,由于他们在一定社会经济结构中所处的地位不同,其中一个集团能够占有另一个集团的劳动。"列宁关于阶级的定义,深刻地揭示了阶级的特征,指明了阶级的实质,为划分阶级提供了科学标准。

2. 阶级划分理论

由于使用的标准不同[①],在这个层次上所进行的阶级划分曾出现了五花八门的阶级模式,其中影响比较大的有以下几种。

(1) 三个阶级理论

这是一种比较通俗、比较流行的阶级模式,即把人们分成上等阶级(upper class)、中等阶级(middle class)和下等阶级(lower class)。但由于在进行划分时所依据的具体标准不同,得出的结果也往往互相抵触。同时,由于这种划分依据多重标准,因此也就难以得到严格的结论。例如,有的人在其收入上属于上等阶级,在权力上则属于下等阶级,其阶级归属也就成了问题。

(2) 林德两个阶级模式

R. 林德(R. Lynd)和H. 林德(H. Lynd)在他们于1929年出版的《中镇》(*Middletown*)和1937年出版的《过渡中的中镇》(*Middletown in Transition*)两本书中提出"企业家阶级"(business class)和"工人阶级"(working class)的模式。其中,企业家阶级是由从事商业和工业管理的人,以及通常被称之为专家的人所组成。其他人则属于工人阶级。

(3) 白领和蓝领阶级模式

美国著名社会学家米尔斯(C. W. Mills)在其1958年出版的《权力精英》(*The Power Elite*)一书中,把工人分成白领(white collar)和蓝领(blue collar)两个阶级。所谓白领,是指技术熟练的工人,包括管理者阶层,他们从事的是脑力劳动。所谓蓝领,则是指非常熟练的体力劳动工人。此外,在近些年来所开展的对"新中间阶级"的研究也属于这个层次。

(4) 马克思主义分层理论

在第二次世界大战以后,马克思主义阶级理论对于西方社会学的影响越来越大,因此,在西方社会学中,试图用马克思主义的阶级模式来分析研究西方资本主义社会层次结构的人也逐渐多了起来。与西方资产阶级社会分层理论相对应,马克思主义的社会分层理论认为,对社会的分层研究,首先是根据人们在一定的生产关系中的地位和作用的不同将他们划分为不同阶级,然后再根据其他经济因素将人们划分为不同的经济,之后再根据其他经济和非经济因素将人们划分为不同的层次等级。毛泽东在分析半殖民地半封建的旧中国

[①] 目前,西方社会学分层理论的研究涉及的范围非常广泛,但就其基本研究课题来说,则主要集中在以下几个方面:第一,对社会或群体中的层次结构进行描述,例如有多少个层次(strata),每个层次的规模,其成员在收入、职业、声望上有什么特点,他们在社会生活中处于什么地位等。第二,进行层次结构划分的标准是什么,是一元的还是多元的,如果是多重标准,那么这些标准的相互关系是什么,又如何根据这诸种标准的综合指标进行层次划分。同时,每一个标准又都有一个如何量度(measurement)的问题。第三,属于同一层次的人们在社会生活中有何共同特征,层次地位对于他们的政治态度、宗教态度以及娱乐兴趣方面有何影响。第四,社会分层对于社会秩序的稳定、社会变迁的进行有何影响。第五,不同社会的层次结构各有什么特点。第六,在社会发展的不同阶段会产生什么样的特殊形式的层次结构。但引起社会学家们更多注意的,则是对于社会层次结构的描述。

的社会状况时首先进行了阶级划分,即把旧中国的社会划分为资产阶级和无产阶级、地主阶级与农民阶级两大对抗的基本阶级。然后进行了阶层划分和非基本阶级的分析,把地主阶级划分为大、中、小三个阶层,把资产阶级划分为官僚买办资产阶级和民族资产阶级等,同时还分析了知识分子等社会阶层。

3. 阶级意识

在存在阶级对抗的社会中,阶级利益的对立是客观存在的。但是,一个阶级是否意识到本阶级的利益,是否自觉地为本阶级的利益而斗争,则会影响到阶级斗争的实际状态。一般来说,只有在形成明确的阶级意识的情况下,这个阶级的成员才会团结一致、目标明确地为本阶级的利益而斗争。

那么,什么是阶级意识呢?所谓阶级意识,就是为一个阶级的成员所分享的、对于他们的共同利益和共同处境的认识。换句话说,就是阶级成员之间的一种认同感、身份感。

明确的阶级意识的形成一般取决于以下几个因素:①阶级之间的界限是否清楚,阶级对立的程度如何。一般说来,阶级之间的界限越是清楚,社会成员的阶级归属就越是一目了然,明确的阶级意识就越容易形成。②阶级内部的同质性程度。阶级内部的状况也会影响到阶级意识的形成。阶级内部的同质性越强,也就是说,利益越是一致,特点越是相同,也就越容易形成明确的阶级意识。同时,一个阶级的成员是否拥有相同的宗教信仰,是否有共同的生活方式,也会影响到阶级内部的同质性程度。③垂直社会流动的程度。社会流动的程度对阶级意识的形成会有一种负方向的影响,也就是说,垂直社会流动的量越大,阶级意识就越难以形成,而在垂直社会流动较小的社会中,阶级意识就会比较容易形成。只要对照一下就可以发现,美国工人阶级的阶级意识要明显弱于西欧一些国家工人阶级的阶级意识,这是由于美国社会流动性大于西欧的原因。

4. 阶级结构

阶级产生后,社会就形成了一定的阶级结构。不同的社会形态,其阶级结构也不同,但都有共有的特征,即任何一个阶级社会都是由基本阶级和非基本阶级组成的,其决定因素是该社会中占统治地位的生产方式。

(1)私有制社会的阶级结构

在奴隶社会和封建社会,由于森严的等级掩盖了阶级界限,因此奴隶主阶级与奴隶阶级、地主阶级与农民阶级的对立并不那么明显。相反,资本主义社会消灭了封建的等级制度,使阶级对立简单化了,社会日益明显地分裂为两大对抗阶级。资产阶级是统治阶级,它占有资本并指挥和监督生产,掌握国家政权。无产阶级是被剥削阶级和革命阶级。同时,私有制社会中还普遍存在着大量的非基本阶级,大致可以划分为三类:第一类是所谓的中间阶级,即处于两大对抗阶级之间的阶级;第二类是前一社会还未完全消灭或消失的残留者;第三类是新生的下一社会阶段的基本阶级的萌芽。

各个私有制社会都是以两大对抗的基本阶级为主,同时又有非基本阶级与其混杂共同构成具体的社会阶级结构。其中,占有生产资料的阶级是该社会居统治地位的阶级,而只有很少生产资料的阶级则处于被统治地位。两者在经济上是剥削与被剥削的关系。中间阶级或者依附于占统治地位的基本阶级,如中国封建社会的商贾依附于地主阶级;或者与被统治阶级处于同等的地位,如中国封建社会的手工业者与农民的地位相等,但不一定与统治阶级直接发生剥削与被剥削的关系。

(2) 公有制的社会主义的阶级结构

我国目前的阶级结构是由基本阶级、特殊阶层和非基本的社会集团三部分组成的。基本阶级包括工人阶级和农民阶级两大劳动阶级,它们已经不是同资产阶级和地主阶级相对立的无产阶级和农民阶级,其经济地位已发生了根本的变化,成为生产资料的占有者,成为社会和国家的主人。工人和农民的根本利益是一致的,但由于对生产资料的关系不同,以及社会分工与分配关系不同,他们之间还存在一些差别和矛盾。这些差别不仅仅是职业差别,而且还具有阶级差别的性质。这种阶级差别不是社会主义制度本身的产物,而是旧社会遗留下来的,是新社会尚未来得及或者暂时还没有能力改变的一种社会结构状态。这种阶级差别目前主要表现在以下三个方面:其一,对于生产资料具有不完全相同的占有与使用方式。其二,具有不同的分配方式与生活水平。从目前平均收入水平来看,工人高于农民,社会福利待遇也有不同。其三,社会作用与地位不完全相同。工人是领导阶级,农民是工人阶级的同盟军,是被领导阶级。因此,工人和农民是两个经济上处于不同地位的社会集团。社会主义知识分子在总体上是属于工人阶级的一部分,但是,由于其特殊的劳动方式和社会功能,又成为一个相对独立的特殊阶层。而个体劳动者是与工农阶级相联系而存在但又不属于这两个基本阶级的非基本的社会集团,是同生产资料的个人占有相联系的社会主义的劳动者。

综上所述,公有制社会和私有制社会的阶级结构是根本不同的,主要表现在两个方面:一方面,阶级结构的性质根本不同。私有制社会的基本阶级是基于经济利益根本对立而成为互相对抗的阶级,而社会主义社会的工农两个基本阶级是相互合作和相互支援的关系,不表现为阶级斗争,没有根本的利害冲突,其矛盾是在根本利益一致基础上的非对抗性矛盾。另一方面,阶级结构的发展趋势也根本不同。私有制社会基本阶级之间的对立越来越深,矛盾达到顶点,必然要引起革命和阶级结构的根本变化。而公有制社会工农两个基本阶级之间的差别,随着社会生产力的发展和相同经济地位的获得将逐步缩小,最终融为一体,这是历史发展的必然趋势。

6.2.2 阶层

1. 阶层的概念

阶层的划分,丰富了整个社会的结构。阶层是社会结构中比阶级更深入的一个社会层面。阶层划分的标准是一个综合性的指标,是根据人们在社会经济组织中的地位、作用、收入方式与收入多少的综合性指标,即多元化的标准,可以用职业、权力、教育程度等来衡量。具有职位、收入等多方面同一性的人们,构成同一个阶层。阶层之间在利益上的差别决定了它们社会政治作用的差别、生活条件与生活方式的差别、教育程度与社会心理的差别。

2. 阶层划分

阶层既可以依据其中的一个单项指标划分,也可以根据政治、经济和社会等综合指标进行划分,其所划分的阶层一般都具有相当的规模。20世纪40年代,沃纳(W. L. Warner)等人曾提出六个阶层的划分方法,实际上是把上、中、下三个阶级各一分为二。现在,这种划分方法得到了普遍的应用。这六个阶层是:①上上层。这个阶层由世世代代富有的人们所组成,他们不但拥有大量的物质财富,而且有上流社会特有的生活方式。②下上层。这个阶层实际上是一些暴发户,他们虽然在财产上并不逊色于上上层,但他们还没有学到上流社会的生活方式。③上中层。这个阶层基本上是由那些居住在舒适而景色诱人的郊区的企业家和专业人员组成。④下中层。他们的生活条件并不如上中层人们那样好,主要是包括一些小店主、神职员等。⑤上下层。与上中层、下中层的人们相比,他们收入并不少,但他们从事的是体力劳动,如操作机器的工人、在装配线上工作的工人等。⑥下下层。这个阶层主要是指那些没有固定收入、领取救济金的人,包括失业者以及只能从事一些非熟练工作的人。还有人认为,除此之外,还存在一些"阶层之外的人",包括精神分裂患者、酗酒者和吸毒者等。这种划分阶层的方法依据的是标准。如沃纳所用的标准就达8项19个:①职业。②收入多少。③收入的来源(是来自财产继承还是来自工作报酬)。④文化程度。⑤生活方式,包括:(a)住什么样的房子,(b)该住宅坐落在城市的哪一个地区、哪一条街上,(c)有几处房子,(d)闲暇时间干什么,(e)有哪些体育爱好,(f)去什么地方旅行,(g)朋友分布情况(本地、全国,还是世界各地),(h)消费情况,(i)穿着,(j)使用什么汽车,(k)看哪些书报杂志,(l)参加何种社团、俱乐部。⑥宗教信仰。⑦政治态度:政治主张是什么,参加什么政党。⑧价值观念。这些指标综合到一起,就构成一个人的社会经济身份,即他在社会层次结构中所处的位置。

3. 阶层类型

阶层有以下三种基本类型。

(1) 阶级内部的社会阶层。这种社会阶层与社会阶级的关系是种属关系。同一阶级的人从他们占有特定的生产资料的关系这一点上说,是没有差别的,但他在拥有财产的数量上则是有差别的,甚至有很大差别。由于经济上存在差别,在政治上、思想上和社会地位上也必然存在差别。这些差别使同一阶级的人呈现出若干阶层。阶层之间的斗争对社会发展要产生一定的影响,但它的作用不能与阶级斗争相提并论。阶层之间的对立和斗争从属于阶级之间的斗争,当一个阶级的利益受到另一个阶级威胁时,同一阶级的各阶层的人们就会联合起来一致对外。

(2) 与社会阶级并列而其成员又分属于各个不同阶级的社会阶层。这种社会阶层与社会阶级是交叉关系,例如,旧中国的知识分子一方面是由具有相同的劳动性质、收入来源、心理状态和生活方式的人们组成的社会集团,他们不是一个独立性的社会阶级,而是与社会阶级并列的并具有相对而言独立的社会阶层。另一方面,他们中的每一个人都打上了阶级的烙印,分属于不同的阶级,他们中的大多数属于资产阶级和小资产阶级,也有相当部分属于工人阶级的一部分,这种与社会阶级并列而其成员又分属于不同的社会阶级的社会阶层,是一个特定的历史现象。

（3）与社会阶级相联系但又独立于社会阶级之外的社会阶层。这种社会阶层与社会阶级的关系是边缘（临界）式的并列关系。例如,我国社会主义新时期的个体劳动者,他们与工农两个基本阶级相联系而存在,但又不属于这两个基本阶级,是一个社会阶层。

6.2.3 阶级与阶层的关系

从上述层次上进行的研究,既不是把社会成员划分成几个大的阶级,也不是划分成若干具有相当规模的阶层,而是根据人们在职业分工、工资收入和身份声望等方面的具体而微小的差别,把社会成员划分成连续排列的多个小层,即续谱（continum）。这种理论的特点在于,不承认在社会层次结构的续谱中存在一条客观明显的分界线,这样一来,将社会划分成若干阶级或阶层是不可能的。

由于续谱模式所依据的是具体而微小的差别,所划分的层数之多,往往可以达到几十个,甚至上百个。在这方面比较具有代表性的是1964年美国所搞的职业评分,这次评分的职业上至联邦最高法院的大法官、医生,下至清道夫、擦鞋童,共87种,所得的分数最高为94分,最低只有34分,共排成40多个层次。当然,在续谱理论中,也有人认为即使是进行这种微小层次的划分也是不可能的。

不言而喻,阶级分层与阶层分层既有区别,又有联系。阶级分层反映的是社会本质上的差别或不平等,因而是最重要、最基本的社会分层,在阶级社会中居主导地位。阶层分层总是反映一个社会多方面的而非本质上的差别或不平等,处于次要地位。其联系主要有三：一是两者相互渗透或相互包含。二是两者相互作用,如权力分层、地位分层、收入分层和教育分层等同阶级分层的彼此强化。三是非阶级分层总是从不同的方面和角度反映、补充或取决于阶级分层。

在阶级分层和阶层分层的实际进行过程中,还会产生主观分层、客观分层和理想分层的情况。主观分层是每个人对自己及他人处在怎样的社会位置的认识及评价。客观分层是不依赖于人的意识而客观存在的社会层次划分。理想分层是人们做出的符合社会发展规律和社会发展需要的社会层次划分。主观分层在反映客观分层时,由于认识水平等方面的原因,往往发生这样或那样的偏差,即主观分层与客观分层有差距。至于主观分层与理想分层之间的差距,也是显而易见的。

6.2.4 社会层界

社会层界是阶级、阶层之外的社会层面。社会层界与阶级、阶层的区别在于它划分的标准既不是生产资料的占有关系的同一性,也不是社会经济地位与作用等多方面的同一性,而是收入与收入源泉、劳动分工、教育程度、宗教、信仰等某一方面的同一性。例如资本主义的土地所有者分成农场所有者、森林所有者、矿山所有者等。社会层界是现实社会客观存在的最为普遍的社会现象,它最直观地反映了社会存在的差别。在阶级、阶层和层界三种差别中,层界差别是最基本、最先发生的。在人类社会发展过程中,首先出现的是层界差别,即随着生产领域的扩大与分工,生产活动需要组织与领导,从而逐步形成一个有号召力和一定组织功能的与众不同的层。一旦社会产品的分配与这个"层"所有的权力和地位联系在一起,这个"层"就会靠占有剩余产品为生,不劳而获,并拥有种种特权而成为最早社会不平等的统治者阶层。这个阶层经过漫长的过程,最终形成占有生产资料的剥削阶级,即奴隶主阶级。社会结构已经历了"层界差别→阶层差别→阶级差别"的演化过程,并且从社会主义社会开始了"阶级差别→阶层差别→层界差别"的另一个演变过程。无论是在"向上"还是在"向下"的每一个阶段,较下层次的范畴都从属于较上层次的范畴。存在阶级差别的阶段,阶层和层界都受阶级差别的制约和影响,而到了阶级差别消失的阶段,层界又受到阶层差别的制约和影响。社会结构的两条线标志着社会发展的客观进程。

6.2.5 中国城市社会阶层的划分

1. 社会主义条件下的社会分层

社会主义条件下社会分工的性质较之以往私有制社会发生了根本变化。社会主义时期的社会分工从整体上看消除了这种对抗性和不合理性,因为社会管理者——各级党政干部和作为社会生产者的劳动群众之间,是同志式的、权利平等的关系。但这只是一方面。另一方面,社会主义社会又因自身的某些不完善,在一定的时期内会继续存在或出现社会分工上的若干不合理因素。

有社会分工就有权力的分工、权力的差别。权力同社会分工一样,也是一切社会共有的分层根源。权力与权利又是密切相关的。社会主义社会同样会因权力而出现某种毛病或缺陷。如滥用职权、以权谋私等,就不是个别和偶然的现象,甚至在一定的条件下还会发展到比较严重的程度。而任何滥用职权、以权谋私,都必然是对他人权利的侵犯。这种权利屈从于权力的结果,在相当大的程度上会造成普通群众这一基本社会层次的不满,以及干部和群众这两大社会层次之间的隔阂与矛盾。

社会主义社会存在工农、城乡和体脑(体力劳动和脑力劳动)的三大差别。从总的趋势来看,旧制度遗留下来的三大差别必然随着社会主义社会的发展而不断缩小,直至最后消失。但在这个过程中可能会因种种难以避免的因素(如决策上的某些失误、政策上的不易配套等)而一时发生某种程度的扩大。例如,由于城市里无论经济、政治、文化和社会活动条件,还是生活服务设施等其他方面的条件,均优于农村,因此城市居民与农村居民相比,更有机会受到较好的教育、谋求更好的职业、参与较高层次的各种社会管理、发展自己的潜能和充分发挥自己的才干,以及获得较高的社会声望和社会地位。

社会主义社会采取按劳分配的原则,这是社会主义社会的基本分配原则。但这一原则本身就包含着若干事实上的不平等,并且这种不平等还可能因按劳分配原则被扭曲而扩大、加深。

社会主义条件下各社会层次之间和谐关系的形成和发展的障碍,不仅来自分层根源中的不合理因素和旧制度遗留下来的不合理分层根源,还更直接地来自不同社会层次之间的差异或矛盾,特别是利益、需要、心理、态度、意见和看法等方面的差异或矛盾。然而,所有这些差异或矛盾,从总体上说都属于人民内部矛盾,是非对抗性的。因此,有可能通过对各社会层次进行经常性的沟通与协调,使它们之间的差异或矛盾不断地缩小甚至消失。

2. 中国城市社会阶层的划分

中国在 20 世纪 50 年代划分阶层是从生产关系角度出发,社会阶层按职业划分为农兵学商。那时工人阶级是领导阶级,20 世纪 80 年代以前这是当时唯一的层次差异。1978 年改革开放后,中国逐渐出现了私营企业和三资企业,新的雇佣关系和被雇佣关系诞生。而且,由于社会分工的精细程度提高,社会收入的差距开始拉大,收入上的分层逐渐出现,随之而来的收入差别也带来了机会和社会地位上的差异。进入 90 年代,由于受教育程度的不同,个人发展机会和社会地位的差别进一步明显,社会不同阶层间的流动加大。一些原来是农村户口的乡村或小城镇居民可以通过上大学、经商而进入城市,在摆脱农民身份的同时,他们所属的社会阶层也发生了改变。城市居民也由于收入、职业和发展机遇等因素的变动,而开始形成不同层次的社会群体。

1995 年,国家计委的经济专家曾将中国城镇家庭分为五种类型:①贫困型家庭。家庭年收入在 5000 元以下,户均金融资产仅 3000 元。这部分家庭主要是经济状况不好的企业职工、部分离退休职工和就业人口少而家庭人口多的居民,占全国家庭总户数的 4%。②温饱型家庭。家庭年收入在 5000~10 000 元,户均金融资产仅 3000 元。这部分家庭主要由内地中小城市普通居民以及没有额外收入的工薪阶层组成,占家庭总户数的 34%。③小康型家庭。家庭年收入在 10 000~30 000 元,户均金融资产 2.8 万元。这部分家庭包括大中城市、沿海城市中的大部分居民,占家庭总户数的 55%。④富裕型家庭。家庭年收入在 3 万~10 万元,户均金融资产 8.7 万元。这部分家庭主要由外企和合资企业的中方高级管理人员、出租车司机、部分涉外导游、律师、美容师和高级厨师等组成,占家庭总户数的 6%。⑤富豪型家庭。家庭年收入在 10 万元以上,户均金融资产 28 万元。这部分家庭主要由民间企业家、合资企业老板、著名演员和体育明星、名画家、名作家、包工头和证券经营中获高利者组成,占家庭总户数的 1%。现在看来,收入划分的标准和人员构成较之 1995 年时又有了很大的改变。

根据中国社会阶层发展的历史和现状,我们可将城市社会划分成新富裕阶层、中产阶层和贫困阶层三个层次。

6.3 城市新富裕阶层

所谓城市新富裕阶层(new rich),是指收入或家庭资产普遍高于城市小康阶层的家庭或个人,其界定的标准是财富。根据美国《商业周刊》1994 年的报道,美国最穷的 20%家庭占有全部收入的 4.4%,而最富有的 20%家庭占有全部收入的 44.6%。1994 年中国最贫困的 20%家庭占有全部收入的 4.27%,而最富有的 20%家庭占有全部收入的 50.24%。这个差距已经超过美国。如果以银行存款大体表示中国财富分配的状况,那么中国的贫富差距与美国相比也毫不逊色。据美国官方 1995 年的统计,占美国 1% 的富人拥有全美国 40% 的财富。而在中国,以 1995 年年末全国城乡居民存款总额 3 万亿元计算,仅占全国 1‰ 的这部分人却占有全国居民存款的 1/3。中国城市新富裕阶层确实已经形成。

6.3.1 群体组成

1. 组成

究竟什么样的资产或收入水平属于"新富",这部分人的数量比重究竟有多少,并没有一个精确的数量界限,而是根据地区的不同而有很大的差异。由于我国目前尚没有严格的家庭资产登记制度,家庭资产的透明度很低,而舆论的渲染和民众的猜测往往又误差很大。根据经验调查,收入或消费水平明显地超过"大众平均线"的主要有以下 11 类人,几乎涉及社会的各个领域,他们的收入已经高出社会人均收入许多,成为新的富裕阶层。见表 6-1。

表 6-1 新富裕阶层的社会群体组成

领 域	估 计 收 入
(1) 私营企业业主	中国城市的高收入群体应首推私营企业主。根据全国工商联 1993 年的抽样调查,中国私营企业主家庭与企业平均拥有的财产为 52.7 万元,其中企业资产平均为 32.3 万元,家庭财产平均为 20.4 万元,私营企业主平均年收入为 5 万元。他们的收入状况差别很大,低的如个体出租车司机,月收入在 2000~3000 元,高的如私营企业大老板,有的资产可达数百万元、数千万元,甚至上亿元
(2) 部分个体工商户	部分新办公司负责人的收入透明度很低,年均收入数万元到十几万元不等,高的已达几十万元,平均收入是全民所有制职工年均工资的 3.5 倍。个体工商户和私营企业主年收入大体在几万元到十几万元,少数年收入高达几十万元
(3) 少数企业经营承包者	部分企业经营承包者和经济效益好的企业负责人的年均收入大约在 10 万元之内。上海市的公司经理、大厂厂长年均收入约 15 万元,高的约 20 万元。部分外资企业的中方管理人员,工资待遇由董事会或总经理确定,透明度很低,企业之间差别不大,年收入一般为 10 万元,高的约 20 万元,不包括不透明度的部分。据南京市劳动局对 101 家三资企业的调查,中方高级管理人员(副经理、三总师)月均收入大约 1.2 万元,最高的达数十万元。在国有制企业,由于企业自主权扩大,权力集中到厂长、经理身上,企业承包者与生产者的收入差距迅速扩大,有的高达十几倍、几十倍,个别公司总经理年薪高达 100 多万元
(4) 承包开发科技成果的科研人员	承包开发科技成果的科研人员年均收入达十几万元至数十万元。上海市有机所的一名科技人员,因开发新产品成果显著,获奖金 25 万元,开发苗条霜的课题组人均得奖金 17.5 万元
(5) 三资企业的职工	三资企业和外国驻华机构的中方高级雇员,年均收入已超过 6600 美元,高的可达数万美元。外企(包括中外合资、合作和外方独资企业)的中方雇员一般都被视为第三大高收入群体,到 1997 年有 1832.2 万人,他们的人均年工资收入为 10 万元

续表

领　域	估　计　收　入
(6) 某些紧缺人才（如律师、会计师、美容师、高级厨师、按摩师、运动员、演员、歌星、舞星、著名节目主持人、时装模特、经纪人、设计师、美术广告人员等）	有特殊专业技术的特殊职业的从业人员,年收入也相当可观,几万元至几十万元不等。在营业性组台演出、组团演出、文化娱乐场所演出和音像市场中,个体演员一般出场费约1500元；名演员1万元左右；时装模特出场价格,一般名模一场为400元至500元,在国际比赛中获奖的名模一场1000元。如此算来,出场费很高的歌星、影星、舞星年均收入至少为十几万元至几十万元,高者可达数百万元。律师、高级厨师的年均收入为10万元至几十万元。例如一个大学刚毕业的律师,月收入一般就有2000～3000元,高的可达8000元。委托他们经办经济案件,按涉案的6%～8%收取费用,如一桩50万元的官司,可收入3万～4万元。一般高级厨师月收入也在1万元以上
(7) 第二职业的人员	部分从事第二职业的人员、再就业的部分离退休人员。从事第二职业的人员,收入高的主要是"经营中介型",如搞产、供、销牵线搭桥,按比例提取佣金,有些人年均收入已达十几万元。再就业的离退休人员中收入高的只占很小一部分。如上海市离退休者再就业的只占36%,其中收入高的约占2%
(8) 房地产开发公司等职员	房地产开发商,利用"炒房地产"、"炒产权"而暴富,有的人年均收入十几万元至几十万元
(9) 流通公司、非银行金融机构等职员	"炒批文"、"炒货款"、部分股票证券经营者,一些股票大户高达百万元、数百万元。股票证券经营中的获高利者一般年均收入为十几万元、几十万元,有的达到上百万元
(10) 非法致富者	利用体制漏洞,通过以权谋私、贪污受贿、偷税漏税、走私欺诈和变相侵吞公有资产的非法致富者
(11) 其他	部分新办公司的负责人收入在几万元至数十万元之间
	家教,其中包括数理化、文史地、各类乐器师等,这部分人中兼职的居多,还包括一部分离退休教师,他们的收入完全是现金,而且不需签字或开发票,也可以说无须上税,完全是净收入。这部分人的月收入在万元左右,而且有的只是利用每周两天的休息时间
	演讲,经济学家、大学著名教授、管理部门等从事非工作范畴,继歌星等成为高收入阶层以后,一些吃开口饭的专职人员也开始走穴。现在中国某些管理部门办班,有的著名经济学家出场费也日见上涨,有的高达10 000元,赶上了歌星、舞星和球星

总之,我国确实涌现了一批高收入者,将我国收入差距拉大,甚至造成两极分化。他们遍及体制内外和各行各业,他们的年收入不但远高于当地居民的平均收入,而且其生活水平也高得多,不仅仅限于满足生存需求,而且能享受高档次的物质生活,不时地出入高档餐馆、时装店和商场,购买昂贵的商品。不过,应当说明的是,这里的界定标准仅仅是高收入的最低标准,上限不封顶,实际上我国已有人年收入在上千万元甚至数亿元。从这一点上看,我国的收入差距已拉得相当大。

2. 规模

从人数上看,目前虽无准确的调查统计数据,但是新富裕阶层已初具一定的规模。估计约有240万个体户、230万私营企业主、120万外企中方雇员,其他方面(如在紧缺专门人才的职业任职者、"官倒"、演艺界和体育界明星、某些国有企业负责人等)的高收入者也很有限,经推算约100万人,总估计为1000多万人进入高收入行列。据调查,南京市税务登记的4万个体工商户中,1993年年收入1万元以上的有2万户,占50%;年收入10万元以上的有4600户,占11.5%。上海市个体户年收入1万元以上的占89.5%;年收入6万~12万元的,占8%;年收入12万元以上的占1.5%。上海私营企业主年收入一般在3万~5万元。

6.3.2 基本特征

1. 职业构成

根据问卷调查①结果分析,就北京市新富裕阶层的职业构成看,以三资企业、私人企业和各种性质的公司中的公司职员为主,占总数的1/3;列第二位的是企业负责人和公司经理,占16.34%;个体工商户和私营企业主、金融业者(包括银行工作人员和股票证券经营者)、专业技术人员及各种短线人才(包括律师、涉外导游、高级厨师和美容师)也占北京新富裕阶层相当的比例,同时还有1.32%的人兼有一个以上的职业身份。其中就职于三资企业(40.52%)、私营企业(19.61%)和国内公司(10.46%),其他就职于国家及政府机关、国有企业的也占了相当大的比重,均为9.15%,这部分人中的一半是机关或企事业单位负责人。然而在较高的收入水平上,公司职员的比例明显下降,而企业主和公司经理、个体工商户和私营企业主、金融业者和各种短线人才的比例则明显增加,形成了从事经营的有产阶层组成的新富裕阶层,见表6-2。

表6-2 北京市新富裕阶层职业构成　　　　　　　　　　　　　　　　　　%

职业	占A组比例	占B组比例	占C组比例	占D组比例
公司职员	35.97	42.26	33.33	26.77
专业技术人员	11.88	10.04	7.19	8.66
企业负责人、公司经理	11.22	12.97	16.34	18.11
个体工商户、私营企业主	5.28	5.86	9.15	9.45
高校教师、科研人员	5.61	4.18	2.61	3.15
金融工作者	5.61	6.28	7.84	9.44
短线人才	2.97	3.36	5.24	6.28

注:问卷调查采用指认法。为了区分富裕阶层内的层次,根据1997年北京实际情况,家庭资产20万以上或家庭有小汽车者被认定为富裕阶层,全部样本303份的数据分析作为A类;其中个人月收入1000元以上者239样本,占78.88%,作为B类;个人月收入3000元以上者153样本,占50.5%,作为C类;个人月收入5000元以上者,127样本,占41.91%,作为D类。

---

① 北京市新富裕阶层研究的原始资料来自于笔者1997年在北京的一些场所进行的实地问卷调查。调查地点集中在富裕阶层生活、工作、娱乐、购物及其他一些特殊活动的场所,它们是长安大厦办公楼区及餐厅、中国国际贸易中心办公楼区及展览馆(1997年北京市秋季房地产交易展示会)、北辰购物中心、北京康乐宫、亚运村汽车交易市场、四个驾校和一些花园别墅区。调查方式主要采用自填式的问卷调查,共发放标准问卷328份,全部当场收回,有效问卷303份,有效率为92.4%。为了了解问卷以外更多的有关情况,笔者还对一些回答问卷的被调查者及新富裕阶层聚居的一些花园别墅的物业管理者进行了无结构式访问。

2. 收入水平及其分布

联合国粮农组织将恩格尔系数40%作为小康标准的上限,而1996年北京市1000户居民家庭中高收入户家庭每人年食品消费支出为3035.65元,以家庭平均三口人计,则北京的小康标准上限为家庭年消费性支出22 767元。按国外富裕阶层收入的用途:1/3用于消费性支出,1/3存银行,1/3购买股票债券,则北京富裕家庭的最低年收入约为68 000元,即最低个人平均月收入为3000元左右(按一家两个收入来源计)。富裕的另一个定义标准是家庭或个人在很长的时期内(本文取10年)其生活能维持较高水平,则其至少有20万元的家庭资产或以一辆家庭轿车计。根据这一富裕标准,作者对调查样本进行了分类(表6-3),可以看出属于富裕阶层的即C类有153份样本,约占总样本的50.50%。

表6-3 北京新富裕阶层调查样本分类

分类标准类别号	样本数	样本数占总数的百分比/%	其他
A类	303	100	个人月收入1000元以上
B类	239	78.88	或个人月收入3000元以上
C类	153	50.50	或个人月收入5000元以上
D类	127	41.91	家庭资产20万元以上或家庭有小汽车

富裕阶层的生活消费水平是研究富裕阶层的重要内容之一。家庭资产和个人月收入作为物质财富的一种量化标准,最能准确地反映一个阶层的生活水平,住房、汽车、电话、电脑等拥有状态及生活开支、住房内的设施情况等指标也反映了一个阶层的生活水平。据北京市富裕阶层问卷调查结果分析,其个人月收入以3000~5000元一档为主,占全部人数的31.37%,其次则为5000元以上一档,占30.72%,月收入1000~3000元的富人占据相当比重,达29.41%。如果按一个家庭有两人工作,并且分别以800元、2000元、4000元、7500元和1.5万元作为1000元以下、1000~3000元、3000~5000元、5000~10 000元、1万元以上各等级的平均值,那么可以算出北京新富裕阶层平均家庭月收入为7000元左右,即平均家庭年收入在8.4万元左右。与国家统计局城镇职业人均年工资与工资外收入的7266元相比,北京新富裕阶层的平均个人年收入约高出5.78倍。

就家庭资产而言,北京新富裕阶层以20万~50万元的为主,占39.22%;5万~20万元的占23.53%;而50万元以上的则占了23.53%。另外,还有14%左右的富裕家庭资产在5万元以下,这部分家庭或者是刚迈入富裕层次,或者是早已迈入富裕行列崇尚享受的那一类。如果分别以3.5万元、12.5万元、35万元、75万元和200万元作为5万元以下、5万~20万元、20万~50万元、50万~100万元和100万元以上各资产等级的平均值,则北京新富裕阶层的平均家庭资产约为42万元。随着收入指标的增加,高资产的家庭比例也在不断上升,在D类富裕阶层中,属于家庭资产20万~50万元等级的富裕阶层已接近一半,表现了家庭资产与月收入一定程度的相关性。

3. 富裕度分析

我们在问卷调查资料的基础上,以七个指标作为变量,构建北京市富裕阶层富裕度的模型。这七个变量分别是家庭资产(x_1)、月收入(x_2)、住房性质(x_3)、住房状态(x_4)、住房的居室数(x_5)、有无家庭轿车(x_6)和有无电脑(x_7)。以 $\mathrm{rd}(x)$ 作为富裕度的衡量,构建数学模型:

$$\mathrm{rd}(x) = a_1 \cdot k_1 \cdot x_1 + a_2 \cdot k_2 \cdot x_2 + a_3 \cdot k_3 \cdot x_3 + a_4 \cdot k_4 \cdot x_4 \\ + a_5 \cdot k_5 \cdot x_5 + a_6 \cdot k_6 \cdot x_6 + a_7 \cdot k_7 \cdot x_7$$

式中,$a_1, a_2, \cdots, a_7$ 是各个变量对 $\mathrm{rd}(x)$ 的贡献值大小,$a_1 + a_2 + \cdots + a_7 = 1$,$k_1, k_2, \cdots, k_7$ 表示各个变量处于不同等级时的系数,$k_1, k_2, \cdots, k_7 \in [0, 1]$。

随机选取 303 份样本中的 50 份进行因子分析,计算出各个变量对 $\mathrm{rd}(x)$ 的贡献值及各个变量处于不同等级时的系数。用数据库语言 FoxPro 编写相应的程序,并将 303 个样本的记录代入程序中,分别计算出每个样本的富裕度 $\mathrm{rd}(x)$。经过计算,北京新富裕阶层的富裕度为 0.195~0.960,具体富裕阶层在各级富裕度的分布见表 6-4。

表 6-4 北京新富裕阶层的富裕度

富裕度	0.1~0.2	0.2~0.3	0.3~0.4	0.4~0.5	0.5~0.6	0.6~0.7	0.7~0.8	0.8~0.9	>0.9
人数	1	10	43	41	21	15	17	3	2

由表 6-4 可知,在各级富裕度上分布的富裕阶层的数量呈底部缩小的金字塔形。分别有近 2/7 和 1/4 的富裕阶层的富裕度为 0.3~0.4 和 0.4~0.5,而仅有 8% 的富裕阶层的富裕度在 0.80 以上。1/4 富裕度(1/4 以上的人富裕度在此数值以上)和中位富裕度分别为 0.60 和 0.45,由此可见,北京新富裕阶层的总体富裕度不高。

6.3.3 分层与流动

1. 富裕分层

根据富裕度的大小,北京的新富裕阶层可分为三类:①新富裕阶层的上层($\mathrm{rd}(x) \geqslant 0.60$)。这是新富裕阶层中最富的一个层次,占整个新富裕阶层人数的 20%。他们主要是公司经理、个体工商户、私营企业主和部分公司职员,年龄主要在 30~40 岁,90% 拥有 20 万元以上的资产和 3000 元以上的月收入,有 1/2 拥有 50 万元以上的资产和 5000 元以上的月收入,100% 拥有私车,80% 拥有私房。②新富裕阶层的中层($0.45 < \mathrm{rd}(x) < 0.6$)。新富裕阶层的中层占总人数的 30%,是新富裕阶层较为特殊的一个群体,主要由公司职员和专业技术人员组成,年龄主要在 40 岁以下,其中 60% 拥有 20 万元以上的资产,这些人中 36% 拥有 3000 元以上的月收入,另 20% 月收入在 1000~3000 元,60% 拥有私车,40% 拥有私房。③富裕阶层的下层($\mathrm{rd}(x) < 0.33$)。新富裕阶层的下层占总人数的 50%,其一半由公司职员和专业技术人员组成,年龄主要在 40 岁以下,一半家庭资产在 20 万元以下,60% 的新富裕阶层月收入在 3000 元以上,仅有 20% 的新富裕阶层拥有私房,8% 拥有私车,可见这是刚

迈入富裕层次的富人。

2. 流动性分析

根据问卷调查结果分析,在北京新富裕阶层中,出生于北京的占三分之二,外地流动人口占三分之一。这类流动人口大部分拥有较高的学历,其中男性略微多于女性。他们中的一部分人是由于户口制度的影响,大学毕业后没有获得留京名额且放弃国家统一分配指标而留京创业的小公司老板、"三资"企业中的中方管理人员、专业人才紧缺的某些职业的从业者和自由职业者(如专栏作家、专题写稿人等);一部分人是外地事业有成者,但为了在国家层次有较大的发展而来京开拓发展空间,如出场费很高的歌星、影星、舞星和明星等;还有一部分人是省、市、重要企业谋求发展开设的驻京办事机构的人员,他们来京后寻找信息、推销产品而迅速致富(表6-5)。由于这一阶层的年轻化,因而已婚的比例只占71.90%。即使在已婚的富裕阶层中,也只有七成左右的人育有子女。这虽然与他们的年青和创业艰难分不开,但同时也与北京这样的大城市中单身贵族的生活方式和丁克型家庭的悄然兴起不无关系。

表6-5 北京新富裕阶层流动性分析

阶层	群体	流动性
高收入阶层	(1) 股票证券经营中的获高利者	
	(2) 部分收入很高的个体工商户、部分私营企业主	√
	(3) 出场费很高的歌星、影星、舞星、明星	√
	(4) 部分新办公司的负责人	√
	(5) 部分企业经营承包者和经济效益好的企业负责人	√
	(6) 承包开发科技成果的科研人员	
	(7) 从事第二职业的人员等	
工薪阶层	(1) 部分"三资"企业中的中方管理人员	√
	(2) 专业人才紧缺的某些职业,如律师、高级厨师	
	(3) 出租汽车司机	√
	(4) 再就业的部分离退休人员	
"丁克家庭"与"单身贵族"	(1) 城市未婚青年	
	(2) 合资企业人员	√
	(3) 文化教育人员	
	(4) 自由职业者	√
有闲阶层	(1) 出国归来的淘金者	
	(2) 腰缠万贯的个体户	√
	(3) 近郊"消闲农民"群体	

6.3.4 地位与效应

1. 社会地位

尽管"新富裕阶层"已经得到了普遍的公认,但是他们致富后的人生追求却各不相同。主要有:①事业型。有些人一般表现为生活俭朴,家庭消费标准适中,主要时间、精力都投入到工作中。工作紧张、繁忙,没有时间与精力顾及个人的生活消费。多是一些有理想、有抱负的人,有成就事业的决心和毅力。②地位型。还有些人在取得一定的事业成功以后,转而追求社会地位的提高。如原来是经营饮食等起家的,当资产积累到一定的程度后,就转而追求社会地位比较高的行业投资。这些人的想法是,人不是流芳千古,就是遗臭万年。他们会根据政策、形势的变化,不断地调整奋斗方向,使自己的名誉、地位始终立于不败之地。③利益型。有些人工作的唯一目的就是赚钱,不顾一切地赚钱。他们似乎有一种不安全感,普遍的想法是:抓紧捞钱,能捞多少就捞多少,说不定什么时候就不能捞了。这种人以一些特殊行业的从业人员为主体。公众认为,当今的新富裕阶层普遍缺少文化味。据有关调查表明,高收入阶层对自身形象较为看重的是衣着。有 36.1% 的人认为衣着是"社会地位的标志,能让朋友和同行看得起",而 38.8% 的业主则坦率地承认"钱多了,就该在衣着上多花点,这是生活水平提高的表现"。

收入的高低虽然是划分社会阶层的一个重要指标,但是仅仅只有这么一个指标,不足以说明社会阶层的基本特征或本质,也不能表明阶层的定型。首先,虽然我国高收入者的收入相当高,具有一致性或相似性,但他们的职业分布却是非常广泛和分散的。既有企业家、经营者(如一些国有企业承包者、私营企业主等),又有企业职工或雇员(如三资企业中方高级雇员);既有小商贩(如个体工商者),又有大商人(公司经理和老板);既有科技人员和专业人才,又有简单的体力劳动者等。这一方面说明了我国致富机会多,分布在各行各业,另一方面也说明我国职业的等级化程度不高,特别是职业高低与收入高低无固定的对应关系,也就是职业与收入的正相关程度不高。其次,我国高收入者不但在职业分布上相当离散,没有一致的职业认同意识,而且也不具有对社会地位的认同感,即没有形成一致的阶级认同感。第三,我国高收入者并不处在同一个社会声望等级序列层次上。他们中的一些人,收入确实不正当或不合法,靠权力、行贿、欺诈等手段致富,而且其生活态度和生活方式也没有值得社会赞赏之处。第四,我国中高收入者没有形成固定的地位象征。虽然一些高收入者经常出入普通人享受不起的舞厅、俱乐部、餐厅和饭店,购买高档商品,同时也出现了一批高收费的所谓"贵族"学校,但有一点应该明确的是,至少在目前,这些舞厅、俱乐部、饭店和学校等并没有象征化,也就是说,并不是一定社会地位和身份的象征。第五,社会主义市场经济体制下国家的再分配功能具有遏制高收入者成层化的作用。我国社会仍处在快速的社会变迁过程中,各种社会关系也随之迅速分化、排列和组合,尚未形成稳定的社会格局,社会成层化正在进行之中,但没有完成,人们在不断地社会分化中尚未找到自己的阶层归属和认同,同样高收入者还在分化中,其社会属性都没有定型。

2. 社会效应

随着"新富裕阶层"人数规模的扩大和财富占有量比重的上升，总体财富增量中资本收益所占的比重也在明显地上升，他们的出现无疑会影响我国的社会关系格局，产生一定的社会结构效应。具体为：①分化。一方面他们是从我国内部原来的各个群体中剥离出来的，是一定程度的分化产物，他们来自工人、农民、国家干部和知识分子，是我国社会中先富裕起来的那部分人；另一方面他们又推动了我国社会结构的分化，是冲破我国旧社会结构的先行者之一，使旧有的板块式结构趋于解组。可以这么说，高收入者的存在和发展既是我国社会分化的产物，又会进一步促进我国社会结构的分化进程。②重组或重构。高收入者的出现并不仅仅意味着我国社会增添了新的社会结构因素，更重要的是增加了新的社会组合因素。③离散和失范。高收入者的出现时间短促，一些旧规则和机制变得失效，但一些具有相应功能的替代物即新规则和新机制尚未建立起来。在这样的情况下，人们可能会做出两种消极反应：一是恋旧，对现实不满，特别是对高收入者收入规模和来源不满，表现为愤世嫉俗和玩世不恭，不信任任何规则和做法，社会离散力增强；二是建立各种非法或不合理的社会潜网来处理新出现的社会关系，例如利用职权谋私利，或以钱行贿以窃取更多的社会资源（特别是国有资源），或采取欺诈、假冒甚至贩毒、抢劫、卖淫等手段来达到高收入的目的。我国社会正处于社会变动的进程中，高收入者并没有形成一股较大的阶层力量，但是他们已经具有了成层化的趋势。

但在现阶段，"新富裕阶层"没有凝聚成在收入、职业、声望和社会地位等方面相同或相似并与其他人有着明显差别的阶层，相反他们彼此间的差别同他们与其他人之间的差别一样明显。他们除了在收入上有着相似性外，既没有一致的认同感、社会地位和共同的象征，又不存在相同或相似的价值观、生活方式和行为准则。从严格意义上讲，今天的"新富裕阶层"并没有形成一个统一的"阶级"，他们只是中产阶级中极少的一部分人，甚至也不是一个具有共同社会地位和共同利益要求的"利益群体"或"压力集团"，他们实际上还只是一个分散在不同社会阶层中的泛化群体，还从未出现过带有一致的政治要求或利益要求倾向的集体行动，他们的经济地位和社会地位吻合程度因其所属的职业阶层、"单位"以及所拥有的社会身份而有很大差异，这些都使得他们不可能形成独立的强大影响。

总之，"新富裕阶层"的出现以及"新富裕阶层"的成层化向我们提出了一个严肃的城市社会学问题：在我国社会结构转型的同时，如何制定一套合理的社会流动机制，避免使阶层间的差别和分割僵化，从而使我国社会演化成一个既有一定的社会阶层差别，又是一个流动机会均等和阶层间存在合理流动的社会。这是一个值得认真研究探讨的问题。

6.3.5 空间分布

尽管北京进入富裕阶层的还主要是社会边缘群体，但从总体上看，这个新富裕阶层正在悄悄地改变着城市的空间结构，新出现的高级公寓和别墅区、高档写字楼、高档饭店、高级俱乐部、娱乐场所和高档购物中心等都与他们有关。

1992年以后，由于许多外国公司与金融机构纷纷落户北京，设立其分公司、子公司或相应的代办机构,北京新富裕阶层的工作地不仅涵盖了北京市的高级写字楼,并且延伸到各类高科技园区和经济技术开发区。目前,北京市的高级写字楼遍布于内城和近郊的八个区,尤其是沿着建外大街和东二环、东三环集聚了众多高级写字楼,其中最著名的有中国国际贸易中心、长安大厦办公楼区、京广中心、国际会议中心和万通新世界广场等。高科技园区和经济技术开发区相对较少,而且主要分布于近郊的四个区,其中主要有石景山八大处科技园区、海淀区上地信息产业基地、朝阳区望京工业城和电子城以及丰台高科技园区等。

尽管北京仍有相当一部分新富裕阶层居住在城区内,但随着新建城区的不断扩大,尤其是城区内环境、交通、居住等生活质量的不断下降,与西方 20 世纪 60 年代出现的郊区化相仿,北京的新富裕阶层也将不断向郊区尤其是近郊的海淀、朝阳和丰台区迁移。海淀区集聚了最多的新富裕阶层,其约占整个新富裕阶层的 24.84%;其次为朝阳区,约聚集了 22.88%;内城的西城区和东城区也聚集了相当多的富人,分别占北京整个新富裕阶层的 15.03% 和 11.11%。内城的崇文区和近郊的石景山区居住的富裕阶层较少,仅占 3%～4%,仅为海淀区富人数的 1/8 左右。

北京市近几年建成和新建的由公寓和别墅组成的高级住宅区的分布在一定程度上反映了新富裕阶层具体的居住地点。北京市的高级住宅区主要分布在京汤高速公路亚运村—小汤山、京昌高速公路马甸—昌平段、机场高速公路四元桥以外及丰台区西南四环附近的世界公园和丰台科学城一带,另外远郊的通州区和怀柔县也汇集了相当一部分的别墅区。

6.4 中产阶层

改革开放以来,影响中国城市社会结构变化的两个重要因素是所有制结构的变化和产业结构的变动,其结果是促进了中产阶层的产生。在所有制方面,确立了以公有制为主体、多种经济成分并存的新结构,个体经济发展很快并随之出现了私营经济,设立经济特区和开放沿海地区也使三资企业作为新的经济成分出现,公有制经济本身也出现了承包制、股份制、租赁制以及其他国有民营的经营形式。在产业结构的变动和升级方面,金融、保险、房地产、旅游、咨询、广播、电视以及各种服务业和公共事业等非物质生产部门的从业人员增加很快。所有制和产业结构的变动使那些与现代经济相联系的职业群体,无论在人数比重还是在社会影响力方面都大为增强,鲜明的职业分化出现了具有不同经济地位和利益特点的社会阶层,使原来相对重视的收入、地位和声望三个社会序列发生了分离。

6.4.1 中产阶层划分方法与标准

中产阶层(the middle class)的概念最早出现于西方社会分层理论中,划分阶层的方法可分为主观认定和客观评价两种。主观认定即个人自我评价自己属于哪个社会阶层,客观评价则标准、视角不一。

1. 划分基础

要想用数字描述当代中国的中产阶层有相当大的困难,一是国内对全民职业及收入分布尚无准确而系统的社会调查;二是中国目前相当一部分人的收入是灰色收入,完全凭工资收入划分阶层有极大的不准确性;三是如果采用自我认定法,所得的结果也有极大的不准确性。零点调查公司在京、沪、穗等地做消费调查时,发现很多月收入3000~5000元的外企白领也认为自己是工薪阶层,这一概念和月收入只有几百元的普通工人自认的工薪阶层不是一回事,这就使"中产阶层"在中国的存在变成了一桩模糊不清的事。再加上历史和文化的原因,害怕露富仍然是很多中国人的心理障碍。

2. 划分方法

参照西方分层理论和中国的现状,我们认为,中产阶层的划分可以参照收入水平、社会地位、职业和受教育程度四方面进行。

首先,中产阶层一个显著的特征是他们的收入水平在社会收入层次分布中处于中间位置。如果以此为标准,那么中国的中产阶层应是指年收入在8万~24万人民币(10 000~50 000美元)的核心家庭(一对夫妇或一对夫妇带一个小孩)。之所以定这个标准,是因为从西方的许多研究对象来看,中产家庭的基本生活状态应是:除了有电话、电视、冰箱、电脑等一系列基本家电外,还拥有汽车,使用信用卡,拥有或租有带浴室的住房,人均住房面积超过社会平均水准,在解决了温饱、娱乐和精神产品的消费后,收入中有超过10%的部分用于储蓄或投资。而在中国,要达到这一层次的生活水准,年收入至少应在10 000~30 000美元。

其次,中产阶层另一个显著的特征是他们的社会地位在社会权力分布的层次中也是处于中间位置。换言之,即使他们的收入高于30 000美元/年,但他们仍然是受雇佣者,或者他们仍然保持着中产阶层的生活方式,超出部分并没有为他们带来更多的机会和更大的权力(影响力)。

第三,中产阶层的另一个标志是他们都是非体力劳动者。他们主要是三资企业及小型私营企业的管理层、金融、贸易、演艺界、高科技、咨询服务业等行业的从业人员。有些人收入虽然达到中产阶层的标准,但其职业及社会地位低下则不能算中产阶层,如社会上的"三陪小姐"等。而有些公务员因享有住房、津贴和休假等福利,就家庭收入而言似乎低于上述标准,但就其生活水平而言已接近或超过一般中产阶层家庭水平,所以他们可以划入中产阶层。

第四,受教育程度问题。按西方的惯例,中产阶层的受教育程度应为高等教育,否则他们的职业、生活方式以及社会地位都很难跻身于中产阶层。但在中国现阶段,中产阶层中有相当一部分人的受教育程度不是高等教育,但他们的收入、社会地位甚至生活方式都与受过高等教育的这部分中产阶层无太大区别。所以,在具体划分时不必过分强调受教育程度在划分中产阶层时的重要性。

综合上述几大主要特征,我们大体可以将中国城市中产阶层群体做一个相对明确的划分,综上所述,不难看出,符合上述几大特征的人并不是城市社会的大多数,但这类人群的生活水准却处于中间状态——他们衣食无忧,但并不能奢侈和强大到随心所欲。

6.4.2 家庭调查分析

1. 北京中产阶层家庭

（1）案例1：张家

张先生现年33岁,是令许多人羡慕的单身贵族。由于父母均有稳定的经济来源,张先生除了偶尔孝敬父母外,他的收入主要都花在自己身上。张先生月收入近万元,虽未成家却早已自立门户。按照西方人的标准,房租应占月收入的1/3才算有益于健康生活的居住环境。张先生依此原则,每月花3000元租下两室一厅,确实是"够贵一族"。除了住房宽敞,在饮食方面他也从不吝啬。因为是一个人生活,他很少自己开伙,大多数时候,他愿意呼朋唤友共进晚餐。他请别人,别人也反请他,其乐融融。由于工作压力很大,张先生对自身的健康格外重视。他买了一张健身卡,每月会去某饭店的健身中心定期做运动。每年的假期他是无论如何都不肯放弃的,这种时候,他会去自助旅行,以体会一种完全不同于都市生活的生活。

（2）案例2：马家

马先生现年40岁,离异后再婚,家中有他们夫妇加上各人与原配偶所生子女,共4人,还养了一条"黑贝"犬。马先生和太太都属事业型,两人月收入加起来近3万元,由于很少有时间照顾孩子,他们便请了保姆和家教。家庭主要财政支出由马先生决定,但具体分配到细部,则由马太太安排。马先生一家一年前通过银行按揭购得三室一厅,装修花去了夫妇俩20多万元,但他们认为家比什么都重要,在此方面多一些投入对于紧张工作之后放松身心十分有益。现在夫妇俩仍陆续购置一些家具和各种装饰品,室内家具的价位都在中档以上。马先生穿衣不追求名牌,只要干净得体即可,他相信能力比外包装更靠得住。马太太也持同样观点,尽管身为公司副总,马太太却不购高档时装。但夫妇俩对于出外旅游和自身教育都十分重视。每年孩子们放暑假,他们都尽量安排外出旅游。与此同时,夫妇俩还分别就读在职MBA和自修计算机专业。

综观受访的北京中产之家,在餐饮及置装方面投入不多,但在自身教育、子女教育等方面则相对较多。家庭理财方向选择股票远不如上海那样普及,而是更倾向于风险较小的储蓄和购买保险。选择租房比选择买房更普遍,这和北京房产价格较高、取得按揭不太容易有一定关系。

2. 上海中产阶层家庭

（1）案例1：贺家

贺先生在一家外企上海分公司任总经理,一家四代同堂。家庭收入每月约3万元,一家人住在祖屋里,于是省下了房租。贺先生一家在食品、服装及旅游方面的消费占家庭总支出的比例比较高。尽管家里有保姆做饭,但贺先生夫妇由于公务应酬和私人社交活动较多,很多时候是在外面餐馆吃饭。家人的饮食营养也被摆在重要的位置上,高蛋白食品、新鲜的水果及蔬菜都是必不可少的。由于注重食品的品质,很多时令菜和水果刚上市就买,消费自然就高,但他们认为这是必需的。由于身为总经理,贺先生在置装方面的投入不考虑省钱,西装、衬衫、领带、皮鞋几乎都是欧美名牌。贺太太对于名牌虽不那么执著,但家境既然殷实,加之贺太太又有颇多社交活动,服装方面的总投入竟比通身名牌的丈夫还要高。贺家平均每月会举家驾车到上海周边出游一次,这两年贺氏夫妇每年还去东南亚国家旅行一次,接下来他们的旅游计划是欧洲。贺先生和太太都认为旅游是一项有益身心的活动,在此方面有所投资,只有收益。不过全家人在健身运动方面几乎无任何投资。此外,夫妇俩在子女教育方面有一个长远的投资计划。他们现在安排儿子学英语、绘画,并开始为儿子将来上大学甚至出国留学储蓄。贺太太在国营单位工作,8小时以外的时间是自己的。闲时她会炒炒股票,这是这个家庭里主要的投资行为。

(2) 案例2:黄家

黄先生是一位医生,太太在一家外企做秘书,夫妇俩每月收入在7000~10 000元。结婚虽然已有四年,但真正解决两地分居问题共同生活,则只有三年。两年前,夫妇俩通过公积金贷款买下一室一厅,现在他们的收入中约15%用于还房贷。五年之内,夫妇俩计划买一部车。平时由于太太工作比较忙,家务主要由黄先生承担。夫妇俩很少开伙,吃饭问题主要在餐馆解决,有时候两人也有心情亲自下厨,这时他们会买一些海鲜类的比较贵的食品。平时则是去超市选购,为的是省时省力。他们会选择一些体育运动,如球类,这也算是一笔健康投资,不过花费不是很多。夫妇俩虽然没有明确的财政计划,但仍会将收入的20%用于储蓄,以实现五年内购车及改善居住环境的目标。夫妇俩还计划去国外旅游,至少去东南亚是近期的目标。女主人想出国读书,为此拟开始做储蓄计划,但黄先生表示不做此打算。女主人正准备跳槽,以期得到更高的收入和职位,为此虽然女主人已近30岁,男主人已32岁,夫妇俩仍决定两年之内不要小孩。

从访谈的结果看,上海的中产家庭除那些继承祖荫者,主要集中于外企、传播、金融和证券从业人员等群体中,他们的年龄主要在30~45岁,家庭月收入在6000~30 000元,其收入有相当一部分来自兼职。社交活动频繁且多以夫妇同出同入为主,注重形象,舍得置装,有计划地在房产、旅游、购车等方面进行投入,家庭理财投资以储蓄和炒股为主,其次是保险或房产。男性的收入是家庭的主要经济来源,男性也是家庭大项开支的决定者,不过夫妻双方仍信守互相尊敬、协商的相处原则。

3. 广州中产阶层家庭

(1) 案例1:王家

王先生现就职于一家较大型的外资公司任主管,王太太是另一家外企的白领,小两口刚过而立之年,数月前,刚为人父母。家庭固定月均收入大约1万元。其家庭消费支出属实用型,把衣、食、住看得相当重要。王先生的生活理想是到40岁的时候有房有车,银行里有一大笔钱,足够下半生无忧无虑地生活。

(2) 案例2:李家

李先生30岁上下,和太太是同事,在一家实力雄厚的外资企业搞营销。现已经在城郊买了一套价值数十万元的商品房,并拥有一部私家车,家用电器一应俱全。小两口月收入约 2 万元。在家庭支出的构成中,旅游、娱乐、健身所占的比例高达 55%。1997 年李先生夫妇自费出国旅游,在加拿大、美国逗留了二十多天,游玩、购物花费 10 万元,仍意兴未尽,抱怨假期太短。玩电脑、玩球类运动是李先生的两大主要娱乐,他说前者是寓教于乐,后者是寓乐于动。至于说将来计划,则想得不多。这是一个精明幽默、懂得享受的小家庭,隐约透露出游戏人生的后现代主义味道。

在广州这个没有季节的城市里,活跃着像王家和李家这样南中国最具活力的家庭。与芸芸众生相比,他们年轻,有专业知识,能干而富有。他们追逐金钱,但并不视金钱为唯一,金钱对于他们来说更像是一种手段,通过金钱达到生活理想。他们首先是物质享乐主义者,但又不仅仅如此,他们也勇于承担责任,更执著于追求人生更高境界,例如自由和快乐。

4. 中产阶层家庭支出

上述三座城市受访的中产之家,家庭基本建设(指基本生活用品如家电等)都已完成,主要消费趋势转向房产、汽车和旅游等。由于大多数中国人热衷的交际方式仍是吃饭,所以餐饮支出在这一阶层中仍居高不下。在健身方面的投资在很多家庭中仍微乎其微,不过教育方面的投资在家庭支出中所占比例比普通工薪阶层的家庭明显要高,尤其是在成人教育方面,见表 6-6。

表 6-6 京沪穗三市中层阶级家庭支出[①]

支出项目	北京		上海		广州	
	张家	马家	贺家	黄家	王家	李家
食品(含交际餐饮)	30	30	50	30	20	15
服装	10	15	30	30	10	15
房租	25	10	0	15	40	0
旅游、娱乐、健身	15	10	5	3	12	55
交通	15	25	0	0	0	3
自身教育及其他	5	10	15	22	18	12

① 指上月收入的百分比(%)。

6.4.3 现状特征

1. 社会地位

收入和财富占有的状况无疑是影响人们社会地位的重要因素,但绝不是唯一的因素,而且在不同的社会制度和组织条件下,经济因素在决定人们社会地位上的重要性也是有很大差异的。根据 20 世纪 80 年代末一项对中国九大类社会群体地位特征的相关因素的分析,在影响个人社会地位的声望、身份、权力、收入、教育程度等因素中,声望和身份是最具影响力的因素,可以解释个人的工作单位、他生活的地域以及他在行政序列中的位置,也就基本上知道了他所处的社会地位。近年来,由于中国处于快速的社会结构转型时期,在这方面出现的一个重要变化是,收入和财富占有状况对个人社会地位的影响显著增强。中产阶层正在形成社会结构的主体,以主人翁的态度参与社会活动,以负责任的心态参与政治活动,以关心自我的心境实现公众参与。在不久的将来,他们将是中国城市社会结构的中坚力量,城市的公共政策走向主要取决于他们的态度。

2. 社会分布

现阶段,中国城市社会的阶层结构正处于由"金字塔形"向"橄榄形"转变的过程中。中国目前还是一个低收入的发展中国家,体力劳动者还占全社会从业人员的一半以上,城市居民家庭收入结构仍然呈一种"金字塔形"结构,一部分人进入了新富裕阶层,而约有62.4%的家庭居于下层和中层水平上,中等收入层明显缺少。如果按经济收入划分,当代中国城市社会结构也有明显的差异。例如,分析北京、上海和广州三大城市的社会结构可以发现:广州是金字塔形结构,随收入递增而人数递减;上海是中产家庭占大多数,可以用枣核结构来形容;北京是新富裕阶层一端和低收入阶层一端较为突出,中产家庭却相对较少,形成两头粗中间细的社会极化的棒骨形结构,这种中层偏少、高低两层明显的分层结构是不稳定的社会结构。

对于一个国家社会结构的相对稳定来说,保证合理的和普遍接受的社会地位序列是非常重要的。在现代社会,随着社会财富的积累、社会公平观念的普及、社会流动频率的加快以及权力与财富的分离,社会人群结构越来越呈现出"橄榄形",即在收入和财富占有方面,社会顶层的巨富者和社会底层的绝对贫困者都是极少数,出现了一个作为社会结构稳定基础的"中产阶级",他们的人数占人口的 40% 以上。随着社会主义经济体制改革的不断深入发展,我国城市中的"中产阶层"数量应该会很快增加。

3. 收入状况

在中国,年收入在几十万元至数百万元不等的这一中产阶层群体数量已非常可观。据《瞭望》周刊曾载文指出:1993 年全国年收入超过 5 万元的家庭有 530 万户,估计全国已有 3000 万人进入中产阶级。据统计,在中国城镇居民中,10% 的最高收入户与 10% 的最低收入户人均收入的差距已由 1990 年的 2.9 倍扩大到 1995 年的 3.8 倍。全国约有 100 万人拥有 100 万元以上的财产,而拥有数十万元资产的人数则更为可观。

6.4.4 中产阶层的组成

中产阶层在中国的出现并非偶然,目前中产阶层的力量已渐渐汇聚起来,并成为现代城市社会中一种新的社会力量。概观其组成,主要有以下三类社会人群。

1. 私营企业主

20 世纪 80 年代以来,随着市场经济的发展,私营经济也进一步发展壮大,中国逐步形成和发展起一个新的社会群体——私营企业主。1992 年之后,私营企业的发展速度十分惊人。根据北京市政府研究室与劳动局 1987 年对市区 271 位私营企业老板的调查,在创业前其职业情况分别为:农民占 7.4%,离退休人员占 23.3%,停薪留职人员占 11%,辞职人员占23.2%,无业人员占18.8%,待业人员占21%。而根据1991年的抽样调查,在1952个城镇私营企业主中,1853人在创办企业前的职业构成情况为:农民占30.92%,离退休人员占7.66%,停薪留职人员占15.38%,辞职人员占14.63%,无业人员占3.04%,待业人员占8.69%。根据1996年5月中国人民大学"非公营企业研究课题组"对北京184家私营企业主的调查,在所调查的私营企业主中,博士、硕士、学士学历均占到了一定的比重,分别为2.2%、5.5%和42.9%。而且,企业创立时间越晚,私营企业主的学历越高,在本科以上学历者中近50%是在1993年以后创办私营企业的。

2. 知识分子

第四次全国人口普查的结果表明:1995年年底中国具有中专以上学历和初级以上职称的人员有4465万人,约占总人口的3%。由此可以看出,知识分子在全国总人口中的比例不大。可以说,知识分子在中国社会结构中,长期以来是知识上的富有和物质上的清贫共存。近年来,不少受到市场经济大潮强而有力冲击的知识分子,放下几千年来儒家文化谆谆教导的自命清高,冲出固定的职业藩篱,选择了投身商海的道路。这些自谋职业的知识分子具有以下一些共同特点:①他们都受过良好的高等教育,有的曾经在国外高等学府深造过。在他们所从事的领域中,大多数是出类拔萃的佼佼者。②他们曾经拥有一份足以令一般人羡慕的稳定收入,其中有相当一部分人甚至曾经从事过高薪工作,他们的生活条件相对来说也是较为优越的,他们放弃自己的职业并不是为生活所迫。③他们都有自己的理想和追求,都想通过自己的自由职业的社会实践来证实自己的存在价值,实现自己的理想。虽然众多的知识分子自谋职业的方式各不相同,但所从事的几乎全都是高收入、高自由度、可以自主支配时间的职业。例如律师、自由撰稿人、策划人、经营电脑的个体户以及文艺个体户等。随着知识分子待遇的不断提高,知识分子将成为我国城市社会中产阶层最重要的发展基础。

3. 专业经营者

所谓专业经营者,主要是指被聘为企业总经理及其助理、部门经理等职业的企业管理者,他们不具有企业财产,只是代人经营企业或企业部门。经理[①],作为企业经营管理的决策者和方针策略的执行推广者,作为基层员工的领导模范者,作为站在市场最前沿的弄潮者,他们在短短的几年内不论是在数量上还是在素质上都得到了很大的发展。他们或是在国有企业、集体企业工作,或是就职于合资企业、外商独资企业、私营企业的各种所有制经济形式中。作为专业经营者,经理不仅要有一定的专业技术知识,还要有一种良好的协调能力和管理能力,有一种勇于创造、勇于开拓新局面的精神。这个群体一般在30岁左右,受过一定的教育,有一些工作经验。他们生活在改革开放的多维空间内,思想活跃、行为空间大,他们能够摆脱一些传统思想的禁锢,很快接受新的经营管理思想,适应社会生活中的新现象。

我国经理人数最集中的是在北京、上海、广州和深圳等经济发达的大城市。东南沿海

---

① 有市场经理、销售经理、人事经理、公关经理、财务经理和代销经理等。

地区江浙一带经济发达,合资企业、外资企业、私营企业等都有很大的发展和一定的数量,也吸引了一大批优秀的管理人才。2008年一项对企业经营者的年收入情况调查表明,20世纪90年代后期国有企业为15 518.07元,城镇集体企业为16 247.79元,股份制企业为32 393.93元,中外合资企业为38 762.25元,民营企业为26 142.86元。而非生产型企业,比如商业流通企业的经理们,他们的收入又比生产型企业的经理们的收入要高。这些工资收入一般高于全社会平均收入的2~3倍。经理,作为市场经济下企业发展壮大的社会群体,作为企业调节市场中的实践者,其发展必须受到经济政策等各方面因素的影响。可以说,中国在今后相当长一段时间内,需要更多更好的专业经营者管理企业,才能在全球经济一体化的市场竞争中展开真正的较量。他们身为企业的核心力量,也就理所当然地根据自己的贡献大小获得相应的报酬。因此,这一社会群体的数量也会急剧增长。也许在他们中间,有的会进入新富裕阶层,但更多的人还是中产阶层。

6.5 城市贫困阶层

随着城市化的发展,在许多国家(尤其是发达国家),城市贫困问题都已经成为整个社会贫困问题的主要方面,城市中穷人的数量和他们贫困的程度已经超过了农村中的穷人。

6.5.1 贫困标准和规模

现阶段我国的城市贫困问题是在20世纪80年代后半期开始出现,并且为研究者和决策者所注意到。在此之前,从20世纪50年代中期到20世纪80年代后期,在我国的理论研究和政府政策实践中,都只有"城市困难户"的概念,而没有"城市贫困问题"的概念。

1. 相关标准及统计数字

虽然迄今为止在政府正式的统计体系中没有"城市贫困标准"或"贫困线",致使难以有一个由官方确认的城市贫困者的统计数字,但是我们还是可以通过一些相关的标准和数字推测城市贫困的情况。

(1) 城市社会救济的标准。长期以来,我国城市社会救济系统的受益者范围只包括城市"三无"人员和少量的其他特殊困难者。1995年,全国得到救济和补助的城镇困难户有374.9万人,其中得到政府定期定量救济的只有12.7万人(国家统计局,1995)。其救济和补助的标准由各个城市决定,没有全国统一的标准。由于政府的定期定量救济不是按照特定的收入标准确定受益者,因此无法通过其受益者的确定标准来了解政府的贫困线标准,但我们仍然可以通过其给付标准推测城市政府对贫困线标准的把握。

(2) 城市"最低生活保障线"。到1997年5月为止,全国已有206个城市建立了最低生活保障线制度。这一制度所规定的受益者标准实际上代表着政府的"贫困线"标准。因此,在研究城市的贫困测量和贫困线确定的问题时,可以参考各个城市的"最低生活保障线"标准。例如,天津市从 1998 年 1 月开始实行的最低生活保障线是家庭人均月收入 185 元。

(3) 国家统计局关于城镇"困难户"数字。国家统计局每年都公布城镇住户调查的部分结果,其中将收入最低的 5% 看成是"困难户"。在 1995 年的这一组数据当中,人均年生活费收入为 1723.24 元,人均年消费性支出为 2060.96 元。但是用这种方法确定贫困线标准过于简单化,缺乏可靠的理论及实践依据(国家统计局,1996)。

2. 研究者们的推算

从 20 世纪 80 年代后半期开始,我国的一些经济学家、社会学家、社会福利研究者和社会经济统计家对我国城镇贫困线和贫困者规模做了一些研究和推测。

(1) 国家统计局推算

《中国城镇居民贫困问题研究》课题组 1991 年在对我国城市贫困问题的研究中,提出了"综合测算法",认为应该在对贫困者家庭的消费项目进行仔细分析的基础上确定贫困标准和贫困线。该课题组对 1989 年住户调查的资料进行了比较详细的计算,通过对各个消费项目的分项目判断和总体调整,分析了 5% 最低收入组在食品、衣着和日用品等方面消费的情况,得出的结论是当年 5% 收入最低家庭的实际收入比课题组得出的贫困标准还低 23.8%。但很遗憾的是,在该课题组的文章中没有找到贫困标准的准确数字(国家统计局课题组,1991)。

(2) 张问敏和李实推算

张问敏和李实在 1988 年 10 省市城镇居民收入调查数据的基础上,测算出城市贫困户的比例为 6.83%(张问敏,等,1992)。

(3) 王德发和章伟君推算

王德发和章伟君在 1991 年提出了一种测定城市居民最低生活费用和计算贫困率的方法。其主要思路是:在计算家庭基本生活消费标准时应该将不同年龄、性别和劳动性质的人分别计算。他们提出将一个从事体力劳动的成年男子的最低消费额作为一个标准单位,然后将其他不同性别、年龄和劳动性质的家庭成员的最低消费需求换算成一个标准单位的小数点倍数。例如,一个从事脑力劳动的老年女性在"主食"方面需要消费 0.90 个标准单位。他们认为,按照这种方法将所有家庭成员的基本消费需求进行计算后,就可以得出各种家庭的最低生活费标准。他们还用这种方法简单估算出 1989 年上海市的贫困率为 5%(王德发,等,1991)。

(4) 王卓琪(Chack Kie Wong)推算

中国香港中文大学王卓琪按照"国际贫困线"标准,即"人均收入的一半为贫困线",根据 1993 年广州市家计调查的资料测算出该市的贫困户比例为 13%(Wong,1995)。如果按这种方法计算 1995 年全国城镇居民家计调查资料,城镇居民中贫困者的比例会高于 10%,也就是说贫困者的绝对数字会多于 2400 万人(1995 年城镇居民的人均收入为 3892.94 元/年。按这种方法推算,贫困线应该是家庭人均收入 1946.47 元/年)。

(5) 国务院发展研究中心推算

国务院发展研究中心的研究人员葛延风根据国家统计局和其他一些研究者的结果,估计1996年我国城镇贫困阶层的人数在1200万人以上(葛延风,1997)。

(6) 中国社会科学院推算

中国社会科学院研究员朱庆芳根据全国总工会的调查资料、国家统计局城市抽样调查队的资料,以及城市最低生活保障线的补助标准,认为我国城镇贫困人口的总数为1200万~2000万人(朱庆芳,1997)。

上述研究者对我国城镇贫困者的估计数最低的在5%,最高的达10%以上,绝对数量最少在1200万人,最多的可达2400万人以上。如果我们按照这些研究者的估计,再把"镇"一级的贫困者去掉,仅推城市的贫困者人数,那城市市区非农业人口中贫困者数量应该为1000万~2000万人。

6.5.2 城市贫困的基本特征

在研究城市贫困问题时,当基本确定了贫困者的数量规模以后,紧接着就要回答"哪些人是贫困人口"的问题。从抽象的意义上讲,所有的人都可能成为穷人,但在特定的历史阶段和特定的社会经济背景中,总有一些人比其他人更容易陷入贫困。因此,深入分析贫困者群体的构成,将有助于我们更进一步地理解我国当前城市贫困的特征,以及导致贫困的各种制度性的、文化性的和政策性的因素。

1. 贫困者个人的基本情况

我们依据1996年天津市区千户抽样调查资料对天津市市区的贫困者进行描述。

(1) 致贫基本原因分析

表6-7列出了贫困者的一些基本情况。不难看出,贫困者群体的下岗人员和个人低收入者明显多于非贫困者群体的比例,而在失业者、提前退休者和家庭人口多等因素方面,贫困者和非贫困者则没有明显的差异。这可以初步说明:下岗和在职低收入是当前城市贫困的两个主要原因。

表6-7 贫困者的基本情况 %

	各类下岗人员	失业者	提前退休者	个人低收入者	家庭人口多者
在贫困者中	40.2	2.4	5.5	56.0	16.1
在非贫困者中	12.5	1.7	4.5	11.0	14.1

资料来源:1996年天津市区千户抽样调查。

(2) 年龄和性别分布

从表6-8中可以看出,在年龄方面,与非贫困者相比,贫困者[①]群体中36~45岁的中年人和高龄老人(71岁及以上)的比例明显较高,表明有某些经济或社会因素使两组人更容易陷入贫困。在性别方面,表6-9没有显示出贫困者群体在总体上有较明显的性别差异,这可能主要是由于我们对贫困的测量是以家庭人均收入为单位造成的。

---

① 这里的"贫困者"是指按家庭人均收入划分的贫困者,下同。

表 6-8 贫困者的年龄段分组 %

	15~25岁	26~35岁	36~45岁	46~60岁	61~70岁	71岁及以上
贫困者	2.6	21.3	42.6	16.1	9.0	8.4
非贫困者	5.7	19.8	35.8	28.1	7.7	2.8

资料来源：1996年天津市区千户抽样调查。

表 6-9 贫困者的性别分布 %

	男	女
在贫困者中	50.3	49.7
在非贫困者中	50.4	49.6

资料来源：1996年天津市区千户抽样调查。

（3）贫困者的受教育程度

从表 6-10 中的数据看，贫困者群体平均受教育程度明显偏低。贫困者中有 9% 是文盲，有三分之二左右的人文化程度在初中及初中以下；而非贫困者中文盲率只有 3.3%，并且只有不到一半的人未能接受高中及以上教育。另外，在贫困者样本中没有一个是受过大学本科及以上教育的人。

表 6-10 贫困者的文化程度 %

	受过教育	小学	初中	高中	中专/中技/职高	大专	大学本科	研究生
在贫困者中	9.0	12.9	43.2	26.5	4.5	3.9	0	0
在非贫困者中	3.3	7.2	34.3	23.3	14.6	11.5	5.5	0.2

资料来源：1996年天津市区千户抽样调查。

2. 贫困者家庭的基本情况

（1）家庭人口数和家庭结构

调查数据显示，贫困者家庭中贫困人口数为 3.35 人，而非贫困者家庭为 3.34 人，没有什么差异，并且从家庭结构上看也没有明显的差异（表 6-11）。贫困者群体中单亲家庭和单身家庭的比例稍高于非贫困者群体，但仍未有统计上的显著性，并且也不能说已具有实际意义上的差异。我国城市单亲家庭的比例还相当低（此次调查发现总的只占 3.4%），因此，可以说目前在发达国家很严重的单亲家庭贫困问题还没有在我国城市发生。

表 6-11 贫困者的家庭结构模式 %

	核心家庭	主干家庭	联合家庭	单亲家庭	单身家庭	其他
在贫困者中	63.4	20.9	4.6	4.6	3.3	0.7
在非贫困者中	69.3	20.6	2.1	3.2	1.8	1.5

资料来源：1996年天津市区千户抽样调查。

（2）家庭就业面

从表 6-12 可以看出，贫困者和非贫困者家庭的就业面（就业者比例）差异较大，这说明家庭就业面低可能是导致家庭陷入贫困的重要原因。

表6-12 贫困者家庭的就业比例 %

	无就业者	≤33.3	33.4～66.6	≥66.7
在贫困者中	4.5	10.3	45.2	40.0
在非贫困者中	1.3	0.7	15.6	82.4

资料来源：1996年天津市区抽样调查。

3. 贫困者家庭的住房情况

（1）房屋档次类别

如表6-13所示，贫困者中有三分之二的家庭居住在平房，而非贫困者家庭只有41%住在平房。进一步看，贫困者家庭有四分之一居住在"很差的平房"。这些很差的平房往往都是连片的，具有较明显的"棚户区"特征。

表6-13 贫困者房屋的档次* %

	别墅式住宅	高层楼房	较好的低层楼房	一般的低层楼房	较差的低层楼房	较好的平房	一般的平房	很差的平房	等外房
在贫困者中	0.7	0	14.3	15.0	7.5	0.7	36.1	25.2	0.7
在非贫困者中	0.4	0.1	23.7	24.5	10.2	1.3	21.1	17.6	1.1

资料来源：1996年天津市区千户抽样调查。

* 住房的档次在实际调查中由调查员按照统一的规定在现场判断。

（2）贫困者住房的来源

表6-14的数据可以说明，贫困者住房很大一部分仍然来自单位或政府主管部门的分房（分别占33.1%和20.5%）。但这两个比例都小于非贫困者群体（41.4%和34.1%），显示出贫困者在获得公共住房资源方面能力的相对低下。另外，贫困者样本中没有发现有自购商品房和集资建房的，显示出贫困者经济能力的低下，贫困者群体在住房来源方面最大的特点是他们当中有很大一部分（37.1%）家庭住房是"家传私房"，即上代留下的房屋，而在非贫困者中这一比例只有15.5%。

表6-14 贫困者住房的来源 %

	单位分配	其他公房	家传私房	自购商品房	自购福利房	集资建房	租房	借房	其他
在贫困者中	33.1	20.5	37.1	0	1.3	0	2.6	1.3	4.0
在非贫困者中	41.4	34.1	15.5	1.7	0.2	0.1	4.1	1.3	1.7

资料来源：1996年天津市区千户抽样调查。

（3）贫困者住房设施状况

从表6-15可以看出，贫困者住房不仅面积小于非贫困者，而且住房内的设施也差于非贫困者，而且设施的落后可能还更突出。贫困者家庭的人均住房面积为非贫困者家庭的77.1%，但他们当中有卫生间和暖气的比例均只有非贫困者家庭的一半左右，有管道煤气的家庭也只有非贫困者家庭的57.4%。

表 6-15 贫困者的住房设施情况　　　　　　　　　　　　　　　　　　　　　　　　%

	平均面积/m²	有卫生间	有暖气	有管道煤气
在贫困者中	6.69	18.7	7.7	37.4
在非贫困者中	8.68	38.3	14.3	65.2

资料来源：1996年天津市区抽样调查。

4. 贫困者的职业活动情况

贫困者的职业活动情况是解释他们为什么会陷入贫困的重要原因，因此也是我们此次研究的基本问题之一。在这里，我们先就有关的数据做简单的描述。

(1) 贫困者的职业分布

从表6-16中的数据可以看出，贫困者中除了"领导干部"、"企业工程技术人员"和"企业中层以上管理人员"三类职业以外，其他各类职业的人都有代表。其中工人的比例最高，达到72.3%，而非贫困者中这一比例只有54.2%。另外代表性较强的职业是"商业工作者"，占6.8%，而在非贫困者中只有4.3%。再者，贫困者中无职业者的比例也高于非贫困者(分别为6.1%和2.4%)。

表 6-16 贫困者的职业分布　　　　　　　　　　　　　　　　　　　　　　　　%

	工人	农民	领导干部	一般干部	教师及科研人员	企业工程技术人员	其他专业技术人员	企业中层以上管理人员	企业一般管理人员	商业工作者	服务业工作者	其他	无正式职业者
在贫困者中	72.3	1.4	0	2.7	3.4	0	0.7	0	0.7	6.8	2.0	4.1	6.1
在非贫困者中	54.2	0.6	1.9	5.0	6.6	4.0	4.0	6.9	6.0	4.3	2.5	1.6	2.4

资料来源：1996年天津市区千户抽样调查。

(2) 贫困者的行业分布

如表6-17所示，贫困者中除了"党政机关"和"房地产"以外，其他各行业的人都有。其中分布比例最高的是"工业"(57.7%，比非贫困者高出4.8个百分点)和"商饮/供销/仓储业"(13.4%，比非贫困者群体高出4.1个百分点)。

表 6-17 贫困者本人所属行业分布　　　　　　　　　　　　　　　　　　　　　　　　%

	农林牧渔水利	工业	地质普查勘探	建筑业	交通运输邮电通信	商饮供销仓储	公用居民服务	卫生体育	教育文化	科学研究技术服务	金融保险	党政机关	房地产	其他
在贫困者中	2.8	57.7	0.7	4.2	5.6	13.4	2.8	4.2	4.2	1.4	0.7	0	0	2.1
在非贫困者中	2.7	52.9	1.5	4.6	5.4	9.3	4.0	4.0	7.2	1.8	1.2	2.8	1.0	1.3

资料来源：1996年天津市区千户抽样调查。

(3) 贫困者所属单位的所有制性质

尽管调查数据显示,贫困者中只有三分之一多点(37.0%)在调查时仍是正式职工(相比之下,非贫困者中这一比例接近三分之二,为63.3%),但贫困者中许多人是有单位的。从表6-18可以看出,贫困者中最大的群体仍然是国有部门的劳动者,其次是集体所有制单位的劳动者,从相对的比例上看,贫困者中属于集体单位的比例高于非贫困者群体中的比例。另外,贫困者中有9.7%的人回答属于"其他"所有制类型,这些人一般不属于各种正式就业者。

表6-18 贫困者所属的单位的所有制形式   %

	完全国有	国有股份	集体	中外合资	外商独资	私营	乡镇企业	个体	其他
在贫困者中	66.5	0.6	20.0	1.3	0.6	0	0	1.3	9.7
在非贫困者中	78.0	1.9	12.5	1.8	0.8	0.2	0.2	0.8	3.8

资料来源:1996年天津市区千户抽样调查。

(4) 贫困者所属单位的经济效益

从表6-19可以清楚看出,个人贫困与否和单位的经济效益之间有着较密切的关系。在贫困者群体中有近四分之三(72.2%)的所属单位经营亏损,而赢利的只有5.3%。相比之下,非贫困者所属单位亏损的只有39.2%,而赢利的有27.4%。

表6-19 贫困者所属单位的经济效益   %

	赢利很多	有些赢利	基本持平	略有亏损	亏损严重
在贫困者中	2.3	3.0	20.3	29.3	42.9
在非贫困者中	7.6	19.8	33.1	22.4	16.8

资料来源:1996年天津市区千户抽样调查。

6.5.3 城市贫困阶层的基本特征

通过以上分析,我们可以初步地看出现有的贫困者具有以下特征:①36~45岁的下岗者和低收入者,或70岁以上的高龄老人。②家庭就业面可能较低。③文化程度较低,很可能是在工业、商业或服务业的普通工人,从事服务性的职业。④单位属于国有或集体企业,但单位的经济效益很差;或者是没有正式的就业单位,只靠临时性的工作谋生。⑤更可能住在平房,并且住房的设施不全。

6.6 社会流动

西方社会学家把个人社会的一个阶级向另一个阶级,一个阶层向另一个阶层,从一种职业向另一种职业,从一个地区向另一个地区的位置移动的现象叫做"社会流动"(social mobility)。它是社会分层和社会结构演变的动力所在。

6.6.1 社会流动的含义

对社会流动的研究，以美国社会学家索罗金(Pitirin A. Souokin,1889—1968)在1927年所著的《社会流动》(Social Mobility)一书为开创点，引起后来社会学界对社会流动研究的广泛兴趣。

所谓社会流动，是指社会成员在社会关系的空间中由某个社会位置向其他社会位置的移动，它既表现为个人社会地位的变更，也表现为个人社会角色的转换，实质上是个人社会的关系的改变。

人口流动与社会流动的主要区别表现在：人口流动着重反映人口整体在空间位置上的变动以及这种变动对社会协调发展的作用或影响，而社会流动着重反映社会成员在社会位置上的变动以及这种变动对个人和社会的双重作用或影响。人口流动与社会流动的联系表现在两者之间存在着一种交叉关系。有些人口流动就是社会流动。人口流动既包括永久性的人口迁移，又包括暂时性的人口移动。而永久性的人口迁移一般属于社会流动。如农民进城当工人这一社会流动现象，既表明他们在空间位置上的变化(即从农村到城市)，又反映他们在社会位置上的变动(即由农民变为工人)。社会流动既有从上到下或从下到上的纵向流动，又有某一职业、单位或地区到另一职业、单位或地区的横向流动。有些社会流动，同时也属于人口流动，如乡村学子高考中榜而进城读书的向上社会流动，同时也是人口流动。

6.6.2 社会流动的特征

社会流动作为一种社会现象，既具有普遍性又具有特殊性。社会流动的普遍性是指任何社会都存在着社会流动。它既存在于纵贯古今的各种社会中，也存在于当今的各种社会中，所不同的是在社会流动的流速、流量及频率方面，现代社会要比传统社会高一些，开放型社会要比封闭型社会高一些。社会流动的特殊性是指，不同社会中的社会流动是不同的。首先，从历史发展的角度看，社会形态不同的社会，其社会流动的程度大不相同，在奴隶社会和封建社会，社会成员被严格限制和规定在不同的等级内，因而社会流动非常缺乏，印度的喀斯德(caste)等级制便是一种典型。这种由印度教文化所形成的、特殊的、壁垒分明的等级制，从高至低，分成婆罗门或牧师阶级、刹地利或武士阶级、吠舍或农商阶级、首陀罗或贱民等阶级。在这种等级制下，各阶级成员的地位是先赋的，个人出生于某一阶级就一辈子属于某一阶级，社会成员在不同的阶级间很少甚至没有流动。西方社会学者称这种社会流动渠道闭塞受阻的社会为典型的"封闭式社会"。到了资本主义社会，社会不再用法律条文来固定等级，社会成员"向上"或者"向下"流动的可能性和现实性有所增强，即所谓"布农可为卿相"、可"由木屋到白宫"。西方社会学者称这种社会流动渠道畅通无阻的社会为典型的"开放式社会"。其次，从现实状况来看，社会制度不同的社会，其社会流动的性质和状态也不大相同。

6.6.3 社会流动的类型

根据社会流动的向度,可以将社会流动划分为纵向流动和横向流动,也就是美国社会学家索罗金所说的垂直流动(vertical mobility)和水平流动(horizontal mobility)。另外,其他的流动类型还包括:代内流动、代际流动、结构性流动和非结构性流动。

1. 纵向流动

纵向流动,意指一个人或一个群体从一个社会位置移到另一个高低不同的社会位置上。如果移动后的社会位置高于移动前的社会位置,那么就是向上流动,即社会地位上升,如果移动后的社会位置低于移动前的社会位置,那么就是向下流动,即社会地位下降。纵向流动是最为普遍而又最为人们所关心的一种社会流动。一般来说,向上流动是人们所向往和追求的,向下流动是人们所不愿意并力图避免的。然而,人们是否能够实现向上流动和避免向下流动,不仅取决于个人品德和才能等主观因素,而且还受制于许多不依个人意志为转移的客观社会因素。

纵向流动不仅要受一定社会条件的制约,而且会对社会运行产生巨大的影响。这种影响作用主要表现为以下两点:①合理的上下流动能保证和促进社会的各个层级工作正常而又高效地进行,从而有利于整个社会的协调发展。社会要正常而又高效运行,而各层级的工作正常又高效运行又取决于担任其工作的人是否称职和尽职。因此,通过合理的上下流动,让不称职或失职者向下流动,让称职并尽职者向上流动,将保证和促进各个层级特别是较高层级工作正常而又高效地运行,从而有利于整个社会的正常运行。②经常的上下流动能增进或加强各阶层社会成员之间的联系与了解,从而有利于整个社会的协调发展。社会系统的协调发展不仅依赖其内部各层级工作正常而又高效地进行,而且在一定程度上取决于各阶层社会成员相互理解、和衷共济,而经常的上下流动则能达到这一效果。如当过农民的工人能够理解农民并容易与其合作,当过工人的干部能够理解工人并容易与其建立密切关系。反之亦然。总之,纵向流动是社会系统协调发展的重要社会机制。

2. 横向流动

横向流动,意指一个人或一个群体从一个社会位置移到另一个同等或同一水平的社会位置上。所谓同一水平,是指流动前后的社会位置在经济收入、政治地位和社会声望等方面基本相同。在我国,一个工厂的厂长改任某公司的经理、工程师去任大学讲师、纺织工人当印染工人等都是横向流动。横向流动无论是对个人还是对社会都具有重要意义。

对于个人来说,横向流动主要具有以下功能:①能够满足个人的需要。人的需要具有多样性。一方面,不同的人有不同的追求,如有的人注重经济收入,有的人追求事业成功,有的人关心名誉地位,有的人注重健康保障等。因此,当一个注重经济收入的人从一个穷单位来到一个富单位,当一个追求事业的人从一个无所作为的地方来到一个大有可为的地方,那么,他们的个人需要就得到了满足。另一方面,同一个人的需要又是多方面的,人们要想使多种需要得到满足,固守一隅是难以达到的,这就要求社会成员的横向流动。②有利于个人才能的发挥。与人的需要一样,人的能力也具有多样性,而且人的能力多样性也表现为两方面:一方面不同的人有不同的地方,另一方面同一个人具有多方面的能力。不同的人有不同的能力,要求量才用人,把人放在最佳的社会位置,实现最佳的能级结合。如果一个人已有的社会位置不是最佳社会位置,那么,就应该流向其最佳社会位置,以便其聪明才能的充分发挥。一个人能力的多样化决定了其发挥能力的复杂性,而最大限度地发挥人的能力必须首先找准其结合的最佳点。但这个最佳点往往不是一找就准的。因此,只有给人们较高程度的流动机会才能达到上述目的。

对于社会来说,横向流动也具有多方面的功能。第一,横向流动有利于形成一种自我完善的动态平衡机制,促进劳动力或人才的合理配置,使地区、行业和单位之间协调发展。在现实社会中,往往存在一些不平衡或不协调的现象,例如有的地区人口过分密集,有的地区人口又太稀少;有的行业劳动力过剩,有的行业劳动力又不足;有的单位专业人才拥挤,有的单位又专业人才奇缺。横向流动则可以在一定程度上解决这些矛盾,即达到"厚处往薄处赶"的效果,促进社会的协调或平衡发展。第二,横向流动会强化不同的地区、行业和单位之间的相互竞争,促使落后的地区、行业和单位追赶先进的地区、行业和单位。由于人往高处走,水往低处流的自然法规的作用和影响,实行和开展横向流动后,暂在某些方面落后的地区、行业或单位必然受到人走财空的巨大压力,这将迫使它们采取新的政策以改进自身的气氛和条件,形成良好的人才工作与生长的环境,奋发图强、力争上游。总之,横向流动是社会系统协调发展的重要社会机制。

3. 代内流动

代内流动探讨的是一个人一生中社会位置是否变动及其变动规律。代内流动,也叫一个人的终身流动。孤立地看,研究这种流动好像没有多大的意义,因为它只是反映单个人一生的升降沉浮。但从联系和发展的角度来考察许多人的代内流动则具有重要的社会意义。这是因为,代内流动的状况能够在一定程度上反映社会的发展状况。首先,代内流动的发展趋势能够反映整个社会的发展趋势。李建勇(1988)对上海市就业人口职业和教育的代内和代际流动的研究报告表明,1949年以来我国代内流动(主要指职业和教育的变动)的速度越来越快,幅度在代代增大。代内流动的速度之所以越来越快,是因为我国社会的经济实力在不断增强,社会产业在不断发展,因而为社会成员提供教育和就业的机会越来越多;代内流动的幅度之所以代代增大,是因为父辈代内流动的最佳年龄期正好在职业流动率和教育升等率较低的"文革"前和"文革"中;而子辈代内流动的最佳年龄期在职业流动率和教育升等率超过以往两个时期("文革"前和"文革"中)的流动率之和。其次,代内流动的某些变化也能够反映其政策和社会价值观念的变化。该研究还表明:在代内流动中,与教育无关的职业升等率从"文革"前的33.3%上升到"文革"中的70.45%,然后又下降到"文革"后的39.87%,因教育升等所致的职业升等率从"文革"前的66.67%下降到"文革"中的29.55%,然后又上升到"文革"后的60.13%。由此可见,职业升等与教育升等的关系经历了"文革"前的强相关、"文革"中的弱相关,以及"文革"后的强相关这三个阶段。代内流动的这一变化同时也反映了我国上述三个时期社会政策和价值观念的变化。

4. 代际流动

代际流动意指上下代间社会位置的异同及变动。代际流动与代内流动相比,具有更为明显、更为重要的社会意义。从静态的角度看,一个社会是否存在代际流动可以反映该社会的结构状况。如果农民的子孙永远是农民,工人的子孙永远是工人,法官的子孙永远是法官,那么,该社会必定是一种封闭式的传统社会;如果农民的子孙可以为工人,体力劳动者的子孙可以为脑力劳动者,那么,该社会必定是一种开放式的现代社会。从动态的角度看,代际流动中的世袭率、流动率及趋势等都直接反映了社会发展的水平。如果代际世袭率低并越来越低,说明上辈对子辈的影响一代比一代小,子辈向上流动越来越取决于子辈自身的后天因素而非父辈因素,这也标志着社会结构正在从封闭走向开放;如果代际流动率高并越来越高,说明其流动的速度越来越快,流动的幅度越来越大,社会经济日益发展,社会分工日益发达,科技水平日渐提高;如果代际流动的总趋势是向上流动,说明随着社会生产力水平的提高,从事脑力型职业人数的比例越来越高,而从事体力型职业人数的比例越来越低。研究表明,我国社会代际流动世袭率越来越低,总流动率越来越高,流动的总趋势是向上流动。这表明我国社会正在从传统走向现代,即社会结构正在从封闭走向开放,社会经济发展水平正在从低级走向高级。

5. 结构性流动

随着对社会流动研究的深入,又有社会学者提出了一种新的流动类型,即结构性社会流动。它研究的是由于整个社会结构的变迁所引起的社会流动。

结构性社会流动有其不同的表现形式,归纳起来,大致可分为两种:一种形式是人们的位置发生明显变动的结构性流动。如我国农业合作化运动中,许多个体农民变为集体农民;我国"文革"中,大批知识青年上山下乡;工业化和城市化所导致的大批农民变为工人,大批村民变为市民等。这种结构性流动之所以表现得非常明显,是因为这种流动不仅只是人们社会地位的变化,而且伴随着人们职业地位、社会角色和空间位置的变化。另一种形式是人们的社会位置发生相对变动的结构性流动。例如,我们以实际收入来看社会流动,假如1964年第一代所得收入由200元到1000元,共分五组,而到了1984年的所得收入由400元到1200元。由此可以看出,虽然某一家庭的上下两代同在最低所得组,但1984年第二代最低所得组的收入显然比1964年第一代最低所得组的收入高出200元。即两代的组别虽然没有改变,但第二代的生活水平却提高了。这种情形就是因国民平均所得的提高而引起的结构性社会流动。

结构性社会流动发生的原因是多方面的,主要可分为经济因素和非经济因素。就经济因素而言,经济发展是导致结构性社会流动的主因。经济发展不仅直接引起一部分社会成员生活水平和生活质量的相对提高,而且会直接导致一部分社会成员的地位和角色的变动,例如在标志着经济发展的产业与分化的过程中,工业化使许多农民变成工人,知识化使许多体力劳动者变为脑力劳动者。就导致结构性社会流动的非经济因素而言,制度、政策和教育等都会影响结构性社会流动。制度对结构性社会流动的影响一般表现为促进和抑制结构性社会流动。例如我国现有的户籍管理制度对成批农民变为工人、村民变为市民的结构性社会流动具有抑制作用。当然，这种抑制主要是为了使结构性社会流动与社会经济发展状况相适应，与城乡发展水平相协调。政策对结构性社会流动的影响则更为明显、更为直接。在现代社会条件下，教育升等与职业升等密切相关。因此，全社会教育机会的增加和教育水平的提高将使更多的社会成员向上流动的可能性增加。此外，地理环境、自然资源、人口构成和社会观念等也是影响结构性社会流动的非经济因素。

结构性社会流动不仅受各种社会因素的影响，而且还会给社会带来不同的后果。合理的结构性社会流动将给社会带来良好的后果，而不合理的结构性社会流动将给社会带来不良甚至是破坏性后果。所谓合理的结构性社会流动，是指由社会发展所引起的符合社会发展客观规律的结构性流动。新中国成立以来，我国像这样的结构性社会流动可大致归纳为四种：一是工业开发型结构性社会流动。主要是指国家和地区为建立工厂、开采矿山和修建道路而组织的迁移，其主要流向是从沿海到内地。二是农业开发型结构性社会流动。主要是指国家或地区为发展农业生产、修建水库、建设农场、支边垦荒而组织的人口迁移，其流向随具体的迁移目的而定。三是智力开发型结构性社会流动。例如为边疆和内地建设而抽调的科学家、技术员、教师和干部等，其主要流向是从东到西。四是经济开发型结构性社会流动。主要是指在经济体制改革过程中，为促进经济开发区的建设而引起的人口迁移，其流向是以具体的经济开发区为中心。上述结构性社会流动都在不同程度上促进了我国社会的工业、农业、经济和科技的发展。所谓不合理的结构性社会流动，就是指由某些人为原因引起，并不符合甚至违反社会发展的客观规律的结构性社会流动，例如知识青年上山下乡运动。

6. 非结构性社会流动

所谓非结构性社会流动，就是结构性社会流动之外的一切社会流动。有些西方社会学者称其为"自由流动"。其实，个人流动的自由是相对的，因为任何社会中的任何个人的流动都要受到社会环境及社会规范等因素的制约。

6.7 绅士化及其过程

6.7.1 绅士化的传统定义

"绅士化"（gentrification）一词最早是由英国的社会学家卢斯·格拉斯（Ruth Glass）于1964年提出（Glass，1964）。格拉斯提出的这一术语是用于描述当时伦敦内城出现的中产阶层取代工人阶层居民的城市社区变迁过程，即传统意义上的绅士化过程。事实上，第二次世界大战后，随着英美国家相对单一的郊区化居住形式与文化氛围为越来越多的中产阶级所厌倦，回归市中心的绅士化现象已在欧美很多城市出现。根据中产阶级对不同样式的老房子的偏好，当时各地对此现象有着不同的描述，例如"brown stoning"、"homesteading"、"white painting"、"white-walling"、"red-brick-chic"等（Lee，等，2008）。而格拉斯的研究则第一次使用了"绅士化"这一术语来描述中产阶级对于内城工人阶级社区的旧房子有着特殊偏好,对其进行翻新修缮并大量取代原有低收入居民的现象。尼尔·史密斯(Neil Smith)将传统的绅士化过程描述为中产阶级置业者、土地所有者与职业地产开发商对于工人阶级居住邻里进行占有和取代的过程(Smith,1982)。传统绅士化过程中有两大特点最为突出:一是资本力量对于内城工人阶级社区的修缮与更新;二是中产阶级居民对于社区原居民的置换作用。总的来说,传统意义上的欧美城市绅士化现象是中产阶级居住空间从郊区化居住区重新转向内城社区的过程,是中产阶级对内城空间重新占领的过程,也是阶级差异与社会不平等在居住空间上的体现。

6.7.2 绅士化的发展演化与表现形式

自从格拉斯对绅士化进行界定以后,西方学术界对绅士化现象的研究层出不穷,且经久不衰。有部分学者曾断言绅士化不过是一种短暂的无关紧要的现象(Berry,1985),但目前它已被许多学者公认为研究当代城市重构的前沿课题之一(Hamnett,1991;Smith,2002)。随着对绅士化研究的深入,其定义也在不断地发生变化。目前广义的绅士化不仅局限于对旧房屋的修缮和居民替换,还包括居住区的更新重建和随之而来的综合型消费空间的产生(Smith,2005)。城市中心和滨水空间已经成为城市更新的热点地域,决定其成为绅士化研究的重心(Hoyle,等,1988)。传统的绅士化研究只关注当地甚至局限于单个社区邻里的变化,但越来越多的学者开始倡议绅士化研究应该关注广泛的城市空间变化,如全球化的影响以及城市空间秩序的重构等问题(Fainstein,等,1992;Marcuse,等,2000)。自20世纪70年代以来,全世界范围内的城市经历了一系列政治、经济以及地理空间上的重构。绅士化和城市更新之间的界限变得越来越模糊,也越来越不重要(Smith,2005)。因此,绅士化的定义应该与更大范围内的经济重构和城市重构相联系。换言之,这种广义的绅士化应反映资本积累和城市劳动力市场的重构等更广泛的变化(Harvey,1989)。

当前对绅士化的研究和讨论已经大大超出传统绅士化的范畴,它不仅包括现存街区、邻里中发生的物质和社会转变,也包括一些新建的高端房地产开发项目,甚至还包括对城市原有工业区的棕地①(brown field)改造。随着城市发展机制的不断复杂化以及绅士化过程逐渐的演变与深化,绅士化现象本身在分布范围、对物质景观的改变及对社会与文化影响等方面均呈现出多元化的特点。绅士化现象本身并不是一个线性的历史延续过程,多类型绅士化的产生与发展并没有一个前后的承接关系,在当今城市空间与社区邻里重构的背景下,绅士化有可能在多样化的区位发生,并且呈现出多样化的表现形式(Lees,2003)。从当今绅士化的定义可以看出,绅士化已经从简单的一种中产阶级对于城市内城居住社区的修缮现象,转变为资本力量与阶级力量对于城市空间,乃至乡村空间的再造与重构过程,当今的绅士化无论从表现形式还是从所涵盖的范围都已经远远超越了传统绅士化所涵盖的内容(Phillips,1993;Smith,2005)。绅士化从空间分布、发生场所以及涉及人群方面都呈现

---

① 美国国家环保局(Environmental Protection Agency,EPA)对棕地的定义是:棕地是指废弃的、闲置的或没有得到充分利用的工业或商业用地及设施,在对这类土地的再开发和利用过程中,往往因为存在客观上或意想中的环境污染而比其他开发过程更为复杂。

出多样化的状态。从空间分布与发生场所上看,在后福特主义和全球化的背景下,绅士化已经成为一种全球化的现象(Atkinson,等,2005),甚至已经成了"全球城市"的标签(Sassen,1991),对其研究已经从北美、西欧以及澳大利亚等国扩展到土耳其和南非等国(Uzun,2003;Visser,2002),发生场所已经从城市中心蔓延到一些城市的郊区(Badcock,2001;Hackworth,等,2001;Robson,等,2001;Smith,等,1999),甚至乡村地区(Phillips,2002;Smith,等,2001);从涉及人群以及参与主体来看,绅士化已经不单单是中产阶级替换工人阶级的过程,像学生、游客等不同范畴的社会群体都可能成为引发绅士化的主体。随着绅士化现象在形式与空间上的不断拓展,绅士化呈现出多种表现形式,主要表现形式有新建绅士化(new built gentrification)、超级绅士化(super gentrification)、学生绅士化(studentification)、旅游绅士化(tourism gentrification)、商业绅士化(commercial gentrification)和乡村绅士化(rural gentrification)等。这些绅士化概念与传统绅士化(classical gentrification)一起成为目前在全球各个城市涌现的城市更新与社会重构过程解释的重要工具。目前,绅士化已经发展演化出许多外延概念,但总的来说,按照戴维森(Davison)和利斯(Lees)等学者(Lee,等,2008)的总结:资本在旧城区的再投资、高收入群体推动地方社区的升级、城市景观的改善、直接或间接地迫使低收入原住民的迁出,这四个绅士化特征已基本成为学界公认的判断绅士化现象的重要依据。

6.7.3 绅士化的解释

对绅士化的解释是自由人文主义和马克思结构主义在理论上和意识形态上争论的关键领域,对绅士化动力机制的研究分为强调文化、消费偏好和消费需求的"消费方的解释",以及强调资本、阶级、生产和供应的"供应方的解释"。

雷(David Ley)和史密斯(Neil Smith)分别从这两个角度对绅士化的成因进行了深入的研究与讨论,形成了两种主流的解释。雷将对绅士化的解释放在后工业社会(post-industrial)的时代背景下,强调了中产阶层自身的文化导向、消费与需求的偏好等方面对绅士化产生的重要影响,而将满足中产阶层消费需求的生产、投资行为,以及城市土地与房屋市场的操作运营看做是次要的方面(Ley,1980,1981,1986)。该解释认为出现在内城的新兴的中产阶层基于个人喜好,重塑建筑环境,导致并加速了绅士化的过程;同时,社区本身存在生活方式、文化群体和建筑的多样性特征,也是吸引其回到内城中去的重要因素,中产阶层迫切需要得到的文化消费对解释内城复兴以及绅士化起到了重要作用。而史密斯认为实证研究已经证明绅士化的过程是由一系列在社区层面上的群体社会活动引起的,而不是由于单独消费者的文化倾向及其选择和消费行为所引起的,并强调资本的流动在这一过程所起到的重要作用(Smith,1979)。该解释认为绅士化最主要还是受到经济利益的驱动,而非文化。对利润收益的渴望,即对投资稳定的高回报率的期望是对内城进行更新最主要和最基本的出发点,如果在这一过程中有利益的损失,那么绅士化现象将不会发生。

已有不少学者提出应对两种对立观点进行综合和互补。他们认为随着绅士化现象的多样化和发生地点的改变,单一地从生产或供应的角度已无法解释现今复杂的绅士化现象。随着全球资本的融入、日益复杂化的"绅士"群体(gentrifiers)和多种绅士化现象的出现,以往的单一和线性的解释将无法生效。Lees因此呼吁,要在绅士化研究中特别重视时间性和文本性(temporality and contextuality),以理解不同时间、不同地点和不同背景下的绅士化现象(Lees,2000)。

6.7.4 绅士化的社会空间影响

绅士化的社会空间影响在于,在带来局部地区经济复兴、地方政府税收增加的同时,出现了阶级替代并产生了大量的负面影响,例如大量的流浪汉、城市贫困和社会冲突的出现。尽管西方学者对绅士化是否必然带来阶级替代(displacement)的负面效应有较多争议,甚至有学者认为绅士化是一种城市文化和价值取向趋向包容和多元化的解放运动(Caulfield,1994),或是能够促进良性的社会混合(social mix)(Butler,等,2008;Duany,2001;Freeman,2006)。但无可否认,绅士化现象对低收入居民带来了多方面的负面影响,包括直接和间接的影响。被置换的居民往往无法在原住地及周边地区购买或租赁房屋,因此大部分居民移居到城市边缘区。尽管大部分被迫迁移居民的住房条件得到改善,但他们的生活水平却并未因此而得到提高,反而进一步恶化。主要原因在于这些地区往往不具备完善的基础设施,并且就业机会非常少。许多居民因为无法支付较高的通勤费用而不得不放弃原有的工作,沦为失业人口。此外,低收入居民在世代居住的社区所建立起来的社会网络在绅士化过程中遭到了不可逆的破坏。这一变化给居民带来的精神上和物质上的打击是不可估量的。令人担忧的是,将大量的低收入、失业居民集体搬迁至郊区将会造成贫困人口的进一步空间集聚,导致"新贫民窟"的形成。这样的做法不仅不能解决城市低收入居民的住房问题,反而会给将来的城市发展带来新的难题。

整体而言,绅士化可以成为理解和剖析城市内部空间重构的新视角和理论平台。不同于其他单纯关注城市物质空间更新改造的研究,绅士化研究更关注城市物质空间重构对城市的社会经济结构变化,尤其是对低收入群体的生存和发展的影响。绅士化的过程和它引起的物质空间的变化在不断地衍生和扩张,不同参与者的加入以及新的地点和新的物质景观的出现使得当代绅士化研究变得越加复杂,也使得绅士化的研究更具理论和现实意义。

6.8 吊丝的形成和社会学研究意义

吊丝是当下中国网络文化兴盛后描述由农村进入城市的体制外无房无车的一群男女年轻人社会群体,也写做"屌丝"、"叼丝",2012年年初被用于百度雷霆三巨头吧对李毅吧会员的爱称,随后在中国大陆地区逐渐流行起来,并在年轻人群体间的语言文化中被广泛应用,2012年11月3日"吊丝"一词登上《人民日报》十八大特刊,引发了网络和社会热议。

6.8.1 吊丝的含义

吊丝一词在网络上被广泛使用以后,其使用和含义变得更加宽泛,使用者不一定专指以搬砖等为职业的青年男性群体,而成了无女友或收入不高的男青年的自嘲用语。对女性有时候也会使用该词,称为女吊丝。另外有一些收入中等,独立奋斗,但是缺乏较强经济背景的白领人士也普遍以吊丝自居,他们对吊丝的定义一般是只能靠出力去讨好喜欢的女孩子的男生就是吊丝。

吊丝二字蕴含着无奈与自嘲的意味。从贱文化到无厘头恶搞,从"二"(很傻)青年到伤不起,网络精神的最核心部分往往在于敢于自嘲,吊丝是一种文化,以自嘲来消解正统,以降格来反对崇高。作家兼赛车手的韩寒说,我是纯正的上海郊区农村"吊丝";人气乐团"五月天"说,走下舞台我们就是"吊丝",这个看起来原本充满鄙视意味的"无厘头"的网络新词,已然从网络一路"爆红"到了现实生活,大量 80 后、90 后的年轻人主动接受了这一称谓,有人用它自嘲,有人借它减压,也有人从中获得了共鸣与温暖。在当今社会中,有许多人和"穷矮丑"毫无联系,甚至还是"高富帅",有的干着体面的工作,还有的家里有个漂亮温柔"女神级"的老婆……这些都是与"吊丝"八竿子打不到一块儿的人,却仍乐此不疲地"对号入座",这在心理学上称为"自我设障",降低成功期望,这样成功的话会感觉很好,失败的话也没那么不舒服。其中的多数人是因为有自我意识和自我觉醒才主动归类为"吊丝"。

德国的喜剧集 Knallerfrauen 被网友译为《吊丝女士》,在网络上广受欢迎。一部片名为《桃花期》的日剧也被网友命名为《吊丝的逆袭》。换句话说,本土的吊丝文化其实渗透着日本的御宅文化。在日语中叫"大型ごみ",翻译成中文就是"大垃圾"。这个词原本泛指在废物回收利用体系极其完备的日本,每个家庭定期要交给废品回收人员的大件废品,例如不用了的 DVD、音响、收音机、电视机等。后来,日本经济不景气,很多日本男人失业,找不到工作,蜗居在家。这让专职家庭事务的主妇们异常恼火,因此她们把中年失业、不能养家糊口的丈夫称为"大型ごみ"。再后来,日本人演化出了一个更简单的词:废柴,而形容的范围也从失业的中年大叔扩展到宅居在家、不思进取、迷恋动漫和游戏的宅男们。这些有恋物癖,尤其是迷恋一些动漫形象,对萝莉、御姐或是软妹毫无抵抗力的御宅族,通常会和混吃等死、永无出头之日这样的恶毒字眼联系在一起。很多可怜的宅男们年纪大了,最后被父母扫地出门,结局悲戚。

吊丝在国内外兴起具有特定的原因,主要在于:①社会经济发展的不平衡;②贫富差距的日益扩大;③互联网技术的发展。"吊丝"所反映的集体焦虑,不仅是文化问题,更是当下中国城市社会问题的反映。

6.8.2 吊丝的基本特征

吊丝们大多出身贫寒之家,如农村或者城市底层小市民家庭,没有更多的背景,许多初中即辍学,进城务工,或成了餐厅服务员,或成了网吧网管,在城市的繁华之中分得一杯苦羹;或是无业游民,但是自己一般不愿承认,网上经常以自由职业者自居。有的十二载寒窗考上大学,攻读理工科专业,等真正工作后却发现没有获得理想的就业岗位,投入与产出不成比例,很是得不偿失。他们从事着苦与累的工作,拿着并不丰厚甚至是微薄的报酬,在繁华的城市里勉强度日。

吊丝们最爱网游,如魔兽世界、dota等,也爱贴吧,更爱"女神",爱幻想,但却缺乏行动,他们想做而不敢做。他们既是善良的,也是懦弱的。几乎任何宏大叙事都与吊丝们无缘,他们不是有志青年、职场精英;他们在餐馆吃饭总是躲在角落,看演出也坐在最后一排。

吊丝们的感情世界一片空白或者充满坎坷,犹如荒凉的戈壁。他们并不是没有心仪的姑娘,但是自卑使他们没有勇气去努力追求,甚至没有勇气去靠近,就算是费尽心机争取到了姑娘的芳心,最后还是会因自己低劣的外在与内在的条件而遭到被遗弃的命运。但对他们来说,爱情永远是神圣、纯洁的。他们在心爱的姑娘面前通常会自惭形秽,认为自己配不上人家,永远只敢在角落里满怀深情地注视她的背影。但当心仪的姑娘和别人牵手时,吊丝们又会感到无比失落和悔恨,恨世道的不公正,也恨自己的不争气。但他们又没有勇气去面对这一切,于是将内心的失落转化成对世界的愤怒、埋怨和咒骂,从而在网络上发泄着他们的不满。

吊丝们通常做着比较苦和累的工作,基本都是社会最底层的工作。值得一提的是,由于社会的不公正,吊丝们从小缺乏良好的教育,也无缘更多优良的社会资源和机遇,即便遇上改变命运的机会,也不一定能把握得住,因为资质太差。不过吊丝们并不这么认为,他们只觉得社会太过不公正,没意识到自身的缺陷。

吊丝们爱追新番动漫,大多数日本动漫都是描写一个吊丝从奋斗到逆袭的过程,每个吊丝都能从日本动漫中的男主人公身上找到自己的影子。并且有些动漫里男主人公甚至获得了白富美的芳心,这给吊丝们带来了无穷的动力和幻想。吊丝们爱看网络小说,因为网络小说充满了在现实生活中吊丝们所不能拥有的东西。吊丝们爱玩网络游戏,在游戏中吊丝们不用自卑,没有现实社会中的地位高低和贫富差距,而且吊丝们在游戏中可以狂虐高富帅。他们自撸、他们操心、他们熬夜,大都蓬头垢面,双眼无光,面容枯黄。

吊丝们每天不吃早餐,每天对着电脑12小时以上,一般在凌晨零点以后睡觉,总是缺乏必要的体育锻炼,面黄肌瘦,身材矮小。有的甚至白天和晚上的时间颠倒。吊丝们都是最苦逼的,年轻人占了绝大多数,虽然健康都是硬伤,但是这个群体是一个充满朝气和激情的群体,他们不怕吃苦,夜以继日地工作。吊丝们对未来没有什么希望,他们总是给自己定一些过高的目标,却没有跨越障碍的勇气或者能力。若是有吊丝在你面前畅谈他的人生规划或者谈笑风生地说些房子、车子的问题,那么,毫无疑问,他在痴人说梦。

6.8.3 吊丝的社会学研究意义

吊丝们的性格有许多硬伤。他们缺乏行动力,敢想却不敢做;他们虚荣又故作清高,害羞却又自作多情;他们自卑自贱却又自以为是;他们是典型的懦夫。他们是善良的,但对别人的成功缺乏正确的认识,对别人的批评和意见也没有冷静而正确的理解。他们渴望成功,却没有勇气克服困难去努力,更多的时候他们选择沉默,但是,也许哪一天,受够了的他们会在沉默中爆发,这也未必不可能。总之,他们的性格充满了矛盾,有如人格分裂。当然,这不是他们的错,而是这个飞速发展的时代忽略了他们的存在。不过值得欣赏的是,长期的忍耐也铸就了吊丝们坚韧的性格,偶尔也能从吊丝们身上看到不屈不挠的一面。

由于性格的懦弱、意志的不坚定和判断力的缺失,吊丝们极易受到蛊惑。加上表达的不畅,网络上的他们表现出的只有惰性、谎言和逆反的诉求。但思维的惰性决定了他们不愿正视并改正自己的缺点,而是一味地逃避。他们只看得到自己已经失去的,却没有好好把握自己还拥有的,在埋怨和咒骂声中堕落,自暴自弃,最终只收获了悔恨和泪水。

推荐阅读参考资料

葛延风. 1997. 城镇贫困问题报告[M]//江流,等. 1996—1997年中国社会形势分析与预测. 北京:中国社会科学出版社:91-105.
顾朝林,克斯特洛德 C. 1997. 北京社会极化与空间分异研究[J]. 地理学报,52(5):385-393.
何深静,刘玉亭. 2010. 市场转轨时期中国城市绅士化现象的机制与效应研究[J]. 地理科学,30(2):496-502.
何深静,钱俊希,徐雨璇,等. 2012. 快速城市化背景下乡村绅士化的时空演变特征[J]. 地理学报,67(8):1044-1056.
李培林. 1995. 中国新时期阶级阶层报告[M]. 沈阳:辽宁人民出版社.
李强. 1993. 当代中国社会分层与流动[M]. 北京:中国经济出版社.
宋伟轩. 2012. 欧美国家绅士化问题的城市地理学研究进展[J]. 地理科学进展,31(6):825-834.

习 题

1. 名词解释
社会分层、阶级、阶层、社会流动、纵向社会流动、横向社会流动。

2. 简述题
(1) 简述韦伯的社会分层理论。
(2) 简述国内社会阶层划分标准的发展。
(3) 简述沃纳的六阶层划分法。
(4) 简述绅士化概念的发展与演变。
(5) 简述绅士化的社会空间影响。

3. 论述题
(1) 论述阶级与阶层的关系。
(2) 论述为什么社会主义条件下也会出现社会分层。
(3) 论述人口流动与社会流动的关系。

参 考 文 献

葛延风. 1997. 城镇贫困问题报告[M]//江流,等. 1996—1997年中国社会形势分析与预测. 北京:中国社会科学出版社:91-94.

国家统计局. 1996. 中国统计年鉴1996[M]. 北京:中国统计出版社.

国家统计局课题组. 1991. 中国城镇居民贫困问题研究[J]. 统计研究(6):12-18.

列宁. 1956. 伟大的创举[G]//列宁. 中共中央马克思、恩格斯、列宁、斯大林著作编译局编译. 列宁全集:第29卷. 北京:人民出版社:382-383.

中共中央马克思、恩格斯、列宁、斯大林著作编译局. 1972. 马克思恩格斯选集:第4卷[G]. 北京:人民出版社:332-333.

王德发,章伟君. 1991. 城市居民家庭最低生活费用的测定及贫困率的计算[J]. 统计研究(2):21-23.

张问敏,李实. 1992. 中国城镇贫困问题的经验研究[J]. 经济研究(10):54-62.

朱庆芳. 1997. 1996—1997年人民生活状况[M]//江流,等. 1996—1997年中国社会形势分析与预测. 北京:中国社会科学出版社:128.

ATKINSON R, BRIDGE G. 2005. The New Urban Colonialism: Gentrification in a Global Context[M]. London: Routledge.

BADCOCK B. 2001. Thirty years on: Gentrification and class changeover in Adelaide's inner suburbs, 1966-96[J]. Urban Studies, 38(9): 1559-1572.

BERRY B. 1985. Islands of renewal and seas of decay[C]// Preston P. The New Urban Reality. Washington DC: Brookings Institution: 69-96.

BUTLER T, HAMNETT C, RAMSDEN M. 2008. Inward and upward: Marking out social class change in London, 1981-2001[J]. Urban Studies, 45(1): 67-88.

CAULFIELD J. 1994. City Form and Everyday Life: Toronto's Gentrification and Critical Social Practice [M]. Toronto, Ontario: University of Toronto Press.

DUANY A. 2001. Three cheers for gentrification. The American Enterprise, 12(3): 36-39.

FAINSTEIN S, GORDON I, HARLOE M. 1992. Divided Cities: New York and London in the Contemporary World[M]. Oxford: Blackwell.

FREEMAN L. 2006. There Goes the Hood: Views of Gentrification from the Ground up[M]. Philadelphia, PA: Temple University Press.

GLASS R. 1964. Introduction[C]// Centre for Urban Studies, University of London. London: Aspects of Change. London: MacGibbon and Kee: xiii-xlii.

HACKWORTH J, SMITH N. 2001. The changing state of gentrification[J]. Tijdschrift Voor Economische En Sociale Geografie, 92(4): 464-477.

HAMNETT C. 1991. The blind men and the elephant-the explanation of gentrification[J]. Transactions of the Institute of British Geographers, 16(2): 173-89.

HARVEY D. 1989. From managerialism to entrepreneurialism: the transformation of governance in late capitalism[J]. Geografiska Annaler B, 71(1): 3-17.

HOYLE B, PINDER D, HUSAIN M. 1988. Revitalising the Waterfront[M]. London: Belhaven.

LEE L, SLATER T, WYLY E. 2008. Gentrification [M]. New York: Routledge.
LEES L. 2000. A reappraisal of gentrification: towards a 'geography of gentrification'[J]. Progress in Human Geography, 24(3): 389-408.
LEES L. 2003. Super-gentrification: The case of Brooklyn Heights, New York City[J]. Urban Studies, 40(12): 2487-2509.
LEY D. 1980. Liberal Ideology and the Postindustrial City [J]. Annals of the Association of American Geographers, 70(2): 238-258.
LEY D. 1981. Inner-City Revitalization in Canada: A Vancouver Case Study [J]. The Canadian Geographer, 25(2): 124-148.
LEY D. 1986. Alternative Explanations for Inner-City Gentrification: A Canadian Assessment[J]. Annals of the Association of American Geographers, 76(4): 521-535.
MARCUSE P, VAN KEMPEN R. 2000. Globalising Cities: A New Spatial Order [M]? Oxford: Blackwell.
PHILLIPS M. 1993. Rural gentrification and the processes of class colonisation[J]. Journal of Rural Studies, 9(2): 123-140.
PHILLIPS M. 2002. The production, symbolization and socialization of gentrification: impressions from two Berkshire villages[J]. Transactions of the Institute of British Geographers, 27(3): 282-308.
ROBSON G, BUTLER T. 2001. Coming to Terms with London: Middle-class Communities in a Global City[J]. International Journal of Urban and Regional Research, 25(1): 70-86.
SASSEN S. 1991. The Global City[M]. Princeton, NJ: Princeton University Press.
SMITH D P, PHILLIPS D A. 2001. Socio-cultural representations of greentrified Pennine rurality[J]. Journal of Rural Studies, 17(4): 457-469.
SMITH N, DEFILIPPIS J. 1999. The Reassertion of Economics: 1990s Gentrification in the Lower East Side[J]. International Journal of Urban and Regional Research, 23(4): 638-653.
SMITH N. 1979. Toward a Theory of Gentrification A Back to the City Movement by Capital, not People [J]. Journal of the American Planning Association, 45(4): 538-548.
SMITH N. 1982. Gentrification and Uneven Development[J]. Economic Geography, 59(2): 139-155.
SMITH N. 2002. New globalism, new urbanism: gentrification as global urban strategy [J]. Antipode, 34(3): 427-40.
SMITH N. 2005. The New Urban Frontier: Gentrification and the Revanchist City [M]. 2nd ed. London: Routledge.
UZUN C N. 2003. The impact of urban renewal and gentrification on urban fabric: Three cases in Turkey [J]. Tijdschrift Voor Economische En Sociale Geografie, 94(3): 363-375.
VISSER G. 2002. Gentrification and South African cities: Towards a research agenda[J]. Cities, 19(6): 419-423.
Wong Chack Kie. 1995. Measuring Third World Poverty by the International Poverty Line: The Case of Reform China[J]. Social Policy & Administration, 29(3): 189-203.

第 7 章　城市社会极化与空间隔离

当代城市社会分层和流动,必然会形成城市社会的极化和空间隔离。

7.1　城市社会极化

7.1.1　城市社会极化及其原因

1. 城市社会极化概述

极化是指事件或事物沿某一方向持续发展并达到顶峰,它既表示事件或事物的动态过程,又表示其发展结果。社会极化延续了社会分化的概念,一般是指一个社会实体内贫富差距扩大,并在一定程度上强调其严重程度(张清君,等,2000)。也有人认为,社会极化是指拉大不同社会群体之间的物质资料和社会性空间占有的过程,其中不仅包括个人处境属性中的各种物质因素,如住房、收入、饮食、交通等,还包括个人属性中的各种社会因素,如各种社会关系、就业机会、邻里条件及其与生活环境相关的社会时空范围及其组合(顾朝林,等,1997)。

社会极化及其对城市空间的影响是当代城市研究的核心议题之一。西方学者提出了极化理论,用以说明社会空间极化和社会空间隔离两种机制所带来的现代西方城市贫困的再现和加剧。当前西方城市正处于后福特主义转型期,更具流动性的生产劳动模式带来了新的管理和控制手段。经济国际化和信息技术的成熟发展,以及资本与劳动流变动的加剧等原因促成了全球生产活动的分散化重组。在产业结构上,一方面是工业、制造业等劳动密集型产业向发展中国家转移,造成西方城市普遍"去工业化"(de-industrialization);另一方面是"生产者服务业(生产性服务业)"(producer service)(商业、银行、传媒、金融等)在"全球城市"集聚以发挥全球性的管理控制功能。"世界城市"假说指出,资本运作的矛盾将突出表现在世界城市。萨森(Sassen)指出,"全球城市"如纽约、伦敦和东京正出现社会极化,跨国公司总部和国际精英人才集聚,工业、制造业紧缩,服务业增长;日益增加的国际移民为城市低技术、低工资的服务业发展提供了劳动力,在此情况下,社会结构的两端膨胀而中间段减小。弗里德曼和萨森认为,社会极化将带来空间极化,城市居住空间随之变得"分化"和"碎化"。同时,萨森认为,这一社会极化主要表现在社会经济分布的底部和顶部的增长,即低技能、低收入家庭和高技能、高收入家庭比例和数量的增长。马尔库斯(Marcuse)则形象地指出:社会极化的分布可以形象地比喻为鸡蛋和沙漏的形状,城市的人口通常都是呈鸡蛋形分布,中间最宽,而逐渐向两头变小。当收入极化发生时,中间部分变窄,而两头扩展,直到看起来像沙漏形状。

萨森认为,极化的社会空间将不仅在全球城市中存在,而且将出现在全球化影响下的其他级别的城市。这一假设颇具争议,由此引来了诸多论战。例如,通过研究英国伦敦和荷兰兰斯塔德(Ranstad)地区的职业变化,汉姆莱特(Chris Hamnett)指出欧洲福利国家的城市社会分化并非极化而是"职业化",社会结构表现为两头小、中间大。他把萨森的研究结果归因为美国城市特殊的发展元素——大规模的外来移民。但是,伯格斯(Burgers)对汉姆莱特所用的数据进行再分析,发现如果将郊区数据计入,其结果仍是极化。对这一假设的检验扩展到其他全球城市:巴姆(Baum)对新加坡的研究表明其分化表现为职业化,而瓦塞尔(Wessel)对奥斯陆的研究则发现由于政府福利机制的影响,社会空间分异的程度没有增加。希(Hill)和金(Kim)认为,全球城市极化假说不适于东亚"发展型国家"(the developmental state)。他们指出,尽管同样处于后工业化期间,制造业的减少、"生产者服务业"和国际移民的增加、社会构成的极化、城市空间的恶性区隔等并未出现在东京和首尔。他们将此归因于韩国和日本特殊的国家政策和政治经济文化环境。作为应答,弗里德曼指出"世界城市"假设不排斥区域差异,并强调"世界城市"理论的主要目的不在于分析空间差异性。萨森承认东京和首尔的特殊性,但她批评希尔和金分析中的数据问题。综上可以看出,在全球城市社会空间分异的分析中,全球化之外的其他要素的影响也越来越被重视。

2. 城市社会极化的原因

城市社会极化的原因有以下几个。

(1)城市功能结构的转变。城市功能结构从传统制造业经济向服务业和高新技术业经济转变,是世界范围内城市社会极化的重要原因。新的国际劳动地域分工和全球经济重建既营造了城市化的新趋势,促进了世界城市体系的发展,也导致了城市社会收入和就业岗位分配的极化。新的国际劳动分工将职业划分为有高技术高工资类职业和无技术低工资类职业,据此可以认为,城市功能从传统制造业向服务业和高新技术业的转变将导致城市社会极化是不可避免的。城市中心区的产业更新,一方面促进了熟练的、高工资水平工作岗位的增长;另一方面,也刺激了非正式的、低工资水平工作岗位的增加,使得劳动力市场进行了分层。城市中心区的定位主要是发展现代服务业和高科技产业,城市功能的转变造成了高端劳动力供给的不足,因而拥有知识和技术的高素质劳动力因具有稀缺性而收入很高,而低端的劳动力却由于传统产业转型造成下岗职工增多,以及外来流动人口的涌入而使得供给过剩。高端劳动力供给不足,低端劳动力供给过剩,无疑会加大收入之间的差别效应。

(2)经济全球化的影响。在全球化的过程中,人类社会的分化加剧了。经济国际化和信息技术的成熟发展,以及资本与劳动流变动的加剧等原因促成了全球生产活动的分散化重组。根据理论分析和发展中国家的经验,加入世贸组织将对中国不同部门(不同地区)劳动者(居民)的收入增长产生不同的影响,在具有比较优势的部门就业的劳动者,其收入有可能以较快的速度增长;在不具有比较优势的部门就业的劳动者,其收入水平则有可能面临下降的风险。新的规则和新的环境必将推动市场化工资决定机制的形成,提高国内市场稀缺人才的收入水平,调整行业和企业的收入分配差距。由于国际资本流入带来的是资本和技术对劳动的替代,低素质劳动者的福利则可能受到负面影响。资本和技术对劳动将产生替代效应,使高素质劳动者和低收入劳动者在全球化的冲击下产生更大的分异。

（3）收入差距的不断拉大。收入差距扩大可描述为贫富两极分化,向市场经济转变的过程乃是利益与权力重新分配的过程,掌握经济与政治稀缺资源的少数人,较之大多数社会成员,就拥有更多机会与条件谋取更多的好处,所以在市场发育过程中就存在着贫富差距不断扩大的问题(萧功秦,1995)。

7.1.2 城市社会极化的空间表现

20世纪80年代以来,社会极化的研究主要关注两个问题:一是围绕"生活贫困的底层阶级",探讨其结构和形态上的原因与机制;二是社会的两极分化和城市的"双城化"(dual city)问题。当城市经济由"工业化"转向"后工业化",或是由"福特制"转向"后福特制",社会形态由现代性社会转向后现代社会时,城市的社会空间形态也必然随之发生变化。研究表明,社会极化的空间后果是更为不均衡发展的地理空间,极化的社会空间必然表现得更为差异化、隔离化和"碎片化"。随着经济全球化的深入推进、社会经济结构的重组以及国家在"新自由主义"思潮下的福利供给的退减,城市社会极化的空间表现主要有三个方面:城市社会空间碎片化、城市"双城化"及弱势群体社会空间的隔离与边缘化。

1. 城市社会空间碎片化

社区生活的解体和社会的个体化是当代城市社会的重要特征之一,美国社会学家普特南在其名著《独自打保龄球》中曾对此进行了系统的研究。作为参照,城市社会空间的碎片化、"孤岛化"现象也正在出现。美国学者马库斯(Peter Marcuse)指出,在全球化的影响下,城市正出现三种类型的新城市空间:堡垒型(Citadel)、飞地型(Enclave)和隔陀型(Ghetto),分别对应于富人或中上层阶级自我保护的社会空间(如北美的门禁社区)、社会中层自愿选择聚居的社区(如文化认同上的同性恋社区)和社会底层被动隔离的社区(如南非宗族隔离时期的黑人社区)(Marcuse,1997)。

进入市场经济时期,中国城市的社会空间格局以其特有的不断增长的、处于分异重组状态的社会空间单元为特征,以各种新社会空间的出现为载体,正不断重塑中国城市的社会结构。这一碎化的空间由内而外表现为整个城市空间的碎化与分异:在城市中心区,房地产导向的商品房开发带来大量老城区的改造与更新,原有居民或被迁往郊区的拆迁房社区,或被迁往经济适用房等其他中低收入居民聚居的社区。国际化社区和商品房楼盘在老城区大量兴起,使得中心区进入明显的"绅士化"和"城市美化"态势。而在城市周边的农村地区,随着城市建成区的扩张,"城中村"、"廉租房社区"、"经济适用房小区"、"外来工聚居区"等大量出现,同时,聚居中高收入人群的"商品房楼盘"、"别墅区"和"国际社区"等也在近郊大量出现,使得市场经济时期的城市外围开发表现得极为多元复杂,更带来整个郊区的多样化,并存于社会空间的破碎化。而这些空间重构,一方面带来了多样化的社会空间类型,另一方面也在总体上塑造了"高端"与"低端"两极分化的社会空间构成,这在郊区尤为明显。

2. 城市"双城化"

在经济全球化的背景下,新的国际劳动地域分工和全球经济重建既营造了中国沿海大城市城市化的新趋势,也导致了城市社会收入和就业岗位分配的极化。一方面是低收入的农村流动人口以及由于城市产业结构调整而被迫下岗的职工,另一方面是高收入的在独资或合资企业工作的高薪雇员。由于居住空间的"社会标签"作用,职业、收入等社会阶层分化现象必然在城市空间上显现,城市就出现了西方学者所说的"双城化"趋势。城市政治、经济和文化等各种行业精英居住在通过围墙、保安等杜绝外人自由进入的封闭型社区,也称为防卫型社区,形成城市空间的一极;另一方面则是城市低收入的底层阶层居住在城市破旧的平房、棚户,或者是外来流动人口内聚形成的移民社区,形成城市社会空间底层的另一极。随着社会极化和居住分异的加深,各种相互排斥的"双城"、"碎城"和"多极城市"的城市社会空间形态正逐步形成。

城市社会空间绅士化与贫困化并置所形成的社会空间两极化不仅是西方城市,也是当今中国城市社会空间转型的核心特征。中心城区由于旧城改造和房地产机构的推波助澜作用,大面积的旧城区被改造成高层公寓、高档商务写字楼,城市白领和城市新富裕阶层大量侵入这一原本以低收入阶层为主的市民居住区,这样就形成了以高收入阶层居住为主新建的高档居住区与原住贫困阶层居住的旧城区并置的城市社会空间形态。根据史密斯(N. Smith)的"地租差理论"(rent gap theory),从住房的生命周期以及潜在地租出发,地租差是内城社区出现绅士化的根本原因,也是城市社会阶层空间转化的重要机制。在中国,由于城市土地利用由计划的行政划拨转向市场,地租差在我国城市土地利用中也开始发挥重要作用,城市中心区的高地租与高房价使城市中心的原中低收入的居民很少能够返回原拆迁地,而高房价产生的"过滤"作用使城市其他地区的一批高收入者迅速在新建的高档住宅区内集聚,而未改造的旧城区则居住着贫困的社会底层居民。

3. 弱势群体社会空间的隔离与边缘化

当代中国大城市生活着一群规模庞大的弱势群体,他们被称为城市社会边缘人群。他们由于收入低下和社会地位低下,往往成为制度性排斥的边缘群体,在居住空间上也呈现出边缘化特征。在中国,许多大城市下岗和失业人员只能居住在城市旧城中未被改造过的破旧的公房里;而农村流动人口则只能居住在环境和治安状况不佳的城乡结合部,他们或者居住在租借的房屋里,或者自己搭建简陋的棚屋。改革开放以来,尤其是1990年以后,拆迁改建在从单纯的政府行为过渡到政府引导下的吸入商业资本的市场行为的过程中,中低收入群体被迫向城市的边缘地区迁移,由此造成了低收入阶层的居住空间边缘化,而动迁居民在此过程中也遭受了严重的社会排斥和剥夺。特别是对动迁居民户采取补偿货币化的行为,使得动迁区域的居民为了购买价格比较低的房屋和居住地而被迫由城市中心地带向较远的城市郊区地带转移,由城市社会经济的"中心"向社会经济的"边缘"转移。大城市中心城区旧房改造的加速,一方面压缩了弱势群体的生存空间,另一方面也加剧了弱势群体的边缘化进程。市场、制度与个体交互作用造成了城市弱势群体的贫困化和居住空间的边缘化。

7.2 城市社会空间隔离

柏拉图在《理想国》中写到,"任何一座城市,无论其规模大小,事实上都是一分为二的,一个是穷人的世界,另一个则是富人世界;两者之间总处于冲突状态,而且,在任何一个世界中,还有很多更小的部分。但若把每个更小部分视做单一的国家对待,则完全离题千里了"。这是关于城市社会空间隔离的形象描述,也是对社会空间隔离这一现象普遍存在的表述。

7.2.1 城市社会空间隔离的研究方法

早期的美国社会生态学派运用人类生态学的生物比拟法则,研究了城市社会空间隔离的过程。后来,学者们运用各类指数(index)来测度社会空间的隔离程度。例如,玛希(Massey)和邓腾(Denton)(1988)提出了测度居住隔离多个分异指数,用以测度居住隔离的五个维度:不均衡度、孤立度、聚类度、集中度和向心度。目前最为常用的分异度计算公式有隔离度指数(index of segregation)、差异度指数(index of dissimilarity)和孤立度指数(index of isolation),其计算公式如下。

隔离度指数:

$$IS = 0.5 \cdot \sum \left| \frac{x_i}{X} - \frac{y_i}{Y} \right|$$

式中,x_i 是空间单元 i 中 A 群体的人口数(如 i 社区的黑人数);X 则是整个城市中 A 群体的总人口(如城市全体黑人数);y_i 是空间单元 i 中除 A 群体以外的其他人口数;Y 是整个城市中除 A 群体以外的其他人口总数。这一指数展现的是群体在特定空间单元(如社区、"枚举区"(英国社会调查单元))上实现均匀分布所需的调整程度,即被考察群体的实际空间分布与均匀空间分布状态之间的差异情况。指数得分为 0~1,0 为完全均匀分布的情况,1 为完全隔离的情况,得分越高,分异度越大。经验表明,IS 小于 0.3 的情况为隔离度较小,大于 0.6 的情况则为隔离度较大。例如,美国多个城市黑人的隔离度均在 0.7 以上。

差异度指数:

$$ID = 0.5 \cdot \sum \left| \frac{x_i}{X} - \frac{y_i}{Y} \right|$$

差异度指数与隔离度指数类似,不同之处在于其中的 y_i 指的是空间单元 i 中除 B 群体以外的数量(如 i 社区中的白人数量),Y 是整个城市中除 B 群体以外的人口总数(如城市全体白人数)。

孤立度指数:

$$II = \sum \left| \frac{x_i}{X} - \frac{x_i}{t_i} \right|$$

式中，x_i 是空间单元 i 中 A 群体的人口数（如 i 社区的黑人数）；X 则是整个城市中 A 群体的总人口（如城市全体黑人数）；t_i 是空间单元 i 的总人口（如 i 社区的总人口）。这一指数展现的是群体 x 在特定空间单元（如社区）遇见其同类群体的可能性。类似地，指数得分为 0~1，0 为完全无孤立的情况，1 为完全孤立的情况，得分越高，分异度越大。经验表明，II 小于 0.3 的情况为孤立度较小，大于 0.6 的情况则为孤立度较大。

此外，区位熵（location quotient，LQ）也是常用的用以展现群体空间分布均衡度的方法，其公式是

区位熵：

$$LQ = \left(\frac{x_i}{t_i} \bigg/ \frac{X}{T} \right)$$

式中，x_i 是空间单元 i 中 A 群体的人口数（如 i 社区的黑人数）；t_i 是空间单元 i 的总人口（如 i 社区的总人口）；X 则是整个城市中 A 群体的总人口（如城市全体黑人数）；T 是城市总人口。类似地，指数得分为 0~1，0 为完全均衡分布的情况，1 为完全不均衡分布的情况。

此外，社会剥夺是对贫困的一种相对性的理解，可以反映贫困者及其他弱势群体的空间分布。对社会剥夺程度的空间分析，一般采取多指标的综合评分法。例如在各统计单元内，选取住房适宜度、居住面积、空置住房、子女数、低收入者、失业人员、残疾人、重病患者、单亲家庭和家庭人口数等统计指标进行因子分析或主成分分析，计算各单元的综合得分，划分其社会剥夺的等级，这些方法都已经成为研究社会空间隔离的重要方法。

> **【案例 7-1】** 中国城市社会空间分异测算
>
> 冯建（2008）利用第三次和第五次街区人口普查数据，分析了 1982—2000 年北京都市区社会空间分异的特征，通过计算信息熵、绝对分异指数、相对分异指数和隔离指数等指标，探讨转型期北京社会空间分异的特征。研究发现："街区尺度"能够客观展现都市社会空间分异特征；北京各类居住人口、就业人口以及住房状态都存在明显的空间分异特征；除了老年人口、性别比、户均人数和农业就业人口等少数指标外，1982—2000 年北京绝大部分社会指标的空间分异程度在下降；同期，外来人口、各少数民族人口、高学历人口以及二产和三产就业人口等与总人口分布格局的一致性在变好，而老年人口、文盲人口以及与农业相关的人口逐渐偏离与总人口分布格局的一致性。在本研究时段内，北京市人口的混居性普遍增强，但老年人口、外来人口和农业人口却表现出相对于其他人口混居性变弱而群居性增强的特征。

7.2.2 城市社会空间的隔离形式

城市社会空间有以下几种隔离形式。

1. 城市贫困空间

城市贫困空间是指由城市贫困阶层构成的与外部呈现相对隔离状态的城市社会空间。

在我国社会转型的特殊时期，城市贫困阶层主要由下岗和失业人员构成，主要包括：①原属国有和集体企业的职工因企业陷入困境而失业或下岗待业的人员及其家属；②因个人素质低、竞争能力差而无法找到工作的待业者；③难以承受物价持续上涨的低收入者；④商海竞争中的失败者、天灾人祸造成的贫困者、单亲家庭中的成员、从事不法行为乃至判刑的人员及家属，以及无稳定工作的进城农民工等。其中，部分"双停"企业职工由于多年停发或减发工资，基本生活来源面临断绝的危险，成为城市贫困阶层的主体。在空间上，贫困阶层主要分布在旧城区、城市中心边缘区和城郊区等，这些区域的共同特点是基础设施不健全、房屋租金低廉和非正规经济繁荣等。

2. 城市新贵空间

城市新贵空间是指由城市权力阶层和新富裕阶层构成的城市空间。当代中国城市的新富裕阶层大多生于20世纪六七十年代，并拥有前代人难以想象的财富。他们普遍接受过高等教育，并热衷于追逐经济变革的大潮；但他们同样"鱼龙混杂"，例如他们的受教育水平往往参差不齐，他们的财富或源于体制内，或源于市场，也有的很难说清楚其财产来源。

3. 城市新移民空间

"新移民"指的是由农村迁居城市的移民群体。历史上，他们也曾被称为"盲流"、"流动人口"、"外来人口"、"暂住人口"和"农民工"等，似乎这一群体注定会是城市的"外来者"，并必将重新离开城市回到他们各自的家乡。虽然很多此类居民确实选择了回乡或者另投他方，但其中也有大量的群体在城市驻留下来，成为城市移民群体的一员，并构建起各式各样的移民社区，我们将此类社区定义为"新移民社区"。

由于流动人口中的个体务工经商者不需要通过地方单位或是企业化的经营主体，而是直接以家庭或是近似家庭的身份与客居的城市发生经济、社会和文化的联系，所以异地人口务工经商和择地安居呈现出特殊的规律，即他们在城市中一般按照地缘关系集聚——即来自同一地区、同一乡镇，甚至同一村的流动人口逐渐在城区或城市边缘地带形成一些以地方特色为主的异质社区，这也就是最为典型的"新移民社区"，如"浙江村"、"新疆村"、"河南村"、"福建村"、"安徽村"等。城市新移民空间与外部城市空间呈一定的空间分离特点，但是在经济上却与城市经济存在紧密的联系，这种经济联系使城市新移民空间能够获得足够的经济来源以维持自身的存在。

4. 城市全球化空间

20世纪后半期以来，新国际劳动分工、技术科技革命以及现代交通技术的飞跃发展不断加快全球化的步伐，以跨国公司为主体的经济流成为世界经济发展的主题。全球城市作为跨国经济网络的重要节点，不仅吸引了跨国精英阶层，且还有从事低收入工作的难民和流亡者。因工作调动或为寻找商机，外国人在中国城市的聚集现象越来越明显，在空间上形成的集聚区域被称为"城市全球化空间"。随着中国与世界的合作进一步加深，在中国的外国人也随之增加，以在中国的非洲人为例，其数量由2000年的6358人次增加到2005年的31 766人次，年均增长率为37.9%，大大超过在其他各地区的增长水平（均值为

11.5%)。外籍居民在中国所形成的城市全球化空间已成为社会关注的焦点之一。

在广州,外籍居民的空间分布主要集中于中心城区,由北向南,这些外国人聚居区分布在五个地段(李志刚,等,2009)。第一片区为"三元里片",地处白云区,聚居该片区的外国居民以三元里为中心,主要由经营鞋类和服装生意的非洲人组成,同时近年来不少从事中韩贸易的韩国人也开始在此聚集,这一地区的居民主要选择租用商品房小区住宅,存在少量黑人在附近城中村租用村民房屋的情况。第二片区为"环市东片",地处越秀区,这一片区的外国居民主要以从事贸易的非洲人和欧洲国家使领馆、日本使领馆工作人员为主。第三片区为"天河北片",地处天河区,该片区以天河北路为中心,天河CBD于1987年"六运会"之际进入全面开发,20世纪90年代初已初具规模,本片区的生活成本高,外籍居民主要由高级白领构成,以日韩和南亚人为主。第四片区为"二沙岛片",地处越秀区,该片区聚居的多为外企高级职员或外派职员,其中二沙岛为广州高级白领区,尤以跨国公司的经理人阶层为多。同时,高级外企白领的分布正逐步向位于二沙岛北面的珠江新城拓展。第五片区为"番禺片区",地处南郊的番禺区,本片区也正成为来自西亚和中东国家的外籍居民聚居区。综上可以看出,外国人聚居区同样呈现出同质化倾向。

> **【案例 7-2】** 跨国移民社区案例
>
> 近年来,在全球化的影响下,中国东部沿海大城市出现了许多跨国移民族裔聚居区。李志刚等对广州黑人聚居区(越秀区小北路街区)展开了研究,探讨其社会空间特征与演进机制。研究表明:小北路黑人聚居区因全球化下新的"自下而上"的跨国经济联系而生,因广州城市的商贸文化、宗教历史、贸易网络和地理气候条件而兴,其跨国移民多为来自西非地区的族裔散居者或漂泊者(diasphora),其人口构成异质多元,且流动性强。小北路的社会空间机制既包含被动隔离,也包含主动聚居,其社会网络结构分为三个圈层:核心层为非裔商人圈、第二层为非裔社团组织圈、第三层为非裔商人与本地中国居民所组成的外圈层,其经济形态已经开始向"族裔聚居区经济"(ethnic enclave economy)发展。"跨国商贸主义"下新社会空间的出现,标志着中国"深度全球化"时代的到来,地方城市所面临的机遇与挑战并存。

7.3 城市社会空间分异

7.3.1 城市社会空间分异的动因

1. 城市社会空间与城市社会空间分异

(1) 城市社会空间

城市社会空间的形成与发展既是社会生活的需要,也是社会生活的反映,与社会关系密切相关。人们在创造和改变城市空间的同时又被自身所占有的空间以各种形式所控制。因此,城市社会空间可以看做是城市社会的物质表现形式,是城市阶层结构的地理位置与空间结构的表征,是城市复杂的人类社会活动在城市物质空间上的表现,即社会变迁和经济发展变化赋予城市物质空间以社会意义。

城市社会空间通常具有泛指与特指两重含义。

① 城市社会空间泛指城市里面一切人类所感知或体验的空间。

② 城市社会空间特指城市里面具有相同社会经济属性、宗族种族乃至行为心理的社会群体所占有的空间,如唐人街、贫民窟、富人区等。

(2) 城市社会空间分异

随着城市社会阶层分化现象的深化,在城市会出现与社会阶层分化相一致的城市社会空间分异,导致贫富相对聚集,体现为不同群体在集体消费资源、住房和工作等方面的邻近性和趋同性,扩大至社会文化、生活方式和价值观念等方面。当居住空间成为不同社会阶层的身份和地位的象征时,居住分化便成为社会分化在城市空间上的体现。因此,城市社会空间分异的过程实质上是城市社会经济关系分化推动物质环境分化的过程,是指原本同一体中的个体由于不断增长的社会经济属性的差异产生新的社会距离,从而从原本群体中不断分开或异化的过程,它强调的是一种不断分化和相对集中的演化过程。

2. 城市社会空间分异的动力因素

布斯(Booth,1902)最早对西方城市的居住空间分异问题进行了社会调查并采用制图技术对伦敦居民的居住状况进行了描绘。值得一提的是,布斯也是最早采用所谓的"社会指数"来描绘城市社会空间状态的学者。之后,根据"芝加哥学派"学者在20世纪上半期所进行的系统而经典的城市地理学研究,城市空间由所谓的"自然区"所组成,这种自然区指的是"具有相同物质和文化特征群体的集合"。基于此,芝加哥学派的学者们对芝加哥的各类大型"自然区"进行了系统研究,包括北部围绕密西根湖的富人区和南部的黑人区。类似"自然区"的思想和方法为城市研究提供了一种重要的思路,用以解析城市空间和城市社会结构。

20世纪中期,随着计量技术的发展,新的空间统计方法开始在城市社会空间研究中运用。史域齐(Shevky)和贝尔(Bell)将现代城市的发展视为社会转型的体现,进而将社会生活的转型归结为三个要素。

(1) 社会经济地位:指的是劳动分工的专业化趋向和社会地位的分化带来的越加明显的阶层分化。

(2) 种族地位:现代城市社会由越来越分化的族裔聚居区所构成。

(3) 城市化或家庭状况:指的是传统家族生活的衰落和更为城市化的现代家庭生活的兴起。

史域齐和贝尔进而采用社会指标测度以上要素。例如,他们采用职业和教育水平来测度社会经济地位;用族裔群体占总人口的比率来测度种族地位;用劳动力中女性比例、生育率和单栋住宅的数量来测度家庭状况,最后对计算结果进行标准化。采用此类方法,他们划分出了城市的"社会区"(social area),并将其视为构成城市空间结构的基本细胞。在此基础上,学者们运用20世纪60年代所出现的"因子生态学"方法进一步研究了城市的社会空间结构,发现城市社会空间主要包括三个因素:经济社会地位、种族和城市生活方式。

(1) 经济社会地位

由于人们的教育水平、职业和收入状况等方面存在差异,不同的人具有差异化的社会身份,进而以经济组织和社会结构为基础,产生经济社会地位。经济社会地位是婚姻、社会化过程以及社会隔离产生的基础,例如,解放前北京有"东富西贵,南贫北贱"一说,这体现了一种封建时期的空间布局,即达官贵人和老百姓的居住隔离。

当代中国城市居民的收入差异逐渐凸显,城市社会阶层日益分化,居民的社会经济地位成为其社会阶层分化的主导因素,城市社会空间是城市社会"等级结构"在城市空间上的外在表现,因此,中国城市社会阶层的分化是社会空间分异的前提。中国福利分房时代由于总体消费水平低,社会空间分异程度较小,然而市场经济体制改革加剧了社会空间分异。住房的价格门槛使同类收入水平的社会阶层和群体聚居在一起,居民的经济收入成为城市社会空间分异的主要因素。同时,住宅的商品化和市场化促进了城市居住空间基于经济和权力地位的分化。最终,迁居流动和逐渐成熟的住房市场促进了不同阶层之间的居住隔离,不断进行着的空间筛选形成了不同类型的居住区,它们既包括"残余化的"单位大院、外来人口聚居地和保障性住房,也包括普通商品房、豪华公寓和别墅。

(2) 种族

种族又称人种,是指在体质形态上具有某些共同遗传特征的人群。"种族"这一概念以及种族的划分是极具争议性的课题,在不同的时代和不同的文化中均存在差异。同时,种族的概念涉及诸如社会认同感及民族主义等其他范畴。不同群体之间由于人种、宗教、国家和文化等特征而形成种族差异,如非洲人、中国人、印度人、犹太人、墨西哥人、越南人等。这些种族群体在空间上集聚从而形成了族裔社区,北美的族裔社区位于郊区的居住和商业区域。族裔社区的形成是由一系列因素共同作用的结果,包括国际政治、全球经济、国家政治的变化以及一系列城市环境的改变等。族裔社区与全球主流的经济之间有着广泛的外部联系,这也使得族裔社区的居民有着较高的社会经济水平。

全球化人口的自由流动使得大量跨国移民在某些城市聚集,而他们所填补的将是低端劳动力市场与服务业,以此维系整个城市的运行与再生产。例如,在纽约中央公园,每天下午都可以看到大量带着白人小孩游嬉的黑人保姆;多数纽约的售货员、服务员均为拉美裔移民。随着中国全面融入全球化,跨国移民区如北京海淀区五道口和"望京新城"一带的韩国人聚居区、上海古北虹桥和浦东的欧美高级白领聚居的"国际社区"、广州小北路和广园西路一带非洲客商聚居的"巧克力城"等也在中国的城市大量出现(李志刚,等,2011)。

(3) 城市生活方式

不同的阶层、家庭类型和种族,其形成的城市生活方式也是多种多样的。具有相同或相似生活方式的人们常聚集在一起,由此形成了如老龄化社区、蚁族社区等城市社会空间。城市生活方式影响着人们居住迁移的决策。

例如,美国有三种典型的城市生活方式。

① 家庭至上主义者——人们以家庭为中心,更希望花费更多的时间跟自己的孩子在一起,他们的生活方式决定了居住环境倾向:靠近学校,具有可游玩的公园,远离喧闹的城市

中心等。

② 事业至上主义者——他们倾向于选择那些有名的居住环境,交通便利,靠近工作地或者是交通节点。

③ 主张消费主义者——倾向于选择居住在城市中心区,靠近俱乐部、剧院、美术馆和餐馆等具有便利的服务和健康娱乐设施的地方。

7.3.2 城市社会空间分异的模式

社会空间分异的模式与城市社会空间结构相关。例如,20 世纪 50 年代开始的社会区分析(social area analysis)发现,集同心圆、扇形和多核心为一体的模式在北美城市中具有普遍性,北美城市社会空间模式普遍表现为:不同类型的家庭呈同心圆状分布,不同社会经济阶层的居住呈扇形分布,少数民族倾向于集中在城市某个特定区域,三者叠加而形成城市社会空间的复合结构。然而,"伯吉斯-霍伊特"模式并不完全适用于英国和澳大利亚等发达国家。在拉美等发展中国家,往往表现出"反向同心圆"(anti-zonal)的结构模式。

居住分异的模式还可以通过两种主要形式来评估,即空间的隔离和空间的集聚。空间的隔离用于描绘一个群体在空间分布上过于积聚于某些单元(如某一个或某一些社区),所占比例偏大,而在其他单元所占的比例则偏小。可见,隔离与尺度密切相关,在一个空间尺度上的隔离并不一定意味着这一群体在其他尺度上也处于隔离状态。空间分布的不均匀度越大,空间隔离的程度就越大。空间的集聚是指某一群体在选择居住的邻里时,在众多的群体代表中选择最为合适的邻里,从而形成空间上的集聚。

当代中国由于市场化改革和对外开放,城市正处于转型时期,多样复杂的新社会空间类型正不断出现:新城市贫困空间、新贵空间、新移民空间、"国际化"空间、"城中村"等,总体表现为一种特别的"中国式社会空间",它兼具多元、异质、高密度、弹性变化以及某种程度的过渡性。认同的选择带来社会空间的"再边界化",不论是北京富人的门禁社区,还是南京下岗工人或外来工聚居的贫困社区,或是广州的"城中村"与小北路黑人社区,均体现出新型社会空间的出现(李志刚,等,2011)。在此背景下,城市空间进入了无休止地分异和重构状态:拥有最大选择能力的人开始迁往郊区(如广州的华南板块)或中心城区的"绅士化"地区(如上海新天地),具有有限选择能力的人则在城市旧改的浪潮中被迁往远郊或进入政府的经济适用房社区或者安居工程小区,而选择能力最为有限的外来工或流动人口则或是住在厂区、或是进入"城中村"和"房中房"聚居(吴启焰,2001)。

7.4 城市社会空间的生产

20 世纪 90 年代以来,社会学出现了所谓"空间"的转向,随之出现一系列对于城市空间和城市社会的新认识、新观点和新理论。例如,福柯指出,权力都是空间性的;英国地理学家玛希(Massey)则认为,空间都是社会性的;近期的"洛杉矶学派"代表人物索亚提出了所谓的"社会空间辩证法",即空间决定社会,社会决定空间等。这些理论为进一步探析当代城市社会的转型与重构提供了重要的空间视角。法国哲学家和马克思主义思想家列斐伏尔指出,特定的空间形态必然对应于特定的社会形态,特定的社会形态也对应于特定的空间形态。基于此,我们认为,当代城市的社会与空间形态相互影响,空间是认识当代城市社会及其发展规律的一个重要视角。对空间的分析也因此发展成为城市社会学一个重要的思想源泉与研究领域,用以解释城市社会发展的诸多方面。

7.4.1 "空间生产"理论概述

"空间生产"是马克思主义地理学和新马克思主义城市学派的一个关键概念。20世纪90年代以来,围绕这一概念的城市理论和城市研究呈现爆炸性增长,已经发展成为当代城市理论和城市研究的典型范式。具体而言,"空间生产"是指资本、权力和阶级等政治经济要素和力量对城市的重新塑造,从而使城市空间成为其介质和产物的过程(蔡运龙,2012)。这一观点主要由列斐伏尔提出,之后由大卫哈维(Harvey)、索亚(Soja)、布伦纳(Brenner)和埃尔登(Elden)等人介绍到城市研究领域并逐步形成世界性的影响。这一理论不仅深刻影响了当代城市研究,而且也"风行"于马克思主义哲学、社会学、政治学、历史学、文学艺术、建筑和城市规划等领域。作为对于传统空间观和实证主义空间观的批判,"空间生产"将对空间的理解结构化,强调空间与塑造它的政治、经济和历史等因素的关系,并由此形成了马克思主义城市研究学派。本节将对这一理论进行介绍,并结合当前中国实际探讨当代中国城市的"空间生产"问题。

1. 理论背景

首先,"空间生产"理论的产生有其特定的时代和学术背景。20世纪五六十年代,西方资本主义国家经历了一段经济发展的黄金时期,人文科学学者开始重视马克思主义理论的研究,尝试运用相关理论对资本主义在发展过程中遇到的问题进行解释。同时,第二次世界大战后世界政治格局的一个重要转变是东方社会主义国家的崛起,马克思主义理论在这些国家的迅速发展也激发了西方资本主义国家对相关理论的研究热情。此外,第二次世界大战后资本主义国家经历的社会经济危机引发了一系列的政治运动,如美国国内的民权运动、反越战运动和女权运动等。于是,以深刻地批判、分析和解释资本主义政治经济制度的实质见长的马克思主义理论自然成为其中极为重要的理论工具(顾朝林,等,2008)。

20世纪60年代后,尽管自称实证主义在科学上是客观的,但这些空间分析却致力于提供"对社会有用的结果",即为资本服务的"空间技术"。例如,区位分析在为工厂寻找最有效率的区位时,自然而然地接受了传统上对"有效率区位"、以阶级观念为出发点、带有浓厚经济色彩的定义;实证主义空间分析所追求的是所谓普遍空间规律,但在不同社会中必定会得到不同的空间格局(顾朝林,等,1999)。基于对以上理论观点与视角的批判,"空间生产"及其内涵的马克思主义政治经济分析开始走上历史舞台,并带来新的城市社会空间研究的理论范式。

2. 核心思想

自20世纪70年代开始,基于马克思主义理论的研究,国外学者在有关空间生产问题上逐渐形成了马克思主义城市研究的派别。哈维(2006)在为列斐伏尔的《空间的生产》英文版所写的后记中指出,"城市化和空间的生产是交织在一起的"。很多研究者也围绕城市空间的生产并以城市(化)为案例进行他们的研究工作(蔡运龙,2012)。

法国学者列斐伏尔是空间生产理论的奠基者。列斐伏尔指出,每个社会形态都有自己对应的社会空间(Lefebvre,1992),即每个社会都处于既定的生产模式架构里,内含于这个架构的特殊性质形塑了空间,同时空间不断生产社会关系。人类社会正是在这种社会与空间的辩证性互动中不断前进的。例如,列斐伏尔展示了空间生产出的欧洲社会的发展历程。①绝对空间:自然;②神圣空间:埃及式的神庙与暴君统治的国家;③历史性空间:希腊式城邦、罗马帝国;④抽象空间:资本主义的政治经济空间;⑤矛盾性空间:当代全球化资本主义与地方化对立的空间;⑥差异性空间:重估差异性与生活经验的未来空间。

列斐伏尔认为,资本主义生产了一个抽象空间,在国家与国际的层面上反映为商业世界、货币的权力网络和国家间的政治契约(李志刚,等,2011)。这个抽象的空间有赖于银行、商业和主要生产中心所构成的巨大网络。在城市尺度,其空间的生产则是资本主义扩张的最主要方式。第一,空间作为一个整体,介入了现代资本主义的生产模式:它被用来生产剩余价值,土地、阳光和空气都被纳入生产力与产物之中。第二,城市结构因其沟通与交换的多重网络(如公路、铁路)而成为生产工具的一部分,同时城市及其各种设施(如港口、火车站)也是资本的一部分。

资本主义的空间不止是生产资料(如厂房、土地),还是消费对象(如海滨度假区、迪斯尼乐园),也是政治工具(如规划手段、警察管制空间),并且被用来巩固生产力与财产之间的关系(如豪华社区对富人及其财产的庇护),同时还可以充当上层建筑的一种形式(如公路系统表面上中立却通过运送原材料和商品为资本主义企业提供便利)。空间被同时列为生产力、生产资料与生产的社会关系的一部分,尤其是生产的社会关系的再生产的一部分。由于每一种社会状态的存活都依赖于对空间的占有和不断再生产,以得到与自己相适应的空间,于是整个资本主义世界由空间中事物的生产(production in space)全面转向空间本身的生产(production of space),即从涉及商品生产投资的"资本第一循环"转向对土地、道路、建筑物投入的"资本第二循环",以确保自己的持续存在。对城市而言,利用生产产品创造利润变得不再那么重要,更重要的是生产铁路运输线与高速公路等为生产提供坦途、运输原料与销售产品的空间,也能创造大量的利润。同时,还要配备相应保障这类空间生产的统治策略,以确保利润的获得可以持久。列斐伏尔从资本主义城市形成和发展的现实状况出发,运用马克思主义的分析工具,通过对空间概念的系统梳理和历史批判,建构了以城市空间为核心的空间生产理论。

由于在认识论和方法论上的一致性,"空间生产"理论出现之后立刻引起了马克思主义者的高度关注和积极响应。哈维运用马克思主义理论阐释了社会正义与城市之间的关系,并进一步发展了资本的城市化理论,指出城市空间组织和结构是资本生产的需要和产物,资本积累过程中的循环和再生产与资本主义城市化过程交互作用,中产阶级郊区化和城市中心区的衰落是资本积累与阶级斗争矛盾作用的必然结果(Harvey,1973)。对空间生产这一理论武器的运用和发挥,使哈维卓有成效地补足了马克思主义在城市问题和空间维度上的缺憾,从而极大地丰富了城市空间生产理论的内涵。索亚将列斐伏尔的思想延伸到后现代主义,强调了政治权力和意识形态对城市空间生产的影响,并试图摆脱空间的"物化"和"抽象化"的双重束缚。卡斯特尔也深受列斐伏尔的影响,在批判"芝加哥学派"的基础上,提出了所谓的"集体消费"概念,认为城市化使城市劳动者的个人消费日益变成以国家为中介的社会化集体消费,而决定城市发展和空间演化的主要原因是资本主义制度、劳动力和资本以及工人和资本家之间的斗争,城市空间成为劳动力再生产的核心场域。不过,那些选择性消费供给和照顾资本利益的城市规划和政策却并不一定符合广大城市居民和贫困阶层的利益(Castells,1989)。

7.4.2 中国城市的"社会空间生产"

自20世纪90年代开始,中国学术界对"空间生产"理论开始予以关注,有关学者陆续将该理论引入到国内学术界(夏建中,1998)。进入新世纪,国内出现了研究城市空间生产理论的热潮,其中,包亚明主编的《现代性与空间的生产》对普及国外经典的空间生产理论起到了积极作用(包亚明,2002)。类似研究昭示着国内对"空间生产"理论的重视,同时对其认识正在由片段的、零散的认识向较为全面的理解和应用发展。尤其是地理学者对"空间生产"理论的研究较为深入,或从整体地理学角度进行分析阐述,或从城市地理学角度进行阐述。例如,顾朝林对马克思主义地理学和新马克思主义城市学派进行的概括介绍和评价(顾朝林,等,2008),中国台湾及中国香港学者对"空间生产"理论的分析和应用。基于这些研究,我们可以采用"空间生产"理论对中国的城市社会与空间演化进行系统解读(王志弘,2009)。

根据吴缚龙的观点,在社会主义计划体制下,中国的城市不是资本积累的实体,空间也并未参与资本循环本身,此时的主要资本累积方式是国家主导的工业化,资本积累的核心单元则是单位,单位是居民生活的全部。这种独立于城市之外的空间生产因其结构性矛盾而导致城市化不足,在造成资本累积危机(经济发展难以持续)的同时,也造成了国家的合法化危机。但是,计划经济时代也为后来的改革开放奠定了"空间修复"的基础,其中最重要的是国家的作用、可开发土地和"低价"的劳动力。自1978年以来,中国大陆的资本累积模式发生了根本性改变,这里的资本积累,指的不仅是跨国公司的国际资本,更主要的是国家资本。同时,这一积累体制将城市空间纳入其扩大再生产的体系,由此导致城市主义复兴,使得城市空间变成转型力量。如列斐伏尔所说,空间不再是经济和社会变化的载体,它本身已成为资本生产循环的一个重要因素或媒介。吴缚龙认为,中国政府将城市化视为经济崛起的重要渠道,城市的特殊性被用作资本累积的手段,同时也是社会转型的媒介。

与西方国家类似,中国也是依靠城市建成环境来吸纳资本以避免过度积累的危机,其中一个体现就是中国房地产市场的兴起。1990年以来,城市房地产开始发展,特别是1998

年福利分房制度的正式取消标志着住房成为消费产品正式进入市场,城市房地产楼盘迅速崛起,典型的例子如广州的华南板块。这一转变打破了计划经济时代"单调均一"的积累方式以及均质的景观格局,重新分割以单位为基础的生产与再生产空间,创造了新的等级市场(niche market)和新的多样性。而郊区崛起的各种豪宅别墅则作为空间生产的逻辑产物,成为住房消费市场上的地标,拉动了整个房地产的发展,居住已超越了简单劳动力再生产的意义,成为经济增长的关键一环。除此之外,各种生产性的基础设施,如机场、深水港、地铁、高架、高速公路、高速铁路和信息港都成为了经营城市不可或缺的一部分。正是由于城市被置于积累机制的核心,才造成了城市之间和城市内部的激烈竞争。物质建成环境日益成为国家克服工业化积累缺陷的手段。

依托激励性的制度环境、锦标赛式的官员考核机制、行政区经济、空间管治的地域化和学习型发展模式等,面对一部分"先富起来"的人或地区所带来的地理不平衡,中国得以成功加入全球生产链条。全球化提供国际盈余资本,中国城市则提供可暂时进行"空间修复"的空间、劳动力和制度(如土地制度)。于是,城市空间以其自身有形的(物质化)与无形的空间成为资本过度积累的解决之道以及扩大再生产的载体,促进了中国社会的全面转型。城市社会空间发生了深刻的根本变化:空间不再独立于市场,也不再独立于社会或国家,空间成为国家、社会和市场进程的核心环节,成为官员、学者、企事业单位和普通个人关注的核心,这也从侧面说明了诸如"房姐"、"房奴"、"蜗居"和"蚁族"等"空间"词汇备受关注的原因。

推荐阅读参考资料

包亚明. 2002. 现代性与空间的生产[M]. 上海:上海教育出版社.
李志刚,顾朝林. 2011. 中国城市社会空间结构转型[M]. 南京:东南大学出版社.
吴启焰. 2001. 大城市居住空间分异研究的理论与实践[M]. 北京:北京科学出版社.
夏建中. 1998. 新城市社会学的主要理论[J]. 社会学研究(4):47-53.
张清君,杜德斌. 2000. 略论美国的住房问题与人口极化[J]. 现代城市研究(3):59-62.
Castells M. 1975. The urban question: a Marxist approach[M]. Cambridge, Massachusetts: The MIT Press.
Harvey D. 1973. Social Justice and the City[M]. London: Edward Arnold.
Lefebvre H. 1992. The Production of Space[M]. Oxford: Wiley-Blackwell Publisher.

习 题

1. 名词解释

社会极化、城市社会空间、城市社会空间分异、空间生产。

2. 简述题

（1）简述城市社会极化的形成机制。

（2）简述城市社会空间隔离的形式。

（3）简述城市社会空间分异的动因。

3. 论述题

（1）论述当代城市社会极化的空间表现。

（2）分析当代中国城市社会空间分异的模式和特征。

参 考 文 献

包亚明. 2002. 现代性与空间的生产[M]. 上海：上海教育出版社.

蔡运龙. 2012. 城市地理学思想与方法[M]. 北京：科学出版社.

顾朝林,克斯特洛德 C. 1997. 北京社会极化与空间分异研究[J]. 地理学报,52(5)：17-22.

顾朝林,刘海泳. 1999. 西方马克思主义地理学——人文地理学的一个重要流派[J]. 地理科学,19(3)：239-242.

顾朝林,于涛方,李平. 2008. 人文地理学流派[M]. 北京：高等教育出版社.

李志刚,顾朝林. 2011. 中国城市社会空间结构转型[M]. 南京：东南大学出版社.

李志刚,薛德升,杜枫,等. 2009. 全球化下"跨国移民社会空间"的地方响应——以广州小北黑人区为例. 地理研究,28(4)：920-932.

王志弘. 2009. 多重的辩证：列斐伏尔空间生产概念三元组演绎与引申[J]. 地理学报（中国台湾）,55：1-24.

吴启焰. 2001. 大城市居住空间分异研究的理论与实践[M]. 北京：科学出版社.

夏建中. 1998. 新城市社会学的主要理论[J]. 社会学研究（4）：47-53.

萧功秦. 1995. 改革中期的社会矛盾与政治稳定[J]. 战略与管理(1)：1-9.

张清君,杜德斌. 2000. 略论美国的住房问题与人口极化[J]. 现代城市研究(3)：59-62.

BOOTH C. 1902. Life and Labour of the People in London[M]. 3rd series ed. London：Macmillan.

CASTELLS M. 1989. The Informational City[M]. Oxford：Blackwell.

HARVEY D. 1973. Social justice and the city[M]. London：Edward Arnold.

LEFEBVRE H. 1992. The Production of Space[M]. Oxford：Wiley-Blackwell Publisher.

MARCUSE P. 1997. The Enclave, the Citadel, and the Ghetto：What has changed in the Post-Fordist U. S. City[J]. Urban Affairs Review, 33(2)：228-264.

第 8 章　城市贫困与贫民窟

城市社会极化和空间隔离,最显著的是城市贫困问题和城市贫困空间。

8.1　城市贫困

贫困(poverty)是指在物质资源方面处于匮乏或遭受剥夺的一种状态,其典型特征是不能满足基本生活需要(波谱诺,1999),城市贫困(urban poverty)是城市社会的贫困问题。

8.1.1　城市贫困的内涵

1. 城市贫困的基本概念

城市贫困的概念不仅是经济学单一物质资源短缺状态的概念,也包括文化、精神的匮乏和部分权利的剥夺(袁媛,等,2006)。

(1) 绝对贫困与相对贫困。所谓绝对贫困(absolute poverty),是指人们不能满足最基本的生活需求的一种生活状况,表现为个人或家庭缺乏能够维持最低生活需求的基本资源(姚雪萍,2007),是一种温饱问题尚未解决的生存性贫困(蒋贵凰,等,2011)。所谓相对贫困(relative poverty),是指在一定的社会经济发展水平之下,个人或家庭所拥有的资源虽然可以达到或维持基本的生存需要,但是不足以使其达到社会的平均生活水平,相比较而言仍处于较低生活水准的一种状态(李瑞林,等,2006)。

(2) 偶然贫困与长期贫困。偶然贫困是由某些短期或中期因素造成的,比如离婚、经济萧条时的暂时失业,或者因自然灾害造成的家庭成员的丧失。在这些情况下,人们可以通过改善条件在短期内脱离贫困。长期贫困则是因为低素质、缺乏技能、障碍和持续的歧视而陷入的贫困。这种类型的贫困常常涉及底层阶级的问题,对于长期贫困人口而言,由于致贫的条件具有长期性,因而很难摆脱(格林,等,2011)。

2. 城市贫困的属性特征

城市贫困概念具有多重属性,主要表现在以下几个方面(吕红平,2005a)。

(1) 动态性。人们的生活标准随着社会发展而不断提高,这就决定了由社会基本生活水准所决定的贫困标准具有动态性。因此,衡量贫困与否的标准也会随着社会经济发展水平的变化而不断变化,呈现动态特征。

(2) 相对性。贫困总是与非贫困相对应,在一个社会成员都处于生活资料缺乏的社会里不会有贫困概念,贫困意味着一部分人被剥夺了参与社会经济活动和获得基本生活资料的权利,他们的贫困是与另一部分较高生活水准人口的非贫困相对应的。

(3) 社会性。贫困的产生与生产力发展水平低所表现出来的物质匮乏状况有关,也与社会制度和生产关系方面的不公平因素有关。城市贫困是对城市社区范围内生活水平低于社会所认可的基本标准的人群生活状况的客观描述。

(4) 综合性。城市贫困不仅包含了贫困人口生活资料的短缺,还包含了人力资本、社会资本和精神文化的贫乏,是缺乏基本生存条件和发展条件的综合反映。

8.1.2 城市贫困的机理

对于城市贫困的产生原因,有许多不同的理论解释,基本上可归纳为以下一些观点(刘玉亭,2003)。

1. "贫困文化"的存在

奥斯卡·刘易斯(Lewis O)早在1966年,对墨西哥和波多黎各贫民窟居民进行一系列的研究后就指出了"贫困文化"(poverty culture)的存在。这种贫困文化的特点包括屈从意识、不愿意规划未来、没有实现理想的能力以及怀疑权威,像任何一个文化传统一样,贫困文化能使自身永久存在,从而使贫困者及其家庭陷入贫困的恶性循环之中(Lewis,1966)。

2. 冲突理论对城市贫困的结构性解释

社会冲突学派认为,社会是由代表不同利益的社会群体所组成,在社会群体的利益争夺中,必然会产生一些处于相对弱势的群体,资本主义社会权力机构的不合理使他们无法脱离社会经济与政治生活的边缘,而长期陷入物质与精神生活的窘迫状态,成为相对稳定的贫困阶层。贫困阶层均处于权力等级的最低级,他们处于有限的社交网络中,能够控制或获得的财富也有限,从事的工作也大多是体力劳动性质的。

3. 城市贫困的结构功能主义解释

以社会学家帕森斯(T. Parsons)为代表的结构功能主义认为,发达的工业社会系统是由各种社会角色构成的,这些角色必须有人扮演,而且还要彼此协调一致。因而,社会为了维持有效的均衡,对较为重要的社会角色往往赋予较丰厚的报酬,以鼓励人们参与竞争;相反,对重要性较低的角色则提供较少的报酬。一些人由于先天才能或受教育程度低下,只能从事重要性较低的职位,获取较少的社会报酬,以致成为贫困者或"穷人"。按照这一理论观点,贫困阶层的产生与存在,与富裕阶层的存在一样,是社会均衡发展的功能需要。

4. 贫困的社会经济根源

贫困是社会结构和经济结构的产物,社会和经济结构决定着物质资源和权利的分配。在一个社会里,财富向少数人集中,占有股份和资产的投机者们有主宰金融的能力,雇佣者们有权付给在恶劣条件下长期工作的雇工们很低的薪金,贫困对一些人来说是一种长期的生活现实。同时,贫困是社会权利不平等分配的结果,包括各种经济和政治权利的剥夺。贫困者在理论上与其他人一样拥有公民权和政治权利,但贫困的状况使得他们不能有效地行使这些权利。

5. 城市贫困的社会地理学解释

当代社会地理学者也对城市贫困问题给予了关注,他们的解释充分体现了地理学的综合性和区域性特征。他们指出,贫困的影响因素是多方面的,经济损失、社会排斥、制度分割、就业机会缺乏、民族和种族起源、文化特征、异常行为形式和空间聚集都有助于分析贫困问题(Mingione,1993a)。另外,美国后现代地理学家亚帕(L. Yapa)认为,当代贫困研究的意义在于与"地方性"结合,即探讨"特定地区的特定人群的贫困原因"。他在对美国费城贫困社区的研究中具体讨论了费城非均衡的交通体系、地方消费结构的差异,以及独特的社区文化对费城贫困阶层和贫困社区的影响(Yapa,1996)。

8.1.3 新城市贫困及其机理

1. 新城市贫困现象

20 世纪 70 年代中期以来,西方国家开始关注全球经济重构和社会变迁背景下新的城市贫困问题。经济学家明焦内(Mingione,1993b)指出,过去的 20 年在整个工业化世界尤其是在大城市出现了社会生活条件的严重恶化,具体表现为以下基本现象:乞丐和无家可归者随处可见;高失业率和在业低收入、无保障,尤其集中在社会地位低下的人群;年轻人团伙的街头犯罪和暴力活动,且儿童参与率提高;在内城游荡的社会闲散人员和精神抑郁人员的数量增加;大面积的住房老化和地方退化。这些现象被赋予各种不同的概念加以讨论,但最后都暗示了属于"新城市贫困"的范畴。明焦内所界定的新城市贫困人口主要包括社会孤立的老年人、不具备教育背景的年轻人、长期失业的成年人以及被隔绝在社会网络之外的移民等。

总体而言,新城市贫困可归结为这样的解释,即主要由于经济重构(主要是指经济、就业制度向后福特主义的转变)、福利制度重构以及社会变迁所造成的以失业、在业低收入、种族分异和移民贫困等为主的新的城市贫困问题,表现为一个处于社会底层的新的贫困阶层的产生(刘玉亭,2003)。

2. 我国新城市贫困及其产生机制

我国的新城市贫困特指在 20 世纪 90 年代以来的经济转型时期,由于下岗、失业以及低收入等致使一些有劳动能力的人陷于贫困状态(夏丽萍,2005),它与传统的城市"三无"人员有本质的区别。当前庞大的新城市贫困群体主要包括国有企业改革和调整导致失业的群体;资源枯竭型城市大量具有正常劳动能力却无稳定职业的城市居民;退休较早、仅依赖退休金生活的老年人;流入城市、成为城市新贫困阶层的大量农村人口(姚雪萍,2007);另外,无力负担学费的贫困大学生,以及部分毕业即失业的大学生也成为当今社会新的贫困群体。

在中国,新城市贫困是由一系列因素综合作用而形成的,主要表现在以下几个方面(何深静,等,2010a)。

(1) 产业结构与企业经营机制调整导致下岗失业。经济转型期产业结构调整导致的大量失业和下岗人群,是产生新城市贫困阶层的根本原因(刘玉亭,2005)。另外,建立市场经济体制后,国家不再包揽国有企业的经营。一些历史包袱沉重的国有或集体企业越来越不能适应市场竞争的要求,不得不转型、重组或破产,大量职工下岗失业而陷入贫困,这是致贫的直接原因(袁媛,等,2006)。

(2) 收入分配不公拉大贫富差距。转型期经济体制改革带来生产效率的提高和与之挂钩的收入差距增大,但并不是所有的收入分配都是合理的(袁媛,等,2006),一方面还普遍存在着行业垄断,人为地拉大了垄断行业和竞争行业的收入差别;另一方面税制改革滞后,使本应在强者和弱者之间分配的收入,由于这种不完善的分配制度,在很多场合被强者所独占,加剧了弱者的贫困。再加上目前社会再分配能力不足、制度不完善,更加深了贫富差距和生活水平的差异(姚雪萍,2007)。收入分配不公是导致当前我国社会贫富差距拉大的主要因素,而收入差距的拉大则导致了一部分低收入者陷入贫困(刘玉亭,2005)。

(3) 城市化进程加速与外来人口贫困。我国的城市化水平1980年仅为19.39%,到2011年已上升至51.27%。在快速城市化进程中,大量农村劳动力向城市转移,成为城市的农民工群体。尽管农村劳动力向城市转移是符合客观发展规律的,但迄今为止他们仍然没有获得进城并在城市生活的制度合法性,客观上造成了农民工群体的困难处境,使得其中有相当一部分人极易沦为新的城市贫困者(刘玉亭,2005)。

(4) 发展机会的不均等与政府扶贫政策的缺失。转型期经济体制改革为人们提供了前所未有的创造个人财富的机会,但由于市场发育不完全、信息渠道不通畅,加之贫困人群缺乏得到信息的经济能力,因此,贫困人群获得有效就业信息和经济信息的量较小,出现了强势人群更强、弱势人群更弱的现象。而我国政府再就业培训与指导的缺失或严重不足,城镇下岗职工缺乏适当的培训与就业指导,致使城镇下岗人员无法就业或无业可就,导致他们进一步陷入贫困(吕红平,2005b)。

(5) 社会保障制度滞后。转型时期我国社会保障制度滞后主要表现在两个方面:一是社会保障的力度远远不够,难以确保贫困阶层的基本生活需要,而且还不能覆盖所有的贫困人口。二是经济条件本来较好的各个阶层和群体得到的保障也比较好,相反,那些经济条件本来就不好的阶层和群体却得不到足够的保障。在城市有工作或工资水平高的人所享受的社会保障比没工作或者工资低的人所享受的社会保障要好。可见,中国社会保障制度还没有起到保护弱势阶层和贫困阶层的作用(陆学艺,2002)。

(6) 贫困人口自身素质与家庭结构。新城市贫困阶层的产生,不仅决定于客观的历史、社会和制度等原因,还取决于个人及其家庭的自身因素。就业者受教育程度越低,家庭的就业面越小,家庭人口规模越大,陷入贫困的可能性就越大(刘玉亭,2005)。

8.2 城市贫困空间

城市贫困空间是指贫困人口在特定空间聚居而形成的一类特殊的城市空间。在世界城市化的各个阶段以及不同的地区,贫困空间有不同的表现形式,用来指代这一空间类型的词语也很多,如国外的 Slum、Ghetto 和 Squatter,国内的贫困邻里、贫困聚居、城中村、边缘社区和城市角落等概念。

8.2.1 贫困空间的生产

就社会学的视角来看,贫困空间如贫民窟的产生是社会隔离、社会排斥和城市贫困的结果。贫穷和受排斥的人在空间上的集中形成了城市贫困空间,而全球和地方经济的重组以及福利政府的低效是城市贫困空间产生的主要原因(Musterd,1999)。

1. 贫困空间的生产过程

按照城市贫困形成的特征,可分为两种类型的城市贫困空间:①原生型贫困空间。它是指随着城市贫困群体的增加,新的贫困居民通过私搭乱建形成的非正规住宅区。这类贫困空间一般位于城市的边缘地带或城市内部的危险地段。②演替型贫困空间。该贫困空间原本是一个健康的城市社区,随着住房和基础设施老化,原居民搬出,大量低收入居民入住形成的贫困空间,常见于旧城的传统居住邻里。演替型贫困空间的形成包括三个基本过程,即空间演变过程、社会变迁过程、空间与社会互动过程,这三个过程同时在贫困空间的内部和外部进行(余高红,2010),如表 8-1 和图 8-1 所示。

表 8-1 演替型贫困空间生产过程

过　　程		具　体　表　现
内部过程	内部的物理退化	发生在 A 内部的物理退化,如基础设施老化、环境污染、建筑及景观的退化等
	内部的人口结构变化	发生在 A 内部的人口结构变化,如人口老龄化、贫困化等
	内部的空间与社会互动	发生在 A 内部的空间与社会互动,如地产的贬值(物质资本减少)导致社会身份、信贷能力和场所情感的下降(社会资本减少),加快人口结构的底层化,人口结构的底层化反过来又减少了设施的维护、组织的运作能力,加快了物质退化的过程
外部过程	外部的空间过程	发生在 A 外部的空间过程,如城市及区域空间结构的调整、企业区位诉求的变化、区域竞争加剧及区域生态环境的变迁等,均会造成城市和区域空间发展的不平衡
	外部的社会过程	发生在 A 外部的社会过程,如社会经济结构的调整、市场化、社会保障缺失等加快了整个社会的两极分化,城市贫困阶层日趋形成
	外部的空间与社会互动	发生在 A 外部的空间与社会互动,如城市建设的市场化,使得大部分的建设资金流向具有赢利优势的空间,被遗弃的空间由于失去资金而陷入贫困化,而空间分配的市场化又使得贫困阶层只能接受那些处在劣势的空间资源
内外互动	内部过程和外部过程之间的互动	发生在内部过程和外部过程之间的互动,由于资本的逐利性,A 空间的内部退化意味着其投资潜力丧失,会促使 A 空间原有的资本向外流失到更有利可图的空间;由于"人往高处走",A 空间的内部退化同时也会促使优质的人力资源向外流失,而环境中大量的低质人口进入,会加快空间贫困化的过程

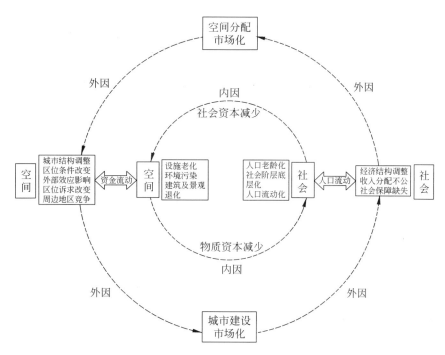

图 8-1　城市贫困空间的形成机制

2. 我国三种类型低收入邻里的产生

改革开放以前,城市贫困不是突出的社会问题,而是一个具有普遍意义的发展阶段问题。城市在空间上表现为以工作单位综合体为基本单元组合而成的细胞状结构,城市的空间分异主要是基于土地的利用性质而不是社会层化(Wu F L,2002)。城市发展的重点是集中有限的资金发展工业,积极建设产业区。为此,政府导向的城市发展遵循合理布局生产力和土地利用的原则,集中于建设工厂体系和工作单位综合体。

自 20 世纪 80 年代早期,为了改善国有企业职工住房条件,以及为大量的下放回城人员提供住房,城市政府与国有企业合作,在城区边缘进行了大规模的工人居住区(工人新村)建设,促使产业工人在居住空间上集聚。然而,为了缩减建设成本,这些居住区建设的原则是最大程度地接近工作地和建设成本的最低化,住房建设的标准较低,建筑密度很大。

20 世纪 90 年代以来,国家福利住房供应制度逐渐被住房市场化所代替,政府和单位作为住房供应的主体地位逐渐让位于市场。与此同时,中国城市的发展也主要遵循市场原则来安排土地利用和调节相应的功能结构,房地产导向的城市发展主要表现在以追求土地利用效率为主的旧城再开发和城市新区建设。这导致了中国城市三种类型低收入邻里的产生。我国低收入邻里的产生机制(刘玉亭,等,2006),见图 8-2。

(1) 老城衰退邻里。对于老城区,房地产导向的再开发是有选择性的。尽管由政府和房产商共同发起的城市更新使老城区发生了巨大的变化,但许多衰退的老城居住邻里由于分布着高密度的低收入人群,再开发需要付出较高的社会经济成本,所以并没有得到再发

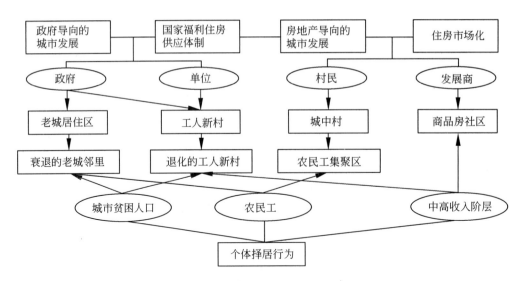

图 8-2 我国低收入邻里的产生机制

展。这些邻里的住房质量很差,居住环境恶劣。

(2) 退化的工人新村。由于受到国有企业改革和产业结构调整的巨大冲击,事实上一些工人新村已经成为下岗和失业人员的集中居住区。另外,这些工人新村因缺乏维护,加上当初低水平的建设,住房质量退化,居住环境也逐步恶化。

(3) 农民工集聚区(城中村)。城市向郊区的扩展包围了许多城郊结合部的村庄,并导致了城中村的产生。由于具有土地承租和农村土地集体所有的双重土地使用制度,城中村的土地利用及房屋建设十分混乱。对于当地的村民而言,因为缺乏管理,他们很容易出租住房;而对外来人口而言,在此可以租到相对便宜的住房。村民和农民工双方受益,从而使得大量的农民工在城中村聚集,并使一些城中村成为事实上的农民工集聚区。在利益的驱使下,城中村内不合法建筑的建设和居住拥挤的现象越发严重。还由于缺乏有效的管理和规划控制,一些城中村的建筑景观混乱,基础设施缺乏,居住环境恶劣,成为现代城市景观中极不协调的独特社区。

综上所述,城市贫困者和低收入人群在居住空间上的相对集中,催生了三种类型的城市低收入邻里,包括老城衰退邻里、退化的工人新村和农民工集聚区(城中村)。其中前两类贫困邻里已经退化为老年人、离退休人员、下岗失业人员以及低收入家庭集中居住的典型的城市低收入邻里,而城中村则成为农民工聚集的低收入邻里(刘玉亭,等,2006;何深静,等,2010b)。

8.2.2 城市贫困空间的特点

对于城市贫困空间的特点,下面主要从区位分布特征和内部属性特征两方面进行介绍。

1. 区位分布特征

城市贫困空间的区位分布呈现出以下三项特征。

（1）北美城市贫困空间多位于中心区内及其外围地区。芝加哥学派最早用社会生态学方法并结合城市土地利用模式，划分出城市贫困空间区位。伯吉斯（1925）提出了同心圆理论和由中心向外缘五个层次的圈层地域结构，并首次把城市按贫富区域划分开来。其中，紧邻中心商务区的过渡地带集中了低级破旧的住宅区、贫民窟和少数民族聚居区（如犹太人区、西西里人区、唐人街等）。霍伊特（1939）通过对住宅租金的研究指出，低级住宅区也能迁入弃置的原高级住宅区，并在地域上形成扇形模式。随后哈里斯和乌尔曼（1945）的多核心理论指出低收入和贫困阶层可能围绕中心商业区、批发商业区和重/轻工业区形成多个聚居点。后继学者不断修正三大经典模型，指出美国郊区化进程中城市中心区内和CBD外缘仍然是低收入和贫困阶层的聚居区。

（2）一般发达国家和发展中国家的贫困空间位于城市外围边缘区。北美城市贫困空间的分布特征并不适用于所有发达国家和发展中国家。如英国中等城市的贫困和低中收入阶层分布在城市外围边缘区，只有部分少数民族聚居区位于中心区附近，紧邻中产阶层区域。随着现代交通工具的相对普及和郊区化的过度蔓延，澳大利亚主要城市的贫困阶层由市中心向郊区集聚。在东南亚和拉丁美洲的一些城市，擅自占用的非法建设区也分布在城市边缘地区（袁媛，等，2007）。

（3）我国城市贫困空间呈现大分散、小集中的分布特征。我国的城市贫困空间从计划经济时期均衡分散分布转变为改革后的大分散、小集中。即在整个城市空间范围上是分散的，但是在邻里或社区层次上是相对集中的（刘玉亭，等，2006）。

① 大分散。贫困人口杂居在城市的各个区域，不论是中心区还是商业区，都有贫困家庭的分布。贫困阶层居住的分散性与我国长期以来的住房分配政策密切相关，中国城市近50年的城市住房分配制度造成了以单位制为基础的社会各阶层混居的特点。随着住房制度改革的逐步完成和住房商品化的实行，我国也不能排除出现城市贫困家庭居住边缘化的趋势，即贫困家庭向价格低廉的城市郊区集中，形成贫民区（陈果，等，2004）。

② 小集中。贫困阶层居住的分散性只是相对而言的。在大分散的格局下，也存在着小集中的特点，体现为城市贫困人口主要滞留在老城衰退地区、工业区配套居住区和近郊区，例如，在一些老企业住宅区和"夕阳产业"职工居住区，贫困人口就相对集中（吕红平，2005b）。流动贫困人口则主要分布在老城和边缘区的"城中村"和棚户区内（吴晓，等，2008）。

2. 内部属性特征

城市贫困空间整体表现为空间内部的社会资本、物质资本和人力资本三大资本的贬值或流失。根据2003年全球人类住区报告——《贫民窟的挑战》的研究，城市贫困空间表现出七大特征：缺乏基本的服务设施；缺少合法的、符合标准的、安全的住宅；密度高，过于拥挤；缺少健康的生活条件或处在危险地段；居住流动性高；非法或非正规聚居；居住者贫困，受社会排斥。这七大特征正是三大资本缺乏的表现（余高红，2010）。而实际上，不同的城市贫困空间实体也表现出不同的属性特征(袁媛,等,2007),如表 8-2 所示。

表 8-2　不同贫困空间的属性特征

地域	类型	特征
国外	Ghetto	现多指被排斥于社会经济活动之外的城市内部贫困黑人或其他少数民族聚居区,多是由于外部歧视造成的聚居
	Slum	联合国人类居住规划署将其定义为"以低标准和贫困为基本特征的高密度人口聚居区",表现为住房建造在合法租赁的土地上,建造标准达不到规范要求的最低标准
	Squatter	擅自占住空房或在无主土地上定居,在土地使用和建造标准上都不合法和不规范的聚居区
国内	衰退的老城邻里	设施不足,住房质量差,居住环境恶劣,为退休人员、下岗失业人员和农民工的混合聚居区
	退化的工人新村	住房建设标准较低,建筑密度很大,为国有企业改革后数以万计的下岗失业工人的聚居地
	城中村	建设混乱,居住拥挤,基础设施缺乏,吸引了大量的农村移民

8.3　贫民窟

8.3.1　贫民窟的内涵

1. 贫民窟的含义

贫民窟是世界城市演化进程中一个较为严重和普遍的社会问题,是城市社会贫穷与衰败的主要体现,一向被认为是城市灾难的根源,居住者通常被视为"违法者",那些日益膨胀的简陋居所被称为"城市的毒瘤"。它至少包含两方面的含义:一是居民以低收入阶层为主,二是所居住的环境与条件比较恶劣(吴晓,等,2008)。

贫民窟是城市贫困居民聚居的区域。联合国人类居住规划署将贫民窟定义为:以低标准和贫困为基本特征的高密度人口聚居区。尽管在不同的国家和地区,名称、土地使用权保障和建筑结构各有不同,但人口过密、不安全的居住状态、缺乏干净的水电卫生设施,以及低标准的基本生活服务和贫困的生活状态是大多数贫民窟所共有的特征(董丽晶,2010)。

2. 贫民窟的几种称谓

有关贫民窟的称谓很多,包括 Rookerly(破旧而拥挤的住宅群)、Skid row(失业者和酒徒聚集的破烂肮脏的地方)、Slums(城市的贫民区、贫民窟、非常肮脏的地方)、Squatter(非法聚落、非法占有区)和 Ghetto(犹太人聚居区)等。其中,用来描述贫民窟的最常用称谓是 Squatter 与 Slum。Squatter 与 Slum 存在一定的区别:Squatter 主要是指非法占有区,在东南亚、拉美等存在过度城市化现象的发展中国家和一些移民管制较为宽松的国家较为多见。Slum 更接近于种族聚居区,主要用来描述欧美等发达国家在大量外来移民涌入的背景下形成的特定种族的聚居区(施林翊,2006;联合国人居署,2006)。

8.3.2 贫民窟的形成

1. 欧美国家贫民窟的形成过程

18 世纪中后期的工业革命导致西方国家的劳动力从农业向第二、第三产业转移,突如其来涌入城市的大量人口使城市住房面临严重短缺,加之种种因素的共同作用,贫民窟在西方国家的城市中迅速蔓延。

19 世纪中期的德国,住房是农民进城后的第一大难题,由于租不到房子,出现了大量只能租床轮换休息的"租床人"。为解燃眉之急,大量简易房屋得以兴建并导致了贫民窟的产生。基于同样的原因,19 世纪的英国也产生了大量的贫民窟。地产商为牟取高额利润,密集地修建大量的"背靠背房屋"(back-to-back house,两排房屋背向而建,只有前窗而没有后窗)住宅区,这种住房空气不对流、间距小、市政公用设施极不完善,平均每间居住 7 人,条件极为恶劣。法国直到 19 世纪末还"约有 1/3 的巴黎人生活在这种既拥挤又肮脏,没有卫生设备、没有照明和没有足够新鲜空气的环境里"(王章辉,等,1999)。

美国的贫民窟多产生于 19 世纪末至 20 世纪初,且与郊区化联系紧密。19 世纪中期以前,大量移民同美国本土农民一道忙于开拓西部、建设新城市,因此尽管发生了大规模的农业人口转移,城市住房问题尚不突出。19 世纪 70 年代美国政府颁布了一些有利于工人的新法令,且由于多年的政策积弊导致大量农民破产,涌入城市的人口骤增。与此同时,霍华德的"花园城市"理论和以德国为楷模的城市分区法传入美国并催生了卫星城理论,这些理论与现代交通方式结合后产生的郊区化运动使许多城市的中心区衰退为贫民窟(周毅刚,2007)。

2. 拉美等发展中国家贫民窟的形成过程

1950 年以后,拉美等发展中国家城市人口的增长速度十分惊人,远远高于欧美国家在社会经济相似发展时期的城市化速度。与快速城市化相伴而生的是城市人口的绝对膨胀,这些地区城市人口自然增长过速本身导致了大批劳动力失业,而大量农村移民的涌入使这一问题变得更加尖锐和复杂。失业的农民滞留在城市内部难以生存,成为贫困群体。由于住房供应有限,贫困人口最终在他们可占有的地方建立非法临时住所,形成贫民窟(一般位于城市中心附近,而且没有基础服务设施)和处于山坡、河岸以及其他不适宜居住地区的贫民区(颜俊,2011)。

3. 贫民窟的形成原因

贫民窟的形成主要有以下四项原因。

(1) 应对城市贫民需求和城市贫困化综合作用的结果。从主观条件来看,人们选择住在贫民窟是因为在他们可以掌握的有限资源条件下,贫民窟相对较好地满足了贫民的需求。一般城市贫民缺乏资金,没有资产,工资收入极低,而贫民窟给他们提供了一个在城市低成本生活的机会。因此,贫民窟是部分资源缺乏型贫民选择的"生存战略"。从客观条件来看,城市贫民窟的发展是城市贫困化的产物。人口的自身素质、社会结构和经济结构、收入分配和再分配制度、社会权利等多种因素导致了城市贫困化,表现为城市贫民缺乏谋生机会、受教育机会和社会保障,不得不住在贫民窟里(漆畅青,等,2005)。

(2) 大量农村人口迅速向城市迁移加速了贫民窟的萌生。农村人口向城市的迁移虽然推动了城市工业的发展,但城市中的就业机会远远满足不了不断扩张的城市人口的就业需求,加上进城农民自身的素质和工作技能缺乏,出现了进城农民失业、就业不足和就业质量差等问题,使他们由农村的无地农民转而成为城市贫民窟中的贫民。

(3) 种族隔离引发特定种族人群聚居的贫民窟形成。在欧美,由于种族关系复杂,空间分隔与种族歧视相互联系在一起。正是一些机构(如银行及地产开发商等)通过种族歧视,尤其是对黑人的歧视,制造出社会空间隔离(余高红,2010),引发获取社会权利资本的不平等,产生被歧视种族聚居的贫民窟。

(4) 城市规划和公共政策对于低收入人群的忽视加剧了贫民窟的产生。城市规划、建房用地、基础设施和社区发展对低收入人群的长期忽视,使得这些低收入人群很难在城市获得建房用地和住房,居住权没有保障,不得不非法占据城市公有土地,搭建简陋住房,形成贫民窟(韩俊,等,2005)。

8.3.3 贫民窟的清理与整治

1. 欧美国家贫民窟的清理与整治

在19世纪前后的城市化进程中,西方的贫民窟发展迅猛,贫穷问题、卫生问题、污染问题和安全问题等随着贫民窟的蔓延接踵不断。意识到问题的严重性后,西方国家一方面通过政府直接投资建设廉租的公共住房,或通过市场运作引导地产开发商建设廉价住房来满足贫民的住房需求(周毅刚,2007);另一方面采取措施来清理贫民窟、限制新增贫民窟或引导贫民窟升级改造。

(1) 清理贫民窟。20世纪40年代,西方各国开展了"城市更新运动",其主要内容包括对城市中心区的改造和对贫民窟的清理。其中,它们对贫民窟所采用的处理方式是"消灭贫民窟":将贫民窟全部推倒,并转移其居民;把土地向社会拍卖,使得那些能够提供高额税收的项目取而代之。20世纪70年代初,巴黎城市的安置政策仅限于建造单身公寓,目的是阻止外国移民随后可能发生的全家移民,巴黎只鼓励移民做短暂停留。有的国家为应对贫民窟的发展,甚至选择采取强制性的方法,例如有选择地或大规模地驱逐贫民窟居民等(董丽晶,2010)。

(2) 整治与优化贫民窟。作为可替代清理贫民窟与重新安置的相对经济方法,贫民窟的升级改造成为另一种有效的贫民窟改善方案,并得到越来越多的认可。改造的内容包括吸引中小商家投资、建设好贫民窟周围的公共设施,以及提供就业机会和基本医疗保险。注重学校教育,提高贫民窟居民素质(杜悦,2008)。利用其自身的劳动和资源努力保留社区,减少对社区经济和社会生活的干扰,让居民、社区和非政府组织等多主体共同参与贫民窟的优化。

2. 拉美等发展中国家贫民窟的改善行动

从 20 世纪 70 年代起,拉美和东南亚的一些发展中国家就开始重视日益严重的贫民窟问题,起初试图采取措施禁止侵占共有或私有土地的行为,以抑制贫民窟的增长。20 世纪 90 年代以来,随着联合国和国际社会加大对全球贫民窟问题的关注,巴西等发展中国家开始逐步承认贫民窟的合法性,并以此为基础采取了一系列新措施。

(1) 将贫民窟纳入城市发展规划并合法化。巴西的累西腓市于 1987 年第一次把"非正式的或不合法的贫民窟"正式纳入城市发展规划,并同意提供各种服务和基础设施,设立一个"土地占有合法化委员会"。采取这种做法的目的,是在城市规划、住房建设、公共服务和社区管理上关注城市低收入者和外来移民,城市政府把贫民窟人口对公共设施的需求纳入城市建设规划(董丽晶,2010)。

(2) 政府直接或间接引导建房以解决贫民窟居民的住房问题。为了解决贫民窟居民的住房问题,泰国实行通过政府直接建房为贫民窟的拆迁户提供房屋的租住权。1980 年起又开始实行大力发展私营市场力量,依靠私人市场提供房屋、为贫民提供低成本住房,使"非法房屋"所占比例由 1980 年的 20% 下降至 2000 年的 3%。马来西亚解决贫民住房的方法类似,政府自己建造的房屋占房屋总量的近一半。很多发展中国家的做法与泰国和马来西亚两国大致相同。

(3) 对贫民窟进行升级改造以改善其居住条件。对贫民窟进行升级改造是巴西各级政府最早采用的治理措施之一,而且至今仍在使用。1989—1992 年,圣保罗市政府实施的"贫民居住区城市更新计划"是该市历史上首个针对贫民窟的大规模治理计划。针对贫民窟地区生活基础设施的极度匮乏,该计划试图通过采取一些具体措施,如改善贫民窟的居住条件,建设卫生的给排水系统、垃圾回收和处理系统等,把贫民窟改造成拥有基本基础设施和生活设施的城市社区(杜悦,2008)。

(4) 非政府组织和国际金融机构的支持。20 世纪 90 年代是非政府组织和第三部门蓬勃发展的一个时期。巴西政府主导的很多贫民窟治理项目都有非政府组织的参与,各种非政府组织(妇女联合会、防止种族歧视组织、儿童保护组织、教育协会和环保组织等)负责各自的专业领域,并监督贫民窟治理项目的执行情况,进行项目评估以及贫民窟问题的研究。对于拉美的一些发展中国家如巴西,许多贫民窟治理项目都有赖于国际金融机构的资金支持(杜悦,2008)。

8.4 城中村

城中村是中国特有的一种城市相对贫困空间类型,这种低收入邻里主要是农民工聚居的主要场所。

8.4.1 城中村的内涵

改革开放以来,我国加快了城市化步伐,城市建设急剧扩张,随着城区规模的不断扩大,以前围绕城市周边的部分村落及其耕地已纳入城市总体规划的发展区内,但是由于城市管理体制改革相对滞后及城市改造和发展的不均衡,这些很少或没有农用地的聚集区仍旧实行农村集体所有制和农村经营体制。这些聚集区在城市发展的带动与影响下发生了明显的转型,但因土地、户籍、人口和行政管理等多方面的城乡二元体制,它们又没有被真正纳入城市的统一规划、建设与管理中,其发展具有很大的自发性,在生产方式、生活方式、建设景观及社区组织等方面,更偏重于农村特征而与城区存在明显的差别。

1. 城中村的概念

对城中村的关注,我国学者从 20 世纪 80 年代城乡边缘带研究开始并逐渐深入。城中村这种现象以前有多种命名,如"都市村庄"(张建明,1998)、都市里的乡村(田莉,1999)、城市里的乡村(敬东,1999)、都市里的村庄(杜杰,1999)等,现在城中村(杨安,1996;房庆方,1999;李立勋,2002)这个命名被政府和学界普遍接受,成为这个现象的统一称呼。

城中村的概念是城市发展用地范围内转型中的农村居民点。这些村庄有以下特征:土地纳入城市规划发展区内,基本没有或有少数的农用地,农业已不是村民的主要生活来源;村内人口属性复杂;村委会是村内主要的管理机构,仍旧实行农村管理体制;在居民职业结构与生存方式的主要指标上已完成向城市社区的转型,但在基本素质上仍缺乏城市社区的内涵特征。它兼有城市和村庄的两种特征。与流动农民和暂时或长远留乡务农的农民相比,城中村的村民是生活在市域范围内的农民,是典型意义上的市域农民,这些农民应该是最先而且最容易进行城市化的人群。

城中村是中国城市化进程中出现的特有现象,从目前来看,国外还没有同样的案例,但国外有类似性质的城市问题。这种区域被美国著名学者麦吉(Mcgee T G)称为"灰色区域"。"灰色区域是指那些同时承受城市与农村行为的地理范围",它主要包括大都市外围地区;大城市之间、靠近交通主干道或铁路周围发展的走廊区;与城市紧密联系、人口密度高且农业与非农业混合的农村地区。从地域空间来说,灰色区域包含传统意义上划分出的城市边缘区的范围(Mcgee,1989)。随着人口增长、经济和社会发展、城市规模及范围不断扩张、城市间和城乡间经济要素流动和重新配置,在城乡交界处形成了一种人口密度相对较高、人们经济活动范围较广、与城市经济紧密联系的城乡混杂地域空间。这一地带位于传统意义的"农村"区域,但又有很强的城市区域活动特点,有些甚至是城市活动延伸的重要部分,景观上既不像城市、也不像农村,生态环境破坏比较严重。比较而言,国外城乡过渡地带、贫民窟和都市村庄现象与我国城中村有相似性或者相关性。

2. 城中村的分类

对于城中村的类型划分,不同学科研究者从不同角度进行了分类。早期学者们主要使用定性分析法,有的按城市与村庄交结的形态特征将城中村划分为全包围型、半包围型或相交型、外切型、飞地相邻型、相离型和内切型六种类型;有的按照城中村的空间位置和发育程度将城中村分为成熟型、成长型和初生型;也有的学者运用因子分析法和聚类分析法将城中村分为基础设施优越型、集体经济实力型和土地资源充足型。

3. 城中村的研究发展

社会学通过对城中村现象的分析,认为城中村是村落乡土社会的终结,不仅在于表象的改善,更重要的在于它最终要伴随产权的重新界定和社会关系网络的重组(李培林,2004)。地理学从空间布局、景观形态、形成机制和改造模式等方面对城中村展开研究,将其纳入较规范的城市地理学研究范畴。心理学、教育学等学者也对"城中村"问题进行了专项性研究。目前国内学者对于城中村问题的研究正在向多学科交叉、多元化方向发展。

早期研究普遍认为城中村是城市发展的特殊状态,是需要尽快铲除的"毒瘤",然而一系列城中村改造措施实施后,并未取得显著实效。在这个情况下,学术界对于城中村将长期存在的客观性反思逐渐展开。大量的外来打工人口受其经济收入和支付能力的限制,在居住选择上大都倾向于选择条件相对较差、房租低廉的民宅,城中村的廉价房租和非规范管理满足了这部分低收入人群的需求。从文化习俗和生活习惯上看,城中村较城区更易于融入,成为大量农村人口进入城市的过渡性区域。

城中村降低城市发展门槛等方面的积极作用逐渐被学术界所接受,研究热点转向城中村改造后的转型,即转型社区研究。"转型社区"指的是经过"转制"的"城中村",是一类特殊的城市新社区。这类社区脱胎于城中村,其人口由农民转为市民,土地由集体所有转为国有,经济由集体经济转为股份公司,管理由村委会转为居委会,空间则面临改造(曹国栋,2006)。转型社区兼具城市社区与乡村社区的特征,是一种典型的过渡型社区(李志刚,等,2007)。这类社区作为社会经济的"塌陷带",对城市空间形态、社会结构和城市社区治理具有极大的影响(秦瑞英,等,2008)。

8.4.2 城中村的特征

城中村作为城市低收入邻里,与城市其他区域明显不同,是一种特殊的居住社区(Liu Y T,等,2010;He S J,等,2010)。它具有以下几项特征。

1. 地域空间特征

城中村被城市用地包围,城乡用地互相交错,空间形态和内部功能与周围城市环境有极大的差异,与城市空间关系不协调,城乡矛盾突出。社区内缺乏统一规划,用地功能混乱。违法、违规建筑大量存在,建筑密度大,容积率高。路网结构布局不合理,不能满足使用及安全要求。道路不成系统,公共配套设施不全。

2. 经济特征

城中村的经济发展也有别于其他地域。经济实力主要依靠非正规经济维系,包括村集体和村民违规出租土地及房屋,以及村内各类非正规经营项目。多以第二、第三产业为主,城市建设征地的补偿是城中村集体经济收益的一个重要来源。城中村村民的主要经济来源是村集体分红、出租屋收入以及小规模的商业和服务业收入等。

3. 人口特征

人口特征极为混杂,既居住着大量从事非农职业的农民,又集聚着大量外来流动人口,流动人口数量甚至远超本村村民。人口结构、职业构成复杂。居民文化程度低于城市平均水平,小农思想严重,缺乏现代化意识。外地人与本地人在语言、收入、文化和生活习惯等方面差异明显,交往较少,关系淡漠。

4. 生活方式特征

居住在城中村的村民们已摆脱"日出而作,日落而息"的单一、传统的农村生活方式,而更多融入丰富多彩的现代城市生活,但在价值观念以及文化休闲方式上与现代城市社区仍有一定区别。城中村社会特征复杂,社会问题众多,丰裕的物质生活与落后的价值观念和管理体制形成强烈的反差。

8.4.3 城中村的改造与利用

城中村改造要遵循规划控制,均衡好政府、村集体和地产商三者之间的利益关系。可以采用整体搬迁改造模式,也可以采用滚动开发改造模式。但由于城中村改造的复杂性,改造难度较大,需要强调改造方案从编制到实施过程中鼓励村民参与,消除村民困惑,为主动融入城市奠定一定的基础。

城中村村民既享有和城市居民一样便利的公共服务设施,又享受到了农村村民占地建房和计划生育的特殊政策。依靠优越的地理位置、便利的交通条件和低廉的房租,村民获得了丰厚的经济收入,不愿改变现在的生活方式,阻碍城中村的改造。大量外来人口对低廉房租的需求,使得城中村将长期存在。政府应通过提供多样化、低成本的廉租房来降低对城中村等非正规住房的需求。不解决低收入者的住房问题,只能治标不治本。

城中村这种低收入邻里的改造,不应仅仅停留在物质空间层面,只侧重于一些表面问题,诸如卫生、治安和道路等形象工程和规划建设问题,还应真正实现村庄的城市化,即经济、人口和土地等方面的深层改革,既要考虑城市发展的经济效益,又要保证原村民的收入,保护和利用本土文化和社会资本,促进城中村原村民思想观念和文化素养的提升,使其融入城市并向城市市民转变,既要实现"景观城市化",还要实现村民市民化的"深度城市化"。要防止新的居住隔离出现,创造不同社会阶层混合居住,吸引中等收入且受过良好教育的白领来此租住。市民与村民比邻而居,不仅有助于村民封闭均质社会网络的重构,而且也能为村民价值观念和生活方式的转变带来示范效应。此外,不同社会群体的接触与交流有助于消除市民对村民的偏见与误解,从而化解长久以来的社会隔阂,实现城市社会的融合。

8.5 城市社会排斥

8.5.1 社会排斥理论

1. 社会排斥理论的起源与发展

早在20世纪60年代,排斥问题便开始成为法国人经常讨论的一个重要话题。一些政治家、社会活动家、政府官员、记者和学者开始用排斥来指代贫困。20世纪70年代经济危机发生后,对排斥的深入讨论开始广泛展开。

1974年,法国学者勒内·勒努瓦(Ren Lenoir)首先明确提出了"被排斥者"(Les Exclus)这一概念,用以阐述被排斥在就业岗位正式收入来源和收入保障制度之外的特定社会边缘群体,例如单亲父母、残疾人、失业者等。到20世纪70年代末,"Les Exclus"已经被用来指法国社会的各种弱势群体,并且成为法国讨论由于快速经济变迁而导致的"新贫困"问题的核心概念。到20世纪80年代后,"社会排斥"(social exclusion)概念逐渐被法国以外的欧盟国家所采纳,并传播到了欧盟以外的国家(丁开杰,2009)。

学术界对如何定义"社会排斥"概念存在不同的意见:在一般的意义上,社会排斥意指"不同事物对应有差异的人";或者指个人和群体的生活方式是否受社会结构的压力所致,它被用来强调和鉴定由于社会基础性变迁和社会的迅速瓦解所带来的社会问题(Alex,等,1998)。或者,社会排斥是一种跨越多种范畴的、累积的、顺序的网络化过程,从多种职能体系中被排挤出来。根据西方最为流行的概念,"社会排斥"可以定义为某种"不幸"的人不仅在劳动力市场上受到排斥,而且在社会保障领域里也受到排斥。

当代社会排斥理论主要关注社会机制、社会产品分配以及社会关系三个维度。社会排斥理论的实质是研究社会弱势群体如何在劳动力市场以及社会保障系统受到主流社会的排挤,而日益成为孤独、无援的群体,并且这种状况如何通过社会的"再造"而累积和传递(李斌,2002)。

社会排斥理论的发展使欧洲学者对贫困问题或者窘迫境遇(disadvantage)的研究范式发生了重大的变化,经历了从贫困理论到剥夺理论,再到社会排斥理论的几次大的转变。社会排斥理论使对贫困问题的研究从单一层面转向多维层面、从静态转向动态,扩展了对贫困问题的分析研究方法(熊光清,2008)。

2. 社会排斥的内涵

学术界和各国政府相关部门对于怎样定义社会排斥见仁见智,但所有定义都有一个共同点,那就是社会排斥的内涵不仅涉及收入贫困和物质资源的匮乏,也涉及一些个人或者群体在社会中被边缘化的过程。他们不仅只是被排除在大多数社会成员可以获得的物质资源和生活标准之外,也被排除在机遇、选择和生活机会之外(Apospori,等,2003)。

对于社会排斥的内涵,可理解为:第一,社会排斥是用于分析社会中的弱势群体生活窘迫处境的一个概念。这些社会群体主要包括失业者、无家可归者、单亲家庭、青少年、老年人、残疾人和吸毒者等。第二,社会排斥表现在社会生活的方方面面,包括政治、经济、文化、社会关系和公共服务等方面。从具体层面来说,可以包括劳动力市场、住房市场、学校教育、医疗保健、正式或非正式的社会网络、城市基础设施和社会保障等方面。第三,社会排斥表达的是一个动态的过程,而不仅仅是一种结果和状况。社会排斥理论强调要对弱势群体的生活窘迫处境进行动态的考察,而不能仅仅关注其静态的结果和状况(景晓芬,等,2011)。

3. 社会排斥的成因

从"谁进行社会排斥"和"谁被社会排斥"的能动性视角来看,关于社会排斥产生的原因可以归纳为以下三种解释(丁开杰,2009)。

(1) 强势群体的社会封闭。这一解释认为,社会排斥是因为歧视和权利得不到实现而造成的综合结果。强势的阶级和群体有非常突出的社会、文化身份认同和体制,他们通过使用社会封闭,限制了外部人获取有价值资源的渠道(例如工作、好的福利救济、教育和城市居住地、有价值的消费模式)。被排斥者不能修补其弱势,因为他们缺乏或者不能履行政治、经济和社会以及其他实现融合的权利。

(2) 制度性或结构性因素造成的排斥。这种解释可能也是最为盛行的,认为社会排斥是组织的功能或社会制度和体制的运行所造成的,这种在宏观层面上存在的产生社会排斥的因素已经超出了被排斥者的眼界和控制,它们往往在本质上是一些结构性、制度性或系统性的因素,包括经济重组、人口流动、歧视和公共政策等很多因素。例如因为全球化、技术演化和产业调整而发生的劳动市场变迁,改变了就业灵活性和保障之间的平衡关系,使最不适应环境变化的个体和群体被边缘化,引发社会排斥。

(3) 被排斥个体和群体自身的消极因素。此种解释认为,在微观层面上存在的产生社会排斥的因素包括弱势区域(如缺乏工作、服务和令人愉快的事物,以及缺乏其他整合性的支持)和居住于其中的人(如社会邪恶,非正常行为、价值和道德,缺乏人力资本、社会资本、政治资本和金融资本)的特征。这些被排斥个人或群体自身的消极因素造成了他们被边缘化,进而引发社会排斥。

8.5.2 城市社会排斥

在城市化快速发展的背景下,人口日益聚集于城市,城市已不仅是容纳人口的物理空间,也是体现出一系列复杂社会关系的社会空间(景晓芬,等,2011)。基于社会排斥理论,城市社会排斥可简单定义为个人、团体和地方由于国家、企业(市场)和利益团体等施动者的作用而全部或部分排斥出城市的经济活动、政治活动、家庭和社会关系系统、文化权利以及国家福利制度的过程(曾群,等,2004),它包含多个层面的社会排斥。

1. 宏观层面不同方面的社会排斥

从经济、政治、社会关系、文化和福利制度等宏观层面,城市社会排斥可划分为以下几个方面(曾群,等,2004)。

(1) 经济排斥。经济排斥是指一定的社会成员或者社会群体未能有效参与城市中的生产、交换和消费等经济活动,被排除在一般社会成员或者社会群体获得经济资源的途径之外,以及经济条件和生活环境明显低于一般社会成员或者社会群体的状态和过程。主要表现为受排斥者就业机会受到限制,不能顺利进入劳动力市场;收入低,或者处于长期失业状态;居住条件和生活环境恶劣或者出现恶化;消费水平低,消费能力差;无法获得社会救济,难以维持基本的生活需求。

(2) 政治排斥。政治排斥是一定的社会成员或者社会群体在一定程度上被排斥在政治生活之外,没有公平获取政治资源、享受政治权利和履行政治义务的过程与状态。表现为个人和团体被排斥出政治决策过程,一方面个人和团体因为没有政治权利而遭受排斥,另一方面拥有政治权利的个人未能参与到政治活动中。

(3) 社会关系排斥。社会关系排斥是指个人被排斥出家庭或社会关系。其主要表现为受排斥者由于受到偏见、习俗或者其他因素的影响,一定的社会成员或者社会群体与其他社会成员或者社会群体在社会关系方面出现了断裂,无法进入其他群体的社会关系网络中,社会交往和社会关系受到相当大的限制。

(4) 文化排斥。文化排斥有两层含义。一方面是指失去根据社会认可的和占主导地位的行为、生活发展方向及价值观模式而生活的可能性。另一方面,当少数人因坚持自身的文化权利而被隔离于主流社会时,同样可以说是遭受了歧视或者排斥。所以,完整的文化排斥概念应该包含上述两层含义。以少数民族为例,当他们不能保留自身文化传统时,他们遭受了文化排斥;当他们希望以多数人的生活方式生活而又没有这种可能性时,他们同样遭受了文化排斥。

(5) 福利制度排斥。福利制度排斥是指个人和团体不具有公民资格而无法享有社会权利,或者即便具有公民资格也被排斥出某些国家福利制度,后者包括排斥出社会救助制度与社会保险制度。在一些国家和地区,社会保险制度只能保障失业者在一定时期内有基本保障,长期失业者将被排斥出社会保险制度;而从未工作过或缴纳过社会保险金的人也同样会被排斥出社会保险制度之外。

2. 中观层面城市社会群体的空间排斥

中观层面城市社会群体的空间排斥主要表现在以下三个方面。

(1) 精英反叛。上层阶级的主动疏离也就是吉登斯所说的"精英反叛",因为他们拥有良好的经济实力,可以自由地根据个人偏好选择自己满意的居住区位,他们消费的不仅仅是空间的物理属性,而且也是空间所代表的地位身份及他人的艳羡与尊重。上层阶级一般选择离群索居或远离普通阶层。他们的住宅多是封闭性的,通过严格的安保措施将其他人排除在外,也即通过城市地价和个人的经济实力将自己隔离于大众视线之外(景晓芬,等,2011)。

(2) 特定群体的文化认同。对于一些特殊群体,在空间选择上也会表现出一些主动性。他们会基于共同的文化观念或共同的关系网络而聚居在一起,如城市中的少数民族群体、外来务工人员、基于共同的地域网络而形成的群体,如国外一些城市的"唐人街",国内一些城市中形成的"河南村"、"浙江村"等。这些群体拥有一整套长久以来形成的已经内化的价值观念、文化传统和生活方式,并通过家庭教育机制或周围环境的影响而一代代传递下去。这种亚文化往往使得他们主动与主流社会疏离,体现在城市空间分布上,便是主动选择居住于城市中的特定场所(景晓芬,等,2011)。

(3) 贫困群体的边缘化。贫困群体根据自己的收入状况,综合考虑房价或租金、公共交通情况、配套的基础设施、与工作单位的距离等因素来选择自己的居住区位。在以经济为主因的作用下,贫困群体家庭在城市社会空间的分化过程中显现出空间上的弱势趋势。快速的城市规划建设、城市中心房地产价格的飙升,以及贫困家庭个体拥有资源的不充足,从区位上使他们远离资源丰富的城市中心地带,而集中于偏远的城市边缘地区;从群体发展方面,他们受到经济、市场、文化和教育等的多重排斥,不断地被社会边缘化,很难分享到社会资源,最终被束缚在贫困的牢笼中,无法脱身(徐祥运,等,2011)。

3. 微观层面城市社会排斥的叠加效应

在经济、政治和社会关系等各个维度的社会排斥之间具有相互影响的作用,并有累积性的特点。即一个人遭受某一个维度的社会排斥后,会继续遭受其他相关维度的排斥。我们可以设想,一个不具有公民资格的外来劳工失业后,由于无权享有社会福利,家庭成员又不在当地而无法提供帮助,很快就会陷入收入贫穷状态,不得不减少消费,搬入房租低廉、穷人集中的旧城区,而居住在旧城区又使他处于社会分割或孤立中,进一步减少了再就业的可能性。因此,由于失业,他经历了贫穷和消费市场排斥,进而又遭受了社会关系排斥和空间排斥,最后这一切又减少了他再就业的可能性。另外,由于失业,他还可能脱离工会,失去了代表他的利益和声音的组织的支持。而长期失业还可能使他成为低下阶层的一员,形成不同于主流社会的生活方式和价值观念(曾群,等,2004)。

推荐阅读参考资料

李斌. 2002. 社会排斥理论与中国城市住房改革制度[J]. 社会科学研究(3):106-110.

李俊夫. 2006. 城中村的改造[M]. 北京:科学出版社.

李培林. 2004. 村落的终结[M]. 北京:商务印书馆.

联合国人居署. 2006. 贫民窟的挑战——全球人类住区报告2003[M]. 北京:中国建筑工业出版社.

刘玉亭,吴缚龙,何深静,等. 2006. 转型期城市低收入邻里的类型、特征和产生机制:以南京市为例[J]. 地理研究,25(6):1073-1082.

刘玉亭. 2005. 转型期中国城市贫困的社会空间[M]. 北京:科学出版社.

Liu Y T, He S J, Wu F L, et al. 2010. Urban villages under China's rapid urbanization: Unregulated assets and transitional neighbourhoods[J]. Habitat International,34(1):135-144.

Mingione E. 1996. Urban Poverty and the Underclass [M]. Oxford:Blackwell Press.

习 题

1. 名词解释

贫困、绝对贫困、相对贫困、贫民窟、城中村、社会排斥。

2. 简述题

(1) 简述对于城市贫困含义的理解。
(2) 简述我国新城市贫困现象及其产生的原因。

3. 论述题

(1) 论述欧美国家与拉美等发展中国家的贫民窟差异。
(2) 论述城中村在城市发展中的利与弊。
(3) 列举身边的1~2种社会排斥现象,并简单评析其表现及成因。

参 考 文 献

波谱诺 D. 1999. 社会学[M]. 10版. 李强,等,译. 北京:中国人民大学出版社.
曹国栋. 2006. 转制社区干部培训实用读本[M]. 广州:广州出版社.
陈果,顾朝林,吴缚龙. 2004. 南京城市贫困空间调查与分析[J]. 地理科学,24(5):542-549.
陈慧,毛蔚. 2006. 城市化进程中城市贫民窟的国际经验研究[J]. 改革与战略(1):136-139.
丁开杰. 2009. 西方社会排斥理论:四个基本问题[J]. 国外理论动态(10):36-41.
董丽晶. 2010. 国外城市贫民窟改造及其对我国的启示[J]. 特区经济(11):117-118.
杜杰. 1999. "都市里村庄"的世纪抉择——关于深圳市罗湖区原农村城市化进程的调查报告[J]. 城市规划(9):15-17.
杜悦. 2008. 巴西治理贫民窟的基本做法[J]. 拉丁美洲研究(1):59-62,71.
房庆方,马向明,宋劲松. 1999. 城中村:我国城市化进程中遇到的政策问题[J]. 城市发展研究(4):19-21.
[美]格林,[美]皮克. 2011. 城市地理学[M]. 北京:商务印书馆.
韩俊,崔传义,赵阳. 2005. 巴西城市化过程中贫困问题及对我国的启示[J]. 中国发展观察(6):4-6.
何深静,刘玉亭,吴缚龙,等. 2010b. 中国大城市低收入邻里及其居民的贫困集聚度和贫困决定因素[J]. 地理学报,65(12):1465-1476.
何深静,刘玉亭,吴缚龙. 2010a. 南京市不同社会群体的贫困集聚度、贫困特征及其决定因素[J]. 地理研究,29(4):2-14.
蒋贵凰,宋迎昌. 2011. 中国城市贫困状况分析及反贫困对策[J]. 现代城市研究(10):8-13.
景晓芬,李世平. 2011. 城市空间再生产过程中的社会排斥[J]. 城市问题(10):9-14.
敬东. 1999. "城市里的乡村"研究报告——经济发达地区城市中心区农村城市化进程的对策[J]. 城市规划(9):8-14.

李斌. 2002. 社会排斥理论与中国城市住房改革制度[J]. 社会科学研究(3): 106-110.

李立勋. 2000. 城中村形成及改造机制[D]. 广州: 中山大学.

李培林. 2004. 村落的终结[M]. 北京: 商务印书馆.

李瑞林, 李正升. 2006. 中国转轨过程中的城市贫困问题研究[J]. 经济经纬(1): 108-111.

李志刚, 于涛方, 魏立华. 2007. 快速城市化下"转型社区"的社区转型研究[J]. 城市发展研究(5): 84-90.

联合国人居署. 2006. 贫民窟的挑战——全球人类住区报告2003[M]. 北京: 中国建筑工业出版社.

刘玉亭, 何深静, 顾朝林, 等. 2003. 国外城市贫困问题研究[J]. 现代城市研究(1): 78-86.

刘玉亭, 吴缚龙, 何深静, 等. 2006. 转型期城市低收入邻里的类型、特征和产生机制: 以南京市为例[J]. 地理研究, 25(6): 1073-1082.

刘玉亭. 2005. 转型期中国城市贫困的社会空间[M]. 北京: 科学出版社.

陆学艺. 2002. 当代中国社会阶层研究报告[M]. 北京: 社会科学文献出版社.

吕红平. 2005a. 论我国社会转型期的城市贫困问题[J]. 人口学刊(1): 3-8.

吕红平. 2005b. 对我国现阶段城市贫困问题的初步探讨[J]. 河北大学学报, 30(3): 72-76.

漆畅青, 何帆. 2005. 城市化与贫民窟问题[J]. 开放导报(6): 24-27.

秦瑞英, 阎小培. 2008. 快速城市化进程中转型社区的特征及治理模式探析[J]. 地域研究与开发(6): 48-52.

佘高红. 2010. 城市贫困空间形成原因解析[J]. 城市问题(6): 60-64.

施林翔. 2006. 国外贫民窟改造初探[D]. 北京: 北京林业大学.

田莉. 1998. "都市里的村庄"现象评析——兼论乡村-城市转型期的矛盾和协调发展[J]. 城市规划汇刊(5): 54-56.

王章辉, 黄柯可. 1999. 欧美农村劳动力的转移与城市化[M]. 北京: 社会科学文献出版社.

吴晓, 吴明伟. 2008. 美国快速城市化背景下的贫民窟整治初探[M]. 城市规划(2): 78-83.

夏丽萍. 2005. 对我国新城市贫困现象的思考[J]. 生产力研究(11): 148-150.

熊光清. 2008. 欧洲的社会排斥理论与反社会排斥实践[J]. 国际论坛, 10(1): 14-18.

徐祥运, 李晨光. 2011. 社会排斥视角下的城市贫困空间问题研究[J]. 大连大学学报, 32(6): 70-78.

颜俊. 2011. 巴西人口城市化进程及模式研究[D]. 上海: 华东师范大学.

杨安. 1996. "城中村"的防治[J]. 城乡建设(8): 30-31.

姚雪萍. 2007. 转型期我国城市贫困的特点、成因以及反贫困的对策探析[J]. 改革与真战略, 23(12): 109-112.

袁媛, 许学强. 2007. 国外城市贫困阶层聚居区研究述评及借鉴[J]. 城市问题(2): 86-91.

袁媛, 许学强. 2008. 广州市城市贫困空间分布、演变和规划启示[J]. 城市规划学刊(4): 87-91.

袁媛, 薛德升, 许学强. 2006. 转型期我国城市贫困研究述评[J]. 人文地理(1): 93-99.

曾群, 魏雁滨. 2004. 失业与社会排斥: 一个分析框架[J]. 社会学研究(3): 11-20.

张建明. 1998. 广州都市村庄形成演变机制分析——以天河区、海珠区为例[D]. 广州: 中山大学.

周毅刚. 2007. 两种"城市病"比较——城中村与百年前的西方贫民窟[J]. 新建筑(4): 27-31.

ALEX M, DAVID M. 1998. The Social Exclusion Perspective and Housing Studies: Origins, Applications and Limitations[J]. Housfing Studies, 13(6): 749-759.

APOSPORI E, MILLAR J. 2003. The Dynamics of Social Exclusion in European[M]. Cheltenham: Edward Elgar.

HARRIS C D, ULMAN E. 1945. The Natures of Cities [J]. Annals of the American Academy of Political Science(242): 7-17.

HE S J, WU F L, WEBSTER C, et al. 2010. Poverty concentration and determinants in China's urban low-income neighbourhoods and social groups[J]. International Journal of Urban and Regional Research, 34(2): 328-349.

HOMER H. 1939. The Structure and Growth of Residential Neighborhoods in American Cities[M]. Washington DC: Federal Housing Administration.

LEWIS O. 1966. The Culture of Poverty[J]. Scientific American, 215, 4: 19-25.

LIU Y T, HE S J, WU F L, et al. 2010. Urban villages under China's rapid urbanization: Unregulated assets and transitional neighbourhoods[J]. Habitat International, 34(1): 135-144.

MCGEE T G. 1989. Urbanisasi or kotadesasi? Evolving patterns of Urbanization in Asia[C]// Costa F J, et al. Urabanization in Asia : Spatial Dinensions and Policy Issurs. Honolulu: University of Hawaii Press: 93-108.

MINGIONE E. 1993a. The New Urban Poverty and the Underclass: Introduction[J]. International Journal of Urban and Region Research, 17(3): 324-326.

MINGIONE E. 1993b. New Urban Poverty and the Crisis in the Citizenship/Welfare System: The Italian Experience[J]. Antipode(25): 206-222.

MUSTERD S, PRIEMUS H, van Kempen R. 1999. Towards undivided cities: the potential of economic revitalisation and housing redifferentiation [J]. Housing Studies(14): 573-584.

PARK R E, BURGESS E W. 1925. The City [M]. Chicago: Chicago University Press.

Wu F L. 2002. Sociospatial differentiation in urban China: evidence from Shanghai's real estate markets [J]. Environmental and Planning A, 34: 1591-1615.

YAPA L. 1996. What causes poverty? a postmodern view[J]. Annals of the Association of American Geographers, 86(4): 707-728.

第9章 城市社会融合

城市贫困及贫困空间蔓延,不是社会主义城市化和城市发展的理想目标,社会和谐和融合是防止城市贫困空间蔓延的对策和手段。

9.1 社会融合及其理论

9.1.1 社会融合的概念

1. 西方城市融合概念的提出

社会融合(social integration)概念由法国社会学家埃米尔·迪尔凯姆1897年在《自杀论:社会现象的研究》中首次提出。18世纪到19世纪中叶,西方工业化和城市化进程加速,社会矛盾日益凸显,他认为良好的社会融合水平可以有效地控制较高的自杀率。但他对于社会融合的概念没有具体定义。

社会融合作为一个社会政策概念起源于欧洲学者对社会排斥的研究。到20世纪末21世纪初,社会融合的概念被政府机构和社会政策研究者广泛使用,并逐渐成为西方社会政策研究和社会政策实践的核心概念。在国外研究中,与"社会融合"意思相近的主要涉及"社会包容"、"社会黏合"和"社会并入"等概念。20世纪90年代,在经济全球化背景下,发达国家和发展中国家不断涌现新的社会问题,面临着构建和维护可持续发展社会的挑战。社会融合这一概念逐渐成为西方社会政策研究的焦点。其在发展过程中出现了几个有代表性的定义。

2003年欧盟在关于社会融合的联合报告中做出这样的定义:社会融合是这样的一个过程,它确保社会中的弱势群体能够获得促进发展的机会和资源,使他们能够全面参与经济、文化与社会生活,获得社会福利,同时,社会融合还要确保他们参与生活并获得对基本权利进行决策的机会,享受同常人一样的生活。

从本质上说,社会融合是指社会群体的凝聚力,包括社会心理融合和结构融合。社会心理融合是个人主动参与社会联系,包括自我反省社会参与的经历和领会社会交往的程度。社会结构融合则是指个人在社会中参与的具体情况,可能包括个人在社会参与过程中的关系数目和类型(Scott,1976)。

最近,社会融合的研究得到以下共识:①社会融合不是静态的,它是对社会现状一直进行挑战的动态过程;②社会融合既是目的,也是手段;③没有人可以通过强制力量达到社会融合,社会融合不仅是制度性的,而且也是主观性的融入;④社会融合是多维度的,包括经济、政治、社会、制度、文化以及心理融合;⑤社会融合是多层面的,既有全国范围和城市范围,又有跨国家的区域范围;既有宏观和中观层面,也有微观层面(黄匡时,等,2010)。社会融合有多种分类方法,例如,一种观点将社会融合分为结构性社会融合和社会心理或情感融合。另一种观点把社会融合分为文化性融合、交流性融合、功能性融合和规范性融合。还有一种观点认为社会融合应分为心理融合和行为融合,心理融合是指个体在群体内的身份认同、价值取向及向群体投入时间、劳务与个人资源的意愿;而行为融合则强调人际间社会互动的频率和强度(Scott,1976)。如今社会融合不仅为学术界所关注,也为政策制定者所重视,许多国家和地区将社会融合作为人类生活质量的主要指标,较高的社会融合水平已经成为人类社会发展所追求的目标之一。

2. 我国社会融合的相关研究

近年来,中国在经济快速发展的同时,诸如城乡和区域发展失衡、贫富差距悬殊、失业和社会失范等社会问题开始凸显,新的社会阶层开始出现,形成了不同的利益群体。其中,以农民、农民工和城市贫困人口为代表的弱势群体的社会融合状况不容乐观。这将直接影响中国和谐社会的构建和人口社会经济的长远发展。为数不多的中国学者已经在研究中引入了社会融合概念,关注的对象多集中于弱势群体,如流动儿童、农民工、残疾人和城市贫困人口等。当代西方社会融合研究的相关理论对我们的研究有重要的借鉴和启示作用。

在国内相关研究文献中,关于"社会融合"概念的界定也比较多。任远认为,社会融合是个体和个体之间、不同群体之间或不同文化之间互相配合、互相适应的过程,并以构筑良性和谐的社会为目标(任远,等,2006)。有的学者认为,社会融合是指移民与当地社会的关系。也有学者认为,社会融合是在"平等、尊重、包容、接受"的价值理念下,通过创造一定的社会环境和制度条件,使个体或群体有能力通过一定的机制和平台,并能结合自身的资本和素质来实现社会稳定和社会和谐的这样一种结果或过程(梁鸿,等,2009)。近两年,随着对社会融合概念认识的日趋深入,学者们又进一步指出社会融合是一个逐渐同化与减少排斥的过程,是对城市的主观期望和城市的客观接纳相统一的过程,是本地人口和外来移民发生相互交往和构建相互关系的过程(任远,等,2008)。有的学者系统地指出"社会融合"概念涉及脆弱群体理论、社会分化理论、社会距离理论和社会排斥理论等基础理论,同时,也涉及社会整合、族群关系、心理建构等从宏观到中观,再到微观等三个不同的理论层次(黄匡时,等,2010)。

这些关于"社会融合"的概念界定也往往与国内移民现象结合在一起进行讨论,有些学者还使用"社会融入"、"城市融合"和"城市融入"等概念,尽管用语不同,但是探讨的内容与"社会融合"概念的内涵基本相同。

9.1.2 社会融合的相关理论

西方在对异质群体之间的社会融合研究中,存在两种主要的理论流派,即同化论和多元论两大流派。

1. 同化论

同化论主要被应用在国际移民的研究中,已经形成一套完整的理论体系。同化论指不同族群自愿朝一个共同的主流文化融合,而且在政治、经济和文化等领域逐步趋向一体化。"同化论"强调外来移民对当地主流文化的认同,认为流动人口移居异地后,应当适应和接受当地居民新的生活方式和文化价值理念,摈弃原有的文化传统和生活习惯,尽快融入移居地。美国芝加哥学派的著名学者帕克将社会同化定义为生活在同一区域内的具有不同族源和不同文化传统的群体之间形成共同文化的一种过程。20世纪20年代,帕克在对美国中西部与东北部各个不同语言的人群的研究中首次提出了同化这一概念:同化是弱势群体不断抛弃自己原有文化和行为模式,随后逐渐适应主流社会文化和行为,最终获取与主流人群一样的机会和权利的一个自然而然发生的、不可逆的过程(Park,1928)。

同化论认为弱势的一方通过调整自己的态度和行为,逐渐抛弃自己原有的文化特征,最终消融在主流社会的"熔炉"中,从这个角度讲,社会融合可能意味着人们对主流或强势的文化、价值观和生活方式的被迫接受。随着美国社会的文化和种族的多元化,同化论受到了一些学者和政治活动家的质疑和批评,多元论的概念便应运而生(Berbrier,2004)。

2. 多元论

多元论起源于20世纪60年代美国爆发的文化多元主义运动中所倡导的文化多元化,这种理论被世界各国尤其是多种族国家所普遍承认。

在多元论的理论视角下,一般认为各种文化和价值观会相互适应,即不同社会群体相互作用,相互适应,不以文化多样性的牺牲为代价,最终使得所有的社会参与者都享有平等的权利(Kallen,1956;Glazer,1997)。即不同族群在文化上保持平等,但在政治和经济等领域应整合在一个体系内,实现多元共存。"多元论"认为异质群体有保持"差别"的权利,该群体定居流入地后,可以在学习和适应当地文化的同时,保留其原有不同的文化背景和价值观念,塑造全新多元化的生活方式。多元论有助于民族或国家建构多元化的社会和经济秩序。1924年,卡伦在已有研究的基础上提出了"多元文化论",认为应当在民主社会的框架内保持各族群的不同文化渊源。提倡"多元文化论"者认为该理论具有积极的社会意义,不仅可以反映具有不同民族特色的丰富多彩的文化活动,而且有利于不同种族的和睦共处,形成宽容、和谐的社会氛围。此外,它在一定程度上也有助于减缓错综复杂的宗教矛盾。

两种流派的产生时间不同,适用的范围也不同。同化模式可能适用于某些社会和群体,而多元化模式则更适合于另一些社会和群体。一般而言,强调逐渐融合的同化模式适用于多族群社会中那些自愿迁入的群体,而多元化模式则适用于那些通过非自愿迁移、征服和扩张而进入的群体。

两种理论的争论对社会融合研究视角的选取及其测度具有重要意义。如果主张同化论,社会融合研究的展开将侧重对被同化群体的考察,可以通过对弱势一方的态度和行为的测度与强势一方的对比进行研究。如果认为社会融合是一个相互作用、相互适应的过程,那么研究中要对各个群体同时考察,对不同社会群体之间的相互认同状况进行测度(悦中山,等,2009)。有学者便基于多元论从移民和市民两个角度建立了移民的社会融合研究框架,这对国内移民的社会融合研究具有借鉴意义。

9.2 和谐社会建设

9.2.1 中西方文化视野中的和谐观

和谐从人类社会的角度讲,既包括人自身的和谐,也包括人与人的和谐、人与社会的和谐以及人与自然的和谐。和谐在中西方价值观念中均具有重要的地位,甚至被认为是人类社会的永恒追求。

我国古代先哲们很早就对和谐进行了论述,并把对和谐的追求融入家庭、国家和天下等领域中。《易经》卦五十八中提到,"初九:和兑,吉",就是说上下和谐、举国共同喜悦是大吉大利的。《论语·学而》中孔子的学生有子提出"和为贵",认为和谐是天下最美好的状态。《论语·季氏》又提出"和无寡",认为一个国家最重要的不是财富的多少,而是财富的分配公平,不是人口的多少,而是人心是否安定。继而孔子"和而不同"(《论语·子路》)的论述揭示了和谐的本质特征,即诸多有差异因素的对立统一。其他思想家如老子、荀子和孟子,分别做出了"万物负阴而抱阳,冲气以为和"(《老子·四十二章》),"和则一,一则多力"(《荀子·王制》),"天时不如地利,地利不如人和"(《孟子·公孙丑》)等论述,分析了和谐的产生机制与作用。而《礼记·中庸》中提到的"万物并育而不相害,道并行而不相悖",即是和谐的最高境界。在社会理想层面,历代思想家把大同社会推崇为和谐社会的终极形态(《礼记·礼运》、康有为《大同书》)。

西方文化对和谐的认识有两条主线,即总体的和谐观和具体的和谐观。总体的和谐观探求和谐的本源,分析和谐的价值和意义。古希腊哲学家毕达哥拉斯认为"数"是人世间最智慧的,"和谐"是最美的。他们认为数是万物的本原,作为本原的数存在一定的关系和比例,而这种关系和比例产生了和谐。因此,他们认为万事万物都是和谐的。与总体的和谐观相对,具体的和谐观注重寻找和谐的本质,分析和谐的构成要素和机制。古希腊另一位哲学家赫拉克利特批评毕达哥拉斯等人"不了解如何相反者相成,对立造成和谐",并针对毕达哥拉斯"美德就是和谐"提出"斗争就是和谐"的论断。柏拉图在《理想国》中将和谐思想融入国家建设理论,提出通过和谐与协作立国、通过教育实现和谐、通过道德法律保证和谐等观点。到19世纪,法国社会主义思想家傅里叶更设计了一个理想的"和谐天国",把和谐当做消除资本主义矛盾的利器。

可以看出,中西文化视野中的和谐观在对和谐的追求上、对和谐本质和形成机制的总结上、对和谐社会的构建思想上都有着很强的相似性。例如,中西方的和谐观都强调人自身、人与人、人与社会以及人与自然四个层次上的和谐,都承认对立和差异性因素在和谐中的地位,也都尊重"天"、"神"或"上帝"所代表的自然规律的作用。当然,具有不同起源的中西方文化对和谐的认识也存在诸多差异(刘志辉,等,2007)。例如,中国传统文化十分注重"修身"的作用,实际上走的是内在超越的路子,而西方文化往往把身心和谐的关键诉之于上帝,是外在超越;"和为贵"的中国处世哲学,产生了以"中庸"为核心的层级和谐伦理,而西方则更强调斗争在和谐中的意义,要求各类社会角色都要坚守自己的权利和义务;中国文化强调以群体为本位的和谐,西方则更强调基于个体的和谐;中国思想家假定世界本身是不和谐的,对和谐社会的理想重在对社会关系的调节,而西方思想家则认为世界是和谐的,重在对和谐社会形态的发现和对自然规律的认识等。

9.2.2 和谐社会的现代意义

马克思在黑格尔和空想社会主义者等人的基础上,通过批判、继承与改造,形成了马克思主义和谐社会思想。马克思通过社会有机结构分析、再生产分析以及历史分析,从人的和谐、社会和谐和社会历史发展的和谐三个层面论述了资本主义社会走向共产主义社会的必然趋势,成为中国共产党和谐社会思想的重要来源。

2006 年 10 月,中国共产党第十六届中央委员会第六次全体会议审议通过了《中共中央关于构建社会主义和谐社会若干重大问题的决定》(简称《决定》)。《决定》指出,社会和谐是中国特色社会主义的本质属性,是国家富强、民族振兴、人民幸福的重要保证,构建社会主义和谐社会是我们党从中国特色社会主义事业总体布局和全面建设小康社会全局出发提出的重大战略任务,新世纪新阶段要把构建社会主义和谐社会摆在更加突出的地位。《决定》提出,到 2020 年,构建社会主义和谐社会的目标和主要任务是:社会主义民主法制更加完善,依法治国基本方略得到全面落实,人民的权益得到切实尊重和保障;城乡、区域发展差距扩大的趋势逐步扭转,合理有序的收入分配格局基本形成,家庭财产普遍增加,人民过上更加富足的生活;社会就业比较充分,覆盖城乡居民的社会保障体系基本建立;基本公共服务体系更加完备,政府管理和服务水平有较大提高;全民族的思想道德素质、科学文化素质和健康素质明显提高,良好道德风尚、和谐人际关系进一步形成;全社会创造活力显著增强,创新型国家基本建成;社会管理体系更加完善,社会秩序良好;资源利用效率显著提高,生态环境明显好转;实现全面建设惠及十几亿人口的更高水平的小康社会的目标,努力形成全体人民各尽其能、各得其所而又和谐相处的局面。

社会主义和谐社会是基于我国进入改革发展关键时期的基本判断,是为应对经济体制、社会结构、利益格局和思想观念的深刻变化而提出的。其总要求是民主法治、公平正义、诚信友爱、充满活力、安定有序、人与自然和谐相处,其本质属性是全体人民共同建设、共同享有。构建社会主义和谐社会就是一个化解我国在发展中出现的结构性不均衡问题、人口资源环境问题、民生问题、体制机制问题、社会诚信道德问题和腐败问题等现实矛盾的持续过程,在当前具有重大的现实意义。

9.3 社会融合途径

人与社会、经济、资源环境的可持续发展已成为国际社会的共识。中国正着力于推动城乡社会经济走全面、协调和可持续发展道路,城市生态环境和弱势群体的合法权益保护日益受到关注。在建设和谐社会、实现包容性增长的社会目标之下,实现城市社会融合,推进城乡协调发展,建设和谐社会。

2006年,联合国秘书长在《国际移徙与发展》报告中提出,融入社会的基石是平等待遇和禁止任何形式的歧视。融入社会取决于多种因素,包括有能力使用当地语言进行交流、准入劳工市场和就业、熟悉风俗习惯、接受东道国的社会价值、有可能与直系亲属相伴或团聚和有可能入籍(联合国秘书长报告,2006)。可以看出,城市社会融合是整个城市到个体本身社会全体成员相互认同的过程。杨菊华(2009)将融入模式区分为隔离型、多元型、融入型、选择型和融合型等五种类型,认为经济整合、文化接纳、行为适应和身份认同是社会融入的基本内涵。本文将从经济、文化、行为与身份这几个方面研究城市社会融入的途径。

9.3.1 经济融合

经济融合是城市新移民走向社会融合的基础。经济融合包括劳动就业、职业声望、经济收入、社会福利、教育培训和居住环境等内容。

弱势群体知识与技能的匮乏影响了其自身权益保护与城市社会认同。对于他们而言,需要提升人力资本,激发服务城市社会的潜在价值,改善社会境况,快速地融入城市社会生活,达到完美的社会融合状态。政府应加强教育培训政策指引,积极鼓励教育培训体系面向城市弱势群体开放,通过多种类型的教育培训内容与方式,实现再教育和继续教育,全面提升人力资本,增强社会融合能力;同时政府应制定制度以规范劳动力市场,加强监控力度,规范非正规就业部门,改善就业条件,实现弱势群体人力资本增值;完善公共服务体系,引导工会和职业中介等组织为城市弱势群体提供服务;健全公共卫生服务体系和社会救助机构,提高预防保健水平。此外,政府应保证弱势群体公平地享用教育资源,为后续人力资本提供保障。

用工企业应认真遵守劳动法规,依法经营,切实足额地保证劳动者的收入,为他们人力资本的提升提供物质基础;同时加强员工职业技能与生涯规划培训,帮助弱势群体合理地谋划自身发展,让这些新移民既能生存,又能发展。

城市弱势群体自身的人力资本提升需要发挥其自身的主观能动性,主动地学习知识技能,不断地积累城市生存与发展的经验,提升自身的综合素养,积极参加各种活动,熟识城市生活规则,并科学地评价自己在城市建设与发展中的价值,增强城市认同感,以主人翁的心态接纳城市,适应并改善新生活。

9.3.2 文化融合

文化融合涉及流动者对流入地的语言、文化、风土人情、社会理念的了解和认可程度,它包含文化了解、语言能力、语言实践和各种价值观念等多个指标(如婚姻观念、生育观念、教育理念、健康理念)(杨菊华,2009)。除了语言,其他的文化融合因素都相对比较主观、抽象,但却是社会融入的关键一环,连接了基础的经济融合和社会融合,标志着实现最终社会融入的心理融合层面,是社会融入整体过程中的关键环节。积极主动地掌握当地语言,了解当地风俗习惯,是城市新移民对城市社会融入的一种途径。据调查,方言掌握程度越好的外来人口,其社会融合程度越高,生理健康状况越好。方言的较好掌握,需要在当地有较长时间的工作和生活,表明应当改善现有的四处漂流的状态,加快与当地居民的社会融合。价值观念是在认同文化的基础上,将这种文化价值观内化并表现于外在行为,是更高的融合要求,也需要更长的时间以及与本地居民更多的接触和交流才能够实现。

9.3.3 行为融合

行为融合包含人际交往、社会网络、婚育行为、生活习惯、社区参与、健康和教育行为等,是在城市中的社会关系融合,与周围群体之间发生比较亲密的私人接触,能够嵌入日常生活,发生结构性融合(马戎,2004)。两群体间的融合需要一个群体普遍地被另一个群体在日常生活和私人领域所接受,这种接受需要彼此成员间多数人的亲密往来(或者说社会交往),而这种交往的前提是两群体成员之间有接触的机会,"社会交往取决于社会接触的机会"(布劳,1991)。因此,群体间的接触机会就成了融合的前提条件。社区是城市的基本单元,也是完善城市功能和提高管理效率的重要平台。应利用社区平台倡导社区组织一些鼓励社会群体参与的社区活动,扩大社会交往范围,加强社区人口的交流互动;鼓励弱势群体积极参与社区活动,采取多种形式促进沟通和交流,扩展社会关系网络,提高城市社会的归属感和认同感。广泛的社会网络关系以及社会参与有助于改善弱势群体的心理和生理健康,帮助他们改变狭隘的地域观念,摒弃"漂泊感";同时,可以增强社区的包容性,改善新移民与原居民的心理距离,增进社区成员的相互了解,促进归属感。

9.3.4 身份融合

身份融合是一种身份认同,涉及流动者与本地人及老家人之间的心理距离、归属感及对自己将来的生活思考和认知。身份认同是指一个人处于族群交往的场景中,如何给予自己定位。按美国社会学家沃勒斯坦的观点,"一个族群的成员身份,是一种社会定义,是成员的自我认定和其他族群对之认定这两者的相互作用"。

弱势群体的城市社会融合的融入轨迹和模式因不同的群体而表现不同,融入时间与程度因人而异,但其顺序都是先发生经济整合,再逐渐接受当地的文化氛围,然后建立自己的社会关系网络实现行为融合,最后是自己的身份认同。

9.4 城市内部融合

9.4.1 城市内部融合的内容

1. 城市内部不同阶层之间的融合

城市社会贫富差距悬殊,富裕阶层的崛起与贫困阶层的扩大引起了人们极大的关注。

因此，实现社会公平和城市各个阶层间的融合便成为极其重要的问题。现阶段，城市内部社会各阶层之间政府要优先考虑贫困阶层，充分改善和考虑低收入者的经济水平，有效调节高收入者群体，扩大中等收入者的比例，使之成为社会的主流群体。从政治、经济、社会和文化制度上消除贫困和不平等，提高低收入阶层的社会经济地位，缩小与中高收入阶层的差距，在就业、分配、社会保障和财政金融等方面充分考虑社会弱势群体。具体体现在社会保障、社会救助和住房补贴等方面干预社会分层，避免社会两极分化，建立社会各阶层的整合机制、化解冲突，促进社会融合。

2. 城市内部本地人与城市新移民间的融合

城市需要大量的外来人口以支持其发展的需要。同时，城市的不断发展进步也吸引了大量的外来人口。城市新移民是指在现居城市居住2～5年，具有合法居所和合法收入、出生地与原户籍都不在现居城市，但有定居现居城市意愿的移民。城市新移民一般包括普通劳动力移民、智力移民、商业移民和政策移民四大类。普通劳动力移民以农民工为主，智力移民主要是专业技术人员。这两类移民都具有流向集中、人口规模大、集聚时间短且产生问题多的特征。商业移民是指那些拥有雄厚资金、丰富经验和出色管理才能的人士，能够依靠其自身的资金和先进的管理技术积极参与迁入地的投资和建设，并能够极大地推动迁入地经济发展的移民。这类移民的社会融入比较容易（焉南，2009）。

2012年中国有2.6亿名农民工，这些普通劳动力移民为城市建设、经济发展和国家繁荣做出了巨大贡献。但作为社会转型时期的弱势群体之一，他们社会地位低、劳动强度大、工作时间长、工作环境艰苦、经济收入低、社会保障缺乏、劳动保护条件差、合法权益得不到有效保障，成为游离于城市与乡村的边缘人。保障城市新移民融入城市社会生活，特别是普通劳动力移民的社会融入，有利于实现城市空间、经济和社会的融合。

3. 城市内部特殊群体居民的融合

一个城市的居民中还包括一些特殊群体，如漂泊的蚁族、生活自理受影响的残疾人、不同的宗教或民族群体、有着不同文化背景和生活方式的外籍人士等。构建和谐社会，就需要社会各个群体能相互融合。

蚁族是低收入的大学毕业生，大多数来自二、三线城市或者农村及小县城的普通家庭，游走在各大城市的边缘地带。蚁族的社会关系网络和人际交往的范围主要以地缘和亲缘关系为纽带，业缘关系不发达，与当地的人际交往较少，对居住地缺乏归属感，在经济融合、文化融合和身份融合等方面存在不同程度的问题（郭娟，2012）。

残疾人社会融合必须消除环境的设计和结构中的各种障碍，平等地以社会成员的身份参与到政治、经济、社会和文化生活中，参加到普通的社会组织、机构和活动中，融入到主流社会的人际关系和社会交往中，实现文化融合、心理融合和身份融合。

随着中国不断提高社会开放程度，在中国工作、生活和居住的外籍人士逐渐增多。特别是北京、上海、广州等一些大城市，常住外国人比率正在逐年提高，城市的国际化程度不断加深。外籍人士在经济融合和社会交往方面，具有比较高的社会融合度（孙烨，2010）。在对随行子女的教育、社会信仰、文化背景和生活习俗等文化层面，社会融合度较低。外籍人士精神层面与价值观念都与其母国的联系更加紧密,因此他们的心理融合较低,与居住地"和而不同"。

9.4.2 影响城市内部融合的因素

城市内部各个群体之间的融合通常受到个体特征、经济特征和社会特征的影响。

1. 个体特征

个体特征包括年龄构成、性别构成、婚姻状况和教育背景等。在不同的社会群体中,年龄特征对社会融合都有一定的影响。年龄越大对社会融合的影响越明显,表现在语言、生活习惯和社会交往等方面。性别对社会融合的影响不十分明显,男女在社会融合的不同方面表现不同。婚姻状况对于城市社会融合有一定的影响,特别是城市新移民,已婚群体因为与家庭的联系较为紧密,社会交往更多地倾向于因婚姻关系而带来重要的亲缘和血缘关系。未婚群体则更多地依赖于业缘关系,有更为广泛的社会交往。受教育程度会对城市社会融入产生正面的影响,受教育程度越高,获得较为稳定的高收入的机会就越多,进而对居住地城市的认同感和归属感就会增强。

2. 经济特征

经济特征包括收入、社会福利保障和居住环境等因素。经济收入与社会融合有一定的关系,经济融合是城市新移民社会融合的基础。社会福利保障是城市社会融入的关键部分,特别是对普通劳动力移民而言,能够拥有良好的社会福利和养老保障是能否定居在目前居住地的决定因素,以获得归属感,得到身份融合。

3. 社会特征

社会特征表现在自身社会关系网络、居住时间及居住环境上。对于外来移民而言,广泛的社会关系既能够影响经济收入,同时也是影响行为融合和心理融合的主要因素。散居方式增加了人际交往的机会,更易融入城市主流社会。聚居方式人际交往更多地倾向于血缘和地缘关系,与主流文化相对隔绝,融入程度低。在当地居住时间的长短与城市社会融入有直接的相关性,居留的时间越长,越容易摆脱原来的生活圈,与当地的融合会越深入。

9.4.3 实现城市内部融合的途径

1. 混合居住

居住空间分布趋于相对集中、相对独立和相对分化,是城市空间结构演化的重要现象。城市不同阶层居民收入水平的分化,在空间上的表现就是分区居住。居住分化问题在欧美国家普遍存在,在我国古已有之。在市场经济条件下,由于不同阶层群体的社会经济地位的差异,一定程度的城市居住空间分异是合理的,也是需要的。如果纯粹通过市场化的手段获得住房,其结果只能是在空间上形成相互隔离的不同阶层的住宅区,居住空间的分异就很可能进一步演化成居住空间的极化。居住空间的极化与隔离是城市发展失衡的表现,特别是低收入家庭集中居住所带来的社会和环境问题,将会导致城市的不稳定,影响到整个城市的可持续发展。因此,从居住模式上应鼓励融合,避免社会极化。通过政府介入,借助市场力量,在房地产开发的市场利益和非营利的社会目标之间取得平衡。政府发挥主导作用,引导"公益性"的公共住宅和"营利性"的商品住宅混合开发,让不同阶层的人群混合居住,各尽所能、各得其所、和谐相处。或者在社会阶层差别不大的住宅区之间设立过渡地带,提供社会交往的场所,创造社会交往机会。另一方面,政府可以介入房地产市场,对低收入住宅增加投资,提高物质设施和公共物品的供给水平,特别是在教育设施和就业服务机会等方面,缩小住宅区之间的绝对差异(黄怡,2006)。总之,在推进混合居住的过程中,政府的作用就是通过采取多种手段防止弱势群体在城市居住空间上被边缘化和被排斥。

2. 开放参与型的社区管理

居住融合是城市中物质形态的融合。从社会混合和居住混合的角度在社区管理上鼓励开放参与的和谐社区管理模式。鼓励市民在城市社会和文化生活中广泛而平等地介入,相互了解,丰富社区文化形式,增进各个阶层居民间的交往和友谊。社区成员、群体和阶层之间相处融洽、协调,无根本利害冲突,相互尊重,相互信任和相互帮助。在国民经济健康快速发展、国家综合实力不断增强的基础上,各个阶层的居民生活水平得到普遍提高,生活相对安康,从而使社区社会生态环境能够和谐发展。

9.5 城市与乡村的融合

从社会学角度看,城乡社会融合是通过城乡一体化发展实现城乡居民的相互接纳与包容,共同参与社会交往和决策,推动社会和谐发展的过程。城乡融合发展的逻辑前提在于城乡二元结构的存在。在城市社会学的视域内探讨城乡融合问题,主要应关注其对城市社会融合的影响作用、机制与实现途径。

9.5.1 城乡二元社会结构的形成

城乡二元社会结构的概念最初由荷兰社会学家波克提出。他认为发展中国家由于殖民主义政策的影响,呈现出传统农业社会与现代社会并存、难以沟通和兼容的社会特征,在城乡之间表现为一系列的社会指标、福利指标、社会政策以及价值观、行为准则、思维方式等方面的明显差异。事实上,在所有国家的工业化和城市化过程中,均会呈现出不同程度的二元结构特征(马晓强,等,2012)。英美等西方发达国家在工业化早期,城市化速度加快,大量农村土地被大土地所有者所占有,大批农村剩余劳动力涌入城市,使大城市人口畸形膨胀、城市社会问题严重,而农村也日益荒凉。日本在20世纪中期的经济高速发展时期,因片面发展工业,农村人口急剧流向城市,同样导致了城乡差距拉大等社会问题。在拉美国家,农村地区缺乏效率的大庄园土地所有制也引发了农民向城市的过度流动。当然,西方发达国家在工业化和城市化进程中做出了较为健全和合理的制度安排,多数发展中国家是在市场经济体制背景下展开的,没有人为阻碍城乡居民的流动与迁移,因此更多地表现为外生的、自然演进的总体特征(陈小红,2012)。

与其他国家城乡二元社会结构的发展演变相比,我国建国后的表现尤为严重而典型。新中国成立后,我国确立了以重工业为中心的赶超型经济发展战略。为实现快速积累,国家制定了一整套相互支撑、互为补充的完备的刚性制度体系,包括城乡分离的户籍制度及其派生出的劳动就业制度、社会保障制度、教育医疗制度、基本消费品供应的票证制度、征兵制度和其他排他性的城市福利体制,以及工农业产品不等价交换、农业合作化、统购统销、要素流动控制等强有力的国家干预措施。这些制度从迁移流动、城乡差距、社会地位、社会权利以及素质能力等方面对农民进行了多重锁定,使他们在职业选择、收入水平、社会福利和生活方式方面受到了不公正的待遇,与城市社会的距离和融合难度不断扩大(白永秀,2012)。这些政策长期没有进行调整,严重挫伤了农民积极性,抑制了农村自我发展的能力,阻碍了社会公平正义的实现。尽管党的十六届三中全会以来我国采取了一系列对策,但二元结构仍没有发生根本性的改变。

9.5.2 城乡二元社会结构对城市社会融合的影响

客观地说,城乡二元的社会管理制度保证了我国工业化资金积累的需求,支撑了工业化的高速发展,同时有效地避免了资本主义国家在工业化初期出现的严重的社会危机。但另一方面,随着社会的不断进步,其负面作用不断凸显,对城市社会融合的影响效应及其机制体现在以下几个方面。

第一,城乡二元社会结构产生了严重的社会公平问题,对社会稳定的挑战最终将影响城市社会的稳定性。在开放的社会结构中,个人的能力和实际努力决定了其社会地位,但在城乡二元社会结构中,一整套完备的制度把农民束缚在农村土地上。在个人主观努力无法突破外在强制性力量时,农民或者减少社会参与、消极反抗社会的不公平,或者以扭曲或越轨的方式谋取一定的利益与地位,从而积累了社会不安定因素(宋林飞,1994)。缺少了稳定的社会环境,城市社会也就无从发展。

第二,长期的城乡二元社会结构强化了城市市民的特权意识,不利于城市社会的长远健康发展。城乡二元社会结构产生了社会身份、社会地位和社会权利的锁定效应,在牺牲公民民主平等的同时,强化了城市市民的优越感和特权意识,降低了其通过改革创新推动社会融合的意愿、能力和决心,不利于城市社会问题的解决(楚成亚,2003)。

第三,城乡对立阻碍了农民正当利益的获取,将导致城市社会问题不断出现且不能得到有效解决。农村为城市提供各类生活必需品和生态环境,城乡对立必然导致各类城市问题的出现。恩格斯在《反杜林论》中指出:"只有通过城市和乡村的融合,现在的空气、水和土地的污毒才能排除,只有通过这种融合,才能使目前城市中日益病弱的大众把粪便用于促进植物的生长,而不是任其引起疾病。"再比如近年来国内食品安全事件频发,在一定程度上就是因为城乡差别过大,农民为增加短期收入而过量使用化肥、农药和食品添加剂所导致的。

第四,随着市场化改革的推进,社会流动加快,强制性维持城乡二元社会结构将使城市社会融合难度加大。城乡二元社会结构导致了农民的长期贫困、农村教育的长期滞后,更禁锢了农民先进意识的形成。随着经济社会的不断发展和市场化改革的逐步推进,社会流动渠道逐步多元化。继续固守不合时宜的各项政策,无疑将进一步激化矛盾,并且使城市新移民在行为习惯、思想观念和素质能力等方面与城市原住民产生更大的差距,使城市社会融合的难度更大。

9.5.3 城乡社会融合的实现途径

城乡社会融合的实现主要有以下几条途径。

1. 赋予城乡居民平等的社会权利

对社会身份转换、阶层流动的限制是我国城乡二元社会结构给农民带来的最大不公平。因此,以户籍制度改革为重点、消除一系列附着其上的社会权利差异,是推进城乡社会融合的最重要途径。一是应强调改革的系统性。户籍制度以及相关社会福利制度的整体改革要依靠区域合作制度、官员考核制度、土地管理制度、投融资制度和财政税收制度等其他政策的支撑,应相互配合、协同推进。二是要加强顶层设计。我国城乡二元社会结构形成历史长,农村压抑的流动性和农民社会福利存在的缺口巨大,应制定务实可行的改革路线图,积极稳妥地在重点领域、重点地区和重点群体加以推进,保证社会稳定。三是要突出立法保障。应逐步废除不适应城乡社会融合的旧法,及时出台新法,保障城乡社会权利分配制度的落实。

2. 重构城乡收入分配格局和财产形成机制

应加大强农惠农富农政策力度,在财政转移支付、发展重点选择和宏观经济政策设计等方面更多地考虑农民、农村和农业的利益。一是推进农村地区综合配套改革,尤其是农村产权制度改革,促进农村资源资产化、资产资本化以及资本股份化,缩小农民的收入和财产差距。二是加大财政转移支付力度,加强对农村的金融、税收支持,加大对以粮食为主的农产品生产的补贴力度,着力提高农村地区的自我发展能力。三是要加大农业科技创新力度,引导科技力量在农业育种、化肥、农药、农业机械和气象服务等关键环节上取得突破。四是建立健全市场经济体制,加快基础设施和公共服务设施向农村地区延伸,消除工农产品的不等价交换现象。

3. 提升农民融入现代社会的能力

教育是人的现代化的首要途径,而教育体制上的重城轻乡无疑导致了农村教育发展的长期滞后,阻碍了农民以素质能力为代表的现代性的获得。提升农民综合素质能力,缩小与现代社会的隔阂,将降低城乡融合的难度。在提高农民收入以奠定这一过程所需物质条件的基础上,一是要建设社会主义新农村,统筹城乡教育、文化、科技事业发展,向农村传播新思想、新观念和新风尚,引导其形成现代生活方式;二是建立功能完善的农村公共服务工作体系,积极开展文化、科技、卫生、政策和法律服务下乡活动,不断拓宽服务领域,提高服务质量和水平;三是形成良好的资金投入和管理体制,保证工作的持续性和有效性。

4. 重塑农民在社会生活中的主体性

农民在社会生活中的主体性,包括自主性、能动性、独立性和创造性四个方面,是破除城乡二元社会结构、推动城乡社会融合的根本问题(王国敏,等,2010)。重塑农民主体性的主要途径是:第一,通过法律手段明确土地的所有权主体和土地的承包经营权,并建立规范的土地使用权流转及补偿制度,即以土地权重塑农民的经济主体性;第二,保障农民的选举权和被选举权、村民自治的基本制度、与城市市民平等的决定区域公共事务的权利,即以扩大农民参政能力提高其政治主体性;第三,在加大政府对农村公共品投入力度的前提下,以农民对公共品的实际需求为出发点,完善政府的供给程序,避免目前存在的农村公共品过剩和不足并存的现象,即以供给有效为政策评估标准确立农民的需求主体性。

城乡社会融合是一个持续的过程,但正如霍华德在《明日的田园城市》中所提到的那样,"城市和乡村都各有其优点和相应的缺点,而城乡一体则避免了二者的缺点……城市和乡村必须成婚,这种愉快的结合将迸发出新的希望、新的生活、新的文明"。

推荐阅读参考资料

白永秀. 2012. 城乡二元结构的中国视角:形成、拓展、路径[J]. 学术月刊(5):67-76.
迪尔凯姆 E. 2007. 自杀论[M]. 北京:商务印书馆.
赫尔科姆 S. 2001. 我们生活的社会——关于阶级分析现实意义的命题[J]. 当代世界与社会主义(4):29-36.
侯亚非,张展新. 2010. 流动人口的城市融入:个人、家庭、社区透视和制度变迁研究[M]. 北京:中国经济出版社.
刘建娥. 2011. 中国乡-城移民的城市社会融入[M]. 北京:社会科学文献出版社.
刘志辉,李典军. 2007. 中西和谐观与和谐社会理想的比较分析[J]. 学习与实践(7):80-85.
宋月萍,陶椰. 2012. 融入与接纳:互动视角下的流动人口社会融合实证研究[J]. 人口研究(5):38-49.
徐琴. 2008. 论住房政策与社会融合——国外的经验与启示[J]. 江淮论坛(5):90-94.

习 题

1. 名词解释
社会融合。

2. 简述题
(1)简述关于社会融合的两个主要理论流派及其核心内容。

(2) 简述实现城市社会融入的四大途径。
(3) 简述影响城市内部融合的主要因素。

3. 论述题

(1) 论述实现城市内部融合的主要内容。
(2) 论述城乡二元社会结构对城市社会融合的影响。
(3) 论述城乡社会融合的实现途径。

参 考 文 献

白永秀. 2012. 城乡二元结构的中国视角：形成、拓展、路径[J]. 学术月刊(5)：67-76.
[美]布劳 P. 1991. 不平等和异质性[M]. 王春光, 等, 译. 北京：社会科学文献出版社.
陈小红. 2012. 中国与西方国家城乡二元结构的比较分析[J]. 特区经济(2)：97-99.
楚成亚. 2003. 二元社会结构与政治稳定[J]. 当代世界社会主义问题(4)：28-34.
郭娟. 2012. "蚁族"城市融入问题研究——基于蚁族的实证调查[D]. 临汾：山西师范大学政法学院.
黄匡时, 嘎日达. 2010. 社会融合理论研究综述[J]. 新视野(6)：86-88.
黄怡. 2006. 城市社会分层与居住隔离[M]. 上海：同济大学出版社.
联合国秘书长报告. 2006. 国际移徙与发展[EB/OL]. http://www.un.org/chinese/focus/migration/103.htm.
梁鸿, 叶华. 2009. 对外来常住人口社会融合条件与机制的思考[J]. 人口与发展(1)：43-47.
刘志辉, 李典军. 2007. 中西和谐观与和谐社会理想的比较分析[J]. 学习与实践(7)：80-85.
马戎. 2004. 民族社会学——社会学的族群关系研究[M]. 北京：北京大学出版社.
马晓强, 梁肖羽. 2012. 国内外城乡社会经济一体化模式的评价和借鉴[J]. 福建论坛·人文社会科学版(2)：24-29.
任远, 桥楠. 2010. 城市流动人口社会融合的过程、测量及影响因素[J]. 人口研究(2)：11-20.
任远, 邬民乐. 2006. 城市流动人口的社会融合：文献述评[J]. 人口研究(5)：87-94.
宋国恺. 2012. 分群体分阶段逐步改革农民工体制问题术——基于农民工分化与社会融合的思考[J]. 北京工业大学学报(社会科学版)(4)：7-13.
宋林飞. 1994. 观念、角色、社会结构的三重转换[J]. 江海学刊(2)：40-47.
孙烨. 2010. 外籍人士的社会融入状况——基于对上海市古北国际社区的调查[D]. 上海：华东师范大学社会发展学院.
王国敏, 邓建华. 2010. 重塑农民主体性是破解"三农"问题的关键[J]. 现代经济探讨(9)：64-68.
焉南. 2009. 城市新移民的城市融入问题研究——基于城市管理体制和方法的研究[D]. 广州：中山大学地理科学与规划学院.
杨菊华. 2009. 从隔离、选择融入到融合：流动人口社会融入问题的理论思考[J]. 人口研究(1)：18-29.
悦中山, 杜海峰, 李树茁, 等. 2009. 当代西方社会融合研究的概念、理论及应用[J]. 公共管理学报(4)：114-121.
BERBRIER M. 2004. Assimilationism and PIuralism as Cultural Tools[J]. Sociological Forum, 19(1)：29-61.

GLAZER N. 1997. We Are All Multiculturalists Now[M]. Cambridge：Harard University Press.

KALLEN H M. 1956. Cultural Pluralism and the Amerrican Idea[M]. Philadelphia：University of PennsyIvania Press.

PARK R E. 1928. Human Migration and the Marginal Man[J]. The American Journal of Sociology, 33(6)：881-893.

SCOTT R A. 1976. Deviance, sanctions, and social integration in small-scale societies[J]. Social Forces, 54(3)：604-620.

第 10 章 城市社会转型与空间重构

城市空间由居民、政府、各种社会组织以及物质实体空间组成，它是人类的主要聚居场所，也是社会、经济与文化发展到一定阶段的产物和反映。城市生活中的人类行为和目的赋予了城市空间丰富的含义，不同人们的行为场所构成了多样的城市空间。在这一空间中，邻里是城市社会的基本单位，是相同特征人群的汇集，也是个人交往的主要空间，是外部力量和地方影响的冲突点。由若干个邻里单位构成了更为复杂的空间形态——城市社区。城市空间的社会学特性导致了城市社会空间结构的形成。

10.1 城市社会空间结构研究的理论与方法

关于城市社会空间结构研究，无论在城市社会学界，还是城市地理学界，乃至城市规划学界，已形成多种学派。景观学派从外观上研究城市的所谓的景观论方法，虽然考察了作为人类活动的空间结果的城市社会空间结构，却没有涉及作为城市社会空间结构形成机制的人类活动本身。因此，城市地域研究转向了以城市地域社会为对象、说明城市形成发展机制的社会生态学方法。但社会生态学方法由于把人过于机械化和一般化看待而受到批判，从而出现了注重人类主观行为的行为论方法。可是在行为论方法中，只强调了人类活动的主观因素，而忽视了制约人类活动的各种客观因素，因而最近的城市地域研究又发展到考虑产生人类活动各种社会制约的政治、经济制度的结构主义方法，以及考察各种制约条件、动态研究人类活动的时间地理学方法。

10.1.1 城市社会空间结构研究流派

城市社会空间结构研究流派主要有以下几种。

1. 景观学派

景观学派（landscape school）对城市地域的研究最初是通过外部观察开始的，这集中表现在城市建筑物、广场、道路、河流等的空间配置类型成为理解城市地域的首要问题。城市的形成基础和发展阶段不同，其形态与土地利用结构也不同，通过比较研究可以认识不同城市之间的异同。另外，建筑高度和建筑材料、城市色彩、城市道路网形态也是分析城市景观的一些重要指标。

2. 社会生态学派

社会生态学派（socio-ecological school）与景观学派相对，其代表为芝加哥学派，受达尔文进化论和古典经济理论的影响较大。该学派认为,不同社会集团在各种人类活动的竞争中逐步出现了有空间特色的结构。社会生态学派提出了一些对城市理论体系有意义的概念,但是,社会生态学派把人看得过于机械化和一般化,忽视了人类活动背后的文化及传统的影响。

3. 区位论学派

杜能农业区位论是用接近性和地价负担能力等主要概念来说明同心圆土地利用模型的形成机制。克里斯特勒的中心地理论的核心则认为:做出合理购物行为的消费者和追求利润最大化的企业家,这两者的合理化行为的结果表现为中心地等级体系。区位论学派(location school)的快速发展是在 20 世纪五六十年代以后,这与计量地理学的兴起直接相关,即与当时数学模式、统计研究方法和计算机的普及有关。

4. 行为学派

行为学派(behavioral school)注重行为的意识决定过程。在城市地域空间结构研究时,尤其注重购物和迁居行为。尽管中心地模式是以消费者利用最近的中心地为前提的,但事实上,除距离外,决定购物地的因素还有很多,其中行为因素就起决定性的作用。

5. 结构主义学派

结构主义学派(structuralism approach)又可分为制度论学派(institutional school)和马克思主义学派(Marxism school)。制度论学派认为人类行为绝对不是自由的,而是受社会制度的制约,特别注重产生各种社会制度的政治、经济体制。马克思主义学派则注重社会各阶层之间的力量关系,研究重点在于城市中产生社会不平等现象的政治、经济体制和城市空间结构的关系等。

6. 时间地理学派

时间地理学派于 20 世纪 60 年代后期由瑞典地理学家哈格斯坦德提出,并由以他为首的伦德学派发展而成。时间地理学派(time-geography approach)注重围绕人们活动的各种制约条件的分析,在时空轴上动态连续地研究人类活动对城市空间结构的影响。

10.1.2 城市社会空间结构研究方法

城市社会空间结构研究有以下几种方法。

1. 景观分析方法

一个消费城市的内部地域结构可能只由交换流通功能的商业区和居住功能的居住区组成,比较简单;而城市规模越大,功能区分化就越明显,城市社会空间结构也就越复杂。对这些复杂的功能地域的配置组合状态进行研究,并进行模式化表示,是城市地理学研究的领域,并且已经积累了许多研究成果。开展城市社会空间结构及其模式研究的重要意义在于:任何城市功能活动都要在一定的城市地域范围内进行,并形成一定的空间秩序,作为社会、经济和文化各种要素空间投影的内部地域结构的研究,又有助于理解整个城市社会的全貌。

2. 城市填图方法

城市土地利用结构是城市社会空间结构在城市地域上的综合反映，构成了城市内部空间结构的骨架。因此，一般从分析各种城市土地利用类型及其组合状况出发说明城市内部社会空间结构的特征。城市土地利用现状图是城市土地利用研究中经常使用的资料，但因它是为城市规划所制，所以往往土地利用分类过细，各种用途土地的分布范围杂乱，也难以进行数量化分析。在日本，城市土地利用研究中还经常使用建筑物用途表示图(1/3000)、城市住宅地图及地籍图(1/600)等。城市土地利用图的最简单表示方法就是方格法，即每个方格内只填一种用途，其特点是简单明了，但没有量化和混合土地利用的划分。比方格法较为精确的有分数(分子、分母)表示法和三分表示法。

三分表示法由日本地理学家正井泰夫于1968年在《东京23区的土地利用》一文中提出。其具体方法是：①市区地图网格化。东京都用$1km^2$的方格，所用资料为1960年的《东京都土地利用现状图》。②每个网格分成3格，分3分的标准是2/3的点和1/3的点。每个方格内占2/3面积的用途为A，占1/3到2/3面积的用途为B，占1/3以下面积的用途为C，则一个方格的用途可用A/B/C的形式来表示。另外，C中又分占面积1.0%以上和以下两种，用"·"号分开，按所占面积大小依次排列出各种用途。三分表示法的最大特点是混合地区划分，也就是确定不同土地利用组合形式的方法：上段有某种用途、中段有两种用途(合计面积占2/3以上)者都不叫混合地区，出现多数用途的其他所有情况都为混合地区。又可一分为二：两种用途突出的为比较单纯混合地区，没有突出用途的为极端混合地区。同时，根据单纯和极端的程度又可分成轻度、中度、高度和极度四种混合地区。非混合地区是只有一种用途占100%面积者。

除三分表示法外，还有1970年由日本地理学家土井喜久一提出的修正韦沃法。其具体方法为：①求出每个方格的各种土地利用占有率。②使用修正韦伯法，决定每个方格的土地利用型；此时使用以下公式：

$$S = kj = 1(100/K - P_j 2)$$

其中，S为组合指数；k为组合构成数；P_j为占有率第j位的土地利用的占有比率。求使S最小的土地利用的组合，然后按照占有率的大小顺序表示出各种土地利用类型。

3. 社会区研究方法

美国社会学家史域奇(E. Shevky)和威廉斯(M. Williams)于1949年在《洛杉矶的社会区》一书中提出社会区研究，它是城市内部人口统计小区(census tract)的一种类型化方法。1955年，史域奇和贝尔(W. Bell)共著《社会区分析》，在方法论上更加精确化。社会区分析与古典城市结构模式的差异在于：古典模式是把现实的城市进行一般化后的归纳法模式，而社会区分析是从整个城市的社会变动中演绎推导出城市的地域分化。社会区分析的具体步骤为：第一步是指标的选取。选取反映现代产业社会变化的三种尺度，即各种关系深度和广度的变化、功能的分化和组织的复杂化，伴随这种变化的三个发展趋向是职业构成的变化、生活方式的变化和人口空间再分布的变化。因此，通过分析形成三个复合概念：社会阶层、城市化和社会隔离。第二步,对这样的复合概念,以人口统计小区为单位,选取能用数字表示的指标。例如社会状况用白领工人比率,家庭状况用女性就业比率和家庭人数,社会隔离用人种、出身地、宗教、年龄等指标。第三步,分区计算上述三指标的得分。第四步,以这三指标的组合情况决定各区的特性。其结果表明,美国城市的经济状况呈扇形结构,家庭状况(城市化)为同心圆,种族状况是分散块状。社会区分析的特点在于不是从单方面,而是从三个方面对城市进行比较研究。例如,家庭状况和社会地位是欧美和日本城市中的普遍因子;民族状况为北美特有,西欧和日本不明显。印度的加尔各答和埃及的开罗则是其他影响不同因子,如土地利用、家庭、宗教、文盲比率等。

4. 因子生态分析方法

因子生态分析(factorial ecology)法的前提条件是运用计算机能大量处理数据、多变量解析统计方法的开发以及城市内部小地区统计资料的整理。因子生态分析和社会区分析的不同在于,后者事先设定城市内部居住分化的主要因素,而前者则通过变数群的统计分析去抽出主要因子。中国城市中居民的迁居自由度低,社会区不像西方发达国家城市中的那样是自发形成的,而是在很大程度上取决于规划决策部门。

10.2 城市社会空间结构模式

追溯城市社会空间结构研究,由来已久。胡尔德(R. M. Hurd)和加平(C. J. Garpin)曾分别于1904年和1918年就城市扩展的形状和方向提出过自城市中心向外呈同心圆状推进和沿主要交通线呈放射状推进的看法,但由于他们对如何产生这种推进形式的内部机制分析得不深入,地域结构的模式不典型,所以没有构成一派学说。

10.2.1 经典城市社会空间模型

城市社会空间结构划分成经典模式主要有同心圆模式、扇形模式和多核心模式。

1. 同心圆模式

美国芝加哥大学社会学教授伯吉斯于1925年最早提出同心圆城市地域结构模型。这一理论认为:城市以不同功能的用地围绕单一的核心,有规则地向外扩展形成同心圆结构(图10-1)。这一理论实质上是将城市的地域结构划分为中央商务区(CBD)、居住区和通勤区三个同心圆地带。中央商务区主要由中心商业街、事务所、银行、股票市场、高级购物中心和零售商店组成。居住区分为三个层次,紧靠中心区的第一圈层为海外移民和贫民居住带,第二圈层为低收工人居住带,第三圈层为中产阶级居住带。通勤区位于居住环境良好的郊区,分布着各种低层高级住宅和娱乐设施,高收入阶层往返于城郊间的通勤区。从本质上看,伯吉斯的同心圆城市地域结构为城-郊二分法,即中央商务区和居住区组成城区,通勤区组成郊区。该模型将社区间居民的流动划为四个阶段:①流动初期阶段。少量移民来自不同的社会群体,会突破邻里关系而进入相邻社区,其特征依然表现出流动性,可能会继续向其他社会单元迁移。②大规模入侵阶段。社区的种种诱惑因素(高收入、良好的住房条件、优美的生态环境等)会促使大量的新群体取代原居民。③延续或稳固阶段。最初的少数族群逐渐集聚。④堆积阶段。新群体成为社区的主导人群。如图 10-2 所示。

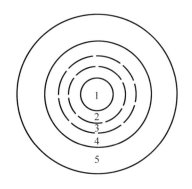

图 10-1　伯吉斯同心圆城市地域结构
1—中央商业事务区；2—海外移民和贫民居住带；
3—低收入工人居住带；4—中产阶级居住带；
5—通勤区

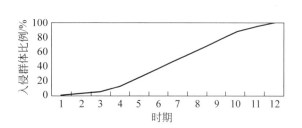

图 10-2　人类群体入侵阶段

在图 10-2 中,时期 1~3 为越界初期,增长比较缓慢。时期 3~5 为开始较大规模群体入侵阶段,增长速度加快。时期 5~10 为入侵过程延续、入侵群体稳固时期,增长速度剧增。时期 10 以后为堆积阶段,增长速度较为平缓,稳固时期较长,直至下一个入侵高潮的来临。

将这种理论应用到城市中,可解释为：①由于城市发展的需要以及人口的增长需求,城市边界扩张,表现为外延的特征。②城市的发展初期只有一个核心,各区围绕中心安置。在城市边缘区富人建了新住宅,穷富之间有了隔离区。③必须拥有高效的运输系统满足城市边缘的富裕阶层。④城市人口强烈分异,由于职业、人种和种群特征的差异,城市内部产生不同的社区。对此,一些批评家持两方面论点,首先,生物关系与人类世界不完全相符,生物关系由自然界调控,人类世界由习俗、法律和制度所限制。其次,忽视了感情方面,人为夸大了竞争程度。

很显然,伯吉斯的同心圆理论没有考虑交通线对城市社会空间结构的影响。据此,巴布科克(Babcock)于 1932 年对这一理论进行了修正,提出了轴向-同心圆的城市地域结构模式(图 10-3)。这一模式更进一步考虑了运输轴线对同心圆模式的影响,认为城市主要活动沿交通干线分布,商业中心区有沿放射干线延伸形成星状形态的趋势。但从实质上看,轴向-同心圆结构仍然只是同心圆结构随交通干线扭曲变形而已。

同心圆理论的中心观点在于城市人口迁入及其移动导致了城市地域分化,展现动态地研究城市、实证研究方法和注重社会调查等方法论,在对城市社会的认识上不仅仅停留在城市物质环境上,而且还深入到精神领域和生活环境方面。

2. 扇形模式

美国土地经济学家霍依特通过对142个北美城市房租和地价分布的考察发现,高地价地区位于城市一侧的一个或两个以上的扇形区内,并且从市中心向外呈放射状延伸,在一定的扇形区域内又呈楔状发展;其低地价地区也在某一侧或一定扇面内从中心向外延伸,扇形内部的地价不随离市中心的距离不同而变动,据此得出了与巴布科克类似的结论,即城市的发展总是从市中心向外沿主要交通干线或沿阻碍最小的路线向外延伸。也就是说,城市地域的某一扇形方向的性质一旦决定,随城市成长和扇形向外扩大以后也不会发生很大变化。霍依特认为:城市地域的这种扩展,与其说是同心圆形,还不如说是扇形。于是他于1939年提出了城市地域结构的扇形理论,见图10-4。

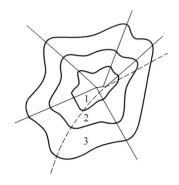

图 10-3 巴布科克轴向-同心圆的城市地域结构
1—商业中心区;2—低收入住宅区;
3—中等收入住宅区

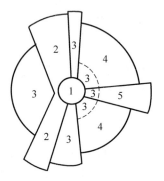

图 10-4 霍依特扇形城市地域结构
1—中心商业区;2—批发商业、轻工业区;
3—低级住宅区;4—中等住宅区;5—高级住宅区

霍依特通过研究得出如下结论:城市社会经济结构主要依扇形形式而变化,因地租的差异形成分布格局。具体表现为:①最高价的居住区从城市中心向外扇形排列;②中产阶级在高租金区的两边;③低租金部门位于高租金区相悖的地方;④形成高租金区的原因是富裕阶层沿主要道路向外扩展,或为躲避洪灾向高地迁移,或倾向于靠近领导阶层的住所。按照霍依特的扇形理论,城市社会空间结构被描述为:中央商务区位居中心区,批发和轻工业区沿交通线从市中心向外呈楔状延伸,由于中心区、批发和轻工业区对居住环境的影响导致居住区呈现为由低租金向中租金区的过渡,高房租区沿一条或几条城市交通干道从低房租区开始向郊区呈楔状延伸。

霍依特的扇形理论虽然强调了交通干线对城市地域结构的影响,但它仅仅分析了城区结构形态,而忽略了城区以外广大地域的描述。扇形模式与同心圆模式的最大差异在于扇形模式是针对居住用地,而同心圆模式描述的是城市全境,两者具有相互补充的关系。对此,有关的批评也集中在两方面,首先,扇形的定义模糊;其次,社会领导者成为吸引高社会经济地位的人的原因不明。

3. 多核心模式

美国地理学家哈里斯和乌尔曼在研究不同类型城市的地域结构时发现,除CBD为大城市的中心外,还有支配一定地域的其他副中心的存在(图 10-5)。这些核的形成与地域分化相关,原因是:①某些活动需要专门性的便利。如零售业需布局在通达性最好的地方,工业区需要广阔的土地和便利的交通;②同类活动有集聚效益;③不同类活动之间可能产生利益冲突,如工业区和高级住宅区之间;④某些活动负担不起理想区位的高地价。因此,他们认为越是大城市,其核心就越多、越专门化。行业区位、地价房租、集聚效益和扩散效益是导致城市社会空间结构分异的主要因素。现代城市正是由于这四种因素的相互作用,以及历史遗留习惯和局部地区的特殊性,导致城市地域多极核心的产生,于是他们于 1945 年提出了城市地域结构的多核心理论。

图 10-5　哈里斯-乌尔曼的多核心理论
1—中心商业区;2—批发商业区、轻工业区;
3—低级住宅区;4—中等住宅区;5—高级住宅区;
6—重工业区;7—外用商业区;8—近郊住宅区;
9—近郊工业区

这一理论认为:城市是由若干不连续的地域所组成,这些地域分别围绕不同的核心而形成和发展。如图 10-5 所示,中央商务区不一定居城市几何中心,但是是市区交通的焦点;批发和轻工业区虽靠近市中心,但又位于对外交通联系方便的地方;居住区仍分为三类,低级住宅区靠近中央商务区和批发、轻工业区,中级住宅区和高级住宅区为了寻求好的居住环境而常常偏向城市一侧发展,而且它们具有相应的城市次中心;重工业区和卫星城镇则布置在城市的郊区。

多核心模式与前两个模式相比,更具现实性。城市地域里集聚与扩散两种力量相互作用的最后结果通常是复合核心结构。这对现代大城市研究与规划很有启示,因为当今大城市的发展趋势是多核化,城市地域规划的倾向是分散多核型。多核心城市地域结构虽然比较准确地反映了按功能区组织城市地域结构和城市向郊区发展的趋势,比同心圆结构和扇形结构也更接近实际,但这种模式仍偏重于城区内部结构的描述,忽略了城区外围的深入研究。

在城市社会空间结构的三大经典模式中,同心圆模式注重城市化原因,其基本原理是流入城市的移民集团的同化过程;扇形模式注重社会经济地位,焦点是不同地价住宅地区的发展;多核心模式强调各种不同社会集团经济活动的次地区发展。因此,这三者的关系并不对立,扇形和多核心以同心圆为基本。另外,同心圆、扇形和多核心又是社会区分析和因子生态研究中的一个方面,城市因子生态结构分解后即是同心圆、扇形和局部集中的三种成分,所以说,这三种空间成分是城市地域结构组合的基本因素。

10.2.2　现代城市社会空间模型

第二次世界大战以后,城市经济得到迅速发展,城区对其周围地区越来越保持着一种非常深刻的相互依存关系。一方面,城区从其周围地区获得食品和工业所需的原料;另一方面,它又向其周围地区提供工业产品,以及娱乐和购物场所。它们之间已经不限于城郊的依附关系,而是构成了一个统一的地域。这种"城区周围地区",从某种意义上来说已形成一种特定的社会空间结构实体。按上述简单的城-郊二分法的城市地域结构划分,只能将这一地区作为城市或郊区的一个组成部分,而不能恰如其分、准确地描述它的具体特征。为了更准确地进行城市地域结构的划分,城市学家们开始了城区-边缘区-影响区三分法的探索。

1. 迪肯森三地带模式

1947年迪肯森(R. E. Dikinson)从许多研究城市的论著中,将历史的发展与地带的结构加以综合,推崇伯吉斯的同心圆理论,进一步提出三地带理论(three zones theory),即城市地域结构从市中心向外发展按中央地带(central zone)、中间地带(middle zone)和外缘地带(outer zone)或郊区地带(suburban zone)顺序排列,开创了城市边缘区(即所谓的中间地带)研究的先河。

1954年埃瑞克森(E. G. Ericksen)又将同心圆理论、扇形理论和多核心理论综合为城市地域结构从市中心的中央商务区(CBD)呈放射状伸展,居住区充填于放射线之间,市区外缘由工业区包围的折中理论(combined theory)。这一城市地域结构模式似乎更接近于现代工业城市地域结构。

2. 塔弗的理想城市模式

1963年塔弗(E. J. Taaffe)、加纳(B. J. Garner)和蒂托斯(M. H. Teatos)根据城市发展,从城市社会学角度提出了城市地域理想结构模式,见图10-6。

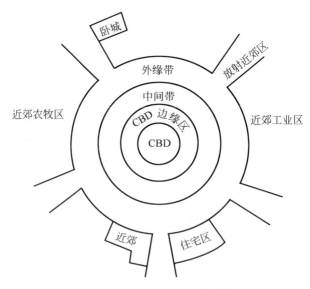

图10-6 塔弗城市地域理想结构模式

从图10-6可以看出,塔弗等的城市地域理想结构模式主要由下述五个部分组成:①中央商务区(CBD)。本区由集中的摩天大楼、银行、保险公司的总办事机构、股票交易市场、百货商店和大量的文化娱乐场所组成。②CBD 边缘区。本区由中央商务区向四周延伸,往往由若干扇面组合而成,商业地段、工业小区和住宅区分布其间。③中间带。本区具有混合型社会经济活动特征,由高级单元住宅区、中级单元住宅区和低级单元住宅区组成,且高密度住宅区距中央商务区较近,低密度住宅区分布在其外围。④外缘带。本区为城市新区,轻工业特别是大耗电和需要大量空间的食品、服装、纺织、日用化工在该地带逐渐发展;中等收入者多在此拥有独户住宅,形成连片的住宅区;同时,由于环城道路和区域性干道枢纽大多位于这一地带,使之既与市中心保持密切的联系,又具有广阔的用地空间,所以各种中级旅馆、大面积停车场、大型购物中心(超级市场)均分布于此区。⑤近郊区。本区由于城市对外高速公路向外围的辐射和便利的交通条件,逐步形成了近郊住宅区、近郊工业区和近郊农牧区等。

3. 麦吉的殖民化城市模式

麦吉(T. G. McGee)通过大量的殖民化城市地域结构研究发现,现代城市是由前工业社会城市和工业社会城市两种文化相互作用而发展起来的,从他 1967 年提出的东南亚港口城市空间结构模式(图 10-7)可以看出,东南亚的城市在已西方化了的中央商务区和外围商业区之间存在明显的差异,边缘地带的工业区和内城的家庭手工业之间也存在明显的差异,即使在高密度拥挤的商店、街道和舒适的中产阶级居住区之间也仍保留着乡村特点。

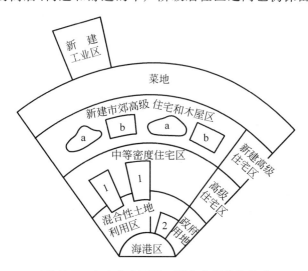

图 10-7 麦吉东南亚港口城市空间结构模式

a—木屋区;b—市郊住宅区;1—外国人商业区;2—西方人商业区

4. 洛斯乌姆的区域城市结构

1975 年洛斯乌姆(L. H. Russwurm)在研究了城市地区和乡村腹地以后发现,在城市地区和乡村腹地之间存在着一个连续的统一体,他在《城市边缘区和城市影响区》一文中描述了现代城市社会空间结构,见图 10-8。

(1) 城市核心区(core built-up area)。这一地区大致包含了相当于城市建成区(urban

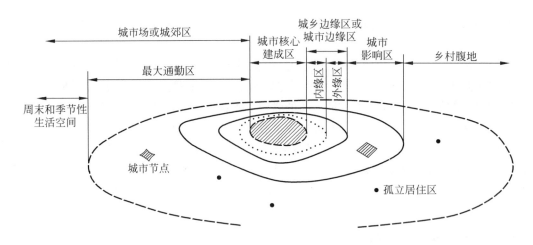

图 10-8 洛斯乌姆区域城市结构

built-up area)和城市新区地带(urban new tract)的范围。城市建成区系指在城市行政辖区内已建设发展起来的集中连片的非农业生产建设地区。城市新区地带系指与城市建成区相连,由一系列居住新区、工厂、批发商店、港口码头、城市公园和娱乐场所组成的楔状连片地区。这一地区的总特征是它们之中已没有农业用地。

(2)城市边缘区(urban fringe)。这一地区位于城市核心区外围,其土地利用已处于农村转变为城市的高级阶段,是城市发展指向性因素集中渗透的地带,也是郊区城市化和乡村城市化地区。由于这一地区是一种特定的社会空间结构实体,因此它已发展成为介于城市和乡村间的连续统一体(continuum)。

(3)城市影响区(urban shadow)。这一地区位于城市边缘区外部,从理论上讲,是指城市对其周围地区的投资区位选择、市场分配、产品流通、技术转让、产业扩散等多种经济因素共同作用所波及的最大地域范围。这种区域由于物资、商品、劳力、金融和信息的向心吸引,从而构成结节区整体,表现为距离城市中心越近,影响力越大;距离越远,影响力越小,并逐渐过渡到另一个城市影响区的空间结构特征。

(4)乡村腹地(rural hinterland)。这一地区位于城市影响区的外围,由一系列乡村组成,它们受周围多个城市中心的作用,与城市没有明显的内在联系。

5. 穆勒的大都市结构模式

1981年穆勒(Muller)在研究了日益郊区化的大都市地区后,提出了郊区小城市(suburban minicity)是一种新因素,代表了郊区范围内的主要核心。他运用范斯(Vance)1977年提出的城市地域(urban realm)概念,对哈里斯和乌尔曼的多核心理论做了进一步的扩展,建立了一种新的大都市空间结构模式,见图10-9。

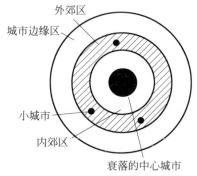

图 10-9 穆勒大都市地域结构模式

从图10-9可见，穆勒的大都市地域结构模式由四部分组成：①衰落的中心城市（declining central city）；②内郊区（inner suburbs）；③外郊区（outer suburbs）；④城市边缘区（urban fringe）。这一模式与哈里斯-乌尔曼多核心模式相比，简单地说，可称为多中心城市模式（polycentric city）。在大都市地区，除衰落中的中心城市外，在外郊区正在形成若干个小城市（mini cities），它们依据自然环境、区域交通网络和经济活动的内部区域化（internal regionalization），形成各自特定的城市地域（urban realm），再由这些特定的城市地域组合成大都市地区（metropolitan area）。

10.2.3 城市社会空间结构变化的影响因素与趋势

城市的经济、人口、社会、文化和政治等方面的变化将对城市地域结构的变化产生很大影响，导致21世纪初期城市发展的可能方向。

1. 影响因素分析

（1）经济因素

当今最重要的经济变化将是新的劳动地域分工（new spatial division of labor），即国际性或国家尺度的新劳动分工、全球产业结构重构与转移以及经济全球化等。其典型的表现类型是，高附加价值的大公司总部等职能集中于几个世界城市的中心区，办公职能和研究开发职能集中在世界城市的郊区，而生产部门和市场则广泛分布在发展中国家。第二个最重要的变化为经济结构的转化，即第一、第二产业向第三产业乃至第四产业（信息产业）的转化。其他的变化还有信息化、社会阶层的两极化、市场垄断化和企业经营多元化等。世界经济变化的主要空间结果表现为依托三个方面：①西欧、北美、东亚工业中心地带，这一地区许多城市的去工业化（de-industrilization）；②大都市区内部制造业和服务业的离心化（de-centralization）；③几个大城市成为专门生产、处理信息和知识的世界城市。

（2）社会因素

社会因素的影响主要表现为四个方面：①家庭结构的变化。单亲家庭、单身家庭等非传统家庭激增，具有非传统居住行为，要求非传统住宅和非传统的城市服务，并且由于母子单亲家庭增多和劳动力市场的压力，女性在城市社会空间结构中的地位凸显出来，新城市贫困产生。②城市人口负增长。其主要原因是家庭主义向消费主义转变，女性就业率提高，生育推迟，以及生育控制的有效性。③老龄化社会。大城市全面进入老龄化社会，老年者人均公共支出是儿童的两倍，需要特殊的健康设施、家庭看护和特殊的交通及环境。④社会极化和进一步分层。经济不景气时公共部门投资费用大量削减，对城市景观的形成影响巨大。人们的勤劳和储蓄意识下降，出现生产率低下且傲慢的城市底层社会（underclass）。

2. 变化趋势分析

综上所述，影响城市社会空间结构变化的主要因素有经济和社会两部分，对城市发展形成分散力与集中力两种力量。

(1) 分散力

分散力包括：①远距离通信技术的增加和高度化；②影响所有经济活动的区位制约因素在下降，自由配置城市功能区的可能性增加；③办公区和白领工作岗位的郊区化；④低密度农村生活环境偏好的增大；⑤旧公共交通的混杂和运输费用的增加；⑥经济活动的全球化。

(2) 集中力

集中力包括：①特定经济活动面对面接触的必要性依然继续存在；②能源费用的上涨和能源供给的不确定性；③反技术态度的出现；④贫困化城市下层居民的残留；⑤绅士化现象（年轻中产阶级的一部分迁居到内城）出现；⑥高度远距离通信技术对不富裕阶层来说难以利用，或者十分昂贵。

因此，由于分散与集中这两种力量的相互作用，加上经济和社会因素，就形成当代城市社会空间结构的发展基础。城市社会空间结构的变化似乎已使单核城市的向心化与离心化理论不再适合，从而需要复杂的多核心的大都市区概念。而将来的大都市区，很可能是在相对多核化的同时，进一步成为有统一结节中心地的星座状大城市连绵区城市群空间结构。它将比现在的大都市区范围更广，内部高度统一化和集中化，并且大都市区的居民将生活在不同的空间尺度中，如大部分工作岗位、购物、娱乐活动依然集中在比较小范围的社区内，高层次的工作岗位、服务、娱乐活动形成大城市职能中心，它们两者之间的连续将是通信而不再是交通的移动。

10.2.4 全球化下的城市社会空间转型

20世纪后半期以来，随着通信交流、交通通勤技术等的急速发展，全球化已经将世界变成一个紧密联系的整体，城市社会空间也发生了深刻转型。首先，社会空间极化。城市几乎成为名副其实的"双城"，富与穷，天堂与地狱，差别迥异的两类群体在经济、社会和文化全球化最为密集的地区相遇，进而塑造出极为不平等的社会空间格局。其次，城市空间"碎化"。一方面，工业、制造业等劳动密集型产业向发展中国家转移，造成西方城市普遍"去工业化"；另一方面，生产性服务业在受全球化影响的城市中集聚。这些促进了跨国公司总部和国际精英人才的集聚。与此同时，日益增加的国际移民为城市低技术、低工资的服务业发展提供劳动力。全球化正在重构城市的社会空间：富人社区、绅士化社区和少数族裔聚居区以及被主流社会排斥的种族"隔陀"区。

10.3 西方城市社会空间的演化

10.3.1 城市社会空间的历史演化

1. 前工业化城市

在工业革命来临以前，城市的发展基本建立在贸易经济和封建制度之上，形成社会等级森严、边界清晰的城市景观。西奥伯格(Sjoberg)在其"前工业化城市"的理性化模型中,把前工业化城市的社会空间分为由内及外的三个层次(图10-10)。城市内部出现明显的居住空间分异现象,城市中心住着贵族精英,大部分职业不同且社会地位混合的阶层居住在城市外围,社会的最底层居住在城市的边缘;家族集团式的工作组织严格限定了从居所到工作地之间的距离;社会秩序建立在传统和精神的价值体系之上。

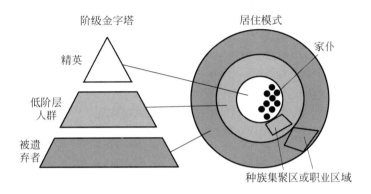

图 10-10 前工业化城市的理想化模型

资料来源:Sjoberg,1960

2. 工业城市

维多利亚时期的工业城市呈现同心带状空间结构,不同阶层之间的居住隔离成为工业城市的重要特征(Pacione,2005)。见图10-11。第一个环带居住着极度贫困的人群,以及少量自我隔离的富人;第二个环带居住着相对不太贫困的阶层;第三个环带主要居住着中下阶层的"短距离通勤者";第四个是富人专有地区(Hall,2002)。北美城市的内部也形成了明显的社会空间隔离,芝加哥便是个典型的例子。芝加哥学派正是以此为蓝本,提出了城市空间的多个结构模型。在同心圆模型中,城市中心为中央商务区,包括商店、办公机构、银行、剧院、旅馆等;第二带是过渡带,夹杂着大量破旧的房屋与贫民窟,居民多是低收入阶层;第三带是工人家庭带,居住着个人阶级;第四带是中产阶层带,也即白领阶层住宅区;第五带是通勤带,是高收入阶层的居住区(Park,等,1925)。与欧洲城市不同,北美城市的土地利用呈现明显的扇形结构,受到移民潮和城市交通线的影响(Knox,等,2000)。

3. 后工业城市

1956年美国的白领工人数目首次超过蓝领工人(Bell,1973),开始步入后工业化时代,后工业城市应运而生。后工业城市,从就业结构上看,退工业化与第三产业化同步进行;从生产方式上看,福特主义向弹性的后福特主义转变。由于收入不均、社会隔离、城市空间私有化以及防卫社区的大量增加,城市社会空间出现重构。帕西诺(Pacione,2005)通过对后工业城市居住与就业空间的分析,指出后工业城市被政治、经济和文化等各种应力撕裂成数个板块:①"显赫之城"(the luxury city)。居住着最富裕的精英阶层,与其他社会空间处于完全隔离状态,其对应的工作与消费场所是"受控之城"(the controlling city),位于城市

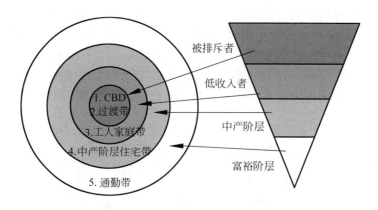

图 10-11　工业城市的伯吉斯模型

资料来源：Pacione(2001)

中心的高层建筑中，集聚了大量的高级服务业。②"绅士化之城"(the gentrified city)。居住着专业技术人员、管理人员以及"雅皮士"(yuppies)等高薪阶层，具有良好的居住环境和齐备的生活设施，其对应的工作场所为"高级服务业之城"(the city of advanced service)，集中了大量的办公大楼与通信网络节点，例如巴黎的拉德芳斯。③"郊区之城"(the suburban city)。居住着收入较多的蓝领与白领工人以及低收入的中产阶级，其生活环境安全、舒适、稳定，能在一天的劳碌之后提供宁静与安逸，因此往往远离工作场所，即"直接生产之城"(the city of direct production)，由制造业，或者高级服务业、政府机构、大企业后勤部门集聚而成，与顾客存在邻近性。④"租赁之城"(the tenement city)。往往是低收入工人居住的地方，是城市更新和绅士化主要发生的地域，目前正经历着环境恶化、公共设施失修、政治上被忽视等困境，也是反城市更新社会运动最活跃的地方，其对应的工作地为"非技能工作之城"(the city of unskilled work)，以非正规经济为主，存在着大量小规模的制造业、仓储业和低端服务业。⑤"被遗弃之城"(the abandoned city)。居住着长期失业者、极度贫困者以及无家可归者，其对应的工作场所为"残余之城"(residual city)，存在大量非法的非正规经济，以及监狱、收容站、少年监管站、污水处理厂等与经济活动无关的城市基础设施。

10.3.2　西方城市社会空间新景象

1. 城市空间碎化

社会破碎化、社会隔离及极化正在成为城市的特征，贫富分化越来越悬殊，人们生活方式的差异逐渐拉大。人们由于共同的价值及认同而形成小团体，分散在城市中。人们纷纷自发地建立私有化的区隔空间，例如封闭的居住小区、大型购物商场、智能办公大楼等，把"我们"与"其他人"分隔开来。

2. 族裔集聚区分化

族裔集聚区分化为侨民区(colony)、少数群体飞地(enclave)和隔陀区(ghetto)三种类型。侨民区存在的时期一般较短，作为移民融入流入地社会的中转站，其存留取决于少数群体新成员的不断输入，其瓦解随着居民被逐渐地同化而实现。飞地与隔陀区持续的时间更长，由外部歧视与内部凝聚力相互作用而产生，当前者为主导因素时被称为隔陀区，当后者为主导因素时则被称为飞地，两者并不存在绝对的界限。

3. 门禁社区兴起

20世纪80年代以来，美国城市出现了一种新的物质景观与生活方式：人们用实体的围墙或护栏把自己所住的社区围合起来，他们像俱乐部成员一样共同享用并维护社区内的公共设施，在协议的基础上共同遵守社区的规范与章程。这种空间形式便是门禁社区（gated community），它既有新开发的商业项目，也有重新围合的传统社区；既位于城市，也位于郊区；既有富人社区，也有穷人邻里。其存在形式主要有三种：生活方式社区（lifestyle communities）、声望社区（prstige communities）以及安全地带社区（security zones）。生活方式社区是为追求高尚休闲活动而通过实体边界围合与保护的社区，建于郊区、规模庞大且一般能够自给自足；声望社区是因社会阶层（social ladder）而构建的防卫空间，为富人与名流聚居的社区，通过实体围栏彰显声望与身份差异，通常分布在城市内部或与城市相邻；安全地带社区往往由社区居民自发修建，其围护设施能够起到真正的防卫作用而不仅仅是作为一种标识。

4. 城市更新与绅士化

绅士化是指一个旧区从原本聚集低收入人士，到重建后地价及租金上升，引致较高收入人士迁入，并取代原有低收入者的现象。这不仅是一种人口置换的过程，也包含了物质上的更新以及随之而来的综合消费空间的形成。根据绅士化的规模以及政府所起的作用，1960年以来全球的绅士化可分为三次浪潮：第一次从1950年开始，以零星的绅士化为主，也有部分政府主导的因素；第二次发生在1970年和1980年，是绅士化持续扩大并遭到抵抗的阶段；第三次始于1990年年初，由于经济的衰退，政府开始干预绅士化的进程，形成了新的社区文化氛围，直至全部或绝大部分原住居民被新迁入者替代后，中产阶层化过程停止。

10.4 中国城市社会空间的演变

10.4.1 传统中国城市社会空间的演变

1. 唐代及以前的城市社会空间

一般认为，中国城市的产生源于私有制的产生——有了私有财产及剩余产品，便需要交易之所，这便是"市"；同样是因为私有财产的原因，奴隶主需要保护，便筑城墙，则为"郭"。于是，"城市"和"城郭"两个词暗示了中国古代城市最早的功能分区和社会分区。理想城市建制是："方九里，旁三门，国中九经九纬，经涂九轨，左祖右社，前朝后市"。中国历史上的历代都城都以此为蓝本，确立了中国古代城市空间的封建等级次序和相当严格的功能分区。隋唐的城市布局基本上继承和发扬了古之形制，如隋唐长安在其轴线性和整体性上成为远超前朝的杰作。城市空间依然保持宫室或衙署、商业区、居民区的分离,而居民则依社会等级地位、是官是商进行社会分区。

2. 宋代城市社会空间的重建

到了宋朝,通过并不成熟的货币经济的城市的隔离和筛选机制与中国市井社会结合,产生了特有的城市社会空间分异规律。宋都汴梁(开封)在城市布局上依然严整,尽管演变为三套方城:皇城、里城和罗城(外城),但三套城墙与三套护城河为逐渐扩建,仅为对外防御,故并未形成从贵族到平民的内外圈层。官僚的住宅分布在城内各处,北宋中期后更因城内拥挤而建在外城。所以,宋朝的三套方城并不意味着比之前的城市有更严重的城市空间的隔离和社会空间的分异,相反却更为均衡。另外,虽然宋朝居住空间仍分许多坊,但却不再封闭。城中没有坊门、坊墙的坊里,且各户都直接向街巷开门。最终,自由开放和分散的商业性街道取代了集中的坊市,出现了大量同行业店铺相对集中于一条街巷的行业街市。商业活动在空间和时间上的自由导致原来严整的坊市制度彻底崩溃,而变成延续之后的街巷制。居民区与商业区交叉存在,扩大了商业区的范围和经营范畴;而且,随着城市夜生活时间的延长,形成了"夜市"、"鬼市"和"晓市"。再次,新型的娱乐项目出现并得到了极大的发展。例如瓦舍,正是一种集多种娱乐于一身的场所,众多的市民留恋于此,有些人甚至"终日居此,不觉抵暮"。而一些平时难得来此的市民,也会在"深冬冷月无社火看"的时节,选择在瓦市消遣时光。可见,作为当时世界最大都市的所在,宋代已经具有了极为丰富的多元、异质城市社会形态。这个变化带来了社会空间的重整。在商品经济繁盛和人口激增的状况下,新扩建的外城除官府、仓库、军营事先定出以外,其余交由私人建造,多是在沿街店铺后面扩建出院落式住宅。因此,整个城市呈现出因行业不同而形成的社会空间分化,而非根据其经济地位产生分异。如富贵的金银店铺老板和一般的金银店老板住在一起,富有的铁匠和贫穷的铁匠住在一起,而非各行业最富者和最穷者一起聚居。而由于商业的兴盛,外国侨民也开始涌现。如不少犹太人在开封落户,并保持相对的聚居状态,但异域客商的频繁往来已使得各种文化与不同民族相互交融。

3. 元明清城市社会空间的分化

自宋之后,城市继续发展,北京城作为三朝都城可反映当时城市建设的面貌和社会空间的状况。大的城市功能分区并未在对比前朝之下有更多变化,只是从外部为这个城市带来发展动力的运河,在居民区的规模和拓展方向上起到了关键性的作用。明代改建北京,截断城内河道,大运河的漕运不再入城,由此商业中心南移。加之明代以来城市人口剧增,城南形成大片市肆及居民区。"左祖右社,前朝后市"的传统空间格局被突破。而至清代,大运河由城东至通州,因而仓库多集中于东城,会馆也聚集起来,富贵人家集中在此,即所谓的"富东城"。另外,皇家的生活空间也因兴建园林而转移。清雍正、乾隆以后,在西郊建大片园林宫殿,如圆明园、畅春园,皇帝多住园中,而鲜去宫城。皇亲贵族为便于上朝,府第也多建于西城。此为"贵西城"。与首都北京的"富在东城,贵在西城"相似,地处南粤的商贸城市广州,也同样在封建制度和商品经济的共同作用下,在明清呈现出"西关小姐,东关少爷"的"西商-东官"的社会空间格局,甚至在西关地区还分化出纺织机房区、上下西关涌间的高级住宅区和西濠口的洋商区等三种社会区类型。

清朝的城市社会空间与其他朝代的最大不同之处在于,作为少数民族建立的政权,在城市社区的划分中带有明显的民族特色,具体表现为旗民分治。例如清朝广州虽然没有像北京一样的内城外城旗民之分,但依然作为官衙区的老城,却以大北直街为界,东以住民,西以驻军,且驻军场所也分为"汉军属"和"满军属"南北两部,"自大北门至归德门止,直街以西概为旗境;自九眼井街以来至长泰里,复西至直街以东,则属民居。旗境满汉(各八旗)合驻"(《广州城坊志·卷一》)。

4. 近代租界城市"华夷界清"空间

近代以来,整个中国都遭遇了西方帝国强大的武力、技术和思想冲击。从鸦片战争清王朝被迫签订《南京条约》的五口通商和之后不久的《虎门条约》同意开放"外国人居留地"开始,中国城市进入了"租界时代"。至民国年间,租界城市已然成形,它们在自发生长与外来干预的矛盾与张力中,呈现出半封建半殖民地社会独特的社会空间格局。如大连、青岛、上海、广州等都被割裂为"外国"和"本土"两部分,而在上海,形成了外国人或外侨的高级住宅的"上只角"和乡村农民和难民的"下只角"之别。另外,近代工业、交通等的发展使生产和居住场所在空间上发生了分离。其实,租界在各个城市发展史上的作用大相径庭。如天津的租界划分直接颠覆了整个城市的发展格局,而上海和武汉的租界是整合进城市发展脉络中的一片新城市分区,广州的租界则是一座孤岛,对城市发展的整体影响甚微。但无论如何,传统的老城和"现代的"城区并存是租界城市(甚至所有的商埠城市)空间的普遍特征;而对"华夷杂处"的批判导致"华洋分治,中外界清"的大的社会空间分化。这既是种族分异,也是经济地位分异,故有"富人住租界,穷人住华界"的说法。租界设立之初,清政府采取在河道上搭浮桥设关卡,限制老城区的人去租界,隔离两个城区的往来。另外,除了中-洋之分外,洋-洋也根据国籍不同而实行分区。租界城市初期的中外社会空间之分,一方面是因为租界为了自身的安全考虑,另一方面也与中国传统的"华夷之辨"观念有关。这首先被政府当局作为城市规定推行,后各租界又通过详尽的法规强化和细化了这种社会空间划分。可以说,租界在某种程度上改变了中国城市两千年来的社会生态。传统中国城市,其空间结构强调尊卑的社会秩序,而不是贫富阶层在空间上的隔离。如前所述,尽管不同社会阶层的居住分布有相对集中的趋势,社会上层的住宅也会影响到所在街区的空间构成(如明清城市),但是不会出现空间界线分明的"富人区"和"贫民区"(如宋朝的行业主导)。租界城市则不然。按照欧洲城市空间模式建立的租界,通过土地的分级利用和管理,控制其社会阶层分布。虽然租界初设之时大都曾制定过限制华人在租界拥有不动产或居住的规定。但是随着租界的扩展和华人大量移居租界,各租界先后修改了有关法规或章程,承认华人在租界的置产权和居住权。有的租界还设法吸引华人上层到租界投资建造住宅和居住,这导致了租界社会空间异质性的增强甚至替代。后来由于治外法权的存在,租界因此成为特殊的政治"保护区"和华人社会的"避难所"。这导致一旦形势变化,华人群体会迅速迁移,随即社会空间也会相应地发生改变。

10.4.2 当代中国城市社会空间的演变

1949年新中国成立之后,土地被收为国有,城市的一切开发建设都被视做政府行为。而从苏联引进的计划经济体制,包括住房分配制度,则通过"单位"这个空间-社会综合体展现出来。后来市场机制被引进,计划经济体制开始解体,原有单位和新兴房地产开发居住区便一起重塑城市社会空间秩序。

1. 单位和户籍塑造的城市社会空间

改革开放以前,中国城市居民把自己所就业于其中的社会组织或机构,包括工厂、商店、学校、医院、研究所、文化团体和党政机关等统称为"单位"。它既是相对于政府的"社会",也是各级政府的"下级"。它作为引自苏联的计划经济体系的一部分,在相当长的时段内决定了中国城市社会空间的基本格局和特性。

从单纯的空间角度,计划经济下的城市被分隔成一个个单位社区。这些单位包括政府部门、军队、国有企业和学校等。一般而言,单位往往是"麻雀虽小,五脏俱全",形成单位大院和工作地相比邻为主导的细胞型居住风貌,除职住平衡外,单位大院提供诸如理发店、食堂、公共浴室,甚至水、电、取暖供应这样的公共服务设施。由于各单位的土地以划拨的方式无偿使用,故市场经济的级差地租理论、货币筛选和隔离体制无法起到作用。故并未出现典型的由于单位效益或家庭收入带来的居住地分化,居住区质量和密度也相对均衡。同样地,在单位内部,也在均衡中体现出些许的不平等。大体上,单位大院内部社会地位和经济能力不同的人群是混居的,类似的单位公寓楼内既住着高级官员,也住着普通员工。综上,单位壁垒下的城市社会空间维持着它微妙而又脆弱的平衡。而户籍制度限制的农村人口向城市的流动和对城市人群从业转换与迁移的阻碍又暂时性地没有冲击这个似乎稳固却又岌岌可危的社会空间体系。

2. 后单位制时代的城市社会空间

随着中国改革开放进程的不断深入,中国单位制度也在不断弱化。这种弱化并非是单位组织本身的消失或居民对单位制度的依赖性消失,而是来自于城市社会中新的结构性要素的产生与发展。而自中国城市住房改革致力于在福利式住房制度中引入市场机制开始,家庭和邻里间空间和社会上的分选就展开了。1998年中央下令停止公房供应,各单位通过兴建私房和出售公房将住房私有化。已经住在公房里的家庭被鼓励以补贴价买下他们所使用的公房,或者以市场价去购买商品房。2000年超过70%的城市家庭成为业主。原有的单位内的混居状态在市场经济的冲击下趋于解体。原有单位住房私有化后,新业主经济条件较好的会搬出大院,并将房屋转手卖出,而尽管有住房补贴,仍有人买不起单位用房。所以,居住在原有同一单位空间里的人不一定都具有紧密的工作联系,而同一工作"单位"里的人完全有可能由于自身支付能力的不同而居住到城市的不同角落。最终,迁居流动和逐渐成熟的住房市场促进了不同阶层之间的居住隔离(即阶层隔离),不断进行着的空间筛选形成了不同类型的邻里。

尽管根据某些学者的实证研究，中国城市社会空间结构似乎可以总结出某种转型，例如大城市中心为老城区，是离退休人员集中分布的地区；老城区外围环状分布为计划经济时期建设的个人居住区；中产居住区为从老城区和工薪居住区分化而来重新组合的社会区；另外还有一类科教文卫用地或富人居住区"飞地型"社会区，位于市区的外围或近郊区等。但这些正在形成的邻里分化并没有使中国城市出现完全衰败的市中心或是清一色富人的郊区，事实上，无论在内城还是在郊区，都并存着富人邻里和穷人邻里。即社会空间存在明显的结构特点，并且微观上（邻里一级）存在着显著的分离，但宏观上（城市一级）的居住隔离还没有明显发生。

10.4.3 转型中的城市社会空间

正是由于西方经济的"后福特制"转型，以及"新国际劳动分工"下新格局的出现，特别是自2007年美国次贷危机所引发的全球经济危机以来，中国的部分发达地区获得了全面的经济转型，一种"中国式城市社会空间"正在出现。对比中西方，特别是中国和英美等发达国家的当代城市，一个明显的差别在于前者保持着东亚城市的传统，以繁荣的城市和渐趋发展的郊区为特征，而后者则普遍面临着郊区的繁荣与城市中心的衰败并存的局面。中国城市的社会空间总体表现为旧空间向新空间演替，分化强度不断加剧，以及空间边界建构及固化日益显现。从总体上看，中国城市居住空间构成正不断走向复杂化。无论城市空间结构的核心还是边缘均在重构，尤其是高级白领住区和外来移民聚居区的出现，使得社会空间结构日趋极化，中国城市社会空间结构已呈全面转型之势。

推荐阅读参考资料

崔功豪,等. 1990. 中国城市边缘区空间结构及演化[J]. 地理学报,45(4)：399-410.
顾朝林. 1997. 北京社会极化与空间分异研究[J]. 地理学报(5)：385-393.
顾朝林. 1997. 北京社会空间结构影响因素及其演化研究[J]. 城市规划(4)：12-15.
李志刚,顾朝林. 2011. 中国城市社会空间结构转型[M]. 南京：东南大学出版社.
朱文一. 1993. 建筑、空间和人[M]. 北京：中国建筑工业出版社.

习　　题

1. 名词解释
门禁社区、单位。

2. 简述题
（1）简述城市社会空间结构研究方法。

（2）简述城市社会空间结构划分的三种经典模式。
（3）简述全球化下城市社会空间转型的特点。

3. 论述题
（1）概述如何用三分表示法编制城市土地利用图。
（2）论述社会区研究方法与因子生态分析方法有哪些异同点。
（3）论述城市社会空间结构变化的影响因素与趋势。
（4）论述当代中国城市社会空间的演变。

参 考 文 献

BELL D. 1973. The coming of post-industrial society a venture in social forecasting[M]. New York：Alexander Street Press.

HALL P G. 2002. Cities of tomorrow：an intellectual history of urban planning and design in the twentieth century[M]. Oxford,UK：Blackwell Pub.

KNOX P,PINCH S. 2000. Urban Social Geography：An Introduction[M]. London：Prentice Hall.

PACIONE M. 2005. Urban Geography：A Global Perspective[M]. New York：Routledge.

PARK R E,BURGESS E W,et al. 1925. The City. Chicago[M]. Chicago：Chicago University Press.

SJOBERG G. 1960. The Pre-Industrial City：Past and Present[M]. New York：Free Press.

第 11 章 城市社会空间分析方法

11.1 因子生态分析法

因子生态学理论流行于 20 世纪 60 年代(Davies,1984),主要应用于城市居住结构分析。在因子分析中所应用的大多数变量,是为了计算居住分异强度及居住分布的空间格局。在不同的城区所运用的因子生态学技术略有差别,主要体现在变量的选取与统计方法的确定上。因子生态学分析方法是依靠多元统计技术方法来实现的,其中,主成分分析、因子分析和对应分析是在城市研究中最常采用的多元统计技术方法。因子生态学方法作为量度城市空间差异的主要方法之一,在分析社会、经济、人口和居住特征的关系时,起到了归纳总结的作用。随着计算机技术的应用和计量地理学的发展,城市领域内因子生态学的研究更加方便实用,逐渐形成了可靠、有效和高水平的城市空间布局结构的归纳总结方法。

11.1.1 方法与步骤

采用多个可量化、可图示、可表现在其他统计分析中的因素描述城市中各种复杂关系和空间格局的方法称为因子生态学方法,它是一种能够分辨城市社会群体变量和类似变化格局的总结或合成技术。因子生态学分类的基础是把因子维作为假设属性,即统计产生一系列混合变量,每一个独立变量解释综合差异中的一小部分。因子生态学的目标是辨别数据的主要差异,通常保留那些能反映数据更大比例的因素,即通过技术方法筛选变量,可通过加权辨析,如设定最小权重为 1,其余可去除。因子生态学本质上是归纳性的,这与具有演绎性的严格的特征的社会区分析有较大区别,其实质是采用因子分析模型来分析 n 个基本空间单元的 p 个社会-经济、人口和住房等变量,这些基本数据组成一个 (n,p) 矩阵,将 p 维的数据矩阵 (n,p) 变换为 $r(r<p)$ 个因子(r 维)的矩阵 (n,r),通过从原始矩阵中消去线性相关的冗余信息,使得这 r 个因子包含了原始数据的所有统计信息。因子生态学方法的操作步骤如下。

(1) 分析区域概况,界定研究问题,选择基本统计单元。
(2) 选取影响因子,设定符合条件的变量。
(3) 数据变换以消除次要因素的干扰。
(4) 标准化处理(如数据标准差标准化),使数据具有统一的度量单位。
(5) 建立相关系数矩阵进行变量间的相关度量,其中,以 Pearson 的积矩相关度量最为普遍。
(6) 确定统计分析方法,主成分分析或标准的因子分析方法,两者的主要区别是相关矩阵主对角线元素的处理。

(7) 主成分或因子轴的变换,选择采用正交旋转或斜交旋转,使得因子载荷矩阵承载的信息量更大,易于问题的研究。

(8) 根据因子(主成分)得分进行分类,分类等级依情形而定。

(9) 空间描述,总评结果,找出问题的主要根源。

11.1.2 实例简介

1. 芝加哥的因子生态学

地理学家瑞斯(Rees)为研究芝加哥都市区社会区生态结构的形成和制约因素,从中共选取了1324个统计区作为研究单元,通过筛选出的12个变量进行生态因素分析。变量包括教育程度、职业类型(白领阶层、蓝领阶层)、收入水平(高、中、低)、年龄结构(成年、未成年)、家庭规模、种族状况、住房质量和住房成新度等。经过数据处理,分析得出由各因子相关系数组成的芝加哥都市区生态因子结构分析表,见表11-1。

表11-1 芝加哥都市区生态因子结构分析表(相关系数表)

变量	社会经济地位	家庭地位	种族和籍贯	社会区
中学以上	0.920	−0.011	−0.048	0.850
白领工人比例	0.846	−0.220	−0.203	0.805
家庭收入逾1万美元的比例	0.771	−0.096	−0.484	0.837
达年收入中值的比例	0.746	−0.059	−0.510	0.820
1950年后建成的住房比例	0.697	0.434	−0.168	0.702
家庭年收入不足3000美元的比例	−0.646	−0.167	0.597	0.802
一般住房比例	−0.627	−0.197	0.488	0.670
失业人口比例	−0.618	0.035	0.566	0.705
家庭人口数	0.032	0.928	−0.045	0.864
低于18岁的人口比例	−0.133	0.867	−0.064	0.733
高于65岁的人口比例	−0.102	−0.847	−0.241	0.786
黑人比例	−0.277	0.172	0.876	0.848
解释变量(检验值)	37.3	22.3	19.3	

表11-1中的划线部分表示两变量显著相关,从中可以看出:社会经济地位与中学以上教育程度、白领工人比例、家庭高收入、中等年收入和较新的住房呈正相关,而与家庭低收入、一般住房和失业人数等呈负相关。结论表明,芝加哥都市区社会区人群的社会经济地位高低取决于职业性质、受教育程度、收入水平和房产状况等因素。家庭地位与家庭人口数及18岁以下的人口比例呈高度正相关,与大于65岁的老年人口比例呈负相关,老龄人口的家庭地位往往不高成为芝加哥都市区重要的社会问题之一,标志着老龄化问题日趋严重。种族和籍贯基本与黑人数目呈明显正相关,表明该区有黑人聚居区存在,必然会产生种族间的矛盾。那么,提高人们的收入水平和生活质量、为失业人口提供更多的就业岗位、

妥善安排好老年人的生活等,便是提高社会经济发展水平的前提。

2. 巴尔的摩的因子生态结构

1980年,奥克斯(Knox)开始对美国玛丽亚州(Maryland)巴尔的摩城(Baltimore)的市区生态结构进行研究,针对现存的几个社会问题(下层阶级的标志、社会经济地位的支撑、移民结构和社会区贫困状况等),从影响因素中最终选取了21个变量,经数据统计分析处理,得出巴尔的摩1980年的生态因子结构,如表11-2所示。

表11-2 巴尔的摩1980年生态因子结构特征

序号	因素	检验值	贡献率/%	特征值	相关因子	相关系数
Ⅰ	下层阶级	32.5	32.5	6.8	租房	0.88
					赤贫	0.79
					简陋住所	0.70
					厨房空间不足	0.68
					单身	0.68
					失业	0.65
Ⅱ	社会经济地位	18.2	50.7	3.8	2个或2个以上卫生间	0.85
					家庭收入	0.84
					学历	0.78
					经理、管理和专业技术人员	0.75
Ⅲ	青年/移民	14.4	65.1	3.0	移民人数	0.88
					年龄为19～30岁	0.88
					性别比例	0.84
					西班牙裔	0.57
Ⅳ	社会区贫困状况	7.1	72.2	1.5	黑人数目	0.82
					意大利裔	−0.68
					单亲家庭	0.55
					贫穷	0.54

从表11-2可以看出,在巴尔的摩城市居民社会区问题中,下层阶级由于失业和单身而造成赤贫,他们承租廉价的住房,生活条件极其简陋;社会经济地位高低的分界,或中间水平标志为:住房含两个或两个以上卫生间,家庭收入和学历偏高,包括一般从事经理、管理和专业技术的人员;移民结构中,年龄为19～30岁的人口比重较大,性别差异大,以男性为主,种族人群比例不均,以西班牙裔为主;关于社会区的贫困问题,受黑人数目、单亲家庭和贫穷等特征影响,其中,意大利裔居民占贫困人口的比例较小。

3. 蒙特利尔的因子生态学

雷伯达斯(Le Bourdais)和毕尤敦(Beaudry)分别于 1971 年和 1981 年两个时间段内对蒙特利尔都市(Montreal)的部分统计区进行了生态因子分析，在 1971 年的时间段内选取了包括 59 个变量在内的 561 个统计区，在 1981 年的时间段内选用了 61 个变量在内的 654 个统计区。通过生态因子数据统计分析，分别于两个时间段内确定了 6 个主要因素，并检验了 1971 年时间段的 80.2% 的原始变量，以及 1981 年时间段的 78.0% 的原始变量。检验结果参见表 11-3。

表 11-3　蒙特利尔 1971 年和 1981 年两个时间段内的生态因子结构分析表

1971 年生态因子	因素出现顺序	1981 年生态因子					
		家庭		社会经济		种族	
		1	5	2	4	3	6
家庭	1	0.998	0.045	−0.015	−0.019	−0.013	0.022
	5	0.037	−0.963	−0.097	−0.020	0.069	0.241
社会经济	2	0.021	−0.109	0.993	−0.012	−0.016	−0.035
	4	0.019	−0.015	0.010	0.999	−0.026	0.031
种族	3	0.011	0.070	0.024	0.026	0.997	0.004
	6	−0.032	0.235	0.060	−0.027	−0.022	0.970

分析结果表明，蒙特利尔 1971 年的生态结构与 10 年后的生态结构存在差异，主要表现在影响程度的变化，1971 年该市社会区生态结构主要受家庭状况和种族因素的影响，而 1981 年家庭要素更为重要，种族问题有所改善，社会经济略有提高。不仅如此，各因素的影响方向和影响关系也有些变化，如社会经济因素由 1971 年的不显著正相关转变为 1981 年的不显著负相关。而且各因素在不同时期的表现不同，如 1971 年种族问题严重，种族与社会经济的关系较小，1981 年种族问题逐渐淡化，两者的关系逐渐加强(Le Bourdais, 等, 1988)。

4. 中等城市的因子生态学研究

盖奥雷德(Cadwallader, 1996)根据美国统计局 1970 年的数据，选取了六项因素，即教育、收入、职业、户均人口数、未成年比例(18 岁)和妇女在劳动力中的比例，分别以俄亥俄州(Ohio)的肯特(Canton)区、爱荷华州(Iowa)的戴索尼斯(DesMoines)区、田纳西州(Tennessee)的奥克赛尔(Knoxville)区和俄勒冈州(Oregon)的坡特兰(Portland)区等地为研究范围。他根据实际调查取消了人种地位因素，最终选择确定了八个子因素替代社会经济地位和家庭地位，如构成社会经济地位的主要生态因素为中等收入水平、中学学历(≥25 岁)、专业和技术人员数量；构成家庭地位的主要生态因素为户均人数、16 岁及以上妇女在劳动力中的比例、总人数中小于 18 岁的人口数。通过各区生态因子数据统计分析，得出各地区生态因子结构对照表,参见表11-4。

表11-4 肯特、戴索尼斯、奥克赛尔和坡特兰区的生态因子矩阵

因子	肯特			戴索尼斯			奥克赛尔			坡特兰		
	社会经济地位	家庭地位	社会区共性	社会经济地位	家庭地位	社会区共性	社会经济地位	家庭地位	社会区共性	社会经济地位	家庭地位	社会区共性
教育	0.95	−0.08	0.91	0.96	−0.03	0.92	0.94	−0.14	0.91	0.95	0.04	0.90
收入	0.94	0.07	0.89	0.91	0.34	0.94	0.91	0.21	0.86	0.90	0.33	0.92
职业	0.94	−0.07	0.89	0.88	−0.27	0.85	0.87	−0.09	0.76	0.91	−0.06	0.83
户均人数	0.21	0.95	0.95	0.05	0.95	0.91	0.02	0.97	0.93	0.12	0.95	0.92
小于18岁的人口数	−0.04	0.93	0.87	−0.01	0.95	0.90	−0.17	0.95	0.93	−0.05	0.95	0.91
劳动力中妇女比例	0.20	−0.74	0.59	0.03	−0.61	0.37	−0.03	−0.29	0.09	−0.10	−0.58	0.35
总变量百分比/%	46	38.8		42.2	39.5		41.7	33.3		42.8	37.6	

表11-4中计算出的每对区域的叠合效应规定为:+1为完全一致,0为不一致,−1为完全相反。四区的生态结构基本表现一致,仅奥克赛尔略有例外,其家庭地位受劳动妇女比例的影响不显著。各区域生态因素相和性的相关系数如表11-5所示。表11-5中对角线以上为家庭地位的相关系数,以下为社会经济地位的相关系数。表11-5中的数字表明,四个区域中家庭地位的差距较社会经济地位的差距显著。

表11-5 相和性的相关系数

区域	(1)	(2)	(3)	(4)
肯特(1)	—	0.97	0.95	0.98
戴索尼斯(2)	0.99	—	0.96	0.99
奥克赛尔(3)	0.98	0.99	—	0.97
坡特兰(4)	0.98	0.99	0.99	—

根据生态因素的空间结构特征,采用复合相关系数和回归分析方法,用于验证扇形区和环形区(分别与家庭地位和社会经济地位有关)空间结构的叠合效应与上述分析结果是否一致。回归公式如下:

$$Y_\mathrm{I} = b_1 X_{\mathrm{I}1} + b_2 X_{\mathrm{I}2} + b_3 X_{\mathrm{I}3} + b_4 X_{\mathrm{I}4} + b_5 X_{\mathrm{I}5}$$

式中,Y_I为统计区I的值(测定值);$X_{\mathrm{I}1}$、$X_{\mathrm{I}2}$、$X_{\mathrm{I}3}$、$X_{\mathrm{I}4}$、$X_{\mathrm{I}5}$为虚拟变量。分析结果见表11-6。

表11-6 扇形区和环形区的复合相关系数

生态因子	肯特		戴索尼斯		奥克赛尔		坡特兰	
	环形区	扇形区	环形区	扇形区	环形区	扇形区	环形区	扇形区
社会经济地位	0.669	0.730	0.629	0.581	0.605	0.536	0.214	0.734
家庭地位	0.537	0.577	0.522	0.705	0.556	0.292	0.737	0.230

结果表明,利用空间形体复合相关系数分析和回归分析的结论与单项生态因子叠加分

析基本吻合,家庭地位和社会经济地位分别呈环形和扇形结构分布。

5. 广州市社会空间结构的因子生态分析

我国在因子生态学领域也有所研究,1989年,许学强、胡华颖等以广州市为例,采用因子生态分析方法对社会主义中国的城市是否存在社会空间的分异做了进一步论证,并揭示了广州社会区形成的机制。在广州社会区研究中,选出67个变量进行主成分分析,得出17个主成分,归类命名后确定了形成广州社会区的主要因素:人口密集程度、科技文化水平、工人干部比重、房屋住宅质量和家庭人口构成等,并以此确定了广州五个社会区,大致呈向东曳长的同心椭圆态势分布,参见图11-1(许学强,等,1989)。

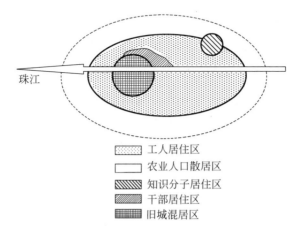

图 11-1 广州城市社会空间模式

11.1.3 因子生态分析法在城市规划中的应用

因子生态分析法在城市规划中的应用并不多见,为充分利用因子生态分析的结果,可利用生态图法将各项生态因素的指标图示化,将两个以上的生态信息叠合到一张图上,构成复合图,用以表示生态区域受各因素的影响而表现出变化的方向和程度。该法的特点是直观、形象、简单明了,但不能做精确的定量评价,在城市总体规划或分区规划的方案确定中具有利用的优势。生态因子叠加的方法有两种,一种是指标叠加法,按各项生态因子的评价分析结果分别分等定级,再将各项指标值图示化,分别将各单项生态因子图叠加;另一种是生态因子剥离分级叠加法,根据实际调查结果先在图上进行生态因子分级分区,再叠加。两种方法各有优势和劣势,前者以室内工作为主,可操作性好,可以较精确地进行定量评价,但易于造成生态因子遗漏和权重确定困难等问题。而后者以实地踏勘和室内判图相结合,通过各项生态因子的剥离,能够较形象地表示出分析结果,但难以确定各因素的权重,难以将各因素标准处理或量化处理。在实际运用中,为发挥各自的优势、弥补各自的不足,可采用两法合一的方式。以城市居民社会区的生态结构研究为例,具体步骤如图11-2所示。

通过各项指标的加权叠加,可粗略描述城市社会区特征,由四种居民结构组成:富裕阶

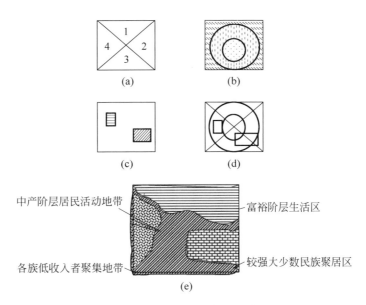

图 11-2 理想化的生态空间格局

(a) 社会经济地位(1~4级,从高到低,设权重为40%); (b) 家庭地位(1~3级,从高到低,设权重为28%);
(c) 种族地位(设权重为32%); (d) 城市马赛克(城市镶嵌体,即原始图叠加结果);
(e) 城市社会初步分区方案。

层生活区、较强大少数民族聚居区、中产阶层居民活动地带和各族低收入者聚集地带。富裕阶层希望高质量的生活环境,并且有强大的经济资助社会区的各项服务职能,社会矛盾较小,在一定的时期内维持着稳定、和谐的发展,逐渐形成良性循环;中产阶层是城市的基本人群,生活水平大众化,基本生活条件得到保障,为求生计和生活水平的进一步提高而处在竞争之中,社会矛盾也从竞争中产生,一般可在社会内部自行消除,难以激化;较强大少数民族是指人口较多,人文历史悠久,具有某种个性化的民族特征,在城市社会中聚集成团并日益吸收同族人群,据此形成的强大的异质社会区,具有强烈的排他性,难以融入城市社会中,因而表现出贫穷、落后和各种矛盾突出,极易激化而造成严重后果,是城市关注的主要社会问题发源地;各族低收入者由各族中被遗弃者、竞争中失败者、少数民族和社会遗弃者组成,分散性和不团结性是该区的主要特征,居民生活质量差,生活没有任何保障,生存竞争激烈,社会区矛盾突出,日益形成城市的"肿瘤",如不及时"切除",便会"恶化",并形成恶性循环。

总之,通过因子生态学的实践研究,可以得出两个重要结论。一是在社会区域分析中,可以根据经济地位、家庭地位和种族推测社会区的结构差异;二是社会生态因素具有时间和空间两维性,时间特征表现在不同时期的因子生态结构的区别上,空间分配分别依据不同的形状,如扇形区、环形区和簇状区。

11.1.4 因子生态分析法研究的缺陷

采用因子生态学方法研究城市居住分异结构表现出三类缺点:①这种特定的研究方式

所得出的结论无统一标准,并且不明晰。例如,如果选用块状街区而非统计区,那么所选取的因素与其相关的空间格局可能会存在一些差异。同样,研究结论可能会受到不同类型因素分析的影响,以及不同类型的直交和斜交的影响。甚至即使是同种类型的因素分析,针对各种问题也会产生不同的结果。②因子生态学是一种纯描述型的分析形式,它不能解释形成城市马赛克的过程。如果研究其形成过程,那么它一般包括调查居民的流动。宏观上,古典生态学家将这类概念称为入侵和延续,以助于理解居民的流动;微观上,将居民流动界定在个人选择行为结构中。此外,它还包括对城市住房市场运作的详细调查及其中间媒介物的特殊强调,如房地产代理机构和财政机构。③因子生态学方法进行的社会区域分析并不总是构成完整社区。这些社会区是统一的区域而不是功能区。也就是说,对于一定变量而言,它们是近似同质的,如收入、教育和家庭规模,但是它们可能不具备高度的内在的相互作用。如果要量度内在的相互作用程度,则应将重点放在与工作区域、朋友们和俱乐部等相关的活动格局上,社会区域并非总是与行为特征相关。

针对因子生态学的缺点,可将其理论与方法应用于单职能的社会区或单一功能区的研究,如异质社会区或城市居住区的研究。

11.2 社会区分析

社会区是用来描述许多大小不同的、有人生活在内的地理单位。社会区研究分属三个流派:①社会区结构和社会区动态研究;②把社会区作为一个变量进行研究;③选择社会区生活的某些侧面进行研究。古典社会区研究侧重第一种方式。在古典社会区分析中,通常采用的指标主要有两种:反映社会区隔离的指标和反映社会区发展的指标。

11.2.1 社会区特征分析指标

不同的社会区具有不同的产生根源,反映出不同的表现特征,例如城市贫困人口组成的贫困区、城市富裕阶层组成的富人区等,一般用两种指标表示。

1. 社会区隔离指标

社会区隔离指标表明社会的分异程度及不同社会区的特性,主要用下列方法衡量。

计算隔离指数可用下列公式表示:

$$S = \sum_{i=1}^{N} |X_i - Y_i| / 2$$

式中,X_i 表示一个特定的子群生活在理想的单元 i 中的比例;Y_i 为生活在理想单元 i 中的剩余人口比例。

理想单元通常是指街区或人口普查的一片区域。例如,设想一座城市可分为五个理想单元,以学生为特定子群,若就此分析各单元的分异程度,则首先应计算各理想单元学生的隔离指数,计算过程见表 11-7。

表 11-7 隔离指数计算表

区域	学生比例/%	剩余人口比例/%	绝对差异/%
1	30	70	40
2	20	10	10
3	20	5	15
4	20	5	15
5	10	10	0

隔离指数＝(40＋10＋15＋15＋0)/2＝40,该指数的两个极端为 0 和 100,如果特定人群在一个区的人口比例与其余人口比例相等,则隔离指数为 0;如果特定人群在一个区的人口比例为 100%,则隔离指数为 100。因此,隔离指数越趋近 100,特定人口的隔离度越高。表 11-7 表明,学生主要集中在 1 区。

社会区生态关系判别根据不同子群隔离指数的计算结果划分社会区,分析归纳各类社会区的生态特征,判别社会区的分异程度,尤其是突出子群的隔离程度。以美国为例,从 1970 年到 1980 年大多数都市区的隔离指数与黑人种族相关,美国城市社会区从大方面可分为黑人社会区、白人社会区和混合民族社会区。而我国城市中民族的分布具有大杂居、小聚居的特点,由于优惠的民族政策,少数民族的隔离度越来越小。但我国许多中小城市的开放功能较低,地方主义思想普遍,城市存在本地人与外地人之间的不和谐与冲突。因此,在我国社会区分异中大量流动人口形成的异质社会区是研究的重点。异质社会区和主流社会区生态关系的调控是协调整体社会关系的重要手段之一。

当然,任何社会区隔离的形成都包含许多偶然因素(Clark,1986),尤其是我国实施市场经济体制以来,城市居民的经济收入和消费结构出现了多样化的特征。主流社会中的分异程度在一些非社会因素的影响下表现得较为突出：如居住小区对社会区的划分所起的作用,住房市场的自由选择取决于经济支持上的住房消费,表现在收入差别和个人的偏爱上,因此不同人群因住房而聚居在一起,形成以居住小区为基本单位的新型社会区。

2. 社会区发展指标

社会区隔离状态的产生促使不同社会区的同化发展趋势。同化过程总体上可分为行为同化(文化同化)和结构同化。当个别群体接受社会区中其他群体的感性和理性,而表现出拥有共同的文化生活时,便发生了行为同化;结构同化是通过社会的大系统,尤其是职业阶层系统而建立的一种人类管理体制,执行宗教、教育、政治和商业等功能。Boal(1976)认为城市社会区具有四大功能。

(1) 防御功能：排除异己,强大自我。
(2) 免疫功能：具有个体融入大社团的入口。
(3) 维持功能：保留自己的文化遗产,并延续下去。
(4) 攻击功能：主动攻击其他子群,如在政治竞争中选出自己的政治代表。

人种的独特性、同化程度和联合的空间模式之间具有一系列关系。如果入侵的客体类似于主体社会,将发生快速同化和微乎其微的空间变异。反之,同化过程将会经历漫长的时间。如果社会区中人群的聚集只是一个短暂过程,新成员的流入减少,群落趋于消失。但是受到主流社会的文化保护意识的影响,社会区群体可能会维持得长久一些。如图11-3所示。

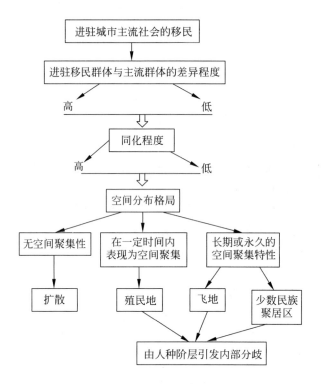

图11-3 种群、同化和社会区空间布局

西方在古典社会区的研究中有一些突出成就,其中具有影响力的主要有两种:伯吉斯的中心区模型和霍依特的扇形模型。

11.2.2 社会区分析方法

基于上述传统观点,赛克(Shevky,1949)和威廉姆(Williams,1949)为了从更广阔的概念上分析城市社会区的分异,提出了社会区分析基本方法(Shevky,等,1949)。此后,赛克和拜尔(Bell)将该理论进一步深化。他们按三项基本结构划分人口统计区:经济地位(或社会地位)、家庭地位(或城市化水平)和人种地位(或贫富分化)(Shevky,等,1955)。

1. 理论基础

赛克和拜尔认为,社会区域分析只是部分社会区,不代表整个社会,所以城市生活的社会特征必须根据社会总体的社会特性来调查。现代化城市的高速发展导致社会规模不断增大,引起社会和经济交互转变。由于劳动力的专业化和交通技术的改善,人们在经济上更加彼此依靠,从而形成了社会分异的新格局,如图11-4所示。

首先,由于劳动力的分化,城市社会逐渐开发出一套与阶层和地位相关的职业体系,在

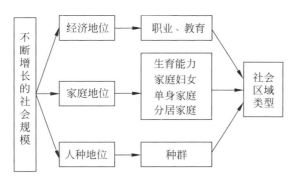

图 11-4　社会构造和社会区域类型

工业社会中这一系统变成了社会阶层的基本元素。其次,作为个人经济单元的家庭变得更不重要,即削弱了传统的家庭组织。第三,日趋完备的交通技术促进了人口进一步的流动,如更自由地选择住所,从而产生新的分类和种族隔离。总之,社会规模的扩大,使社会在经济地位、家庭地位和人种地位因素的基础上产生分异。

2. 应用指标

三种生态因素最初的应用是采用六个不同的变量或指数,如图 11-5 所示。

(1) 经济地位。它采用的变量或指数有以下两个。①职业。可描述为每 1000 个就业人口中工人和技术人员等劳动力的比例。②教育。可分两档:25 岁及以上人口中小于 8 年教育的人口数及大于 8 年教育的人口数。

(2) 家庭地位。它采用的变量或指数有以下三个。①生育能力。4 岁及以下儿童的数量(每 1000 个 15～44 岁妇女的拥有量)。②家庭妇女。劳动力中(15 岁及以上)待业妇女总量。③单身家庭单元。单身家庭单元在家庭总数中的比例。

(3) 人种(种族)地位。它采用的变量或指数是少数民族占总人口的比例。

数据来源由城市内某个社会区提供,处理时对每一个生态因素提供一个权重。通过对每一项指标的打分,统计区被划为一系列的社会区类型,或者根据相关性绘制城市方格图。但是,该法存在以下不足:不能解释居民区的异同性、用三种生态因素不能明显得出分值和缺乏对数值的验证。

3. 社会区生态因子分析技术

关于社会区生态因子分析的技术方法已有很多,如因子分析、主成分分析、聚类分析、回归分析、关联分析、对应分析等。应用原理相同,只是在具体的分析处理过程中存在一些差异。其中,较适合社会区生态研究的方法是因子分析方法,这项方法最初是由心理学家开发,作为减少大量变量数的一种方式,用一些不可观测的随机变量(因子)来发现和解释观测变量之间的内在联系,即主成分分析,比较适用于对复杂的社会区生态因子的归纳处理。分析步骤由四个矩阵组成。在北美的一些城市运用该法得出的结果参见表 11-8。

结论:教育与职业性质显著相关;家庭妇女与生育力指标密切相关;生育率高、妇女比例高的地区,单身所占比例少,呈显著负相关。因此,可以将各因素归类,形成理想化社会区组成成分矩阵，见表 11-9。

表 11-8　理想化社会区相关分析表

变量	职业	教育	生育力	家庭妇女	单身住宅单元	黑人百分比
职业	—					
教育	×	—				
生育力	○	○	—			
家庭妇女	○	○	×	—		
单身住宅单元	○	○	×	×	—	
黑人百分比	○	○	○	○	○	—

注：○表示弱相关，×表示强相关。

表 11-9　理想化社会区组成成分矩阵

变量 \ 因素	经济地位	家庭地位	人种地位
职业	×	○	○
教育	×	○	○
生育力	○	×	○
家庭妇女	○	×	○
单身住宅单元	○	×	○
黑人百分比	○	○	×

注：○表示弱相关，×表示强相关。

经济地位标示职业性质和教育程度，家庭地位标示生育力、家庭妇女、单身比例等，人种状况标示黑人百分比。

11.3　北京社会区分析

11.3.1　研究区与数据

为了系统分析当代北京城市社会空间分异现象及其影响因素，我们运用因子生态方法进行社会区分析研究。

1. 研究区选择

北京市 1998 年辖区 14 个，市辖县 4 个，面积 16 101 km^2，其中中心城区 4 个（东城区、西城区、宣武区和崇文区），近郊区 4 个（海淀区、朝阳区、丰台区和石景山区），远郊区 2 个（房山区和门头沟区），新郊区 4 个（通州区、顺义区、昌平区和大兴区），市辖县 4 个（延庆县、怀柔县、密云县和平谷县）。本次研究集中在城八区，由 130 个街道（基层行政区）组成，按西城、东城、宣武、崇文、石景山、海淀、朝阳和丰台等区统计资料的统计口径，去掉城市边缘区的部分村庄及统计资料不详者，如丰台的云岗和王佐，海淀的永丰和苏家坨，石景山的首钢户办和聂各庄，朝阳的首都机场等街区，最后共选取了 109 个街道作为研究区，并标绘在 1/30 万比例尺的分区图上(图 11-5)。北京市分街道地图根据"北京市地图册(1994)"资料绘制①。

图 11-5　北京社会区分析研究区示意图

2. 数据采集

由于中国历次人口普查并不包括社会经济数据,本次研究数据主要来自 1998 年各行政区的统计资料,其他资料如收入和居住面积从 1998 年家庭调查资料中采集,住房价格则是基于同年发表的住宅市场报告。经初步分析,共划分出 15 类 32 个影响因子。考虑到各街区土地面积的不均等性、街区形状的不规则性及人口和户数的不可比性,在进一步分析中将部分可以相关联的影响因子合并成以平均值形式表示的因变量,共计 18 个,如表 11-10 所示。

表 11-10　北京城市社会区影响因素分类统计表

影响因素类别		影 响 因 子		主 要 变 量	
序号	一级因素	序号	二级因子	序号	因变量
1	人口情况	1	总人口	1	人口密度(人/km²)
		2	常住总人口数		
		3	年均出生人数	2	自然增长率(‰)
		4	年均死亡人数		
2	家庭模式	5	总户数	3	家庭户密度(户/km²)
		6	户均人口数		
		7	户均就业水平		
3	社会就业水平	8	就业指数	4	就业率(%)

---

① 北京市测绘设计研究院,北京市地图册(内部用图),1992 年版,1994 年重印。

续表

影响因素类别		影响因子		主要变量	
序号	一级因素	序号	二级因子	序号	因变量
4	性别比例	9	常住男性总人口数	5	性别比例(男/女)
		10	常住女性总人口数		
5	产业布局	11	机关、部委、工商、税务、金融、保险、驻京办事处、工商团体	6	机关密度(个/km²)
		12	科研、学校、邮政、电信、新闻、出版、医疗、卫生、图书馆、博物馆、纪念馆、展览馆	7	事业单位聚集度(个/km²)
		13	轻工业、重工业、高科技产业	8	工厂聚集度(个/km²)
		14	公司、集团及办公业	9	办公业及商业网点密集度(个/km²)
6	收入水平	15	国家机关单位职工年平均工资	10	平均收入(元/年)
		16	事业单位职工年平均工资		
		17	企业单位职工年平均工资		
7	少数民族特征	18	少数民族聚居区	11	暂住人口密度(人/km²)
				12	暂住人口率(%)
8	流动人口聚落	19	暂住人口数	13	少数民族及外来人口聚落
		20	流动人口聚落		
9	居住条件	21	居住面积	14	人均居住面积(m²/人)
10	居住小区特征	22	居住小区位置	15	居住小区密度(个/km²)
		23	居住小区数量		
		24	居住小区质量	16	居住小区均价(元/m²)
11	社会经济状况	25	利用外资水平指数	17	实际利用外资(万美元)
12	社会从业人员类型	26	国家机关从业人员		同 6、7、8、9
		27	事业单位及社会团体从业人员		
		28	企业和公司从业人员		
13	社会负担	29	就业人员负担人口	18	人均负担抚养人口(人)
14	生态环境条件	30	基础设施状况		归入居住小区价格因素中
		31	绿化覆盖率		
15	地域面积	32	土地面积		作为计算基数

资料来源：

(1) 街道土地面积(管辖面积)、常居人口、居委会数的资料取自北京市民政局，1994．北京行政区划简册[M]．北京：同心出版社．

(2) 机关密度(个/km²)、事业单位聚集度(个/km²)、工厂聚集度(个/km²)、办公业及商业网点密集度(个/km²)的资料取自北京师范学院地理系．1989．北京行政与企事业单位地图集[M]．北京：测绘出版社．

(3) 人口密度(人/km²)、自然增长率(‰)、家庭户密度(户/km²)、就业率(%)、性别比例(男/女)、实际利用外资(万美元)的资料取自 1998 年北京各区分街道年度统计资料(内部资料)．

(4) 平均收入(元/年)、人均居住面积(m²/人)的资料取自 1998 年北京家庭调查资料(内部资料)．

(5) 居住小区均价(元/m²)、住房价格则是基于 1998 年发表的住宅市场报告(内部资料)．

(6) 暂住人口密度(人/km²)、暂住人口率(%)、少数民族及外来人口聚落、居住小区密度(个/km²)、就业人员负担人口取自 1998 年各行政区的统计资料．

11.3.2 数据分析

我们首先利用城市与区域规划模型系统(张伟,顾朝林,2000)对原始数据进行预处理(表 11-11),剔除家庭户密度、机关密度、居住小区密度和实际利用外资等四个因子。

表 11-11 北京市社会经济变量基本统计(n=107)

变 量 名	平均	标准差	最小值	最大值
人口密度/(人/km²)	14 797.09	13 692.93	245.86	56 378.00
暂住人口率/%	6.81	7.55	0.00	65.59
性别比例(男/女)	1.03	0.08	0.72	1.32
自然增长率/‰	−1.11	2.79	−16.41	8.58
住房价格/(元/m²)	6686.54	3361.22	1400.00	18 000.00
工厂聚集度/(个/km²)	1.66	1.81	0.00	10.71
办公业及商业网点密集度/(个/km²)	14.90	15.94	0.26	87.86
少数民族及外来人口聚落(0,1)	0.10	0.31	0.00	1.00
平均收入/(元/年)	29 446.49	127 223.03	7505.00	984 566.00
人均负担抚养人口/人	1.53	0.22	1.34	2.14
人均居住面积/(m²/人)	8.89	1.71	7.53	15.10
就业率/%	0.60	0.06	0.47	0.73
户均人口数	2.98	0.53	2.02	6.55
事业单位聚集度/(个/km²)	8.35	8.60	0.05	29.38

对北京 1998 年的数据进行主成分分析,特征值如表 11-12 所示。根据特征值大于 1 的一般代表重要因子(Griffith,等,1997),我们选择四个主成分进行分析,覆盖总信息量的 70.38%。

表 11-12 主成分分析特征值

序号	特征值	贡献率	总比率	序号	特征值	贡献率	总比率
1	4.9231	0.3516	0.3516	8	0.5903	0.0422	0.9176
2	2.1595	0.1542	0.5059	9	0.3996	0.0285	0.9462
3	1.4799	0.1057	0.6116	10	0.2742	0.0196	0.9658
4	1.2904	0.0922	0.7038	11	0.1681	0.0120	0.9778
5	0.8823	0.0630	0.7668	12	0.1472	0.0105	0.9883
6	0.8286	0.0592	0.8260	13	0.1033	0.0074	0.9957
7	0.6929	0.0495	0.8755	14	0.0608	0.0043	1.0000

许多社会区分析如 Rees(1970)、Cadwallader(1981) 和 Knox(1987) 一般也都使用四个主因子,也是解释所有变量 70% 以上的信息左右。根据这四个主因子的因子载荷,我们将它们命名为土地利用强度、家庭状况、社会经济状况和种族状况四个主因子,见表 11-13。

表 11-13　北京社会区主成分因子结构(1998)

变　量	土地利用强度	家庭状况	社会经济状况	种族状况
事业单位聚集度/(个/km²)	0.8887	0.0467	0.1808	0.0574
人口密度/(人/km²)	0.8624	0.0269	0.3518	0.0855
就业率/%	−0.8557	0.2909	0.1711	0.1058
办公业及商业网点密集度/(个/km²)	0.8088	−0.0068	0.3987	0.2552
住房价格/(元/m²)	0.7433	−0.0598	0.1786	−0.1815
人均负担抚养人口/人	0.7100	0.1622	−0.4873	−0.2780
户均人口数	0.0410	0.9008	−0.0501	0.0931
暂住人口率/%	0.0447	0.8879	0.0238	−0.1441
人均居住面积/(m²/人)	−0.5231	0.6230	−0.0529	0.0275
平均收入/(元/年)	0.1010	0.1400	0.7109	−0.1189
自然增长率/‰	−0.2550	0.2566	−0.6271	0.1390
少数民族及外来人口聚落(0,1)	0.0030	−0.1039	−0.1263	0.6324
性别比例/(男/女)	−0.2178	0.2316	−0.1592	0.5959
工厂聚集度/(个/km²)	0.4379	−0.1433	0.3081	0.5815

11.3.3　因子空间特征

我们按土地利用强度、家庭状况、社会经济状况和种族状况四个主因子顺序进行空间特征描述。

1. 土地利用强度

土地利用强度由人口密度、公共服务密度、办公室和零售点密度、房价、就业率和抚养人口比例组成,其贡献百分率高达 35.16%,是当代北京城市社会区形成的主因子。根据其影响分值,归类后划分出五个等级,制成该因子空间分布图,见图 11-6。

正如经典的城市土地利用理论所解释的那样,高密度区(人口、公共事业和办公以及商业网点都比较密集)一般位于各类服务设施集中或者城市交通网络比较发达的地区,与之相对应,它们周围的房价也较高。在北京,土地利用高强度区主要在城市中心区,包括东城、西城、宣武和崇文四区,人口和家庭户密集,居住小区价格最高,房地产业发达,机关团体和企事业单位等办公业高度集中,商业服务业网络繁华,同时老龄人多,被抚养人比例高,就业率相对低。图 11-6 显示:在二环到四环之间,由于近期居住小区的修建和旧城居民的搬迁,出现了人口聚集的趋势,尤其在北三环和北四环之间及东四环和东三环之间,人口比较稠密;在北四环、西四环、东四环及南三环的外围区域,人口则相对稀疏。从土地利用强度因子得分空间分布看,以东城为中心,向西北、北和东北方向发散,呈同心圆分布模式。值得指出的是,这种同心圆结构具有不对称的特征,其圆环以 o 点为中心,依南北向的纵轴 y 轴为对称轴,东西向无对称轴。

2. 家庭状况

家庭状况主因子由暂住人口率、户均人口数和人均居住面积三个指标组成,其贡献百

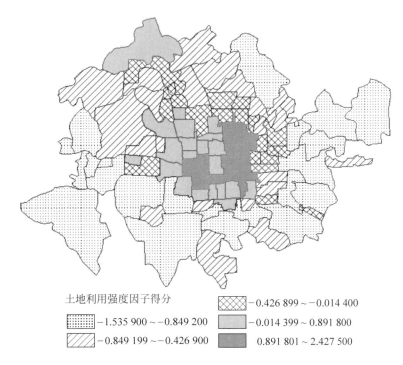

图 11-6 土地利用强度因子得分空间分布

分率达 15.42%。从总体上看,北京高暂住人口率与户均人口数多与人均居住面积大呈正相关。家庭状况主因子的空间分布呈扇形分布,尤其高得分的区集中在城市的西北一隅,见图 11-7。

如图 11-7 所示,北京的西北一隅吸引了大量的流动人口。从数据中我们可以发现,海淀区西北角的东北旺暂住人口率高达 65.6%,而全市平均不过 6.8%。从总体上看,流动人口主要居住在城市中心区和远郊区。

3. 社会经济状况

社会经济主因子由平均年收入和人口自然增长率两个指标组成,其贡献百分率达 10.42%。这两个因子呈负相关。社会经济主因子得分的空间分布,从总体上看,其空间分布呈同心圆与扇形混合分布状态,见图 11-8。

如图 11-8 所示,北京社会经济主因子得分较高的小区域主要集中在东城、海淀和朝阳部分区域。在东城区,主要居住有包括企业老板(以外企、房地产商和从事 IT 业和通信业的业主为主)、文体明星和多国使馆人员等高收入群体,他们可以支付高档居住小区、豪华别墅、繁华区的高级公寓等。在海淀区,历史上这一地区水源充足,地形起伏,自然景观优美,是皇亲国戚喜欢居住之地,区内还有颐和园、圆明园等。新中国成立后,这一地区又成为大学、研究所和高技术发展的地区,因此成为北京大多数中等收入群体集中区。在朝阳区,亚运村附近和机场高速公路沿线成为新白领喜欢居住的地区。值得一提的是,社会经济状况最高得分区位于宣武区的两个街道。事实上,宣武区是北京近年来城市发展相对衰

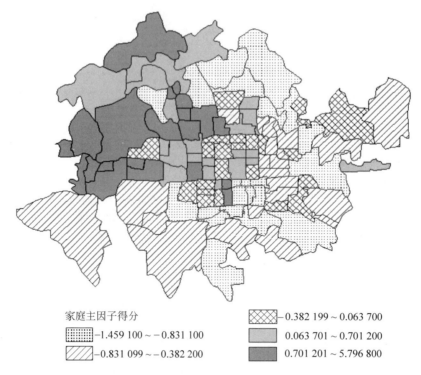

图 11-7 家庭主因子得分空间分布

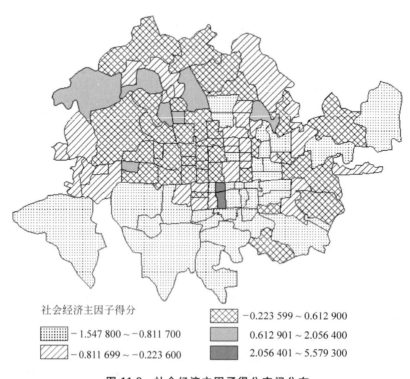

图 11-8 社会经济主因子得分空间分布

退的地区,但这两个街道地处内城,与东城区相接,主要居住群体为下海经商的新富和企业家。一些旧城拆迁户由多口之家组成,年龄构成集中在老龄和少年群体,多数家庭户得到的安置补偿费用只是房屋的价值,不能用来支付原拆迁地新居住小区追加土地成本和管理成本后的高昂费用,所以财富积累不足的拆迁户被动迁至城市近郊,形成城市中低收入居民群体。从图 11-8 可以看出,社会经济得分最低的区还是集中在城南,这和历史上的情形基本一致。从北京经济主因子得分空间分布看,空间上呈现出局部锲入的扇形模式,其含义类似于霍依特对扇形模式的解释,但与其不同的是,高收入居民群体与最低收入群体之间没有呈现显著隔离的分布现象,并且中等收入居民群体也并非总是坐落在前两者之间而成为夹心阶层。

4. 种族状况

种族状况主因子由少数民族及外来人口聚落、性别比例和工厂聚集度三个指标组成,其贡献百分率为 9.22%。在这三个因子中,少数民族及外来人口聚落与性别比例呈正相关。我们知道,中国改革开放前的城市基本上是工业化的产物,所以工厂聚集度与土地利用强度、家庭、社会经济和种族四个主因子均相关,不过在种族主因子上因子载荷最高。图 11-9 显示了北京种族主因子得分的空间分布。从总体上看,其空间分布呈多核心模式。

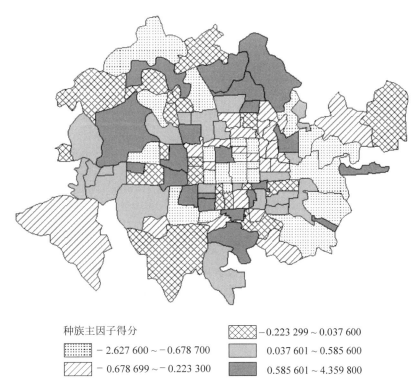

图 11-9 种族主因子得分空间分布

如图 11-9 所示,受少数民族及流动人口聚居程度的影响,北京种族主因子得分的空间分布的核心主要有牛街(宣武)、东花市(崇文)、大红门(丰台)、堡头(朝阳)、紫竹院(海淀)

以及其他城市边缘区的大屯、学院路、海淀乡、八宝山和老山等地区。图 11-9 显示,少数民族以回族为主,主要集中在牛街、堡头、东花市和紫竹院等三环以内地区。流动人口广布在三环以外的北部地区,局部地区已经形成规模,如大红门的浙江村、卧虎桥一带的河南村、大屯路的安徽村等地(Gu,等,1995)。

11.3.4　城市社会空间概念模型

赛克和拜尔经过研究发现:不同的主因素形成不同的社会空间类型,例如,社会经济状况的空间分异呈扇形,家庭状况多体现为同心环结构,种族状况一般呈分散的群组分布,这三种社会空间类型叠加在一起就是现实中看见的综合的城市社会空间,它们表现出高度的差异性和异质性特征(Shevky,等,1955)。卡德瓦尔德曾利用回归模型分析不同小区的因子得分,检查其空间分布究竟是同心圆模型、扇形模型或其他(Cadwallader,1981)。

我们依据环路将北京划分为四个圈层(二环内、二三环间、三四环间、四环外),用三个虚拟变量 x_2、x_3 和 x_4 来表示。类似地,我们将北京划分为四个扇面(东北面、东南面、西南面、西北面),也用三个虚拟变量 y_2、y_3 和 y_4 来表示。具体划分和虚拟变量取值见表 11-14。

表 11-14　北京同心圆与扇形结构分化分析

	标记	街道数	分化描述	基本条件
同心圆	1	27	二环路以内	$x_2 = x_3 = x_4 = 0$
	2	27	二环与三环之间	$x_2 = 1$, $x_3 = x_4 = 0$
	3	25	三环与四环之间	$x_3 = 1$, $x_2 = x_4 = 0$
	4	28	四环以外	$x_4 = 1$, $x_2 = x_3 = 0$
扇形	NE	35	东城区,朝阳区北部	$y_2 = y_3 = y_4 = 0$
	SE	17	崇文区、朝阳区南部、丰台区东部	$y_2 = 1$, $y_3 = y_4 = 0$
	SW	17	宣武区、丰台区西部	$y_3 = 1$, $y_2 = y_4 = 0$
	NW	38	西城区、海淀区和石景山区	$y_4 = 1$, $y_2 = y_3 = 0$

这样,一个简单的回归模型可被用于检查同心圆结构,可写成

$$F_i = b_1 + b_2 x_2 + b_3 x_3 + b_4 x_4 \tag{11-1}$$

式中,F_i 表示各因子得分($i = 1, 2, 3, 4$,分别代表土地利用强度、家庭状况、社会经济状况和种族状况四个主因子);参数 b_1 是二环内平均因子得分(当 $x_2 = x_3 = x_4 = 0$ 时),系数 b_2、b_3、b_4 分别是二三环间、三四环间和四环外所有街道的因子得分的平均值。

相同的方法,用于扇形结构的简单的回归模型可写成

$$F_i = c_1 + c_2 y_2 + c_3 y_3 + c_4 y_4 \tag{11-2}$$

式中,F_i、c_1、c_2、c_3、c_4 与式(11-1)具有类似的解释。也就是说,参数 c_1 是东北面平均因子得分(当 $y_2 = y_3 = y_4 = 0$ 时),系数 c_2、c_3、c_4 分别是东南面、西南面和西北面所有街道的因子得分的平均值。

回归结果如表 11-15 所示。表中 R_2 值的高低表示某因子是否适合于同心圆或扇形结构,从 t 值可以看出变量是否在统计上显著和显著程度。很明显,土地利用强度分布形式非常适合同心圆模型,系数 b_2、b_3 和 b_4 为负且绝对值增大,表示自内城向外环土地利用强度呈递减分布。家庭分布形态具有扇形结构的特征,系数 c_4 为正且统计上显著,表明在北京的西北部流动人口的比例很高。社会经济状态因子分布形态既表现了同心圆的特征,也具有扇形结构的特点。负的系数 b_3 和 b_4 表明在三四环间和四环外社会经济状态因子得分递减,正的系数 c_3 表明在西南面具有较高的因子得分,主要由于有两个高收入的街道(大栅栏和天桥,收入接近 100 万元)所致。种族因子的空间分布,既不适合同心圆分布模型,也不适合扇形结构,而是形成了一种多核结构。

表 11-15 同心圆与扇形模型回归分析

主因子		土地利用强度	家庭状况	社会经济状况	种族状况
同心圆模型	b_1	1.2980*** (12.07)	−0.1365 (−0.72)	0.4861** (2.63)	−0.0992 (−0.51)
	b_2	−1.2145*** (−7.98)	0.0512 (0.19)	−0.4089 (−1.57)	0.1522 (0.56)
	b_3	−1.8009*** (−11.61)	−0.0223 (−0.08)	−0.8408** (−3.16)	−0.0308 (−0.11)
	b_4	−2.1810*** (−14.47)	0.4923 (1.84)	−0.7125** (−2.75)	0.2596 (0.96)
	R^2	0.697	0.046	0.105	0.014
扇形模型	c_1	0.1929 (1.14)	−0.3803** (−2.88)	−0.3833** (−2.70)	−0.2206 (−1.32)
	c_2	−0.1763 (−0.59)	−0.3511 (−1.52)	0.4990* (2.01)	0.6029* (2.06)
	c_3	−0.2553 (−0.86)	0.0212 (0.09)	1.6074*** (6.47)	0.4609 (1.58)
	c_4	−0.3499 (−1.49)	1.2184*** (6.65)	0.1369 (0.69)	0.1452 (0.63)
	R^2	0.022	0.406	0.313	0.051

* 显著性 $t=0.05$,** 显著性 $t=0.01$,*** 显著性 $t=0.001$。

依据图 11-6～图 11-9 和以上分析,我们可以建立北京的城市社会空间的概念模型,见图 11-10。

11.3.5 城市社会区

我们利用聚类分析方法,特别运用瓦特的最小变量方法(SAS Institute Inc.,1991)根据 107 个街道的因子得分进行北京城市社会区划分。我们开始于五类区,然后逐步扩展到九类区,见表 11-16。这种方法划出的类型区,出现越晚的类将具有前一类的基本特征。例

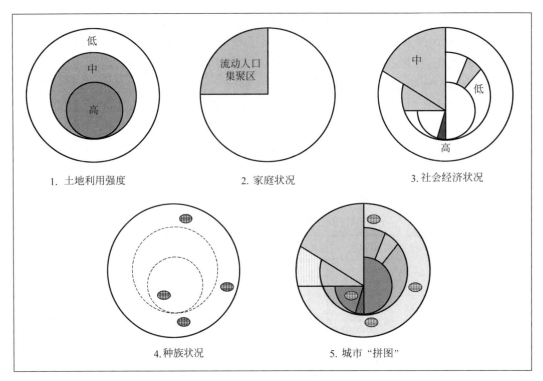

图 11-10 北京城市拼图的概念模型

如,第七类区是远郊少数民族和流动人口集聚区,因此也具有第五类低密度低收入区的特征。我们仅仅通过最初的五类社会区就能了解北京的基本社会结构,然而,最终的九类社会区能给我们一个更加清晰的北京城市社会空间结构。

表 11-16　北京社会区聚类分析

聚类顺序①		社　会　区	空间分布(见图 11-11)	街道数
基本聚类	1	远郊中等密度中等收入区	主要分布在西北郊(海淀区),少量分布在北郊(朝阳)	22
	2	近郊中密度低收入区	主要分布在内城外边缘的东郊(朝阳)	16
	3	远郊高流动人口制造业区	老制造业组团(石景山)	6
	4	内城高密度区	内城区	22
	5	远郊低密度低收入区	主要分布在东郊和南郊(朝阳和丰台)	21
来自聚类 4	6	内城最高密度区	内城东北角(东城)	10
来自聚类 5	7	远郊少数民族与流动人口集聚区	在朝阳和丰台的城市边缘区分散分布	7
来自聚类 4	8	内城高收入区	宣武区的大栅栏和天桥	2
来自聚类 4	9	内城少数民族与流动人口集聚区	宣武区的牛街	1

① 聚类数也表示聚类顺序。

如图 11-11 所示,土地利用强度很显然是形成集中的北京社会空间的主要因素。从内城(4、6、8、9类区)到近郊区(1、2类区)和远郊区(3、5、7类区),人口密度、事业单位聚集度和办公及商业网点密集度随着地价的递减而递减。当第六类聚类区被使用时,东城区从第四类区中析出成为内城高密度区。它具有最高的事业单位聚集度 21.53(全城平均才 8.35)和最高的人均负担抚养人口系数 2.14(全城平均 1.53)。高的人均负担抚养人口系数意味着有较多的退休和老年人在该区居住。家庭状况主要反映城市中的流动人口状况,是形成北京社会空间结构的第二主因子。这类流动人口主要被快速增长的海淀区(1类)的经济发展机会和石景山区的制造业区(3类)工作岗位所吸引。第三主因子(社会经济状况)的影响可以在两个内城的高收入区(8类)、中等收入区(1类)和郊区低收入区(2、3、5类)的差异中看出。中等收入的郊区主要由城市新贵、外企、合资企业高级管理阶层和私营企业老板组成(Hu,等,2001),他们有些人居住在新别墅和较好质量的住房区。然而,这类人口太少,他们的居住地在本次聚类分析中还无法体现。第四主因子种族状况直到扩展到七类才发挥作用。内城的少数民族集聚区(9类,宣武区的牛街穆斯林社区)成为独一无二的一种类型社会区。在远郊,一些少数民族和流动人口集聚区(城市东部的7类区,朝阳区的垡头穆斯林社区和其他六个流动人口集聚区)也明显地被划分出来。

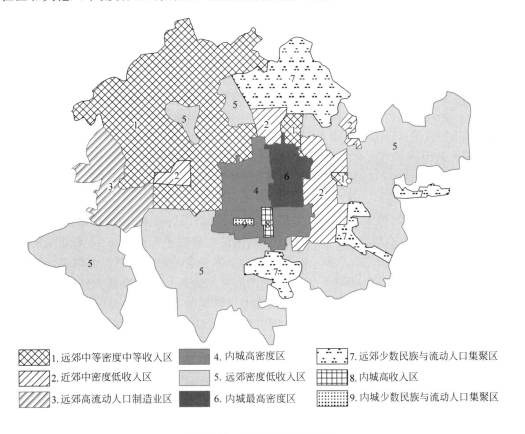

图 11-11 北京社会区(1998)

北京城市社会区主要特征可以概括如下。①远郊中密度中等收入区。该区主要位于西北郊（海淀区），少量分布在北郊（朝阳）。区内居民人均收入较高，效益较好的企业相对集中，外资投入比较大。在海淀区，中关村、大学园区和上地高科技园区的 IT 业、房地产业、电讯业和高科技产业的白领分布较多；在朝阳区，楼梓庄、高碑店和东坝等由于居住小区建设，京郊农民从京郊菜地向居住用地的转移中直接受益，居民的人均收入普遍提高，个人拥有车辆者居多。②近郊中密度低收入区。该区主要位于内城外边缘的东郊（朝阳），城市居民和京郊农民混居，以农民为主，城市居民以散居为主，群体特征不明显。③远郊高流动人口制造业区。该区位于以首钢及其附属产业为主的石景山区，邻近工业密集的地区，逐渐形成的建材基地、汽车修理厂和农产品供应场所聚集了大量经商、务工和择业的暂住人口，人员流动频繁，住宅简陋，环境较差，社会问题多，成为城市治安和环保工作的重点区。④内城高密度区。该区位于西城、宣武、崇文和三环以外部分老居住区的位置，属于北京市区的旧城区和中心商务区，发展历史悠久。它除了尚保留部分四合院和部分早期简陋的单元楼以外，由大批翻建的高层居住小区和公寓楼等充填，人口稠密。该区由于工作单位和商业网点云集，办公业发达，高层办公楼密度很高。在未改造的旧城居住区，家庭规模一般较大，老少三代兼有者居多，保留了纯正的北京方言、文化和习俗，堪称老北京的缩影。⑤远郊低密度低收入区。该区主要分布在东郊和南郊（朝阳和丰台）的和平桥、南苑、潘家园等，区内居民人均收入低，家庭负担较重，住房简陋，生活环境条件和卫生条件恶劣，社会秩序比较混乱。⑥内城最高密度区。该区位于内城东北角（东城），王府井-东单商业中心位于该区，也是国外驻华使馆、机构和外资银行、外企公司、高档饭店等集中分布的地区，集中居住了一批高收入阶层，环境条件良好。⑦远郊少数民族与流动人口集聚区。该区主要分布在朝阳和丰台的城市边缘区，呈分散分布，由两部分组成，即以回族为主的少数民族聚集区和流动人口集聚区，其中回民聚居区主要有崇文区的东花市、朝阳的常营回族乡，而流动人口主要聚居在三环以外，其中形成较大规模的是丰台大红门的"浙江村"、西城的"新疆村"、北郊的"安徽村"和东郊的"河南村"。该区异质社区的特征十分显著，居住群体具有较强的警惕性和排他性，社会帮派较多，与主流社会分异。同时，区内居民收入水平偏低，性别比较高，尤其在流动人口聚居区男性居多，由于婚姻和生育缺乏有效的控制机制，未婚同居者多，辍学儿童多，成为城市社会发展的隐患。⑧内城高收入区。该区位于宣武区的大栅栏和天桥，历史上是北京贫困阶层聚集卖艺、传统饮食和手工艺的地区，最近以刻字、电器和食品为主的轻工业聚集到大栅栏等地，也是字画古玩等的销售地，相当一部分人在最近几年的商品经济浪潮中狠挣了一笔，成为北京城内高收入区，也与整体经济衰退的宣武区形成鲜明的对照。⑨内城少数民族与流动人口集聚区。该区为宣武区的牛街，历史上是回民聚居区，具有典型的穆斯林文化。

推荐阅读参考资料

陈传康. 1986. 行为地理学的研究对象、内容和意义[G]//李旭旦. 人文地理学论丛. 北京：科学出版社：230-242.

顾朝林,丁金宏,陈田,等. 1995. 中国城市边缘区研究[M]. 北京:科学出版社.
许学强,周一星,宁越敏. 1998. 城市地理学[M]. 北京:高等教育出版社.
许学强,朱剑如. 1988. 现代城市地理学[M]. 北京:中国建筑工业出版社.
[英国]约翰斯顿 A R J. 1999. 地理学与地理学家[M]. 唐晓峰,李平,叶冰,等,译. 北京:商务印书馆.

习　　题

1. 名词解释
因子生态分析法、社会区、社会区隔离指标。

2. 简述题
(1) 简述因子生态分析法的缺陷。
(2) 简述隔离指数的计算方法。

3. 论述题
概述因子生态方法在城市规划中的应用。

参 考 文 献

顾朝林,王法辉,刘贵利. 2003. 北京城市社会区分析[J]. 地理学报,58(6):917-926.
许学强,胡华颖,叶嘉安. 1989. 广州市社会空间的因子生态分析[J]. 地理学报,44(4):385-397.
张伟,顾朝林. 2000. 城市与区域规划模型系统[M]. 南京:东南大学出版社.
张伟,顾朝林. 2000. 城市与区域规划模型系统[M]. 南京:东南大学出版社.
BOAL F W. 1976. Ethnic residential segregation[G]// Herbert D T, Johnston R J. Social Areas in Cities, Volume 1: Spatial Processes and Form. London: John Wiley & Sons: 41-79.
CADWALLADER M T. 1981. A unified model of urban housing patterns, social patterns, and residential mobility[J]. Urban Geography, 2: 115-130.
CADWALLADER M T. 1996. Urban Geography: An Analytical Approach[M]. Upper Saddle River, NJ: Prentice Hall.
CLARK W A V. 1986. Residential Segregation in American Cities: A Review and Interpretation[J]. Population Research and Policy Review, 5(2): 95-127.
DAVIES W K D. 1984. Factorial Ecology[M]. Aldershot: Gower.
GRIFFITH D A, AMRHEIN C G. 1997. Multivariate Statistical Analysis for Geographers[M]. Upper Saddle River, NJ: Prentice Hall.
HU X, KAPLAN D H. 2001. The emergence of affluence in Beijing: Residential social stratification in China's capital city[J]. Urban Geography, 22: 54-77.
KNOX P. 1987. Urban Social Geography: An Introduction[M]. 2nd ed. New York: Longman.
LE BOURDAIS C, BEAUDRY M. 1988. The changing residential structure of Montreal 1971—1981[J].

Canadian Geographer, 32: 98-113.

REES P. 1970. Concepts of social space: Toward an urban social geography[G]// Berry B J L, Horton F E, Abiodun J O. Geographic Perspectives on Urban Systems: with integrated readings. Englewood Cliffs, NJ: Prentice Hall: 306-394.

SAS Institute Inc. 1991. SAS/STAT User's Guide, Release 6.03 Edition[M]. Cary, NC: SAS Institute Inc.

SHEVKY E, BELL W. 1955. Social Area Analysis[M]. Stanford, CA: Stanford University Press.

SHEVKY E, WILLIAMS M. 1949. The Social Areas of Los Angeles[M]. Los Angeles: University of California Press.

第 12 章 城市社会学与城市规划编制

根据我国《城市规划基本术语标准》(GB/T 50280—1998),城市规划是"对一定时期内城市的经济和社会发展、土地利用、空间布局以及各项建设的综合部署、具体安排和实施管理"。城市规划作为政府调控城市空间资源、指导城乡发展与建设、维护社会公平、保障公共安全和公众利益的重要公共政策之一,自诞生以来就与城市社会学有着极其紧密的联系,并且随着社会经济的发展,城市社会学与城市规划的交叉日益显著,体现出从理论方法到实践工作的全面融合。

城市规划工作包括对规划的编制、审批和实施管理等步骤。其中,城市规划的编制是最初始的环节,也是与城市社会学结合得最紧密和最重要的环节。因此,本章主要介绍在城市规划编制环节中,城市社会学发挥作用的地方。

城市社会学与城市规划编制工作的结合,主要体现在两个方面:一是社会规划作为一项独立的系统性的专项规划,为城市规划提供从目标体系、社会人口分析、社会需求评估,到社会发展策略和社会影响评估的全方位支持;二是社会空间研究的视角和方法融入各级各类城市规划的编制工作中,为规划研究和策略拟定的过程提供了不同人群在城市空间分布和流动状态的分析依据[①]。

12.1 城市社会学与城市规划的学科渊源

从学科渊源上看,城市社会学与城市规划有着长久而紧密的联系。

12.1.1 城市空间规划与社会关怀

19 世纪中后期,随着英国工业革命在欧洲大陆的迅速发展,城市环境日趋恶化,同时出现了住房短缺、贫困等一系列严重的社会问题,律师、建筑师和社会学家等专业者和社会人士开始以合作团体的形式探讨解决方案。随着 20 世纪初各学科的不断完善,专业分化日益显著。社会科学更多地关注公共法制改革和社会的抽象建构,逐步远离了城市日常生活的"处方"研究;城市规划作为政府作用于城市的直接力量的代表,成为土地利用和空间规划方面的技术专业;社会福利则强调对特殊群体或个体的资金和心理支持。受当时盛行的实

---

① 12.1 节和 12.2 节两节内容主要参考:刘佳燕. 2009. 城市规划中的社会规划:理论、方法与应用[M]. 南京:东南大学出版社.

证主义思潮的影响,西方城市规划形成了以物质环境决定论为基础的理性综合的规划模式。规划师致力于通过对良好环境的塑造,试图以"砖石拯救"(salvation by bricks)的方法解决城市中的政治、社会和经济问题,并以客观中立的价值取向追求某种既定却又模糊的"公共利益"。"田园城市"、"广亩城市"和"光明城市"成为当时探索理想城市模型的代表。

第二次世界大战以后,英美等国大规模的旧城更新和贫民窟清理运动由于其社会不敏感性而广受批判。历史人文主义思潮和地方保护运动的蓬勃发展,激发了人们对社会公平、正义和个人权利的广泛诉求,推动了规划的评判标准从技术向价值的转移,以及对地方性特征的关注。林奇(Lynch,1960)、雅各布斯(Jacobs,1961)和亚历山大(Alexander,1965)等人的研究进一步揭示了人的心理、行为与城市空间环境之间的复杂关系,将规划的关注焦点引向作为社会生活主体的人的需求和发展上。系统理论和研究方法被引入城市规划领域,将作为目标对象的城市视为一个复杂系统,暗示了规划过程中需要综合理解城市的社会和经济功能,避免对物质形态和外观的单纯考察。公共利益不再是一个抽象的语汇,而是蕴含了社会公正、关注弱势群体利益、公众参与规划决策,以及规划师的社会责任等进步意义的社会思想。城市规划更多地体现为不同政治权力与社会利益相互博弈的过程,并涌现出倡导式规划(advocacy planning)和渐进式规划(incremental planning)等新的规划模式。

20世纪末,城市贫富分化、社会隔离等问题日益突出,出于对传统福利国家和新自由主义的反思,政府公共职能和社会政策重新受到重视。在社会科学领域,实证主义与人文、批判主义协调共存,新马克思主义城市理论、后现代主义规划理论等新的思潮相继涌现,"联络性规划"(communication planning)、"协作性规划"(collaborative planning)等规划模式不断被付诸行动,强调通过促进政府、市场和社会三方合作的制度化参与机制,实现多元利益的均衡协调和社会整合的目标。

12.1.2　城市社会学与城市规划的结合

在早期物理主义理论的基础上,城市规划中实现社会理想和社会福利的核心内容集中体现为社会服务设施的空间布局规划,强调由规划者合理决策社会服务设施的地理区位、规模配置、可达性和场地布局等物质特征,却往往忽视了服务质量及其与对象人群的联系。后来,随着环境行为学的兴起,规划者开始关注人造环境对社会交往和整合模式、生理和心理健康,以及相关社会、心理现象的影响,但仍然局限为一种技术性手段的拓展。

20世纪60年代及之后的近20年,是西方城市规划与城市社会学结合发展的重要时期。面对以高速公路建设、城市更新运动为代表的大规模城市环境建设与社会发展相脱节的问题,城市规划专业开始对舒适度、经济效益和美学效果这些传统工作重心进行反思,并寻求与社会学、社会工作、社会福利和行政管理等学科的结合,一项突出的实践内容就是在英美等国新城建设中广泛开展了以改善社会质量为目的的社会规划活动(Golany,1976)。

伴随着人文主义思潮的兴起,一些核心的社会因素开始纳入规划的主导思想,主要有:①人文因素。包括社会和文化环境,以及物质环境对社会关系、生理和心理健康、社会行为等的影响。②社会需求的供给。包括基本的社会服务,以及某些不容易界定的需求满足,如传统文化的保护、人类尊严等。③社会公正。指对个人和群体间不平等影响的关注。④社会整体的发展。社会发展目标从"财富中心论"向"人本主义"的转化。自此,城市社会学与城市规划在城市发展的诸多领域呈现出相互渗透的现象。

12.2 城市规划中的社会规划

城市规划中的社会规划,是以改善城市社会生活环境和生活质量为最终目标,关注对社会福利和社会整体发展有较大影响的规划策略,并确保社会目标在整个规划过程中的核心地位。

完整的社会规划包括以下内容:社会目标与指标体系、社会人口分析、社会需求评估、专项社会规划以及社会影响评价。在实践中,通常根据各城市的社会经济发展水平和面临的主要社会问题因地制宜地灵活确定社会规划的任务和主要内容。

12.2.1 社会目标与指标体系

1. 社会目标

城市规划中社会目标提出的意义在于:从社会发展的角度看待城市进步。例如,在经济视角下,教育被视为获取和提高报酬的手段;而从社会发展的角度看,教育具有提高个人和群体的文化认同和职业威信、提高社会诚信度、实现代际公正等更为深远和宏观的意义。

城市规划中的社会目标主要包括以下六个方面。

(1) 提高空间资源配置的适宜性,满足多元化社会需求,并提供多种选择。

(2) 创造宜人的城市景观和安全的城市环境,为社会的可持续发展提供良好的空间环境品质。

(3) 保障弱势群体的基本生活空间,推动社会结构和社会关系的优化。

(4) 保证社会公共资源分配过程和分配结果的公正与均衡。

(5) 将社会要素纳入城市发展目标,以及成本和收益的全面核算,实现社会与其他城市子系统的协调发展。

(6) 注重规划制定与实施中的民主决策,为社会群体提供利益诉求的渠道和平等协商的平台。

2. 社会指标体系

社会目标提出后,还需要转化为一系列的社会指标,才能在规划策略的制定、规划过程的监控以及规划成果的评估中发挥重要的指导作用。

社会指标是衡量和监测社会发展的"健康状态"的一种量化手段。它最早由美国学者鲍尔(Bauer,1966)提出。谢尔登(Sheldon)和穆尔(Moore)提出社会指标能"作出长期比较的时间序列,使人们可以把握长期趋势和不寻常的大幅度波动率",强调其时间序列性、过程性等特点和监控社会变化的能力。费里斯(Ferriss)将社会指标的研究对象界定为"社会过程中影响社会结构和社会准则的变化",突出其对于社会整体性和结构性特征的关注(朱庆芳,等,2001)。

社会指标的选取原则包括:①全面性。保证指标体系内容完整,层次结构清晰合理,能全面和客观地反映城市社会发展水平。②简明性。选择具有概括性和代表性的指标,避免含义相同或相近变量的重复出现,在基本完整反映发展状况的基础上,尽可能精简指标数目。③可信性。选用具有可靠来源的指标,注意避免统计口径不一致带来的数据偏差问题。④可操作性。选择可量化的指标,便于进行横向和纵向比较。

城市规划中常用的社会指标主要包括以下三类。

(1) 关于社会组织系统的指标

城市社会组织系统涉及的是城市人口的群体结构和社会生活的组织形式与特征,以及城市治理因素。合理的社会结构、稳定的社会秩序、良好的社会整合、有效的社会公正机制等要素,是实现城市可持续发展的基础。具体指标涉及人口规模及增长水平、社会结构、人口素质水平、外来人口状况、社会公平、社会组织能力、公民意识等方面。

(2) 关于社会文化环境的指标

良好的社会文化环境,不仅为城市人口提供舒适宜人的人文环境和生活氛围,更重要的是,通过提升人的素质和生活质量为城市的可持续发展提供必要的动力。具体指标涉及社会投资水平、物质生活质量、精神文化生活、社会安全、社会保障、社会整合、社区建设等方面。

(3) 关于主观评价的指标

这是对所有上述组织形式和环境投入所产生效果的主观评价,能够最直接和最根本地反映人们的最终所得和满意度,但同时也容易受到价值倾向的影响。具体指标涉及城市环境评价、公共服务评价、城市安全评价、政治和社会氛围评价、地方归属感等方面。

12.2.2 社会人口分析

任何规划活动的顺利进行都必须依托于其所处的特定社会人文环境。社会人口分析的任务就是加强对此环境的理解:一方面认识到社会是由拥有不同信仰、价值观念、需求、组织和行动模式的个人及群体组成;另一方面需要尊重社会发展的历史及其规律,从而更好地预测和引导未来的发展趋势。

广义而言,社会人口分析的内容可以包括社会人口特征、历史人文环境、社会组织制度、社会文化和社会心理等。其中,第一条,也就是关于社会人口特征的分析和预测工作,是最核心的内容,也是社会人口分析的狭义理解。它是科学编制城市规划的前提和基础,也是配置空间资源、提供公共服务等的重要依据。因此,这里主要基于狭义概念进行介绍。

不同于社会学、人类学和社会工作者等对社会个体的关注,城市规划中的社会人口分析重在探讨社会人口的整体性、结构性的特征及其变化,以及由此对城市空间布局和资源配置产生的影响。我国正处于城市化的快速发展阶段,城镇人口的数量、构成及其空间分布变化较大,并呈现出很多新的特点,需要在规划中予以特别关注。

社会人口分析通常包括以下内容。

1. 人口规模

对于一个城市或地区而言,未来社会人口规模可能出现的变化将直接影响到城市用地和各类设施的供给规模。人口规模预测的常用方法包括时间预测法、因果预测法和定性预测法等。随着我国城市社会人口流动性的增强,以及城市区域职住功能的相对分离,在人口统计数据上需要特别注意常住人口和户籍人口、居住人口与就业人口等相关概念的区别。例如对于以居住功能为主的"卧城",或就业高度集中的"产业城"及"商务区",如果仅根据户籍人口或常住人口的预测规模配置城市公共服务设施,就可能出现某些设施(例如商业、文体、休闲类设施和公共交通等)闲置或是供不应求的局面。

2. 人口结构

社会人口在年龄、性别、就业和家庭等方面构成的不同,将带来生活生产方式以及对城市公共资源需求的差异,因此需要在规划中对于人口的性别结构、年龄结构、家庭结构和就业结构等特点进行分析。相关内容将在12.3.2节中有较详细的介绍。

3. 人口流动

传统规划中关于社会人口的研究多偏重静态研究,而缺乏对人口迁移行为的关注。随着我国户籍制度的放开和城市化进程的推进,城市中外来人口的大量涌入和内部人口迁移现象的加速,既折射出城市资源和机会的空间分布差异对于人口流动的重要影响机制,又进一步强化了城市社会空间的分异现象,并给当地的服务共享、子女就学和文化融合等方面带来了新的挑战。以流动人口子女就学问题为例。据统计,2004年我国随父母进城的义务教育阶段适龄儿童已达640多万,仅广东省2004年年底义务教育阶段的流动人口子女已近80万(孟娜,等,2006)。2006年《中华人民共和国义务教育法》修订草案中已明确强调居住地政府对流动人口子女入学的责任,因而需要在规划中纳入对流动人口学龄子女的规模预测和学校资源配置,在流动人口聚居区适当增加学校数量或扩大建设规模,同时加强对民办学校的选址引导并纳入统筹规划,以避免资源浪费或恶性竞争。

4. 人口行为

人们的社会生活方式和出行方式等行为模式的转变,也会影响到城市不同类型用地的配置比例,以及各类服务设施的供给。例如当代社会人们休闲时间的增加和对生活品质要求的提高,促进了休闲度假场所乃至第二居所市场的发展,结果出现了许多被形容为"周末村"的地方。这种间歇性的人口流动,有可能带来对当地住房、休闲娱乐设施、道路、商店等设施的脉冲性需求,形成周末或旅游旺季人满为患,平时或淡季则缺乏生气的景象;外来群体与本地居民在经济水平和文化背景上的较大差异,有可能形成对当地服务的需求分化。同时,由于外来群体往往缺乏对当地场所的归属感,容易造成环境破坏或秩序混乱等局面。这些都对传统的用地规划和设施配套标准提出了更具弹性和灵活性的要求。

12.2.3 社会需求评估

1. 社会需求分类

社会需求(social needs),是人类个体和社会追求更高生活质量的理想和期望的表达。对城市规划和管理工作而言,社会需求概念具有重要的内涵和意义。它作为"现状"与"期望(或要求)"之间的差距(Kaufman,1994),反映出有机体在某种压力状态下,基于行动诱导而追求平衡恢复的动力。正是这种面向行动的动力,成为推动人类社会发展进步的核心力量。

关于社会需求有两种常用的分类模式。

(1) 马斯洛(Maslow)的需求层次理论

该理论将人的需求分为五个层次,从低到高依次为生理需求、安全需求、友爱需求、尊重需求和自我实现的需求。通常而言,在较低层次的需求得到满足之后,较高层次的需求才会凸显出来。但这并不意味在低层次需求没有得到满足时,就不会产生较高层次的需求。体现在规划中亦然。通常需要对那些最基本的需求予以优先考虑,但并不能因此而忽略人们,特别是低收入群体,对尊重、自我实现等高层次需求的渴望。例如新生代农民工,他们尽管只有较低水平的物质生活条件,但对于文化休闲的诉求并不亚于城市人。

(2) 布拉德肖(Bradshaw,1972)的需求四分法理论

该理论根据需求表达内容和方式的不同,将需求分为四种类型。

① 感受需求。相当于"希望"(want),是基于个体内在感觉的需求判断。通常通过社会调查中对研究对象的询问,获得此类需求信息。可为规范需求提供不同对象关于需求的主观评价。

② 表达需求。"感受需求"转化为外在行动要求的需求。类似于经济学原理中的"要求"(demand),即假设提高供给价格或增大支付代价,需求规模将相应降低。多用于对现有有限资源的配置和调整。实践工作中,服务供给机构多采用等候名单(waiting list)的形式测量未满足的表达需求的规模(York,1982)。

③ 相对需求。以类似特征群体为参照系,提供参考标准。常用于对新供服务的需求水平进行预测。其中特征群体的界定是关键。

④ 规范需求。行政、专业人员依据专业知识、标准或社会共识界定的需求。有助于提供易量化的目标。

2. 社会需求调查

前文中提到的各类需求,在调研获取的过程中都可能受到社会个体的主体感受、表达渠道、服务供给和获取情况、信息获取水平、社会价值观等因素的影响,一般都难以独立作为"真实需求"的完全度量。因此,在规划研究中,应充分理解不同数据获取形式所反映的需求类型及其信息传递的差异,根据规划要求进行选择,并尽可能获得至少一种以上类型的需求信息,以助于对真实需求的全面理解和判断。

社会需求调查的资料获取,应能够反映以下信息:①目标群体的社会特征和变化趋势;②当前和潜在的社会需求、需求满足过程中遇到的障碍和主要问题;③服务供给能力(包括现状供给情况和未来供给能力);④参照水平或规范标准;⑤主要的弱势群体。

应根据规划项目的目标、规模和任务的不同,因地制宜选择调查方法。例如随着规划层级从宏观向微观的推进,资料获取的重点也随之由普遍的和容易获取的公开数据转向更具地方性和详尽的一手调研数据(图12-1)。资料获取一般从最低层级开始,根据规划要求的深入,逐步向高层级推进,调查成本(人力、资金、时间等)的投入也随之不断增加。因而需要在规划工作前期,依据成本核算制定适宜的资料获取方案。

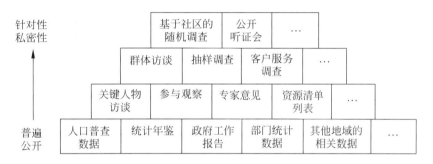

图 12-1　对应规划层级体系的信息金字塔

3. 社会需求分析

需求分析旨在确定需求产生的原因,包括现有和潜在的障碍和问题。

一个常用的方法是建立"特征-需求-服务"三维矩阵,区分不同特征的社会群体(例如按照年龄、性别、职业、社会经济地位等属性进行划分),研究他们的社会需求以及相应的服务供给之间的差距,从而获得不同公共服务资源的分配和优化方案,及其在规划方案中的优先权排序。

12.2.4　专项社会规划

现代城市规划的立法根源可以追溯到19世纪有关阳光、供水、防火和排污等改善工人阶级住房及其居住环境的制度。从1848年英国出台的《公共卫生法案》,到后来一系列的贫民窟改良计划,和保证建筑物拥有基本充足的空气流通和日照的新型建筑规范,其中的三个基本主题:健康、安全和住房,直至今日仍然是实现良好社会生活质量的基础。

随着人们对基本生活质量的理解从生存保障的生理角度转向心理和情感等更为广义的范畴,规划策略也从最低限度的保障,进一步扩展到对社会群体素质和发展潜力的投资,包括教育、文化和休闲等领域,为城市可持续发展提供长久的动力。

在社会规划中,可以分别针对健康、安全、住房、教育、文化和休闲等具体问题制定相应的专项规划策略。

1. 健康规划

新中国成立后,国家对城市中生活条件恶劣的地区进行了成片改造,如北京的龙须沟、上海的蕃瓜弄等,20世纪60年代形成了较完整的卫生设施、住房和建设标准,80年代以后较为集中地研究和解决了环境质量问题,形成了一系列的法律规范和规划标准,主要包括:①关于土地利用的区位、密度、性质、大小和建设方式等方面的规范;②居住区规划中绿地、日照、采暖、通风、最小层高等配置标准;③医疗设施配套标准,如居住区卫生设施配套标准、医院配套标准等;④环境质量标准,如大气、水体中有害物质含量、饮用水标准、城市噪声允许标准、污染源空间标准、放射防护规定等。

随着人们生活水平的提高和现代医疗技术的发展,更多的健康问题来自城市物质与非物质环境对人们生理和心理的综合影响。今天,对健康的定义已不再局限于没有疾病,而广泛扩展到生理、心理和社会福利的全面状态。城市规划中需要关注的不仅是医疗救治服务和基本卫生保障,还涉及健康教育、居住环境、社会交往和健康看护等保障社会群体健康愉悦地生活的系列问题。

健康规划的主要任务包括以下几项。

(1) 提供健康的居住和工作环境。不仅需要制定确保不危害人们身心健康的环境建设的最低标准,还应倡导营造宜人、可持续的物质和非物质的生存环境,既包括可直接促进健康发展的要素,也包括通过创造良好的交往空间、安全的步行环境等有助于促进社会交往的间接要素。健康影响评价(health impact assessment)已成为当前欧美国家规划评估中的重要内容。

(2) 建立健全医疗卫生服务网络。规划需要为医疗救治、预防、保健、康复、咨询服务等健康看护体系提供合理有效的空间配置。提供这些服务的一个重要基层载体就是社区健康服务网络。在《北京市城市总体规划(2004—2020)》中,提出形成以区域性综合医疗中心和社区服务中心(站)为主的医疗服务体系,进一步强化了社区健康服务的基础性地位。

(3) 通过设施布局和政策引导,避免城市健康状况的过度差异。现代城市中一个显著的现象就是社会空间分异带来人们健康状况在城市空间的不平等分布,如婴儿死亡率、传染病发病率等的地区间差异,通常与地区的社会经济特征密切相关,并主要聚集在贫困地区,与贫困、失业、犯罪和环境恶化等社会问题共同形成恶性循环。对这些地区的改造,如果只限于提供收入保障或医疗服务,显然不能从根本上解决这些问题,规划需要通过全面、整合的政策手段,以提高贫困者的社会经济地位为原则,使他们全面融入社会生活,公平享用各类健康服务设施,具有维持和改善自我健康状况的能力。

2. 安全规划

随着城市现代化进程的加速,城市规划和管理中对安全问题的考虑,由危及个体生命安全的洪涝、火灾、地震地质等重大自然灾害,扩大至危及社会整体利益及可持续发展能力的突发性公共事件。城市中大量外来人口的涌入和社会流动的加剧,社会人际关系的疏远和失范状况的增加,过度拥挤的城市空间和衰败地区的出现,从社会、心理、空间和时间等各方面都容易诱发城市不安全现象。城市犯罪问题成为影响生活质量和社会安定的重要因素。

传统上,犯罪预防和控制的重点在于"司法犯罪预防"。20 世纪 60 年代,关于犯罪与社会解组和经济边缘化的理论,促使人们深入犯罪问题的核心,将其视为社会不公平或功能失衡的产物,并通过一系列的社区发展项目以达到"社会犯罪预防"的目的。然而,近半个世纪以来的实践显示,这两种手段对犯罪的抑制效果都存在局限性。人们开始将关注重点转向"情景犯罪预防"。

情景预防的概念原型来自雅各布斯在《美国大城市的死与生》(1961)中提出的"街道之眼",并受到犯罪学家杰弗里(Jeffery,1971)提出的环境设计理论和美国建筑师纽曼(Newman,1972)提出的可防卫空间理论的影响。1980 年英国学者克拉克(Clarke)和梅休(Mayhew)在为英国住房办公室所做的研究中首次提出"基于环境设计"的情景犯罪预防策略。如今,情景犯罪预防以其低投入、可操作性强和效果长久等特点,已广泛成为世界各国城市(尤其是在社会规划中)安全规划的核心内容。

情景犯罪预防是指通过分析时空、机会和条件等情景因素对犯罪人理性抉择和犯罪决策的影响,设计出一种较为普适性的环境规划和管理策略,通过增加犯罪的风险和成本,减少可能的犯罪回报及各种目标物对犯罪人的吸引力,实现对犯罪行为的事前预防(郝宏奎,1998)。相应的规划策略主要包括以下几项。

(1) 城市用地规划。通过合理的城市用地布局,创造安全便捷的交通联系和公共活动场地的可达性,有效引发和组织各种公共活动的混合开展,从而获得更多的"街道之眼",营造良好的场所感和安全感。

(2) 开放空间规划。人们对开放空间的使用基于其中形成的安全感和舒适感。高使用率同时又将进一步促进安全感的提升。一个常用策略是通过吸引各类人群(尤其是老年人)开展多种积极和消极的休闲活动,创造更多的自然监视。

(3) 城市设计。通过对构筑物、植栽、围栏、铺地等的精心设计,明确界定公共与私人领地范围,促进场地的日常维护和管理,同时避免形成诱发犯罪的视线盲区。

(4) 公共交通设施规划。作为人们日常出行的重要工具,公共交通设施的使用在很大程度上将受到犯罪活动或对其恐惧感的影响。在规划设计中,应充分考虑自然监视、照明和通路联系等安全要素,并保持设施的良好维护。

(5) 建筑设计。通过单体建筑的设计,形成自然监视和减少犯罪机会,有助于附近公共场所整体安全感和活力的提升。

(6) 照明规划。良好的照明能促进夜间公共场所和道路的可视度和吸引力,提高其使用率和安全感。

实践显示,在城市规划和建设中,实现情景预防与司法预防、社会预防三种手段的有机结合,是预防城市犯罪和违法行为的有效措施。

3. 住房规划

从发达国家走过的道路来看,完全依靠市场的力量无法全面解决社会住房问题,政府有必要适时适度地对市场进行干预,人人享有住房的权利已被写入多国宪法。政府在住房供给结构和规划建设标准等方面发挥着重要的调控作用,住房规划是政府公共职能的核心内容。

面对我国住房市场化发展进程中房地产领域不断暴露的问题,国家日益强调政府在市场引导和调控中的重要职责。在2006年4月1日起执行的新的《城市规划编制办法》中,明确提出城市总体规划的中心城区规划中应"研究住房需求,确定住房政策、建设标准和居住用地布局;重点确定经济适用房、普通商品住房等满足中低收入人群住房需求的居住用地布局及标准"。同年5月24日建设部等九部委联合发布《关于调整住房供应结构稳定住房价格的意见》,要求"各级城市(包括县城)人民政府编制住房建设规划,明确'十一五'期间,特别是近两年普通商品住房、经济适用住房和廉租住房的建设目标,并纳入当地'十一五'发展规划和近期建设规划",以及"要重点发展满足当地居民自住需求的中低价位、中小套型普通商品住房"。2008年国务院机构改革,建设部正式更名为"住房与城乡建设部",将住房工作作为首要任务,显示出加强住房保障工作的决心。

住房规划的主要任务包括以下几项。

(1) 鼓励和引导多样化的、可支付的住房供给。通过对未来不同地区的居住人口规模、家庭结构、可支付能力、生活习惯等及其带来的差异化住房需求的预测,提供多样化、适宜的住房选择。通过用地布局、土地利用规范、基础设施建设等引导和控制途径,以及多种激励性的开发机制,如密度、高度、容积率奖励、开发权转移等,鼓励并引导开发商和社会机构等共同参与住房供给。

(2) 创建宜居社区。一套好的住房能够满足人们生活起居的需要,而一个宜人的社区环境将为人们的工作、出行、休闲和购物等活动带来生活的便利、心情的愉悦以及更多的发展机会。需要从社区整体层面制定规划准则和评价指标,规范并引导环境宜人、生活便利和可持续发展的宜居社区建设。例如美国绿色建筑委员会、新城市主义协会和自然资源保护协会2005年联合推出面向社区规划的可持续发展评估体系 LEED-ND(LEED for Neighborhood Development),围绕"紧凑、完整和有机联系的社区"指标从紧凑开发、交通导向、混合式的土地利用和房屋布局、友好的自行车和步行系统设计等方面制定考察标准(US Green Building Council,等,2005)。

(3) 保障社会住房供给,促进混合居住。为低收入家庭提供合适的社会住房,是政府的公共职能在住房规划中最核心的体现。首先,需要将社会住房项目纳入城市总体规划、土地利用总体规划以及住房建设规划中统筹考虑,并对其建设用地予以明确保障。2013年2月26日《国务院办公厅关于继续做好房地产市场调控工作的通知》(国办发[2013]17号)中明确要求,"在城市总体规划和土地利用、住房建设等规划中统筹安排保障性安居工程项目",进一步强调了社会住房建设与城市发展的全面结合。其次,社会住房的空间布局应与城市公共交通、就业以及教育、医疗等公共服务资源整合考虑,以降低弱势群体的综合生活成本,并获得充分的发展机会。例如,在中低收入群体就业密集区域以及城市轨道交通站点周边应提供更多的社会住房。最后,社会住房的空间布局应力求相对均匀,避免过度集中。鼓励社会住房和商品住房的混合开发,以促进不同群体的居住混合,防止新的社会空间隔离现象的产生。

（4）设定住房建设标准，引导合理消费。从住宅的环境生态指标、户型、面积、建筑形态和基本性能等多方面提供全面的可行性论证和技术标准，通过强制性规范保障基本的住房建设标准和居住的安全与健康；同时，面对住房消费领域出现的过度超前消费、盲目追求大户型和崇尚奢华等不良倾向，应进行合理引导。

4. 教育规划

教育系统作为一个覆盖整个城市所有年龄段居民的庞大体系，其社会意义不仅在于能为学习者提供发展的能力和机会，更在于它是实现男女之间、不同社会阶层之间和代与代之间平等的重要途径。

教育规划的主要任务包括以下几项。

（1）教育设施层级网络的优化设置。避免教育资源空间分布不均衡的问题，深入调研当地就学儿童的实际需求并科学预测其发展趋势，合理配置不同级别和内容的教育服务设施。

（2）设施用地的合理布局。学校布局应避免邻近主要交通干道或工业区，应拥有良好的日照，与绿地和开敞空间有直接联系，并与城市的步行和非机动交通系统有便捷、安全的联系。

（3）重视新城（新区）的教育规划。新城（新区）因其建设的长期性和学龄儿童规模的不确定性，教育设施建设往往出现滞后现象。这一方面需要灵活而富有弹性的设施规划，如现有设施的改扩建和再利用；另一方面，则需要严格的政策制度来保障规划中的预留教育用地（主要指公共教育设施用地），避免挪为其他营利性用途。

（4）充分考虑职业技能培训和成人教育的发展需求。将职业教育和成人教育整合到教育规划中，甚至是城市整体功能布局和产业发展政策的考虑范畴，实现教育培训与产业发展需求的良好衔接，以及两者在城市用地布局的紧密联系。社区应成为职业教育和成人教育发展的重要阵地。

5. 文化和休闲规划

这里文化的概念，不仅限于"通过教育手段发展人们的智力和道德能力"的狭义理解，而更为强调在历史和现代社会生活层面上维系和发展社会形态及生活规则的重要含义，因而在城市发展中具有强化社会凝聚力和发展潜力的独特作用。休闲则是将文化活力融入日常生活，并进而蕴育创意氛围和强化社会纽带的重要手段。理查德·佛罗里达（Richard Florida）的研究揭示，城市传统文化要素的保护和复兴、良好城市文化景观的塑造和现代休闲文体活动的发展，共同形成了多样性的城市文化氛围，对城市社会活力和城市竞争力的形成都有着积极的作用（佛罗里达，2010）。

文化和休闲规划既包括城市历史文化资源的保护和更新，也包括现代人文化休闲氛围的营造。应通过规划提供丰富、宜人的文化服务和休闲机会，培育并推进城市和社区的文化认同感。规划的主要内容包括以下几项。

（1）城市历史文化保护规划。历史文化要素的保护范畴不仅包括保护区内的文物古迹，建筑群及其与历史地貌和地形之间在功能、视觉、物质和联想等方面有重要关联的地方，还应考虑相关的过去或现在的社会和精神活动、习俗、传统知识等非物质文化遗产。

(2) 文化景观规划。文化景观强调可以借助城市景观来解释和认知城市文化,研究对象包括物质和非物质的要素。规划方法包括传统二维空间的控制手段,以及通过高度轮廓和景观视廊控制等空间控制手段。我国传统城市文化景观的一个重要特征是空间要素之间的格局关系,需要在规划中予以重点关注和保护。

(3) 文化休闲设施规划。休闲文体活动成为人们放松心情、强健体魄、提高文化艺术修养、培育家庭和朋友情感联系的重要途径和优先选择。完善的文体娱乐设施成为当前城市开发中带动地区住房消费的有效手段,某些重要的城市文化和宗教文化及其空间载体还可以视为整合社会群体的纽带(如欧洲城市中的教堂)。需要根据不同阶层人群对文化和休闲活动的认知和需求差异,规划具备良好可达性和开放性的活动空间。

12.2.5 社会影响评价

关于城市规划影响的评价研究,通常包括三种途径:①评价规划对于政策目标的实现程度,以及执行情况和途径,这也是最传统的关注点;②评价规划作为一系列程序的效力问题;③评价规划在自然环境、社会变革以及人类健康、福利保护中的产出。

大部分城市规划中的评价活动都集中于前两种方式,而往往忽视规划活动对于自然和社会系统的外部性影响。即使在实践项目中有所涉及,也以财务评价和经济评价为主。面对可能出现整个邻里社区的迁移、传统社会网络的摧毁等将对当地居民生活和工作方式造成的严重社会影响,传统观点也认为项目带来的巨大经济效益可以弥补这些影响,而不考虑这些经济效益中究竟有多少是真正为利益受损群体所享有。或者,即使开展了所谓的社会影响评价,也以技术经济范式下的社会效益分析占绝对主导地位,更多体现为经济评价的"附属品",出现虚设、夸大社会效益以增加项目"可行性"的现象(王朝刚,等,2004)。

事实证明,一个规划项目的成功与否,在很大程度上受到当地社会文化环境接受程度的制约。这些都要求在城市规划中引入对潜在社会影响的评价内容。20世纪70年代以来,一种基于社会学和人类学视角的社会影响评价在国际社会广泛兴起。强调通过社会影响评价,有效识别并化解规划活动可能带来的贫困、社会不公平、文化冲突等社会风险和不利影响,减少社会成本,提高项目的社会适应性和整体实施效益,见表12-1。

表12-1 社会影响评价的范式分类

范式分类	理论基础	方法	研究主题	研究共同体	类型
技术经济范式	科学主义	工程技术、经济学方法收集资料,数学工具分析资料	研究项目"剩余",即除了技术、经济、环境以外不易说清的部分	技术专家;财务评价专家;经济评价专家	国民经济评价中的社会效益分析;经济评价加入分配分析;项目的国家宏观经济分析
社会学范式	人本主义	参与观察、访谈、座谈会等社会研究方法	研究作为整体的"项目社会",特别关注项目受影响群体	社会学家;人类学家;掌握社会研究方法的规划师	社会影响评价(美国);社会分析(英国);社会评价(世行)

所谓社会影响评价,是指通过识别、监测和评价规划干预行动可能或已经带来的各种有意或无意、积极或消极的社会影响及社会变化过程,促进利益相关者对干预行动的有效参与,从而优化行动实施方案,规避可能出现的社会风险。

这种社会学范式的评价方法应用于不同国家和机构的工作中,呈现出不同的称谓和差异性内涵。例如,在美国通常称为"社会影响评价"(social impact assessment),最早确立于1969年的国家环境政策法令,作为环境影响评价的组成部分,后来被推广并独立应用于水资源开发、城市建设、土地资源管理和对外援助等项目中;世界银行等国际机构普遍使用"社会评价"(social assessment)一词,作为在发展中国家开展投资项目可行性研究的重要组成部分,用于分析项目实施与受影响国家或地区特定社会文化环境之间的相互作用;在英国则常称为"社会分析"(social analysis)。

目前,国际上社会影响评价的发展重点已逐步向战略评价环节转移。也就是说,在规划决策阶段就提出有效的预防和缓解措施,避免在社会问题出现后进行亡羊补牢的二次资源消耗。

社会影响评价的基本程序包括以下七大步骤,见图12-2。

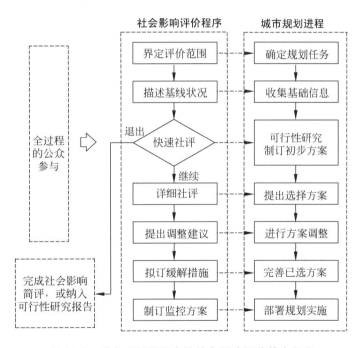

图 12-2　城市规划进程中的社会影响评价基本程序

1. 界定评价范围

根据规划任务的初步界定,识别规划影响涉及的地理空间范围和关键的利益相关群体,制定公众参与框架。

2. 描述基线状况

基线状况是指规划活动所在地人居环境的现状情况和历史趋势。通过社会调查和社会分析获得规划地段的基线状况,并初步选定评价要素。

3. 快速社会影响评价

考虑到任何规划活动都与人类社会密切相关,从理论上讲,社会影响评价适用于各类规划项目。然而,由于社会影响评价需要较大的人力、资金和时间投入,复杂度和难度都较大,因此,需要通过快速社评界定出那些现状社会问题突出、社会目标主导或潜在社会影响严重的项目,进一步开展全面详细的社会影响评价。

快速社评一般与规划项目的初期社会调查相结合,其特点在于需要在非常短的时间内做出是否需要继续评价工作的判断(如果为"否",评价进程终止;如果为"是",则继续进入详细社会影响评价阶段)。通常快速社评主要采取专家决策的形式,以反映社会结构性特征和问题的数据信息作为调查分析的重点。

4. 详细社会影响评价

对于规划方案可能造成的社会影响进行详细深入的再次评价,尤其需要充分评价可能的间接影响、二次影响和累积影响。

所谓的"社会影响",是指公共或私人行为的后果,带来人们生活、工作和游憩方式,以及相互关系和组织形式的改变,此外还包括文化层面的影响,体现在规范、价值观和信仰等方面(The Interorganizational Committee on Principles and Guidelines for Social Impact Assessment,2003)。社会影响评价指标的选取广泛涉及社会人口结构、经济特征、社区环境、组织制度、社会文化与社会资本等内容,见表12-2。

表12-2 社会影响评价指标体系

作 者	变 量
Taylor,等,1995	人口变化,生活方式,态度、信仰和价值观,社会组织
Burdge,1999	人口影响,社区和制度安排,转型中的社区,个体和家庭的影响,社区基础设施需求
Branch,等,1984	直接的项目投入,社区资源,社区社会组织,个体和家庭的幸福指标
The US Bureau of Reclamation (2002)	人口,社区组成,社区基础设施需求,社区态度和制度结构,社区认同及其对水资源的态度,个体和家庭,社会公正以及关于原住民的责任
The Interorganizational Committee on Principles and Guidelines for Social Impact Assessment(2003)	人口构成,社区和制度结构,政治和社会资源,社区和家庭变化,社区资源

资料来源:Taylor, et al,1995;Burdge,1999;Branch, et al,1984;The US Bureau of Reclamation,2002;The Interorganizational Committee on Principles and Guidelines for Social Impact Assessment,2003.

5. 提出调整建议

综合比较可选方案的潜在社会影响,提出方案优化建议和改善项目实施效果的具体措施。

6. 拟订缓解措施

针对可能的负面社会影响,提出替代性、修改性或补偿性策略。

7. 制订监控方案

对于缺乏详尽信息或有高度变数和不确定性的项目和计划,制订对规划全过程进行监控的方案显得尤其重要。

需要强调的是,当前国际上社会影响评价的发展趋势是从单纯的专家决策逐步转化为一种大众影响决策的社会参与过程。因而,公众参与应贯穿评价的全过程。

12.3 城市规划编制中的社会空间规划研究

我国早期的城市规划研究工作,通常仅从规模、密度等层面考虑社会人口在城市空间的分布情况,应该说这在城市社会经济高度均质化的计划经济体制下是可行的。然而面对当前日益分化的城市社会空间格局,需要对社会人口的构成属性、流动态势和需求分化等方面进行深入的分析,并进一步投影到城市空间的分布上,从而为城市空间资源的协调与公正分配提供支撑,更好地满足社会需求和促进社会发展。

12.3.1 城市社会空间规划的目标

城市社会空间规划的根本目的是促进城市社会空间的协调可持续发展。具体而言,包括以下三大目标。

(1) 保障社会公平,关注面向弱势群体的资源供给和能力提升。
(2) 促进社会融合,避免社会空间的过度分异与隔离。
(3) 提高生活质量,为所有社会群体提供多元化、高水平的城市公共资源和发展机会。

要实现这些目标,仅仅通过政府对住房市场空间布局的干预是远远不够的,必须看到社会空间分异背后社会资源、权利和发展机会的不均衡现象,规划的重点也就落在了那些与社会生活质量和发展权利紧密相关的领域,主要包括住房、医疗健康、安全、教育、文化和休闲等方面。

12.3.2 城市社会结构分析

城市规划工作是围绕人及其对于城市土地和空间资源的需求而展开的。关于人,仅有数量的概念远远不够,还需要关于"质"的研究,即社会属性的差异性。同时,规划关注的不是某几个人的社会属性,而是各类社会群体的结构性特征。

根据人们社会属性的不同,城市社会结构分析的内容涉及性别、年龄、职业、受教育程度、家庭、民族和职住人口构成等方面。

1. 性别结构

通常使用性别比或男(女)性别构成指标来反映一个人口的性别结构。具体计算公式如下:

$$性别比 = \frac{男性人口数}{女性人口数} \times 100$$

$$男(女)性别构成 = \frac{男(女)性人口数}{总人口数} \times 100\%$$

不同性别人口出生率或死亡率的差异、社会的性别歧视、大量劳动人口的流入或流出,以及战争等因素,都可能造成某个城市或地区人口性别结构的失衡,或导致某些年龄层的性别比发生突变,从而带来一系列的社会问题。

出生人口性别比,指每出生百名女婴相对的出生男婴数。国际上通常将出生人口性别比处于102~107视为正常水平。在我国这一数值已多年来持续偏高,2008年高达120.56。其背后蕴含着深刻、复杂的社会、经济和文化原因。其中一个根本的社会原因是女性在经济能力、基本权益、生存条件、发展机会和社会评价等方面长期处于弱势地位,导致大量育龄夫妇在生育行为中出现了"男孩偏好"。出生人口性别比长期失衡的一个累积效应,体现为"婚姻梯度挤压"现象。也就是说,在不久的将来,大规模适龄男性可能面临"娶妻难"的问题,"老夫少妻"、"城里哥找乡下妹"等现象将日益显著。最严重的后果将发生在偏远贫困地区,诱发买卖婚姻、拐卖妇女儿童、卖淫嫖娼等违法犯罪行为,危及婚姻家庭和社会稳定,甚至波及城市社会。

2. 年龄结构

通过绘制人口年龄结构图或人口金字塔图(age-sex pyramid)可以直观形象地表现出社会年龄的分布情况。人口金字塔图可以同时反映出人口的年龄和性别构成。纵轴为年龄数,可以按照1岁、5岁或10岁等距划分各年龄段;横轴为人口数,左侧为男、右侧为女,用水平条代表每一年龄组男性和女性的数字或比例。金字塔中各个年龄性别组人口数相加就构成了总人口规模。

另外还有一些常用指标可用于反映年龄构成的特征,包括以下几项。

(1) 老年人口比重。也称老年系数,指60岁(或65岁)及以上老年人口占总人口的百分比。这是反映人口老龄化程度最重要的指标。国际上通常认为,当一个国家或地区65岁及以上老年人口占人口总数的比重达到7%时,即意味着这个国家或地区处于老龄化社会[①]。

[①] 国际通用惯例是以15~64岁人口作为劳动年龄人口,65岁及以上为老年人口。在我国,老年人口有60岁及以上人口或65岁及以上人口两个标准。

(2) 人口年龄中位数。这是反映人口年龄结构的另一个重要指标。年龄中位数是将总人口按年龄排列分成人数相等的两部分的年龄。

(3) 人口抚养比。又称人口抚养系数、人口负担比（系数）。为了表示社会对不同人口的负担情况，常用的抚养比指标有以下几项。

① 总抚养比＝[(0～14岁少年儿童人口数＋65岁及以上老年人口数)/15～64岁劳动年龄人口数]×100%

② 少儿抚养比＝(0～14岁少年儿童人口数/15～64岁劳动年龄人口数)×100%

③ 老年抚养比＝(65岁及以上老年人口数/15～64岁劳动年龄人口数)×100%

人口年龄结构不仅可以作为预测未来人口自然增长规模的依据，同时还可以反映出社会群体关于城市就业、住房以及教育、医疗、休闲等公共服务资源的需求变化，指导规划进行相应调整。例如，育龄妇女比重高将带来大规模婴幼儿的出生，对医疗卫生、学前教育和基础教育、家政服务等产生集中需求。20世纪中期英国新城建设的早期阶段，由于文体娱乐设施相对缺乏且主要面向成年人，大量青少年不得不到中心城区寻求娱乐活动，久而久之就在市区工作而迁出新城（Golany，1976），造成新城下一代主力群体的流失。人口老龄化更将对城市住房供给、医疗资源配置、社区养老设施和适老化环境建设等带来一系列挑战。

3. 家庭结构

家庭结构反映了不同类型家庭（包括家庭的人口规模、性别以及辈分组成等方面）的构成情况。

家庭结构小型化是当代城市社会的一大发展趋势。传统上三代、四代同堂的情形越来越少见，丁克家庭、单身家庭、单亲家庭的比重日益升高。1964年中国家庭户规模为4.43人，到2010年降至3.10人（中华人民共和国国家统计局，2012）。由此带来的一个直接影响就是对城市住房需求的变化，主要体现为对住房套数和面积总量的需求增加，对中小户型住宅的需求比重也会相应增长。以宁波市江东区为例，根据2010年第六次全国人口普查的数据，家庭代数与住房房间数基本呈正相关。其中，一代户和二代户有两间房的比例最大，分别占42%和45.1%；三代户和四代户有三间房的比例最大，分别占45.2%和54.7%（宁波市江东区统计局，2013）。

4. 民族结构

我国民族构成的多样性有助于极大地丰富社会文化生活。但另一方面，不同民族之间由于语言、风俗、习惯等的差异性容易出现矛盾冲突，因而对于少数民族聚居地区尤其需要予以特别关注。

随着我国城市开放度和吸引力的增强，少数民族人口呈现快速增长趋势。以北京和上海为例，2000—2010年的10年间，少数民族人口分别增长了36.8%和165.9%，到2010年少数民族人口总量分别达到80.1万人和27.56万人，并且少数民族个数均达到55个，覆盖了国内所有的少数民族类型。可见，民族融合问题已不再局限于偏远农村地区，而将逐渐成为各大城市共同面对的话题。

5. 职住结构

不同于乡村社会中人们都在同一片土地上生活和劳作,在城市,特别是在大城市中,一个人的居住地和工作地常常呈现出空间分离的状态,从而产生职住分离的特殊城市现象。

一般用"昼夜人口比"来测度某个特定地域内的职住结构,计算公式为

$$昼夜人口比 = \frac{就业人口数}{居住人口数}$$

美国统计部门常用的日间人口数统计办法有：①日间人口数＝总的居住人口＋(在此工作的人口数－在此工作和居住的人口数)－(在此居住的工作人口数－在此工作和居住的人口数);②日间人口数＝总的居住人口＋在此工作的人口数－在此居住的工作人口数。这两种计算方法对人口统计数据的全面性和精确度的要求都较高。在我国,日间就业人口数通常从基本单位普查和经济普查资料中获得,夜间居住人口数则使用人口普查资料中的常住人口数。

根据一个地区的昼夜人口比值,可以基本判定其职住人口结构属性,见表 12-3。

表 12-3　昼夜人口比与职住结构的关系

昼夜人口比	职住结构
>1	就业人口为主
=1	职住平衡
<1	居住人口为主

昼夜人口比偏离 1 过远,将带来巨大的通勤交通压力,解决不好将影响人们的出行效率和生活品质。例如,1995 年日本东京都心区(千代田区、中央区与港区)日间人口 250.0 万人,夜间人口 24.3 万人,昼夜人口比高达 10.3,之后这一比值有所下降,但 2005 年仍达到 7.4[①]。

通常而言,昼夜人口比等于 1 的情形只有在地域范围相对较大或某些特殊制度下的地区(如我国计划经济下的单位大院)才会出现。这在一定程度上反映出地区内职住功能的相对平衡,但不一定代表没有通勤压力,因为可能存在双向流动群体规模相当的情况;同时,功能的混合也不必然完全利好,例如城市商业区与居住区的高度混杂,不利于居民的生活和休息。

12.3.3　城市社会空间结构研究

随着当代社会人口流动的加剧,以及社会空间分异现象的日益显著,研究不同社会群

---

① 数据来源：2011. Tokyo Statistical Yearbook[DB/OL]. http://www.toukei.metro.tokyo.jp/tnenkan/tn-eindex.htm.

体在城市空间的相对聚集和流动趋势,是合理和有效发挥城市规划的空间干预手段的基础。关于城市社会空间结构的研究,可以分为静态和动态两个层面。另外,关于特殊群体(尤其是弱势群体)的社会空间分布研究成为近年的关注热点。

1. 社会空间的静态结构研究

指研究不同社会属性(如年龄、性别、职业、收入、受教育程度、住房条件、健康程度等)的群体某一时期在城市空间的分布状况。研究方法通常包括因子生态分析和社会区分析等,具体方法介绍详见第 11 章。

2. 社会空间的动态变化研究

任何城市的社会空间形态及其结构并非总是一成不变的,尤其是在市场因素活跃或是政策因素发生转变的地区,这种变化越发显著。相关研究通常围绕长期性的社会空间结构变迁以及短期性的社会空间人口流动两个方面展开。

(1) 社会空间的结构变迁研究

通过考察较长时间段内(如 5 年、10 年甚至更长时间)城市社会空间结构的演变历程,研究其变化特征和主要影响因素。

社会区分析是城市社会空间结构研究的重要范式之一。20 世纪中后期大量关于欧美城市社会空间结构的实证研究显示,影响西方城市社会空间结构演变的首要因素为社会经济地位,其他还包括家庭状况、住房类型、人口年龄,以及种族等(表 12-4)。郑静等(1995)运用因子生态分析法对 1984 年和 1990 年两个时段的广州市社会空间结构进行了比较研究,发现影响西方城市社会区的"经济收入水平"因子在广州的作用较弱,"种族隔离"因子不存在,而城市经济发展政策、城市规划、住房制度、城市发展历史和城市自然背景是影响广州市社会空间结构演变的主要因素。冯建等(2003)利用第三次和第五次人口普查数据,采用因子生态分析法分别研究了 1982 年和 2000 年北京都市区社会空间结构,发现其结构特点从同质性转向异质性,演化过程主要受到住房制度改革和城市规划等因素的影响,并预测未来居民收入分化及其空间分异将日益显著,对社会空间结构造成更大的影响。

表 12-4 欧洲主要城市社会空间结构实证案例及研究结论

对象城市	所属国别	空间单元数量/个	选取人口指标/个	人口指标选取年段	研究者	主因子解释系数/%	主因子构成
阿姆斯特丹	荷兰	65	31	1960—1965	Gastelaars&Beek(1972)	73.7	①社会地位;②城市化;③家庭结构;④宗教因子
巴塞罗那	西班牙	128	15	1969—1970	Ferras(1977)	73.8	①社会地位;②住房与人口年龄因子
伯尔尼	瑞士	165	65	1970	Gachter(1978)	64.2	①社会地位;②国外移民;③家庭规模;④住房类型
布鲁塞尔	比利时	512	48	1970	Kesteloor(1980)	65.2	①社会地位;②内城街区;③住房因子;④城市就业;⑤人口年龄与生育状况

续表

对象城市	所属国别	空间单元数量/个	选取人口指标/个	人口指标选取年段	研究者	主因子解释系数/%	主因子构成
哥本哈根	丹麦	242	20	1965	Matthiessen(1972)	71.0	①社会地位；②非家庭因子；③住房；④相关活动比率；⑤年轻人因子
赫尔辛基	芬兰	70	42	1960—1961	Sweetser(1965)	92.4	①社会地位；②族裔因子Ⅰ；③居住结构；④定居家庭结构；⑤族裔因子Ⅱ
里昂	法国	173	23	1975	Jones(1982)	71.5	①经济与种族状况；②家庭生命周期；③种族与家庭生命周期；④住房；⑤生活质量
美因兹	原西德	100	50	1970—1975	Kreth(1977)	36.7	①就业状况；②年龄与家庭结构
威尼斯	意大利	134	38	1971	Lando(1978)	64.0	①社会地位；②城市就业；③人口特征；④住房类型；⑤城市新区
维也纳	奥地利	212	35	1959—1967	Sauberer&Cserjan(1972)	77.0	①社会地位因子Ⅰ；②人口年龄结构；③社会地位因子Ⅱ；④城市郊区化；⑤非居住类型房屋

资料来源：徐昀，等，2009。

另一个研究城市社会空间结构的重要视角是人口的迁居行为。入侵演替理论、过滤理论、家庭生命周期理论和互补理论分别从外来移民的入侵、高级住户的迁移、家庭的成长、经济的限制等四个方面解释了城市人口迁居的动力，它们共同强调的是由人的社会地位、家庭状况和经济收入决定其在城市中的居住位置。20世纪60年代的计量革命将空间相互作用模型引入迁居分析，行为学派则强调人的个性、人对客观环境的感知对迁居决策的影响，例如布鲁梅尔(Brumell，1979)的迁居行为模式研究。随着新马克思主义学派的兴起，人口迁居研究的重点转向社会经济结构视角(周春山，1996)。总的来看，迁居研究的基本问题主要包括迁居的主体、原因、行为、流向以及后果等。数据来源包括人口普查和抽样数据、问卷调查，以及公安部门的户口登记资料等。为了更清晰地表示人口在来源地和目的地之间的迁移情况，可以建立 $n \times n$ 人口迁移矩阵(假设作为研究对象的地理单元由 n 个地区组成)，矩阵中行表示人口迁居来源地，列表示迁居目的地，并利用UCINET等社会网络分析软件制作人口迁居流图，其中的点代表地理单元(比如街道或区县)，线代表地理单元之间的人口迁居流，线的粗细和方向反映人口迁居的流量和流向，见图12-3(齐心，2012)。

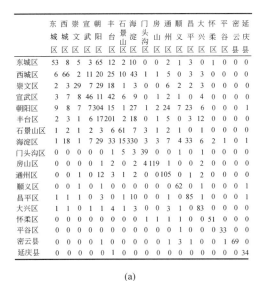 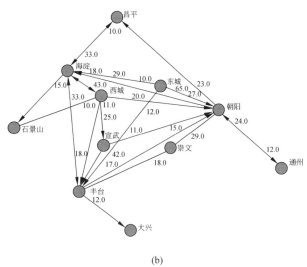

(a)　　　　　　　　　　　　　　　　(b)

图 12-3　北京市区县间人口迁居矩阵和人口迁居流图

（a）人口迁居矩阵；（b）人口迁居流图

资料来源：齐心，2012。

(2) 社会空间的人口流动研究

相对于常住地发生改变的人口迁移，人口流动体现为短期的、不导致常住地发生变化的人口移动行为。通过考察一个城市或地区内居住和活动人群短期（如每天、每周或季节性）的出行活动（包括上下班通勤、购物、旅游等），发现典型性或周期性的人口流动现象及其影响因素。

以南宁市城区通勤人口流动研究为例。利用普查数据计算城区各街道"昼夜人口比"，进行居住-就业空间均衡性评价（图12-4）；借助OD调查①，获得城区居民的通勤出行数据，包括居住地和工作地、通勤距离、通勤成本和通勤交通工具的选择等；两者结合得到城区通勤人口的流动状况，包括主要时间、方向、流量和出行方式等。

均衡合理的城市居住-就业空间组织，能减少出行量和出行长度，并降低机动车出行方式的比例；在交通设施供给不充分和城市管理效率偏低的情况下，居住空间与就业空间的过度分离会造成交通拥堵。如果城市居住-就业失衡现象显著，一方面对主要通勤路线的交通组织（特别是公共交通组织）提出了更高的要求；另一方面，对于那些就业人口或居住人口高度聚集地区，需要针对活动群体的不同需求对公共服务设施进行差异化配置。

---

① OD调查是城市交通量调查的一种重要方式，用于了解起终点之间的交通出行量。"O"来源于英文 origin，指出行的出发地点，"D"来源于英文 destination，指出行的目的地。调查内容通常包括出发地、出发时间、目的地、到达目的地的时间、交通工具、出行目的、换乘情况和上车前后的步行时间等。

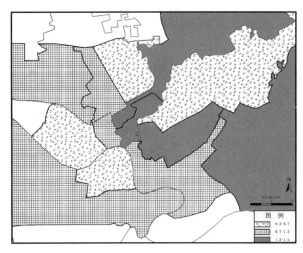

图 12-4 南宁市城区昼夜人口比分布图

数据来源：南宁市 2000 年第五次全国人口普查数据，南宁市 2001 年全国基本单位普查数据。

3. 特殊群体的社会空间分布

对于某些特殊群体，特别是城市社会中的弱势群体（如贫困人口、住房困难群体、老年人、残疾人等），分析他们在城市中的空间分布和生活状况，有助于为制定特殊的区域性政策和指导城市公共资源的优先投放提供依据。

传统的城市社会区分析方法是对几乎所有的人口属性指标进行提炼简化，获得主因子，将其作为城市社会空间分异的主要原因。而针对特定群体的社会空间分布研究，通常只需要选择与研究对象特征关联性较强的几个人口属性指标（可采用多元回归的方法验证其关联性的强弱）。例如对城市住房困难群体空间分布的研究，一般选择家庭收入、失业率以及人均住房面积、住房类型等与住房困难密切相关的属性数据。

以关于城市贫困群体的空间分布研究为例，通常借助地域社会指标的评分，辨识出那些相对贫困程度突出的社会空间。常用的指标包括以下两类。

(1) 生活质量指标体系

选取反映生活水平的若干变量，对各个统计区域内变量的标准化分值进行加权综合，得到各区域的生活质量总体指标。例如史密斯选取了 6 个变量，包括社会福利的依赖性、空气污染、娱乐设施、毒品危害、家庭稳定程度以及公众参与。诺克斯选取了 11 类共 50 个变量，涉及健康、住房、就业机会、受教育程度、人身安全、收入与消费、休闲、社会与政治参与、生活设施的便利程度、环境质量和社会稳定等（诺克斯，等，2005）。

(2) 社会剥夺指标体系

城市贫困地区往往呈现出多种剥夺现象的叠加。基于这一认识，将多个剥夺指标合并，就得到了"多重剥夺指标"，成为当前很多国家测度贫困地区的一个重要工具。例如英国的《大伦敦空间发展战略》(*The London Plan*: *Spatial Development Strategy for Greater London*) 中，借助多重剥夺指标 (Index of Multiple Deprivation, 2007) 绘制了多重剥夺区分布图(Great London Authority,2011)。这一指标体系共包含37个独立指标,涉及7个不同的剥夺领域并赋予了不同的权重,分别为收入剥夺(22.5%)、就业剥夺(22.5%)、健康剥夺和残疾(13.5%)、教育技能和培训剥夺(13.5%)、获得住房和其他服务的障碍(9.3%)、犯罪(9.3%)和居住环境剥夺(9.3%)。其中的每一个领域又可以独立作为特殊剥夺形式的测量指标(Communities and Local Government,2007)。根据最新的多重剥夺指标,英国有505.5万人口住在最受剥夺地区,其中38%的人口体现为收入剥夺,几乎绝大部分(98%)的最受剥夺地区都位于城市地区(Communities and Local Government,2010)。

以上两类指标的共同点在于:其一,贫困是一个综合性的问题,因而需要采用综合指标进行评价;其二,采用小区域的人口和社会统计数据,例如英国多重剥夺指标计算中采用的地理单元LSOA,是人口规模为1500人左右、基本均质的小型统计输出区。当统计数据的空间精度难以满足研究需求时,可以采用典型社区调查作为补充。

12.3.4 城市规划中的社会空间规划

下面分别以城市总体规划和城市设计两个层面的规划编制为例,介绍我们在其中纳入社会空间规划研究的初步探索。

1. 城市总体规划中的社会空间规划

城市总体规划是"对一定时期内城市性质、发展目标、发展规模、土地利用、空间布局以及各项建设的综合部署和实施措施"。它的主要任务包括:综合研究和确定城市性质、规模和空间发展形态,统筹安排城市各项建设用地,合理配置城市各项基础设施,处理好远期发展和近期建设的关系,指导城市合理发展。

在南宁市城市总体规划(2004—2020)的编制过程中,我们通过对南宁市城区社会空间的现状和发展趋势进行研究,提出了一系列社会空间规划策略,为最终规划成果的拟定从用地、住房、公共服务设施和交通等方面提出了规划发展建议[①]。

南宁市主城区作为城市发展的核心区域,也是社会现状和发展需求最为复杂、实现社会和谐发展最为关键和迫切的地区,由此以主城区为研究重点区域制定社会空间发展规划策略。基本规划原则包括:①调整城市功能布局,提升生活工作品质;②满足社会多元需求,完善公共服务配置;③调和社会空间分异,建设美好和谐社会。

在现状社会区分析成果的基础上,规划将城区划分为五类社会空间规划分区,分别提出相应的规划对策,见图12-5。

(1) 旧城商贸居住区

① 区域范围

根据人口流动状况,可进一步分为以下两类区域。

---

① 参见北京清华城市规划设计研究院"南宁市城市总体规划(2004—2020)"之"社会规划"专题,项目负责人:尹稚,项目参与者:刘佳燕、陈振华、肖林等。

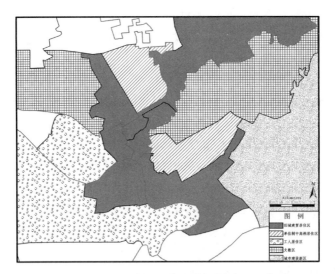

图 12-5 南宁市城区社会空间规划分区示意图

(a) 人口流出区：包括民生、华强街道，以及朝阳街道位于城市快速环以内的部分。

(b) 人口流动平缓区：包括中山、衡阳和福建园街道。

② 区域特征

作为南宁市传统的城市中心地区，集中大量行政机关、商贸机构和早期住宅楼房，城市功能高度叠置，城市交通、环境等条件日益恶化。

居住人口高度密集，主要为党政干部、专业人员以及商业服务业人员。长期外出人口超过总人口的10%，多为年轻劳动力；流入人口相对较少，以外省商业服务人员为主。老龄化现象十分严重，60岁以上人口比重超过15%。

区内各类社会服务设施较为完备，但存在建成年代较早、设施老化、难以适应现代城市发展需求的问题。尤其体现在住房供给方面，存在居住面积和环境条件较差、出行不便等问题。

③ 规划对策

本地区规划将作为城市综合商业中心，同时面临缓解交通和环境压力的迫切重任。规划将其列为近中期改造的重点区域，进行城市职能和用地的置换调整，促进城市功能和人口向外围周边地区疏解，如省级行政办公机构向南湖组团、民生及朝阳街道等中心城区的部分产业职能向福建园街道的转移，鼓励和引导旧城人口向长堽、相思湖组团外迁。

积极应对旧城中心地带活跃的日间消费需求，增设公共厕所、电话亭等公共配套设施；针对居住人群普遍为商业服务人员，社会经济地位较低的特点，加大对于危旧房改建和保障性住房的投入和修建力度；大力建设城市公共交通系统，适度限制私家车交通的过度增长；面对人口老龄化挑战，坚持家庭养老与社会养老相结合，注重发展老年看护、老年门诊、老年人学校和活动中心等服务，重点以社区为基地建设完善的养老服务体系。

(2) 单位制中高档居住区

① 区域范围

区域范围包括新竹和北湖街道。

② 区域特征

作为中高档居住区,居住人口教育素质普遍较高,住房条件较好,多为体制内分配,人口流动较为平稳,高素质人口流入的趋势日益显著。其中新竹街道居民的社会经济地位高居全市首位,主要为白领阶层,北湖街道则作为一般从业人员(制造业居多)的主要聚居地区。

③ 规划对策

发展周边西郊、长堽等综合性居住组团,实现对此区域居住人群的适度分流;另一方面,对于居住功能过于突出的北湖街道,推进老工业企业改造和转型,发展新型生产与生活服务业,就地解决居住人口的就业需求。

不断提升该地区的居住品质。针对部分居住区配套服务设施建设滞后的问题,补充完善多样化的生活配套服务设施;考虑区内居民多采用以私人交通为主的出行方式,完善配套停车场库的建设,在主要交通节点地段和居住区周边增设换乘设施,引导公交出行。

(3) 工人居住区

① 区域范围

区域范围包括新阳和江南街道。

② 区域特征

作为市区内部重要的传统工业区,具有交通便利、产业集聚等优势条件,是城市南向经济走廊的重要节点,是规划中城市化新增人口的重要聚集地。

然而长期以来由于社会服务设施建设以及居住环境的落后,居住人口一直较少,且收入偏低,导致此地区对外来人口和企业的吸引力受到很大限制,放任发展可能进一步加剧邕江南北两岸的社会区隔和通勤压力。

两个街道的居民均以工人为主,比例高达40%左右,居民平均社会经济地位较低,多因务工经商和拆迁搬家进入本区。住房以平房为主,软硬件配套设施条件较差。

③ 规划对策

作为近中期城市发展的重点地区,以增强区域吸引力,建设配套完善、职住平衡的现代化产业新区为发展目标。

规划定位为南宁市城区内重要制造业基地,应着重发展低污染的新型工业,严格控制产业企业类型,并将现有重污染企业逐步外迁,改善生活环境质量。

加强此地区的保障性住房供给,完善城市社会服务设施特别是休闲娱乐设施建设,提升居住品质和对城市新增人口的吸引力;作为城市交通枢纽和物流中心,完善道路系统建设,加强区域内部和与外部的城市联系;针对新阳街道中较高比重的居住人口失业或在区域外工作的现状,加强社区就业岗位供给,以及职业教育和再就业引导工作。

(4) 科技文教区

① 区域范围

区域范围包括西乡塘和建政街道。

② 区域特征

作为大学聚集区和高新技术开发区，居民多为较高素质的年轻人口，西乡塘街道尤为突出，迁入原因主要是学习培训。人口流动频繁。

③ 规划对策

规划定位为南宁市文教基地和高新技术产业基地，严格控制开发强度以保障舒适宜人的就学与工作环境。完善公共配套设施和全面社会服务，尤其针对年轻人较多的特点，增设绿地公园、文体休闲等公共活动空间和交流场所。

避免城市过境交通穿越对区内交通和环境的割裂，营造安全、宜人的慢行交通环境；完善与周边地区之间便捷的城市公共交通联系。

(5) 城市建设新区

① 区域范围

区域范围包括南湖街道(新增)。

② 区域特征

近期城市开发强度大，由于位于城市东向发展轴上，将在近中期内继续维持高强度的开发建设。现状职能以综合居住为主，产业吸引和配套设施建设相对不足，导致区域内外通勤压力较大，局部地区面临生活不便的问题。居住人口中学龄人口比例相对较高。

③ 规划对策

此区域将在未来较长时期内成为南宁市外来人口流入的重要吸纳地区之一，城市职能定位为大型商贸会展基地和高级居住区，由此可能造成大量居住人群到城市中心区的通勤要求。因此，一方面需要保障城市开发的环境品质，避免过高密度和强度的房地产开发，营造山水相映的自然景观与高品质的城市生活环境；另一方面应完善区域交通体系建设，在联系城市中心区的公交枢纽站附近建设换乘设施。

作为新开发城区，建设初期需加快各项公共服务设施的配套建设，尤其根据学龄儿童发展规模预测，完善托幼、教育、医疗和娱乐等服务体系。

2. 城市设计中的社会空间规划

城市设计是以城镇发展和建设中空间组织的优化为目的，运用跨学科的途径，对包括人、自然和社会因素在内的城市形体环境对象所进行的研究和设计。城市设计兼具工程科学和人文社会科学的特征(王建国，2009)。

现代城市设计思想发源于19世纪末工业化时代对城市建设的批判，发展和成熟于第二次世界大战后的城市重建和城市扩张，而在以信息社会为特征的后现代时期趋向多元化。当代全球化语境下的城市设计面临更为复杂的社会环境和不确定性。纵观城市设计近六十年的发展历程，不难发现，社会学及相关社会科学的发展与介入对城市设计理论思想产生了极大的影响(表12-5)，不仅丰富和拓展了城市规划的内涵，而且也促使设计者重新科学地认识和理解城市的空间属性，跳出以往城市设计物质空间决定论和精英决定论的束缚，开启了"社会-空间"的新视角。

表 12-5　现代城市设计探索

年代	代表人物	主题	主要内容	主要涉及学科
1955	小组10（Team10）	人际结合	城市形态必须从生活本身的机制中发展而来，城市和建筑空间是人们行为方式的体现	建筑学
1960	凯文·林奇（K. Lynch）	城市意象	通过城市形象使人们对空间的感知融入到城市文脉中去	社会学、心理学、行为学、建筑学
1961	简·雅各布斯（J. Jacobs）	美国大城市的死与生	城市是复杂而多样的，其必须尽可能错综复杂并且相互支持，以满足多种要求	社会学
1965	达维多夫（P. Davidoff）	倡导性规划与多元主义	探讨决策过程与文化模式，指出通过过程机制保证不同社会集团尤其是弱势团体的利益	社会学
1966	亚历山大（C. Alexander）	城市并非树形	城市生活并非简单的树形结构，而是很多方面交织在一起，相互重叠的半网状结构	社会学
1969	麦克哈格（L. McHarg）	设计结合自然	人工环境建设必须与自然环境相适配	生态学、环境学
1969	阿恩斯泰因（S. Arnstein）	市民参与的阶梯	指出公众参与的不同层次与实质	政治学、管理学、社会学
1960	丹下健三、黑川纪章等	新陈代谢	强调建筑与城市过去、现在、将来的共生，即文化的共生	建筑学
1960	赫伯特·西蒙（H. A. Simon）	有限理性	在有限理性条件下的目标决策	管理学、计算机科学
1972	大卫·哈维（D. Harvey）	社会公正	按照人民福利的特定内容考虑城市建设政策的制定与实施	政治学、社会学
1978	柯林·罗等（C. Rowe）	拼贴城市	城市的生长、发展应该是由具有不同功能的部分拼贴而成的	社会学
1978	培根（E. D. Bacon）	城市设计	在路上运动是市民城市经历的基础，找出这些活动，有助于设计一种普遍的城市理想环境	建筑学、心理学、行为学
1970	卡斯特尔等（M. Castells）	新马克思主义	城市规划设计的本质更接近于政治，而不是技术或科学	社会学、政治学、经济学
1981	巴奈特（J. Barnett）	都市设计概论	城市设计不是设计者笔下浪漫花哨的图表模型，而是一连串城市行政的过程	建筑学、政治学、经济学、社会学
1987	简·雅各布斯（J. Jacobs）	城市设计宣言	城市设计的新目标在于：良好的都市生活，创造和保持城市肌理，再现城市生命力	社会学
1991	芦原义信	隐藏的秩序	城市中貌似胡乱布置背后存在的隐藏的秩序是城市空间适合生活的根本原因	建筑学

续表

年代	代表人物	主题	主要内容	主要涉及学科
1980—1990	因斯等 (J. E. Innes)	联络性规划	改变设计人员被动提供技术咨询和决策信息的角色,运用联络互动的方法达到参与决策的目的	社会学
1990	赞伯克等 (E. Zyberk)	新城市主义	强调以人为中心的设计思想,努力重塑多样化、人性化和有社区感的生活氛围	建筑学、交通学
1990	兰德宁等 (P. N. G. Lendenning)	精明增长	通过城市可持续的健康的增长方式,使城乡居民中的每个人都能受益	社会学、建筑学
2000	萨森 (SaskiaSassen)	全球化城市	全球化城市结构体系使城市与城市之间的交流与影响跨越了传统空间的制约,通过连接多种"地域"建立跨国界的地理	社会学、经济学

资料来源:王建国. 2009. 城市设计[M]. 北京:中国建筑工业出版社:63.

城市设计按规模层次可以划分为三类:总体城市设计、片区城市设计和重点地段城市设计(王建国,2009);按实践类别可以划分为四类:①城市发展设计;②城市政策、指导以及控制;③公共领域的设计;④社区城市设计(卡斯伯特,等,2011)。无论采用哪种划分方式,城市设计都将最终落脚于场所、密集度、混合性以及兼容性的应用、步行系统、人口规模、人类文化、公共领域、建设环境以及自然环境等方面(卡斯伯特,等,2011)。在城市设计实践过程中,首要任务就是通过贯穿于设计全过程的社会调查与分析,找出城市空间属性的社会影响因素和生成机制,见表12-6。

表12-6 城市设计中的社会调查与分析

城市设计类别	城市社会调查与分析的主要内容
总体城市设计	宏观把握城市空间结构与社会结构,体现政策取向,包括城市总体社会调查与分析。①研究城市生态系统;②研究城市社会问题;③研究城市化;④研究城市生活方式;⑤研究城市社会关系;⑥研究城市整体
片区城市设计	片区社会调查与分析,与城市总体设计相衔接,把握该地区对于城市整体的价值。①研究该地区城市生态系统;②研究该地区城市社会问题;③研究该地区城市生活方式;④研究该地区城市社会关系;⑤各部分与城市整体的关系
重点地段城市设计	以城市重点地段或重要节点为对象,将总体城市设计和片区城市设计的内容具体化,包括邻里、街道、广场、交通枢纽、建筑综合体及其周边环境的社会调查与分析。①研究该重点地段的城市生态条件;②研究该重点地段的城市社会问题;③研究该重点地段的城市生活方式;④研究该重点地段的城市社会关系网络;⑤各部分与片区以及城市整体的关系

2011年,重庆两江新区招标水土片区中心区城市设计竞赛。该城市设计方案是从"社会-空间"角度展开设计的一次有益尝试。水土片区位于重庆市两江新区的核心片区之一,

发展定位为研制孵化区和中试基地,其中心区定位为水土片区的现代综合服务中心。规划总用地 3.16km²,其中建设用地 3.02km²。

通过实地调研,基地现状主要为农田,植被丰富;基地东南角有一场镇,西北角有一中学,仅有一条道路穿越场镇。根据两江新区总体发展战略、产业定位和功能布局,基地作为水土片区中心区,将被赋予新的内涵。城市设计将重点考虑未来的社会人口构成以及满足他们日常生活出行和公共服务设施需求等。城市设计目标包括生态、社会、产业和文化四个方面。其社会目标的构成要素包括完备的社会公共服务设施、多样化的公共空间以及异质多样的社群结构。社会目标实现的空间途径一是构建社会公共服务设施体系,二是营造幸福社区。最终通过城市设计策略落实于城市空间(图 12-6)①。

图 12-6 规划目标与空间途径

水土中心区整体城市设计层面提出了六大设计理念:①自然生态文脉;②紧凑城市形态;③绿色交通体系;④适宜人居尺度;⑤智能产业空间布局;⑥和谐社会网络。其中,"和谐社会网络"通过四大公共空间系统、公共服务设施体系、社区活力中心及城市休闲滨水活动带四个方面进一步具体化,见图 12-7。

---

① 参见重庆大学城市规划与设计研究院 2011 年"重庆两江新区水土片区中心区城市设计",项目负责人:胡纹,项目参与者:魏皓严、黄瓴、张力等。

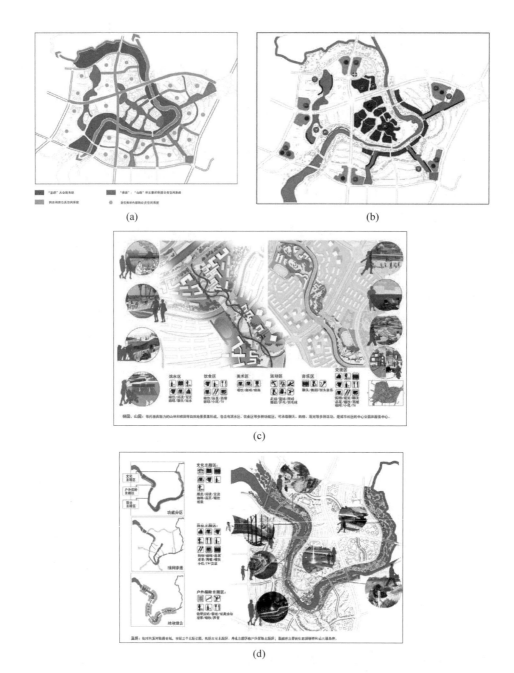

图 12-7 "和谐社会网络"空间规划设计
(a) 四大公共空间系统;(b) 公共服务设施体系;(c) 社区活力中心;(d) 城市休闲滨水活动带

(1) 自然生态文脉规划策略。基地内拥有丰富的地形地貌,从现状地景要素出发,创建"梯园"、"蓝脐"、"山园"等特色绿地系统。"梯园",依托梯田和台地,沿纵深方向串联城市空间,形成梯田状公共空间系统,是连接滨水空间和居住组团内部空间的重要纽带。"蓝脐"，依托水体和陡崖形成大型城市开敞空间，包括多样化的广场、公园和服务设施，它是水土城市中心区和其他区域功能和景观联系的纽带。"山园"，串联场地山体而形成，是联系河西、河东片区的主要开敞空间，围绕其将形成两个片区的主要公共服务带。

（2）紧凑城市形态规划策略。采用 TOD 模式，以公共交通站点为中心（包括道路公交和轨道公交），0.4～0.8km 为直径形成一个片区中心。同时，片区中心具备三特点：①开发强度分级。在保证整体开发强度的前提下，以公交站点周边土地向外围地块形成高-中-低强度开发分区；②功能复合。混合使用土地，居民在 5 分钟步行距离内可获得日常生活服务；③一体化设计。公交站点与周边物业一体化设计，实现无缝连接，提高居民出行的便捷性与高效性。

（3）绿色交通体系规划策略。以一条快速路和三条城市主干道形成规划区的主要交通性道路骨架，同时结合山水特质组织次干道及支路，形成"环状＋放射状"次干道，以及"步行＋自行车"绿道系统，并组织地下轨道交通，形成立体交通网络，以四个轨道交通站点作为规划区发展的动力之一。

（4）适宜人居尺度规划策略。核心区、塔群区、居住区、休闲区采用大疏大密布局，营造宜人尺度。核心区、塔群区布置地标建筑和核心功能；居住和休闲区渐进式发展，与社会文化、产业经济以及生态网络结合，混合利用土地，强调社区概念和空间尺度。

（5）智能产业空间布局规划策略。完整的智能产业空间布局体系。以低层高密度城市半岛商业"绿芯"建立现代金融、商业服务中心；以"梯园"、"山园"、"蓝脐"等公共景观带建立休闲娱乐系统；以社区公园网络和街坊建立混合功能的低碳居住圈。

（6）和谐社会网络规划策略。建立四大公共空间系统，并与多层级的公共服务设施紧密结合，形成城市－社区－单元多层次的复合公共空间，满足居民的多样化需求，从而以适宜的物质空间设计促进社会和谐发展。

推荐阅读参考资料

[美]迈达尼普尔 A. 2009. 城市空间设计——社会-空间过程的调查研究[M]. 欧阳文，等，译. 北京：中国建筑工业出版社.

王建国. 2009. 城市设计[M]. 北京：中国建筑工业出版社.

BROMLE R. 2003. Social Planning：Past，Present，and Future[J]. Journal of International Development（7）：819-830.

[英]CARMONA M，HEATH T，OC T，et al. 2005. 城市设计的维度[M]. 冯江，等，译. 南京：江苏科学技术出版社.

CONYERS D. 1982. An Introduction to Social Planning in Third World[M]. Chichester，New York：Wiley.

GOLANY G. 1976. New-town Planning：Principles and Practice[M]. New York：Wiley.

GREED C H. 1999. Social Town Planning[C]. London：Routledge.

KAHN A J. 1969. Theory and Practice of Social Planning[M]. New York：Russell Sage Foundation.

习 题

1. 名词解释

社会需求、情景犯罪预防、社会影响评价、人口金字塔图、老年系数、人口年龄中位数、人口抚养比、昼夜人口比、OD调查。

2. 简述题

(1) 简述在城市规划中开展社会规划的目的和主要内容。
(2) 简述城市社会结构分析的主要内容。
(3) 简述城市社会空间结构研究的主要内容。

3. 论述题

(1) 论述城市社会学与城市规划结合的发展历程。
(2) 论述社会住房规划的关注要点。
(3) 论述在城市规划中开展社会影响评价的意义。

参 考 文 献

冯健,周一星. 2003. 北京都市区社会空间结构及其演化(1982—2000)[J]. 地理研究(4):465-483.
[美]佛罗里达 R. 2010. 创意阶层的崛起[M]. 司徒爱勤,译. 北京:中信出版社.
郝宏奎. 1998. 评英国犯罪预防的理论、政策与实践[J]. 公安大学学报(2):51-54.
[澳]卡斯伯特 A R. 2011. 城市形态——政治经济学与城市设计[M]. 孙诗萌,等,译. 北京:中国建筑工业出版社.
刘佳燕. 2009. 城市规划中的社会规划:理论、方法与应用[M]. 南京:东南大学出版社.
孟娜,许林贵. [2006-04-27]. 中国修法保障流动人口子女入学[EB/OL]. http://politics.people.com.cn/GB/1026/4337039.html.
宁波市江东区统计局. [2013-01-22]. 江东区家庭结构与住房状况研究[R/OL]. http://zfxx.nbjd.gov.cn/govdiropen/jcms_files/jcms1/web22/site/art/2013/1/22/art_727_26821.html.
[美]诺克斯 P,平奇 S. 2005. 城市社会地理学导论[M]. 柴彦威,张景秋,等,译. 北京:商务印书馆.
齐心. 2012. 人口迁居研究:数据与方法[J]. 大庆师范学院学报(4):43-47.
王朝刚,李开孟. 2004. 投资项目社会评价专题讲座(三)[J]. 中国工程咨询(3):52-53.
王建国. 2009. 城市设计[M]. 北京:中国建筑工业出版社.
徐旳,朱喜钢,李唯. 2009. 西方城市社会空间结构研究回顾及进展[J]. 地理科学进展(1):93-102.
郑静,许学强,陈浩光. 1995. 广州市社会空间的因子生态再分析[J]. 地理研究(2):15-26.
中华人民共和国国家统计局. 2012. 中国统计年鉴 2012[M]. 北京:中国统计出版社.
周春山. 1996. 城市人口迁居理论研究[J]. 城市规划汇刊(3):34-41.

朱庆芳,吴寒光. 2001. 社会指标体系[M]. 北京:中国社会科学出版社.

BRADSHAW J. 1972. The Concept of Social Need[J]. New Society,20(496):640-643.

BRANCH K,HOOPER D A,THOMPSON J,et al. 1984. Guide to Social Impact Assessment[M]. Boulder CO: Westview Press.

BURDGE R J. 1999. A Community Guide to Social Impact Assessment[M]. Middleton: Social Ecology Press.

Communities and Local Government. March 2008. The English Indices of Deprivation 2007[R/OL]. London: Department of Communities and Local Government. http://www.communities.gov.uk.

Communities and Local Government. March 2011. The English Indices of Deprivation 2010[R/OL]. London: Department of Communities and Local Government. https://www.gov.uk/government/publications/english-indices-of-deprivation-2010.

GOLANY G. 1976. New-town Planning: Principles and Practice[M]. New York: John Wiley & Sons,Inc.

Greater London Authority. [2011-07-11]. The London Plan 2011[R/OL]. London: Greater London Authority. http://www.london.gov.uk/priorities/planning/london-plan.

KAUFMAN R. 1994. Auditing Your Needs Assessments[J]. Training & Development,48(2):22-23.

NEWMAN O. 1972. Defensible Space:People and Design in the Violent City[M]. New York:MacMillan.

TAYLOR C N, BRYAN C H, GOODRICH C G. 1995. Social Assessment: Theory, Process and Techniques[M]. Christchurch,New Zealand: Taylor Baines and Associates.

The Interorganizational Committee on Principles and Guidelines for Social Impact Assessment. 2003. Principles and guidelines for social impact assessment in the USA[J]. Impact Assessment and Project Appraisal,21(3):231-250.

US Bureau of Reclamation. [2001-01-22]. Social Analysis Manual Volume 2: Social Analyst's Guide to Doing Social Analysis[R/OL]. Denver,CO: Resource Management and Planning Group, Technical Service Center. http://www.usbr.gov/pmts/economics/reports/SAManV2.pdf.

US Green Building Council, Congress for the New Urbanism, the Natural Resources Defense Council. [2005-09-06]. LEED for Neighborhood Developments Rating System-Preliminary Draft[R/OL]. http://www.usgbc.org/leed/nd.

YORK R O. 1982. Human Service Planning: Concepts,Tools,and Methods[M]. Chapel Hill: University of North Carolina Press.

第 13 章 社区发展与社区规划

13.1 社区与社区发展

13.1.1 社区的基本概念

社区,作为社会学的基本概念,相关定义不下百种。表 13-1 列出了一些常见的定义。这些定义基本上可以归纳为两大类:一类是基于功利主义的观点,认为社区是由具有共同目标和共同利害关系的人组成的社会团体;另一类是基于地域主义的观点,认为社区是在一定地域内共同生活的有组织的人群。考虑到前者容易与社会组织相混淆,从城市规划和管理的角度,通常更多突出社区的地域性特点,将区域、纽带(共同利益和共同意识)和群体(指一定数量的人口)作为社区的三个基本要素。

表 13-1 关于社区的定义

作 者	关于社区的定义
R. E. 帕克	社区是占据在一块被或多或少明确地限定了的地域上的人群汇集
F. M. 罗吉斯,L. I. 伯德格	社区是一个群体,它由彼此联系、具有共同利益或纽带、具有共同地域的一群人所组成
B. 菲利普	社区是由居住在某一特定区域的共同实现多元目标的人所构成的群体。在社区中每个成员可以过着完整的社会生活
G. 邓肯·米切尔(1987)	社区一词是指人们的集体,这些人占有一个地理区域,共同从事经济活动和政治活动,基本上形成一个具有某些共同价值标准和相互从属的心情的自治的社会单位
徐震(1988)	社区是居住于某一地理领域,具有共同关系、社会互动及服务体系的一个人群
何肇发(1991)	社区就是区域性的社会,换言之,社区就是人们凭感官能感觉到的具体化了的社会
方明,王颖(1991)	社区一般是指聚集在一定地域范围内的社会群体和社会组织,根据一套规范和制度结合而成的社会实体,是一个地域社会生活共同体
张敦福(2001)	社区的基本要素包括共同情感联系和价值认同、共同的地域空间、共同的利益、一定的人群
蔡禾(2005)	社区是建立在地域基础之上的、处于社会交往中的、具有共同利益和认同感的社会群体,即人类生活共同体

综合以上分析,本书定义社区是指由一定数量居民组成的、具有内在互动关系与文化联系的地域性的生活共同体。

13.1.2　城市社区的分类与基本特征

城市社区的出现是从 19 世纪 20 年代后世界范围内逐渐掀起城市化浪潮的结果。相对于人口密度低并以农业产业为主的农村来说，城市的本质就在于其规模大而密度高的人口及非农业活动在一定地域空间的集聚形式。因而城市社区普遍表现出以下特点：高密度的异质生活单元、多元的社会关系及文化，以及复杂的社会组织结构（赵民，等，2003）。

当前，我国城市社区正处于从原有的均衡型向多层次多类型社区转化的过程中。在计划经济体制下，城市居住单元以单位大院为典型代表，不仅各个大院之间的均质性较高，而且大院内部居民之间的生活水平和生活方式也彼此相仿。随着市场化进程的推进和单位制的解体，社会收入差距拉开，不同社会群体对居住的需求水平的差异随之加大，城市社区的均衡状态逐渐被打破，构成了多元化的社区格局。总体来看，我国目前的城市社区主要有以下四种类型（王颖，2001）。

1. 传统社区

这类社区是以城市旧城区的老街坊为主，多具有较长的历史，其中很多居民在城市居住了数十年。社区建筑形式和社区空间构成比较有地方特色和传统特色，层数一般不超过三层，如上海里弄社区、北京胡同四合院等，社区内的住宅与商业、服务业和生产用地混合比较多。

2. 公房社区

这是新中国成立以后，特别是 20 世纪 70—90 年代期间，由政府或企事业单位统一规划建设的社区类型。居民多以单位住房分配的形式获得住房使用权。按住房的权属性质分为产权和使用权房，产权单位直接管理的叫直管公房。建立时产权归公有，后来随着房改政策的实施和公房私有化的进行，产权单位向职工收取部分成本费用将房屋产权卖给个人，成为私有产权，但是在第一次上市交易的时候需要交纳相应的土地出让费用。这种社区一般按照"居住区-居住小区-组团"的规划理念进行布局，居住功能较为单一，居住用地与生产用地有明显的界限和隔离带，生活环境质量较好。目前，大部分城市中的公房已通过产权变更转为房改房，居民拥有部分产权。

3. 商品房社区

这类社区多形成于改革开放以后，大部分形成于 20 世纪 90 年代以后，至今已成为社区形成的主导方式。商品房社区是以房地产开发为主体形成的社区，住房通过市场交换获得，其中有个人直接购买的，也有单位购买后再分给个人的。

4. 边缘社区

这类社区的形成源于城市扩展和乡村向城市的渗透，具有亦城亦乡、亦农非农的特点。由于城市功能辐射，农村用地渐渐转化为建成区，社区功能混乱，居民职业构成复杂，服务配套设施不全。边缘社区属于由农村向城市演替的社区，是最为活跃也是最为混乱的社区。其边缘的概念，兼具空间位置和社会学的双重含义。

13.1.3 社区发展

1915年,美国社会学家F.法林顿在其著作《社区发展:将小城镇建设成更适合生活和经营的地方》中首次使用"社区发展"这个概念。但社区发展作为一个学科领域,是在第二次世界大战后才逐渐进入人们的视野。当时主要是指针对新城区和农村所出现的失业、贫困、犯罪、疾病和颓废等社会问题,社区福利组织活动的过程和结果。因此,理解社区发展的概念,它既是一个结果,通过集体行动使得社区的物质环境、文化、社会、政治和经济等各个方面都得到提升;同时又是一个过程,是居民、政府和有关社会组织共同发现和解决社区问题、改善社区环境、提高社区生活质量的过程,是塑造社区认同感和共同体意识、培育互助与自治精神的过程,是发展社区集体行动能力与推动社会全面进步的过程。

社区发展的理念,经历了从"需求为本"(needs-based)到"资产为本"(asset-based)的转向。"需求为本"的社区发展模式,是一种传统的社区更新和发展的理念与方法。它强调识别社区存在的问题和需求,并予以解决和满足,但这种模式往往因为指出太多的社区问题和需求,使得人们感觉无法承受而最终难有作为。例如,图13-1显示了一个低收入住区的社区需求地图(community needs map),其中的许多问题,如贫困和失业等,对一个社区来讲太大了,仅依靠它自身往往难以解决。相对而言,"资产为本"的社区发展模式更重视社区自身的资产实力,而非其不足。这种新的发展模式重在开发和建设一个社区内在的能力,让社区看到自身发展中很多积极的方面,然后努力将它们发展得更好。在图13-2示意的社区资产地图(community assets map)中,社区居民个人、社团组织和公共机构所拥有的物质资本、人力资本和社会资本都被视为对社区有价值的资产,也是社区可持续发展和实现社区更好的生活品质所必不可少的力量之源。

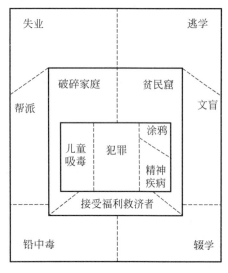

图13-1 社区需求地图

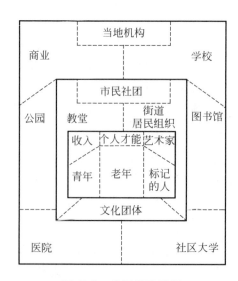

图13-2 社区资产地图

任何一个社区的发展过程都可能是困难、耗时并耗资的。社区发展的过程与最终结果具有同等重要的意义和价值,两者都是社区发展必不可少的部分。社区规划是社区发展的有效途径和重要组成部分。

13.2 关于社区规划

13.2.1 社区规划的定义

社区规划(community planning)也称社区发展规划(community development planning)、社区计划或社区营造,是以社区为单位制定的规划,是根据社会经济发展的总体目标和要求,从社区的实际出发,运用系统分析技术决定最佳行动方案,以达到预定的社区发展目标,解决社区共同问题。

社区规划实质上是一种社会规划,它不同于技术性很强的城市规划,而是更多地关注基层社区的具体生活环境和居民的生活质量(叶南客,2003a),表现出强烈的自下而上和居民参与的特点。正如《城乡论坛》主编查米安·马歇尔(Charmian Marshall)所说的,"社区规划是一种工具,通过它,我们能让人们重新参与到社区和社会中来"(沃特斯,2003)。美国学者 F. H. 赛西特在归纳众多社区规划概念之后,提出社区规划是一种以研究、训练、教育、规划、组织与行动为手段,以期达成社区目标的过程。伯顿(T. R. Batten)认为社区规划的主要特征在于它是一种"与民众共同工作而不代替他们工作"的方式。华伦(Roland L. Warren)则认为"社区规划发展的特征是为加强社区的内在关系而做的有计划的与持续的努力"。在联合国组织的社区发展运动的推动下,社区规划成为有组织、有计划的整体推行下的一项社会工程(谢守红,2008)。

13.2.2 社区规划的内涵和特点

社区规划作为一种指向基层社区全面发展目标的综合性规划,强调社区参与有计划的社区改造,以实现社区内部各构成要素的相互协调发展。

因此,社区规划通常具有以下特点:①综合性。体现在社区规划的目标和实现手段上,不仅包括物质规划方面的内容,而且还包括社会、经济、文化和生态等诸多领域的内容。②实践性。社区规划不同于一般意义上注重战略性和技术性的城市规划,而更加关注规划的可操作性和实践效果,也就是说,对于规划是否可行、能给社区环境和居民生活质量带来多大程度的改善有着极其强烈的诉求。③参与性。社区规划的核心追求是对于社区各项资源的有效整合和效力挖掘,而其中最重要的就是社区的人力资源和社会资本。因此社区规划工作开展的一个有效的,甚至可以说是必要的途径,就是充分调动和激发社区的自助和互助力量,促进居民关心和参与社区发展。

13.2.3 社区规划与城市规划

城市社区规划工作涉及城市社会学、经济学、地理学、管理学、城市规划和社会工作等多个学科领域的理论知识和技术方法。

常见的一个误区,是把社区规划等同于城市规划,尤其是后者体现在居住区层面的住区规划。从严格意义上讲,社区规划与城市规划分属于两种截然不同的规划模式,尽管它们的最终目标都是指向良好的城市环境与和谐的社会发展。城市规划更多具有自上而下的宏观特质,注重通过合理的物质空间布局和空间政策手段,追求外部效益的整体最优;而社区规划则更多体现出自下而上的色彩,强调对不同人群真实需求的关注,在追求整体效益的同时,社会公正的理念及其实现被放在十分突出的地位。如果说,长久以来偏重物质环境的城市规划,像是技术精英和政策制定者从高空俯瞰和掌控城市的发展格局;那么,社区规划的出现则是更多落脚于每一个活生生的个体、群体以及它们在物质和精神上的发展需求。社区规划的人本关怀为城市规划提供了很好的补充,也由此为规划界所瞩目和借鉴;另一方面,社区规划的实践需要落实在特定的地域空间,往往是和行政区划界限保持一致。因而,在实际工作中,社区规划与城市规划的相互借鉴和融合成为发展趋势。

13.3 社区规划的类型

13.3.1 发达国家的社区规划

在一些发达国家,面对大规模工业革命带来的城市失业、贫困和社会秩序恶化等问题,政府和社会工作者提出用社区规划和社区发展的思路去应对。早期欧美的社区发展工作以教会推动的慈善事业为主,到19世纪末20世纪初,慈善组织成为社会救助的主流,其采取的协作方式使各类相关机构的作用得以有效发挥,并为社区组织的发展奠定了基础。随着社区发展运动的推进,发达国家的社区发展在具体工作方法上越来越多地采取了"冲突的方法"和"社区行动"策略,即采取与政府"讨价还价"的冲突策略,培养社区居民为自己争取利益和权利的能力,保护社区的环境及维护一些弱势群体的利益(谢守红,2008)。

到了20世纪后期,当各发达国家的经济水平有了一定的高度,积累了一定的经济能力,社区建设的基础性设施已具备了一定的规模时,西方社区建设的重点就放在了居民自强自立精神的培育方面,更关注社区情感、凝聚力和责任感的培养,更侧重于社区居民的组织以及人际关系的协调,力图在城市恢复或重建那种守望相助、睦邻友好的和谐的社区生活,力图通过社区的共同行动使居民共同参与治理共同的社会问题(何彪,等,2002)。社区规划转向更广泛的社会目标:创造社区和谐氛围,赋予社区居民权利,促进社区经济发展,保护社区环境质量,通过转变社区环境影响社会和政治过程。

在欧美发达国家,当前的社区规划已成为解决社会问题、进行社会改良、培育社会资本的一种重要手段和途径。它主要属于社会规划(social planning)和社会工作(social work)的范畴,工作内容也以社区公众参与为主(孙施文,2001)。尤其在面对城市贫困、人际关系疏离等现代城市社会问题时,社区规划在重建基层社会共同体方面发挥了重要作用。

1. 美国的社区规划

美国自20世纪50年代开始推行社区发展。在60年代实施的"反贫困作战计划"中,"社区行动方案"作为一项重要内容,通过采用社区发展的基本原则和方法,以外部支援和社区自助相结合的社区行动规划来解决贫困问题。80年代以后,社区主义(communitarianism)在美国等一些发达国家中兴起,强调人们对家庭、亲属、社区和社会的责任,呼吁重建社区集体主义精神,维护社区和社会的共同秩序,促进社会资本的发展。近年来,美国的社区规划更加注重公众参与,强调基层社区居民的具体利益。在规划的制定和实施过程中往往存在政府与具体社区的对立,甚至不同社区的敌对。社区居民往往运用自助和冲突的方法来维护并增进自身和社区的权益(赵民,等,2003)。

以芝加哥市为例,其规划和发展局经过1990年和1996年的机构调整后,将工作重点转向社区发展。正如该局规划师Knutsen所言:"我们不再制订规划,然后让社区按我们的规划实施。现在的做法是:规划局和社区组织、社区代表、社区发展公司一起工作,他们是规划局在社区的代理。"对某一地区的规划,主要由当地社区提出,规划局提供技术及财政支持,然后由规划局按城市规划法规(如区划法)审定批准,帮助社区实施由其自身制订的规划。其他的一些美国大城市也已实行这种做法,其优点是能直接反映社区的要求,切实解决问题,因而实施时可获得社区的很大支持,提高了规划实施率。

纽约市的社区规划虽表现为一种官方规划的形式,但具体制定又可划分为两个相互独立又密切联系、彼此影响的过程:一是自上而下立意于促进社会进步、解决社会问题的"政府规划";二是自下而上,为切实提高社区生活质量、捍卫居民自身权益的基层社区运动的"平民规划"。社区居民广泛参与的,尤其是那些表现激烈的抗议活动,强烈地影响着官方的规划过程,使社区规划更能反映居民的需要和切身利益,体现人本关怀和社会公平(胡伟,2001)。

总之,美国的社区规划有以下特点:①重视规划的政治作用。将其视为实现社会公正与政治民主的重要途径。②关注弱势群体利益。社区规划通常是弱势群体与外部利益集团抗争并争取自身权益的重要手段。③推行积极的公众参与和广泛的多方协作。社区居民的充分动员和参与是社区规划的基础,与社区外的各种组织、机构及各类技术、经济与法律专家建立并维持有力的联系也是实现社区规划的支撑条件。

2. 英国的社区规划

英国的社区规划是以社区的真实需求为核心,旨在解决多元的社区问题,并主要作为一种新型发展框架和协作方式进行运作。它在20世纪60年代初显雏形,并在20世纪90年代得到全面发展,试图通过各部门、组织、社区和居民的协同工作,将所在地区建设为最好的生活和发展场所。社区规划的作用在于:首先,它创造了一种共同行动的过程。让各种公共部门组织和社区本身,以及各种商业和自愿部门协同行动,认识和解决当地问题,改善服务,并分享资源。其次,它提供了一个工作框架。要求围绕个人和社区的实际需求来改善服务,并要求参与社区规划的各合作伙伴同社区自身一起,共同有效、协调地工作,从而使人们的生活得到真正变化,使社区生活不断得到改善。

目前,社区规划已在英国广泛实行,并且被确定为全面提高地区福利的综合战略。英国的社区规划有两个目标:一是促进社区参与,以确保居民和社区确实参与到有关影响自身的公共服务决策当中;二是发扬合作精神,各部门和组织协同工作,努力提供更好的公共服务。为达到这些目标需遵循两个原则:一是社区规划应该强调理性协作,通过提供一个总体的合作组织框架,帮助协调其他各种发展意向和合作关系;二是社区规划应该支持并促进国家与地方之间的联系,形成一个机制来平衡国家优先战略和区域、地方及邻里层次的优先战略(Audit Scotland,2006)。

社区规划本身也具有层次性。根据区域规模的大小,社区规划一般分为市区、城区和邻里等不同层次。例如,在苏格兰,32个地方行政区域内都制定了相应的社区规划,例如Glasgow社区规划、Aberdeen社区规划等(刘玉亭,等,2009)。每一个地方行政区域内部,根据不同的行政地域范围也制定了相应层次的社区规划,最低层次的即为邻里社区规划。尽管存在不同层级的社区规划,但各层级的社区规划的具体形式及内容基本相同,包括以下几个方面:首先,社区规划需要对特定地区的发展提出某种形式的"远景展望",相当于实现经济、社会和环境可持续性的规划总体目标或战略;其次,社区规划需要明确关键的主题,并详细制定各主题的主要目标;再次,社区规划还需要确定指导原则和工作方式,以及在多数情况下需要的某些形式的监督和审查框架。此外,许多社区规划还附有某些形式的"行动计划",或者"行动目标"。

13.3.2　发展中国家的社区规划

第二次世界大战后新兴的发展中国家普遍面临贫穷、疾病、失业和经济发展缓慢等一系列问题,如何促进经济快速增长成为一些国家的首要关注点,但同时也诱发了社会贫富过度分化、生态环境恶化以及伴随而来的社会政局不稳等问题。联合国于1948年提出落后地区的经济发展要与社会发展同步进行的方针,并以社区为单位采取援助措施。1951年,联合国经济社会理事会通过390D号议案,提出了用建立社区福利中心的社区发展方法来推动经济和社会整体发展的设想,并于1952年正式成立"联合国社区组织与社会发展小组",具体负责推动全球特别是落后地区的社区发展运动。这一运动在亚洲、非洲、中东和南美等地区得到大力推行,从乡村社区波及城市社区,并取得了显著成效。其理念来自于如何充分发掘社区资源以及动员社区力量,而不仅仅依赖于十分有限的政府力量。通过以乡村或城市社区为单位,由政府有关机构与社区的民间团体、合作组织、互助组织等通力合作,发动全体居民自发地投身于社区建设事业(叶南客,2003b)。

20世纪70年代以后,社区规划开始逐步向社会治理方面转型,放弃了过多的经济目标,也不再把社区发展作为一种引导大型社会变迁的手段,而转向了"社会服务取向"。

13.3.3 中国的社区规划

我国较明确的社区规划始于 20 世纪 90 年代。但时至今日,社区规划仍然没有建立起完整系统的理论和方法体系,社区规划的概念和内容比较模糊,目标也不明确,不少学科分别在各自的领域内进行了一定的尝试,但尚未形成合力(薛德升,等,2004)。

目前,我国城市社区规划编制的主流学科是社会学和城市规划学科,分别依据自身的专业视角和特点形成了两种主要的社区规划类型。

1. 社会学领域的社区规划

20 世纪 80 年代中期民政部提出了开展城市社区服务的工作要求,之后拓展到全方位的社区建设。2000 年中共中央办公厅、国务院办公厅转发了《民政部关于在全国推进城市社区建设的意见》(中办发[2000]23 号),指出大力推进城市社区建设是"面向新世纪我国城市现代化建设的重要途径",提出社区建设的内容包括社区服务、社区卫生、社区文化、社区环境和社区治安等。在民政部门和各级地方政府的推动与组织下,社会学领域开展了社区规划的编制工作。这类社区规划主要致力于制定社区发展的总目标及一定时期内社区服务、社区经济发展、社区保障、社区组织管理和社区物质环境等方面的具体行动计划,规划过程强调与社区居民的交流和互动,以逐步提高居民的自治能力和社区参与度。社区规划的目的在于:有效利用社区各项资源,协调社区各种社会关系,合理配置社区生产力资源,有计划地发展和完善居民的生活服务设施。

在社会学领域开展的城市社区规划工作中,以街道行政管辖范围为规划单元的社区发展规划实践较为活跃,尤其以上海地区的实验性探索最为突出。1998 年,上海市卢湾区瑞金街道、普陀区曹杨街道先后编制了《社区综合发展规划》,在规划中初步探讨了城市居住社区的街道管理体制、居民生活质量以及妇女地位等内容。1995 年,浦东新区潍坊街道制定了《1995—2010 年社区发展规划》,其中加入了社区发展指标体系和社区公共安全规划等内容。2001—2002 年,上海市宝山区宝通街道制定了《宝通社区发展规划》,规划分别对社区的社会构成、组织管理和社区环境等进行了深入调查,并针对社区的实际情况制定了综合性的发展策略。

从实施效果来看,一方面,由于社区规划内容过多流于口号的形式,缺乏具体的可操作性强的方法和手段,社区居民参与的积极性不高;另一方面,社区的管理结构为单一的纵向联结,社区内的政府派出机构、企事业单位、社团组织等各有不同的行政隶属关系,影响了社区资源的分配和利用,也不利于社区规划的落实。其根本问题在于,大部分的社区规划仍然难以跳出原有城市管理体制的框架,因此始终摆脱不了传统上政府指导性工作的色彩,而没能真正实现社会组织体制的改革,以及社区能力的建设与动员这些核心目标。

2. 城市规划领域的社区规划

在城市规划领域,传统的住区规划注重物质空间布局和设施配套,而往往忽略了人的社会需求和感受,造成空间的冷漠与单调。由此,规划师开始希望从城市问题的本质去理解城市空间布局,尝试将社区作为研究城市现象和解决城市问题的基本空间单元(陈眉舞,等,2004),吸取和融合社会学的理论和方法,探索基于人文精神和关怀的社区规划。

近20年来,城市规划领域开展的城市社区规划主要体现为,在原有规划(如住区规划、新区规划和公共服务设施的专项规划等)的基础上,增加对社会人文因素的关注和综合考虑,包括:从人本主义和行为心理学角度关注社区中人的行为、人与人之间及人与社区环境之间的互动关系;从产权主体和管理主体等角度探讨社区居民在空间资源再分配或权属变更背景下的权益保障和利益协调问题;从过程参与的角度将公众参与纳入规划咨询、方案编制、规划实施和管理等全过程。

总的来看,城市规划学科对于社区规划的研究和实践,目前在我国还处于起步探索阶段。未来的发展将主要面临两个方面的挑战:①利益主体关注对象的转变。从以往主要面向政府部门和权力精英的对话,转向更多倾听基层社会组织和社区居民的意见,协调并保障他们的合理诉求。②规划师身份和技术手段的转变。城市规划工作者需要将自身的定位从以往的技术精英转向协调者和动员者,同时也需要相应的技能培训。

案例 《深圳市龙岗区南约社区发展研究》

(1) 项目概况

南约社区隶属于龙岗街道办,位于龙岗中心组团南部。社区辖区面积13km²,但经历了四次用地调整以后,南约社区实际可掌握的用地大幅度减少。在本次社区发展研究中,参考现状用地情况、主干道、征地线和生态控制线等几个因素,划定规划研究范围,面积约3.08km²,包含了基本生态控制线内的用地36.7hm²,其中还涉及8.17hm²的南联居委会用地。

(2) 规划重点

本次规划的重点就是结合龙岗的城市化工作,为新形势下的南约社区提出新的发展框架,具体包括以下几点。

① 理清社区全盘发展思路,包括社区管理模式、社区经济和社区建设等方面,为近期急需解决的问题提出意见或建议,做到近远期相结合。

② 研究南约社区在新形势下的发展定位、发展目标和发展模式等,协调好政府、社区和居民三方的利益,推动社区持续健康发展。

③ 落实社区空间布局,指导社区土地利用、公共设施建设和市政设施建设等,并且划分地块,确定各项技术指标,提供实际可操作的规划管理细则,保证规划的可操作性。

(3) 主要问题

① 社会层面。居民文化素质普遍不高,社区教育相对滞后,成人教育、老年人教育

方面基本为空白；社区组织管理架构滞后，难以满足社区新形势发展的要求，特别是社区（居民）自治方面的诉求；随着居民福利、设施建设等资金需求的不断增加，社区面临经济运行方面的新难题。

② 经济层面。部分领导干部和多数居民思想观念固化、保守，社区居民在本地区从事工业生产的约160人，占全社区劳动力总人数的24.1%，而其他大多数以经营小店和无业为主；市场环境的急剧变化，冲击了以"三来一补"企业为主的经济结构；经济发展压力大，具体体现为经济发展模式单一、经济总量增加难，产业结构落后、经营方式粗放，企业投资规模小、数量多、短期行为明显。

③ 空间层面。用地布局不合理，功能混杂；公共配套设施建设滞后、档次低；道路交通系统不完善，功能不明确；旧村旧厂环境差，安全隐患多；旧区改造范围广，压力大。

（4）发展条件分析

① 发展机遇：根据《深圳市龙岗中心组团分区规划》、《深圳市高新技术产业带规划——宝龙片区》，紧邻南约社区的宝龙工业城，将有效带动公共设施配套和产业配套等方面的发展；周边优美的自然环境；交通条件优势；土地存量优势。

② 发展挑战："三来一补"企业面临的生存压力越来越大，在一定程度上将影响社区的收益；随着农民向居民的转变，居民的社保、就业等民生问题将受到更多的关注，南约社区的集体经济也将承担更大的压力；不可避免地面临旧城改造问题，可能会遇到一定的阻力。

（5）发展定位研究

① 总体定位

南约社区的战略性定位为：国际、生态、高尚、人文社区。作为宝龙工业城的核心配套区，建设一个"现代化都市社区"。利用龙岗植物园的自然生态环境，建设一个"绿色的城市社区"。充分挖掘南约社区的文化底蕴，建设一个"和谐健康的新型社区"。

② 发展纲领

社区目标纲领："挖掘区域资源、繁荣社区经济、构建和谐南约"。

具体的行动纲领：调整规划布局，提升建设档次，促进南约面貌新变化；改善产业结构，优化投资环境，形成南约经济新跨越；提高生活质量，提升文明程度，缔造南约社区新发展。

（6）目标与规模

① 发展目标

社会发展目标：创造一个和谐、安宁、卫生的社区环境；改善居民生活条件，尤其是文化生活条件；加强社区服务，满足社区各个成员的共同需要；解决社区居民的教育和就业等问题。

经济发展目标：包括中水平发展、高速腾飞期和高速稳定期三个阶段。

空间发展目标：空间布局合理，居住条件优越的示范社区；公共设施和市政设施完善，商业气息浓厚的综合性社区；环境优美，景观别致的生态社区。

② 发展规模研究

人口规模：规划社区总人口规模4万人。其中，常住人口17 600人，包括原住民1600人和非原住民16 000人，常住流动人口23 400人。

用地规模：人均城市建设用地指标$70m^2$，建设用地控制在$2.8km^2$。

(7) 社区发展规划

① 社区社会发展：从社区组织、社区服务、社区文化、社区教育和社区参与等方面提出发展策略。

② 社区经济发展：包括经济发展模式、发展策略选择和经济发展前景预测等方面的内容。

③ 空间发展规划：提出"一心、三轴、五区"的空间发展结构，并从土地利用规划、道路交通规划和公共设施规划等方面制定相应的规划发展策略。

图13-3～图13-6分别为南约社区土地利用现状图、土地整合策略分析图、土地利用规划图和改造平面示意图。

图13-3 南约社区土地利用现状图

图13-4 南约社区土地整合策略分析图

图13-5 南约社区土地利用规划图

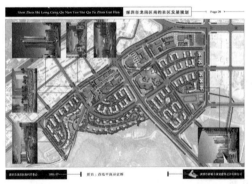

图13-6 南约社区改造平面示意图

(资料来源：深圳市新城市规划建筑设计有限公司)

13.4 城市社区规划体系的建构

13.4.1 社区规划的目标与原则

1. 社区规划的目标

社区规划的目标在于,通过规划的实施,改善社区治理结构、优化物质和文化生活环境,进一步开发和利用社区资源,完善社区服务网络及增进社区成员互动,从而促进社区健康、稳定和可持续发展。

2. 社区规划的原则

社区规划有以下几项主要原则。

(1) 可操作性和持续滚动原则。社区规划是社区建设实践的依据,对社区发展建设有重要的指导价值,因此应突出可操作性的特点。社区规划应具有一定的时效性,要有近期和远期的规划目标、工作步骤和流程、实施策略等,同时还要对社区发展进行跟踪研究,根据社区结构的发展变化定期进行针对性的修编和调整(赵蔚,等,2002)。

(2) 以人为本原则。社区规划要以社区现有的资产与居民需求为出发点,以居民的满意为基础。注重社会文化的多元融合,倡导社区公众参与社区规划事务,提高居民的生活质量。

(3) 地域性原则。充分考虑我国不同地区的差异性,包括自然地理、经济条件、社会文化特征以及生活方式等方面的不同,从社区本身的实际出发,因地制宜,充分发挥社区优势,制定有针对性的规划工作路线和方案,科学拟订社区规划,满足不同居民的多元化需求。地域性原则也是社区空间环境特征多元化的重要基础(杨贵庆,2000)。

(4) 规模效益原则。社区规划要充分体现市场经济规律,从人口、服务半径以及投资因素等方面综合考虑各类设施的规模与布局,体现规模效益。

(5) 系统性原则。社区规划应对社区各个要素进行综合分析,使其协调发展。

13.4.2 社区规划的主要内容

中国台湾学者徐震(1988)将社区规划的整体内容概括为"三体":社区的"硬体"是社区内有形的建设,指社区的地理环境、自然形势、天然资源、交通和市场等;"软体"是无形的资源,指社区的文化传统、历史渊源、风俗习惯和合作精神等;"韧体"是内在的关系,指社区的权利结构与组织关系,包括社区内公私立机构、各行各业正式的与非正式的组织等,以及各社会组织团体之间的维系力量。唐忠新(2000)将社区规划的基本内容概括为四个方面:社区现状分析、社区建设的总体目标规划、社区建设各主要部分的规划,以及社区建设的发展条件与支持、保障系统的规划。

社区规划内容的确认,实际上是对社区发展要素重点的理解,而且在不同的发展阶段社区所面临的问题也有所侧重。自20世纪90年代以来,我国一些大城市特别是上海、广州等地开展了一些社区规划工作,包括对居住社区规划、以街道行政管辖范围为规划单元的社区发展规划、城区社区规划和社区规划指标体系的研究。由于规划地域范围和特点、编制主体及规划目标的差异,社区规划的内容各有不同。

上海市宝山区宝通街道制定的《宝通社区发展规划》(2002)是近年来城市社区规划的一次重要的实践探索,其主要内容包括以下几个方面。

(1) 社区发展现状及发展条件分析。根据社区的现状调查资料,解析社区的整体社会、组织管理、空间环境的现状结构,分析社区未来发展的趋势,提出规划的理念和原则。

(2) 社会发展规划。对社区的各项社会要素(社区人口、文化与教育、服务与保障、社区就业及社区凝聚力等)提出发展策略与措施。

(3) 社区管理规划。对社区的各项管理要素(管理的内容、对象、主体、社区组织及管理单元与边界等)提出整治框架与相应的策略。

(4) 社区物质环境改善规划。对社区的物质环境及各项服务设施(功能布局、土地使用、道路交通、绿地系统、服务设施及公共环境等)提出整治框架、控制准则和规划引导。

(5) 近期实施策略。根据社区目前的发展状况及可能条件,提出近期实施的内容及策略建议,并以街坊邻里为单位,详细分析每一个单元的具体问题,提出相应的实施行动策略。

该社区规划的研究框架主要分为问题的发掘、问题的分析、提出策略和寻求解决途径四个阶段,以及社会状况、组织管理、物质空间三方面的专题内容,见图13-7。

13.4.3 社区规划的编制程序

为保证社区规划编制过程中的工作安排和时间进度控制,规划需要遵循一定的工作程序。一般社区规划包括以下基本程序。

1. 初步交流

初步交流主要是参与社区规划的各方就社区状况做初步的信息交流,通过交流了解社区的基本状况和未来发展的设想。

2. 确定规划目标

社区规划的目的在于解决社区目前的实际问题,引导社区今后的发展,目标的实践性和针对性很强。

3. 研究设计并拟订工作计划

针对目标进行研究设计,并对整个规划过程制订工作计划,以协调参与规划的各方力量。

4. 各方协调会议

规划参与各方就工作分配及工作计划、工作开展等事宜进行协商,调整完善工作计划,就各方的详细工作安排进行交流并落实。

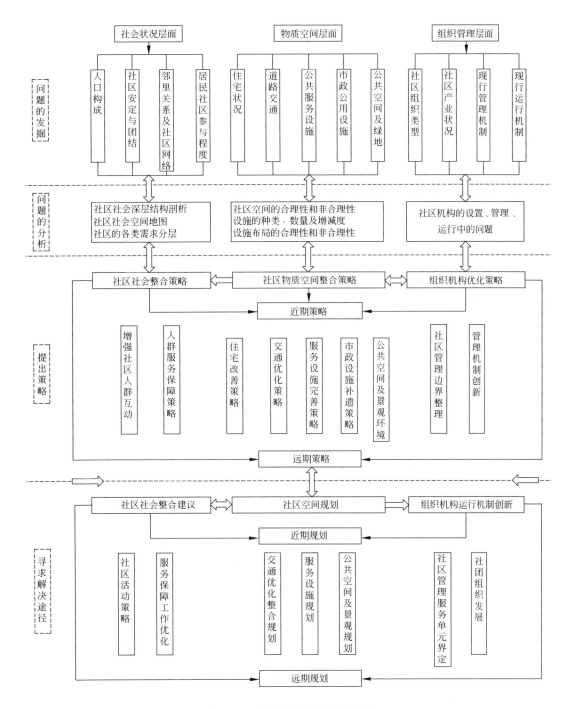

图 13-7 宝通社区发展研究框架

资料来源：赵民，赵蔚. 2003. 社区发展规划——理论与实践[M]. 北京：中国建筑工业出版社.

5. 实地调查

根据工作安排,参与各方对社区进行实地调查,并采取适当的措施保证调查过程中社区成员的参与。

6. 资料统计整理分析、形成社区调查报告

对资料进行筛选,依据一定的逻辑关系进行定性和定量分析,并最终形成规划方案的主要依据——社区调查报告。

7. 制订规划方案

在各方沟通、实地调查和资料分析的基础上,着手制订初步的社区发展规划方案。

8. 方案评价

方案评价始终贯穿于规划方案制定的过程中,体现在参与规划各方的自身检讨、参与各方在方案交流中的小范围检讨、规划制定者与规划相关方的交流,以及组织小范围的外部专家讨论上。

9. 第5、第6程序的有限循环,形成阶段成果

各种规划方案的交流形式和评价都要经历多次循环的过程,这是保证规划可实施性的重要环节。

10. 社区发展的持续追踪

根据实际需要对社区发展追踪的时间段和内容要有所侧重,并提供可能的后期咨询服务。

13.5　社区规划的实施对策

1. 强调公众参与

居民作为社区的主体,他们的广泛参与是社区规划的生命力,是实现社区发展的根本动力。但在我国目前的社区规划中,由于受到政治制度和体制框架的约束,公众参与仍处于初级阶段,居民的参与机会严重不足,参与力量也极为薄弱。社区规划涉及社区居民的切身利益,应将其作为公众参与的切入点,在编制和实施过程中都应引入相关利益单位、个人间的对话协商机制,采取适当的参与方式,包括对目标群体的深度访谈、问卷调查、规划展示、公众听证会(座谈会)和专题系列讲座等增加参与的有效性。

2. 重视非政府组织的作用

社区是家庭、各种生产经营单位、各种社会团体和机构组成的有机体,调动各方面的力量和资源参与社区建设是社区工作的重心之一。在各种力量中,社区内的非政府组织对在社区行政中沟通政府和居民之间的关系起着至关重要的作用。它有助于开拓社区服务功能、建设社区服务体系;使政府摆脱具体的社会事务,实现"小政府、大社会"的管理格局;还

能带动社区各种服务业的全面发展,提供充分就业,缓解社会矛盾,保持社会稳定。

3. 探索社区规划师制度

社区规划师是致力于社区管理、更新和复兴等事项的管理型规划人员,也是城市街道机构的政府规划师。社区规划师的主要工作内容涉及社区更新改造、社区形象塑造、社区投资筛选、建设项目评估、社区发展评价和社区建设资料汇总等工作,为政府规划师进行城市研究和公共政策制定提供可靠的材料(陈有川,2001)。其职业目标是在不侵犯其他社区发展机遇、不妨碍城市整体长期利益的基础上,为本社区谋求长远利益和可持续发展。目前我国的政府规划师和社区工作者大多都不具备社区规划和社区工作的专业知识,需要合理借鉴中国台湾、日本等地的成功经验,探索建立基于我国特定国情和规划体制背景的"社区规划师制度",从而保证社区规划的科学编制和有效实施,推进社区的可持续发展。

4. 加强社区规划的法制保障

首先,需要确立维护社区发展的规划立法理念。从法制上明确,社区是城市规划保障和实现公众利益的最基础平台;其次,应通过立法手段保障社区规划在城市规划领域的法定地位,完善相关规划的编制、审批和实施管理程序,制定统一的社区规划和建设规范及技术指标体系;最后,还应从法律上保障和促进公众参与社区规划和社区建设的环境氛围,明确公众参与的主体及其责权利分配,以及参与的时机与程序,这样才能切实贯彻维护社区利益和促进社区发展的法制理念。

13.6 我国社区规划的发展展望

总的来说,实现以社会学和城市规划为主的多学科领域的社区规划的逐渐融合,是未来我国社区规划发展的方向和趋势。社区规划既是社会规划的分支,也是城市规划的延续。从规划的领域来看,它既是城市规划向社会学领域的渗透,也是城市规划从物质空间规划和环境设计走向社会发展的全面综合规划的体现(赵民,等,2003)。

1. 社区规划目标与定位的明确

从目前社区规划的实践来看,社区规划在我国规划体系或其他相关体系中都没有明确的定位,一定程度上导致了社区规划的委托及规划权限边界的模糊性。这种模糊性对社区规划目标的设定及内容的组织产生了负面影响,使社区规划的实施变得举步维艰。在快速城市化的背景下,很多大城市在进行城市新开发的同时,对原有社区的改造和更新也逐步成为城市规划的一项重要内容,正如西方社区建设到了20世纪70年代后,逐步由经济和物质导向转向社区服务取向。因此,在规划体系中对社区规划应有一个恰当的定位,在城市发展要求提升内涵与文化的时期,需要社区规划对社区的综合发展给予多角度的关注。

2. 社区规划的方法与原则

国内的规划一直以"供给"(providing)方式编制和实施,已有的规划实践也同样是政府主导,从目前社区规划各角色的能动性和地位作用来看,实施以社区成员为主导的自发式社区规划几乎不太可能,比较可行的方法是尽可能地发挥规划中的各种角色的优势,并保证优势的发挥。规划过程以问题驱动、立足社区、行政推动为主、社会推动配合为特点,充分利用可调动的资源,以探求如何不断加强结果的现实性、操作性和可持续性。

规划方法应以解决问题为导向。即从社区中现有社会问题的发掘与解析入手,力图最大程度地解决问题,侧重于实施;同时应对社区内外可获取或利用的资源有全面的了解与定位,根据问题的轻重缓急制定相应的各具优先权的规划对策;此外,应在规划的每一个阶段进行记录,有助于推进居民对于规划的了解以及后期的监控与反馈。

3. 规划理念的转变

应以相互促进和配合的理念来处理地方政府管理与社区自治的关系。基于特定的国情和制度背景,我国社区规划方法目标定位的前提必然趋向一种政府辅助型自治,即在正确运用政府力量作为辅助的同时,通过培育社会团体等中介性组织,一方面承担起政府放权所外溢出的多项服务性功能,另一方面,尽可能最大程度地调动社区居民的参与积极性,培育居民的自治意识和能力,强化自治导向。

应强调社区规划中公众的知情权。通过多方交互式的交流使居民对现状及未来发展的优势条件与限制条件有清醒的认识,并获得对社区未来的构想,帮助居民做出合乎逻辑的判断和定位,选择适合他们的发展方向和道路。

应倡导社会公平。传统建筑学和城市规划学科的思想和理论往往忽略了城市社会中有着特定背景和意义的不同类型的社会群体的差异性。社区规划中应从社会环境与物质环境两方面考虑如何满足不同群体的需求与权利诉求,关注社区弱势群体的需求,以平衡改革过程中造成的贫富差距过大的社会极化问题。

4. 系统弹性的平衡

首先,社区规划方法应通过实践不断获得改进,现阶段方法的选择与确定受既定客观条件的限制,而在实践中,能够不断获取修改方法的依据,逐步加以改进。其次,社区规划应是一个不断发展的过程,滚动规划对社区发展具有持续促进的作用。因此,短期来看,社区规划具有很强的针对性和可操作性,而从长远来看,它还具有明显的连贯性,所以社区规划的近期策略与远期规划需要互相平衡,从而增加社区系统发展的相对稳定性。

推荐阅读参考资料

胡仁禄. 1995. 美国老年社区规划及启示[J]. 城市规划(3):58-60.
姜劲松,林炳耀. 2004. 对我国城市社区规划建设理论、方法、制度的思考[J]. 城市规划汇刊(3):57-60.
李慧栋,李同升,郜鹏. 2006. 社区规划的发展进程与多维透视[J]. 城市发展研究,13(6):26-29.
洛尔 W. 2011. 从地方到全球——美国社区规划100年[J]. 张纯,译. 国际城市规划,26(2):85-99.
王颖,杨贵庆. 2009. 社会转型期的城市社区建设[M]. 北京:中国建筑工业出版社.

徐昊,罗燕. 2009. 解读美国社区发展及规划演变[J]. 城市规划学刊(7):52-56.
许志坚,宋宝麒. 2003. 民众参与城市空间改造之机制——以台北市推动"地区环境改造计划"与"社区规划师制度"为例[J]. 城市发展研究(1):16-20.
朱介鸣. 2012. 西方规划理论与中国规划实践之间的隔阂——以公众参与和社区规划为例[J]. 城市规划学刊(1):9-16.

习　　题

1. 名词解释
社区、社区发展、社区资产、社区规划。

2. 简述题
(1) 简述城市社区的特点。
(2) 简述社区发展的主要模式。
(3) 简述社区规划的主要特点。
(4) 简述社区规划的目标和原则。

3. 论述题
(1) 论述社区规划与城市规划的关系。
(2) 论述发达国家、发展中国家和我国开展社区规划的不同特点。

参 考 文 献

蔡禾. 2005. 社区概论[M]. 北京:高等教育出版社.
陈眉舞,张京祥,曹荣林. 2004. 我国城市社区规划的理论架构及其实践机制研究[J]. 南京工业大学学报:社会科学版(4):45-48.
陈有川. 2001. 规划师角色分化及其影响[J]. 城市规划(8):77-80.
方明,王颖. 1991. 观察社会的视角——社区新论[M]. 北京:知识出版社.
何彪,吴晓萍. 2002. 西方城市社区建设历程及其启示[J]. 城市问题(3):73-79.
何肇发. 1991. 社区概论[M]. 广州:中山大学出版社.
胡伟. 2001. 纽约市社区规划的现状述评[J]. 城市规划(12):52-54.
刘玉亭,何深静,魏立华. 2009. 英国的社区规划及其对中国的启示[J]. 规划师(3):85-89.
[英]米切尔 G D. 1987. 新社会学词典[M]. 上海:上海译文出版社.
孙施文,邓永成. 2001. 开展具有中国特色的社区规划——以上海市为例[J]. 城市规划汇刊(6):16-18.
唐忠新. 2000. 中国城市社区建设概论[M]. 天津:天津人民出版社.
王颖. 2001. 社会转型期的城市社区研究[D]. 上海:同济大学建筑与城市规划学院.
[英]沃特斯 N. 2003. 社区规划手册[M]. 卢剑波,等,译. 北京:科学普及出版社.
谢守红. 2008. 城市社区发展与社区规划[M]. 北京:中国物资出版社.

徐震. 1988. 社区与社区发展[M]. 台北：台北正中书局.
薛德升,曹丰林. 2004. 中国社区规划研究初探[J]. 规划师,20(5)：90-92.
杨贵庆. 2000. 社区规划与管理"五原则"[J]. 规划师(1)：23.
叶南客. 2003a. 现代社区规划的历史衍变与多元进程[J]. 东南大学学报(6)：69-75.
叶南客. 2003b. 现代人居环境建设的有序化范式与科学保障——城市社区规划的内涵界定与科学保障[J]. 学海(4)：56-61.
张敦福. 2001. 现代社会学教程[M]. 北京：高等教育出版社.
赵民,赵蔚. 2003. 社区发展规划——理论与实践[M]. 北京：中国建筑工业出版社.
赵蔚,赵民. 2002. 从居住区规划到社区规划[J]. 城市规划汇刊(6)：68-71.
Audit Scotland. 2006 [2006-06-16]. Community Planing：An Initial Review[R/OL]. Edinburgh：Audit Scotland. http://www. audit-scotland. gov. uk/docs/central/2006/nr _ 060616 _ community _ planning. pdf.

第 14 章 城市社会学调查研究方法

城市社会学的学习,既要重视掌握基础知识,又要重视了解科学方法。只有在学习城市社会学的理论知识时,同时学习它的研究方法,才能比较深刻地理解这门学科。图 14-1 展示了社会学研究方法的整体框架。

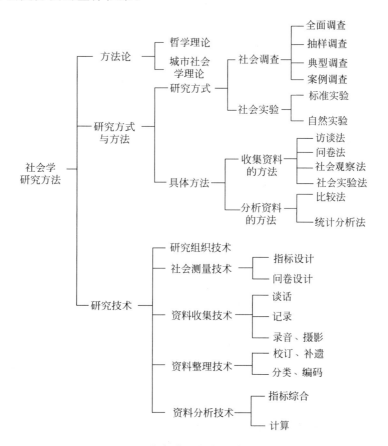

图 14-1 社会学研究方法的整体框架

14.1 城市社会学研究的方法论

城市社会学研究的方法,发展到今天,既有逻辑的方法、历史的方法、比较的方法、公理的方法,也有直觉的方法、观察的方法、实验的方法、调查的方法,以及模拟的方法、计算的方法等。

14.1.1 城市社会学研究方法的特点

从研究方法对研究过程的指导作用来看,城市社会学研究方法是一个多层次的体系,包括方法论、具体方法和研究技术三个层次。现代的城市社会学方法具有以下几个主要特点。

1. 科学化

调查研究是人认识社会的过程,在这个过程中研究者的主观因素要发挥其作用。科学的调查研究要真实地反映社会现状,反对人为扭曲对社会的认识。现代城市社会学研究方法的科学化表现在更加强调调查研究程序本身的科学化,即尽可能地使用现代科学研究手段,最大限度地减少片面的主观因素对研究结论的准确性的影响,使认识更加接近实际;也表现在强调用调查资料和分析结果来检测原先的理论假设,即所谓的"用资料说话"。

2. 系统化

社会是一个系统。任何社会现象、任何事物都处于复杂的相互联系之中。现代城市社会学研究在考察某一社会现象的特点及其变动规律时往往把它放在其所属的系统之中,并借助于数理统计的方法综合地分析各个相关因素对该社会现象的影响。

3. 定量化

任何社会现象都有质和量两种属性。社会现象往往是由多因素共同造成的,使得社会现象的发生具有随机性特点,这就需要定量研究,从统计规律中进一步找出社会现象的规律,揭示出事物运动的规律。由于工具和手段上的局限,传统的城市社会学研究不可能对社会现象进行大量繁杂的数量分析,因而其对社会现象的描述也是不细致的,结论往往是含糊和不确定的。电子计算机的出现为处理大量数据提供了可能。因而现代城市社会学研究倾向于在定性分析的基础上,运用数理统计的方法对事物进行定量的分析和描述,揭示社会现象的数量特征和数量关系,进而更深刻地揭示其本质和规律。因此,现代城市社会学研究要求做到定性分析与定量分析相结合。

14.1.2 城市社会学研究方法的基本程序

城市社会学研究方法主要有以下五项基本程序。

1. 确定研究目的

研究目的可分为应用性的、理论性的和综合性的三种。应用性研究的目的在于解决当前实际的社会问题,为实践提供直接的指导。理论性研究的目的主要是发展学科理论,包括对经验研究的理论概括以及对已有理论的检验、批判或发展。应用性研究和理论性研究的区别不是绝对的,应用性研究中包含着理论概括,理论性研究也会随社会的发展而对现实产生直接作用。此外,有些课题的研究,既有应用效果,又有理论上的发展,应用目的和理论目的相结合,就成了综合性研究。

依据研究目标的不同,研究工作可分为下述一些类型:第一,描述性研究,主要目标是以科学的语言描述出所研究事物的准确图像,使人们能对该事物形成清晰完整的认识,知道它是什么。第二,解释性研究,不仅回答是什么,而且更要回答为什么,主要目标是揭示事物变化的因果关系。第三,预测性研究,主要目标是在描述或解释的基础上,对社会现象或社会问题的未来变化做出推断。第四,评价性研究,主要目标是比较和评价各种社会现象、社会政策或社会行动,分析其后果与影响,看是否合乎人们的需要和预期目标,是否合乎社会发展的价值标准和客观要求。第五,对策性研究,主要目标是寻找解决实际问题的具体方案和措施,以应用为目的。在立题的过程中确定自己的研究类型,对研究者明确自己的具体研究对象和研究任务具有重要的意义。

2. 研究前的准备

研究前的准备,包括理论和实际两个方面。理论准备主要采用查阅文献的方法。一般要求对所研究课题的有关文献做尽可能全面的考察。其次是搜集可引用或可借鉴的各种资料特别是历史性资料,以备在研究中参考和使用。理论准备有助于研究者保证其研究在知识发展中的连续性,以帮助研究者在启发和借鉴中进一步确定自己的研究重点和内容。在针对社会现象的经验研究中,往往仅有理论准备是不够的,还要对所要研究的实际情况有所了解,可通过实地踏勘和个别访谈会等方法进行。

3. 设计研究方案

研究方案是对全部研究行为的规划与指导。无论是观察、实验,还是社会调查,研究之初都需制订完整的方案以保证研究的科学性。研究方案的设计,主要包括以下几个步骤。

(1) 提出研究假设

研究假设是建立在对研究对象的局部的感性认识之上的某种判断。由于这种假设不是对研究对象整体的、本质的认识,所以只是一种理论假说,它有待于通过调查研究来证明。假设有描述性假设、解释性假设和预测性假设三种形式。如果一个假设能够明确地说明社会变量之间的关系,则它就更有价值,因为这是对社会现象的更深刻的认识。研究假设可以用语言、函数关系式和其他形式来表达。在提出某种研究假设时应遵循下述原则:①假设不能与已有的资料相矛盾;②假设力求简短、明显、准确;③假设没有逻辑上的矛盾。研究假设不是凭空捏造的,而是对研究对象初步认识的概括。提出假设后,下一步的工作就是检验这一假设。

(2) 理论解释

理论解释是指对提出的研究假设进行理论上的说明和解释。假设是由两个或几个概念构成的命题。概念是对某种现象的抽象和概括,它属于抽象层。理论解释就是要明确概念,讲清楚其内涵和外延,把假设中的抽象概念变为经验层的具体概念。

(3) 拟订调查提纲

拟订调查提纲是一个把调查内容条理化和具体化的过程,是为了明确要解释概念、进而检验假设需要收集哪些方面的资料。调查提纲有粗有细,较细的调查提纲可为制订调查表打下较好的基础。拟订调查提纲要求做到以下几点:①围绕调查所要解决的中心问题拟订提纲;②提纲力求全面、真实地反映所要研究的问题的各个方面;③提纲要体现发展的、联系的观点。

(4) 设计调查表(问卷)

调查表是用来收集资料的表格。如果表中问题采用问答式,则称为问卷。调查表和问卷是由许多相互关联的具体问题组成的。它是调查提纲所提问题的进一步条理化、具体化。它最后具体确定了该调查研究将收集哪些具体资料。调查表和问卷是大规模调查必用的收集资料的工具。从调查提纲到设计成调查表和问卷,中间有一个设计指标的过程。关于如何设计调查表和问卷,我们将在后面进一步说明。

(5) 决定研究的方式与方法

任何研究都必须采取一定的方式和方法。而采取何种方式与方法则由研究的目的,研究对象的范围,研究的人力、物力和时间等因素决定。这一工作也可在之前进行。

(6) 制订研究的组织计划

较大规模的城市社会学调查研究必须细致、认真地做好调查前的组织工作。这些组织工作包括:①筹措经费,以备调查研究所必需的各种支出。②选训调查员。为了使较大规模的调查研究在较短的时间内完成,往往需要选用一批调查员。为了尽可能减少由于聘用调查员所带来的误差,必须严格选择和培训合格证调查员。入选标准一般考虑性格、工作作风、文化水平和责任心等因素。培训调查员主要包括向调查员讲解调查目的、讲解调查表或问卷内容、讲解调查纪律和进行模拟访问调查等内容。③在调查所及的地区和单位宣传该项调查研究的意义,求得有关领导机关和被调查对象的支持,以保证调查研究的顺利进行。④合理配备人员,安排好调查研究的进程。

(7) 试验研究

在进行实地调查以前,要在一定范围内对研究对象做一次小规模的试验研究,以检验调查表或问卷是否完备、研究计划是否合理可行,并根据发现的问题进一步修订计划。

4. 资料的收集与分析

资料的收集与分析包括以下几方面的内容。

(1) 资料的收集

收集资料是调查研究者按照调查提纲、调查表或问卷向被调查者全面收集有关资料的过程,也是双方相互交往、相互影响的过程。如果交往成功,被调查者可以提供准确、真实、全面的资料;否则回答就会残缺不全、不真实甚至被调查者有可能拒绝回答。收集资料的方法有访谈法、问卷法和文件法等多种方式,关于这些方法的较详细内容我们将在下面予以说明。

(2) 资料的整理

通过实地调查收集到的资料是原始资料,必须经过整理才能用来分析研究。原始资料可分为文字资料和数字资料,两种资料的整理应完成下列一些工作。①文字资料的整理。

文字资料包括座谈会的记录、开放式问卷的答案等。整理文字资料时要做以下工作：第一，审查补充，即看资料是否完整、明确，并辨别资料的可靠程度。第二，摘要，即把其精华之处提取出来。第三，归纳分类，即按调查提纲或依专题等将资料归类。第四，编整加注，即对各类材料统一编排修整，做出初步总结。总之，文字资料整理是一个"去粗取精，去伪存真"的过程，其基本要求是真实、具体、简明、扼要。②数字资料的整理。现代化调查研究得到的将是大量的数字资料。在整理数字资料时要做好以下工作：第一，校订。这一工作包括检查研究对象、所得资料是否有遗漏之处；检查资料有无错填之处；检查度量衡单位是否统一；检查答案之间是否有明显的逻辑错误；判断资料的真实性和可靠性。第二，编码。首先对所有调查表（问卷）编码，再对经过分类排列的问题逐一编码，最后对每一问题的全部选择性答案排列编号。编码也可在设计调查表或问卷时进行。需要较多编码的要编制编码手册。第三，登录，即将数字化了的资料按照顺序登录在登录表上。登录可以使资料不仅便于保存，而且便于统计分析。

（3）资料分析

资料分析一方面是应用统计手段对研究对象（或样本总体）进行数量分析，揭示它们的数量特征，并以此去推论研究总体的各种数量特征。另一方面是运用比较、归纳、推理或统计方法发现各变量之间的内在联系，揭示数量特征和资料本身所反映的意义。

（4）检验假设

我们的调查研究是从提出研究假设开始的，现在则要用调查得来的资料来验证假设是否成立，将经验资料上升为理论。在检验假设时要客观地从资料出发，而不管假设是否成立都要对调查研究的结果进行解释。

5. 撰写研究报告

撰写研究报告是整个研究过程的最后环节，不仅标志着研究过程的完成，而且也是对研究成果做最后加工的过程。没有研究报告，研究的成果就不能以成品的形态出现，其社会价值也往往无法实现。

14.2 资料收集方法

城市社会学收集资料的方法主要有访谈法、问卷法、社会观察法和社会实验法等几种，现分别简要介绍如下。

14.2.1 访谈法

访谈法是指调查者和被调查者通过有目的的谈话收集研究资料的方法。它是城市社会学研究中经常使用的一种方法。访谈按双方接触的方式可分为直接访谈和间接访谈两种，直接访谈即面谈，间接访谈则以电话等为媒介。面谈是访谈法的主要方式。

访谈法包括访问和座谈。按照访谈时调查者是否遵循一个既定的较详细的提纲或调查表,访谈有结构性和非结构性之分。结构性访谈事先制订了较详细的提纲或调查表,并循此发问,故发问比较规范,回答也限于一定的范围,因此获得的资料便于整理和分析。非结构性访谈则没有一个详细的提纲或调查表可循,调查者只是就调查的主题提一些笼统的问题,求得被调查者的回答。在非结构性访谈中被调查者所受的约束较少,能自然、充分地发表自己的意见,收到的资料比较广泛和深入,但这种资料不利于整理和分析。

使用访谈法收集资料有许多优越之处,例如,调查者可以及时掌握被访问者的情绪反应,能够判断其回答的可靠程度;可大大减少因被调查文化水平低和理解能力差而给调查效果造成的不良影响;回答的比率较高;资料也较充实;可以调查一些比较复杂的问题。使用访谈法也有一些缺点,例如,花费的人力、物力、时间较多;对于敏感问题,面对面的交谈可能会影响被访者的回答;保密性较差等。

用访谈法收集资料的过程实际上是调查者与被调查者相互交往的过程,访谈的成败取决于交往是否成功,为了顺利地进行交往以获得需要的资料,调查者应该注意做到以下几点:①在访谈之前,调查者应该熟悉和掌握所要问及的问题,并对被访问者的身份、被访问者与该问题的利害关系有尽量深入的了解。②在访谈过程中,既要尽量保持活跃的气氛,又不脱离所要了解的中心问题。③调查者应该对所问问题持中立态度,不能做引导性提问。④对不清楚的问题和关键问题要追问。⑤应随时注意被调查者的情绪和态度的变化,在整个谈话过程中,调查者必须抱着虚心求教的态度,尊敬被调查者,始终表示出对对方谈话的兴趣,这是保证访谈取得成功的重要条件之一。

开座谈会是访谈法的重要方式,其特点是同时与几个人进行谈话。开座谈会获得的资料更全面、更准确。如何开好座谈会是一门艺术,至少应该做到以下几点:①要选择知情者参加座谈会,这些人应具有代表性,并对所要调查的问题有较深入的了解,同时与会者人员不要太多。②为了使座谈会更成功,最好事先把座谈会所要解决的主要问题告诉与会者,使之有所准备。③主持座谈会者应该用与会者易懂的语言发问,座谈会气氛要活跃,最好开成讨论式,而不是一问一答式。④要尽量避免和消除与会议主题无关的争论。⑤主持座谈会者应始终保持虚心求教的态度,要注意与会者的反应。

总之,成功使用访谈法的关键是取得被调查者的真诚合作。同时,要使用好这一方法,必须会问、会谈、会听。

14.2.2 问卷法

问卷法是通过填写问卷(或调查表)来收集资料的一种方法,也是现代社会调查使用得最多的收集资料的方法之一。这是因为,这种方法以预先精心设计好的问卷或调查表为媒介收取资料,使用这种方法不仅可以使调查得来的资料标准化,易于进行定量分析,而且可以节省大量人力、物力和时间,适用于大规模的社会调查。使用问卷法成功与否的关键之一是有否一个好的问卷或调查表。下面就如何设计问卷做一简要介绍。

1. 指标的设计

设计问卷的过程实际上是制定测量社会现象的指标,并把它们按照一定的顺序进行排列的过程。社会测量的尺度可分为四种,即定类尺度、定序尺度、定距尺度和定比尺度。定类尺度只能测量出事物属性的差别,而测量不出它们在大小和程度上的差异,例如用性别去测量人,只能分成男、女两类。定序尺度不但能测量出事物的类别属性,还能测量出它们在等级和顺序上的差别,例如社会经济地位可分为上、中、下三个等级。定距尺度高于定序尺度,它除了能测量出事物在类别、顺序方面的属性,还能用数字反映事物在量上的差别,例如用智商去测量人的智力水平。定比尺度是最高层次的测量尺度,它除了具有定距尺度的功能外,还可使不同事物的同一特征的取值构成一具有意义的比率,因为它有一个真正有意义的零点,例如年龄就属于定比尺度。

指标反映了社会测量的不同尺度。很明显,对于同一社会现象往往用不同的尺度来加以测量。例如家庭经济可以用富裕、一般和贫困这种定序尺度来测量,也可以用家庭月人均收入来测量,而后者是定比尺度。由于较高尺度能更加细致地描述出事物的特征,由此而得到的资料能够被充分地利用,所以,在设计指标测量社会现象时应尽量使用较高级的尺度。当然,这会受到研究对象的性质和研究目的的制约。

在城市社会学研究中,指标的制定实际上是一个把理论假设中的抽象概念不断具体化,使之变为操作概念的过程。例如,"良好的工作环境"和"工作效率"都是抽象概念,而这种抽象概念是不能被直接测量的。为了达到这一目的,就要把这些抽象概念具体化,直到变为经验层能够直接测量的操作概念。在这一过程中,应注意使低层次的具体概念"隶属"于高层次的抽象概念,而不能超出它的范围,否则,制定的指标就不能反映抽象概念,也就无从检验理论假设。当然,并非问卷中设立的所有指标都"隶属于"理论假设中的抽象概念,但是,有一点必须明确:所有指标都应该直接或间接地与理论假设有关。

在用指标量度社会现象时,会涉及该指标能否稳定地去测量事物和能否有效地反映客观事物的问题。前者是指标的信度,即可靠性问题;后者是指标的效度,即有效性问题。一个好的指标应该是信度与效度,或可靠性与有效性的统一,它不但能够稳定地而不是模棱两可地量度社会现象,而且能够真正客观地反映社会现象的特征。要制定出好的指标,就要求对所要测量的社会现象有一个比较深刻的认识,把握它的本质特征。另外,要对指标进行筛选,挑选出那些合适的指标。筛选指标的方法有两种,一种是用统计方法进行筛选,另一种是用经验方法进行筛选。在用经验方法进行筛选时,应先制定出一些指标,然后请一些专家或熟悉情况者对之进行评价,评判它们是否合格,评价较高的指标可以录用。

2. 问卷的类型

问卷可分为封闭式和开放式两种。封闭式问卷是把所要了解的问题及其答案全部列出的问卷形式,调查时只需被调查者从已给答案中选择某种答案。如果只提出问题,不给出答案,就是开放式问卷。

在城市社会学调查研究中,封闭式问卷得到了广泛的运用。这主要在于:①封闭式问卷使各种答案标准化,便于进行统计。②这种答案可以进行事先编码,给资料的整理带来了很大方便。③面对已给出的答案,被调查者回答"不知道"的肯定很少。④由于对答案做了简要的规定,被调查者只是选择或排列已有的答案,这就减少了许多不相干的回答。当然，要设计好一个封闭式问卷，则要求研究者对所研究的对象有一定的了解，只有这样，提出的问题、列出的答案才是合乎实际的。

开放式问卷也有其优点。首先，可以利用开放式问卷去征求被调查者对某些复杂问题或研究者尚不明白有多少答案的问题的意见；再者，由于没有固定答案的约束，被调查者可以自由而详尽地陈述自己的观点。显而易见，使用开放式问卷收集到的资料是不规范的，也难以整理；有些人可能会答非所问；对一些比较复杂的问题，思考和回答可能要占用较多的时间，这可能会引起被调查者的不快，以致拒绝回答。

3. 问卷的内容及其格式

问卷的内容一般包括两个方面：①被调查对象的基本资料，如个人的性别、年龄、职业、文化程度等。这些资料用于说明被调查对象的基本特征。②被调查对象的态度和行为。对于调查者来说，往往希望获得大量的有关被调查对象的资料，甚至有些人抱着"宁可取得的资料不用，也不要使可能用到的资料不够"的观点去设计问卷，以致把问卷设计得相当"臃肿"。实际上，资料不足固然不能说清楚某些问题，但资料过多也是对人力和物力的浪费。所以，问卷所包含内容的量要适当，过多和缺乏都不可取。

问卷一般采取这样的格式。问卷开头是一个简短的说明书，它要说明为什么做这项调查、为什么被调查者要回答该问卷中的问题，以及被调查者用什么方式，来回答这些问题；同时调查者要承担对资料的保密义务。总之，说明书的目的是消除对方的顾虑，取得对方的真诚合作。接下来是问卷的具体内容，首先要了解被调查者的基本资料，然后再了解他对某些问题的态度和行为。在调查内容的排列上要遵循两个原则：第一，先易后难，先一般后敏感，先封闭后开放。也就是说，把容易回答的问题放在前面，把敏感的问题放在后面；前面是封闭性问题，后面是开放性问题。第二，调查内容的排列要有逻辑性和顺序性。

对于封闭式问卷来说，其答案的排列方式有列式排列和行式排列两种。列式排列卷面整齐，易于被调查者选择自己的答案；行式排列则节约纸张，不致使问卷显得太"臃肿"。一般社会调查常常使用列式排列，当所要调查的问题较多时，也可用行式排列。不管是列式排列还是行式排列，问题及其答案都要放在问卷的左侧，而在右端留一统计空格，用以登录被调查者对该问题回答的代号，以便于对全部结果的统计。在封闭式问卷的最后可设几个开放性问题，请被调查者就某些问题自由发表意见，以缓和被调查者由于拘于封闭式问卷的填写而造成的"心理压力"。

4. 态度量表

城市社会学研究往往要涉及人们对某一事物的态度，在对社会讨论进行研究时尤其如此。如果整个问卷都围绕着对某个问题的态度展开，则该问卷可称为态度量表。即使在其他问卷中，也会时常出现一些测量人们对某一事物的态度的问题。

测量人们对某一问题的态度可以用多种尺度。例如，可以用定类尺度测量出被调查者对某问题的赞成或反对，满意或不满意，也可以用定序尺度测量出他对这一问题赞成或反对的程度。显然，用定序尺度能更细致地反映问题。在测量人们的态度时用得最多的是赖克特态度量表，它用五个等级来反映人们对某一问题的态度。赖克特态度量表的制作方法是先选择一些能较好反映人们态度的语句,然后按照一定的顺序进行排列。

选择语句是制作态度量表的最重要的工作。在选择语句时要做这样一些工作:①围绕研究的主题收集有关项目,以赞成或反对的方式叙述,形成一些判断语句。一般来说,要收集和设计 20 条以上的判断语句。②按五个等级(很赞成、比较赞成、中立、不太赞成、很不赞成,或者很满意、比较满意、无所谓、不太满意、很不满意等)表示态度的异同程度,然后请 20 个左右的人就每一语句的内容陈述自己的意见。③对每一语句,很赞成者打 5 分,比较赞成打 4 分,中立打 3 分,不太赞成打 2 分,很不赞成打 1 分。将某人对所有项目的得分相加,即为其态度分数。在这种情况下,总分越高,态度越趋向于赞同。当然也可以反过来打分。④根据每一语句的辨别力(灵敏度)将辨别力弱者去掉,剩下的即可正式录用,组成量表。而要删除辨别力弱者,就要在知道被试者各自得分的基础上,将他们按照得分多少平均分为四组,并计算各组在每一语句上的平均得分,比较最高分组与最低分组在每一语句上的平均得分,将差异最小者(即最不灵敏者)删掉。

态度量表一般将语句按列式排列。在用多个语句对某一问题的态度进行测量,而且这些语句比较集中的情况下,态度量表的右端就构成了一个反映人们态度的表格,被调查者可以对任何一个语句表示自己的态度,并用一定的方式表示出来。例如,可以在相应的空格内打对号,然后由研究者转换为分数,也可以按照事先的规定在相应的空格内直接填分数。

5. 设计问卷要注意的问题

在设计问卷或制订态度量表时,为了使之更科学、更能有效地测量社会现象,还要注意以下几点:问题不宜太多,问卷不宜太长,以免造成被调查者的厌烦心理(当然这要视调查问题的性质而定);修辞要简明,通俗易懂,概念要准确;卷面要整洁,层次要分明;不要做引导性、胁迫性提问;为了测验被调查回答的可信程度,可以有意反向地排列某些问题,或者从正反两个方面提出同一个问题。另外,为了使问卷中的提法更加明确、具体,使各调查者对同一问题有一个相同的理解,并做出符合自己情况的回答,可以在问卷之后附上对某些指标的解释,这也有利于"统一口径"。

6. 问卷的使用方法

使用问卷进行调查可采取不同的形式。例如,可以用邮寄法进行问卷调查。其方式是将问卷寄给被调查者,被调查者填完问卷后再寄回。使用邮寄法可以大大节省经费开支,也可以进行大规模、大区域的调查。由于研究者与被调查者不直接见面,被调查者很有可能说出与调查内容有关的个人隐秘,然而这种方式又有一些缺陷,比如回收率较低;当被调查者对问卷理解不深透时,资料的精确性就差一些,甚至在某些情况下,会出现别人代填的情况。

在很多情况下,被调查者填写问卷时调查员在场,虽然会费一些人力,但调查员可以随时解释被调查者提出的疑难问题,这就能够使资料更加精确。同时,调查员在场可掌握和控制环境,使被调查者免受他人和外界的影响。

问卷法是现代城市社会学调查研究中使用得最多的一种方法,因为它有许多优点。但是,这种方法也不是尽善尽美。例如,用问卷法取得的资料往往不太深入和细致,用它往往不能了解复杂问题和事情的来龙去脉。另外,对于不识字或文化程度较低者,使用问卷可能会遇到一些困难。因此,如果把访谈法与问卷法结合起来使用,调查研究可能会收到更好的效果。

14.2.3 社会观察法

社会观察法,即研究者深入事件现场并在自然状态下通过自身感官直接收集有关资料的方法。所谓事件现场,即社会现象发生发展的现实环境。研究者深入事件现场,就能对正在进行着的现象的不定期过程做直接的了解。因此观察法特别适合于收集正在发生的社会现象。毛泽东的《湖南农民运动考察报告》同样是经过研究者本人的实地观察和调查后做出的科学研究报告。许多人类学家在研究人类文化现象时,为了保证文化现象的原始性和自然性,也都以观察法为主。

1. "局外人"方法

在科学实证主义者看来,法则产生于归纳,借助于对所有案例进行结构、有效的验证得出结论,而不是经由近似随机性的观察结果的累积得到,哈维(Harvey)称之为培根式(baconian)的思考路线。近似随机性的观察刺激了一般理论的形成,并衍生出假说,但唯有透过严谨的验证(确认),假说才能成立。

社会学者多半聚焦于城市地区。一般来说,城市地区的人群组织比较复杂,不同社会群体彼此交叠形成大型群体,使得居住地错综复杂,若要加以分析,则需要第三者提供完整的资料。这些资料来源主要是由普查单位提供有关个人、家庭与住所等调查资料。美国人口普查局在20世纪30年代就开始发表这些资料,其中既包括城市聚集群,也包括较小的人口普查区。有些人试图把这些普查区(即平均人口只有数千人的区域)视为"自然区",但实质上它们只是单位而已。其他国家的普查机构则加以仿效,如英国在1951年的普查中,开始计算人口统计地区(enumeration districts),即以人口平均数少于1000人作为收集资料的单位(Dewdney,Rhind,1986)。

但这些资料在使用上出现了许多问题。例如,第一个问题是分析者必须接受普查当局的分类资料,但被研究的社会群体往往在许多普查时并没有收集,如宗教方面的资料等。再如,族群的资料通常不易获得。分析者本身是一位局外人,又依赖于其他的局外人提供资料,如蒂姆斯(Timms,1971)所说的通常必须接受在研究概念上不甚相关的普查指标。社会群体最常研究的课题是"阶级",但在普查中关于社会经济地位未必可成为有效指标。第二个问题是二手资料似乎仅能使用于固定的空间单位,各单位的资料只能合并成为大区域的资料,但却不能切割成更小单位的资料,而且也无法获得个人的原始资料。

局外人研究方法具有两个特点:①依赖于为其他目的而收集得来的资料,也就是说很多研究是由资料所主导(data-led)的,而且在资料内容的收集方面受限于他人(也是局外人)的观点。②普遍接受实证研究方法即使相信空间形态和行为的一般性原则有效,但大部分的调查仍属个案研究,而不是特别设计用来验证某一族群的理论。

2. "局内人"方法

社会学者在寻求了解邻里环境、意象和场所时,其目标就是要了解人们如何生活在他们所创造和支持的环境之中。赖(Ley,1983)曾说:如果我们想认真地了解隐藏的非正式群体,那么了解他们在正式组织中的结构、基础和运作的社会过程是非常必要的。因为这些信息提供了我们日常生活的真正情形,而不是局外人所强加的分类。

一般来说,局内人的研究方法是人本主义的方法,这类研究又可分成几个分支(Jackson,等,1984)。杰克森和思密斯赞成采纳被研究者的个人观点,而使研究者产生同情心的方法,其中包括解释主观且有意义的社会行动脉络过程的分析。这种了解不能借由分析与主题相关的资料而取得,它需与被研究者长期接触,了解他们如何学习、行动和反应,了解他们如何获得、处理与传送信息,了解他们如何赋予人与地方的意义,以及他们如何连接当地的原始世界到"外在世界"的力量。在整个研究过程中,完全不要去影响被观察者的行为,更不要透过研究去改变被观察者的行为。

参与观察是一种研究方法,不应该将它单独使用或与数量技术隔开,如同访问报导人或使用结构性问卷一样。参与观察法虽然不像结构性问卷一样可以在问题的广泛性及代表性方面取胜,但由于它比较不正式,所以增加了对问题的了解及解释的深度。这在赖的研究中有所表现,为了解苏格兰人(Monroe)对不安全感的感受,他采取了一项问卷调查,设计为"经验取向的,要求受访者根据他们每日的经验提出与相识者相关的问题,及发生在他们街廓和地方上的事"。在这个方法下,他从与居民共同居住的经历中了解居民的感受,这种感受因为"真实资料"的使用而更为充实,他对亲眼所见及听闻的事件所做的解释,通过更系统性的探索去了解似乎透露出来的生活要素,其结果是他能提出更有信服力的报告。

"局内人"的研究方法并非从事先的分类和资料收集技巧开始,而是运用被研究者的话语来了解他们。这并不表示研究者就可以突然决定"我将调查 A 邻里的居民"。我们通常是在一般学术脉络中做出研究的决定,是在较大的计划中扮演一个角色,而资料的解释则也同样地在这学术的脉络中。研究者在开始研究时必然会有某种程度的限制,而此限制的本质却是引导研究方法选择的基础。那些限制将同样引导研究成果的呈现,因为我们的知识正是经过这种特殊的方式而增加的。我们可以从野外调查中让研究者否定特定限制下的研究成果,并由其他限制的研究成果所取代。让弱势族群发出声音,而且从局内人的观点来让读者了解存在于我们社会中那些被剥夺的边缘群体的生活方式,肯定与我们通常想象的大相径庭。总之,在一个阶级分层、高度个别化的资本主义社会中,穷人对其边缘地位的适应和回应是非常值得注意的。

"局内人"方法并不是漫无目的的"探险者",而是带有理念的"旅行者"。举例来说,芝加哥学派的民族志学者,相信社会生活是透过沟通来组织和维持的。他们拥有互动论的传统,基于这样的信念,"借着沟通的能力,个人才可以分享一些共同经历和维持一种共同生活。事实上来说,沟通的历史就是文明的历史"(Jackson,等,1984)。所以理解社会如何运作,包括重视人们如何沟通及沟通什么,就是野外调查的目的。

3. "局内人"方法与"局外人"方法的关系

"局内人"和"局外人"两种方法在对个体、群体和社会的研究上都遭到过批评,主要认为其研究过于肤浅,没有深入地去研究引导这些社会群体形成过程的深层社会力量。"局外人的观点"将若干分类视为既定的事实而不加以解释。"局内人的观点"不使用外部定义的分类,只接受局内人自己的分类,但他们也不对为什么要做这样的分类提出质疑。这样造成的结果就是,不管是局内论还是局外论都不是完整的社会理论。

14.2.4 社会实验法

社会实验法,可以说是观察法的进一步发展,是迄今为止最严密和最科学的经验研究法。它是把研究对象置于人为设计的条件控制中进行观察和比较的研究方法。与观察法相同的是,实验研究者也靠自己的感受去收集对象的信息。但是,实验法又与观察法有根本的不同。首先,实验的观察不再是自然状态下的观察,而是在人工环境中和人为控制中进行的观察。其次,自然观察的内容是难以重复的,而实验的内容却可以不断反复。实验法的基本模式是设置一个人为控制的实验环境,使某种待研究现象得以发生,然后将实验对象分成若干实验组和控制组,并置于同样的实验环境中,再对实验组进行有控制的实验变量的刺激,观察其变化与结果,并与在控制组中观察的结果相对照,从中获得各种观察比较的资料。由此可见,实验法在运用观察时也与观察法不同,是比较复杂的观察过程,包括实验前的观察和实验后的观察,对实验组的观察和对控制组的观察。实验法的运用有两种基本形式,即实验室实验和现场实验。实验室实验是最严格、最正统的实验方法,要求实验必须置于严格控制的人工环境下即实验室进程的各种条件,标准程度高,实验误差小。但是由于社会现象是极其复杂的,许多社会因素不可能在实验室中得到控制,因此实验室实验在社会研究中受到了很大限制,通常只用于研究一些行为心理方面的社会现象。社会调查中常用的实验方法是现场实验,即把实验放到现实的社会环境中去进行,研究者只对部分条件或社会因素加以控制。总的来看,实验法有不同于其他方法的两大优点:一是它能通过人为控制促使待研究现象发生,从而使实验者能不受自然条件的限制去研究一些自然观察无法涉及的社会现象与过程。二是它被公认为是社会研究中确定因果关系的良好方法,通过对条件的控制和比较观察,各因素之间的因果影响能比较清晰地被揭示出来。但是,实验法在研究社会现象时也有其自身局限:其一是有许多社会情境难以人为形成,特别是宏观的社会现象与过程,使实验法无用武之地;其二是实验人员和实验对象之间不可避免地会产生主观影响,从而干扰实验结果,造成实验误差。

14.3 社会调查方法

在进行社会调查时,研究者是在实地考察社会现象,往往以上述访谈、问卷等为收集资料的基本手段。社会调查是采取客观态度、运用科学方法、有步骤地去考察社会现象、收集资料并分析各种因素之间的相互关系,以掌握社会实际情况的过程。在这里,所谓客观态度,是指不依个人好恶去收集和对待资料,如实地了解被研究对象的状况。所谓科学方法,是指客观地反映被研究对象的状况。这种科学方法本身内部有一定的逻辑结构;它对所有正常的研究者来说都具有同等效力;对社会现象有正确的分类,对其因果关系有正确的观察。借助于这种方法以及研究者的创造性思维可以揭示出社会运动的规律。根据被研究对象所包括的范围和特点的不同,社会调查可分为全面调查、抽样调查、案例调查和典型调查等。

14.3.1 全面调查

全面调查也叫普查,它是对被研究对象所包括的全部单位无一遗漏地加以调查,以掌握被研究对象的总体状况的过程。例如人口普查、干部队伍状况普查等都属此列。全面调查的范围有大有小,但一般是指在较大范围内进行的此类调查。全面调查所要了解的是某一社会现象在某一时点上的具体状况,例如,我国 2000 年的人口普查标准时间是 9 月 30 日零点。这一普查得到的资料是 9 月 30 日零点全国人口的基本状况。全面调查具有所涉及的调查范围大、调查对象多、工作量大和时间性强等特点,所以要求在进行此类调查时动用较多的人力、物力,花费较多的时间。这样全面调查的计划组织和实施就要完成大量的繁纷复杂的工作,也正是因此,全面调查并不时常进行。

进行全面调查应该遵循以下几个原则:①必须统一规定调查资料所属的标准时间,以避免遗漏和重复。②调查(尤其是资料的收集)应在尽可能短的时间内完成,以提高资料的准确程度和便于后续工作的进行。③调查项目是要搜集本范围内最重要、最基础的资料,项目不宜太多,定义浅显明确。项目一经规定,不能任意增删改变。

原则上全面调查可选任意时点为标准时间,但为了使资料更加准确,标准时间最好选在被研究的社会现象相对稳定的时间。为了使历次全面调查的资料具有可比性,以测知社会现象的发展趋势,全面调查多数按一定的周期进行。例如,美国人口普查是每 10 年进行一次;我国人口普查也是每 10 年举行一次,并在每两次普查之间举行一次 1% 人口状况的抽样调查。

14.3.2 抽样调查

抽样调查是非全面调查的一种,是从研究总体中按照一定的方法选择部分对象进行调查,并试图用样本资料来说明或代表被研究现象的总体情况的方法。所谓总体,是指所要研究的社会现象的所有单位,而选取的部分单位则构成样本。组成总体的各个单位称为总体单位,组成样本的每一单位称为样本单位。当所要研究的总体单位很多、不可能或不需要对所有总体单位进行调查的时候,往往使用抽样调查。

抽样调查的本质特点是以部分来说明或代表总体。这样,所抽取的样本是否具有代表性就成为抽样调查的一个关键。样本对总体的代表程度大,通过对样本调查而获取的资料就能较好地说明和代表总体特征,反之总体特征就得不到比较切合实际的说明。样本单位的选取与采用何种抽样方法有关,抽样方法可分为随机抽样和非随机抽样两大类。

随机抽样的理论基础是概率论和大数定律。它们保证了每一个被研究的总体单位都有同样的机会被抽取到,这也就保证了在总体中某种特征的单位多,在样本中这类单位也多,而当样本容量达到一定程度(即比较多)的时候,样本的特征就较好地代表了总体的特征。常用的随机抽样有简单随机抽样、系统抽样、类型抽样、整群抽样和多段抽样等几种抽样形式。

1. 简单随机抽样调查

所谓随机,就是根据机会或者机遇的意思。随机抽样,即被选取的样本是基于纯粹的机遇,每个待选的单位都有同等的机会而不论其本身有何特点。各待选单位,彼此互不干扰,其选中的可能性是各自独立的。因此,简单随机抽样也叫纯随机抽样,是一种对总体单位不做任何人为的分组、排列,全凭偶然的机会抽取样本单位的方法。这种方法完全遵循同等可能性原则。简单随机抽样可以借助于抽签法或随机号码表进行。施行简单随机抽样的步骤是:第一步,取得抽样框架,即取得所有被研究对象(即总体单位)的名单。第二步,给总体单位编号,每一个总体单位都用一个号码代表。第三步,利用随机号码表或直接抽取样本。随机号码表是用随机原则编制的号码表,利用它我们可以随机地得到所要抽取的样本。例如,我们要在15 000名学生中抽取100名进行某一问题的调查。在给15 000名学生逐一编号(如从00001到15000)后,我们就可以在随机号码表上任一行或任一列(由自己确定)找到第一个五位数,然后向某一方向(向上、向下、向左、向右由自己定)依次取得一批五位数。在这些五位数中,凡是落在00001～15000这个区间内的算被抽中号码,否则舍去,重复被抽中的舍去,直到抽够100个五位数为止,这100个五位数所代表的学生就是我们所要抽样的对象。这种抽样方法较适用于总体单位之间差异较小的情况。当总体单位数目太大时,由于编码困难,简单随机抽样就不太适宜。

2. 系统抽样调查

系统抽样也叫机械抽样或等距抽样。这种抽样方式要求先将总体单位按照某一特征排列起来,然后等间隔地依次抽取样本单位。在对总体单位进行排列时,可以按照与研究主题有关的特征,也可以按照无关特征进行。例如研究学生的学习状况,如果将学生按姓氏笔划排队,则是按无关特征排队;而如果按某次考试成绩排队,就是按有关特征排队了。在这两种排列方式中,按有关特征排队然后等距抽取的样本更具代表性,因为此时样本总体中包括了各种不同水平的代表者。在按无关特征排队进行抽样时,要防止出现抽样间隔(或称抽样距离)与现象本身的周期相重合的现象。例如,我们要了解某工厂工人的状况,如果工人花名册是按班组排列的,且每班组人数又相等(比如都是每组10人),班组长排在第一位,如果抽样间隔也是10人,即每10人抽1人,第一人又抽中班组长,那么最后样本就不是一般工人的代表,而只是班组长的代表。至于抽样间隔,它与总体单位的数目和样本大小有关,它是两者相除所得的商。另外,在按有关特征排队进行系统抽样时,所抽取的第一个单位在该抽样间隔中不应是最前头的或最后边的,而应抽居中的一个,这样样本的代表性会更好。系统抽样所得样本往往比简单随机抽样更具代表性。这种方式也不适于总体单位太大的情况。

3. 类型抽样调查

类型抽样也叫分层抽样或分类抽样。这一方法是先把总体单位按某一特征分类,然后再在各类中随机抽取样本单位。例如,要了解某一人群对某一事物的态度,就可先把这些人按年龄(或性别、职业等)分成若干组,然后按某种要求在各组中随机抽取一定的人数组成样本。这样得到的样本既照顾到了不同类型的人群,又遵守了随机原则,因而具有较好的代表性。实际上,类型抽样是科学分组与随机原则的结合。类型抽样有等比抽样和不等比抽样之分。等比抽样是指在各类之中按照相同的比例抽取样本,这样得到的样本实际上是总体按照某一比例的缩小。但有时,各类总数差别很大,按同一比例抽样,从小类中抽取的样本容量就会很小,不便于进行统计分析。为了解决这一矛盾,往往在小类中按较大比例抽样,这就是不等比抽样。类型抽样是一种较好的抽样方法,它尤其适用于总体单位数目多、各单位之间相差悬殊的情况。在使用这种抽样方法时要求事先对所要研究的总体有一定的了解,以对其进行科学的分类,要知道各类单位数,而在分类时不宜把类分得太杂太多。

4. 整群抽样调查

整群抽样是从总体中成群成组地抽取调查单位的方法,它以群或组作为抽样单位,并对抽中群或组的所有单位全部进行调查。在进行整群抽样时,首先要收集所有被调查单位的名单,然后把总体分成大小相同的若干组或群,组成抽样框架,然后进行抽样。在分组时,一般规模不宜太大,而且总体各单位之间的差异程度越大,群或组的规模应该越小。整群抽样的可靠程度取决于各群组间平均数变异程度的大小,变异程度越小,抽样结果越精确。整群抽样的优点是抽样的组织工作比较方便,但由于调查单位只能集中在若干被抽中的子群组中,而不能均匀地分布在总体之中,因此,用样本推论总体的准确性差一些。整群抽样往往用于不适宜采用单个抽取总体单位的情况。

5. 多段抽样调查

把抽取样本单位的过程分为两个或几个阶段来进行,即为多段抽样。在多段抽样时,往往是将上述几种抽样方式结合起来使用。例如,可以先进行类型抽样,然后进行系统抽样,再进行简单随机抽样。在进行多段抽样时,前面几个阶段都是过渡性的,最后一个阶段才能确定抽取的调查单位。多段抽样的优点是抽取样本时比较方便,尤其适用于规模较大、总体内容情况比较复杂的情况。其缺点是抽样过程复杂,用样本推论总体时比较麻烦。

6. 样本数的确定

在实际调查研究中,采用何种抽样方式,要根据调查的目的、要求和现有条件而定。在实际调查中一个重要的问题是如何科学地确定抽样数目,即样本容量问题。因为抽取的样本数目过多,会造成人力、物力和财力的浪费;如果抽取的样本数目过少,则会使样本失去应有的代表性,影响调查的结果。

必要的抽样数目与以下几项因素有关。第一，总体单位某一标志变异的程度，即 σ^2 或 $(1-p)$ 的大小。各单位之间在被研究的特征方面差异越大（即 σ^2 越大），所要抽取的样本数目 n 也就越大。第二，样本的某一特征的平均数与总体特征的平均数会有一定的误差，该误差可称为允许误差（记为 Δ），允许误差 Δ 越大，抽样数目 n 越小。第三，在由样本指标值推断总体指标值时，所要求的把握程度即概率度（t）越大，则抽样数目 n 越大。第四，不同的抽样方法，会影响抽样数目的大小。在同样的条件下，重复抽样所需的抽样数目比不重复抽样要求更小一些。

由于不重复抽样条件下确定样本数目的公式相对复杂一些，故在实际工作中往往采取简单随机重复抽样的样本估计公式来确定必要的抽样数目，其公式为

$$n = \frac{t^2 \cdot \sigma^2}{\Delta^2}$$

由此可见，当 t、σ^2 和 Δ 三个因素确定之后，必要的抽样数目也就确定了。

应该指出的是，在实际工作中，人们实际抽取的样本总数往往要比由样本估计公式计算得到的数目略大一些，其目的是防止出现在实际调查过程中得不到某些样本单位的可靠和完备资料的特殊情况。

14.3.3 案例调查

任何一种现象，如果用来当做研究单位或中心对象，都可以称为案例。案例可以是一个人、一个家庭、一个组织甚至一件事情。案例调查是选择某一社会现象作为研究单位，收集与它有关的一切资料，详细地描述和分析它产生与发展的过程，以及它的内在与外在因素之间的相互关系，并把它与类似的案例相比较得出结论的过程。

案例调查一般采用参与观察法，即研究者与被研究者生活在一起，收集有关的所有资料。案例调查的资料来源主要有被研究对象自己的记录（如日记、传记以及其他有关实物等）、别人对他的记录、与被研究者谈话和对被研究者的观察等。这基本是一种定性的研究方法。

由于这种研究方式往往采用参与观察法，所以得到的资料比较详尽，因而能够具体而深入地把握该案例的全貌。另外，调查时间有一定的弹性，研究者可采取的方法也比较多样。案例调查也有一些不足之处，主要是他的代表性差。由于每个案例有许多特殊之点，所以推论意义较差，如果考虑不到这些特殊性，就会犯"以偏概全"的错误。另外，这种调查所需时间较长。

案例调查是一种行之有效的研究方式，也是比较难以掌握的研究方法，它要求研究者具有较广博的学识、较丰富的经验、敏锐的观察力、敏捷的思维力和较强的应变能力等。

14.3.4 典型调查

典型调查是在对所要研究的对象进行了普查、抽查和案例调查并对其有了初步了解的基础上，有计划、有目的地选择若干有代表性的典型单位进行周密系统的调查的研究方式。

这种调查研究方式在一定程度上有推论意义,即可以通过对典型的了解而推知一般的情况。他侧重于对事物的质的方面的研究。

典型调查的一个重要环节是选点,即选择什么样的事物作为典型。一般来说,人们对典型的理解有两种,一是认为在同类事物中发展得最充分、某种特点最突出的事物,如先进典型是指最先进的集体或个人。这种典型反映了该类事物变动的方向和发展水平,但对发展水平的代表性又不太强。另一种理解是突出典型的代表性,他更多地着眼于该类事物的发展水平和代表的普遍意义,而对其变动方向的反映则较少。如果从典型应具有较强的代表性这一考虑出发,在选择典型时就应该既要注意该事物的代表性,又要注意各事物发展的不平衡。典型应选在某类事物中最有代表性的点上,但又不能只选一个点去反映所有同类事物的状况。

典型调查与个案调查一样,能够全面而细致地了解事物的状况,进而揭示出事物的本质,同时又具有一定的代表性,故不失为一种好的调查方法。当然,这种调查研究方式又有一些不足。首先,典型的选择容易受到主观因素的干扰;此外,典型调查定性分析较多,定量分析较少,不能较好地从量的角度来说明问题。因此,如果能把抽样调查与典型调查结合起来,就会取得更加丰富的成果。

推荐阅读参考资料

风笑天. 1996. 现代社会调查方法[M]. 武汉:华中理工大学出版社.
[法]雷蒙·布东. 1995. 社会学的方法[M]. 黄建华,译. 北京:商务印书馆.
宋林飞. 1990. 社会调查研究方法[M]. 上海:上海人民出版社.

习　　题

1. 名词解释
全面调查、抽样调查、案例调查、典型调查。

2. 简述题
(1) 简述城市社会学研究方法的特点。
(2) 简述"局外人"研究方法。
(3) 简述"局内人"研究方法。

3. 论述题
(1) 概述城市社会学研究方法的基本程序。
(2) 概述城市社会学收集资料的主要方法。
(3) 论述社会观察法与社会实验法的差异性。

参 考 文 献

JACKSON P, SMITH S J. 1984. Exploring Social Geography[M]. Boston: Allen & Unwin.
LEY D. 1983. A Social Geography of the City[M]. New York: Harper & Row.
TIMMS D W G. 1971. The urban mosaic: Towards a theory of residential differentiation[M]. Cambridge: Cambridge University Press.

第 15 章 城市社会调查分析与报告编制

社会调查分析是对复杂的社会现象进行科学、严谨的理论研究。与同样关注社会现象的报道性的新闻调查不同,社会调查分析注重各种调查资料和数据的严谨性和科学性,希望通过运用定性或定量的分析方法提炼出对社会现象的普遍性认识,并总结出理论化的成果,最终提高我们对社会现象的认知水平。

15.1 社会抽样调查方法

社会研究的对象常常是数量巨大的社会总体,社会调查无法对总体进行逐个调查。因此,社会学研究中的统计分析常使用抽样调查方法,通过在研究总体中抽取一定数量的样本进行研究分析,在确定样本数据在统计学上具有代表性的前提下,用样本的特点概括研究总体特点,如图 15-1 所示。通过抽样调查,研究者可以对研究总体进行描述性研究和解释性研究。

(1) 描述性研究。描述总体某些特性(如总人口中的失业率)或描述总体中子类别之间的差异(如各民族人口中的失业率差异)。

(2) 解释性研究。解释观察到的总体中的类型差异,如分析失业人口中的人口特征;或验证某种解释总体现象的假设或模型,如检验失业率是否与受教育程度存在相关性。

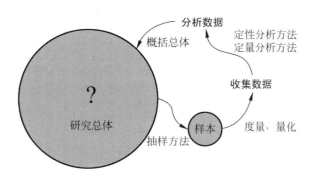

图 15-1 抽样调查方法

抽样调查方法是从定义清晰的研究总体中抽取研究样本的数据收集方法,它包括抽样、度量、量化、分析和概括几个操作步骤。如果抽样方法得当,抽样样本可以很准确地反映研究总体的各种特征,因此,可以通过对样本的分析研究概括研究总体特性。也就是说,我们通过对社会样本的研究,可以得出对社会总体现象的认识。

抽样调查方法包括随机抽样方法和非随机抽样方法两种。随机抽样利用随机数抽取样本,其样本能很好地反映研究总体的特征,但是在实际操作过程中,由于受到工作条件和实际情况的限制,很难完全按照随机抽样原则进行抽样。实际中的抽样方法选择,需要根据研究总体的条件而定。运用适当的抽样方法,设计符合实际情况的抽样策略,可以完成可信度较高的样本抽样。常见的样本抽样方法和特点如表15-1所示。

表15-1 样本抽样方法

		抽样方式	特点
简单随机抽样(simple random sampling, SRS)		使用随机数作为抽样基础,研究总体中的每个个体有均等的被抽样概率	SRS是理想的随机抽样方法,但在实际操作中由于种种限制而很少使用。统计抽样方法多为SRS
系统抽样(systematic sampling)		把研究总体组成序列以后,每隔一定数量个体抽取一个样本	比SRS更便于操作,但是当研究总体中有周期性分布规律时,抽样结果可能会不具有代表性
分层随机抽样(stratified random sampling)	比率分层抽样(proportionate stratified sampling, PSS)	将研究总体分成类型,根据每个类型的大小,抽取与类型规模占总体比例相对应的样本数量	样本空间可以体现出不同类型的规模比例。例如,根据性别比例,分别在男性和女性群体中抽取与总体男女比例一致的样本
	非比率分层抽样(disproportionate stratified sampling, DSS)	将研究总体分成类型,在类型中抽取不成比例的样本数量	能使规模较小的类型提供足够的抽样样本数量
整群抽样(cluster sampling)		先将研究总体划分为群体,先抽取若干群体,再在群体中抽出样本	随机抽样使得样本在空间上分散,不易于操作;而整群抽样则是先抽取群体,再在集中的群体中抽取样本
多段抽样(multistage sampling)		根据研究总体的结构特点,用分阶段的抽样操作,一层一层抽样,直到得到最终样本	需要保持各个阶段的子总体性质相似,在子总体差异大的阶段需要增加抽样规模。多段抽样易操作,但精度低,可信度不高
定额抽样(quota sampling)		将研究总体的某一特征进行分类,给每个类型分配样本数量,在类型内抽取定额规模的样本	定额抽样是一种非随机抽样,带有主观因素。适用于时间不充足或准确性要求不高的抽样调查
滚雪球抽样(snowball sampling)		先随机抽取部分样本,再在采访研究样本的同时,根据采访对象推荐或提供的线索寻找新的样本	第一批样本来源于随机抽样,之后的样本属于非随机抽样。滚雪球抽样多用于研究总体不明确的研究或观察性的研究

所有抽样方法都会造成抽样样本与总体之间的误差。由于误差的存在,任何抽样样本都不可能完美地代表研究总体,抽样样本和研究总体之间必然会存在一定差异。误差根据其产生的原因可以分为两大类:非抽样误差和抽样误差。非抽样误差包括在研究设计过程

中产生的抽样偏差、变量度量时产生的计量误差以及无效样本问题。非抽样误差是抽样调查中由于操作上、设计上的原因而产生的偏差,非抽样误差的大小很难估计,但通过精心的研究设计可以尽可能地减少非抽样误差的出现。抽样误差是在抽样方法中无法避免的偏差,是在抽样过程中出现的自然统计误差。影响抽样误差大小的因素主要包括样本大小和研究总体之中的个体差异两个方面。抽样样本越大,抽样误差越小;研究总体中的个体差异越大,抽样误差越大。统计分析中的,我们可以通过理论技术估计随机抽样中抽样误差的大小,从而明确样本中的统计特征是否可能同时出现在研究总体中,以此作为检验统计现象可信程度的依据。

15.2 资料分析方法

在完成对总体的抽样之后,要对样本中的研究个体进行分别调查,在调查中收集各种资料和数据。要想从收集到的资料中得出科学的结论,必须对资料进行分析,分析是从原始资料和整理过的资料上升到结论的桥梁。实际上,在城市社会学研究的过程中常常需要把定性分析与定量分析方法结合起来而对资料进行综合分析。

15.2.1 定性分析方法

定性分析方法是人们运用各种逻辑方法通过思维发现知识的基本方法。基本的逻辑方法有:①抽象概括的方法,即把大量感性认识浓缩成少量的理性知识。②分解与综合的方法,即把事物的整体分解成部分或把分散、独立的部分联结成整体。③其他方法,如定义的方法、分类的方法、揭示因果联系的方法、类比推理方法、归纳推理方法和演绎推理方法等。

在城市社会学研究中,在掌握上述逻辑方法的基础上,还可以运用其他一些定性分析的方法。例如,①矛盾分析法。即运用辩证法原理分析事物中对立统一关系的方法,要求从事物的同一性中发现内在的对立、差异、冲突和相互转化等关系,因为正是事物内部的这些关系决定了事物的本质和变化。②社会因素分析法。要求根据社会是一个系统整体,内部各因素存在着普遍的相互作用的观点,探寻资料中反映的社会因素以及它们在事物变化发展中的相互作用和相互关系。③历史分析法。即从事物的起源和发展历史来分析它现在的情形和变化,以及从其过去和现在来分析它的将来的方法。任何事物都有一定的生长史和发展规律,通过历史的回溯,就有可能从杂乱无章的资料中理出事物的发展规律,认清它的存在和变化。④对比分析法。即根据两个或两类事物之间的相异点和相同点的比较,认识事物之间的关系,或用一种社会现象说明另一种社会现象。黑格尔曾指出,对比分析的重点,"是要能看出异中之同,或同中之异"。也就是说,对比分析要能从现象深入本质,从现象中的异找出本质上的同,或从现象中的同找出本质中的异。对比分析在城市社会学研究中具有重要作用,许多社会现象都可以用对比的方法去认识。对比分析和历史分析结合起来,又可形成更复杂的历史-比较分析法。⑤功能分析法。即把所要认识的现象或事物放到一个更大的系统结构中进行考察,分析其与该系统整体以及系统结构中其他成分之间功能关系的方法,以功能的存在和变化说明现象或事物的存在和变化。社会是一个超复杂的功能系统,有维持结构存在和运行的需要。这一需要规定了社会系统中的各成分之间的"需要支持"关系,即功能关系,同时也就规定了一定的社会现象或事物的发生、发展和变化都与它和系统整体以及其他成分之间的功能关系的状况有关:它对系统结构的需要有正向的支持作用,就能存在和发展;反之,不是它自身变化,就是引起系统结构的变化。⑥行为心理分析法。即把一切社会现象与社会的主体联系起来,从主体的行为以及决定行为的心理因素如动机、性格、价值观念等方面去分析和认识现象的方法。应该指出的是,行为心理的分析不能说是对社会现象的终极说明。

15.2.2 定量分析方法

在城市社会学研究中,常常运用定性分析与定量分析相结合的方法。定性方法着重做出对事物"质"的方面的认识,是运用文字概念与科学逻辑处理和加工资料的认识方法;定量分析方法是着重说明事物"量"的方法,是运用数字和数学手段处理和加工资料的认识方法。在定量分析中会遇到各种数据的分析。

城市社会学研究中的定量分析方法以统计学的方法为基础。因为城市社会学所研究的社会现象大多属于随机现象,而统计学就是研究随机现象背后的统计规律的科学。统计学方法通过对大量反映个别变化的资料的统计分析,使个别特征弱化,而使共同特征显现,从而从杂乱无章中找出一定的秩序和趋势。

统计分析离不开社会指标这一测量社会现象特征变动的工具。社会指标由指标名称和指标数值两部分构成。指标名称规定了测量的内容和对象,指标数值则是测量结果的数字计量。大量统计资料都是由指标数值构成的。统计分析包括统计描述、统计解释和统计预测。统计描述是直接处理原始资料的过程,它主要是把原始资料加以整理和简化,通过计算,用一系列集合性的数字说明资料中所反映现象的整体性质与特征。如描述调查的个案总数,各种特征上的数量分布,所测量现象的各种整体水平的数值或某一特征上的连续变动值等。统计解释可采取多种形式,一般采用双变量的相关分析方法,它的分析目标主要是说明两个变量之间是否存在着相关关系以及两者关系的强度。统计预测是在通过调查能够确知变量之间关系或通过统计解释能够测算变量之间的关系后,运用一定的统计技术从已知的统计值推测出未来的测量值。统计预测最常用的技术是回归分析,它同时也是统计解释中建立因果模型的技术。

15.2.3 定性方法和定量方法的比较

定性研究方法和定量研究方法的使用划定了社会学研究的两大方法论阵营。定性研究方法的倡导者和实践者,使用人类学传统的基于语言、文字或图像的调研方法和材料,探索在复杂背景下的社会现象背后的形成逻辑。定量方法的研究植根于数理分析,通过调查和抽样,在大规模的统计数据中寻找规律,并寻求理论解释。定性分析方法强调描述性和主观性,方法致力于延伸对个体案例的理解深度,在尊重并认可个体独特性的前提下,通过被研究对象的视角来理解现象。定量方法强调概括性和客观性,在大样本量的统计数据中寻求一般性的规律,通过概括一般性规律得到普适的理论模型,个别特殊案例被认为是可以容忍的误差。定性方法研究强调了解和分析社会现象发生背景的环境,使用"归纳"的逻辑方法,通过对个体案例的研究,在承认社会想象的复杂性的前提下增强理解。定量方法强调复杂性现象背后的统一逻辑,使用"演绎"的逻辑方法,检验解释大样本数据中的现象的理论的普适性价值。定性分析方法被认为能够很好地对尚未触及的新问题和现象进行探索性研究,它的开放性和灵活性有利于对新出现的研究问题进行初步认识、建立理解。但是,定性方法常被批评为过于主观而缺乏科学性,研究过程无法复制,研究结果无法检验,基于个体的认识结果难以推导出具有普遍意义价值的理论。定量方法的优点在于准确性,在数据允许的条件下可以进行控制比较,研究结果具有解释能力,研究过程可以被重复检验。但是,定量方法的缺点在于忽略了社会个体的独特性。定量分析常常是在限定条件下的模拟分析,这与多因素混合作用下的社会实际不相符合。并且,在把社会现象定量化度量和表述的过程中,本身也融入了主观因素,因此定量分析结果的科学性、客观性也是有限的。鉴于定量分析方法和定性方法各具特点(表 15-2),因此,在社会学研究中常常结合两种方法进行综合运用。

表 15-2 定性分析方法和定量分析方法的比较

	定性分析方法	定量分析方法
分析目标	提供完整的翔实的描述	通过分类、度量并建立统计模型来解释观察到的现象
研究假设	研究者在研究开始的时候只能大概掌握他在研究的问题	研究者在开始研究之前就知道他想要研究检验的假设是什么
研究问题	适合进行前期的探索性研究	适合进行深入的研究
研究设计	研究框架设计在过程中慢慢显现	研究设计的各方面在开始收集数据之前就需要缜密的考虑
研究者角色	研究者倾向于融入研究问题的环境中进行研究,希望通过被研究者的视角看问题	研究者在进行研究时希望保持独立和客观的立场
数据收集	由研究者来收集资料	研究者通过问卷、普查等工具收集数据
数据形式	语言、文字、图片或其他资料	统计数据或数字
数据特点	定性数据的内容会更加"丰富",但需要耗费更多时间,并且结果不具有普遍性	定量数据可以更加有效地检验假设是否成立,但是有可能会忽略背景信息
结果特点	主观性:研究个体对现象的理解和解读最重要	客观性:寻求对研究目标精准的度量和严谨的分析

15.3 定性数据分析方法

社会调查中常用的定性分析方法包括文献资料研究（document analysis）、访谈（interviewing）、问卷（questionnaire）和观察（observation）。

15.3.1 文献资料研究

文献资料研究是从记载各种信息的文献中分析出具有原初性质的研究资料的方法。文献一般是指各种文字材料，包括出版物和非出版物，有时泛指一切文字的和视听的（非文字的）材料。文献资料研究的重要优点在于它能提供关于历史现象的资料，以及那些研究者限于条件而无法通过直接观察、实验或调查去收集到的资料。文献资料整理的关键在于找出真正能够用作经验研究基础的原初性质的事实资料。所谓原初性质的事实资料，是指未经思维加工的、被直接记载在文献中的反映事物原貌的种种材料，如对事物的直接的观察描述、交谈的原始记录、社会统计的初始数据等。由于文献是人们获得各种间接知识和资料的主要来源，因此文献资料整理被广泛地运用于各种研究之中，它既可作为研究的主要方法，又可作为研究的辅助方法。

文献资料整理一般分为两步：第一步是文献搜索，收集各种可能记载有用资料的文献。收集文献首先要着重收集原始文献。原始文献有三种：一种是以记载原初资料为主的文献，如第一手的调查报告、统计报告、原始档案等。第二种是首本文献，即最早论及某种研究内容的文献。第三种是原本文献，即某种资料的本来的最初的记载处。第二步是对文献做内容分析。内容分析是从文献中挖掘材料的过程，必须注意分析文献中哪些是反映客观事实的资料，哪些只是作者个人的观点和评论，哪些是经过作者思维加工的事实资料，哪些是原初性质的事实资料。有时，内容分析还包括对文献背景和作者情况的分析，以便进一步对文献的资料性质做出判断。

在文献资料整理的整个过程中，资料的采集主要通过阅读、摘录、笔记、复印和统计等技术完成。

15.3.2 访谈、问卷与观察研究

在进行社会调查时，研究者在实地考察社会现象时，往往以访谈和问卷为收集资料的基本手段。此外，观察法也是一种常用的方法。

（1）访谈法主要通过两种形式进行。一种是个别访谈法，研究者每次访谈的对象只限于一人，其优点是访谈易于深入，不受外界影响，但资料收集过程较烦琐；另一种是集体访谈法，即开调查会的方法，研究者一次访谈的对象可有若干人甚至十几人，优点是资料收集过程比较简单，被访者之间提供资料时会相互启发、相互补充，使资料比较全面；其局限是某些共同敏感的问题较难了解，并且可能会出现"从众"现象。

（2）问卷法要求研究者运用专门的调查工具——问卷进行书面征询以收集资料。所谓问卷,是一种为了收集一定资料而专门编制的问题表,用于征询他人意见并记录对问题的回答。问卷在调查中的使用有两种基本方式：一种是用于访谈之中,由访问员填写答案;另一种是通过邮寄、派发或其他方式把问卷送到被调查者手中,由于他们自己填写答卷回收率不可能达到100%,因此在邮寄或派发问卷时,分发数量必须按一定比例超过研究所需数量,其计算方式是

$$\text{分发数} = \frac{\text{所需数}}{\text{估计回收率} \times \text{估计有效率}}$$

（3）观察法,即研究者深入事件现场并在自然状态下通过自身感官直接收集有关资料的方法。所谓事件现场,即社会现象发生发展的现实环境。观察法特别适用于收集正在发生的社会现象的资料。观察法收集资料的主要手段是调查者自身的感官。首先是视觉感官,它能使研究者获得有关社会现象的可靠的真实材料,特别是各种非言语性信息。其次是听觉和其他器官。听主要采用旁听或倾听的方式。观察法的基本要求是：观察应在事件发生的自然过程中进行,观察者不对事件的自然状态施加任何影响或干预。观察法的主要优点有：第一,特别适用于收集各种非言语性信息,常被用于行为和过程的研究;第二,由于观察法要求尽量排除人为因素对所观察对象的自然过程干扰,因此搜集的资料能较符合实际情况;第三,运用条件最简便灵活,能对同一对象进行持续的观察,从而有利于深入地、历史地了解对象。

访谈、问卷与观察的资料整理就是根据上述调查方法和原则,剔除不符合的部分,然后进行分类整理。

15.4 定量数据分析方法

城市社会学统计分析可分为描述性分析和说明性（解释性）分析。如果社会统计分析的目的在于陈述被调查对象的特征和揭示事物内部的联系,则属于描述性分析。如果社会统计分析所要解决的不仅是指出调查对象的特征,还要指出现象内部的联系以及何以存在这些特征与联系,则属于说明性分析。社会统计分析涉及调查数据的处理与表达,例如,通过抽样调查得到的资料要运用推论分析以从部分推知全体。

15.4.1 通用计算机软件应用

城市社会学统计分析现在已经有比较成熟的通用计算机软件,在国外主要采用 SPSS 和 SAS 两种,国内开发了一套类似的软件《城市与区域规划模型系统(URPMS)》,这是一套具有自主知识产权的全中文版软件。

SAS 提供的功能主要有：①SAS/STAT：统计分析；②SAS/ETS：计量经济学和时间序列分析；③SAS/OR：运筹学模型；④SAS/INSIGHT：数据可视化。SPSS(8.0版本)提供的功能主要有统计分析（基本统计量的计算）、广义线性模型(GLM)、相关分析、回归分析

(包括线性回归、非线性回归、Logistic 模型、Probit 模型等)、聚类分析、因子分析、尺度分析(scale)、无参检验和生存模型等。

《城市与区域规划模型系统(URPMS)》的核心功能是规划模型和数据分析,包括各种空间数据分析模型(以多元统计分析模型为主)、城市规划模型和区域规划模型。数据输入模块和数据分析模块之间有数据预处理模块,负责数据预处理,功能包括标准差正规化、极差正规化、数据中心化、对数变换和百分比变换等。空间数据分析模块包括数据预处理功能(标准差正规化、极差正规化、数据中心化、对数变换和百分比变换等)、常用统计分析(方差、协方差分析,典型相关分析,洛伦兹曲线分析,拟合抛物线分析,有效根分析)、回归分析(一元回归分析、多元回归分析、逐步回归分析、岭回归分析、广义回归分析和趋势面分析)、判别分析(两组判别分析、多组判别分析和逐步判别分析)、聚类分析(系统聚类分析、动态聚类分析、模糊聚类分析和图论聚类分析等)。主体部分包括区域规划模块和城市规划模块。此外,系统还包括数据的输入、输出功能,它是系统与其他软件和数据之间的接口。

《城市与区域规划模型系统(URPMS)》与 SAS 和 SPSS 功能比较如表 15-3 所示。

表 15-3 URPMS、SAS 和 SPSS 功能比较

功能/软件	URPMS	SAS	SPSS
统计分析	有	有	有(强)
绘图	有	有	有
地理信息系统分析	有	无	无
专业模型	有(强)	弱	无

SPSS(statistical product and service solutions)是一个针对社会科学研究设计开发的统计分析软件包。它涵盖了基础统计学的各种分析技术,并提供了便捷的统计绘图功能,一直作为社会学基础统计分析的重要工具而被广泛应用。使用 SPSS 软件进行社会空间分析总是基于某种社会抽样调查数据,SPSS 分析通过对某一类抽样调查数据内部分布规律的研究,反映社会总体中某种现象的社会学特征。本节对社会统计定量分析方法的介绍和练习,就是在 SPSS 软件的环境中进行。

15.4.2 变量类型

采取何种统计分析方法还与社会测量的尺度有关,即资料是通过哪种尺度的度量得到的。因此,对社会现象度量的方法不同,统计分析中所应用的分析方法也不相同。变量是在度量研究对象某方面属性特点后得到的数值,社会研究常用的变量有人口数、年龄、收入等。根据度量的方法不同,变量可以划分为分类变量和连续变量两大类。

1. 分类变量

分类变量是指取值限定在一个离散的类型范围的变量,例如,"婚姻状态"变量可以在"单身"、"同居"、"分居"、"离异"和"寡居"类型范围内取值。分类变量又可以细分为名义变量(定类变量)和序号变量(定序变量)两类。名义变量的各类型之间没有序列高低关系,如

性别(男、女)、职业(工人、农民、学生)等。序号变量的各类型之间有清晰的序列关系,如年龄层(0～20 岁、20～40 岁、40～60 岁)、受教育水平(小学、中学、大学)等。

2. 连续变量

连续变量是指取值范围形成一个连续的数值区间,以一个确定的标尺来度量属性值的大小,有时也称为“度量变量”。如果标尺是由 0 到某一个上限之间的比例划定的,例如,“每周工作时间”就是用时间长短度量的一个 0～168 的取值,则称之为定比变量。如果标尺是由两个数值之间的相对大小关系确定的,例如,40℃比 30℃高 10℃,30℃比 20℃又高 10℃,它们之间高出的距离相等,而摄氏零度并不是没有温度,则称之为定距变量。

确定变量的类型在 SPSS 分析中十分重要,因为变量的类型决定了分析变量分布特点所能使用的分析方法。

15.4.3　数据录入和操作

当获得一定数量的变量数据之后,就需要将数据录入分析软件中。SPSS 中的数据录入工作可以分为变量(variables)录入和样本(cases)录入两个部分。

1. 变量录入

在录入统计数据之前,需要先设计录入数据的变量结构。打开 SPSS 软件(本书选用软件 SPSS 19 进行操作演示,其他版本软件操作与此相类似),单击软件界面左下角的“变量视图”按钮进入变量录入界面,如图 15-2 所示。

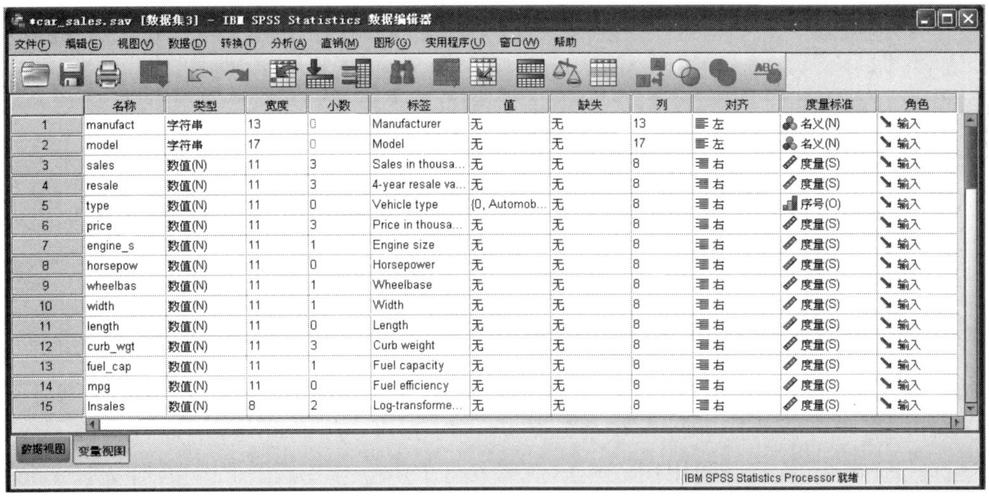

	名称	类型	宽度	小数	标签	值	缺失	列	对齐	度量标准	角色
1	manufact	字符串	13	0	Manufacturer	无	无	13	左	名义(N)	输入
2	model	字符串	17	0	Model	无	无	17	左	名义(N)	输入
3	sales	数值(N)	11	3	Sales in thousa...	无	无	8	右	度量(S)	输入
4	resale	数值(N)	11	3	4-year resale va...	无	无	8	右	度量(S)	输入
5	type	数值(N)	11	0	Vehicle type	{0, Automob...	无	8	右	序号(O)	输入
6	price	数值(N)	11	3	Price in thousa...	无	无	8	右	度量(S)	输入
7	engine_s	数值(N)	11	1	Engine size	无	无	8	右	度量(S)	输入
8	horsepow	数值(N)	11	0	Horsepower	无	无	8	右	度量(S)	输入
9	wheelbas	数值(N)	11	1	Wheelbase	无	无	8	右	度量(S)	输入
10	width	数值(N)	11	1	Width	无	无	8	右	度量(S)	输入
11	length	数值(N)	11	0	Length	无	无	8	右	度量(S)	输入
12	curb_wgt	数值(N)	11	3	Curb weight	无	无	8	右	度量(S)	输入
13	fuel_cap	数值(N)	11	1	Fuel capacity	无	无	8	右	度量(S)	输入
14	mpg	数值(N)	11	0	Fuel efficiency	无	无	8	右	度量(S)	输入
15	lnsales	数值(N)	8	2	Log-transforme...	无	无	8	右	度量(S)	输入

图 15-2　SPSS 变量录入界面

界面中的表格每一行代表一个变量,代表样本的某一个属性特征。例如,图 15-2 所示的数据汽车销量数据库中,属性数据包括“manufact”(汽车制造商)、“model”(汽车型号)和“sales”(销量)等变量。界面中的每一列代表变量的一个属性,用来解释和说明变量的内容和特点。例如,在图15-2中,"manufact"变量拥有的主要变量属性包括名称(变量的名称)、类型(变量数据为数值、字符、日期等类型)、宽度(数据存储的字符长度)、小数(小数点后的精度)、值(对变量值的解释性说明)和度量标准(变量的类型,名义变量、序号变量或度量变量)。

2. 样本录入

在确定了数据的变量结构的基础上,就可以向SPSS软件中录入样本了。单击SPSS软件界面左下角的"数据视图"按钮进入样本录入界面,如图15-3所示。界面中的表格每一行代表一个样本,界面中的每一列对应之前确定的一个变量。在每一行样本的每一属性列对应的数据单元格中填入数据,就完成了一个样本数据的录入工作。

图 15-3 SPSS 样本录入界面

例如,图15-3所示的汽车销量数据库中,第一条样本数据为:汽车制造商(Acura)生产的Integra型号汽车销量达到16 919台,每台的售价为21 500元。

15.4.4 描述性统计分析

在完成变量录入和样本输入之后,我们就得到了一个基础数据库,现在就可以使用SPSS软件的各种分析功能进行一些基础的描述性统计分析。此外,统计分析除了掌握基本的运算技术外,还须掌握利用图表展示统计结果的方法。统计图表,包括统计图形和统计表。它们能形象和直观地展示数字结果,揭示不同变量之间的相互关系及发展趋势。

1. 常用的描述性统计分析概念

在描述性统计分析中,常用的概念有以下几种。

(1) 频数和频率

频数是反映某类事物绝对量大小的统计量。例如,通过对1000人的调查,发现小学及以下文化程度的有 250 人,初中和高中文化水平的有 600 人,大学及以上文化程度的有 150 人。这里的 250 人、600 人和 150 人就分别是具有初等、中等和高等文化水平者的频数。如果用频数同总数相比,得到的相对数则是该类事物的频率。例如,在这个总体中,具有初等、中等和高等文化程度者的频率分别为 25%、60% 和 15%。频数和频率说明的都是总体中不同类别事物的分布状况。它们可以直接以数字的形式表示出来,也可以用条形图、直方图和统计表反映。频率还可以用圆形结构图来表示。频数和频率是对社会现象的特征的最简单、最基本和最粗略的描述,这种分析适用于对各种变量类型的分析。在描述现象的分布状态时,往往既使用频数,也使用频率,即既用绝对数来说明,也用相对数来说明。在用频率描述社会现象时,对不同的社会现象常常采用不同的频率(比率)形式。例如,识字率用百分数、出生率和死亡率用千分数、犯罪率用万分数等。

(2) 众数值

众数值是被研究总体中频率最多的变量值,它表示的是某种特征的集中趋势。由于众数值是总体中某一特征出现最多的变量的数值,所以它对总体有一定的代表性。众数值适用于对定距变量和定比变量的分析,以及数据呈单峰对称分布的情况。

众数值可以有以下几种求法:①如果数据是以总体单位(或标本单位)为单位分列的,则频数最大者所对应的指标值即为众数值。同样,如果数据以单项式分组形式排列,频数最大者所对应的指标值为众数值。②如果数据以组距式分组形式排列,可以用公式求得众数值。

下限公式:

$$M_0 = L_1 + \frac{\Delta_1}{\Delta_1 + \Delta_2} \times d$$

上限公式:

$$M_0 = L_2 - \frac{\Delta_2}{\Delta_1 + \Delta_2} \times d$$

在这里,M_0 代表众数值;L_1、L_2 分别代表众数组的下限值和上限值;Δ_1、Δ_2 分别代表众数值组的次数与下一组(或下一组)次数之差;d 代表众数组的组距。

(3) 中位数

如果将各单位的某一变量值按照大小排列出来,则处于中间位置的那个变量值将为中位数。中位数所反映的是某种社会现象的一般水平,它适用于总体各单位集中于中间某一部位的情况。

如果数据是原始数据,且数据不多,则可直接将数据按顺序排队,找出其中间位置,然后找到中间位置所对应的指标值即为中位数。这时,中位数处于 $(N+1)/2$ 的地方。在这里,N 为原始数据的个数,即单位总数。在原始数据为偶数的情况下,中位数为居中位置上下两数的平均值。

如果对数据进行了单项式分组,其中位数的求法与上述求法相类似,即先找到数列的中间位置,然后找到对应的中位数。

如果对数据进行了组距式分组,则可以用下述公式求得中位数。

下限公式：

$$M_0 = L_1 + \frac{\frac{\sum f}{2} - CF_1}{f_m} \times d$$

上限公式：

$$M_0 = L_2 - \frac{\frac{\sum f}{2} - CF_2}{f_m} \times d$$

式中，M_0 代表中位数；L_1、L_2 分别代表中位数所在组的下限和上限；CF_1、CF_2 分别代表中位数所在组以下和以上的累计次数；f_m 代表中位数所在组的次数；d 代表中位数所在组的组距。

（4）平均数

平均数也叫均值，它是总体各单位某一指标值之和的平均，它说明的是总体某一数量标志的一般水平。在对社会现象进行分析时，常用的是算术平均数，简称平均数。

如果所用数据为原始数据，则求平均数的公式为

$$\bar{X} = \frac{\sum X_i}{N}$$

式中，$\bar{X}$ 表示总体的某一指标的平均数；X 为总体各单位该指标的数值；$\sum$ 为加和符号；N 为总体单位数。

如果所用数据是分组数据，则需用加权法求得算术平均数，其公式为

$$\bar{X} = \frac{\sum X_i f_i}{\sum f}$$

式中，f_i 为各组单位数，其他字母和符号含义同上。在使用上述两个公式求平均数时，要注意分子与分母的可比性。

上面提及的众数值、中位数和平均数都是要用一个数值来代表总体的一般水平，但它们的灵敏度和对总体的代表程度各不相同。由于平均数的求得应用了所有数据，因此它最灵敏、最有代表性，从而在统计分析中应用得也最广泛。这就是说，如果要反映总体的一般水平，最好使用平均数。

（5）标准差

在对调查数据进行统计分析时，不但要用平均数等反映总体各单位的集中趋势，即一般水平，还要指出总体各单位在该特征上的差异，即指出它们的离散趋势。反映社会现象的离散趋势的统计量即标准差。标准差 S 也叫均方差，它是方差 S^2 的平方根。

求标准差的公式有两个，在数据未进行分组的情况下，标准差：

$$S = \sqrt{\frac{\sum (X_i - \bar{X})^2}{N}}$$

如果数据是分组数据,则标准差:

$$S = \sqrt{\frac{\sum (X_i - \overline{X})^2 f_i}{\sum f_i}}$$

式中各字母所代表的意义与前面相同。

与平均数一样,标准差主要用于对用定尺度测量所获数据的分析。一般来说,平均数与标准差是相互伴随的,它们从不同的角度反映了事物某一特征的状况。利用标准差可以比较水平相同的两个总体在分布上的差异。

2. SPSS 软件中的描述性统计分析操作

使用 SPSS 软件可以很方便地对各个属性变量的一些简单的统计特性进行描述性分析,提供相关变量在样本中的最大值、最小值、平均值、方差、标准差和合计等统计描述信息。

SPSS 软件的描述性统计分析工具可以由主界面"分析"下拉菜单中的"描述统计"子目录中的"描述"命令按钮打开。在图 15-4(a)所示的工具对话框中,选择需要进行分析的变量,添加到"变量"选择框中,单击"选项"按钮打开对话框,见图 15-4(b),选择需要的统计数据,单击"继续"按钮回到工具对话框,再单击"确定"按钮进行分析。分析结果将以表格的形式在新窗口中打开。

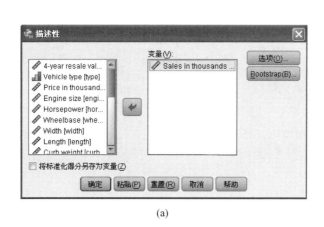

图 15-4　SPSS 简单描述性统计分析

在 SPSS 主界面下,由菜单的"图形"下拉菜单中的"图标构建程序"对话框中可以选择各种统计图形类型的制图按钮,在弹出的对话框中选择相应的变量,图形结果将显示在新窗口中,以下介绍几种常见的统计图形。

柱状图(图 15-5(a))可显示分类变量的各分类别的分布特点,变量各类型在横轴显示,纵轴为各类别累积数量值。饼状图(图 15-5(b))可显示分类变量的各分类别的比例特征,体现各分类在样本中所占比例大小的相对关系。直方图(图 15-5(c))将连续变量进行分组统计,以柱状图的形式表现不同分组中样本出现频率的大小。线箱图(图 15-5(d))用来表现连续变量数据的分布情况,图中箱块中线为样本中值,箱块上缘和下缘分别为上四分位数和下四分位数,箱块外实线分别为上限和下限,此外的离散分布点为异常值。

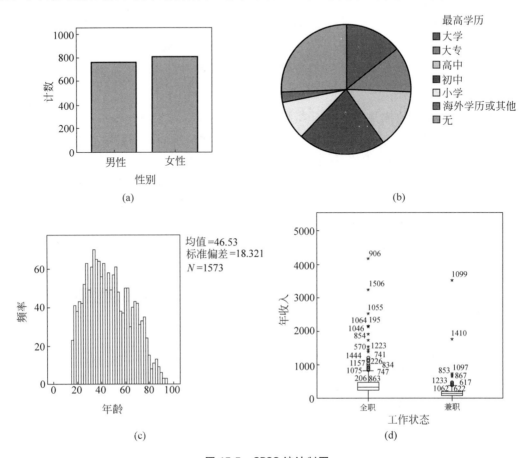

图 15-5　SPSS 统计制图
(a) 柱状图;(b) 饼状图;(c) 直方图;(d) 线箱图

15.4.5　变量分布特点分析

1. 连续变量的分布特点

统计分析中一般通过计算标准差(standard deviation,St. dev)来描述一组连续变量的分布特点。标准差是统计学中描述研究总体中分布分散度的度量,它通过计算个体值与总体平均值之间的差值来体现总体的分布特点。当研究总体变化小时,标准差数值小;当总体变化大时,标准差数值大。计算公式如下:

$$\text{St. dev} = \sqrt{\frac{1}{N}\sum_{i=1}^{N}(x_i - \bar{x})^2}$$

式中，St. dev 为标准差；N 为总体数量；x_i 为单个变量值；$\bar{x}$ 为总体变量平均值。

统计理论指出，在样本规模足够大的随机抽样中，抽样样本的某变量的平均值应该符合正态分布。统计学中将抽样样本的平均值的标准差称为标准误差（standard error）。抽样样本的规模越大，标准误差越小；抽样样本的规模越小，标准误差越大。计算公式如下：

$$\mathrm{SE}(x) = \frac{\mathrm{St.\,dev}}{\sqrt{n}}$$

式中，$\mathrm{SE}(x)$ 为平均值的标准误差；n 为抽样的样本规模；St. dev 为变量的标准差。

根据正态分布的分布特征可知，68%的抽样样本集的平均值可能会处于距离研究总体的平均值1个标准误差的范围之内，95%的抽样样本集的平均值可能会处于距离研究总体的平均值2个标准误差的范围之内，99%的抽样样本集的平均值可能会处于距离研究总体的平均值2.5个标准误差的范围之内。如图15-6所示。

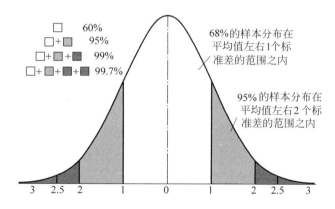

图15-6　抽样样本集的平均值的正态分布

由于在一般的抽样调查中只会进行一次抽样操作而不是很多次抽样，所以根据上述统计规律，我们可以认为在一次随机抽样调查中，样本的平均值有68%的可能位于距离研究总体平均值1个标准误差的范围之内，有95%的可能位于2个标准误差范围之内。基于这样的规律，我们可以计算出利用抽样样本来推测研究总体特征的"置信空间"（confidence intervals）。以上述预测研究总体平均值为例，根据样本的平均值和标准误差，可以计算出总体平均值有95%的可能位于样本平均值左右两侧各2个标准误差范围之内。

【计算案例】　假设在一个关于毕业生的起始薪水的社会调查中，随机抽样了500个毕业生样本，他们的起始薪水的平均值是28 000美元，样本分布的标准差是10 000美元。则可计算出样本的标准误差是 $\mathrm{SE} = 10\,000/\sqrt{500} = 447.21$（美元）。

因此，在95%的置信度下，置信空间=28 000美元±(2×447.21美元)，研究总体的平均薪水的可能范围为27 106～28 894美元。

2. 分类变量的分布特点

对于分类变量的分布特点，也可以应用同样的统计规律进行计算。对于分类变量来说，可由各分类规模计算出占总量规模的百分比。我们可以把百分比看成是一种特殊的平

均值,可以计算样本中各类型所占百分比的标准误差。计算公式如下:

$$SE(\%) = \sqrt{\frac{样本\% \cdot (100 - 样本\%)}{n}}$$

式中,n 为抽样的样本规模。

当要确定某两个分类变量的分布是否存在相关关系时,可以分别计算各个分类中的标准误差和95%置信度下的置信空间。当两个置信空间相重叠时,则认为两个分类变量之间存在相关关系;当两个置信空间不相重叠时,则认为两个分类变量之间不存在相关关系。

【计算案例】 假设在一个关于青年酗酒研究的社会调查中,随机抽取了1950个15岁青年样本调查酗酒情况,调查结果如表15-4所示。

表15-4 酗酒情况调查结果

	每月至少醉酒1次	每月醉酒0次	样本规模
男性	61%	39%	1000
女性	53%	47%	950
总计	57%	43%	1950

请试图通过对样本数据的统计,研究性别与酗酒问题是否存在相关关系。

在男性样本中,样本的标准误差为:$SE(\%) = \sqrt{\frac{61\% \times 39\%}{1000}} = 1.54\%$;在95%的置信度下,研究总体的百分比的置信空间=样本男性醉酒百分比$\pm(1.96 \times 1.54\%) = 61\% \pm 3.02\%$。研究总体的男性酗酒的置信空间为(57.98%~64.02%)。

在女性样本中,样本的标准误差为:$SE(\%) = \sqrt{\frac{53\% \times 47\%}{950}} = 1.62\%$;在95%的置信度下,研究总体的百分比的置信空间=样本女性醉酒百分比$\pm(1.96 \times 1.62\%) = 53\% \pm 3.18\%$。研究总体的女性酗酒的置信空间为(49.82%~56.18%)。

研究总体的男性酗酒和女性酗酒的置信空间见图15-7。

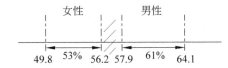

图15-7 研究总体的男性酗酒与女性酗酒的置信空间

由图15-7可知,男性酗酒的置信空间和女性酗酒的置信空间没有相互重叠,所以可以认为从抽样样本的分布状态看,在95%的置信度下,性别变量与每月醉酒变量之间不存在相关关系。

15.4.6 变量相关性分析

任何社会现象内部都包含有多种因素,这些因素或变量之间或者存在直接关系或者不存在直接关系。当两个变量之间存在直接关系,即彼此之间存在相互依存或互为消长的关系时,如果依存关系是固定的、有规律的,并且两者之间的具体关系值是固定的,则这种关系称为函数关系。如果变量之间存在数量上的相互依存关系,但具体关系值是不固定的,则这种关系称为相关关系,反映这种相关关系的统计量为相关系数。

1. 不同类型变量之间的相关系数计算

变量类型不同,用来测定变量之间的相关系数的方法也不同,或者说,用不同尺度测量社会现象所获取的数据要求采用不同的方法来测定相关系数。

(1) 定类-定类变量或定类-定序变量之间的相关系数

如果对两个变量都是用定类尺度测量的,或者其中一个用定类尺度、另一个用定序尺度测量,所得数据可以用公式处理,求得两变量之间的相关系数:

$$\phi = \sqrt{\frac{\chi^2}{N}}$$

式中,ϕ 表示两变量之间的关联程度;N 表示数据个数(也即被直接调查的单位数);χ^2(卡方)可通过计算求得,其计算公式为

$$\chi^2 = \sum \frac{(f_{ij} - e_{ij})^2}{e_{ij}}$$

式中,f_{ij} 为某类数据的真实次数;e_{ij} 为在假设两变量之间无关条件下的期望次数。

在计算 ϕ 系数之前,应先按定类-定类或定类-定序将两变量交叉分组,构成列联表,即可得到不同的 f_{ij},然后求出与之对应的 e_{ij}。计算方法为

$$e_{ij} = \frac{F_{yi} \cdot F_{xj}}{N}$$

式中,F_{yi} 为 f_{ij} 所在行总数;F_{xj} 为 f_{ij} 所在列总数;N 为资料个数(即被直接调查的单位数)。

通过以上计算,就可求得 ϕ 值。

如果对数据进行分组构成了 2×2(即有两行两列)的列联表,即把所有数据分成表 15-5 的形式。

表 15-5　2×2 列联表

	B	非 B	总数
A	a	b	$a+b$
非 A	c	d	$c+d$
总数	$a+c$	$b+d$	N

则用另一个公式来测定 ϕ 系数:

$$\phi = \frac{ad - bc}{\sqrt{(a+b)(a+c)(b+d)(c+d)}}$$

在 2×2 列联表中,$0 \leqslant \phi \leqslant 1$,当 $\phi > 0.3$ 时,说明两变量之间的关联程度较大。

(2) 定序-定序变量间的相关系数

当对两个变量都进行定序尺度的测量,即把它们各自排列顺序之后,这两个变量之间的相关关系就可以用斯皮尔曼等级相关系数 r_s 来反映。其计算公式为

$$r_s = 1 - \frac{6\sum d_i^2}{L(L^2-1)}$$

式中,r_s 为斯皮尔曼等级相关系数;d_i 表示两个变量在同一问题上所处位置之差;L 表示等级对的总数,即对两个变量划分了多少个等级。很明显,当两个变量(或两类事物)在某些问题上的顺序特征完全相同,即两个数列完全按同一顺序排列时,$d_i=0$,$\sum d_i^2 = 0$,这时 $r_s=+1$,两个变量在这些方面呈正相关。相反,如果两个数列完全按相反顺序排列,则 $r_s=-1$,两个变量在这些方面呈负相关。这就是说 r_s 的取值范围为 $-1\sim+1$。

用斯皮尔曼等级相关系数来测定两变量的关系时,还有一个达到什么程度这种相关关系才是显著的问题。在划分等级较少,$L<30$ 的情况下,其显著性可根据相关系数显著性检验表给出的临界值中的相应数值 r_s 来确定,即用由数据求得的 r_s(观察值)与表中的相应数值(理论值)进行比较,若观察值大于理论值,则显著相关。

定序-定序变量之间的相关系数也可以用肯达尔系数 τ 来测量,其计算公式为

$$\tau = \frac{S}{\frac{1}{2}L(L-1)}$$

式中,L 仍为等级对的总数;$S = \sum(S_i^+ - S_i^-)$。S 是这样来计算的:我们首先把第一类事物的某些方面的特征从大到小排列,得出顺序Ⅰ,然后相应地将第二类事物进行排列,得到顺序Ⅱ。顺序Ⅰ的号码是从小到大的,顺序Ⅱ却不尽然。我们把顺序Ⅱ中的每一个号码都与它以下的号码相比较,下面号码比上面大的为与顺序Ⅰ同序,小者为异序,相等者删除。同序对的个数记为 S_i^+,异序对的个数记为 S_i^-,再求 S_i^+ 与 S_i^- 之差,最后加总得到 $S = \sum(S_i^+ - S_i^-)$。τ 的取值范围也为 $-1\sim+1$。

应该指出,使用不同的方法测定等级相关系数可能会出现不同的结果。一般认为 τ 比 r_s 能更细致地说明两个变量之间关系的程度。

(3) 定类-定距和定序-定距变量间的相关系数

使用这种测量尺度得到的数据,可以用相关比率 E^2 来表示两个变量之间的关系。求 E^2 的公式为

$$E^2 = \frac{\sum n_i \overline{y_i^2} - N\overline{y}^2}{\sum y^2 - N\overline{y}^2}$$

式中,n_i 为某类包含的单位数;$\overline{y_i}$ 为该类各单位被测特征的均值;N 为各类单位总数;$\overline{y}$ 为全部单位被测特征的均值;$\sum y^2$ 为总体各单位被测特征值的平方和。E^2 的取值范围为 $0\sim1$。

在计算 E^2 时,最好先将总体各单位的情况分类列表,分别求出上式所需的各数值,再计

算 E^2。

(4) 定比-定比变量间的相关系数

社会现象中有许多相互关联的变量可以用定比尺度来测量,如工龄与工资、妇女受教育年限与生育数量等。对于这类数据,可以用相关系数 r 来反映两者之间关系的密切程度。其计算公式为

$$r = \frac{\sum(X_i - \bar{X})(y_i - \bar{y})}{\sqrt{\sum(X_i - \bar{X})^2}\sqrt{\sum(y_i - \bar{y})^2}}$$

式中,X_i 为自变量的各指标值;$\bar{X}$ 为自变量该指标值的均值;y_i 为因变量的各指标值;$\bar{y}$ 为因变量该指标值的均值。

r 的取值范围为 $-1 \sim +1$,当 $r>0$ 时,为正相关;当 $r=0$ 时,两变量无关;当 $r<0$ 时,两变量负相关。一般认为,$|r|$ 在 0.3 以下可视为两变量不相关,$0.3 \leqslant |r| \leqslant 0.5$ 时为低度相关,$0.5 < |r| \leqslant 0.8$ 时为显著相关,$|r| > 0.8$ 时为高度相关。

正是在统计描述所提供的分析结果的基础上,才能对社会现象进行更为复杂和困难的统计解释和统计预测。统计解释可采取多种形式,但一般采用双变量的相关分析方法,它的分析目标主要是说明两个变量之间是否存在相关关系,以及两者关系的强度。通过对变量间相关关系的分析,统计解释可以揭示客观现象变化的原因和程度。一旦确定变量之间的关系,或通过统计解释能够计算变量之间的关系后,就有可能运用一定的统计技术从已知的统计值推测出未来的数量值,或从一个变量的变化推测出另一个变量的变化,这就是统计预测的分析任务。统计预测最常用的技术是回归分析,它同时也是统计解释中建立因果模型的技术。

2. SPSS 软件中的交叉表分析和回归分析

在 SPSS 软件中对变量相关关系的分析方法很多,这里主要介绍交叉表分析和回归分析,前者适用于分类变量之间的相关分析,后者适用于连续变量之间的相关分析。

(1) SPSS 中的分类变量交叉表分析

交叉表分析(cross-tabulation)是分析两个分类变量(名义变量或序号变量)之间的相关关系的统计分析方法。例如,交叉表分析可以用来分析样本中的"最高学历"变量和"性别"变量之间的相关关系,即样本的性别是否与最高学历在统计上存在相关联系。

在 SPSS 主界面下,由菜单的"分析"下拉菜单中的"描述统计"子目录中的"交叉表"命令按钮,打开交叉表分析窗口(图 15-8(a))。在"行"、"列"中分别填入分析所用变量,单击"统计量"按钮打开对话框(图 15-8(b)),选择"卡方"检验复选框。单击"继续"按钮回到工具对话框,单击"确定"按钮进行分析。分析结果将以表格的形式在新窗口中打开。交叉表分析生成的数据分布表如表 15-6 所示。

然后,在 SPSS 统计分析中根据卡方(chi-square)检验来判断两个分类变量之间是否存在相关关系。SPSS 生成的卡方检验结构如表 15-7 所示。

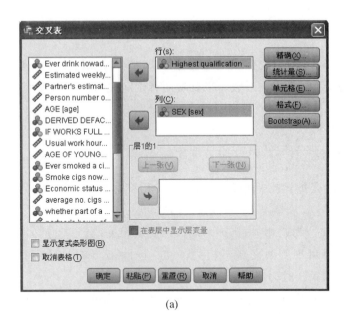
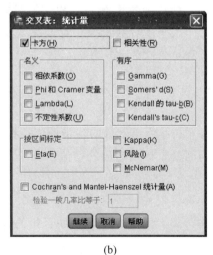

(a)   (b)

图 15-8   SPSS 交叉表分析

表 15-6   交叉表分析数据表案例

		性别		合计
		男	女	
最高学历	大学学位	87	86	173
	大专	73	64	137
	高中	89	89	178
	初中	117	148	265
	小学	43	75	118
	海外学历和其他	17	13	30
	无学历	131	180	311
合计		557	655	1212

表 15-7   卡方检验

	值	df	渐进 Sig.（双侧）
Pearson 卡方	13.318[a]	6	0.038
似然比	13.374	6	0.037
线性和线性组合	5.294	1	0.021
有效案例中的 N	1212		

a. 0 单元格（0.0%）的期望计数少于 5。最小期望计数为 13.79。

其中包括 Pearson 卡方的数据结果 P 值（表 15-7 中为 0.038）。P 值是指变量关联特性由样本误差产生的可能性，$P=0.038$ 表示有 3.8% 的可能，最高学历和性别在样本中的关联关系来源于统计误差。也就是说，有 96.2% 的可能确定最高学历和性别在样本中是存在相关关系的。因此，P 值是判断变量相关性是否存在的主要依据。一般认为，当 P 值小于 0.05，即变量相关关系的可能性大于 95% 时，我们认为两个变量值间在统计学上存在相关关系。也就是说，在以上案例中，P 值等于 0.038 小于 0.05，我们可以通过这个样本的分布特征提出性别和最高学历在统计学上存在相关性。

(2) SPSS 中的回归分析

回归分析（regression）是分析两个连续变量之间的相关关系的统计分析方法。回归分析是利用统计学模型，分析某一个变量对另一个变量的影响关系，是寻找研究现象间的因果关系的主要分析手段之一。如图 15-9 所示，简单线性回归通过寻找一条与样本数据分布拟合最好的直线找到自变量 x 和因变量 y 满足一元线性函数的公式，使得公式中的 e 最小，回归分析模型中的常数 b_0 和 b_1 由 SPSS 自动生成。以下用年收入和工作时间变量为例，分析收入与工作时间之间的相关关系。

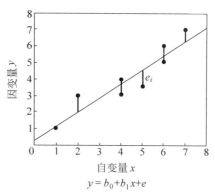

图 15-9　简单线性回归模型

在 SPSS 主界面下，由菜单的"分析"下拉菜单中的"回归"子目录中的"线性"命令按钮，打开线性回归分析窗口（图 15-10(a)）。在"因变量"、"自变量"中分别填入分析所用的变量，单击"统计量"按钮打开对话框（图 15-10(b)），选择"R 方变化"检验复选框。单击"继续"按钮回到工具对话框，单击"确定"按钮进行分析。分析结果将以表格的形式在新窗口中打开。

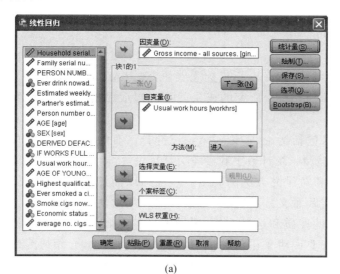
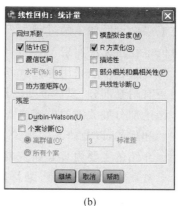

(a)　　　　　　　　　　　　　(b)

图 15-10　SPSS 线性回归分析

线性回归分析生成的数据分布表如表15-8所示。其中"系数"表中的 B 值(66.733 和 6.757)分别为回归模型中常数 b_0 和 b_1 的取值,年收入和工作时间在样本中的回归模型为

$$年收入 = 66.733 + 6.757 \times 年工作时间$$

"模型汇总"表中的"R 方更改"数值表示自变量和因变量之间的相关度,案例中为 0.101,表示样本中年收入的变化有 10.1% 来源于工作时间的多少。"Sig"值用来检验回归分析在统计上是否可信,当 Sig 值小于 0.05 时,表示分析结果置信度大于 95%,相关关系可信,案例中为 0.000,所以我们可以认为样本中年收入和工作时间之间的相关关系在统计上是可信的。

表 15-8 线性回归分析结果

模型汇总

模型	更改统计量				
	R 方更改	F 更改	df1	df2	Sig. F 更改
1	0.101[a]	98.341	1	871	0.000

a. 预测变量:(常量),Usual work hours。

系数 a

模型		非标准化系数		标准系数	t	Sig.
		B	标准误差	试用版		
1	(常量)	66.733	27.952		2.387	0.017
	Usual work hours	6.757	0.681	0.319	9.917	0.000

a. 因变量:Gross income-all sources。

15.5 社会调查报告编制

撰写研究报告是整个研究过程的最后环节,不仅标志着研究过程的完成,而且也是对研究成果做最后加工的过程。没有研究报告,研究的成果就不能以成品的形态出现,其社会价值也往往无法实现。

研究报告一般采用三段式结构,包括绪论、本论和结论三部分。有的研究报告在正文之后还有附录部分,提供重要的研究资料、统计数字和参考文献目录等。

绪论部分最关键的内容是点题和对研究方法的介绍。点题即以简洁的语言说明研究的主题和目的,以及研究的理论和实践意义。点题之后,报告中还须对所使用的方法做一介绍。介绍的主要内容是研究对象的性质和选择方法、选择理由。例如,典型调查要说明为什么被调查对象是典型,抽样调查要说明采用何种抽样及其根据。其次,介绍研究的主要问题和资料的有效性、准确性和完整性。本论部分是对研究成果的全面阐述。本论部分是出观点和出结论的部分,有两种叙述的方法:一是提出论题,列举材料,归纳提出论点;

二是提出论题,说明论点,列举材料。结论部分通常是归纳分论点、阐明总论点的部分。应用研究还包括提出对策和建议等。

研究报告撰写完毕,这次研究的全过程就完结了,整个研究过程如图 15-11 所示。

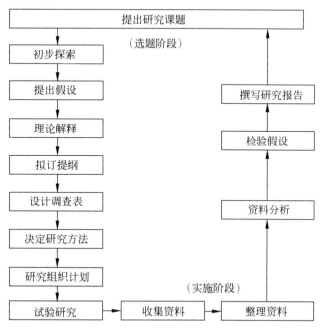

图 15-11 社会调研报告编制流程

推荐阅读参考资料

蔡建平. 2005. SPSS 应用教程[M]. 北京:北京大学出版社.
张小山,风笑天. 2010. 社会统计学与 SPSS 应用[M]. 武汉:华中科技大学出版社.

习 题

1. 名词解释
分类变量、名义变量(定类变量)、序号变量(定序变量)、连续变量、频数、频率、中位数、标准差。

2. 论述题
在一次抽样调查中,生成了以下样本总体,研究希望通过分析样本了解个体性别与其就业状态之间的相关关系,请通过 SPSS 软件分析,明确它们的相关关系,检验置信空间,并试分析论述其相关联系在生活中出现的现实解释。

就业状态和性别的交叉表分析结果

			性别		总计
			男	女	
就业状态	全职	数量	21 118	11 987	33 105
		比例/%	69.5	36.1	52.1
	兼职	数量	2755	9929	12 684
		比例/%	9.1	29.9	20.0
	失业	数量	1392	1017	2409
		比例/%	4.6	3.1	3.8
	无劳动能力	数量	5131	10 230	15 361
		比例/%	16.9	30.8	24.2
总 数		数量	30 396	33 163	63 559
		比例/%	100	100	100

【答案】

(1) 交叉表分析结果如下表所示。

Symmetric Measures

		Value	Approx. Sig.
Nominal by Nominal	Phi	0.360	0.000
	Cramer's V	0.360	0.000
N of Valid Cases		63559	

a. Not assuming the null hypothesis.
b. Using the asymptotic standard error assuming the null hypothesis.

(2) 男性和女性的就业状态存在显著不同。

(3) 我们可以通过样本推断,在抽样总体中,在95%的置信度下,总体中性别与就业状态存在明显的不同。

参 考 文 献

蔡建平. 2005. SPSS 应用教程[M]. 北京:北京大学出版社.

张伟,顾朝林. 2000. 城市与区域规划模型系统[M]. 南京:东南大学出版社.

张小山,风笑天. 2010. 社会统计学与SPSS应用[M]. 武汉:华中科技大学出版社.

附录 A 北京城市社会空间调查实习资料汇编

A.1 北京传统社会空间与演化

北京传统社会空间结构以中国传统城市结构模型为蓝本，形成了规则的城市空间形式和等级体系，具有规整的由城墙环绕的矩形空间形态。老北京城拥有 632km² 的围墙城区，分成两个部分：老的内城和老的外城。老的内城为皇城，位于城中央，由宫城、湖泊、公园、神殿、藏书楼、主考堂及其他公共建筑和富人居住区（四合院和胡同）组成。宫城位于皇城的中央，主要建筑形成一条南北向轴线。居住区被分成 50 个街区围绕皇城分布。

北京城作为元明清三朝都城，大的城市功能分区基本保持不变。只是从外部为这个城市带来发展动力的运河，在居民区的规模和拓展方向上起到了关键性作用。

明代改建北京，截断城内河道，大运河的漕运不再入城，由此商业中心南移。加之明代以来城市人口剧增，城南形成大片市肆及居民区。"左祖右社，前朝后市"的传统空间格局被突破。与内城的富贵人家相比，非富非贵的平民阶层的居住区依然是以坊的形式分布在外城，亦即皇城四周。如明代北京城分为 37 坊。此时"坊"也仅为城市管理用地划分，而非坊里制。居住区以胡同划分长条形居住地段，中间为三四进四合院并联。明北京内城居民在相当程度上存在着贵贱混居，同时具有商业指向，即居民朝向市场聚集。此时居住街区内部的空间结构的形成很大程度上是非政府的社会行为的结果。大户住宅的构成往往决定居住区的结构。一般居户的住宅围绕大户分布，形成以大户为中心的胡同或街区。

而至清代，大运河由城东至通州，因而仓库多集中于东城，会馆也聚集起来，富贵人家集中在此，即所谓的"富东城"。另外，皇家的生活空间也因兴建园林而转移。清雍正、乾隆以后，在西郊建了大片园林宫殿，如圆明园、畅春园，皇帝多住园中，而鲜去宫城。皇亲贵族为便于上朝，府第也多建于西城，此为"贵西城"。京师内城居住分布的商业指向特点受到限制，等级空间的特点得到了强化，于是形成越是在城市中心地带，住宅或街巷却相对稀疏，反而靠近城市边缘人口更密集。所以皇城人口密度最小，而贫民的大杂院人口密度最大，呈现出明显的社会等级性。这一时期的城市社会空间与其他朝代的最大不同之处在于，作为少数民族建立的政权，在城市社区的划分中带有明显的民族特色，具体表现为旗民分治，即对有八旗驻防的一些城市实行满人城与汉人城并置的制度。于北京而言，满人聚向皇城附近，汉人则被迫迁往外城。而同为满人亦分八旗，各有自己的空间领域。但八旗王公贵族除继承原来明朝的衙署、府第起建自己的居宅之外，基本上是居住在皇城附近。也正因如此，北京外城居民人口与密度增幅都大于内城，且社会等级高的居民比例增大。甚至到清末，外城的人口密度已超过内城。而随着内城旗人社会日益分化，因"八旗生计问题"

而出现许多贫民,但总体来说,内城的社会等级水平还是要高于外城。

从近代北京城市社会阶层的地域分布来看,家庭和民族因素不是独立地起作用,而社会经济地位成为近代北京社会阶层划分的主因子。20 世纪 20 年代北京的社会区结构可以概括为五类,分别为统治阶层居住区、富裕阶层聚居区、中等收入者居住区、平民阶层居住区和少数民族聚居区。统治阶层的统治机构在城市中心,其居住区也集中分布在这一地区,距交通要道、繁华商业区较近,该区也是医院、行政单位和部队等部门的聚集处。富裕阶层紧邻统治阶层聚居区,主要由两类组成,一是各类大商贾,主要集中在西城;二是有固定收入并有一定文化程度的高级职员,他们集中居住在东城,拥有公馆式大宅院,家庭模式以一夫多妻制为主。中等收入者,以片状聚居形态将平民区和富人区联系起来。他们主要包括个体手工业者、零售商贾及一般职员等中低收入群体,他们的收入基本稳定,有固定住所,生活比较艰苦。大量的平民阶层由被雇佣人群组成,聚居在城市内缘区。由于他们职业和收入的不固定性,只能依靠微薄的收入勉强度日,一旦丧失经济来源,易沦落为城市贫民。社会底层的群体主要集中在南城和城市边缘区,尤其在南城的天坛、陶然亭等地以及东北郊的三元桥一带聚集,以妓女、车夫、卖艺人和乞丐等为主,其特征是以单身族为主,过流浪生活,无固定住所,无医疗保障,死亡率高。少数民族聚集区,满族曾经是统治阶级,在清朝推翻明朝时,所有的汉族居民曾被逐出皇城迁到老的外城,整个内城均为满族人居住。清末民国初经过社会变革,满族的社会地位下降,内城成为混居区,满族居民散居其间,老的外城实际上已沦为由穷人居住区和拥挤商业中心组成的城区。近代北京另一个重要的少数民族回族,具有统一的信仰和民族生活习惯,民族认同意识强烈,居住相对集中,主要分布在南城的平民区一带。鸦片战争以后,社会制度的交替导致政府更迭频繁且局势混乱,战乱连连,自然灾害泛滥,城市内失业、贫穷、堕落和犯罪等社会问题突出,许多人居无定所,四处流浪。贫民在经济和政治压迫下聚集在一起,形成了"贫民窟"。根据近代一些学者的研究表明,近代北京城市社会区基本呈现出"西贵东富、南贫北贱"的扇形结构。

A.2　北京的城市中心

西城区和东城区为北京市的核心区,是北京市生产性服务业主要集聚的地区,其中金融业、银行保险、房地产、技术服务、商业经济和租赁等各类现代服务业彼此交错,构成生产性服务业的综合中心。北京商务中心区由传统商业中心(包括王府井、西单、前门)、新兴国际贸易中心和以中央电视台总部大楼为主体的北京商务中心区、金融街、亮马桥、丽泽商务区等共同组成。图 A-1 为北京中心区结构示意图。

A.2.1　中央商务区

2000 年《北京市国民经济和社会发展第十个五年计划》明确提出建设商务中心区

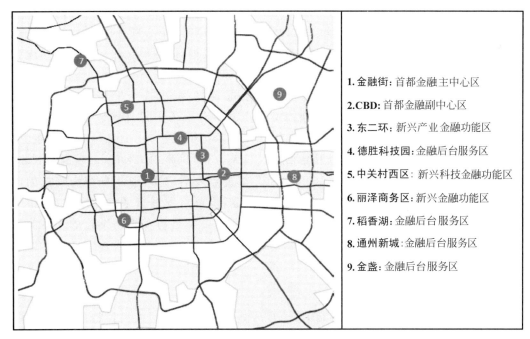

图 A-1 北京中心区结构示意图

(CBD),其规划范围是:北起朝阳北路及朝阳路,南抵通惠河,东起西大望路,西至东大桥路,总用地面积 3.99km²。商务中心区内的大部分用地为 20 世纪 50 年代以来建设的工业企业用地,改革开放以后有的企业用地陆续进行了调整改造,当时还有工业企业用地 140hm²,工业以机械、纺织类工厂为主,主要工厂有北京开关厂、北京光华染织厂、北京制药厂、北京第一机床厂等,共计 23 家。根据北京市"优二兴三"的产业结构调整政策,区内工厂全部外迁,腾退后的土地可用于商务及其配套设施的建设。目前,中央电视台、北京财富中心、北京电视中心、银泰中心、建外 SOHO 等一批重点项目陆续建设竣工,国际标准的北京商务中心区城市空间形态开始形成。截至 2006 年 11 月份,区域内企业数量达到 4300 家,如渣打银行、花旗银行等一批国际金融机构,摩托罗拉、德国大众等 700 多家外资及中国港、澳、台企业,麦肯锡、普华永道等诸多现代中介服务企业,跨国公司,集团总部聚集态势初步形成。区域内各类法人单位共有从业人员 12 万人。随着央视、凤凰卫视、北京电视台等广播电视旗舰单位的陆续入驻,汇聚着《华尔街日报》、CNN、BBC 等一批具有国际影响力的新闻机构,加上周边既有的《人民日报》、北京广播电台和传媒大学等国内重要的传媒机构,将吸引广告、网络、出版等众多文化传媒企业,未来可望成为传媒产业的集聚地。2009 年北京市启动 CBD 东扩计划,沿朝阳北路、通惠河向东扩展至东四环,总面积约 3km²。

A.2.2 商贸区

北京是全球第六大零售城市,居内地之首;零售业国际化程度列世界第六、内地之首。王府井-西单、前门-大栅栏-琉璃厂商贸集聚区是北京传统的商贸中心。此外,分工细化的高端专业性商业区开始出现,如朝外、以燕莎为核心的左家庄和麦子店地区,北京市唯一的高科技电子商业区中关村地区,五道口-大钟寺、动物园、朝外、中心商务区-秀水、奥运村、丽泽、玉泉营、木樨园-大红门正在成为新的商业和商务聚集地;以酒吧文化和商业演出为特色的三里屯、工体地区的都市时尚文化产业已初具形态。

目前,北京市初步形成"南批金,北体育,西电游,东商务"的商业发展格局。"西电游"的"西"指海淀和石景山两大区县;"电"指海淀重点发展电子商业区,特指中关村;"游"指石景山重点发展游憩商业区。中关村商业区自20世纪80年代初的"中关村电子一条街"起源,至今已发展为"一区十园"的高新技术商业区体系,总面积232.52km^2。"东商"和"北体"分别指朝阳中心区重点发展商务中心区,以及北部重点发展以奥、亚运场馆为依托的体育休闲类的游憩商业区。"南批金"的"南"指丰台;"金"指重点发展金融商业区;"批"指继续发展批发商业区,特指建材批发和服装批发,事实上其批发是与零售相结合的。目前丰台区拥有丽泽、玉泉营两大建材批发商业区和木樨园-大红门服装批发商业区。

A.2.3　金融中心

北京是中国最重要的金融中心,国家金融宏观调控部门中国人民银行、中国银行业监督管理委员会、中国证券监督管理委员会和中国保险监督管理委员会均在北京。包括中国工商银行、中国建设银行、中国银行和中国农业银行四大国有商业银行在内的中国主要商业银行,国家开发银行、中国农业发展银行等政策性银行,以及中国国际金融有限公司、中国国际信托投资公司、中国投资有限责任公司也在北京。中国人寿、中国人民财产保险股份有限公司、泰康人寿等全国性保险公司总部也均设在北京。

(1) 金融街。南到西长安街,北至阜成门内大街,东到太平桥大街,西到西二环,南北长约1700m,东西宽约600m,占地面积103hm^2。金融街历史悠久,源远流长,在元代已开始初具规模,成为著名的"金城坊"。明、清两代,这里遍布金坊、银号。至清末民初,户部银行、大清银行和中国银行先后在此更迭。其后,又有大陆银行、金城银行、中国实业银行等各大银行先后在此设立总部。新中国成立后,金融街成为了中国金融和财政的决策机构所在地。到2007年年底,金融街将建成五星级酒店、金融家俱乐部、国际会议中心、国际学校和涉外公寓等全方位的配套设施,它将为入驻金融街的各界人士提供高品位、国际化的工作和生活环境,从而吸引国内外银行、证券、基金、保险等各类金融机构、中介机构落户金融街,提高金融产业聚集度,完善金融产业链条,进一步提升金融街的品牌和国际化程度,强化金融街作为国家金融决策监管中心、金融资产管理中心、信息汇聚中心和国际交往中心的作用。2009年金融街的金融资产规模达到近40万亿元,占北京金融资产的82%,占全国的47.6%,控制着全国95%的信贷和65%的保险费资金。金融街共有金融从业人员14万人,占北京市金融业从业人员的56%。2009年实现生产总值1142亿元,占北京生产总值的10.3%。

(2) 国家级金融管理中心。1993年国务院批复的《北京城市总体规划》中提出,在西二环至复兴门一带建设国家级金融管理中心,集中安排国家级银行总行和非银行机构总部。

随后,各大银行、非银行金融机构和国内外知名企业纷纷入驻,金融街在北京经济发展中所发挥的重要作用逐日凸显。经过多年的开发与建设,金融街聚集了中国金融业的最优势资源,包括"一行三会",即中国人民银行、中国银监会、中国证监会和中国保监会等国家级金融决策监管机构,以及金融行业协会、全国金融标准化技术委员会等国家级行业组织。600多家全国性金融机构总部和大企业总部汇聚于此,其中包括三大国有商业银行总行,120多家股份制银行、证券公司、保险公司总部和分支机构,中国电信、中国移动、中国联通和中国网通等全国最大的四家电信集团总部,以及长江电力、大唐发电、中国电力投资公司等全国主要的电力集团总部。入驻金融街的这些金融机构与企业中,已有8家跻身于世界500强之列。

A.3 更新后的旧城社会空间

A.3.1 北京旧城的衰败与复兴

中国现代城市更新历程可以以改革开放为界,概括为两个阶段:新中国成立后至改革开放前,出于充分利用旧城的目的,城市更新改造的对象主要为旧城居住区和环境恶劣地区,但改造规模有限,城市结构形态未出现大的质的变化;改革开放以后,经济体制改革和社会转型引发城市空间重构,以物质更新为特征的旧城大规模重建运动,带来城市中心区过度开发、传统风貌丧失、社会网络破碎等问题(阳建强,2000)。如何探索一条更加综合系统、稳妥渐进模式的旧城更新道路,已成为当前众多城市发展建设的重大挑战。

新中国成立以来,北京城市更新历程可以细分为以下四个阶段(刘欣葵,2012)。

1. 精华保护和重点建设阶段

解放后到文化大革命之前,面对城市功能亟待恢复的紧迫发展需求,北京城市建设采取了以旧城为中心的城市改扩建措施,对于故宫、天坛、颐和园等重要皇家建筑予以保留,而城墙、牌楼、街巷、寺庙等其他设施,在面对城市发展建设需要时可以拆除。1957年公布的旧城内市级文保单位仅17项,1961年公布的国家重点文物保护单位在北京旧城内的仅9项[①],内城和外城各城门均不在保护之列。

在城市建设上,主张将现代规划思想、建筑技术与地域特色、历史文化相结合,建筑主张大屋顶,布局上采用中轴对称、围合式,以及运用园林、庭院的设计手法(梁思成,1954),这些在20世纪50年代的十大建筑上都有体现。与此同时,为了在城市布局和艺术形式等各方面实现整齐划一的现代化,城市主干道的红线被定为60~100m,天安门广场建成为世界最大的广场,护城河被盖板,河塘和湿地被填平。

2. 分散性破坏与城市运行瘫痪阶段

20世纪60年代中期到"文化大革命"结束,这一阶段是北京城市建设的低潮时期。城

---

① 北京市文物局网站. http://www.bjww.gov.cn/wbsj/biwbdwSearch.htm.

市规划部门被撤销,大量建设项目采取"见缝插针"的原则,违章建设现象严重。在"先生产、后生活"的发展方针指导下,城市居住及生活服务设施严重短缺。1966—1976年,住宅和生活服务设施只建成931万 m²,导致1975年人均居住面积仅为4.40m²,甚至低于1949年的水平。旧城区平房的维护也没跟上。1973年北京旧城有1500万 m² 平房,其中230万 m² 是危旧房,890万 m² 属于质量较差的住房,这两部分占到平房总面积的3/4。学校等配套设施建设滞后,许多地区不得不在中、小学实行二部制(即学生在上、下午轮流上学)(刘欣葵,2009)。这期间,基础设施工程基本处于停滞状态。旧城区一直利用220多 km 的旧沟排水,而这些旧沟大部分是明清时修建的,导致二龙路、南横街、金鱼池等地区年年积水。加上冬季燃煤污染、垃圾处理等问题,致使城市环境逐年恶化。

3. 建设性破坏与整体风貌衰变阶段

20世纪80年代到20世纪末,这一时期城市改造的核心问题是城市功能重构与物质环境改造过程中的建设性破坏问题。大片平房区被推倒,重建为高楼形态的商厦、写字楼和居住区,传统的街巷胡同被拓宽为宽阔的大马路,导致北京旧城传统风貌衰变,而走向新兴现代城市的面貌。

为解决住宅长期紧张的问题,1974年允许驻地单位在自有用地范围内自建住宅,1982年城市总体规划提出了旧城改进的重点地区,1986年划定改建范围,推行成片改造,1990年全面推进危旧房改造,这段时期旧城建设的方针从"改建"向"改造与保护并重",从"插建"向"成片改造"转变。同时土地置换政策使城市功能调整成为可能。1990年到2001年年底,开工改造危旧房小区220片,拆除危旧房屋682.9万 m²,动迁居民27.8万户。高层、高容积率的住宅建筑增加了居住人口密度,王府井、西单改造成现代化商业街,金融街、CBD、中关村等商务办公崛起,进而提出大规模道路拓宽和基础设施建设的要求,旧城的用地结构和城市面貌大大改变(张杰,2002)。

4. 整体创造和文化复兴阶段

进入21世纪以来,在中央阻止"大拆大建"思想的指导下,开启了旧城渐进式更新的发展模式。一个核心议题是如何实现历史文化资源的存续、利用、开发和创造,使之融入现代城市生活。在南池子、什刹海、南锣鼓巷等地区探索了多种小规模、微循环、多样化和渐进式的改造方式,有效促进了旧城的有机更新和文化复兴。

利用2008年奥运会的契机,北京建立了胡同和老旧小区维护的机制,包括水、电、燃气、厕所等基础设施的改造,外墙增加保温层,楼房平屋顶改造为坡屋顶,改善小区绿化,粉饰外墙,规范空调位置等,既改进了老旧建筑的现代功能,又美化了街区景观。这一机制通过立法延续下来,有效保障了城市更新机制的常态运行。

在积极保护、有机更新和整体创造的思想指导下,北京旧城更新进一步与文化发展相融合,使得旧城成为历史文化传统与现代国际城市形象集中体现的重要地区,重新焕发出活力。根据北京市2010年公布的《关于大力推动首都功能核心区文化发展的意见》,将大力推动以旧城为中心的核心区文化发展,着力打造一批建筑风貌好、环境品质高、文化功能强的特色区域,包括以紫禁城为核心的皇城文化区,明清北京城的中轴线,中关村科技园区德胜园和雍和园两大高端文化创意产业园区,以孔庙、国子监为中心的国学文化展示区,以天桥为中心的演艺文化区,以前门、大栅栏、琉璃厂为中心的民俗文化展示区,以安徽会馆、湖广会馆为中心的会馆文化传承区,以商务印书馆、中华书局、三联书店为中心的出版文化区,以什刹海、南锣鼓巷为中心的四合院休闲文化区,以龙潭湖为中心的体育文化区等。

A.3.2 案例:菊儿胡同改造工程

菊儿胡同位于北京市二环路以内,南锣鼓巷文化保护区的最北端,东起交道口南大街,西止南锣鼓巷,全长约 500 米。从 1987 年起,吴良镛教授带领清华大学建筑学院的师生选择这里开始了新四合院危房改造的试验工程。到 1994 年末,在拆除出的 1.255 公顷用地上共建成了两期共 2 万余 m^2 面积、拥有 13 个新四合院院落建筑的建筑群。

一期工程于 1989 年 10 月动工,次年建成。工程占地 $2090m^2$,共拆除 7 个老院落,涉及原有住户 44 户,危旧平房 64 间,新建住宅共 46 套,建筑面积为 $2760m^2$。原有危房户的居住水平得到明显改善,各户有独用厨房、厕所和阳台,人均居住面积从原来的 $5.3m^2$ 扩大到 $12.4m^2$ (吴良镛,1991)。

二期工程于 1991 年动工,1994 年全部竣工。它基本上保持了一期的建筑风格,将若干院落组织起来,形成新四合院——里巷体系。

在第二期工程完工后,继续对整个街坊(8.2 公顷用地)进行了三轮规划并完成了三期工程的设计。

菊儿胡同新四合院住宅试点工程建成后,引起建筑界和社会上的广泛关注。它创造了若干个"第一":首批被拆除的原 41 号院居民成立了北京第一个组织危旧房改建的住宅合作社;第一期工程是北京第一批危改结合房改的试点;获国内外奖项最多,其中 1992 年世界人居奖和 1992 年亚洲建筑师协会优秀建筑金奖是我国建筑师在国际首次获得的此类奖励。世界人居奖对菊儿胡同四合院住宅工程做出以下评价:"……开创了在北京城中心城市更新的一种新途径,传统的四合院住宅格局得到保留并加以改进,避免了全部拆除旧城内历史性衰败住宅。同样重要的是,这个工程还探索了一种历史城市中住宅建设集资和规划的新途径。"

总的说来,这项试验性工程展示出以下几个方面的理论思考(吴良镛,1989):

1. 历史文化名城的整体保护与合院体系

对历史文化名城的保护不应仅着眼于个体的历史性建筑及其建筑群的保护,而且还应对其体形环境的有机秩序进行整体保护。作为城市细胞的住宅与居住区,它的肌理与质地对于构成文化名城的物质环境体系至关重要,不应随便破坏。

2. 探索"有机更新"的规律

规划建设时,新的建设应自觉顺应旧城肌理,避免全部推倒重来的做法,用插入法以新替旧,只有在特殊情况下,才采取"动手术"的做法。具体措施包括保留好的四合院,拆除和更新最破的住宅或院落,以及修缮和改造一般旧房。

3. 探讨"新四合院"体系的建筑类型

设计采用新四合院模式,较好地维持了原有的胡同—院落体系,并适应了旧城环境及其肌理。同时兼收了单元楼和四合院的优点,既实现了较高的容积率,又合理安排了每一户的室内空间,保障居民对现代生活的需要,还通过院落形成相对独立的邻里结构,提供居民交往的公共空间。

4. 基本保持原有社区结构

在旧区整治过程中,除了在可能条件下对部分居民进行外迁以外,尽可能做到原拆原建,使原有的社区结构大致不被破坏,而新的生活需求得以发展。

5. 投资方式的试验

更新项目在群众参与下,探索了住房合作社的道路,采取了"群众集资,国家扶持,民主管理,自我服务"的政策,以减轻国家与企业的负担,使居民对住房有更多的责任与义务并参与到房屋设计过程中,使得建筑在整体结构不变的前提下,内部平面设计有一定的多样性与灵活性,更好地符合使用者的实用与审美要求。

基于以上的创新和探索,菊儿胡同新四合院住宅工程较好地保持了原有的街区风貌并且提高了居民的居住环境,成功探索了在历史城市中进行居住区更新的新途径。令人遗憾的是,由于种种原因,菊儿胡同新四合院住宅工程并未得到普及和推广,而且据调查其中的原有居民也迁出了不少。吴良镛在《北京旧城与菊儿胡同》一书中表示:"从国内到国际,菊儿胡同项目获得了众多奖项,这表明了它所具有的创造性,开拓性和真实的价值。但作为'试验',它在一些人眼里不够好,比如容积率不够高,经济效益也不够好,没能说服有关方面采用'试验'成果,所以说又是失败的。"

A.3.3 案例:牛街社会空间更新

牛街位于北京市西城区(原宣武区)二环西南角附近,北起广安门内大街,南至枣林前街—南横西街。该街区占地面积 $1.44km^2$,现有常住人口近 6 万人。

早在公元 996 年(辽圣宗统合十四年),在今天牛街的附近就建起了一座清真礼拜寺(清朝时期该寺曾为全国四大清真官寺之一)。元代以后,大量回族同胞进入北京城并陆续在牛街及附近安家落户、繁衍生息,保持着自己独特的民族风情和邻里关系。

从解放后至今,牛街经历了数次改造才形成今天的格局。在1958年的北京市城市总体规划中,牛街被规划为城市次干道,在规划实施中铺设了沥青道路并配备了排水管线。20 世纪 80 年代以后,牛街地区人口不断增加,密度急剧上升,居住条件不断恶化,住房改造刻不容缓。1988—1993 年,牛街地区进行了逐步改造,共计完成了三万余平方米的建设,解决了数百户居民的安居问题。1997—2004 年期间,牛街地区完成了大规模的住房及道路改造工程(图 A-2 和图 A-3),建成了 40m 宽、670m 长、市政管线齐全的道路以及 40 多座高层住宅楼,极大地改善了附近居民的居住条件。

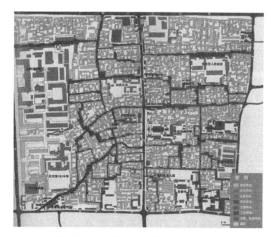
图 A-2 牛街改造前用地性质图

图 A-3 牛街改造后用地性质图

资料来源：杨贺.2004.都市中的亚社会研究——以北京牛街回族聚居区更新改造为例[D].北京：清华大学硕士论文：47-48.

牛街地区的改造呈现出以下几方面的特点。

（1）保留了牛街清真礼拜寺及在牛街地区的中心地位。以牛街清真寺为中心，向四周放射性地兴建逐步增高的建筑，北端邻广安门内大街的规划高度为 60~65m，东侧与西侧邻牛街的大型公共建设则在 50~55m，南边则为 50m。

（2）建设有民族特色的商业一条街。利用在街道东西两侧建成具有商业用途的 2~6 层楼房，形成有民族特色的商业一条街。牛街民族特色街新建了一批具有穆斯林建筑风格的商业设施，汇集了多个具有穆斯林特色的商店。

（3）住宅单体设计。新建成的牛街民族团结小区的住宅楼房外型设计采用了伊斯兰教风格的样式，这从大楼的窗框设计与楼房顶部皆为带有阿拉伯风格的穹顶形状可见一斑，突显了回族社区的民族特色。

改造后的牛街也存在一些突出问题，例如原有的街巷格局荡然无存。"新牛街"主干道路宽达 40m，支路"输入胡同"的宽度也有 30 多米，然而为了建成这些宽阔畅通的道路，"老牛街"不得不付出原有街道两侧众多文物古迹损毁消逝的代价，导致该地区原有的众多胡同街道在轰轰烈烈的"旧城改造"过程中荡然无存。古老的建筑、街道及其蕴含的文化气息和邻里街坊消失殆尽，使得牛街礼拜寺成了周边高楼林立的闹市中的一座"孤岛"，原有社区结构急剧变化。2000 年前后，"老牛街"原有平房基本被全部拆除，在拆迁改造腾出的空地上建成了多座塔楼和其他各类高层建筑，其中一部分建筑被用作"回迁楼"，其余被作为"商品房"出售。这些做法导致该街区人口密度大幅增加，随着新居民的迁入，牛街的民族结构也发生了相应的变化，邻里间的民族情感被逐渐淡化，民族文化得不到有效继承和发展，民俗传统也难以为继，改造前的传统的"民族共同体"被现代化的"社区社会"所取代。

牛街地区是一个国内比较典型的城市少数民族聚居区，它的改造更新过程给类似领域留下了很多值得思考的问题。20 世纪 90 年代以来，随着各城市大规模的拆迁改造工程如火如荼地展开，回族群体和其他民族群体一样，从平房搬入楼房。生活在周围的不再是单一的回族穆斯林,而是形成了各民族杂居的居住格局。以清真寺为中心绕寺而居的回族社区居住格局呈现逐渐解体的态势。

传统上"围寺而居、依坊而守、倚坊而商"的生活方式对整个回族社区可以起到族群整合和柔性控制的作用,社区居民往来频繁,可以相互传播、监督伊斯兰伦理道德观念,并依靠由此产生的强大的舆论影响来维护整个社区的宗教意识和行为习惯。但随着市场经济观念的传入与扩大和深化,回族等穆斯林群体之间由以往的亲情关系、熟人关系和民族宗教认同逐步向业缘关系、法理关系和利益契约关系转化,维系传统回族教坊社区的精神价值也发生了变化(张建芳,2007)。新建、改造的回族社区分属于不同的居委会管辖,回族群众离开了原来的教坊,由"绕寺而居"向"近寺而居"进而"远寺而居"过渡,这一切都在不同程度上改变了原有的社会组织结构和管理体制,导致传统的回族社区随着城市现代化的进程而逐渐消失,长此以往的结果将是回族成员之间原有的联系纽带不复存在,社区精神也完全丧失。

A.4 传统单位制社会空间

单位是工作单位的简称,是我国计划经济体制下的重要经济单元以及组织和制度基础,包括给城市居民提供各种就业机会的企事业单位及有关政府和公共机关。

A.4.1 单位大院的社会空间效应

从单位制度建立到改革开放的很长时间里,单位不仅是城市社会控制和社会整合的组织形式,而且也是城市社会空间的基本单元,深刻地影响了城市居民的生产和生活方式。

一方面,单位大院内部呈现出封闭、静态和同质的社会空间特质。单位大院最显著的建筑特征是那些围绕着它的高墙。通过"围墙"实现了内部空间的围合性、封闭性和完整性,并在围墙围合的"大院"内独立组织居住设施、生活设施及各项福利设施,由此清楚地表达出单位在城市中的独立地位,同时也为单位内部人员及其家属营造了强烈的地域感。在高度控制的社会和经济背景下,受城市户籍管理和人事管理制度的限制,单位大院内的居民构成相当稳定。这些居民共同工作和生活,拥有相似的单位身份、社会背景和关系网络,更在以单位为中心的社会空间作用下,形成了高度同质的生活方式和行为特征,进而催生出单位人特有的封闭化的单位归属意识。

另一方面,与之形成鲜明对比的是大院之外萎缩、边缘化的城市社会空间。直到20世纪80年代末以前在单位制盛行的同时,以街道办事处为基础的基层政权的权威性资源急剧减少,动员能力和监管权力也日益萎缩。单位大院如同城市中一个个"制度性孤岛",大院空间内外形成了显著的身份差异。公有制、户籍制度和社会保障等一系列制度性因素划定了单位体制内外的界线,封闭的大院空间和森严的管理制度则进一步强化了这种城市社会空间的隔离。在具有"小福利国家"性质的单位内部,生活设施高度丰富与自足,一个大院就是一个城市的缩影,有的规模超大的大院基本上可以等同于一个小型城市,这些与单位外社会生活服务行业的极度萎缩形成了鲜明的对照。传统富有活力的城市街道空间也被高高的院墙分割和封堵得支离破碎。

在单位制度解体的过程中,不仅作为物质载体的大院形态发生了变化,而且原有的社会空间也逐步打破了静态、封闭的格局,走向开放、混合的城市社区,并且出现了明显的杂化过程。随着原有单位成员的迁出和房屋权属的改变,单位出资维修和改善社区软硬环境的激励机制减弱,房屋质量恶化加速,对原单位居民的吸引力进一步降低,最终导致社区杂化程度进一步增加(柴彦威,等,2007)。

A.4.2 北京单位大院的历史变迁

建国之初,北京利用旧有的王公贵族的府邸大院作为国家党政机关办公和居住的场所,另外,许多军队营区被安排在北京西郊,围合成一个个封闭的营房,形成最早的单位大院形态。

1953 年开始的第一个五年计划确立了计划经济体制,单位大院也开始大规模形成。北京拥有众多的国家党政机关、科研院所、大专院校以及军事单位等,它们成为形成单位大院的主力军。在当时的土地划拨制度背景下,各个单位根据其规模、行政级别等因素得到一块城市土地,然后用围墙一围,形成一个个单位大院,在内部自行规划和建设办公与居住建筑,这也在一定程度上导致了城市建设各自为政的混乱局面。有的单位大院比较重视院内规划设计,使院内空间不断得到完善,环境优美;也有些大院的建设缺乏连续统一的规划设计,建筑乱插乱建、空间混乱,逐渐变成了大杂院,这种情况在"文革"期间尤为严重。

由于"文革"期间建设的停滞和私有房产交公,当全面恢复经济建设时,住房紧张的问题便暴露出来,在"单位自建宿舍"的倡导下,大院内纷纷建设了一大批住宅。20 世纪 80 年代中期,北京市各个单位每年申请的建房面积为 4000 万~5000 万 m²,相当于一年盖两个半的北京旧城(张在元,1988)。建设高涨的过程也带来了一些负面影响:①单位对土地资源的争夺,导致城市快速蔓延,土地资源利用率低下,浪费现象严重。②建筑的增加使得大院的空地减少,空间环境逐渐恶化。③为迅速解决住房问题,国家限制住房标准不得过高,因此当时建设了一批低标准住宅,至今多数已成危房或不能满足使用要求。

从单位大院对北京城市社会空间的影响来看,一方面,单位大院的各自为政割裂了城市社会空间,不利于形成统一完整的城市面貌和城市环境;另一方面,单位大院既和传统北京城市的院落体系有一定的延承关系,又体现出集体主义精神下的特殊的大院文化及其空间特质,同时也是新北京城市空间秩序的重要组成部分。

A.4.3 案例:中国人民大学单位大院

中国人民大学是新中国创办的第一所新型正规大学,即为典型的单位大院。1950 年 9

月,政务院(今国务院)同意中国人民大学在北京西郊选址建设校舍,并分三次批准学校征购 300 亩[①]、300 亩和 400 亩土地,总计征购土地面积 1000 亩。在此基础上形成了中国人民大学大院今天的基本用地格局。

中国人民大学西郊校区大院位于三环西北角,西邻万泉河路-苏州街、东依中关村大街和地铁四号线、北邻中关村并有地铁十号线穿过,南部与北京理工大学隔三环相望,周边地理位置优越,交通条件便利。中国人民大学大院建设的历史大致可以分为三个阶段(曹辉林,2009)。

第一阶段:初创阶段(1950—1973 年)。校址选定后,校园建筑设计总原则是坚固、经济、庄严、朴素和设施完善,建筑风格上将苏联莫斯科大学与中国传统建筑风格相结合;为利于发展,学校实行教学区与住宅服务区分开,利用学校的特有资源建设独特的校园自然环境与人文环境。

第二阶段:恢复和发展阶段(1978—2000 年)。中国人民大学在"文革"期间停办时,中国人民解放军第二炮兵机关进驻学校。复校后,在物质条件极端困难的条件下,学校整修场地,翻修粉刷房屋,搭建简易棚房,开始了恢复和发展。在 20 世纪 90 年代,学校修订校园建设总体规划,拆除了东门各种商业店铺,采取措施整治校门前秩序,彻底改变了校园空间杂乱的问题,净化了校园环境。

第三阶段:新世纪迅速发展阶段(2000 年以后)。2000 年以来,学校校园建设迅速发展。这一时期,学校对校园进行了中长期规划,在校本部建设的基础上合理划分功能分区,先后建成了一批教师公寓、体育用房、学生公寓、学院楼群、行政办公以及一些开发用房,同时对道路、地下管线等基础设施也进行了大规模的改造和建设。经过几年的改造和建设,中国人民大学校园规划和建设取得了令人瞩目的成就。在没有建设新校区的情况下,校园用于教学科研的用地面积大幅度增长,校园面貌焕然一新。从 2001 年到 2010 年,学校竣工工程面积近 49 万 m^2,超过了学校过去 50 年的校园建筑面积的总和,大大缓解了学校教学科研用房短缺的状况,使学校的办学条件得到根本的改善和提升。另外,学校对校内主要道路及其相关范围内的给水、污水、雨水、中水、电力、弱电、燃气、热力和照明等设施进行了改造与扩建,使校园基础设施条件大为改善。

中国人民大学校西郊校区大院有着长达半个多世纪的悠久历史。建校初期,中国人民大学大院内部功能较为单一,仅有教学和居住类的建筑,经过 60 多年的发展和建设,大院内部各类设施逐渐丰富完善,形成了较为合理的教学科研、行政办公、居住生活和体育运动分区。2010 年中国人民大学西郊校区大院占地 604 003m^2(约 907 亩),校园容积率 1.06[②]。根据目前中国人民大学大院内各类建筑的用途,可将整个大院划分为四大类功能区(图 A-4)。

(1) 教学科研区。包括各类教学科研用地和设施,例如公共教学楼(一、二、三)、理工楼、图书馆(西馆、东馆、新馆)、信息楼等。

(2) 行政办公区(含部分教学科研用地)。包括各类办公楼(部分建筑含若干教室),例

[①] 1 亩 = 10 000/15m^2 = 666.6m^2
[②] 数据来源:根据《中国人民大学年鉴 2011》计算。

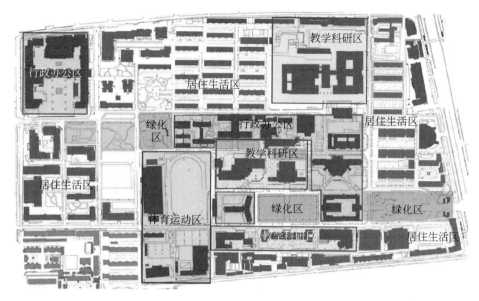

图 A-4 中国人民大学大院主要功能分区示意图

资料来源：杨贺.2004.都市中的亚社会研究——以北京牛街回族聚居区更新改造为例[D].北京：清华大学硕士论文：47-48.

如求是楼、科研楼、人文楼、徐艺办公楼、校友之家、学生活动中心和明德楼等。

（3）居住生活区。包括为在校师生提供住宿、饮食、娱乐和卫生等方面服务的设施，例如学生宿舍区（品园、东风、知行、红楼和留学生公寓）、教工家属区（宜园、林园和静园）、东南西北中食堂、咖啡厅、超市、邮局和校医院等。

（4）体育运动区。包括为在校师生提供体育教学或运动锻炼的设施，例如世纪馆、大小操场、网球场、篮球场、排球场和游泳馆等。

与北京众多综合性高等院校相比，中国人民大学大院的用地面积十分紧张，大院总面积只有907亩，而清华大学占地面积4900亩，北京大学占地2500亩。在这样狭小局促的校园空间建设中，既要满足师生的教学生活需求，又要满足校园的主体功能布局，因此，校园用地功能布局相对杂糅，主要表现为各个功能区相互包围，杂乱无章。校园的管理中枢明德楼位于校园西北角，有近十多个学院以及校办等行政机构在该楼教学或办公；校园的空间中心在位于大院中心由东西图书馆、人文楼和教二草坪组成的区域中，这个区域与南部的公共教学一、二、三楼共同组成中国人民大学的核心教学区。在核心教学区之外，依次由行政办公、体育运动等功能区向行政办公区过渡。几大功能区相互杂糅，彼此分割，使得部分师生在通勤上花费的时间较多，通勤成本较高。

从整体上看，整个大院带状、块状地块交错复杂，东西两门间没有直达交通。整个区域内缺乏统一轴线，校园内部存在不少小路和断路，影响校园的整体环境和道路系统的通行效率。此外，大院中的公共活动场所较少，尤其是体育运动区分散布局于校园南区，距离北部的教学、生活区较远，服务范围过窄。综上所述，中国人民大学西郊大院在今后相当长时间内的发展建设中仍会面临一系列的布局调整、用地置换和功能整合的工作,实现"人民满意,世界一流"高校的建设目标任重而道远。

A.4.4 案例:住建部单位大院

住建部大院地处北京市海淀区三里河路,位于西北二环和三环中间。东侧为百万庄小区;南侧由东向西一侧邻中国建筑文化中心、中国建材大厦、中国纺织工业设计院和甘家口住区;西侧毗邻四道口社区和北京市海淀区艺术职业学校;北侧用地由东至西依次为新大都饭店、新疆驻京办事处、中国城市规划设计研究院、北京中国建标图书、北京液化气和国兴家园住区。住建部大院自20世纪50年代建成以来,办公、居住和生活等设施逐渐完善,在街区中形成了较为固定的边界范围。

大院主体部分占地面积约17hm², 建筑密度30%, 容积率在1.5左右(王乐, 2010)。该大院内部集中了办公、生活和居住等多种功能,设施较为完善。大院环境幽雅,绿化覆盖率比较高(约40%)。院内建筑形态和质量良莠不齐, 既有高大挺立的新高层住宅, 又有低矮破旧的老式楼房。

住建部大院的大致功能分区如图 A-5 所示。内部的功能布局比较清晰,基本上由东北向西南是从办公功能到生活配套再到住宅区。东侧沿三里河路一侧为建设部的核心办公区,主要作为国家机关的行政管理职能的办公;北侧沿车公庄西路沿街一带是对外服务性较强的办公设施和宾馆,也有住宅和一些小型商业设施,例如烟酒商行、汽车修理、婚纱摄影、服装行等;大院内部(不含沿街地带)的中心地带为生活性设施,如食堂、小商店、理发店等,其余用地基本是住宅用地,同时配有少量的生活配套设施,如健身所、幼儿园等。

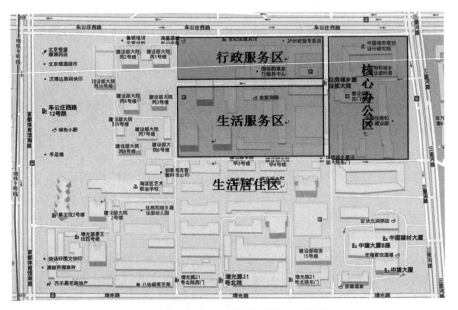

图 A-5　住建部大院功能分区及边界示意图

1994年,北京市政府曾下令沿街的建筑一律取消围墙。所以,住建部大院现沿街的一侧基本上采用"建筑+大门"来围合,只是在西部和南部边界处,由于不直接邻城市道路,所以采用了与社区和公共建筑等相接壤的方式。

住建部大院从20世纪50年代设立起至今已走过了60多个年头,大院内由于人口规模的不断增加以及居民生活设施的改善,其建筑密度也不断加大,导致大院内部的空间环境变得越来越拥挤。进入2000年前后,为了改善大院的居住环境并提升职工住房的保障水平,大院内相继建造了多座高层塔楼。这些楼房的间距比较近,多为行列式和围合式排列。目前大院内高层建筑占到近40%,建筑物新旧不一、风格迥异、高低混乱,不但破坏了大院原有的亲切的社区氛围,也严重影响了院内的空间秩序。

住建部单位大院空间从建国之初开始形成,随着国家计划经济下单位体制的健全而不断发展、完善,甚至直至今天还发挥着重要的作用。但是随着计划经济逐渐被市场经济取代,单位体制也逐渐退出历史舞台,人们的居住和生活不再与单位大院发生必然的联系。人员的异质化使得生活在一个单位大院的人也不一定是一个单位的同事,大院内的公共设施也不再为大院内的人们所独享,而是逐渐成为附近街区居民的共同公共服务资源。单位大院存在的土壤在消失,随之而来的是原有单位大院的边界不断模糊、开放性不断扩张、异质性不断增强等诸多变化。随着这些变化的不断推进,单位大院空间将更多地融合到城市空间中来,逐渐成为城市街道和社区的有机组成部分。

A.5 城市贫困空间

A.5.1 城市贫困空间的形成

不同于世界上多数国家贫民窟、棚户区大面积连绵出现的特征,我国城市贫困空间因为新中国建国初期特殊的制度安排,呈现出整体"大分散、小集中"的特征。新中国成立后,国家选择了集中力量发展重工业的战略,城市居民数量得到严格控制、生活资料定量供给、住房作为福利由单位统一提供,因此在改革开放以前,中国的城市居民生活差距很小,处于普遍贫困状态,并且后来潜在的贫困人口呈现空间上的相对均衡分布。改革开放后,特别是20世纪90年代以来,随着市场经济制度的确立、经济结构的转型和体制的转轨,再加上社会保障制度的不健全,下岗企业职工、城市非正式就业人员和部分外来农民工成为城市贫困人群的主体。伴随住房商品化和私有化,富裕阶层从旧有住区搬出,低收入人群在旧社区滞留、集聚,在城市的老城区衰退区、旧工业区配套居住区和随着城市扩张而成为城中村的城市周边农村形成了城市贫困空间(刘玉亭,等,2002)。

城市贫困空间的共同特征有:缺乏基本的市政基础设施,社区内生活条件较差;人口密度高、过度拥挤,违章建筑普遍;因为年龄、能力或制度等原因,居住者收入通常较低;人口流动性高、构成复杂。

A.5.2 城市贫困空间的社会效应

城市贫困空间是城市经济在社会发展过程中产生的问题,反过来会影响城市经济的持续发展和社会的和谐稳定。从经济层面来看,城市贫困空间中的居民大都处在贫困线上,卫生、教育等服务条件很差,尤其会影响到年轻一代的成长与发展,人的能力得不到开发和利用,造成国家人力资源的浪费;由于收入水平较低,贫困空间居民的消费需求相对不足,长期来看不利于国家启动内需的大战略。从社会层面来看,贫困空间中各种市政设施、公共服务设施不配套,居民居住生活条件相比新社区落后太多,有悖于社会公平价值理念;在城市贫困空间中,人员流动性较大、构成复杂,社会管理困难,各种治安、犯罪事件频发,内部社会秩序混乱;这些社区通常集中了处于社会底层的人群,凸显了我国经济发展过程中的两极分化和社会不公,容易成为与其他社会阶层发生激烈摩擦的区域,造成整个社会的不稳定;此外,贫困人口的集聚还容易为消极文化的产生制造土壤,不利于整个社会精神文明程度的提高。从环境层面来看,城市贫困空间因为通常缺乏有意识的规划引导,再加上住区内各种违章建筑丛生,从城市景观角度来讲也影响城市形象。

应当看到,尽管城市贫困空间的存在会造成许多经济和社会问题,但它对于降低农民工融入城市生活的成本也很有帮助。城中村及老旧城区低廉的房租、物价,使得农民工能够以相对较低的代价接受城市文明的影响,实现农民向市民的真正转化,这对于推进城市化的国家宏观政策具有一定的积极意义。

A.5.3 案例:烟袋斜街的再生

烟袋斜街片区位于鼓楼西大街南、什刹海前海北侧,其中烟袋斜街东起地安门大街、西至小石碑胡同与鸦儿胡同相连、北靠大石碑胡同、南至前海北端,全长不过250m,但历史悠久,是2002年公布的《北京历史文化名城保护规划》划定的25个历史文化保护区之一的什刹海历史文化保护区的重点地段。图A-6为烟袋斜街位置与改造工程一期图示。

烟袋斜街形成于元代,刘秉忠修建大都、郭守敬开通惠河,使积水潭成为北京古水港,鼓楼地区成为北京重要的商业中心("东单西四鼓楼前"是当时的三个商业中心),传说人们为方便抄近路而在这里走出了斜街。明清时期,斜街延续了高档、繁荣的商业地位,商贾富户、王公府第云集于此,各种商铺鳞次栉比。"烟袋斜街"得名于"嘉庆""道光"年间,一说是因为斜街形状似烟袋,另说是清代旗人喜吸烟,斜街上出现了多个售卖烟叶、烟具的店铺,斜街因此得名,光绪年间"烟袋斜街"开始叫开。辛亥革命后,清权贵失势,手无缚鸡之力的旗人子弟转靠在此变卖家产、贱卖古玩度日,一时被称为"小琉璃厂",烟袋斜街开始平民化。新中国成立后由于住房紧缺,大量人口涌入斜街住区,四合院变成了拥挤的大杂院,尤其是1956年公私合营后,斜街上商铺大量减少,许多商店也变成了民居,烟袋斜街开始沉寂。改革开放后,原有住户部分外迁,但同时大量外来流动人口进入租住,私搭乱建现象越加严重,居住质量进一步恶化,最严重时,整条街只剩一条自行车道。

直到2000年政府整治前,尽管整体风貌尚好,但建筑质量普遍较差、产权多元;有能力

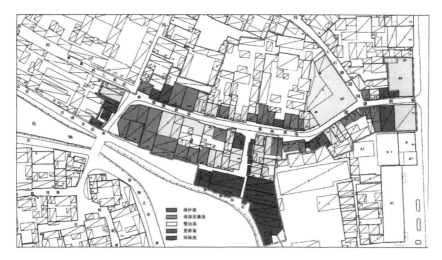

图 A-6 烟袋斜街位置与改造工程一期图示

资料来源：边兰春.2007.什刹海·烟袋斜街[J].北京规划建设(5)：131-135.

的原住民离开斜街,低收入或无业者继续生活于此,房屋对外出租,人口严重超载、老龄化严重;经济发展整体较差,2001年调查显示,当时34家店铺,除了烤肉季和鑫源澡堂两家国营大户和两家网吧经营尚好外,14家经营惨淡,另有3家直接没有开张,其中发廊十余家,主要顾客是流动人口和附近居民。这时的烟袋斜街市政基础设施缺乏、低收入人口密集、违章建筑问题严重、经济不发展,属于典型的老城区衰落形成的贫困空间。

2000年开始,西城区政府对烟袋斜街开始整治,首先依法拆迁违章建筑。2001年先后两次对街内进行了青石板路面铺筑与门墙装饰。2007年以来,以奥运展现中国元素为契机,加大对传统建筑的保护与抢救力度,整修著名历史建筑广福观,腾退住户、修旧如旧,恢复了广福观原貌并对外开放。烟袋斜街更新的举措如下(边兰春,等,2005)。

(1) 市政基础设施先行。西城区政府拨款,什刹海风景区管理处负责实施,将市政基础工程(包括重铺路面、铺装天然气、自来水及污水管线)导入街区。

(2) 逐步引导旧有房屋修缮和经济发展。首先拆除违章建筑,而后帮助修缮房屋,并不要求建筑整齐划一;烟袋斜街改造之后,交通条件大大改善,传统风貌恢复,良好的建筑环境和传统氛围吸引了休闲商业投资,斜街经济逐渐复苏。

(3) 有步骤进行居民迁移,降低人口密度。规定标准租房客和部分公房住户外迁;私房院落保留,私房住户留住,部分公房住户留住。特别是当经济发展起来后,居民自发出现人口置换,不少居民也开始经营休闲商业。

(4) 政府适度干预。在斜街再生过程中,政府没有大包大揽,而是选择只做一小部分,有限适度的干预激发了活力,吸引了更多投资,居民也自主参与改造和修缮工作。

烟袋斜街再生工程通过较小的经济和社会成本,大大改善了其社会结构,提高了社区的质量,目前斜街周边胡同再生工程也已经启动。改造后的烟袋斜街,人口自动发生置换,流动人口流出、商户进入,人口密度大大降低。2009年,烟袋斜街被国际人类学民族学联合会第十六届世界大会中国民居建筑文化专题展组委会评为"中国建筑文化经典示范工程"。2010年11月10日,烟袋斜街被文化部、国家文物局授予"中国历史文化名街"。当下的烟袋斜街,青砖灰瓦的老北京传统建筑林立,传统特色商铺与现代时尚元素相交融,熙熙攘攘的中外游客流连于此,在体味北京厚重历史文化的同时也感受着北京的包容与活力。

A.6 城中村

A.6.1 北京的城中村

2002年5月,北京市城市环境综合整治办公室组织力量对北京的所有城中村进行了普查。普查的结果是,仅北京城八区就有332个城中村,总占地面积17km²,涉及人口数100多万人(佚名,2006)。《北京市"十二五"时期城乡市容环境建设规划》指出,2006—2010年这五年间,对171个城中村进行了综合整治,北京计划于2015年前基本消灭城中村。根据推算,截至2011年北京还有100余个城中村(饶沛,2011)。城中村问题已成为困扰北京城市化进程的"痼疾",是北京城市规划、建设和管理缺乏统筹协调的必然结果。城中村在从乡村向城市转变的过程中,因土地、户籍、人口等多方面均属城乡二元管理体制,没有被完全纳入城市统一规划、建设和管理中,其发展有很大的自发性和盲目性,在生产方式、生活方式和景观建设等各方面仍保留着浓厚的农民特征,无论是接纳"搬迁村民"的临时居住地,还是成为"漂泊"一族的首选之地,都将承受基础设施捉襟见肘、违章建筑再掀高潮、社会管理更加困难等巨大压力,从而影响城市基础设施布局乃至城市整体规划的实施。

A.6.2 案例:大红门浙江村改造

20世纪90年代以来,随着工业化和城市化进程的加速,流动人口聚居区成为大城市边缘普遍存在的一种社会空间结构现象。位于北京市丰台区南苑乡大红门地区城乡结合部的浙江村就是一个典型的同质型流动人口聚居区,兴起于20世纪80年代初,是浙江人在北京务工经商人员的主要聚居地,又主要以温州人为主(约占80%),鼎盛时期外来人口可达7万人。浙江人挥师北上,扎根北京,在北京南苑覆盖了以服装、鞋革、电子、电器、五金等诸多行业为龙头的庞大产业群,并形成了产、供、销为一体的完整产业链条,并以此为基础迅速崛起了以浙江温州人生活、工作、以商为主的闻名京城的"浙江村",《今日浙江村——温州人在北京》一书对"浙江村"的创业史有生动的阐述(冰彦,2005)。图A-7展示了"浙江村"的大致范围。

北京"浙江村"的形成与发展共经历了四个阶段(千庆兰,2003)。①萌芽阶段(20世纪80年代初至1985年)。此阶段有温州农民到北京南城大红门一带租房进行低档服装加工,并到市区摆摊叫卖。当时剩余劳动力流动受到限制,人数还不多,到1985年约有1000人散居。②形成阶段(1986—1988年)。随着附近大红门、木樨园等地市场的兴起,大批同乡、亲

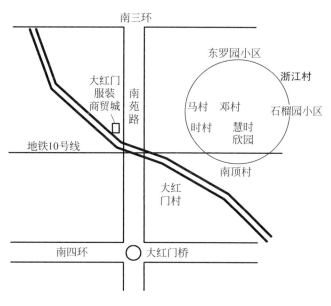

图 A-7 "浙江村"的大致范围

戚、朋友等从全国涌入北京,有很多是在青海、内蒙、河北和山西等地做服装生意,大量浙江人集聚南城,租住村民的房间住人或做仓库,"浙江村"初具规模。当地农民因出租房屋获得了不菲的收入,纷纷在菜地里盖房屋用于出租。本来从事农业生产的农民也由此融入了现代城市经济,而成为经济意义上的市民。③1989—1992 年准社区功能完善,"浙江村"聚合的社会网络扩大,出现了浙江人自己开办的菜市场、饭馆、理发店、幼儿园和流动学校等生活服务设施。④1992 年邓小平南巡讲话发表之后,丰台区和温州市工商局联合投资建设"京温服装批发中心",一大批市场大院兴起,"浙江村"因此快速扩张。1994 年 10 月的统计显示,该地有外地常住及流动人口 11 万人,而当地农民仅有 1.4 万余人。根据南苑乡政府 1995 年的一份调研报告,聚居在"浙江村"的外地人由以下几部分组成:一种是有一定经济实力,在北京做服装生意或者其他轻工业生意的经营者;一种是从事各种职业的农民工;还有一种是没有职业的游民。当地居民和农民为了增加收入竞相出租房屋,据调查,仅五个村(时村、果园村等)5608 农民户就出租房屋 1.1 万多间。

项飚以"浙江村"为案例从社会学的角度解读了聚居区"为开放而聚合,通过聚合实现开放"的演变机制(项飚,1998)。开始是劳动力原则,北京的业务做不过来,于是写信回家动员亲属或合适的女子,这些来京的女孩子习得手艺后便独立出来,再自己从家乡带劳动力来京,这种流动链就是隐形的劳动力市场。后来逐渐兴起"民间劳务介绍所",通过"带班人"在湖南、江西、湖北等劳务输出地办裁缝班形成对接。在贸易网络方面,既在大型市场如西单、雅宝路等设窗口吸引外贸,也大搞路边贸易,在村内收集衣服租车送往满洲里和绥芬河托边境地区。在原料方面,浙江村与绍兴柯镇(中国轻纺城)联系紧密。由此看来,迁移和聚居突破了一般的社会边界,浙江村不出门便可做天下生意,不仅嵌入了北京丰台南苑乡本地已有的社会内容,更构造了一整套新的体系,浙江村真正的生活体系是一个全国性的"流动经营网络"。

在浙江村内部,一致和冲突并存。一方面,浙江村人不出社区即可满足全部的生活需求。浙江村人似乎永远在强调"集中",这为大户们盖"大院"提供了客观基础。在经营上也是相互整合成为一体,大户赚钱靠小户,加工户依靠营销户,谁也离不开谁。1992年当地工商部门建起了第一个正规批发市场——木樨园轻工批发市场,提高管理费后商户们开展了集体"罢市",1994年和1997年浙江村人多次以法律形式与管理部门"对话"。另一方面,浙江村里的经济纠纷衍生出专门的"讲案"制度和帮派势力,这让浙江村烙下了"治安、市场混乱"的不良形象。社区没有为大家提供统一的行为表格,往往是在具体的场景下互动达成结果,而这些场景往往超越了社区边界。

事实上,流动人口聚居区的形成和发展深受城市管理政策的影响和制约,特别是在拆除违章建筑以前,脏、乱、差是浙江村地区居民诟病的一大问题。去浙江村买东西的外地人居多,到了晚上人们离开后,市场里留下来的则是一堆堆发臭的垃圾。1986年、1989年和1990年当地政府组织了专门力量进行大规模清理,流动人口与管理部门之间展开拉锯战,在政策紧张时全面撤离,一旦治理稍有宽松,他们又成群结队迅速返回。1995年北京市又一次对该地区进行空前规模的清理整顿,大院被全部拆除,大部分外来人口被梳理离京,1996年3月陆续返回重建大院。1997年,乡政府首次对当时时村下辖的邓村进行了一期改造,拆除违章建筑十多万平方米;2000年进行时村二期改造,两年后完成了旧村改造一期和二期30万平方米工程的改造项目,建成慧时家园小区。2006年北京浙江村的发源地之一丰台时村(二队)的4万平方米违章建设被拆除,至此,京城自从20世纪80年代末形成的浙江村,因其建筑的违章而拆除殆尽。这片地区建成了果园小区、东罗园小区和时村小区、石榴庄小区、大红门小区等四个住宅小区,符合条件的外地人可以登记租用。

2003年9月,在首届北京大红门国际服装节上,丰台区政府提出了建设北京 CBC (clothing business center)的规划[1],意味着大红门这一浙江村聚居地将迎来正规化的发展机遇。CBC 是以服装商贸为核心,由服装原辅料交易、成衣生产、服装贸易、服装设计、服装会展和服装物流等相关产业形成的产业集群。规划中的大红门服装商贸核心区即北京 CBC,北起北京南三环木樨园桥,南至南四环大红门桥,全长 2.2km,区域总面积 $6km^2$,商业设施总建筑面积 200 多万平方米。经过政府部门的规划投资,大红门地区逐渐走向高端产业,是承载着北京文化创意产业发展的集聚地之一。按照南苑乡党委书记陈重才的介绍,乡政府总的设想是,逐步把大红门路地段建设成以经营服装业为主、兼营其他各业的大型商贸中心,把浙江村所处地区建设成多功能的商住小区。

A.6.3 案例:蚁族聚居村小月河

小月河(双泉堡)地区,隶属于海淀区东升乡,位于北四环与北五环之间,海淀区与朝阳

---

[1] 生意宝.[2008-11-12].北京大红门浙江村蜕变成服装创意园[EB/OL]. http://china.toocle.com/cbna/item/2008-11-12/4102905.html.

区交界处的海淀区一侧。东到八达岭高速公路,西接小月河,南侧和北侧分别是清华东路与石板房南路。小月河是一条与八达岭高速公路平行、由北向南流淌的河流,其南端汇入元大都遗址公园。该地区周边道路交通条件优越,小月河东路南口紧邻公交车站二里庄站,经停 9 条公交线路(运通 109、307、425 、484 、630 、635 、836、16、26),公交体系发达,是理想的城中村聚居地。

小月河地区城中村的租户结构比较清晰,大致可分为三类:第一类是刚参加工作不久或暂时没有合适工作的低收入大学毕业生,这是租户的主体部分,学者廉思将这一群体称为"蚁族",小月河(双泉堡)地区是北京市仅次于唐家岭的第二大"蚁族"聚居区,生活其中的"蚁族"多达万人之众。第二类是来京务工经商的外地农民工。第三类是在该区域经营个体工商服务业的小业主,主要集中在区域东侧的五金街附近。这三类租户的大致分布如图 A-8 所示。

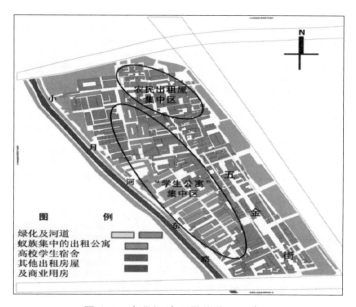

图 A-8　小月河地区居住分区示意图

在这三类租户中,第一类群体("蚁族")的分布及生活状况比较具有典型性,因此作为重点调查对象。"蚁族"主要租住在成规模、专业化的学生公寓中。这些所谓的学生公寓,在双泉堡地区有大大小小 13 所,每一所都由一个物业公司来管理和运营,拥有 30～100 个房间。房间内的布局类似于高校学生宿舍,一般是以上下铺、四人间到八人间为主,少部分的是两人间,有的配有室内卫生间,一般同一楼层共用卫生间和洗浴设施。与高校学生宿舍不同的是,这类学生公寓的管理很不正规,甚至男女寝室区都没有截然的分隔,有的一个楼道里既有男生寝室也有女生寝室,有的寝室甚至有男女混住的现象。

这些学生公寓的出租方式具有以下一些特点:①居住密度大。居住形式一般是上下铺,十几平方米的房间会住 4 人,二十平方米左右的房间会居住 6～8 人。②以按床位出租为主。为降低租金门槛,物业公司多以床位为单位,按月收取租金。四人间的单床位租金为 220~350 元/月,六人间为 180~260 元/月。③价位选择多样。价格依男女寝室、上下铺、有无室内卫生间、有无空调、采光等条件的不同而不同,选择多样,但普遍房屋破旧,设施老化。④租金均包含水电费,但不包括网费。上网包月费用为 80~100 元。

城中村出租房多为房东自建,建筑结构以砖混结构为主,少量为箱板活动房结构;有的是利用原有建筑改建,甚至每一间之间用木板隔开。双泉堡地区原有的自来水管网无法满足高人口密度的出租屋供水需求,高峰用水时段常常出现水压不足,甚至局部地区停水状况。污水一般直接排入小月河。小月河电线多随意架设,电线网络缺乏必要的规划,随意引电、偷电现象十分普遍。混乱的电线网如同蛛网一般在墙上随意架设,安全隐患很大;该地区没有天然气管网供给,餐厅、饭馆和出租屋内厨房均采用煤气罐。该地区没有市政管网采暖,冬季取暖方式以烧煤采暖、电采暖为主。学生公寓一般统一烧煤供暖;该地区有一些相对固定的垃圾堆放点,各个公寓和出租屋的垃圾均倒在这些地方,但疏于清理。普遍没有消防设施,区内道路多狭窄,一旦发生火灾,消防车将无法进入,存在极大的安全隐患。

该地区商业服务设施数量多、种类丰富,衣、食、住、行各种商业设施一应俱全,包括早餐店、饭馆、西饼屋、水吧、菜市场、小卖部、超市;发廊、洗衣店、服装店、电话厅、浴池、照相馆、电器维修、台球厅、网吧和医疗诊所等。可以说,这一地区已经形成了瓦片式的"自然经济"——需求区内解决程度较高,许多城中村居民说,他们可以"整日不出村",在该区域内可以满足全部的生活需求。

小月河城中村形成的机制大致如下:首先,由于北京市商品房价格及其带动的租房市场价格不断上涨,刚开始工作的高校毕业生以及进城务工收入微薄的农民工不得不寻找低租金住房以降低住房支出。其次,政府保障性住房的缺乏以及正规房屋出租市场的信息缺乏,使得违法建设的城中村出租房市场大量出现。这些出租房往往质量低下、居住环境恶劣,不具备合法的建设手续,但房租价格较低,且交通相对便利,因而满足了上述群体降低住房成本的需求。再加之没有专门的职能部门监督管理该区域中的房屋租赁行为,城中村聚居区开始形成。因此,小月河(双泉堡)地区生活基础设施总体质量偏低,安全隐患多,居住在这里的居民和租户,生活环境质量很低。此类城中村的居住问题是全部问题的核心所在,需要政府通过制定公共住房政策来解决其住房困难问题。

A.6.4 案例:魏公村"新疆街"变迁

关于大城市中少数民族聚居区的动向与前途,国际学术界有多种不同的理论解释与预测,其中以"同化模式"理论与"民族社会经济聚居区模式"理论影响较大。前者认为,移民在进入城市或经济发达的地区之后,将逐渐被当地主流文化所同化。后者则认为,大城市中的少数民族聚居区可以形成一个独特的文化与经济结构,通过组织起来在内部做生意或与外界进行交易促进聚居区经济的发展,并使聚居区一直保持下去。通过寻找聚居区的变迁痕迹,追寻社区"生计、空间和人事"的历史意义,有助于更清楚地认识民族聚居区的内部结构、生活方式、文化心理及其与城市居民的互动关系。

中央民族大学杨圣敏教授、中国社会科学园与人类研究所研究员周泓等对聚居于京师的新疆维吾尔族移民聚居区给予了许多的关注，杨圣敏教授率领学生调查了其中 11 家维吾尔族餐厅以了解移民的生活经历，周泓研究员对聚居区之一的魏公村进行了历史的考证。虽然在 2002 年以前北京曾有两个新疆村：其中一个位于白石桥路的魏公村，该村最多时有 18 家维吾尔族餐馆；另一个位于海淀区甘家口增光路，该村曾有 33 家维吾尔族餐馆。但是两者聚集机理有所不同，甘家口的新疆村虽然也有历史的依托，却更多地以北京 1985 年市场放开后依傍驻京办事处的商业活动为基础，魏公村的新疆村则并非随着改革开放才形成，而是"重现"，是重回先辈族人故址。魏公村兴起、衰微、融会和变迁的轮廓，揭示了过去的文化在当代社会中的延存与创造，赋予了社区移民的行为价值与意义。

魏公村在历史上便是"畏兀（畏吾）人"的聚集区，辽金元明清的"实京师"政策加上成吉思汗的西征，移聚了大量畏兀儿人，包括军兵、技匠、僚士和商旅，他们有着依傍水源聚族而居的传统。在空间功能形态上，魏公村社区经历了"族邸、陵园到庙宇、村落"的变迁：高粱河畔畏兀村是布鲁海牙等大家族的官邸，一般移民依傍高粱河与大家族世袭陵墓为空间基础形成在京定居点，大护国仁王寺、万寿寺、大慧（佛）寺等庙宇（图 A-9）成为畏兀人的事佛场域，增强了社区凝聚力，促进了古代社区的形成。但其间随着各朝城址的空间位移，而发生自身兴衰、迁移和历史社区的回归。"民国后，北平维吾尔社区消失，更与政治中心隔离，京城维吾尔穆斯林由香妃宝月楼回子营，南向散居于牛街清真寺一带……"（周泓，2009）（图 A-10），直到新中国成立初期仍然如此。据杨圣敏所做的调查，1949 年时，昔日维吾尔贵族聚居的魏公村只有 17 户汉族农户，已不见维吾尔族人的踪影。政府将原住红庙、白祥庵村等地的 100 余户居民迁至魏公村，为他们修建房屋、划分土地，以务农为生，成为公社社员。但随着政府在西郊各项建设的开展，在魏公村周围相继建起了北京外语学院、中央民族学院、北京工业学院和中国气象局等，加上村中人口的增长和房屋的增建，土地越来越少，到了 20 世纪 70 年代，村中居民已逐渐脱离了农业，转而成为工人和小商人等城镇居民。村周围只剩下少量的庄稼地和小块菜地。20 世纪 80 年代中期以后，村周围的农田菜地已经完全被新建的居民楼等建筑所取代。

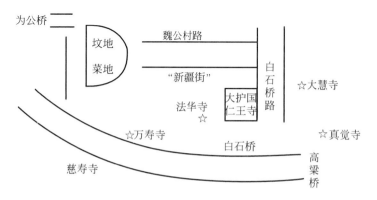

图 A-9　魏公村、"新疆街"示意图（明清及建国初期）

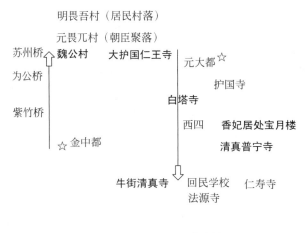

图 A-10　辽代至今京城畏吾人社群迁移图

在族群聚居的历史背景下,改革开放初期,政府允许农民进城开店设坊,大量外来人口(包括维吾尔族同胞)进入北京,原来从事贩卖纱布、布匹等商品的维吾尔族人转而在京经营具有本民族特色风味的烤羊肉串生意或批发新疆的葡萄、哈密瓜等。一部分维吾尔人北上回到先祖魏公的赏地,即其陵园和后裔在都城的居地魏公村。1983年,当地出现了第一家维吾尔族餐厅;1996年,维吾尔族餐馆发展为18家。后来这里陆续出现了东乡族、藏族、朝鲜族、傣族、彝族等民族经营的餐馆,逐渐发展成了多民族餐馆一条街。然而由于维吾尔族人仍然居多,所以被老北京称为"新疆街"。虽然分散在京城的维族餐馆数量不少,北京甘家口的新疆村就聚集了几十家维族餐馆,但魏公村的"新疆街"则独占鳌头,又被称为"民族美食街"。杨圣敏曾带领学生调查了其中11家维吾尔族餐厅,了解到这些维吾尔族老板的创业和生活经历。这些餐馆老板以小商贩为主,也有农民、离职的小学职员、工人和机关干部。他们在本民族中属于社会经验较丰富,有较多见识和较大胆量,也有较多社会关系的人。这些人进入北京创业,无疑是一种市场行为,但这些老板并不是完全依照供需关系和市场价格的指引流动的,而是沿着传统社会关系网络流动的。来北京之初,他们都是首先投奔在甘家口或魏公村一带的同族亲、朋,或是投奔在中央民族大学读书或工作的亲朋老乡。进入北京以后,他们尽量地与同族人靠近或聚居在一处(杨圣敏,1996)。据称,在新疆村的维吾尔族老板中,由一位威望较高者担任村长,负责协调各维吾尔族餐馆之间的竞争、合作等关系。例如,定出各种饭菜的统一价格,解决维吾尔族人之间的纠纷,代表维吾尔族居民与居委会和派出所等机构协商村里的各项事务。

根据庄孔韶(2000)的调研报告《北京"新疆街"食品文化的时空过程》,这一社会空间提供了关于族群、信仰或阶层文化意识与行为模式的小气候,也经历着从单一维族社区到多元文化切入的过程,一直处于外在的商业原则与不同族群文化的互动之下。一方面,维族的家庭生活、经商习惯与传统的男女角色还在延续,很难看到女人主持餐馆经营的情形,这是维族从原驻地把家庭制度移植北京后尚难改变的现象。维族群体行为多表现在歌舞和宗教聚会上，魏公村现象证明了这种集体性的广泛存在，如伙计合住的普遍性、周五固定去清真寺做礼拜等。另一方面，"新疆街"慢慢名不副实，最初商户们依仗"新疆街"的名号，但逐渐开始回溯自身的族群归属感，多家新疆餐馆经营不善给小族群以自我展示的机会，1997年第一家藏族餐馆"香巴拉"开张、1997年政治象征主义的"毛家菜（湘菜）"入驻，由此，"新疆街真的多元化了，它包含着政治、商业、民族与宗教的话题，食品则是话题的主线穿插其间"。社会再创造也同样在历史及地理上有所变异，如何应对"新疆街"空间社会重构以及"食品禁忌"原则在商业与文化的博弈中被恪守与修改，将是每个族群考虑的首要问题，除非它缺少某种敏感性。

如今的魏公村，以"民族美食街"的名头招徕了很多其他少数民族的风味餐厅，如长盛不衰的云南"金孔雀"傣族餐馆、"满德海"蒙古族餐厅、"老陈家"清真餐厅，还有藏族、彝族、朝鲜族等民族的特色餐馆。各民族在此以美食为媒介，向人们展示和传达着他们独特的民族文化与审美情趣，同时，魏公村也成为各民族交流沟通的地方。

A.7 城市新贵社会空间

当代中国城市的新富裕阶层，大多生于20世纪六七十年代，并拥有前代人难以想象的财富；他们普遍受过高等教育，并热衷于追逐经济变革的大潮；但他们同样"鱼龙混杂"，例如，他们的受教育水平往往参差不齐，他们的财富或源于体制内，或源于市场，也有的很难说清楚财产来源。2010年，中国新富裕阶层的新"移民潮"一度吸引了大家的目光，也将这一群体置于聚光灯下。以2010年福布斯富豪榜为例，在这一全球资产10亿美元以上富豪的榜单中，来自中国大陆的富豪多达64位，位居全球第二，而大陆首富娃哈哈老总宗庆后则以70亿美元位居全球第103位。有资料显示，截至2006年3月底，中国大陆私人拥有财产（不含在境外和外国的财产）超过5000万元以上的有27 310人，超过1亿元以上的有3220人。在超过1亿元以上的富豪当中，有2932人是高干子女，他们占据了亿元户的91%，共拥有资产20 450余亿元（蕙质兰心，2010）。由于富裕阶层的迅速崛起，城市新贵社会空间也应运而生。

A.7.1 新富裕阶层及其空间分布

北京作为我国政治、文化和经济中心，越来越快地走向国际化和现代化。富人越来越多，富裕阶层越来越集中，北京富人在住房、就业和休闲娱乐方面都有其自身的活动空间。北京新兴的富人区往往占据了城市最好的资源。房地产行业有一句话，即"北京永远不缺富人，从山西煤老板到跨国公司高层领导，从演艺圈明星到地方权贵，都会选择北京为安居之地，多贵的房子都不愁卖"。目前尽管有少数富人过着纸醉金迷、奢侈放纵的生活，但大部分的富人仍以追求高质量的生活为目标。从总体上看，现在北京市富裕阶层的生活方式还没有对普通市民的生活造成太大的影响，但新出现的高级公寓和别墅区、高档写字楼、高档饭店、高级俱乐部、娱乐场所和高档购物中心等却正在悄悄地改变着城市的社会空间结构,进而影响城市空间的未来发展。

在北京,与富裕阶层相关的空间结构的分异主要表现为其办公地点和居住地点的日渐增多甚至连续成片。目前,北京市的高级写字楼遍布于内城和近郊的八个区,尤其沿着建外大街和东二环、东三环集聚了众多高级写字楼,其中最著名的有中国国际贸易中心、长安大厦办公楼区、京广中心、国际会议中心和万通新世界广场等。高科技园区和经济技术开发区相对较少,而且主要分布于近郊的四个区,其中主要有石景山八大处科技园区、海淀区上地信息产业基地、朝阳区望京工业城和电子城、丰台高科技园区等(李志刚,等,2011)。

尽管目前北京仍有相当一部分的富裕阶层居住在城区内,但随着建城区的不断扩大,尤其是城区内环境、交通、居住等生活质量的不断下降,与西方20世纪60年代出现的郊区化相仿,北京的富裕阶层也正不断向郊区尤其是近郊的海淀、朝阳和丰台区迁移。海淀区集聚了最多的城市富裕阶层,其约占整个富裕阶层的24.84%;其次为朝阳区,约聚集了北京富裕阶层的22.88%;内城的西城区和东城区也聚集了相当多的富人,分别占北京整个富裕阶层的15.03%和11.11%。近郊的石景山区居住的富裕阶层较少,仅占3%～4%,仅及海淀区富裕人数的1/8左右。北京市近几年建成和新建的由公寓和别墅组成的高级住宅区的分布,在一定程度上反映了富裕阶层具体的居住地点。可以看到,北京市的高级住宅区主要分布在京汤高速公路亚运村－小汤山、京昌高速公路马甸-昌平段、机场高速公路四元桥以外及丰台区西南四环附近的世界公园和丰台科学城一带,另外,远郊的通州、大兴、顺义和怀柔也汇集了相当一部分的别墅区。北京近郊别墅有包括那英的丽斯花园、李亚鹏的丽高王府、王菲的嘉林花园和巩俐的丽京花园;章子怡的英特公寓与周迅的星城国际则是市区内的摩天大楼,这些豪宅房价全都破亿元(李志刚,等,2011)。

A.7.2 案例:紫玉山庄中央别墅区

紫玉山庄中央别墅区位于北京奥运村附近,占地1000亩,80%以上为园林绿化地,是北京涉外高档别墅区。周边宽达100m的林木群将紫玉山庄温情包裹,世俗的烦嚣和城市的污染尽皆隔绝。山庄环抱着两个人工湖,湖面视野辽阔,借鉴了森林公园的设计,使山庄四季景色宜人。紫玉山庄毗邻多家超大型超级市场,2km以内有大型百货公司、邮局、医院和名校等,山庄设有专线小巴接送往返购物点,5分钟可达。紫玉山庄四面环水,设计风格各异,均带私家庭院。户型采用大空间设计,业主可根据喜好自由进行多功能立体组合,大胆营造和标榜新居住环境潮流。同时运用了多种高科技生态环保建材,外墙面采用目前国际上顶级别墅普遍采用的欧洲进口陶土板,使每栋别墅都形成冬暖夏凉的生态建筑。紫玉山庄大型住客会所还提供各项休闲设施,多彩多姿的生活享受尽在举步之间;加上力臻完美的建筑素材、炫显设计品味的室内装修及家具,创立了新一代居庭典范,令紫玉山庄跃然成为现代优质生活的焦点。

A.7.3 案例：钓鱼台七号院

钓鱼台七号院位于国家中央政务区核心地带，地处北京市西三环内的玉渊潭公园北岸，东侧紧邻钓鱼台国宾馆，周边有最为重要的金融街核心区、科技文化区"中关村"以及众多高等学府。钓鱼台七号院闹中取静，在城市中心区独享稀缺的公园环境，距玉渊潭公园 $61km^2$ 的湖面仅 80 余米，坐望 75 万平方米的皇家园林，西侧为亚洲最大的樱花园。园内水阔林丰、鸟语花香，取柳岸长堤石桥为景，亭台楼阁之间有杂花樊树，古典韵味与咫尺湖光水色尽收眼底，环境清静幽雅。该项目总占地 1.6 万平方米，建筑面积 4.3 万平方米，整体规划依据地形条件以及独特的景观资源，精心打造出四栋人文建筑。玉渊潭自辽金时代开始即是文人学士四时游览的名胜之地，各朝各代的帝王也在此修建过行宫，现今，长安街、世纪坛和中央军委皆比邻于此，千年的古典地脉积韵与现代正统尊贵的区位优势相得益彰，为钓鱼台七号院带来了尊贵与灵韵。

钓鱼台七号院内有四栋建筑，分别为 6、8、13 层（1 栋 6 层，1 栋 8 层，2 栋 13 层），共计 106 户，300~600m^2 大户型设置。选择红砖、石材和原铜三种传统建筑材料，建筑表面和屋顶、柱头等细节处采用契合中国传统风韵的纹饰，装饰元素使用十二章纹、唐草、拂尘与云纹纹饰等图案，纯手工砌筑，精雕细琢。建筑整体彰显西洋建筑之精粹，同时又尊崇中国传统建筑之礼制，含蓄传达对传统美学的尊崇，散发着雍容内敛的高贵气韵。建筑内部装修精细，排水、采暖、电梯、通信、安防、空调、停车及吸尘系统等均采用顶级设备。七号院内部还设有私属会所，提供了包含私人酒窖储藏、便利店、雪茄屋、美容、酒吧等服务，高档私密的活动空间为业主带来舒适高品质的服务。清幽静美的地理环境与奢华低调的居住空间是钓鱼台七号院令人瞩目的亮点，选择此处便能坐拥碧水长天，阅尽亭台楼阁，于繁华落尽之处独享雍容尊贵。目前钓鱼台七号院入住率达到 50%，业主主要为国家高级官员及高级知识分子等。

A.8 城市新移民空间

A.8.1 城市新移民的形成

受政治、经济、社会和政策等多方面因素的影响，中国的城市移民出现了多种新的群体，包括国内的外来务工人员、高新技术人才和外籍居住者三种类型。这些人都是通过正式或非正式途径实现自我或家庭的区域性迁移，已在移居城市中获得了相当稳定的工作和住所并且具有长期定居意愿的群体（童星，等，2010）。这些人共同构成了我国改革开放以来的城市新移民。

按照移民的结果，新移民的概念可以分为正式移民与非正式移民两种，正式移民即已经实现了在城市中定居意愿的这部分群体，在城市工作和生活等各个方面拥有与城市本地人同样的待遇，而这些普遍表现在我国的就业与福利体系保障——城市户籍制度当中。非正式移民就是迁居至城市空间,但不具有所有这些待遇的人群,是具有很多留居的不确定因素的尚未能很好地融入城市整个系统的群体,目前我国非正式移民的比重较大。

按照移民能力的高低不同,新移民的概念可以分为具有较高移民能力与较低移民能力两种。前者的"新"着眼于国际和国内较为发达地区的以资本密集型与技术密集型产业经济为主的城市移民现象,这部分移民往往拥有较高学历、较高技术与较高收入,形成了具有更高就业能力的移民群体;后者主要立足于我国国情,"新"在于移民的时间和改革开放后我国移民环境的巨大变迁,主要是指城市务工农民构成的移民群体。

城市新移民概念的提出,伴随新移民社区这一新型城市社会空间的引入,为思考和研究当前城市社会问题提供了新的维度。城市新移民进一步促进了城市社会阶层的分化,其聚居形成的移民社区进而导致了新的城市社会空间的产生。对新移民而言,这样的群体是怎样形成的,具有什么样的特征,面临怎样的困境,能否在城市中获得居民身份与理想的社会地位,尤其是作为非正式的移民是否能实现其留居愿景,成为我们关注的重点。对于城市新移民形成的社区空间,着眼于群体与实体空间的相互作用,从区位、社会结构、生活方式、社会心理和社会问题等多个方面窥探新移民在城市中的社会状态,分析社区对移民群体和城市社会空间的影响。

A.8.2 新移民社区的形成原因和空间形态

新移民来到城市,聚居形成一种值得关注的新型城市社会空间——新移民社区。在新移民的三种类型中,外籍居住者和外来务工人员因其来源地的特殊性、身份地位的相似性与文化维系力量,是具有明显聚居倾向的移民群体。按照移民来源与在城市中所处社会阶层的不同,可将移民居住空间分为国际移民裔族聚居区、中低收入外来人口聚居区和外来务工底层居民聚居区,分别对应国际社区、保障性住房社区或一般乡缘社区,以及城市贫民窟。其中国际社区受到族群性特征的重要影响;保障性住房是城市中低收入群体因政策作用而在空间上形成的集聚,受市场因素的影响较多;城市贫民窟形成的原因和产生过程已在第8章中做了详细阐述。可以看到,外来人口形成的移民居住空间属于演替型贫困空间,在新移民与贫困社区的相互作用下进一步加速了物质空间和社会空间的贫困化。在这个过程中,市场因素也起到了关键性的作用。由于房屋价格低廉、城市管理松弛,又有经营个体工商业的广阔市场,才形成了特色移民村落的雏形(刘海泳,等,1999)。综合而言,从移民集聚的动力上看,虽然外部因素多种多样,但深层的动力机制可以归纳为社会聚集、生活方式变化和社会制度推动三个方面,在社区初步形成以后,通过空间自组织进一步发展扩大。

从宏观来看,城市新移民社区的空间分布特征有一定规律。在大城市中,受到房地产市场与保障性住房政策的影响,国际社区与政策性住房基本都分布在城市边缘地带,而贫民窟则按照租赁、购买公房和私房等不同形式而有着更为多样复杂的分布特征。受到聚落形成的最初动力的影响,国际社区与贫困移民村呈现出趋近或围绕工作地点的空间特征,保障性住房社区则多分布在新建社区中——外围新建居住区或旧城更新居住区，相应地，职住分离也最严重。新移民社区在空间上的形成与集聚和区域发展的不均衡相互作用，并加剧了后者。需要指出的是，新移民群体中依然有很大一部分采取租住形式，因此，在城市中的分布规律具有一定分散性干扰。

从微观来看，不同类型的新移民社区，其空间形态特征也有着较大区别。对国际社区而言，具有较高移民能力者构成的社区往往与中高端社区相似，具有较适宜的居住密度与良好的居住空间，内部与周边配套设施较齐全；相对较低能力者构成的社区，其空间形态接近发达城市中的中低等收入群社区，但两者在对空间整体的改造潜力方面都有不小的力量。美国学者提出"族裔聚居区经济"理论，指出族裔聚居区是深具经济潜质的社区，既孵化了一批成功的族裔企业和企业家，重振了社区经济与就业环境，又帮助族裔劳工在不影响本地白人就业的前提下获取了更高的人力资本收益（Wilson，等，1980）。

与族裔聚居区相似，具有一定经济基础的乡缘社区，作为空间场所也为资本和人员的双重流动与文化适应提供了平台，构建并促成了基于族群关系的生产网络与雇工模式，从而导致了在空间上资本、劳动力与文化观念等族群要素的锁定和强化（李志刚，等，2011）。

新移民构成的保障性住房社区与贫民窟的空间形态均较为孤立，往往居住质量低、环境差，其独特的居住空间逐渐成为社会地位的一种象征。前者居住质量、邻里环境、社区建设与服务配置明显不如商品房社区，但也因建设政策而相对开放；后者则普遍因其密布的房屋、混乱的布局与狭窄的街道等特征而很容易被人们从周围地区中区别开来，对外部而言相对封闭，但内部活动丰富多样。前者空间主要实行保证社会公平的职能，而后者则通过自组织实现社区内部商住融合、自给自足功能的富有生机的微型社会。

A.8.3　案例：万柳社区

万柳社区位于北京市三环路西北、颐和园东南方向，东到万泉河路、南至长春桥路、西靠蓝靛厂北路、北达巴沟路，总面积104hm^2，是"万柳工程"项目的南部居住区部分，行政上由海淀区海淀乡（万柳地区办事处）管辖。

1994年北京市政府7号文件提出以"绿树、清水、蓝天"为目标的主城区边缘10个绿化集团项目，作为限制城市无序蔓延、保持环境质量的绿化隔离带，其中位于西北方向的绿化项目因为所在地有万泉庄和六郎庄（又名"柳浪庄"）两个行政村，故名"万柳工程"。万柳工程规划总面积48km^2，巴沟村路以北335hm^{2}用于绿化，建设体育公园、万柳生态园和绿化区，与圆明园、颐和园连成北京最大的绿色走廊；巴沟路以南104hm^{2}建成功能完善的大型居住区，即万柳社区（陈志平，2012）。

地处海淀的万柳，历史上水草丰茂、泉水众多，是京西重要的稻产区。乾隆皇帝的一首诗"万泉十里水云乡，兰若闲寻趁晓凉。两岸绿杨蝉嘒（hui）嘒，轻舟满领稻风香"（万泉庄和稻香村的来历），描绘的就是当时巴沟附近的水乡美景。直到改革开放前，尽管已经没有了早先的湿地风光，但万柳地区依然是京郊的农村地带——南有万泉庄（辖巴沟、长春桥两个自然村)、北有六郎庄,处处是大片的粮田和菜地。20世纪80年代随着北京城向外蔓延,万泉河路以西、万柳东路以东开始成为城市住区,城市住区开始与村民平房混杂。90年代初,万柳东路以东地块拆迁重建,以万泉庄路为界,北部万泉庄北社区大都是当地回迁居民,南部小南庄社区主要是三建、海淀区园林局、空军95996部队、航天部等单位的职工家属楼及干休所,重建完成后,万柳东路以东的新建社区不再归万泉庄村委会管辖,而是新设万泉庄居委会。再后来,随着城市经济的发展,尤其是中关村的快速崛起,靠西的巴沟村也从城郊村逐渐变成了城中村,村民主要的活计转向为外来务工人员提供出租屋,村子里私搭乱建、环境脏乱,各种治安问题也层出不穷。

1996年6月北京市常务会议通过了万柳地区整体改造项目计划,1998年12月26日正式启动,同时海淀乡成立万柳公司(万柳置业集团前身),负责万柳的土地一级开发。1999年国务院批复成立"中关村科技园区",2000年,占地面积51.44hm^{2}的高科技商务中心区——"中关村西区"动工,主要是写字楼、酒店、展示中心等公建项目,未规划居住区。占尽天时地利的万柳社区成为最大受益者,开发初期的定位即是面向高收入人群的高档社区。

1996年,万柳第一个商业住房项目光大花园项目在农地上建成,到2003年,万柳东路以西和万柳中路以东建成了包括光大花园、阳春光华等在内的多个中、高档小区,空旷的农地转变为了城市楼房。2003年前后万柳中路以西住宅项目也陆续建设,包括碧水云天颐园、万城华府等高档小区(李云红,2006)。2012年,作为六郎村整体搬迁项目的平衡项目,万柳最后一块居住用地成为当年的北京地王,整个万柳社区的居住用地配置完毕(佚名,2012)。

万柳社区依山傍水、交通便利、配套设施齐全,此外教育资源非常丰富;为配合颐和园景观,社区自西北向东南的高度逐渐增高,整体开发密度较低。优良的整体环境吸引了大量富裕人群来此购房,目前有近20个居住小区,包括20世纪90年代初建成的小南庄社区、万泉庄北社区和稻香园西里。90年代中期以来先后建成的中高档社区包括光大花园、阳春光华社区、万泉新新家园、新纪元家园、怡水园社区、汇新家园、光大水墨风景、康桥水郡和碧水云天颐园,公寓有风尚国际公寓、蜂鸟社区和北大万柳公寓,高档别墅区有万城华府。随着2012年最后一块居住用地被拍卖,整个社区的开发基本完成,常住人口十余万人。而万柳地区原有村民约6000户、10 000余人,拆迁后一部分村民在北京城郊各处置房定居,另一部分村民通过强烈要求,得以回迁到现在的汇新家园小区,部分村民成为万柳置业集团的员工,从事物业管理、社区绿化和停车收费等工作。在万柳社区超过10万人的常住人口中,留住的原住民仅有约5000人,超过95%是新迁入的居民,是典型的新移民空间。

A.8.4 案例:望京韩国社区

望京韩国社区是北京三大韩国人聚居地区(望京、五道口和顺义)之一,也是规模最大、最富名声的韩国社区。韩国社区是快速国际化大都市在全球化背景下伴生的外籍人口聚居现象,并呈现出与"民工潮"背景下的流动人口聚居区不同的形态、格局和变化趋势(何波,2008)。望京社区位于北京东北部,常住人口约30万人,其中韩国籍人士占有很大比例。该社区以湖光北街和洪泰西街为界分为南北两区:北区为望京新兴产业区,南区为 20 世纪 90 年代规划的望京新城所在地,现辖 20 个社区并由望京街道办事处管辖,多达 17 个都居住有韩国人,其中韩国人最多的包括望京西园四区、望京西园三区和大西洋新城。

1. 发展历程

在 10 余年前,移居北京的韩国人分散在望京南部花家地一带的老宿舍区。当 1994 年望京新城成为北京最早规划的商品楼住宅开发区后,1996 年望京新城一期入住。禹东硕是该规划住宅区开发商的朋友,被邀请在 101 号"试住",因而成为望京社区的"韩国第一人"。有了第一人的尝试,加之望京住宅较花家地在居住质量、国际学校和高等院校等设施配备方面都有着客观优势,第二年,望京新城首家楼盘望京西园四区竣工,便迎来了第一批入住的 200 多户韩国人,多数都由花家地迁居至此。此后,随着交通条件、经济水平的不断发展,通过政府驻华机构、民间团体以及亲朋好友的社会网络作用,越来越多的韩国移民选择了望京社区。

望京优越的区位为其吸引了越来越多的身份各异的韩国人。望京位于北京市城区的东北部,往东可接酒仙桥电子城,往西毗邻亚运村和未来的奥运村,往南是燕莎商圈和CBD,往北可达首都机场,与四环路、京顺路、机场高速路、京承高速路和五环路紧密相连。居住环境良好,距离韩国驻华使馆和最早的一批韩国企业都较近,周边公共服务设施具有基础的配备并极具发展潜力。此外,由于房价相对便宜,一些韩国公司也选择将韩国职员宿舍安排在望京,在尊重族裔聚居需求的同时也避免了职住分离的问题。

到 2004 年上半年房地产对外籍人士解禁,韩国人得以由房客成为房东。而望京较韩国而言,房价与税负更低,具有一定的升值空间,虽然望京的旧房租价不高,但新楼盘的租金往往是月供的两倍。这刺激了许多韩国中产阶级到望京炒房,以租养房,从而掀起了新一轮韩国人移民望京的浪潮。

2008 年北京奥运期间,移居北京的韩国人数量有所上升。但随后出现了金融危机,许多韩国人由于投资受损和物价压力太大而陆续从中国撤离。在韩国人聚居最多的时候,国内媒体和韩国有关统计机构公布,在京韩国人将近 10 万人,仅望京聚居的韩国人就有至少 5 万人。其中居住在望京西园三区和望京西园四区的韩国人总数有 1 万多人,约占两个小区总人口数的 80%~90%。2011 年望京街道办事处的数据显示,望京地区仍有将近 3 万名韩国人居住。

2. 社会空间结构

望京韩国社区的成员构成的一大特点即混杂性。不仅中国人与韩国人混居,而且韩国居民的社会身份与阶层也不同。韩国社区中的韩国人根据职业构成可分为三大类(何波,2008):经商、留学者与企业职员。其中经商有商业精英,也有依靠经营小餐馆谋生的小本生意人;留学者有优秀的高新技术引进人才,也有靠家里周济的穷苦学生;企业职员有财大气粗的公司老板,也有辛劳奔命的小职员。韩国居民年龄普遍年轻化,其中有许多年轻人在韩国处于中下阶层,希望来到中国获得更好的发展机会,实现"中国梦"。由此可见,居民在移民能力、居住期望和社会心理方面都有着较大差异。望京新城本来作为新贵阶层社区定位的高档商品社区,随着韩国人的大量流入,逐渐成为居民身份各异、多元文化渗入的马赛克式社区。

有韩国人居住的17个社区按照集聚规模不同,大致可分为三个圈层(何波,2008):核心圈层为望京西园四区、三区和大西洋新城三个小区,属于20世纪末的京城首批商品房项目,韩国侨民数量在千余人以上(2005年);第二圈层为紧邻上述三区的新兴高档商品房,属于2002年后房地产开发高潮时期相继建成的楼盘,租住韩国人数量为100~200人;第三圈层为韩国人数量最少的外围一些社区,如花家地一带,韩国居民人数不足100人,这其中大部分是20世纪90年代前的老社区,以及少数21世纪初投入使用的新楼盘。

3. 社区空间形态

望京社区均为有着强烈设计感的高端小区,发展相对成熟,设施服务齐全,规模庞大,社区由20个小区组成。住宅以高层塔楼为主,部分板楼;密度高,间距大,围合感较弱;门禁较严,须刷卡认证;塔楼建筑内部空间类似,楼道狭窄。整体绿地率高,较安静;开敞空间很多,户外游乐设施齐全,公共交流空间丰富多样,有长廊、花园、水池等趣味空间;有消防通道和指示牌,会进行消防、盗窃等安全教育。由于居住的韩国人较多,公共服务设施韩国化特征明显,部分服务甚至完全韩化,如特色超市、特色小吃店、特色餐厅、汉语教学、儿童会馆和幼儿园等。

4. 自我完备的社区生态圈

2000年后望京迎来了房地产开发的热潮,韩国人聚居现象加速,韩国移民社区生态圈初步形成。很多移居望京的韩国人看准了这里的商机,纷纷投资或经营当地商铺,使住宅社区逐渐演变为商住混合式住区。发展至今,社区内部与周边由韩国人提供的商业形式一应俱全,韩国人的移居使望京成为文化多元、富于活力的大型生活区。根据韩国人在华会的分析,在北京的韩国人中,服务业占到了绝对主体,而其中餐馆占到了服务业的90%。移民的居住与服务在生存和就业过程中融为一体。2002年,中韩合资的望京新城医院在望京西园四区开张;望京有五六个韩国基督教会,各自都有定期的集会地点;北部望京新兴产业区内正是韩国官方派驻机构"驻华韩人会"的总部所在地。丰富的业态与周到的服务也使韩国人的生活便捷而舒适。

在具有较强内部社会关系与族群认同感的望京社区,社区居委会、非营利组织以及"驻华韩人会"定期举办集会交流与互动,并帮助调解中韩住户之间的日常矛盾,共同开展丰富多样的社区活动;此外,望京社区还特地请来韩国志愿者作为社区顾问,吸纳韩国人加入安全社区工作组。这些不仅促进了社区的内部交流,而且有助于社区与外界社会的交融,同时在开放的社区结构中全面推进了社区资本的建设。

5. 日渐完善的政策

根据外事办对外籍人士的管理工作,有这样三个原则(李邑兰,2009):趋同管理、强化法律运用、服务和管理并重。并且在法制化建设方面,我国逐年放宽了对外籍人士的政策尺度,促进外籍移民的城市融入(图A-11)。

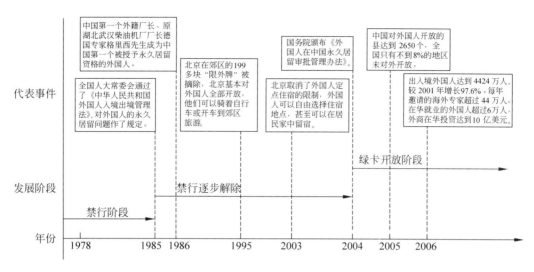

图 A-11 中国对待外国人的政策尺度

资料来源：李邑兰. 2009. 望京：韩国城的融合之路[J]. 中国新闻周刊，43(230)：36-38.

另外在 2005 年，位于望京的南湖派出所研发使用了首个外籍人员信息系统"外籍人员信息管理服务系统"，其中设置了姓名、年龄、国籍、护照号码等 14 个信息项目，具备护照扫描、信息自动录入和信息快速查询等服务功能。在南湖派出所试运行以来，每小时可录入登记信息 60 条，登记速度比以往快了近 10 倍，登记的准确率达到了 100％。

A.9 非正规城市社会空间

A.9.1 非正规就业

非正规就业是以无管制或缺乏管制为特征的获取收入的活动过程（Castells，等，1989；苏振兴，2001；GërxhaniK，2004）。在这里，管制是指国家和政府通过一系列具有强制性的规章制度施加的控制和管理。

毫无疑问，非正规就业不是理想的就业模式。由于非正规性，劳动者常常面临恶劣的劳动条件，并且缺少必要的劳动保护。国际劳工组织指出，非正规就业者经常被剥夺七种基本保障：劳动力市场保障、就业保障、工作保障、生产保障、技能更新保障、收入保障和代表性保障（张彦，2010）。但也正是因为非正规性，才使非正规就业有不少正规就业所不具备的优点，包括：就业准入门槛低；就业庞杂，包容性大；灵活机动，适应力强；边际效益高等。由此，非正规就业在解决弱势群体就业方面发挥了重要作用，成为这些群体就业的"劳动力海绵"和"蓄水池"。

胡鞍钢（2001）认为，当前中国就业模式主要向非正规就业趋势发展是由于经济转型的"市场化"、体制转型的"非国有化"和开放经济的"全球化"这三种力量作用的结果。我国的非正规就业广泛存在于非正规部门和正规部门,它们"有别于传统典型的就业形式,包括：①非正规部门里的各种就业门类；②正规部门里的短期临时就业、非全日制就业、劳务派遣就业、分包生产或服务项目的外部工人等,即'正规部门里的非正规就业'"(薛昭鉴,2000)。

A.9.2 非正规就业社会空间

由于体制原因,我国城市中非正规就业市场体现为二元分割的劳动力市场,存在两类有较大差别的非正规就业群体：一是本地城镇户籍人口,二是以农民工为主体的外来人口。

非正规就业的"非正规性"地位,导致其就业空间以及与之相关的从业人员的生活场所往往在城市空间中呈现出被边缘化和隔离化的现象。上述两类不同的就业群体,其非正规就业活动在城市中进一步呈现出空间分异的特征。

1. 城镇居民非正规就业空间

城镇居民非正规就业主要体现为政府为解决计划经济体制遗留问题,谋求社会公平的一种制度安排,其空间布局更多地取决于下岗、失业人口的分布,并体现出以下特征。

(1) 从城市中心区向外扩展,城镇居民非正规就业的规模呈递减趋势。

(2) 产业结构快速调整地区往往是非正规就业的高增长区。例如,城市中心区产业大规模"退二进三"的地方。

2. 外来人口非正规就业空间

外来人口非正规就业通常集中分布于城乡结合部地区。因为城乡结合部处于城市化快速发展地段,就业机会较多,土地价格相对便宜,而行政辖区的分割又使这一地区疏于管理,可以降低就业成本,有利于非正规就业的存在与发展。

形成这种分布的原因主要有以下几种。

(1) 中心城区金融、商贸、旅游等正规部门功能强大,而且对市容环境的要求和管理水平都较高,非正规部门难以存在与发展。

(2) 老城区产业结构调整带来了较大比重的下岗失业人员,这一庞大的劳动力群体还享有再就业的政策支持,从而对外来人口就业在一定程度上形成排挤。

(3) 快速城市化进程和城市空间扩张背景下,近郊区地带对于制造加工、建筑施工和居民社区服务有广泛的需求,加上城乡结合部土地价格相对便宜,管理较为薄弱,故而成为吸引非正规就业活动的重点地区。

相应地,从事非正规就业的本地户籍人口和外来人口在政策扶持、就业选择、社会保障、社会网络、自我认知和社会隔离感等方面都呈现出较大的差异化。外来非正规就业人口往往遭遇来自政治权利、受教育机会以及住房和医疗保障等方面的多重剥夺,导致这种剥夺常常陷入长期的恶性循环,甚至在代际继续传递。但总的说来,这两类非正规就业群体都面临经济与社会地位边缘化的境遇,并在其居住空间的区位选择上被进一步强化,容易形成新的城市贫困地区。

A.10 文化创意产业空间

A.10.1 文化创意产业的发展

2005年中共中央在发表的《中共中央关于"十一五"规划的建议》中提出了"突破发展的瓶颈制约,深入实施科教兴国战略和人才强国战略,把增强自主创新能力作为调整产业结构与转变经济增长方式的中心环节,以全面提高我国的综合国力与国际竞争力"的要求,这一要求直接促进了我国创意产业的发展,源于西方的文化创意产业的概念迅速被引入,不少城市都把发展创意产业和设立创意产业园区作为"十一五"规划的重要内容,一时间文化创意产业风起云涌,北京、上海、杭州、广州和深圳等大城市都纷纷制定了自己的文化创意产业发展战略和优惠措施。

2006年,国家统计局和北京市共同正式颁布了《北京市文化创意产业分类标准》,该标准采用了文化创意产业这一说法,并将文化创意产业定义为"是指以创作、创造、创新为根本手段,以文化内容和创意成果为核心价值,以知识产权实现或消费为交易特征,为社会公众提供文化体验的具有内在联系的行业集群"。

A.10.2 文化创意产业集聚区的分布和特点

文化创意产业集聚区是集不同行业高端价值部分(研发、设计和营销等)于一体的新型经济发展模式。建设文化创意产业集聚区引导产业集群化发展,有利于文化创意企业间的资源共享,能够形成产业规模效益和技术溢出效应。

作为全国文化和政治中心的北京,一直将文化创意产业作为产业的转型与升级的主攻方向。近年来随着北京市政府的规划引导和政策支持,北京市文化创意产业建设取得了明显的成效,形成了一大批具有鲜明产业特色并享誉国内外的文化创意产业集聚区,产业集聚效应初步显现,并逐步显现出以下特点。

(1) 从空间分布来看,集聚区空间分布逐渐合理。

北京的文化创意产业集聚区作为文化创意产业重要的空间组织形式,近年来取得了长足的发展。继2006年12月,北京市确认了第一批10个文化创意产业集聚区以后,北京市文化创意产业领导小组会议分别于2008年和2011年又认定了第二批11个文化创意产业集聚区、第三批2个文化创意产业集聚区、第四批7个文化创意产业集聚区。至此,北京市文化创意产业集聚区已经累计达到30个,如表A-1所示。目前30个集聚区已覆盖北京市16个区县,其中朝阳区有8个,海淀区有3个,东城区有2个,西城区有2个,丰台区有2个,石景山区有2个,通州区有2个,其余区县均有1个集聚区。从空间分布来看,首都功能核心区有4个,城市功能拓展区有15个,城市发展新区有6个,生态涵养发展区有5个。从表A-1不难看出,四次确认的文化创意产业集聚区基本上已覆盖北京所有区县,通过合理规划、挖掘自身优势,北京市文化创意产业集聚区在空间分布上已经做到了均衡发展。

表 A-1　北京市文化创意产业集聚区

确认批次与名称		分布地域	核心功能	主要影响行业
第一批	中关村创意产业先导基地	海淀区	多方位	全面
	北京数字娱乐产业示范基地	石景山区	文化娱乐	娱乐动漫
	国家新媒体产业基地	大兴区	媒体	动漫、影视
	中关村科技园区雍和园	东城区	数字娱乐	软件、出版
	中国(怀柔)影视基地	怀柔区	影视创意	影视
	北京798艺术区	朝阳区	艺术	艺术、日常生活
	北京DRC工业设计创意产业基地	西城区	工业设计	与设计相关的产业
	北京潘家园古玩艺术品交易园区	朝阳区	艺术品交易	艺术品交易与修复
	宋庄原创艺术与卡通产业集聚区	通州区	艺术与卡通	艺术
	中关村软件园	海淀区	软件	软件、软件相关的产业
第二批	清华科技园	海淀区	软件、设计	相关产业
	会展创意产业集聚区	顺义区	会展	会展、相关产业
	CBD国际传媒文化创意产业集聚区	朝阳区	传媒	传媒产业
	北京时尚设计广场	朝阳区	时装设计	设计、服装
	琉璃厂文化创意产业集聚区	宣武区	艺术品	艺术品、相关行业
	惠通时代广场	朝阳区	服装设计	设计、服装行业
	前门传统文化产业集聚区	崇文区	商业服务	商业服务
	北京出版发行物流中心	通州区	物流	出版行业
	北京欢乐谷生态文化园	朝阳区	旅游	旅游
	大红门服装服饰文化创意产业集聚区	丰台区	服装	设计、服装
	北京(房山)历史文化旅游集聚区	房山区	旅游	旅游及相关产业
第三批	中国动漫游戏城	石景山区	动漫	动漫
	北京奥林匹克公园	朝阳区	旅游	旅游及相关产业
第四批	八达岭长城文化旅游产业集聚区	昌平区	旅游	旅游
	北京古北口国际旅游休闲谷产业集聚区	密云区	旅游	旅游
	斋堂古村落古道文化旅游产业集聚区	门头沟区	旅游	旅游及相关产业
	中国乐谷-首都音乐文化创意产业集聚区	平谷区	音像	音像
	卢沟桥文化创意产业集聚区	丰台区	旅游	旅游
	北京音乐创意产业园	朝阳区	音像出版	音像出版
	十三陵明文化创意产业集聚区	昌平区	数字传媒	数字传媒

资料来源：通过北京文化创意网资料整理,http://www.bjci.gov.cn/index.htm.

(2) 从行业分布来看,集聚区行业分布逐渐完善。

根据北京市文化创意产业分类标准,2006 年所确认的 10 个文化创意产业区仅覆盖了九个大类中的七个大类。在 2006 年确认的 10 个文化产业集聚区中,缺少专门的广告和会展产业集聚区,没有专门的旅游和休闲娱乐产业集聚区。2008 年和 2011 年确认的三批文化创意产业集聚区比较全面地涵盖了文化创意产业的全部门类,有效地解决了北京市文化创意产业集聚区在建设中功能设置不尽科学的问题。

主要表现在以下几个方面:一是 2008 年后确认的文化创意产业集聚区加大了对工业设计、软件等行业的资源配置力度,旨在通过政策引导大力发展工业设计和软件服务行业,通过产业的软实力带动整个工业的发展,提高相关产业的竞争力。如 2008 年确认的清华科技园与中关村科技园、北京 DRC 工业设计创意产业基地共同构成北京工业设计和软件服务的产业集聚区。二是充分认识到旅游业对北京的重要性和发展潜力,通过北京欢乐谷生态文化园、房山历史文化旅游集聚区、八达岭长城文化旅游产业集聚区、北京古北口国际旅游休闲谷产业集聚区和前门传统文化产业集聚区的设立充分挖掘和整合了北京各区县的文化资源优势,打造北京的文化旅游平台。三是高度重视北京时尚产业发展。在现代知识产权保护社会,服装不仅是一个利润丰厚的产业,更是反映一个城市文明与时尚的窗口。如北京时尚设计广场、惠通时代广场和大红门服装服饰文化创意产业集聚区有助于提高北京服装行业的竞争力("北京文化创意产业发展研究"课题组,2011)。

(3) 从功能结构来看,集聚区综合服务功能不断加强。

基于文化创意产业对经济的促进作用和产业的集聚效应,文化创意产业集聚区得以设立。经过近几年的建设和完善,北京文化创意产业集聚区的集聚功能、孵化功能和产业提升功能逐步凸显。

首先,文化创意产业集聚区的建设为集聚区内企业的合作和交流提供了良好的平台,使企业之间的合作、信息交流和沟通更加便捷和顺畅,实现了资源共享,提高了资源配置的效率。

其次,文化创意产业集聚区的设立既有效地降低了企业的生产成本,提高了企业的生产竞争能力,增加了企业间的交流和接触,也增强了企业间的竞争意识,促使企业通过不断地研发和创新提高产品的创意水平和质量。

最后,文化创意产业集聚区的建设能够有效地发挥政府的宏观引导作用,避免因市场失灵等问题造成资源浪费和效率低下等问题。当然,产业的良好运转也离不开规范性的制度的约束和指导,为此北京市相继出台了《2007 年北京市发布了关于促进北京文化创意产业发展的若干政策》、《北京市文化创意产业发展专项资金管理办法(试行)》、《北京市文化创意产业集聚区基础设施专项资金管理办法(试行)》、《支持北京市文化创意产业发展的若干措施》和《北京市文化创意产业贷款贴息管理办法(试行)》等五个重要的规范性文件;各区县也分别颁布了一系列鼓励和支持文化创意产业发展的措施及政策。通过完善规范性制度的建设,提高了文化创意产业集聚区在资源配置、技术革新、创意孵化和增强产业竞争力等方面的服务功能。

A.10.3 案例：大山子(798)艺术区

798艺术区地处北京东部，位于北京市朝阳区东北部酒仙桥718大院内，是在原有工业建筑闲置空间的基础上逐渐发展起来的以当代艺术为特色的艺术区。北京798艺术区涵盖了包括原798厂、706厂、797厂、707厂、718厂（现已合并成北京七星华电科技集团有限责任公司）在内的区域，总建筑面积23万平方米。

其主要建筑由20世纪50年代前东德专家设计并建造，建筑的时代特征明显，造型简洁，内部空间完整、高大，为典型的包豪斯风格建筑，在亚洲亦属罕见。随着北京城市的快速发展，七星集团将这里部分闲置的厂房出租。20世纪90年代末，中央美术学院雕塑系教授隋建国带领30余位教师最先租用了798厂区3000多平方米的闲置车间，进行抗战群雕的艺术创作。后来便有大批艺术家来798租房，成立工作室，798作为艺术区的历史从此正式开始。

从2002年开始，不同风格的艺术家纷至沓来，成规模地租用和改造闲置厂房，他们在对原有的历史文化遗留进行保护的前提下，将原有的工业厂进行了重新定义、设计和改造，带来了对于建筑和生活方式的创造性的理解，北京798艺术区逐步成为雕塑、绘画、摄影等独立艺术工作室、画廊、艺术书店、时装店、广告设计、环境设计、精品家居设计、餐饮、酒吧等各种文化艺术空间汇集的聚集区，使这一区域在短短的两年时间里成为了国内最大、最具国际影响力的艺术区，形成了具有国际化色彩的"SOHO式艺术群落"和"LOFT生活方式"。目前，入驻北京798的文化艺术类机构达到400余家，来自亚欧美等30多个国家（万一，2011），这里已成为中国当代艺术的重要集散地，成为国内外具有影响力的文化产业区。北京798艺术区已被北京市政府列为首批10个文化创意产业集聚区之一，并被朝阳区政府列入朝阳区首批文化创意产业集聚区。

随着近几年尤伦斯等外国大型艺术机构的入驻，798艺术区迎来了许多中外名人的造访，798的国际知名度逐渐打开。据2008年的一项统计显示，798艺术区已成为外国来京游客重要的旅游目的地之一，在798的游客中外国游客占据了将近30%。从798游客的构成来看，到访798的游客多为20～30岁的年轻人，大多数为中高收入人群，具有较强的购买能力，且文化水平较高，具有一定的艺术鉴赏能力。从游客的消费来看，丁泽群等人（2008）认为，798艺术区游客的平均消费已达到760.9元，可被定义为高端休闲旅游消费人群。798艺术区是唯一的，有关其形成的原因，孔建华（2009）认为，租金价格适宜、建筑风格独特、地理环境优越、艺术群体聚集和迎合大众心理期待等因素，造就了今天的798艺术区。

A.10.4 案例：宋庄艺术家群落

宋庄位于北京通州区北部，东邻潮白河，西邻温榆河，距天安门24km，总面积115.929km^2，辖47个行政村，常住人口近10万人。经过近15年的发展，宋庄地区已经汇集了由画家、雕塑家、观念艺术家、新媒体艺术家和摄影家等组成的众多艺术家群体，形成了举世瞩目的当代艺术大本营——宋庄艺术家群落。现在宋庄原创艺术集聚区已经成为世界著名的原装艺术集聚区,能与法国巴黎的巴比松、德国的沃尔普斯韦德等知名艺术集聚区相提并论。

宋庄地区村民住宅院落大,租金相对便宜。从1993年开始,就陆续有艺术家到宋庄镇小堡村租房从事艺术创作。1993年10月,北京圆明园画家村解散后,一部分艺术家相继来到宋庄,这其中不乏有黄永玉、方力钧、岳敏君等艺术大师及著名画家。随着画家的相继进入,艺术家逐渐形成规模,宋庄开始被称为"画家村",也逐步发展为由原创艺术家、画廊、批评家和经纪人等共同形成的艺术集聚区,到2011年,在宋庄长期创作和生活居住的职业艺术家已达到5000多人。2004年宋庄提出"文化造镇"的口号,提出要用15年打造中国乃至世界的文化名镇。"中国·宋庄"自此成为了一个艺术品牌形象。2006年宋庄成为北京市首批确定的文化创意产业集聚区,同年中国动漫龙头企业三辰卡通集团入驻该集聚区,为宋庄带来了另一个核心资源动漫网游产业。

近年来,宋庄以内容原创为基础,以土地开发和基础设施建设为依托,以吸引创意产业为重点,着力打造在首都乃至全国有影响力的"两大中心、两大基地"(两大中心:艺术原创与展示交易中心、文化休闲娱乐中心;两大基地:创意设计基地和动漫网游产业基地)。目前,宋庄已初步形成了集现代艺术作品创作、展示、交易和服务为一体的艺术品市场体系,聚集职业艺术家5000多人,汇集以经营艺术作品为主要内容的专业画廊100多家,具有一定规模和艺术水准的专业艺术馆、美术馆近20家,每年举办文化艺术活动500余场次(胡介报,2011),相关的配套产业和服务行业,以及基础设施也呈现了快速发展的趋势。

A.11 社会管制空间

A.11.1 社会管制及社会管制空间

根据《现代汉语大词典》对管制一词的释义,管制主要有以下几层含义:一是强制并管理,如管制灯火;二是强制性的管理,如交通管制、军事管制;三是对破坏分子及罪犯实施的强制管束。我们所研究的社会管制属于第三种含义,国家机关依据相关法律法规对严重违反法律法规的行为责任人通过治安管理处罚、行政处罚和刑事处罚达到惩戒犯罪、改造教育的目的。

治安管理处罚和行政处罚属于人民内部矛盾,治安管理处罚依据《中华人民共和国治安管理处罚法》的规定执行,治安管理处罚中的人身罚为行政拘留。行政处罚根据《中华人民共和国行政处罚法》和其他法律、法规的规定执行,我国的行政处罚中人身罚为行政拘留(也称做治安拘留)和劳动教养。刑事处罚是按照《中华人民共和国刑法》(2011修订)的规定执行,刑罚处罚主刑包括管制、拘役、有期徒刑、无期徒刑和死刑。对判处管制的犯罪分子,依法实行社区矫正。被判处拘役的犯罪分子,由公安机关就近执行。被判处有期徒刑、无期徒刑的犯罪分子,在监狱或者其他执行场所执行。特殊人群,包括吸毒成瘾人员和精神病人,违法违规有特殊规定:吸毒成瘾人员按照《中华人民共和国禁毒法》(2007)的规定强制戒毒治疗,治疗场所为戒毒所。按照《中华人民共和国刑法》(2011修订)的规定对肇事肇祸精神病人必要的时候进行强制治疗,治疗场所为公安局下属的强制治疗医院。城市社会管制空间即是对严重违反法律法规的行为责任人不同时间、不同形式和不同程度限制人身自由等的羁押场所,按照案件类型由法定行政机构和判决机构依照法定程序在不同类型的管制场所执行。按照处罚类型,管制场所结构关系具体见图A-12。北京市社会管制空间包括拘留所、劳改场所、戒毒所、看守所和监狱,除北京市监狱管理局中心医院(新康监狱)位于二环之内外,其余全部分布在城市郊区。按照《城市用地分类与规划建设用地标准》(GB 50137—2011)中规定的城市管制空间,如监狱、拘留所、劳改场所等用地,属于城乡用地分类中的特殊用地的安保用地。

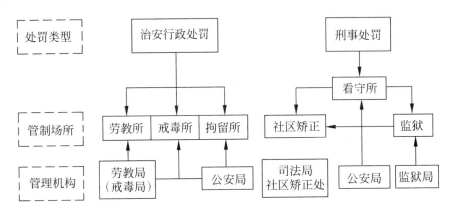

图 A-12 北京市管制场所结构关系图

A.11.2 治安行政处罚

1. 拘留及拘留所

《中华人民共和国治安管理处罚法》规定:扰乱公共秩序,妨害公共安全,侵犯人身权利、财产权利,妨害社会管理,具有社会危害性,依照《中华人民共和国刑法》的规定构成犯罪的,依法追究刑事责任;尚不够刑事处罚的,由公安机关依照本法给予治安管理处罚。治安管理处罚中的人身罚为行政拘留。行政处罚是指行政机关或其他行政主体依法定职权和程序对违反行政法规尚未构成犯罪的相对人给予行政制裁的具体行政行为。《中华人民共和国行政处罚法》(1996)规定限制人身自由的行政处罚权只能由公安机关行使,行政处罚中的人身罚为行政拘留。

(1) 拘留

拘留分为行政拘留、司法拘留和刑事拘留。行政拘留是公安机关依法对违反行政法律规范的人,在短期内限制人身自由的一种行政处罚。依照《中华人民共和国治安管理处罚法》的规定,行政拘留一般最高是15天,合并执行是20天,是一种重要的、常见的、最严厉的行政处罚,通常适用于严重违反治安管理但不构成犯罪,而警告、罚款处罚不足以惩戒的情况。司法拘留是指在民事、行政诉讼或法院执行过程中,对妨害诉讼活动(如:作伪证、冲击法庭、妨害证人作证、隐匿转移被查封和被扣押的财产、阻碍法院工作人员执行公务、逃避执行等)的参与人以及其他人员,由人民法院直接作出的拘留决定,属于强制措施,依据的是《中华人民共和国民事诉讼法》或《中华人民共和国行政诉讼法》,最高期限为15日,由法院将被拘留人交公安机关看管,不服的可向法院申请复议,拘留期内,由法院决定提前解释或期满释放。司法拘留还有一种是按照《中华人民共和国民法通则》第一百三十四条的规定:人民法院审理民事案件,对严重违反民事法律规范应负民事责任的行为的人,可以予以训诫、责令具结悔过、收缴进行非法活动的财物和非法所得,并可以依照法律规定处以罚款、拘留。由此可见,民法通则所规定的拘留,是人民法院以国家的名义对严重违反民事法律规范的行为人的人身自由加以短期限制的一种惩罚方法,是民事制裁中最为严厉的惩罚措施。刑事拘留是指公安机关或人民检察院在刑事案件侦查中,对现行犯或重大嫌疑分子暂时采取的强制措施。公安机关对于被拘留的人,应当在拘留后的24小时以内进行讯问。若被拘留人被批准逮捕,则依据《中华人民共和国刑事诉讼法》审理,刑事拘留不是处罚或者制裁。若后被无罪释放,被拘留人可以申请国家赔偿。根据《中华人民共和国刑事诉讼法》第六十一条的规定,公安机关对于现行犯或者重大嫌疑分子,如果有下列情形之一的,可以先行拘留:①正在预备犯罪、实施犯罪或者在犯罪后即时被发觉的;②被害人或者在场亲眼看见的人指认他犯罪的;③在身边或者住处发现有犯罪证据的;④犯罪后企图自杀、逃跑或者在逃的;⑤有毁灭、伪造证据或者串供可能的;⑥不讲真实姓名、住址,身份不明的;⑦有流窜作案、多次作案、结伙作案重大嫌疑的。人民检察院决定拘留的条件是:①犯罪后企图自杀、逃跑或者在逃的;②有毁灭、伪造证据或者串供可能的。人民检察院决定拘留后,由公安机关执行。刑事拘留最长时限为30天。

(2) 拘留所

拘留所是依据中国现行的法律、法规、条例和相关规定而设置的羁押场所,由公安部门统一负责管理,是用来处理人民内部矛盾问题,羁押治安拘留、行政拘留以及司法拘留的人的羁押机关。治安(行政)拘留所的拘留对象除包括违反《中华人民共和国治安管理处罚法》的人外,还包括法院执行的不履行已判决文书的人以及其他违反行政法规的人(具有行政违法行为还不够追究刑事责任的人以及法院决定司法拘留的人)。北京市有18座拘留所,包括16座各区(县)拘留所和北京市拘留所(大兴区团河团桂路3号)、收容教育所(朝阳区豆各庄501号)。14座区(县)拘留所一般与看守所同处一地,包括朝阳区拘留所、海淀区拘留所、丰台区拘留所、石景山拘留所、门头沟区拘留所、房山区拘留所、通州区拘留所(通州区台湖镇尖堡村甲1号)、顺义区拘留所、昌平区拘留所、大兴区拘留所、怀柔区拘留所、平谷区拘留所、密云县拘留所和延庆县拘留所。由于行政区划调整,西城区拘留所位于北京市大兴区磁各庄,是原宣武区看守所;东城区拘留所位于大兴区团河团桂路3号,是原崇文区看守所。

2. 劳动教养与劳教所

(1) 劳动教养

中国的劳动教养制度是根据1957年8月1日全国人大常委会第78次会议批准颁布的《关于劳动教养问题的决定》，以及有关法律、法规建立的，是劳动、教育和培养。按照《劳动教养试行办法》(国发[1982]17号)规定：劳动教养是对被劳动教养的人实行强制性教育改造的行政措施，是处理人民内部矛盾的一种方法。劳动教养并非依据法律条例，从法律形式上亦非刑法规定的刑罚，而是依据国务院劳动教养相关法规的一种行政处罚，是为维护社会治安，预防和减少犯罪，对轻微违法犯罪人员实行的一种强制性教育改造的行政措施。劳动教养制度是中华人民共和国从前苏联引进的，是世界上中国独有的制度，将疑犯投入劳教场所实行最高期限为四年的限制人身自由、强迫劳动和思想教育。对下列几种人实行劳动教养(劳教对象)：①罪行轻微，不够刑事处分的反革命分子、反党反社会主义分子；②结伙杀人、抢劫、强奸、放火等犯罪团伙中，不够刑事处分的；③有流氓、卖淫、盗窃、诈骗等违法犯罪行为，屡教不改，不够刑事处分的；④聚众斗殴、寻衅滋事、煽动闹事等扰乱社会治安，不够刑事处分的；⑤有工作岗位，长期拒绝劳动，破坏劳动纪律，而又不断无理取闹，扰乱生产秩序、工作秩序、教学科研秩序和生活秩序，妨碍公务，不听劝告和制止的；⑥教唆他人违法犯罪，不够刑事处分的。

《全国人民代表大会常务委员会关于严禁卖淫嫖娼的决定》(主席令[1991]第51号)规定对卖淫、嫖娼的，可以由公安机关会同有关部门强制集中进行法律、道德教育和生产劳动，使之改掉恶习，期限为六个月至二年。因卖淫、嫖娼被公安机关处理后又卖淫、嫖娼的，实行劳动教养。

(2) 劳教所

目前北京市公安机关无须经法庭审讯定罪，通过北京市人民政府劳动教养管理委员会即可将疑犯投入劳教场所实行劳教。北京市劳动教养工作管理局(戒毒局)成立于2000年2月，是北京市政府部门管理局，负责本市劳动教养的执行工作，简称北京市劳教局。下辖9座劳教所，其中天堂河劳教所改造为戒毒所。现有的劳动教养场所分别是：①劳教人员调遣处，2000年成立，位于大兴区团桂路，收容所有北京市的劳教人员，负责收容、遣送和入所教育。②新河劳教所，原名北京市团河农场，1955年9月成立，2007年1月更名，位于北京市大兴区团河路33号，负责成年男性劳教人员的日常管理及收容遣送工作。③团河劳教所，原名团河农场，始建于1955年，地处北京市大兴区团桂路1号，占地200余亩，建筑面积2万平方米，主要收容财产、滋扰、性罪错等类型的成年男性劳教人员。④新安劳教所，位于北京市大兴区天宫院东庆丰路6号，负责成年男性劳教人员的日常管理及收容遣送工作。⑤女子劳教(戒毒)所，位于北京市大兴区黄村镇魏永路12号，该劳教所建于2001年，2002年3月15日正式投入使用，担负全市女性劳教人员的收容、管理和教育矫治的职能。⑥未成年劳动教养人员管理所，2004年6月建所，位于北京市大兴区汇林南街5号，主要承担未成年劳教人员的教育挽救任务。⑦利康劳教所，位于大兴天台河西庄路9号，比邻天堂河劳教(戒毒)所，占地$7.39hm^2$，负责劳教所卫生管理、医治病患、劳教人员司法鉴定、处置劳教所突发公共卫生事件等职能。⑧双河劳教所,位于黑龙江省齐齐哈尔市甘南县境内,面积约 380km²,是北京市的一块飞地。前身是音河农场,1956 年与阿伦河农场合并,改名为双河农场。

3. 强制戒毒、肇事肇祸精神病人强制治疗管制及戒毒所

《中华人民共和国禁毒法》(2007)第三十一条规定:国家对吸毒成瘾人员应当进行强制戒毒治疗。第三十三条规定:对吸毒成瘾人员,公安机关可以责令其接受社区戒毒,同时通知吸毒人员户籍所在地或者现居住地的城市街道办事处、乡镇人民政府。社区戒毒的期限为三年。第三十八条规定:吸毒成瘾人员有下列情形之一的,由县级以上人民政府公安机关作出强制隔离戒毒的决定:①拒绝接受社区戒毒的;②在社区戒毒期间吸食、注射毒品的;③严重违反社区戒毒协议的;④经社区戒毒、强制隔离戒毒后再次吸食、注射毒品的。对于吸毒成瘾严重,通过社区戒毒难以戒除毒瘾的人员,公安机关可以直接作出强制隔离戒毒的决定。对被决定予以强制隔离戒毒的人员,由作出决定的公安机关送强制隔离戒毒场所执行。

《中华人民共和国刑法》(2011 修订)规定:精神病人在不能辨认或者不能控制自己行为的时候造成危害结果,经法定程序鉴定确认的,不负刑事责任,但是应当责令他的家属或者监护人严加看管和医疗;在必要的时候,由政府强制医疗。根据《北京市公安局关于强制治疗措施管理办法(试行)》的规定确定为肇事肇祸精神病人,即精神病人有下列情形之一的,由办案公安机关送往北京市公安局强制治疗管理处(安康医院)强制治疗:①触犯《中华人民共和国刑法》,经法医精神病学鉴定确认为无责任能力,或者限定责任能力需住院治疗的;②违反《中华人民共和国治安管理处罚法》应当予以行政拘留,经法医精神病学鉴定确认为无责任能力,或者限定责任能力需住院治疗的;③监管场所的在押人员,经法医精神病学鉴定确定为无受审或者无服刑能力,需住院治疗的。《北京市精神疾病患者强制治疗实施办法》规定,违反《中华人民共和国治安管理处罚法》,尚不够行政拘留处罚的;处于无监护状态,或其监护人、近亲属无力看护、看护不力的;病情处于波动期或疾病期,精神卫生医疗机构认为需要住院治疗,其监护人、近亲属不同意的精神疾病患者,由实际居住地公安机关送往指定医疗机构强制治疗。强制隔离戒毒是依法通过行政强制措施,对吸食、注射毒品成瘾人员在一定时期内进行生理脱毒、心理矫治、适度劳动和身体康复,是开展法律、道德教育的一项重要措施。2008 年《中华人民共和国禁毒法》颁布实施后,劳动教养戒毒变为强制隔离戒毒。

北京市强制戒毒管制管理机构包括北京市公安局和北京市劳动教养工作管理局(戒毒局),有三处强制戒毒场所。北京市公安局强制治疗管理处(北京市安康医院)始建于 1965 年,位于顺义区南采镇滨河路俸伯段 4 号。下设有北京市戒毒中心,成立于 1995 年,是北京市较大的药物依赖治疗机构之一,也是北京市的强制隔离戒毒机构之一。除负责强制戒毒外,还承担强制收治肇事肇祸精神病人和开展精神医学司法鉴定工作以及指导各分局开展肇事肇祸精神病人小区监护管理工作。

北京市强制隔离戒毒机构还有北京市天堂河劳教(戒毒)所,位于北京市大兴区天堂河

西庄路9号,是北京市劳动教养工作管理局下属的正处级司法行政单位,原为劳教场所,2008年6月1日前,主要承担吸毒型、普通型及女性患病劳教人员的管理教育工作,后被司法部列为首批戒毒康复试点单位,承担强制隔离戒毒职能,成为首都司法行政系统首家强制隔离戒毒所,承担北京市男性强制隔离戒毒人员的接收和管理工作。该所占地面积235余亩,建筑面积3万余平方米,有1000张戒毒床位。北京女子强制隔离戒毒所与北京市女子劳教所是一个单位两块牌子,位于北京市大兴区黄村镇魏永路12号,承担北京市女性强制隔离戒毒人员的接收和管理工作。

A.11.3 刑事处罚

按照《中华人民共和国刑法》(2011修订)规定:一切危害国家主权、领土完整和安全,分裂国家、颠覆人民民主专政的政权和推翻社会主义制度,破坏社会秩序和经济秩序,侵犯国有财产或者劳动群众集体所有的财产,侵犯公民私人所有的财产,侵犯公民的人身权利、民主权利和其他权利,以及其他危害社会的行为,依照法律应当受刑罚处罚的,都是犯罪。近年来北京市社会违法和犯罪人数不断增加,看守所和监狱面临着关押和改造方面很多突出的矛盾,目前初步形成重刑改造、轻刑管教和微刑矫正的刑罚执行制度。

1. 看守所

看守所是对犯罪分子和重大犯罪嫌疑分子羁押的场所,关押处在侦查、预审、起诉和审判阶段的未决犯。同时按照《中华人民共和国刑法》的规定,刑法处罚拘役的期限为一个月以上六个月以下,被判处拘役的犯罪分子,刑期较短的有期徒刑两年以下的、不便送往劳动改造管教执行的罪犯和已经判决,余下刑期一年以下的罪犯(从2013年起为余下刑期三个月的罪犯),这两部分执行有期徒刑的犯罪分子由看守所监管,但与未决犯分别关押,凡有劳动能力的都要参加生产劳动。《中华人民共和国看守所条例》(1990)规定看守所的任务是依据国家法律对被羁押的人犯实行武装警戒看守,保障安全;对人犯进行教育;管理人犯的生活和卫生;保障侦查、起诉和审判工作的顺利进行。

《中华人民共和国看守所条例》(1990)规定看守所以县级以上的行政区域为单位设置,由本级公安机关管辖。北京市共设19座看守所,包括东城区看守所(昌平区沙河镇七里渠豆各庄村645号)、西城区看守所(昌平区沙河镇七里渠豆各庄村甲3号)、朝阳区看守所(朝阳区朝阳北路29号)、海淀区看守所(海淀区苏家坨镇温阳路25号)、丰台区看守所(丰台区卢沟桥沙岗村6号)、石景山看守所(石景山区古城南里甲1号)、门头沟区看守所(门头沟区新桥大街45号)、房山区看守所(房山区城关街道田各庄村北街338号)、通州区看守所(通州区台湖镇尖堡村甲1号)、顺义区看守所(顺义区顺平西路马坡镇泥河村)、昌平区看守所(昌平区南口镇兴隆口村)、大兴区看守所(大兴区黄村镇宋庄东口)、怀柔区看守所(怀柔区怀柔镇大屯路617号)、平谷区看守所(平谷区平谷镇卫平路59号)、密云县看守所(密云县密云镇李各庄村)、延庆县看守所(延庆县大榆树镇东桑园村)、北京市第一看守所(朝阳区豆各庄501号)、北京市第二看守所(北京市公安局公安医院,朝阳豆各庄村甲505号)和北京市第三看守所(大兴区团桂路3号)。

2. 监狱

《中华人民共和国监狱法》(2009)规定：监狱是国家的刑罚执行机关。依照刑法和刑事诉讼法的规定，被判处死刑缓期两年执行、无期徒刑、有期徒刑的罪犯，在监狱内执行刑罚。同时规定，对未成年犯应当在未成年犯管教所执行刑罚。监狱对罪犯实行惩罚和改造相结合、教育和劳动相结合的原则，将罪犯改造成为守法公民。北京市监狱的主管部门是北京市监狱管理局，下设清河监狱分局，共有14座监狱。

（1）北京市监狱管理局中心医院，是隶属于北京市监狱管理局的唯一一所二级甲等医院，位于北京市宣武区右安门东街9号。1987年5月正式建立，原名北京市滨河医院，2004年3月更名为北京市博仁医院，2005年4月更名为北京市监狱管理局中心医院，加挂北京市新康监狱牌子，负责监狱卫生管理、罪犯司法鉴定、疑难危重病犯诊疗、处置监狱突发公共卫生事件和监管医学研究五大职能。

（2）北京市女子监狱，建成于1999年10月，是北京市唯一一所关押北京籍成年女性罪犯的监狱。监狱位于大兴区天堂河庆丰路汇丰街润荷巷，占地面积258亩。

（3）北京市延庆监狱，地处北京市西北延庆县境内，距市区70余千米。监狱始建于1958年，是北京市监狱管理局所属以关押男性老病残罪犯为主的一所中型监狱。

（4）北京市监狱，位于北京市大兴区团河南，建成于1982年4月，前身为北京市收容所，1994年11月更名为北京市监狱。北京市监狱主要担负被判处15~20年有期徒刑的北京籍成年男性罪犯和特管罪犯的监管改造任务。

（5）北京市第二监狱，位于北京市朝阳区南豆各庄乡，始建于1950年，1983年6月经北京市人民政府批准，更名为北京市第二监狱，主要关押无期徒刑和死刑缓期两年执行罪犯。

（6）北京市良乡监狱，始建于1960年2月24日，曾用名有北京市地方国营清河电梯厂、北京市第八劳动改造管教队、北京市收容管教所和北京市第二劳动改造管教支队等，几经更名，1993年1月1日正式启用现名称北京市良乡监狱。良乡监狱主要担负余刑10~15年的北京籍成年男性罪犯的关押任务。

（7）北京市未成年犯管教所，始建于1955年9月7日，2000年11月8日由朝阳区辛店村162号搬迁至现在的大兴区团河地区沐育街10号，占地约54hm^2，是北京市唯一一所关押改造未成年犯的刑罚执行机关。

（8）北京市外地罪犯遣送处，又称天河监狱，1995年7月10日组建于北京市监狱管理局清河分局，1999年8月在大兴团河地区重新组建，2000年11月11日搬迁至大兴天堂河地区，占地20hm^2，建筑面积28 000m^2。负责北京市犯人收押、入监教育和外省籍罪犯的收押遣送工作。

（9）北京市监狱管理局清河分局，又称北京市清河农场，是1950年2月24日经中央人民政府政务院批准成立的全国最早的一个大型罪犯改造场所，地处天津市宁河县，总面积115km^2。下设6座监狱，承担死刑缓期两年执行以下刑期服刑人员的关押任务，常年押犯占北京市全部押犯的一半以上，包括柳林监狱、前进监狱、潮白监狱、清园监狱、金钟监狱和垦华监狱。

3. 管制与社区矫正

管制适用于罪行较轻、人身危险性较小、不需要关押的犯罪分子，是我国五大主刑中处罚最轻的主刑。管制的适用对象有以下两个特点：①罪行性质轻、危害小。我国刑法分则规定可以适用管制的犯罪主要集中在妨害社会管理秩序罪和妨害婚姻家庭罪中，这些犯罪的共同特点是罪行性质不十分严重，社会危害性较小。②人身危险性较小。管制并不剥夺犯罪人的人身自由，只是在一定程度上限制其人身自由，所以，适用管制刑的犯罪分子必须是人身危险性较小者，如果犯罪的人身危险性很大，管制将难以达到预防犯罪的目的。管制的期限为3个月以上2年以下，对判处管制的犯罪分子，依法实行社区矫正。

社区矫正的特点是：①对犯罪分子不予关押，不剥夺其人身自由。被判处管制的犯罪分子在服刑期间，不羁押在监狱、看守所等执行场所中，仍留在原工作单位或居住地，也不离开自己的家庭，不中断与社会的正常交往，可以保留其正常的工作与社会生活，继续履行社会义务。②被判处管制的罪犯须在公安机关管束和群众监督下进行劳动改造，其自由受到一定限制。限制自由刑罪犯主要表现在限制罪犯的政治自由，以及担任领导职务、外出经商和迁居等自由。管制刑中不一定必然剥夺犯罪分子的政治权利，只有法院判处剥夺政治权利以后，其剥夺政治权利的判决才会在管制执行期间生效。③被判管制的罪犯可以自谋生计，从事劳动，在劳动中与普通公民同工同酬，不得对管制犯罪分子的工作报酬实行限制。但规定其不得在一些涉及国家秘密的部门和司法专政部门工作，即不得在党政机关中继续担任领导职务。

按照《社区矫正实施办法》的规定，北京市司法局负责指导管理和组织实施社区矫正工作。人民法院对符合社区矫正适用条件的被告人、罪犯依法作出判决、裁定或者决定。人民检察院对社区矫正各执法环节依法实行法律监督。公安机关对违反治安管理规定和重新犯罪的社区矫正人员及时依法处理。县级司法行政机关社区矫正机构对社区矫正人员进行监督管理和教育帮助。司法所承担社区矫正日常工作，结合街道、乡镇行政建制，北京市共设有322个司法所。

参 考 文 献

"北京文化创意产业发展研究"课题组．[2011-9-24]．文化创意产业集聚区发展分析[R/OL]．http://www.tt91.com/detailed_tt91.asp?id=12598&sid=1468.

边兰春，井忠杰．2005．历史街区保护规划的探讨和思考——以什刹海烟袋斜街地区保护规划为例[J]．城市规划(9)：44-48,59.

边兰春．2007．什刹海·烟袋斜街[J]．北京规划建设(5)：131-135.

冰彦．[2005-11-14]．《今日浙江村——温州人在北京》首发[EB/OL]．http://art.people.com.cn/GB/41428/3854640.html.

曹辉林．2009．现代高校校园规划与建设研究探讨[J]．高校后勤研究理论研究(5)：51-52.

柴彦威，陈零极，张纯．2007．单位制度变迁：透视中国城市转型的重要视角[J]．世界地理研究(4)：60-69.

陈志平. [2012-10-10]. 住在万柳 万柳工程带动万柳地产[EB/OL]. 北京现代商报. http://house.focus.cn/news/2002-10-10/36636.html.

丁泽群, 金珊. 2008. 798艺术区作为北京文化旅游吸引物的一个考察：一个市场自发形成的视角[J]. 旅游学刊(3): 57-62.

何波. 2008. 北京市韩国人聚居区的特征及整合——以望京"韩国村"为例[J]. 城市问题(10): 59-64.

胡鞍钢, 杨韵新. 2001. 就业模式转变：从正规化到非正规化——我国城镇非正规就业状况分析[J]. 管理世界(2): 69-78.

胡介报. [2011-08-14]. 宋庄镇前党委书记胡介报的公开信[EB/OL]. http://www.artda.cn/view.php?tid=5566&cid=30.

蕙质兰心. [2010-12-09]. 0.4%家庭占有70%财富权贵资本敛走国民财富[EB/OL]. http://business.sohu.com/20101209/n278203678.shtml.

孔建华. 2009. 北京798艺术区发展研究[J]. 新视野(1): 27-30,60.

李邑兰. 2009. 望京：韩国城的融合之路[J]. 中国新闻周刊(17): 36-38.

李云红. 2006. 巴沟村：拆迁恩"愁"录[J]. 法律与生活(2): 20-21.

李志刚, 顾朝林. 2011. 中国城市社会结构转型[M]. 南京：东南大学出版社.

李志刚, 刘晔, 陈宏胜. 2011. 中国城市新移民的"乡缘社区"：特征、机制与空间性——以广州"湖北村"为例[J]. 地理研究, 3010: 1910-1920.

梁思成. 1954. 中国建筑的特征[J]. 建筑学报(1): 36-39.

刘海泳, 顾朝林. 1999. 北京流动人口聚落的形态、结构与功能[J]. 地理科学(6): 497-503.

刘欣葵. 2009. 首都体制下的北京规划建设管理——封建帝都600年与新中国首都60年[M]. 北京：中国建筑工业出版社.

刘欣葵. 2012. 北京城市更新的思想发展与实践特征[J]. 城市发展研究, 21(10): 彩页5-8,12.

刘玉亭, 何深静, 顾朝林. 2002. 国内城市贫困问题研究[J]. 城市问题(5): 45-49.

千庆兰. 2003. 我国大城市流动人口聚居区初步研究——以北京浙江村和广州石碑地区为例[J]. 城市规划(11): 60-64.

饶沛. [2011-11-05]. 北京尚有百余城中村, 计划2015年前全部取消[EB/OL]. 新京报. http://politics.people.com.cn/GB/16143529.html.

苏振兴. 2001. 关于非正规经济的几个问题[J]. 拉丁美洲研究(5): 22-27.

童星, 等. 2010. 交往、适应与融合：一项关于流动农民和失地农民的比较研究[M]. 北京：社会科学文献出版社.

万一. [2011-11-03]. 让工业遗产绽放当代艺术的光芒——北京798艺术区扫描[EB/OL]. http://news.xinhuanet.com/fortune/2011-11/03/c_111143418.htm

王乐. 2010. 单位大院的形态演变模式及其对城市空间的影响[D]. 大连：大连理工大学.

吴良镛. 1989. 北京旧城居住区的整治途径——城市细胞的有机更新与"新四合院"的探索[J]. 建筑学报(7): 11-18.

吴良镛. 1991. 从"有机更新"走向新的"有机秩序"——北京旧城居住区整治途径(二)[J]. 建筑学报(2): 7-13.

项飚. 1998. 社区何为——对北京流动人口聚居区的研究[J]. 社会学研究(6): 54-62.

薛昭鋆. 2000. 发展我国非正规部门和非正规就业[J]. 中国就业(10): 12-15.

阳建强. 2000. 中国城市更新的现况、特征及趋向[J]. 城市规划(4): 53-63.

杨贺. 2004. 都市中的亚社会研究——以北京牛街回族聚居区更新改造为例[D]. 北京：清华大学.

杨圣敏. [2009-10-27]. 北京新疆村调研报告[EB/OL]. http://www.mzb.com.cn/html/Home/report/107627-1.htm.

佚名. [2006-09-30]. 332个北京城中村将全部拆除[EB/OL]. http://news.163.com/06/0930/13/2S98P7E200011SM9.html.

佚名. [2012-07-11]. 北京今年土地出让金171.9亿元 万柳贡献23.5亿[EB/OL]. 新京报. http://house.people.com.cn/n/2012/0711/c164220-18490196.html.

张建芳,等. 2007. 城市化进程中回族伊斯兰文化的调适和发展——以宁夏回族自治区吴忠市为例[J]. 回族研究(1): 60-68.

张杰. 2002. 北京城市保护与改造的现状与问题[J]. 城市规划(3): 73-75.

张彦. 2010. 非正规就业:概念辨析及价值考量[J]. 南京社会科学(4): 62-68.

张在元. 1988. 在城市中建设城市:P.葛莱孟论中国城市规划与建设[J]. 城市规划(4): 34-35.

周泓. 2009. 魏公村研究[M]. 北京:中国社会出版社.

庄孔韶. 2000. 北京"新疆街"食品文化的时空过程[J]. 社会学研究(6): 93-104.

Castells M, Portes A. 1989. World underneath: The origins, Dynamics and Effects of the Informal Economy [M]// Portes A, Castells M, Benton L A. The Informal Economy: Studies in Advanced and Less Developed Countries. Baltimore and London: The Johns Hopkins University Press: 11-37.

Gërxhani K. 2004. The informal sector in developed and less developed countries: A literature survey[J]. Public Choice, 120: 267-300.

Wilson K L, Porters A. 1980. Immigrant enclaves: An Analysis of The Labor Market Experiences of Cubans in Miami[J]. The American Journal of Sociology, 86(2): 305-319.

索　引

奥肯定律	okun's law	77
半城市化	semi-urbanization	70
包容性增长	inclusive growth	7
比率分层抽样	proportionate stratified sampling	368
边缘化	marginalization	81
边缘群体	marginalized group	170
标准差	standard deviation	271
标准误差	standard error	381
表达需求	expressed need	302
不等比抽样	disproportionate sampling	363
不重复抽样	non-repeated sampling	364
重复抽样	repeated sampling	364
参与观察	participant observation	26
差异度指数	index of dissimilarity	202
长期贫困	chronic poverty	82
常住人口	permanent resident population	48
倡导式规划	advocacy planning	298
超大都市连绵区	beyond megalopolis	72
城市边缘区	urban fringe	192
城市更新	urban renewal	190
城市化	urbanization	8
城市经理	urban manager	30
城市就业	urban employment	74
城市蔓延	urban sprawl	72
城市贫困	urban poverty	68
城市贫困阶层	urban poor	79
城市贫民区	urban slum	83
城市群	urban agglomeration	66
城市人	urbanian	18
城市社会空间结构	urban socio-spatial structure	16
城市社会问题	urban social problem	16
城市社会学	urban sociology	1
城市社区	urban community	17
城市性	urbanism	17
城乡二元社会结构	urban-rural dual social structure	245
城乡融合	urban-rural integration	245
城镇登记失业率	registered urban unemployment rate	77
城镇人口	urban population	48
城中村	village-in-city/urban village	71
冲突论	conflict theory	27
抽样调查	sample survey	125
抽样误差	sampling error	368
初级群体	primary group	8
传统邻里开发模式	traditional neighborhood development（tnd）	122
垂直流动	vertical mobility	186
次级群体	secondary group	44
大城市连绵区	megalopolis	72
大都市地区	metropolitan area	31
代际流动	intergenerational mobility	186
代内流动	intragenerational mobility	186
单亲家庭	single-parent family	39
单位制	system of unit（danwei）	51
等比抽样	proportionate sampling	363
等级制	hierarchy	185
低收入群体	low-income group	87
地籍图	cadastral map	253
地域主义	regionalism	122
地租差理论	rent gap theory	201
定额抽样	quota sampling	368
定类尺度	nominal scale	354
定量分析	quantitative analysis	344
定性分析	qualitative analysis	226
定序尺度	ordinal scale	354
多段抽样	multi-stage sampling	362
多核心理论	multiple nuclei theory	100
多重剥夺指标	index of multiple deprivation	318
恩格尔系数	engel coefficient	155
法理社会	gesellschaft	17

反贫困斗争	fight against poverty	82
方格法	square method	253
访谈法	interviewing	352
飞地	enclave	200
非比率分层抽样	disproportionate stratified sampling	368
非抽样误差	non-sampling error	368
非结构性访谈	unstructured interview	26
非结构性社会流动	non-structural social mobility	189
非随机抽样	non-random sampling	361
非正规部门	informal sector	79
非正规就业	informal employment	78
非正式群体	informal group	46
非政府组织	non-government organization (ngo)	16
非中心化	decentralization	99
分层随机抽样	stratified random sampling	368
分隔	segregation	97
分类变量	categorical variable	374
封闭式问卷	close-ended questionnaire	355
符号互动论	theory of symbolic interaction	18
符号价值	symbolic value	113
福利国家	welfare state	81
福利制度排斥	welfare system exclusion	231
抚养比	dependency ratio	313
妇女主义	womanism	142
感受需求	felt need	302
隔离度指数	index of segregation	202
隔陀区	ghetto	264
个人主义	individualism	17
个体中心网	ego-centric network/personal network	126
公共品	public goods	15
公众参与	public participation	176
公众听证会	public hearing	344
共生关系	symbiotic relationship	20
共同体	community	16
孤立度指数	index of isolation	202
观察法	observation	353
惯习	habitus	114
光明城市	radiant city	298
广亩城市	broadacre city	298
归属感	sense of belonging	44
规范需求	normative need	302
滚雪球抽样	snowball sampling	368
过度城市化	overurbanization	70
核心家庭	nuclear family	39
后单位制时代	post-danwei era	268
后福特主义	post-fordism	142
后工业社会	post-industrial society	116
后现代城市	postmodern city	31
后现代女性主义	postmodern feminism	136
互惠性	reciprocity	125
户籍人口	registered population	301
户籍制度	household registration system	47
回归分析	regression	275
混合居住	mixed-incoming housing	228
基尼系数	gini coefficient	15
基线状况	baseline conditions	309
激进主义	radicalism	26
激进女性主义	radical feminism	135
极度贫困	extreme poverty	83
集结	concentration	99
集体消费	collective consumption	30
继承	succession	26
家长制	patriarchal system	43
家庭生命周期理论	family life cycle theory	316
家庭物业阶级	domestic property class	131
简单随机抽样	simple random sampling	362
建成区	built-up area	11
健康影响评价	health impact assessment	304
渐进式规划	incremental planning	298
交叉表分析	cross-tabulation	385
交换价值	exchange value	113
交换论	exchange theory	95
交通导向开发模式	transit oriented development (tod)	122
郊区化	suburbanization	6
角色冲突	role conflict	36
角色紧张	role strain	36
街道之眼	eyes on the street	305
结构洞	structural hole	125

中文	English	页码
结构功能主义	structural functionalism	9
结构性社会流动	structural social mobility	188
结构性失业	structural unemployment	75
结构主义学派	structuralism school	252
经济排斥	economic exclusion	230
精明增长	smart growth	122
景观学派	landscape school	251
居住隔离	residential segregation	127
"局内人"方法	insiders approach	358
"局外人"方法	outsiders approach	358
巨大网络化城市复合体	vast networked urban complexes	65
巨型城市区	mega-city region	65
聚类分析	cluster analysis	227
绝对贫困	absolute poverty	80
卡方	chi-square	383
开放式问卷	open-ended questionnaire	352
科层制度	bureaucracy	107
可达性	accessibility	298
可防卫空间理论	defensible space theory	305
空间生产	production of space	209
空间重组	spatial restructuring	31
快速社会影响评价	rapid social impact assessment	310
劳动力再生产	reproduction of labor	105
劳动能力商品化	commodification of labor power	102
老年系数	aging population ratio	312
类型抽样	stratified sampling	362
礼俗社会	gemeinschaft	17
历史循环论	historicism	9
利益群体	interest group	28
连续变量	continuous variable	374
联合家庭	joint family	39
联络性规划	communication planning	298
邻里	neighborhood	48
流动人口	floating population	48
六度分隔	six degree of separation	124
洛杉矶学派	los angeles school	208
马克思主义的女性主义	marxist feminism	135
马克思主义学派	marxism school	30
马斯洛需求层级理论	maslow's hierarchy of needs	7
门禁社区	gated community	200
名义变量(定类变量)	nominal variable	374
逆城市化	counter-urbanization	70
年龄中位数	median age	312
农村社区	rural community	17
农村剩余劳动力	surplus rural labor force	70
农民工	migrant worker	10
女权运动	feminist movement	134
女性主义	feminism	31
OD 调查	origin destination survey	317
棚户区	shantytown	106
贫困	poverty	11
贫困恶性循环	vicious circle of poverty	82
贫困文化	poverty culture	82
贫困线	poverty line	80
贫民窟	slum	69
频率	frequency	79
频数	absolute frequency	376
品味	taste	114
平均数	mean	358
迁居	relocation	48
嵌入性	embeddedness	124
强关系	strong ties	124
侨民区	colony	264
侵占	invasion	99
情境	situation	19
区隔	distinction	114
区位论学派	location school	252
区位熵	location quotient	203
去工业化	de-industrialization	198
权力	power	9
全面调查	comprehensive survey	361
全球城市	global city	71
人本主义	humanism	129
人口金字塔图	age-sex pyramid	312
人口流动	population mobility	98
人口普查	census	48
人口统计小区	census tract	253

中文	English	页码	中文	English	页码
人口再生产	population reproduction	41	社会空间辩证法	socio-spatial dialectic	208
人类发展指数	human development index	13	社会空间分异	socio-spatial differentiation	199
人类生态学	human ecology	7	社会空间隔离	socio-spatial segregation	198
弱关系	weak ties	124	社会空间极化	socio-spatial polarization	198
弱势群体	vulnerable group	12	社会控制	social control	8
三地带理论	three zones theory	258	社会流动	social mobility	49
散开	dispersion	99	社会排斥	social exclusion	201
扇形理论	sector theory	100	社会区	social area	206
社会保障	social security	10	社会区分析	social area analysis	208
社会变迁	social change	7	社会群体	social group	1
社会标签理论	social labeling theory	29	社会融合	social integration	128
社会剥夺	social deprivation	203	社会身份	social identity	35
社会不平等	social inequality	108	社会生态学	social ecology	202
社会达尔文主义	social darwinism	2	社会生态学派	socio-ecological school	251
社会地位	social status	21	社会网络	social network	45
社会发展	social development	3	社会戏剧理论	theory of social drama	29
社会发展指标	social development index	12	社会心理学	social psychology	17
社会分层	social stratification	16	社会行为	social behavior	19
社会分隔	social segregation	108	社会行为理论	theory of social action	106
社会服务	social service	15	社会需求	social needs	7
社会工作	social work	105	社会影响	social impact	74
社会公平	social justice	138	社会影响评价	social impact assessment	299
社会关系	social relationship	16	社会有机论	theory of social organism	3
社会关系排斥	social relationship exclusion	231	社会再分层化	social restratification	132
社会管理	social management	7	社会整合	social integration	17
社会规范	social norms	8	社会指标	social indicator	12
社会规划	social planning	297	社会住房	social housing	89
社会互动	social interaction	7	社会资本	social capital	81
社会互动理论	theory of social interaction	96	社会资源	social resource	52
社会化	socialization	8	社会组织	social organization	16
社会混合	social mix	192	社区保持论	community saved argument	121
社会极化	social polarization	176	社区发展	community development	58
社会交换理论	social exchange theory	28	社区规划	community planning	306
社会角色	social role	9	社区管理	community management	225
社会阶层	social ladder	29	社区解放论	community liberated argument	121
社会结构	social structure	9	社区消亡论	community lost argument	121
社会进化论	social evolutionism	9	社区需求地图	community needs map	332
社会经济地位	socioeconomic status	160	社区行动	community action	334
社会救济	social relief	178	社区资产	community assets	332
社会距离	social distance	206	社区资产地图	community assets map	332
社会均衡论	social equilibrium	9	社群图	sociogram	127

身份群体	status group	154
绅士化	gentrification	147
生活方式	lifestyle	16
生态女性主义	ecofeminism	137
生态因子	ecological factor	272
声望	prestige	113
失范	anomie	170
失业人口	unemployed population	74
时间地理学派	time-geography approach	252
实证主义	positivism	26
使用价值	use value	113
世界体系理论	world system theory	143
双城	dual city	200
水平流动	horizontal mobility	186
随机抽样	random sampling	361
随机号码表	random number table	362
态度量表	attitude scale	356
田野研究	fieldwork	26
田园城市	garden city	248
同步城市化	synchrourbanization	70
同化	assimilation	20
同心圆理论	concentric zone theory	99
文化排斥	cultural exclusion	231
文化认同	cultural identity	200
文献资料研究	document analysis	371
问卷法	questionnaire	352
无效样本	invalid sample	368
物质环境决定论	environmental determinism	122
系统抽样	systematic sampling	362
现代化理论	modernization theory	142
乡土社会	rural society	227
相对贫困	relative poverty	80
相对需求	comparative need	302
消费部门	consumption sector	132
消费分层	consumption stratification	116
消费空间	consumer space	116
消费社会	consumer society	112
消费社会学	sociology of consumption	112
消费文化	consumer culture	115
小世界现象	small world phenomenon	124
效度	validity	355

协作性规划	collaborative planning	298
新城市贫困	new urban poverty	78
新城市主义	new urbanism	122
新的劳动地域分工	new spatial division of labor	261
新富裕阶层	new rich	162
新国际劳动分工	new international division of labor	144
新马克思主义	neo-marxism	128
新韦伯学派	neo-weberian	30
新移民	new immigrant	87
新移民社区	new immigrant community	244
新自由主义	neoliberalism	144
信度	reliability	355
行为学派	behavior school	60
形式社会学	formal sociology	17
幸福指数	happiness index	14
性别比	sex ratio	12
序号变量（定序变量）	ordinal variable	374
炫耀性消费	conspicuous consumption	113
亚文化	subculture	115
样本	sample	165
依附理论	dependency theory	143
蚁族	ant tribe	71
因变量	dependent variable	283
因子分析	factor analysis	167
因子生态分析法	factorial ecology analysis	271
因子生态学	factorial ecology	206
隐性就业	unregistered employment	77
隐性失业	hidden unemployment	77
影响因子	impact factor	271
有闲阶级	leisure class	113
允许误差	tolerance	364
在业人口	employed population	74
整群抽样	cluster sampling	362
整体网	whole network/full network	126
正式群体	formal group	46
正态分布	normal distribution	381
政治排斥	political exclusion	231
芝加哥学派	chicago school	19

中文	English	页码
制度论学派	institutional school	252
滞后城市化	underurbanization	70
置信度	confidence	381
置信空间	confidence intervals	381
中产阶层	middle class	153
中等收入国家陷阱	middle income trap	70
中位数	median	377
中心地理论	central place theory	252
中心化	centralization	99
众数	mode	377
昼夜人口比	daytime/nighttime population ratio	314
主成分分析	principal component analysis	203
主干家庭	stem family	39
主体性	subjectivity	248
住房短缺	housing shortage	68
住房阶级	housing class	30
住房拥有权	homeownership	131
资本第二循环	the second circuit of capital	210
资本第一循环	the first circuit of capital	210
自变量	independent variable	385
自然区	natural area	206
最低生活保障	minimum living allowances	11

后　　记

本书的编写力求与我国城乡规划专业学科建设、国内城市社会问题和国际城市社会学研究前沿相结合，在2002年东南大学出版社第1版的基础上进行了修编，全书编写思路和提纲由顾朝林完成。第2版增加了城市社会学发展过程、城市社会极化与空间隔离、城市贫困与贫民窟、城市社会融合、城市社会空间分析方法、城市社会学与城市规划编制、社区发展与社区规划、城市社会学调查研究方法等内容。同时收录了北京城市社会空间调查研究的基础资料作为附录A。本书的编写和出版得到了清华大学出版社、清华大学"985"三期名优教材建设项目和国家自然科学基金项目(440971092)的资助。

本书各章节作者为：第1章、第2章、第10章、第11章、第14章由顾朝林撰写；第3章3.1节、3.3节、3.4节、3.5节由刘佳燕撰写，3.2节由顾朝林撰写；第4章4.1节、4.2节、4.3节、4.4节由顾朝林撰写，4.5节由刘佳燕撰写；第5章5.1节由刘佳燕撰写，5.2节由刘佳燕、周恺撰写，5.3节、5.5节由顾朝林撰写，5.4节由黄春晓撰写；第6章6.1节、6.2节、6.3节、6.4节、6.5节、6.6节、6.8节由顾朝林撰写，6.7节由何深静撰写；第7章由李志刚撰写；第8章8.1节、8.2节、8.3节、8.5节由刘玉亭、姚龙、路昀撰写，8.4节由朱晓娟撰写；第9章9.1节、9.2节、9.3节由朱晓娟撰写，9.4节、9.5节由李少星撰写；第12章12.1节、12.2节由刘佳燕撰写，12.3节由刘佳燕、黄瓴撰写；第13章由刘佳燕、王峰玉、黄瓴撰写；第15章由周恺、顾朝林撰写。附录A.1节由顾朝林撰写，A.2节由顾朝林、邻艳丽撰写，A.3节由刘佳燕、郝凯撰写，A.4节由刘佳燕、郝凯、郭京楠撰写，A.5节由赵立元撰写，A.6节由郝凯、陈娇、但俊撰写，A.7节由顾朝林、吴梦宸撰写，A.8节由王雪娇、赵立元撰写，A.9节由刘佳燕、陈娇撰写，A.10节由许士翔撰写，A.11节由邻艳丽撰写。最终由顾朝林、刘佳燕统稿和定稿，刘佳燕对全书的插图、照片、参考文献进行了整理和编绘，撰写了推荐阅读材料和习题。

2013年4月23日于北京清华园